A TUTELA DIRECTA DOS DIREITOS FUNDAMENTAIS

AVANÇOS E RECUOS NA DINÂMICA GARANTÍSTICA DAS JUSTIÇAS CONSTITUCIONAL, ADMINISTRATIVA E INTERNACIONAL

CATARINA SANTOS BOTELHO

Mestre em Ciências Jurídico-Políticas
Assistente na Escola de Direito do Porto da Universidade Católica Portuguesa
cbotelho@porto.ucp.pt

A TUTELA DIRECTA DOS DIREITOS FUNDAMENTAIS

AVANÇOS E RECUOS NA DINÂMICA GARANTÍSTICA DAS JUSTIÇAS CONSTITUCIONAL, ADMINISTRATIVA E INTERNACIONAL

A TUTELA DIRECTA DOS DIREITOS FUNDAMENTAIS
AVANÇOS E RECUOS NA DINÂMICA GARANTÍSTICA
DAS JUSTIÇAS CONSTITUCIONAL, ADMINISTRATIVA E INTERNACIONAL

AUTOR
CATARINA SANTOS BOTELHO

EDITOR
EDIÇÕES ALMEDINA. SA
Av. Fernão Magalhães, n.º 584, 5.º Andar
3000-174 Coimbra
Tel.: 239 851 904
Fax: 239 851 901
www.almedina.net
editora@almedina.net

PRÉ-IMPRESSÃO I IMPRESSÃO I ACABAMENTO
G.C. GRÁFICA DE COIMBRA, LDA.
Palheira – Assafarge
3001-453 Coimbra
producao@graficadecoimbra.pt

Janeiro, 2010

DEPÓSITO LEGAL
304274/10

Os dados e as opiniões inseridos na presente publicação
são da exclusiva responsabilidade do(s) seu(s) autor(es).

Toda a reprodução desta obra, por fotocópia ou outro qualquer
processo, sem prévia autorização escrita do Editor, é ilícita
e passível de procedimento judicial contra o infractor.

Biblioteca Nacional de Portugal – Catalogação na Publicação

BOTELHO, Catarina Santos

A tutela directa dos direitos fundamentais : avanços e
recuos na dinâmica garantística das justiças constitucional, administrativa e Internacional. – (Teses de mestrado)
ISBN 978-972-40-4106-3

CDU 342
347

Dedico este livro à memória do Pe. Ludwig Kondor.

Aos meus Pais
E ao meu irmão João Francisco.

NOTA PRÉVIA

A presente publicação corresponde, com pequenas alterações e actualizações, à dissertação em ciências jurídico-políticas apresentada, a 2 de Julho de 2009, na Escola de Direito do Porto da Universidade Católica Portuguesa.

Queria começar por agradecer ao Prof. Doutor Jorge Miranda a enorme honra que me concedeu ao presidir ao júri de mestrado, assim como manifestar o meu sincero agradecimento à Prof.ª Doutora Maria Lúcia Amaral, por ter aceite o encargo da arguição e pelas observações e comentários que proferiu. Sinto-me imensamente grata por me terem presenteado com uma arguição tão inspiradora e comprometo-me, desde já, a dar eco aos desafios que me foram colocados. Finalmente, uma palavra muito especial de reconhecimento ao Prof. Doutor Manuel Afonso Vaz, com quem tenho o privilégio de trabalhar como assistente, pela maneira empenhada e humana com que sempre orientou o meu trabalho.

Na belíssima odisseia que foi a escrita e a defesa da tese, muitos foram aqueles a quem um agradecimento se revela imperioso. Desde logo, agradeço novamente ao Prof. Doutor Manuel Afonso Vaz, regente das disciplinas de Direito Constitucional e de Direitos Fundamentais, assim como à restante equipa docente – Prof.ª Doutora Raquel Carvalho e Dra. Inês Folhadela – por terem suavizado, altruisticamente, a minha carga de trabalho docente no período de redacção e defesa da tese. O mesmo ambiente excepcional de trabalho pautou a minha colaboração na disciplina de Introdução ao Direito Público. Deste modo, pelos mesmos motivos, estou também grata à Prof.ª Doutora Filipa Calvão e ao Dr. Manuel Fontaine Campos.

Durante a redacção da tese, contei com o incentivo e disponibilidade do Prof. Doutor Mário Aroso de Almeida, que tanto agradeço. Nesta lista, que já vai longa, não pode faltar um reconhecimento colectivo a todo o corpo docente da Escola de Direito do Porto, em particular, ao Prof. Doutor J. A. Azeredo Lopes, ao Prof. Doutor Júlio Gomes e à Prof.ª

Doutora Fátima Ribeiro, à D. Manuela de Sousa e aos meus colegas do Curso de Mestrado e Doutoramento (ano lectivo 2005/2006).

Um agradecimento público aos meus queridos familiares e amigos, que suportaram tantas ausências pobremente justificadas e que me apoiaram de forma incondicional. Agradeço, em especial, ao meu tio Amândio Tomaz, pelas palavras repletas de sabedoria. Ao Filipe, o meu obrigada por ter estado sempre presente.

Porto, 3 de Novembro de 2009

Catarina Santos Botelho

RESUMO

Nos nossos dias, a tutela dos direitos fundamentais foi erigida a patamar inegociável do Estado de Direito Democrático. Numa dimensão constitucional e, com inspiração na *Verfassungsbeschwerde* alemã e no recurso de amparo constitucional espanhol, defende-se a inserção de um mecanismo de *acesso directo* dos particulares ao Tribunal Constitucional. No que respeita à protecção dos direitos fundamentais através da justiça administrativa, destaca-se a relevância do instrumento da *intimação para a protecção de direitos, liberdades e garantias*, enquanto veículo concretizador do n.º 5 do artigo 20.º da Constituição. Quanto à protecção internacional regional dos direitos do homem, discorre-se sobre a pertinência da utilização, por parte do Tribunal Europeu dos Direitos do Homem, de mecanismos de auto-contenção jurisprudencial, em terrenos tão melindrosos e sensíveis como as questões do início e do fim da vida.

ABSTRACT

Presently, the protection of the fundamental rights of the individual constitutes a non-negotiable threshold, part of the Democratic State's Rule of Law. Seeking inspiration in German constitutional law's *Verfassungsbeschwerde* as well as in Spanish constitutional law, the creation of a mechanism granting *direct access* to private individuals through the Portuguese Constitutional Court is argued for. Looking at the protection of fundamental rights in the "administrative" sphere, the importance of the legal instrument inspired by Article 20, n. 5 of the Portuguese Constitution is highlighted. Finally, focusing on the international protection of human rights, analysis is given regarding the use of judicial self-restraint by the European Court of Human Rights when in delicate and sensitive legal ground, such as the one to be threaded in ascertaining the beginning and end of human life.

PLANO DA DISSERTAÇÃO

Introdução

Título Primeiro – A tutela constitucional dos direitos, liberdades e garantias

Título Segundo – A protecção dos direitos fundamentais através da justiça administrativa

Título Terceiro – A protecção internacional regional dos direitos do homem

Considerações Finais

Bibliografia e Índice

PRINCIPAIS ABREVIATURAS E SIGLAS

AAFDL Associação Académica da Faculdade de Direito de Lisboa
AAVV Autores Vários
AFRI *Annuaire Français de Relations Internationales*
AIJC *Annuaire International de Justice Constitutionnelle*
AJDA *L'Actualité juridique – Droit administratif*
AJIL *American Journal of International Law*
AÖR *Archiv des öffentlichen Rechts*
BFDC Boletim da Faculdade de Direito de Coimbra
BMJ Boletim do Ministério da Justiça
BOE *Boletín Oficial del Estado*
BVerfGE *Entscheidungen des Bundesverfassungsgerichts* (Acórdãos do Tribunal Constitucional Federal Alemão)
BVerfGG *Bundesverfassungsgerichtsgesetz* (Lei do Tribunal Constitucional Federal Alemão)
CADH Convenção Americana Sobre os Direitos do Homem
CC *Constitutional Commentary*
CCC *Les Cahiers du Conseil constitutionnel*
CuC *Cuestiones Constitucionales. Revista Mexicana de Derecho Constitucional*
CDE *Cahiers de Droit Européen*
CDFUE Carta de Direitos Fundamentais da União Europeia
CE *Constitución Española*
CEDH Convenção Europeia de Salvaguarda dos Direitos do Homem e das Liberdades Fundamentais
CJA Cadernos de Justiça Administrativa
CNU Carta das Nações Unidas
CPC Código do Processo Civil
CPTA Código de Processo nos Tribunais Administrativos
CRDF *Cahiers de la Recherche sur les Droits Fondamentaux*

CRISPP	*Critical Review of International Social and Political Philosophy*
CRP	Constituição da República Portuguesa
DÖV	*Die Öffentliche Verwaltung*
DR	Diário da República
DUDH	Declaração Universal dos Direitos do Homem
DVBl	*Deutsches Verwaltungsblatt*
EHRLR	*European Human Rights Law Review*
EJIL	*European Journal of International Law*
ETAF	Estatuto dos Tribunais Administrativos e Fiscais
FDUP	Faculdade de Direito da Universidade do Porto
GG	*Grundgesetz* (Lei Fundamental da República Federal Alemã)
GLJ	*German Law Journal*
HarvHRJ	*Harvard Human Rights Journal*
HarvILJ	*Harvard International Law Journal*
HessStGHG	*Hessischer Staatsgerichtshofgesetz*
HLR	*Hanse Law Review*
HRLJ	*Human Rights Law Journal*
HRLR	*Human Rights Law Review*
HRQ	*Human Rights Quarterly*
ICLQ	*International and Comparative Law Quarterly*
IJCL	*International Journal of Constitutional Law*
ILP	*International Law and Politics*
JTLP	*Journal of Transnational Law & Policy*
JLE	*Journal of Law & Equality*
JuS	*Juristiche Schulung*
JZ	*Juristenzeitung*
KritV	*Kritische Vierteljahresschrift für Gesetzgebung und Rechtswissenschaft*
LJCA	*Ley Reguladora de la Jurisdicción Contencioso-administrativa*
LOPJ	*Ley Orgánica del Poder Judicial*
LTC	Lei da Organização, Funcionamento e Processo do Tribunal Constitucional
LOTCE	*Ley Orgánica del Tribunal Constitucional Español*
LoyolaLAICLR	*Loyola Los Angeles International and Comparative Law Review*
LSR	*Law & Society Review*
McGillLJ	*McGill Law Journal*

MLR *Medical Law Review*
NJW *Neue Juristische Wochenschrift*
NYUJILP *New York University Journal of International Law and Politics*
PCP Partido Comunista Português
PIDCP Pacto Internacional dos Direitos Civis e Políticos
PS Partido Socialista
PSD Partido Social-Democrata
RDA República Democrática Alemã
RDC *Rivista di Diritto Costituzionale*
RDP *Revue du Droit Public (et de le Science Politique en France et a l'étranger)*
REDA *Revista Española de Derecho Administrativo*
REDC *Revista Española de Derecho Constitucional*
REDT *Revista Española de Derecho del Trabajo*
REP *Revista de Estudios Políticos*
RFA República Federal Alemã
RFDA *Revue Française de Droit Administratif*
RFDC *Revue française de Droit Constitutionnel*
RFDUL Revista da Faculdade de Direito da Universidade de Lisboa
RIEJ *Revue Interdisciplinaire D'Études Juridiques*
RLJ Revista de Legislação e Jurisprudência
RMP Revista do Ministério Público
ROA Revista da Ordem dos Advogados
RRJ *Revue de la Recherche Juridique*
SC *Supreme Court* (norte-americano)
STA Supremo Tribunal Administrativo
SSTCE *Sentencias del Tribunal Constitucional Español*
STCE *Sentencia del Tribunal Constitucional Español*
STJ Supremo Tribunal de Justiça
TAF Tribunal Administrativo e Fiscal
TC Tribunal Constitucional (Português)
TCAN Tribunal Central Administrativo do Norte
TCAS Tribunal Central Administrativo do Sul
TCE *Tribunal Constitucional Español*
TCFA Tribunal Constitucional Federal Alemão (*Bundesverfassungsgericht*)
TEDH Tribunal Europeu dos Direitos do Homem
TJCE Tribunal de Justiça das Comunidades Europeias

TPI Tribunal Penal Internacional
TUE Tratado da União Europeia
UnFloridaJLPP *University of Florida Journal of Law & Public Policy*
VUWLR *Victoria University of Wellington Law Review*
WRV *Weimarer Reichsverfassung*
ZaöRV *Zeitschrift für ausländisches öffentliches Recht und Völkerrecht*
ZRP *Zeitschrift für Rechtspolitik*

INTRODUÇÃO

Ante omnia, importa clarificar o objecto sobre o qual incidirá esta dissertação. A vastidão do tema que nos propomos tratar – «a tutela directa dos direitos fundamentais» – obriga-nos a efectuar uma tripla limitação do objecto do nosso estudo. Deste modo, por razões evidentes de economia, abordaremos, com maior profundidade, a *tutela* dos direitos fundamentais e não a sua garantia (mais abrangente). Por outro lado, apesar da tutela jurídica dos direitos fundamentais dizer respeito a todos os ramos do direito – quer substantivos, quer processuais – iremos somente ocupar-nos da tutela *constitucional, administrativa e internacional (regional)* dos mesmos. Por último, centraremos a nossa atenção nos mecanismos de tutela dos *direitos, liberdades e garantias*, deixando de parte a tutela dos direitos económicos, sociais e culturais.

Conforme se pode ler no subtítulo do nosso trabalho, designado «avanços e recuos na dinâmica garantística das justiças constitucional, administrativa e europeia», a nossa perspectiva de análise será, essencialmente, orientada pela procura de padrões-comuns entre a actuação das diferentes jurisdições mencionadas. Nesta sede, procuraremos assimilar aquilo que subjaz à necessidade de os Tribunais – *maxime*, os tribunais constitucionais, os tribunais administrativos e o Tribunal Europeu dos Direitos do Homem – interpretarem, de forma generosa e garantística, o direito aplicável (*avanços*) ou, pelo contrário, adoptarem atitudes mais prudentes e contidas (*recuos*). Se nos é permitido um parêntese, o termo «recuos» não deve tanto ser lido como um voltar atrás em algo que a jurisdição, outrora, havia concedido, mas, e sobretudo, como querendo significar que as jurisdições não aproveitaram ao máximo a sua enorme potencialidade enquanto defensoras dos direitos fundamentais (aqui entendidos em sentido amplo).

Ver-se-á, antecipando, que toda a eloquência filosófica e literária que se pode extrair das proclamações de direitos e liberdades dos cidadãos não lhes atribui, automaticamente, uma sustentabilidade jurídico-positiva. De facto, após a Segunda Grande Guerra, tornou-se cada vez mais evidente o imperativo da sujeição expressa dos poderes públicos à Constituição e da criação de eficazes mecanismos de salvaguarda dos direitos fundamentais por violações cometidas pelo próprio Estado.

Em plena sintonia, após reflectirmos sobre o papel do Tribunal Constitucional no modelo concentrado de justiça constitucional, debruçar-nos-emos sobre os principais mecanismos de protecção dos direitos fundamentais, salientando a sua ligação umbilical com o princípio da dignidade da pessoa humana. Tendo isto em consideração, focaremos, mais detalhadamente, a tutela dos direitos, liberdades e garantias em sede da justiça constitucional portuguesa, momento em que exporemos as duas tentativas malogradas de consagração de um recurso de amparo constitucional. Após apresentarmos as várias críticas de que este tem sido alvo, tentaremos, numa perspectiva construtiva e *de jure condendo*, demonstrar as suas enormes potencialidades, enquanto instrumento precioso de garantia e de ressonância do princípio da aplicabilidade directa dos direitos fundamentais.

De seguida, explanaremos um ensaio de micro-comparação de mecanismos de tutela de direitos fundamentais, no qual daremos um especial enfoque à queixa constitucional alemã e ao recurso de amparo constitucional espanhol. A escolha destes ordenamentos jurídico-constitucionais não foi aleatória, mas assentou, outrossim, numa herança comum partilhada, na medida em que estas Constituições (uma anterior, outra posterior à Constituição da República Portuguesa) surgiram, igualmente, na sequência de períodos ditatoriais, em que a efectiva protecção dos direitos fundamentais foi erigida a patamar inegociável do Estado de Direito Democrático. Esta lição de Direito comparado facultar-nos-á, não apenas uma melhor percepção acerca da oportunidade jurídico-política de uma eventual inserção deste mecanismo de acesso directo dos particulares à Constituição na nossa constelação jurídica, mas também possibilitará a absorção crítica dos aspectos que não estão a funcionar devidamente (*v.g.*, a hipertrofia de recursos) e acompanhar as recentes reformas operadas nesta matéria.

No que respeita à protecção dos direitos fundamentais através da justiça administrativa, salientaremos a importância do instrumento da intimação para a protecção de direitos, liberdades e garantias, enquanto veículo concretizador do n.º 5 do artigo 20.º da CRP, como evidencia a resenha jurisprudencial sobre o assunto.

Chegados, por fim, à protecção internacional regional dos direitos do homem, a nossa perscrutação recairá, em grande medida, sobre dois pontos fulcrais: (*i*) o direito à tutela jurisdicional efectiva, plasmado nos artigos 6.º a 13.º da Convenção Europeia dos Direitos do Homem; (*ii*) e a doutrina da margem nacional de apreciação. Quanto a este último aspecto, aproveitaremos para discorrer sobre a *controversiam quaestionem* da pertinência da utilização desse mecanismo de auto-contenção jurisprudencial, em terrenos tão melindrosos e sensíveis como as questões do início e do fim da vida, expondo a mais recente jurisprudência do TEDH sobre a temática.

TÍTULO PRIMEIRO

A TUTELA CONSTITUCIONAL DOS DIREITOS, LIBERDADES E GARANTIAS

1. O PAPEL DO TRIBUNAL CONSTITUCIONAL NO MODELO CONCENTRADO DE JUSTIÇA CONSTITUCIONAL

1.1. Perspectiva Histórica

«Mas existirá algum facto independente da opinião e da interpretação? Não demonstraram gerações de historiadores e filósofos da história a impossibilidade de constatar factos sem os interpretar, na medida em que têm de começar por ser extraídos de um caos de puros acontecimentos (...), serem de seguida organizados numa história que não pode ser contada a não ser numa certa perspectiva, que nada tem a ver com o que aconteceu originalmente?»[1].

O movimento constitucional desenvolveu-se sobretudo a partir do século XVIII e originou a positivação de um catálogo de direitos em Constituições escritas, formais e rígidas. Os direitos fundamentais, inicialmente concebidos como direitos de defesa contra o Estado (*Abwehrrechte*) – que, segundo a categorização de GEORG JELLINECK, se apresentava como um *«status negativus»* – assumiram dimensões positivas, enriqueceram-

---

[1] HANNAH ARENDT, *Verdade e Política*, (trad. Manuel Alberto), Relógio D'Água Editores, Lisboa, 1995, p. 25.

A Tutela Directa dos Direitos Fundamentais

-se, desenvolveram-se e deram lugar a novas «gerações»[2] de direitos fundamentais ou, se se preferir, a novas «dimensões de direitos»[3], *maxime* os direitos políticos, os direitos sociais e os direitos da idade tecnológica[4-5].

---

[2] Cfr., na doutrina latino-americana, G. BADENI, A. RUIZ MIGUEL, A. PERZ LUNO, J. STARK, citados por GIANCARLO ROLLA, *«I diritti fondamentali nel costituzionalismo contemporaneo: spunti critici», in* AAVV, Tecniche de Garanzia dei Diritti Fondamentali, (a cura di Giancarlo Rolla), Centro di Ricerca e Formazione sul Diritto Costituzionale Comparato – Quaderni Per La Ricerca, G. Giappichelli Editore, 2001, Torino, pp. 3-26, pp. 7-8, nt. 10. Contra este entendimento «geracional» dos direitos fundamentais, manifestaram-se, entre outros, C. GREWE e H. RUIZ FABRI, *Droits constitutionnelles européens*, P.U.F, pp. 160 ss e, em Portugal, J. J. GOMES CANOTILHO, *Direito Constitucional e Teoria da Constituição*, Almedina, Coimbra, 7.ª Edição, 2003, pp. 386-387, e JORGE MIRANDA, *Escritos Vários Sobre Direitos Fundamentais*, Principia Editora, Estoril, 2006, pp. 317--318, por entenderem que a categorização dos direitos fundamentais em «gerações» é artificial e traz consigo, implicitamente, a ideia de que a geração posterior obnubila a anterior.

Quanto a nós, não nos parece que a designação escolhida seja infeliz, se entendermos que as designadas «gerações» de direitos fundamentais fazem parte de um processo histórico de evolução do Estado constitucional e não têm necessariamente de ser perspectivadas como uma substituição da geração anterior pela posterior. Na verdade, as novas «gerações» de direitos fundamentais apenas vêm enriquecer, complementar, acrescentar algo às «gerações» anteriores, ou inclusive, extrair algo que já estava implícito nelas. Neste sentido, cfr. VASCO PEREIRA DA SILVA, *A cultura a que tenho direito – Direitos Fundamentais e cultura*, Almedina, Coimbra, 2007, pp. 28-33. Por seu turno, JOSÉ CASALTA NABAIS, *Por uma liberdade com responsabilidade – Estudos sobre direitos e deveres fundamentais*, Coimbra Editora, Coimbra, 2007, pp. 73-74, prefere fazer um paralelismo de acordo com a vinculação do direito ao princípio da dignidade da pessoa humana. Teríamos, assim, explicitações de *1.º grau* da ideia de dignidade, a que pertenceria o reduzido elenco do artigo 19.º, n.º 6, explicitações de *2.º grau*, compostas pelos direitos, liberdades e garantias de participação política, dos trabalhadores e de natureza análoga e, por fim, explicitações de *3.º grau*, das quais fariam parte os direitos económicos, sociais e culturais sem determinabilidade constitucional.

[3] Expressão preferida pela doutrina que põe em causa o conceito «geracional» dos direitos fundamentais. É o que defendem E. RIEDEL, SHARPENACK, P. BONAVIDES, entre outros, *apud* J. J. GOMES CANOTILHO, *Direito Constitucional e Teoria da Constituição*, *cit.*, p. 387.

[4] Doravante utilizaremos a expressão «direitos fundamentais», generalizada após a sua inserção na Constituição de Weimar. Sobre o tema, cfr. JORGE MIRANDA, *Manual de Direito Constitucional*, Tomo IV, 3.ª Edição, Coimbra Editora, Coimbra, 2000, p. 51.

Em Portugal, a CRP adoptou a expressão «direitos económicos, sociais e culturais». Contudo, por uma questão de economia, usaremos o termo abreviado (direitos sociais).

[5] Actualmente, alguma doutrina tende a classificar o Estado Moderno como um «Estado preventivo do risco» («*Staat der Risikovorsorge*»), ao consagrar direitos da tecnologia e do meio ambiente, que visam em especial reconhecer da forma mais precoce possível os riscos e perigos que enfrenta e enfrentará a humanidade. Para um desenvolvi-

A Tutela Constitucional dos Direitos, Liberdades e Garantias

À medida que o tipo jurídico de Estado evoluía, também se foram reivindicando e desenvolvendo mecanismos cada vez mais eficazes na tutela dos direitos fundamentais, com especial ênfase para a instituição dos Tribunais Constitucionais[6]. É de realçar que a atribuição da tarefa do controlo da constitucionalidade aos tribunais ordinários e/ou a criação de tribunais especializados na garantia da constitucionalidade, consubstanciam uma clara manifestação jurídica da prevalência do princípio da constitucionalidade sobre o princípio da legalidade. Pode até afirmar-se que a tónica colocada na máxima da *constitucionalidade* assumiu patamares de uma «revolução coperniciana» do Direito público europeu[7]. É por demais conhecido que da aceitação do princípio da primazia constitucional, adveio o salto lógico da exigência de um modelo de justiça constitucional ou seja, de uma «justiciabilidade do Direito Constitucional» (*Justiziabilität des Verfassungsrechts*)[8].

Esta retirada de protagonismo ao Direito Público do Estado pelo Direito Constitucional prende-se, essencialmente, com a necessidade de colocar certos direitos acima das decisões da maioria[9]. Deste modo, o controlo da constitucionalidade irá necessariamente assumir uma importância crucial na afirmação da supremacia do princípio da constitucionalidade. Com efeito, se a garantia *formal* da Constituição é fundamentalmente assegurada pela consagração de um regime mais agravado para a criação ou modificação das normas constitucionais do que aquele que existe para a criação ou modificação das normas ordinárias (rigidez consti-

---

mento desta ideia, cfr. Martin Schulte, «*Zur Lage und Entwicklung der Verfassungsgerichtsbarkeit*», *in* DVBl, 111. Jahrgang des Reichsverwaltungsblattes, Heft 18, 15. September 1996, Carl Heymanns Verlag Gmbh, Köln, pp. 1009-1020, pp. 1012-1013.

[6] Cfr. José de Melo Alexandrino, *Direitos Fundamentais – Introdução Geral*, Princípia, Estoril, 2007, pp. 15-16, e Manuel Aragón Reyes, «*La Constitución como paradigma*», *in* AAVV, Teoría del neoconstitucionalismo – Ensayos escogidos, Edición de Miguel Carbonell, Instituto de Investigaciones Jurídicas – UNAM, Editorial Trotta, Madrid, 2007, pp. 29-40, p. 36.

[7] Sugestiva expressão utilizada por Jorge Miranda, *Manual de Direito Constitucional*, Tomo IV, *cit.*, p. 311.

[8] Mais em pormenor, Alfred Rinken, «*Artikel 93.° – Zustandigkeit des Bundesverfassungsgericht*», *in* AAVV, *Kommentar zum Grundgesetz für die Bundesrepublik Deutschland*, Vol. III, (Herausgeber Erhard Denninger, Wolfgang Hoffman-Riem, Hans--Peter Schneider und Ekkehart Stein), Neuwied; Kriftel: Luchterhand, 2001, p. 54.

[9] Cfr. Dominique Turpin e Luhmann, *apud* Cristina M. M. Queiroz, *Direitos Fundamentais (Teoria Geral)*, Teses e Monografias 4, Faculdade de Direito da Universidade do Porto, Coimbra Editora, 2002, p. 237.

tucional), a garantia *material* da Constituição deverá ter lugar mediante o controlo da constitucionalidade[10]. Será sobre a temática do controlo da constitucionalidade que nos debruçaremos, de seguida, procurando expor a tradicional oposição bipolar entre o modelo judicialista americano (*judicial review of legislation*), confiante na atribuição de tão crucial tarefa aos juízes e o modelo austríaco (*Verfassungsgerichtsbarkeit*), postulador da supremacia do Parlamento e da segurança jurídica[11].

Como veremos, nos nossos dias, o "constitucionalismo" desdobra-se em crescentes patamares de exigência[12]. É que, bem vistas as coisas, não basta uma normação cristalizada de direitos em leis fundamentais ou declarações de direitos. A Constituição é perspectivada como um programa normativo para o futuro, que encarna em si a responsabilidade de tornar operantes os direitos nela salvaguardados, não apenas mediante o acompanhamento cuidado da evolução da realidade constitucional, mas, e sobretudo, pelo compromisso em exigir e implementar técnicas efectivas de tutela dos direitos fundamentais[13]. Em reforço desta ideia, a justiça constitucional arroga-se um papel incontornável na arquitectura constitucional do Estado democrático contemporâneo.

---

[10] Cumpre, nesta sede, fazer uma precisão. O conceito amplo de «garantias da Constituição» pode abranger realidades diversas, tais como a fiscalização da constitucionalidade de actos normativos, o controlo interorgânico ou intra-orgânico entre os órgãos de soberania, ou a criação de mecanismos processuais de defesa de direitos fundamentais dos cidadãos. Todavia, na CRP, esta designação aparece apenas relacionada com a fiscalização da constitucionalidade (Parte IV da CRP). Cfr. J. J. GOMES CANOTILHO e VITAL MOREIRA, *Fundamentos da Constituição*, Coimbra Editora, Coimbra, 1991, p. 236.

[11] Cfr. FRANCISCO RUBIO LLORENTE, *apud* FRANCISCO FERNÁNDEZ SEGADO, «*La justice constitutionnelle devant le XXIème siècle*», *in* JUS – Rivista di Scienze Giuridiche, Anno LI, Settembre-Dicembre 2004, Vita e Pensiero – Pubblicazioni dell'Università Cattolica del Sacro Cuore, Milano, pp. 311-352, p. 319.

[12] Expressão de origem anglo-saxónica. A este respeito, cfr. MARIA LÚCIA AMARAL, *A Forma da República – Uma introdução ao estudo do direito constitucional*, Coimbra Editora, 2005, p. 39.

[13] Cfr. LUIGI FERRAJOLI, «*Sobre los derechos fundamentales*», (trad. Miguel Carbonell), *in* AAVV, Teoría del neoconstitucionalismo – Ensayos escogidos, Edición de Miguel Carbonell, Instituto de Investigaciones Jurídicas – UNAM, Editorial Trotta, Madrid, 2007, pp. 71-89, p. 72.

1.1.1. *O Modelo Judicialista Americano*

A Constituição americana de 1787, no seu artigo 6.º, não hesitou em afirmar, de forma cristalina, a Constituição como «norma fundamental do ordenamento». Perante este cenário, a questão que, consequentemente, se levantou prendia-se em saber como garantir de forma efectiva a supremacia constitucional (*higher law*). De resto, e em absoluta sintonia com o preceito anteriormente mencionado, também o artigo 3.º, n.º 2, não deixou de onerar o poder judicial com a responsabilidade pela resolução de todas as questões que se levantassem a propósito da Constituição. Nestes termos, no início do século XIX, através do sobejamente afamado caso *Marbury vs. Madison* (1803), o juiz MARSHALL, inspirado em algumas pistas lançadas por precedentes judiciais e pela doutrina, entendeu que os preceitos mencionados não visavam apenas garantir a Constituição frente à distribuição do poder entre o Estado Federal e os Estados federados, mas também incluíam a garantia constitucional da actividade normativa do Congresso Federal[14-15]. Por conseguinte, alvitrou-se, com uma ressonância agudíssima, a necessidade de protecção dos cidadãos contra o próprio legislador.

---

[14] Cfr., de forma desenvolvida, CARLOS BLANCO DE MORAIS, *Justiça Constitucional, Tomo I – Garantia da Constituição e Controlo da Constitucionalidade*, Coimbra Editora, Coimbra, 2.ª Edição, 2006, pp. 276-277, e PABLO PÉREZ TREMPS, *Tribunal Constitucional y Poder Judicial*, Centro de Estudios Constitucionales, Madrid, 1985, pp. 27-28. Note-se, porém, que alguma doutrina não deixa de frisar que os precedentes da *judicial review* remontam ao século XVII, em especial às decisões do juiz inglês Sir EDWARD COKE, proferidas nos casos *Fuller* (1607-1608) e no caso *Dr. Thomas Bonham* (1610). Neste sentido, cfr. CHERYL SAUNDERS, *Protecting rights in common law constitutional systems: a framework for a comparative study», in* Victoria University of Wellington Law Review, Vol. 33, Num. 3 & 4, Victoria University Press, Wellington, 2002, pp. 83--112, p. 84, JOSÉ JULIO FERNÁNDEZ RODRÍGUEZ, *La justicia constitucional europea ante el siglo XXI,* Editorial Tecnos, Madrid, 2002, p. 23, LUÍS FERREIRA LEITE, *O Tribunal Constitucional e o Sistema Político,* Âncora Editora, Lisboa, 2007, p. 29, nt. 11, e MARIO PATRONO, «*The Protection of Fundamental Rights by Constitutional Courts – A Comparative Pers-pective», in* VUWLR, Vol. 31, Num. 2, 2000, New Zeeland, pp. 401--426, pp. 401-402.

[15] Importa, adicionalmente, chamar a atenção para o facto da jurisprudência do caso *Marshall* ter sido seguida e ampliada nos posteriores acórdãos do *Supreme Court*, no sentido de este poder julgar a constitucionalidade de toda a legislação estadual, e não apenas das leis federais.

No caso mencionado, o juiz MARSHALL decidiu que «todo o acto legislativo contrário à Constituição é inválido»[16], pelo que os tribunais americanos estariam incumbidos da verificação da constitucionalidade das leis (*judicial review of legislation*). Já no segundo quartel do século XX, o juiz STORY deixava bem claro que «o poder de interpretar a Constituição é expressamente atribuído ao poder judicial, sem qualquer limitação ou restrição»[17], de modo que esta se actualize e se adapte continuadamente à realidade constitucional da vida politica, económica e social do Estado norte-americano (*living Constitution*).

Ora, esta actividade judicial de controlo da Constituição realiza-se incidentalmente, incumbindo ao juiz não aplicar uma norma que se lhe afigure inconstitucional, sendo que tal decisão produz efeitos somente para as partes no processo. Seja como for, a regra do precedente (*rule of the precedent*) acaba por amplificar os efeitos de uma desaplicação normativa, ao vincular os juízes, em casos posteriores, a atenderem aos precedentes judiciários dos tribunais hierarquicamente superiores. Não deve estranhar-se, por isso, que alguma doutrina propugne que a actividade do *Supreme Court* (SC) norte-americano – na qualidade de único tribunal supremo – se aproxima, *mutatis mutandis*, à função de controlo com eficácia *erga omnes* assumido pela jurisdição constitucional concentrada[18].

---

[16] Como afirmou MARSHALL, de forma lapidar e que qualquer tentativa de tradução empobreceria: «Thus, the particular phraseology of the constitution of the United States confirms and strengthens the principle, supposed to be essential to all written constitutions, that a law repugnant to the constitution is void, and that the courts, as well as other departments, are bound by that instrument». Na doutrina, salientando a importância desta decisão como momento de charneira no reconhecimento de uma efectiva supremacia material do texto constitucional face ao poderes públicos, cfr. K. C. WHEARE, *Las constituciones modernas*, (trad. Fernando Morena e Ángel Álandí), Editorial Labor, Barcelona, 1971, pp. 67 e 105, MARIA LÚCIA AMARAL PINTO CORREIA, *Responsabilidade do Estado e dever de indemnizar do legislador*, Coimbra Editora, Coimbra, 1998, p. 319, e ROSARIO TUR AUSINA, *Garantía de Derechos y Jurisdicción Constitucional – Efectividad del Amparo tras la Sentencia Estimatoria*, Tirant to Blanch, Valencia, 2008, p. 52. No entanto, como bem lembra EDUARDO GARCÍA DE ENTERRÍA, *La Constitución Como Norma y el Tribunal Constitucional*, Thomson Civitas, Editorial Aranzadi, S.A., Navarra, Cuarta edición, 2006, p. 61, esta verificação não foi uma preciosa invenção do jurista, mas sim o «aperfeiçoamento final e definitivo do sistema expresso na própria Constituição».

[17] *Apud* FRANCISCO FERNÁNDEZ SEGADO, «*La judicialización del Derecho Constitucional*», *in* Cuadernos de la Cátedra Fadrique Furió Ceriol, n.º 3, primavera de 1993, J. V. Ediciones, Valencia, pp. 43-52, p. 43.

[18] É a orientação asumida por MAURO CAPPELLETTI, *La jurisdicción constitucional de la libertad... cit.,* p. 117.

A *Tutela Constitucional dos Direitos, Liberdades e Garantias*   27

Recorde-se que o modelo da *judicial review* se caracteriza pela atribuição a todos os órgãos jurisdicionais da competência decisória sobre a constitucionalidade de uma norma aquando da aplicação da mesma a um caso concreto. Daí que se fale em controlo difuso, pois este não está concentrado apenas num órgão, mas atribuído aos órgãos judiciais em geral. Também pode ser designado como modelo «unitário», na medida em que a justiça constitucional não surge concentrada numa organização autónoma, não se procedendo, assim, à distinção entre jurisdição ordinária ou constitucional. Não obstante, refira-se que a multiplicidade do controlo e o perigo de uma excessiva dose de criação judicial são matizadas pelo princípio de fidelidade ao precedente (*stare decisis et non quieta movere*), que vincula os tribunais inferiores à jurisprudência dos tribunais superiores, produzindo um efeito unificador e clarificador da jurisprudência[19].

Significa isto, em síntese, que o modelo difuso de justiça constitucional pode caracterizar-se como um modelo que assenta numa total confiança na atribuição desta função aos juízes ordinários, sem se sentir a necessidade de uma tutela específica e reforçada em instâncias separadas. Das considerações feitas até aqui, deduz-se que o modelo norte-americano, de cariz concreto e incidental, se orientou muito particularmente para a protecção subjectiva dos direitos fundamentais das partes em litígio[20].

1.1.2. *Sistemas de Controlo Político da Constitucionalidade*

Como era de esperar, o modelo americano de justiça constitucional espalhou-se um pouco por todo o mundo, *v.g.*, Austrália, Brasil, Canadá, Dinamarca, Finlândia, Índia, Japão, Nigéria, Quénia, Suécia, Suiça e Uganda[21]. Contudo, a maioria dos Estados europeus não estavam politicamente preparados para adoptar, na sua pureza, um modelo tão singular

---

[19] Cfr. Eduardo García de Enterría, *La Constitución Como Norma y el Tribunal Constitucional*, *cit.*, p. 63. Para um estudo mais desenvolvido sobre este princípio, cfr. Alessandro Pizzorusso, *Sistemi Giuridici Comparati*, Giuffrè Editore, Milano, 1995, pp. 269-282.

[20] Cfr. Eduardo García de Enterría, *La Constitución Como Norma y el Tribunal Constitucional*, *cit.*, pp. 137-143, e Rosario Tur Ausina, *op. cit.*, p. 84.

[21] Cfr. J. J. Gomes Canotilho, *Direito Constitucional e Teoria da Constituição*, *cit.*, p. 896.

28 A Tutela Directa dos Direitos Fundamentais

e intrinsecamente associado a uma história e cultura muito específicas[22-23]. Numa perspectiva política, verificou-se que muitos Estados que acolheram o modelo americano, após períodos de governação autoritária, concluíram que os tribunais então existentes não ofereciam a confiança dos cidadãos e ainda estavam viciados pela experiência não democrática[24].

Por outro lado, cumpre lembrar que o constitucionalismo europeu nasceu em França, inebriado pelos ideais revolucionários de 1789, que unicamente se preocuparam em substituir o «governo dos homens» pelo «governo das leis»[25]. De um ponto de vista político e sob a égide do tradicional princípio estanque da separação de poderes, não parecia uma opção equilibrada entregar o monopólio do controlo da constitucionalidade das leis ao poder judicial.

Tal não significa que não tenham despontado propostas de criação de uma instituição fiscalizadora da constitucionalidade da actuação pública. Na verdade, o próprio SIEYÈS propôs a formação de um «*jury constitutionnaire*», incumbido de evitar a usurpação de poderes e da garantia do equilíbrio entre os mesmos[26]. Todavia, em França, vivia-se

---

[22] Cfr. JORGE MIRANDA, «*Tribunais, Juízes e Constituição*», *in* ROA, ano 59, Vol. I, Jan. 1999, Almedina, pp. 5-28, p. 22, e JOSÉ JULIO FERNÁNDEZ RODRÍGUEZ, *La justicia constitucional europea ante el siglo XXI, cit.*, p. 30.

[23] Lembre-se, inclusivamente, que o *Supreme Court* é perspectivado de forma algo mistificada, como símbolo vivo da Constituição e um dos principais responsáveis pela promoção das liberdades dos indivíduos. Cfr., já com esta ideia, PABLO PÉREZ TREMPS, *Tribunal Constitucional y Poder Judicial, cit.*, p. 33.

[24] Nesta linha, LECH GARLICKI, «*Constitutional courts versus supreme courts*», *in* IJCL, Vol. 5, Num. 1, January 2007, Oxford Journals, Oxford University Press, pp. 44-68, p. 45.

[25] Na terminologia de BARTOLOME CLAVERO, «*Garantie des droits: emplazamiento histórico del enunciado constitucional*», *in* REP (Nueva Época), Núm. 81, Julio-Septiembre, 1993, Centro de Estudios Constitucionales, Madrid, pp. 7-22, p. 7, e PABLO PÉREZ TREMPS, *Tribunal Constitucional y Poder Judicial, cit.*, p. 24. Daí a sobejamente conhecida máxima do artigo 16.º da Declaração dos Direitos de 1789: «toute société dans laquelle la garantie des droits n'est pas assurée, ni la séparation des pouvoirs déterminée, n'a point de constitution».

[26] No essencial, rezava o Autor que «*une Constitution est un corps de lois obligatoire, ou ce n'est rien; si c'est un corps de lois, on se demande où sera le gardien; où sera la magistrature de ce code?*». Não obstante esta proposta de SIEYÈS ter sido rejeitada pela Convenção, certo é que ela não deixou de influenciar a Constituição girondina de 1795, no sentido da atribuição ao Conselho dos Anciãos, constituídos em câmara parlamentar, da competência de zelar pelo cumprimento da Constituição. Neste sentido apontavam já claramente CARL SCHMITT, *Der Hüter der Verfassung*, Duncker &

A Tutela Constitucional dos Direitos, Liberdades e Garantias

numa época de grande confiança no Parlamento, enquanto expressão da *«volonté général»*, pelo que não parecia necessária a introdução de qualquer forma de controlo do poder legislativo. O mesmo sentimento se registava no Parlamento inglês e na generalidade das monarquias constitucionais[27].

Além disso, e na linha do que foi dito, o sistema da *judicial review*, entranhado de forma muito particular e genuína na mentalidade americana, não era facilmente transponível para a realidade europeia, desenvolvida num sistema jurídico assente na família de direito romano (*civil law*)[28]. Em face do que antecede, alguma doutrina adianta que para este estado de coisas foi determinante a pesada herança do *Ancien Régime*, que trazia consigo reminiscências de um modelo em que subsistia alguma reverência judicial ao Monarca, impedindo o exercício judicial de forma independente[29]. Deste modo, antes de se poder falar num controlo judicial da Constituição, no espaço europeu, existiram somente formas de controlo político baseadas no controlo por órgão parlamentar[30] ou na fiscalização a cargo do Chefe de Estado.

Humblot, Vierte Auflage, Berlin, 1996, p. 34, e Christian Starck, *«La legitimación de la justicia constitucional y el principio democrático»*, in Anuario Iberoamericano de Justicia Constitucional, Núm. 7, 2003, Centro de Estudios Constitucionales, Madrid, pp. 479-493, p. 482.

[27] Em Portugal, o controlo político das leis acompanhou o constitucionalismo monárquico, ressurgindo, até certo ponto, na Constituição Republicana de 1933. Cfr., para uma exposição mais detalhada, J. J. Gomes Canotilho, *Direito Constitucional e Teoria da Constituição, cit.*, p. 897.

[28] Como, em sentido convergente referem Alfred Rinken, *op. cit.*, p. 16, Eduardo García de Enterría, *La Constitución Como Norma y el Tribunal Constitucional, cit.*, p. 136, e Francisco Fernández Segado, *«La judicialización del Derecho Constitucional»*, *cit.*, p. 43.

[29] Cfr. Carlos Blanco de Morais, *Justiça Constitucional, Tomo I, cit.*, p. 282, e Pablo Pérez Tremps, *Tribunal Constitucional y Poder Judicial, cit.*, pp. 40-41. Segundo o último Autor citado, este foi um dos motivos pelos quais os tribunais contencioso-administrativos se configuraram como tribunais especiais (p. 56).

[30] Este controlo assumiu três modalidades: (*i*) o controlo parlamentar simples, em que a supremacia da Constituição sobre a lei não era fiscalizada por nenhum órgão específico. Pode apontar-se como exemplo a Constituição portuguesa de 1822; (*ii*) o controlo levado a cabo por uma câmara parlamentar específica, incumbida de assegurar o cumprimento da Constituição, de que é exemplo o Senado Conservador da Constituição napoleónica de 1799; (*iii*) por fim, o controlo por um órgão político específico designado pelo Parlamento, *v.g.*, o Comité Constitucional criado pela Constituição francesa de 1946. Para mais desenvolvimentos, cfr. Carlos Blanco de Morais, *Justiça Constitucional, Tomo I, cit.*, pp. 90-94 e pp. 281-285.

30 A Tutela Directa dos Direitos Fundamentais

Esta última modalidade de controlo político desenvolveu-se sob a égide do dualismo monárquico oitocentista e teve como exponente máximo CARL SCHMITT, já nos inícios do século XX. No seu livro, «Der Hütter der Verfassung» (o guardião da Constituição), publicado em 1931, o Autor debruçou-se precisamente sobre o problema da garantia da Constituição na então Constituição de Weimar, defendendo que o órgão mais apto a desempenhá-la seria o Presidente do Reich[31-32]. Convirá ter presente que o jurista se inspirou nas obras de BENJAMIN CONSTANT (século XIX), apoiante da monarquia constitucional, e defendeu que ao Monarca não deveriam ser atribuídas funções de governação, mas tão-somente dever--lhe-ia ser atribuído um *pouvouir neutre, intermédiaire* e *régulateur*[33-34].

Por tais razões, o poder de preservação (*bewahrende Gewalt*) que desempenharia o Presidente do *Reich*, seria neutro (*neutral*), completamente independente de conotações partidárias, uma vez que possui uma legitimidade democrática directa[35]. Decorre das considerações precedentes que o Chefe de Estado actuaria como um defensor da unidade do

---

Para uma referência critica ao sistema de controlo político da constitucionalidade, cfr. HANS KELSEN, «*A jurisdição constitucional*», (título original: *La garantie juridictionnel de la Constitution (La justice constitutionnelle)*, 1928, trad.: Maria Ermantina Galvão), *in Jurisdição Constitucional*, Martins Fontes, São Paulo, 2003, pp. 119-186, pp. 150-151. Com efeito, KELSEN defendeu que «seria ingenuidade política» acreditar num efectivo controlo pelo próprio Autor da norma, pelo que excluiu automaticamente o Parlamento da tarefa de guardião da Constituição. Em plena sintonia, INGO VON MÜNCH, «*¿El Tribunal Constitucional Federal como actor político?*», (trad. David García Pazos), *in* Anuario Iberoamericano de Justicia Constitucional, Núm. 6, 2002, Centro de Estudios Constitucionales, Madrid, pp. 567-582, p. 578.

[31] A Constituição de Weimar (*Die Verfassung des Deutschen Reiches,* comummente designada como *Weimarer Reichsverfassung* – WRV) vigorou entre 1919 e 1933, como lei fundamental da República de Weimar. Teve um papel histórico muito relevante, pois, como atrás ficou dito, foi a primeira vez que se instituiu um catálogo de direitos fundamentais em território alemão. Cfr. JOÃO DE CASTRO MENDES, «*Direitos, Liberdades e Garantias – Alguns aspectos gerais*», *in* AAVV, Estudos Sobre a Constituição, Vol. I, Livraria Petrony, Lisboa, 1977, pp. 93-117, p. 97.

[32] CARL SCHMITT, *op. cit.,* p. 101.

[33] *Ibidem,* pp. 132-159.

[34] Este modelo acabou por influenciar a Constituição portuguesa de 1826. No sentido de que hoje ainda se podem encontrar algumas reminiscências deste modelo de controlo político de SCHMITT no constitucionalismo português, cfr. CARLOS BLANCO DE MORAIS, *Justiça Constitucional, Tomo I, cit.,* p. 287.

[35] CARL SCHMITT, *op. cit.,* p. 155.

A Tutela Constitucional dos Direitos, Liberdades e Garantias 31

povo alemão, como um todo político, actuando à semelhança de um poder de contrapeso (*countervailing power*)[36].

Seja-nos permitido, para fechar as considerações relativas ao sistema de controlo político da constitucionalidade, lembrar que, no ordenamento jurídico alemão do século XX, a aplicação da tese schmittiana conduziu à atribuição deste poder moderador ao Presidente do *Reich*, Paul von Hindenburg. Acontece que, como bem sabemos, pouco depois, invocando o artigo 48.º da Constituição de Weimar, Hitler conseguiu concentrar em si todo o poder[37]. De facto, não andaremos longe da verdade se dissermos que a pretensão de normatividade do Direito Constitucional não teve

---

[36] HANS KELSEN, «*Quem deve ser o guardião da Constituição?*», (título original: *Wer soll der Hüter der Verfassung sein?*, 1930-1931, trad.: Alexandre Krug), *in Jurisdição Constitucional*, Martins Fontes, São Paulo, 2003, pp. 235-298, pp. 280-281, critica essa solução, argumentando que CARL SCHMITT cai num idealismo utópico, ao esperar tanto de um Chefe de Estado, nomeadamente ao confiar-lhe a tarefa de «produtor de uma dada unidade real, no sentido de uma efectiva solidariedade de interesses». Por outro lado, KELSEN lembra que o mero facto de o Chefe de Estado ser eleito directamente pelo povo, não assegura a sua independência (p. 283).

[37] Com base no então artigo 48.º da WRV, o Presidente do *Reich*, na hipótese de «estar em causa uma grave ameaça ou perturbação da segurança pública», podia «tomar as medidas necessárias para restabelecer o direito e a ordem, (...) inclusivamente suspendendo parcial ou integralmente os direitos civis plasmados nos artigos 114.º, 115.º, 117.º, 118.º, 123.º, 124.º e 153.º». Assim, quando o *Reichstag* (Parlamento Federal) sofreu um incêndio – cuja autoria foi atribuída pelos nazis aos comunistas – Adolf Hitler aproveitou-se da confusão generalizada que se havia criado para convencer o Presidente do *Reich* (Paul von Hindenburg) a assinar, com sustento no artigo 48.º da WRV, o «Decreto do Incêndio do Reichstag» (*Verordnung des Reichspräsidenten zum Schutz von Volk und Staat*), disponível para consulta no site: http://www.documentarchiv.de/ns/rtbrand.html. Este decreto procedeu a uma suspensão *sine die* («*bis auf weiteres außer Kraft*») de todos os direitos fundamentais indicados no artigo 48.º, que supostamente seriam *Diktaturfestige* (resistentes à ditadura). Estavam em causa, respectivamente, os direitos à liberdade individual, direito de asilo, inviolabilidade da correspondência, liberdade de expressão, direito de reunião e manifestação, liberdade de associação e o direito de propriedade privada.

Esta dura lição histórica explica a consagração expressa, no artigo 79.º da actual Lei Fundamental alemã (GG), de entraves à suspensão do exercício dos direitos fundamentais. Para uma crítica à interpretação schmittiana feita do artigo 48.º da WRV – que acabou por conotá-lo definitivamente com o partido nacional-socialista, como o «*Kronjurist*» do Terceiro *Reich* – cfr. EDUARDO GARCÍA ENTERRÍA, *Hacia una nueva justicia administrativa*, Editorial Civitas S. A., Madrid, 1989, p. 47, e HANS KELSEN, «*Quem deve ser o guardião da Constituição?*», *cit.*, p. 246.

32 A Tutela Directa dos Direitos Fundamentais

uma resposta cabal com a garantia política, tornando-se imperativa, ao invés, uma jurisdicionalização da fiscalização da observância e cumprimento da Constituição.

1.1.3. Do Modelo Kelseniano de Justiça Constitucional à «Jurisdição Constitucional de Liberdade»

«Si la juridicisation du droit constitutionnel au niveau des garanties fondamentales aboutit à un meilleure service de l'homme, à une meilleure protection de la dignité humaine, alors vive la juridicisation du droit constitutionnel!»[38]

Em aberta contradição com a tese de CARL SCHMITT, o modelo de justiça constitucional europeu (também designado de «austríaco», «concentrado», «kelseniano», ou «de separação»)[39] sustenta-se nos pilares firmes da tese de HANS KELSEN, que, ultrapassando a tradição germânica da Staatsgerichtsbarkeit (justiça do Estado)[40], deixou uma marca indelével no pensamento jurídico da época.

Logo à cabeça e bem à frente, o Autor considerou que a estrutura do ordenamento jurídico seria comparável a uma pirâmide normativa (Stufenbau der Rechtsordnung), em que no vértice estaria a Constituição. Por isso, não é de espantar a conclusão de que, embora a regularidade de cada degrau normativo esteja assegurada pela sua conformidade com

---

[38] JEAN RIVERO, apud FRANCISCO FERNÁNDEZ SEGADO, «La judicialización del Derecho Constitucional», cit., p. 48.

[39] Cumpre, todavia, salientar que, nos dias actuais, não resulta tão pacífica a designação de «modelo europeu», uma vez que, como sagazmente sublinhou FRANCISCO FERNÁNDEZ SEGADO, «La justice constitutionnelle devant le XXIème siècle», cit., p. 313, «há mais diferenças nos sistemas de justiça constitucional existentes na Europa que entre alguns deles e o [modelo] norte-americano». Apesar da justeza do reparo, o próprio Autor não descura a importância didáctica da distinção (p. 320).

[40] O conceito de Staatsgerichtsbarkeit diz respeito à resolução jurisdicional dos conflitos entre órgãos do Estado que concorriam para a formação da vontade do Estado e foi acolhido na Constituição Austro-húngara de 1869, na Constituição alemã de 1871 e na VRW (1919). Saliente-se, contudo, que apesar de a VRW não consagrar um controlo material da lei, a questão foi muito debatida nos trabalhos preparatórios da Constituição. Cfr., desenvolvidamente, FRANCISCO FERNÁNDEZ SEGADO, «La justice constitutionnelle devant le XXIème siècle», cit., pp. 314-316.

A *Tutela Constitucional dos Direitos, Liberdades e Garantias*   33

o escalão normativo superior, no caso do vértice (Constituição), não exista um padrão de garantia oferecido[41]. Chegados aqui, facilmente se vislumbra que foi precisamente para colmatar esta lacuna que KELSEN propôs a criação de um tribunal especializado na resolução de conflitos constitucionais, a *Verfassungsgerichtsbarkeit* (justiça constitucional). Este órgão *ad hoc*, apesar de ser denominado «tribunal», por possuir características próprias da jurisdição ordinária (tais como a imparcialidade e a independência), teria como função a garantia do exercício regular das funções estatais, assumindo em exclusivo o controlo da actividade legislativa[42].

A esta luz, o foco da competência do Tribunal Constitucional incidiria sobre a anulação de normas, ou seja, o acto oposto à criação jurídica parlamentar, actuando como um verdadeiro legislador *negativo (negative Gesetzgeber)*[43]. O controlo seria, assim, concentrado, abstracto e as decisões deste Tribunal Constitucional produziriam efeitos *erga omnes*. Em consequência, garantir-se-ia a unidade e a coerência do ordenamento jurídico, sob a égide da *norma normarum*. Chegados a este ponto, cumpre fazer uma destrinça. Enquanto o Parlamento actua de forma livre e criadora, estando, regra geral, apenas subordinado à Constituição, no que respeita ao procedimento legislativo, já a actividade da jurisdição cons-

---

[41] HANS KELSEN, «*A jurisdição constitucional*», *cit.*, p. 126. O Autor defendeu que a garantia da Constituição se traduz precisamente em assegurar que os limites jurídicos ao exercício do poder não são ultrapassados (função política da Constituição). Nestes termos, cfr. *Idem*, «*Quem deve ser o guardião da Constituição?*», *cit.*, p. 240.

[42] *Ibidem*, p. 124. A expressão «tribunal *ad hoc*» deve ser entendida no sentido do *jury constitutionaire* proposto por Sieyès, isto é, referindo-se a uma magistratura separada da «magistratura civil».

[43] *Ibidem*, p. 153. Segundo EDUARDO GARCÍA DE ENTERRÍA, *La Constitución Como Norma y el Tribunal Constitucional*, *cit.*, p. 65, na construção kelseniana, o poder legislativo estaria distribuído por dois órgãos complementares: (*i*) o Parlamento, enquanto titular do poder de iniciativa legislativa (legislador *positivo*); (*ii*) e o Tribunal Constitucional, que julgaria a conformidade das leis com a Constituição, podendo declarar com efeitos *ex tunc* e *erga omnes* a inconstitucionalidade de uma lei (legislador *negativo*). Porém, como bem adverte PABLO PÉREZ TREMPS, *Tribunal Constitucional y Poder Judicial*, *cit.*, p. 7, o qualificativo de «legislador negativo» não pretende retirar o carácter jurisdicional ao Tribunal Constitucional. Com efeito, o jurista austríaco parte da seguinte perspectivação das funções do Estado: (*i*) função legislativa, de criação de Direito; (*ii*) e a função executiva, ou de aplicação do Direito, na qual se inseria a justiça constitucional. Com base nesta premissa, HANS KELSEN amplia a concepção de jurisdição – tradicionalmente entendida como destinada apenas à resolução de casos concretos – conferindo-lhe também uma função objectiva.

titucional «é absolutamente determinada pela Constituição»[44]. Ou seja, dizendo com mais clareza, é neste raciocínio que o Autor se baseia para afirmar o carácter jurisdicional do legislador negativo, acentuando que a tarefa fundamental do Tribunal Constitucional deverá ser a de aplicar a Constituição e, apenas residualmente, a de criação do direito.

Como facilmente se antevê do que foi exposto, KELSEN preocupou--se em demonstrar que a criação de uma jurisdição constitucional, à qual é atribuído o poder de anular as leis, não constitui uma violação do princípio da separação de poderes, mas, pelo contrário, «é uma afirmação dele»[45]. Com efeito, o Autor realçou que este princípio não deve ser perspectivado de forma estanque – no sentido de poderes isolados uns dos outros – mas de modo dinâmico, interactivo, em que existe um controlo recíproco.

Na sua concepção originária, a subtil criação kelseniana não atribuía ao Tribunal Constitucional competências de aplicação da lei a um caso concreto – como é próprio da actividade judicial – mas outrossim a missão de controlar abstractamente a constitucionalidade das leis, através de um juízo de compatibilidade lógica (*Vereinbarkeit*) da legislação ordinária com a Constituição[46]. Se é assim, compreender-se-á que estava de fora, igualmente, o controlo das decisões judiciais e dos actos administrativos[47].

Seja como for e feita esta ressalva, parece-nos que a construção teórica assim concebida foi propositada, procurando desta forma contornar a forte objecção que CARL SCHMITT lhe colocara e que se prendia precisamente com a criação de um «*governement des juges*»[48] ou de uma

---

[44] HANS KELSEN, «*A jurisdição constitucional*», cit., p. 153.

[45] *Ibidem*, p. 152. Todavia, não é novidade, hoje, e como veremos adiante, que a competência de controlo do poder legislativo atribuída ao Tribunal Constitucional, acaba por transformá-lo num órgão que caminha nos limites funcionais e jurídicos («*funktionell-rechtlicher Grenzgänger*»), conforme elucida HELMUTH SCHULZE-FIELITZ, *apud* MARTIN SCHULTE, *op. cit.*, p. 1012.

[46] Cfr. HANS KELSEN, «*A jurisdição constitucional*», cit., p. 156.

[47] Quanto às decisões judiciais, KELSEN entendia que a sua regularidade estava assegurada pelo simples facto de serem actos produzidos por um tribunal. Já na hipótese dos actos administrativos, estes deveriam, em princípio, caber na esfera de competência dos tribunais administrativos, de forma a evitar conflitos entre as jurisdições. Cfr. *Ibidem*, p. 161.

[48] Expressão primeiramente atribuída a EDOUARD LAMBERT, na sua obra *Le gouvernement des juges et la lutte contre la législation sociale aux Etats-Unis* (1921). Cfr.,

A Tutela Constitucional dos Direitos, Liberdades e Garantias

«*Aristokratie der Robe*»[49]. Quer dizer, a concepção kelseniana não encarnava uma atitude de desconfiança perante o Parlamento, mas, ao invés, deixava transparecer algumas reservas quanto a uma excessiva judicialização do Tribunal Constitucional[50]. Não obstante isso, KELSEN rejeitou categoricamente a tese schmittiana que sustentava que o respeito pelo princípio democrático implicaria que a guarda da Constituição apenas pudesse ser confiada ao Chefe de Estado[51]. Afinal de contas, nada impede que o Tribunal Constitucional seja eleito pelo povo ou, indirectamente, pelo Parlamento, como foi o que sucedeu ao abrigo da Constituição austríaca de 1920[52].

Por último, o Autor não deixou de criticar, igualmente, o reparo que CARL SCHMITT fizera quanto ao facto de qualquer actividade que implicasse a anulação de uma lei ser um acto político e não se poder apelidar de «jurisdicional»[53]. Neste ensejo, escreveu que não se pode partir do pressuposto erróneo de que entre a função jurisdicional e a função política exista uma contradição radical, porque isso seria presumir que o exercício do poder estaria apenas nas mãos da primeira[54]. Por tais razões, quanto mais amplo for o grau de discricionariedade cedido pela legislação, mais notório será o carácter político da jurisdição. Logo, conclui que «entre

---

para os debates sobre a questão, JOSÉ JULIO FERNÁNDEZ RODRÍGUEZ, *La justicia constitucional europea ante el siglo XXI, cit.*, p. 136, MAURO CAPPELLETTI, *El "formidable problema" del control judicial y la contribución del análisis comparado*», in REP, Núm. 13, Enero-Febrero 1980, Centro de Estudios Constitucionales, Madrid, pp. 61--104, p. 76, e PATRICK FRAISSEIX, «*Le "prétoricentrisme", coup d'État de Droit ?*», in RRJ – Droit Prospectif, 30ème année, 107ème numéro, Presses Universitaires d'Aix-Marseille (PUAM), pp. 285-306, pp. 303-306.

[49] CARL SCHMITT, *op. cit.*, p. 156. Utilizando a mesma expressão, KONRAD ZWEIGERT *apud* REINHARD WARMKE, *Die Subsidiarität der Verfassungsbeschwerde*, Schriften zum Öffentlichen Recht, Band 634, Duncker & Humbloy, Berlin, 1993, p. 38, nt. 17.

[50] Cfr. FRANCISCO FERNÁNDEZ SEGADO, «*La justice constitutionnelle devant le XXIème siècle*», *cit.*, p. 318.

[51] CARL SCHMITT, *op. cit.*, pp. 155-156.

[52] HANS KELSEN, «*Quem deve ser o guardião da Constituição?*», *cit.*, p. 291.

[53] Segundo HANS KELSEN, «*Quem deve ser o guardião da Constituição?*», *cit.*, pp. 250, e 258-259, CARL SCHMITT defendia que a função jurisdicional não possuía um carácter inovador ou criativo, bastando-se com o mero silogismo jurídico de aplicação de «uma decisão judicial já existente na lei», isto é, como um autómato do direito (*Rechtsautomat*).

[54] *Ibidem*, p. 251. Sobre o conceito de função jurisdicional, cfr. JORGE MIRANDA, «*Tribunais, Juízes e Constituição*», *cit.*, p. 13.

36 A Tutela Directa dos Direitos Fundamentais

o carácter político da legislação e o da jurisdição há apenas uma diferença quantitativa e não qualitativa»[55].

Em termos simplificados, este tribunal especializado funciona como uma espécie de «contra-poder»[56] que mantém o equilíbrio e a efectividade do sistema constitucional. Por outro lado, opera também como uma peça essencial da educação política dos cidadãos e da «sedimentação e fortalecimento» (*Gründung und Festigung*)[57] da Constituição. Nesta sede, está igualmente incumbido da garantia da igualdade na aplicação do direito (*Rechtsanwendungsgleichheit*) e da uniformidade da ordem jurídica (*der Einheit der Rechstordnung*)[58]. Porém, apesar do modelo concentrado de justiça constitucional atribuir a cada tribunal constitucional a competência de último intérprete da Constituição[59], certo é que a jurisdição ordinária está vinculada ao respeito da Constituição, pelo que, no seu exercício jurisdicional, terá sempre de interpretar as leis ordinárias em conformidade com a Constituição (*die verfassungskonforme Auslegung von Gesetzen*)[60].

A tese de HANS KELSEN foi amplamente incorporada na Constituição austríaca de 1920 (*Oktoberverfassung*, revista em 1929) e serviu como um modelo para o constitucionalismo que fervilhou durante e após as duas Guerras Mundiais, na Europa Ocidental, Europa de Leste e em inúmeros Estados da América Latina. Daí que a doutrina tenda a assinalar três momentos de expansão («*trois vagues*») da justiça constitucional

---

[55] HANS KELSEN, «*Quem deve ser o guardião da Constituição?*», cit., p. 251.

[56] Com efeito, como bem alerta EDUARDO GARCÍA DE ENTERRÍA, *La Constitución Como Norma y el Tribunal Constitucional*, cit., p. 199, uma Constituição que não seja protegida por um Tribunal Constitucional será sempre instrumentalizada politicamente pelas maiorias no poder.

[57] R. SMEND, *apud* EDUARDO GARCÍA DE ENTERRÍA, *La Constitución Como Norma y el Tribunal Constitucional*, cit., p. 207.

[58] Sobre o assunto, cfr. ULLI F. H. RÜHL, *Die Funktion der Verfassungsbeschwerde für die Verwirklichung der Grundrechte»*, *in* KritV, 81 Jahrgang, Heft 2, 1998, Duncker & Humblot, Berlin, pp. 156-170, p. 158.

[59] Desde cedo a jurisprudência constitucional alemã se referiu à sua competência de último intérprete da Constituição (*Zuständigkeit zur letztverbindlichen Auslegung des Grundgesetzes*), sendo que esta interpretação possui um carácter vinculativo para os demais operadores judiciários. Cfr. o acórdão do Tribunal Constitucional Federal alemão 2 BvR 128/84, de 15/01/1985, *apud* KLAUS SCHLAICH e STEFAN KORIOTH, *Das Bundesverfassungsgericht – Stellung, Verfahren, Entscheidungen*, Verlag C. H. Beck, München, 6. Auflage, 2004, p. 16, nt. 55.

[60] Cfr. *Ibidem*, p. 16.

A *Tutela Constitucional dos Direitos, Liberdades e Garantias* 37

que iniciaram no após Segunda-Guerra Mundial, uma vez que, anteriormente, poucos Estados possuíam tribunais constitucionais ou outros que assumissem a função da jurisdição constitucional, à excepção, *v.g.*, do *SC* norte-americano, do Tribunal Constitucional da então Checoslováquia (1920), do Tribunal Constitucional austríaco (1920-1934), do Tribunal Constitucional de Liechtenstein (1921), do Tribunal Constitucional irlandês (1937) e, em termos limitados, do Tribunal de Garantias Constitucionais espanhol (1931)[61].

Mais em pormenor, os momentos de maior difusão da justiça constitucional foram os seguintes: (*i*) *Depois da Segunda Grande Guerra*, registou-se uma multiplicação, por toda a Europa, da «enérgica pretensão de validade das normas materialmente constitucionais»[62], que esteve na base da criação de tribunais especializados em assuntos constitucionais, na Áustria (1945), na Itália (1948) e na República Federal da Alemanha (1949); (*ii*) Na sequência do *derrube de regimes autoritários/ditatoriais nos países mediterrânicos*, como foi o caso da Grécia (1975), Espanha (1979) e Portugal (1982); *iii*) Por último, depois da *Queda do Muro de Berlim*, a 9 de Novembro de 1989, foi a vez da justiça constitucional se irradiar, de modo muito especial, na Europa de Leste[63].

---

[61] Cfr., entre outros, CARLOS FLORES JUBERÍAS e MERCEDES TORRES PÉREZ, *op. cit.*, pp. 96-97, nt. 8, ERNST-WOLFGANG BÖCKENFÖRDE, «*Verfassungsgerichsbarkeit: Strukturfragen, Organization, Legitimation*», in NJW, Jahr. 52, Heft 1, C. H. Beck, München, 1999, pp. 9-16, p. 9, J. J. GOMES CANOTILHO, «*Jurisdição constitucional e intranquilidade discursiva*», in AAVV, Perspectivas Constitucionais – Nos 20 Anos da Constituição de 1976, Vol. I, Coimbra Editora, Coimbra, 1996, pp. 871-887, p. 877, JOSÉ JULIO FERNÁNDEZ RODRÍGUEZ, *La justicia constitucional europea ante el siglo XXI, cit.*, p. 30, e, por útlimo, LOUIS FAVOREAU e JOHN-ANTHONY JOLOWICZ, *Le controle des lois – légitimité, effectivité et développements récents, apud* ADHEMAR FERREIRA MACIEL, «*Mandado de segurança – Direito líqüido e certo*», in Scientia Ivridica – Revista de Direito Comparado Português e Brasileiro, Tomo XLVII, n.os 271/273, Jan-Junho 1998, Universidade do Minho, Braga, pp. 109-135, p. 109, nt. 2.

[62] Expressão de OTTO BACHOF, *apud* FRANCISCO FERNÁNDEZ SEGADO, «*La judicialización del Derecho Constitucional*», *cit.*, p. 45.

[63] Cfr. CARLOS FLORES JUBERÍAS e MERCEDES TORRES PÉREZ, «*Los tribunales constitucionales y su papel en la protección de los derechos fundamentales en las nuevas democracias de la Europa Central y Oriental*», in CuC, n.º 5, julio-diciembre 2001, Instituto de Investigaciones Jurídicas, UNAM, México, pp. 89-143, pp. 96-97. Cumpre recordar, a este propósito, que a queda do comunismo esteve na base da proliferação de tribunais constitucionais, em especial no bloco soviético da Europa do Leste. Exemplo paradigmático do que se acaba de dizer encontra-se nas palavras do

Esta força irradiante da cultura jurídica da Europa continental, nomeadamente após a segunda metade do século XX, com todas as diferenças e particularidades nacionais, pode resumir-se em breves palavras: uma *cultura de constitucionalidade*[64].

Podemos, então, verificar que foram factores exógenos – embora continuadores da preocupação kelseniana – tais como a experiência de regimes totalitários ou autoritários, os atropelos à dignidade da pessoa humana, os mecanismos deficitários de protecção dos direitos fundamentais e a reivindicação internacional de que estes mesmos direitos gozassem de uma protecção real e eficaz, que exigiram um aprofundamento da justiça constitucional. Mais precisamente, não deixa de ser interessante aferir que, inclusivamente as Constituições que nasceram fruto da lógica kelseniana de justiça constitucional – *v.g.*, de forma directa as Constituições italiana, alemã e, de modo indirecto, por influência das duas últimas, a portuguesa e a espanhola – cedo acabaram por reconhecer à jurisdição constitucional a competência para ir além da pureza institucional kelseniana e atribuíram-lhe a importante missão de protecção dos direitos fundamentais[65-66]. Para cumprir tal desiderato, introduziram um elemento

---

então presidente do Tribunal Constitucional húngaro (de 1989 a 1998), László Sólyom, quando afirmou que «nos antigos Estados socialistas, a introdução de uma jurisdição constitucional tornou-se um símbolo de um Estado governado pelo Direito», *apud* Mario Patrono, *op. cit.*, p. 406.

[64] Não é outra, no fundo, a conclusão de Maria Lúcia Amaral, «*Justiça constitucional, protecção dos direitos fundamentais e segurança jurídica*» ou «*Que modelo de justiça constitucional melhor protege os direitos fundamentais?*», *in* AAVV, Anuário Português de Direito Constitucional, vol. II/2002, Coimbra Editora, Coimbra, pp. 11--22, p. 12. Com efeito, nas palavras de Ignacio de Otto, *apud* Maria Lúcia Amaral, «*Carl Schmitt e Portugal – O problema dos métodos em direito constitucional português*», *in* AAVV, Perspectivas Constitucionais – Nos 20 Anos da Constituição de 1976, Vol. I, Coimbra Editora, Coimbra, 1996, pp. 167-194, p. 181, «as constituições *juridificaram--se* e *jurisdicionalizaram-se*», em homenagem à máxima do Estado Constitucional, isto é, a primazia da Constitucional.

[65] Na construção teórica kelseniana, a prioridade era reconhecer a Constituição como uma norma fundamental de carácter organizatório dos poderes estatais, e não tanto a preocupação de consagrar um elenco de direitos fundamentais susceptíveis de serem tutelados directamente. Assim, tomando como exemplo a Constituição austríaca de 1920, o texto constitucional era essencialmente composto por normas de cariz organizatório, não possuindo um catálogo de direitos fundamentais. Na época permanecia o entendimento de que os direitos dos cidadãos estavam dependentes da vontade do legislador ordinário, pelo que a Constituição não consagrava direitos subjectivos directamente accionáveis pelos cidadãos. Neste sentido, e como adiante veremos, a *Beschwerde* (queixa)

A Tutela Constitucional dos Direitos, Liberdades e Garantias

difuso num modelo de estrutura e organização concentrado e atribuíram ao Tribunal Constitucional a qualidade de intérprete supremo em matérias constitucionais[67].

Particularmente relevante, nesta matéria, é ainda o facto do Tribunal Constitucional, apesar de perspectivado como uma jurisdição concentrada, não deixar de ser uma verdadeira *jurisdição*, responsável pela tutela dos direitos e interesses de todas as pessoas jurídicas públicas ou privadas. O que demonstra, à saciedade, que a concretização prática do sistema europeu de justiça constitucional, nos ordenamentos jurídico-constitucionais passou, na generalidade dos casos, por uma sibilina aproximação ao sistema norte-americano de justiça constitucional[68]. Assim, em termos

---

perante o Tribunal Constitucional austríaco, por violação de direitos garantidos na Constituição, seguindo fielmente a tradição kelseniana, assume uma faceta predominantemente objectiva.

Cumpre ressalvar, porém, que a construção de Kelsen não era tão rígida ao ponto de se contentar com essa faceta objectiva. O Autor previu igualmente competências residuais da jurisdição constitucional que não se prendiam exclusivamente com a constitucionalidade de uma lei, tais como a protecção dos direitos fundamentais. Contudo, na época, essa não era a prioridade constitucional, até porque, se atendermos à Constituição austríaca de 1920, verificaremos que esta não contém uma declaração de direitos expressa, apesar de o seu artigo 149.º fazer remissão para legislação anterior que acaba por funcionar como a parte dogmática da lei fundamental. Veja-se, a propósito, Pérez Tremps, *Tribunal Constitucional y Poder Judicial*, *cit.*, pp. 104 e 170, nt. 175.

[66] É importante frisar que a própria Constituição austríaca de 1920, através da sua reforma em 1929, pela *Zweite Bundesverfassungsnovelle*, de 07/12/1929, introduziu alguns traços do sistema difuso. Em especial, entre outros, destacou-se a consagração de um reenvio por parte dos Tribunais Supremos ao Tribunal Constitucional, quando, no âmbito de um processo ordinário, se tivessem levantado questões quanto à constitucionalidade das leis aplicáveis. Cfr., para o efeito, Mauro Cappelletti, *La jurisdicción constitucional de la libertad... cit.*, p. 33.

[67] Cfr. Pablo Pérez Tremps, *Tribunal Constitucional y Poder Judicial*, *cit.*, p. 9.

[68] Cfr. Francisco Rubio Llorente, «*¿Divide et obtempera? – Una reflexión desde España sobre el modelo europeo de convergencia de jurisdicciones en la protección de los Derechos*», in REDC, Año 23, Núm. 67, Enero-Abril 2003, Centro de Estudios Constitucionales, Madrid, pp. 49-67, p. 54, e Manuel Aragón Reyes, «*Problemas del recurso de amparo*», in AAVV, La Reforma del Recurso de Amparo, Coord. Pablo Pérez Tremps, Instituto de Derecho Público Comparado – Universidad Carlos III, Tirant to Blanch, Valencia, 2004, pp. 145-175, p. 145. Veja-se o exemplo da Constituição austríaca de 1920, das Constituições espanholas de 1931 e 1978 e da Lei Fundamental alemã de 1949.

Daí que Francisco Fernández Segado, «*La justice constitutionnelle devant le XXIème siècle*», *cit.*, p. 313, e José Julio Fernández Rodríguez, *La justicia constitucional*

A Tutela Directa dos Direitos Fundamentais

conceptuais e se bem vemos as coisas, hoje em dia, em bom rigor, não se justifica opor o modelo americano ao modelo austríaco, uma vez que a heterogeneidade e pluralidade da justiça constitucional têm avançado no sentido de uma gradual convergência, em que a protecção dos direitos fundamentais se converte na finalidade do sistema.

Destarte, se compreende que, à jurisdição constitucional *orgânica*, formada por processos constitucionais cuja finalidade é a protecção da pirâmide normativa estabelecida, se tenha aliado também o conceito de MAURO CAPPELLETTI de *«giurisdizione costituzionale della libertà»* (jurisdição constitucional da *liberdade* ou *Grundrechtsgerichtsbarkeit*)[69], cujo intuito primordial é o de proteger os direitos fundamentais dos cidadãos. Daí que alguma doutrina germânica considere que, no pós-guerra, se avançou de uma democracia do Estado constitucional (*Verfassungsstaat*), para uma «democracia dos direitos fundamentais» (*Grundrechts-demokratie*)[70], transformados em centro de gravitação do Direito (*Gravitationszentrum*)[71]. Aceita-se, hoje, com naturalidade, que a garantia

---

europea ante el siglo XXI, cit., p. 34, exortem para a necessidade de estabelecer uma nova tipologia susceptível de analisar e contrapor os sistemas de justiça constitucional. Estes dois últimos Autores lembram que alguma doutrina mais *d'avant-garde* aponta inclusivamente para a existência de um *tertium genus* (alguma hibridação de modelos) ou de um *quartum genus* (em que esta soma de modelos é mais evidente) de modelos de justiça constitucional. Nesta medida, L. PEGORARO afirma que tanto o ordenamento jurídico-constitucional português, como o grego, entrariam já nesse designado *quartum genus*, pois neles coexistem os modelos de controlo difuso e concentrado (pp. 337-342).

Perante este cenário, têm sido propostas novas diferenciações de modelos de justiça constitucional, como por exemplo: (*i*) *giurisdizione dei diritti fondamentali versus giustizia politica* (A. BALDASSARRE); (*ii*) sistema concreto *versus* sistema abstracto (PIZZORUSSO); (*iii*) modelo centrado sobre a lei *versus* modelo assente na defesa dos direitos (RUBIO LLORENTE); ou (*iv*) procedimento constitucional que responde a uma lógica subjectiva e concreta *versus* procedimento que responde a uma lógica objectiva e abstracta (FROMONT), (pp. 347-348).

[69] *La jurisdicción constitucional de la libertad – con referencia a los ordenamientos alemán, suizo e austriaco*, (trad. Hector Fix Zamudio), Instituto de Derecho Comparado – Universidad Nacional Autónoma de México, Imprenta Universitaria México, 1961. Cfr., em concreto, e sobre a questão, PAOLO BARILE, «*Garanzie costituzionali e diritti fondamentali: un'introduzione*», *in* AAVV, Perspectivas Constitucionais – Nos 20 anos da Constituição de 1976, Vol. II, Coimbra Editora, 1997, pp. 131-148, p. 145.

[70] STOURZH e FIKENTSCHER, *apud* CRISTINA M. M. QUEIROZ, *op. cit.*, p. 22.

[71] JOSÉ DE MELO ALEXANDRINO, *A estruturação do sistema de direitos, liberdades e garantias na Constituição Portuguesa*, Vol. I, (Raízes e contexto), Almedina, Coimbra, 2006, p. 118.

A Tutela Constitucional dos Direitos, Liberdades e Garantias

dos direitos fundamentais tenha sido elevada a responsabilidade primária do Estado de Direito (*État Légal*, *Rechtsstaat*, *Rule of Law*), associando--se estreitamente a este[72]. De resto, estamos em condições de afirmar, com LUIGI FERRAJOLI, que a garantia dos direitos fundamentais é como que «a outra face do constitucionalismo»[73].

Tendo em conta o exposto, pretendemos com este nosso estudo abordar a temática da protecção jurisdicional efectiva dos direitos fundamentais e realçar a sua importância nos actuais modelos de justiça constitucional. Não constitui novidade que cada modelo de justiça constitucional goza de características particulares e mesmo originais, que se prendem com as suas tradições constitucionais ou com uma certa ideia de Estado de Direito, do princípio democrático e da garantia dos direitos fundamentais[74].

Como se procurou realçar, o modelo da justiça constitucional – que rompe com o espartilho do controlo jurisdicional da mera conformidade legal das normas – vem desafiar continuamente os tribunais constitucionais a prosseguirem uma missão de tutela dos direitos fundamentais. Mais: os textos constitucionais vigentes, fecundados e enriquecidos com um forte pendor axiológico e material, necessitam de mecanismos de salvaguarda desses direitos fundamentais, não apenas a operar na jurisdição ordinária, mas também, a título subsidiário e extraordinário,

---

[72] A conceitualização do «Estado-de-Direito» deve-se à doutrina alemã das primeiras décadas do século XIX, nomeadamente a ROBERT VON MOHL, na sua obra «*Staatsrecht des Königsreichs Württemberg*» (1829). Mais recentemente, e na esteira do raciocínio supra apresentado, H. P. SCHNEIDER defendeu que ao conceito de Estado de Direito pode equivaler o de «Estado de Direitos Fundamentais». Cfr. JORGE REIS NOVAIS, *Contributo para uma Teoria do Estado de Direito*, Almedina, Coimbra, 2006, p. 47, e ROSARIO TUR AUSINA, *op. cit.*, p. 127. Porém, como salvaguardam J. J. GOMES CANOTILHO, *Direito Constitucional e Teoria da Constituição*, *cit.*, pp. 9397, e GUSTAVO ZAGREBELSKY, «*Jueces constitucionales*», (trad. Miguel Carbonell), *in* AAVV, Teoría del neoconstitucionalismo – Ensayos escogidos, Edición de Miguel Carbonell, Instituto de Investigaciones Jurídicas – UNAM, Editorial Trotta, Madrid, 2007, pp. 105-119, p. 92, Estado de Direito não é sempre a mesma coisa que *État Légal*, *Rechtsstaat* ou *Rule of Law*. Sobre o conceito de *Rechtsstaat* na Alemanha, cfr. WALTHER FÜRST e HELLMUTH GÜNTHER, *Grundgesetz: Das Verfassungsrecht der Bundesrepublick Deutschland in der Grundzügen*, Erich Schmidt Verlag, 2. Auflage, Berlin 1978, pp. 38-43.

[73] «*Garantías*», (trad. Antonio de Cabo y Gerardo Pisarello), *in* Jueces para la democracia. Información y Debate, n.º 38, 2000, Madrid, pp. 39-46, p. 41.

[74] Cfr. OTTO PFERSMANN, «*Le recours direct entre protection juridique et constitutionnalité objective*», *in.* CCC, n.º 10, 2001, Dalloz, Paris, pp. 65-71, pp. 65-66.

na jurisdição constitucional. Como adiante teremos oportunidade de desenvolver, uma tutela eficaz e plena dos direitos fundamentais exige que o Tribunal Constitucional vá mais longe do que as competências que inicialmente lhe foram atribuídas pelo modelo kelseniano e intervenha também na justiça do caso concreto[75].

Por último, outro aspecto interessante prende-se com a paulatina mas cada vez mais visível aposta no controlo da *micro-constitucionalidade*. Esta mudança de paradigma, relativamente ao que, hoje em dia, se espera de um Tribunal Constitucional, manifesta-se, assim, pela prevalência do controlo da aplicação da lei, que gradualmente retira protagonismo ao tradicional controlo da lei em abstracto[76].

1.2. O Tribunal Constitucional Federal Alemão como Modelo Inspirador

A ideia da *Verfassungsgerichtsbarkeit* tem tradição fortemente enraizada na Alemanha, remontando aos tribunais existentes nos últimos dois séculos do Primeiro *Reich* – Sacro Império Romano da Nação Germânica (*Hlg. Römischen Reichs Deutscher Nation*)[77]. Contudo, a criação de um tribunal especializado em assuntos constitucionais só teve lugar mediante a proclamação da República Federal da Alemanha e com a aprovação da *Grundgesetz für die Bundesrepublik Deutschland* – GG – (Constituição da República Federal da Alemanha) [78].

---

[75] Note-se que, na tese de HANS KELSEN, o excepcional controlo constitucional de actos individuais é perspectivado em termos objectivos – conformidade dos actos à Constituição – e não como justiça do caso concreto.

[76] Cfr. MARÍA ÁNGELES AHUMADA RUIZ, «*Alternativas a la Judicial Review y Variedades de Judicial Review*», *in* Themis, ano VI, n.º 10, 2005, pp. 41-65, pp. 55-56.

[77] Cfr. KLAUS SCHLAICH e STEFAN KORIOTH, *op. cit.*, p. 1.

[78] Inicialmente, a GG vigorou apenas na RFA, já que na RDA esteve em vigor a Constituição da RDA – *Verfassung der Deutschen Demokratischen Republik* – de 1949 até 1990. Com efeito, a GG surgiu como uma Lei Consitucional provisória, daí a designação de «Lei Fundamental» e não de «Constituição». Só em 3 de Outubro de 1990, com a reunificação da Alemanha, se pôde afirmar que a GG passou a vigorar em todo o país. Saliente-se, também, que a Alemanha possui 16 *Länder* (Estados federados), detentores de um poder constituinte originário. Refira-se, inclusive, que em alguns Estados federados, a protecção constitucional é acrescida se a compararmos com a protecção oferecida pela Constituição Federal. Tomando por exemplo o Estado federado da Baviera, a sua Constituição prevê no artigo 98.º, *in fine*, o mecanismo da acção popular.

A Tutela Constitucional dos Direitos, Liberdades e Garantias

Numa primeira fase do século XIX, existiam, quer na Liga Alemã (*Deutscher Bund*), quer noutros Estados, procedimentos especiais para resolução de litígios de Direito Constitucional. A oposição dos Príncipes a uma jurisdição constitucional, a então recente criação de Parlamentos que assumiam a função de garantia dos direitos do povo e a forte hesitação em atribuir a tribunais decisões que acabam por assumir um teor político, impediram, todavia, que se pudesse falar de uma genuína justiça constitucional[79].

A Constituição Imperial de 1849 (*Paulskirchenverfassung*) tinha previsto, com grande amplitude, uma jurisdição constitucional, a operar através do Tribunal Federal (*Reichsgericht*). Esta lei fundamental criou uma série de procedimentos que anteciparam, de modo deveras surpreendente, aquilo que precisamente cem anos mais tarde daria lugar às normas de resolução de conflitos entre órgãos, conflitos federais e ao mecanismo da queixa constitucional. Apesar desta Constituição consagrar, no plano teórico, um avanço digno de louvor, certo é, porém, que o seu carácter, demasiado avançado para a época, deitou por terra as probabilidades de sucesso[80].

Goste-se ou não, sabemos como o peso da história política e cultural de um país influencia o desenho do seu ordenamento jurídico. No caso da Alemanha, país que, sob o governo do Partido Nacional-Socialista dos Trabalhadores Alemães[81], viveu um perturbante momento histórico de violações massivas dos direitos fundamentais dos indivíduos, a figura do *Bundesverfassungsgericht* (Tribunal Constitucional Federal), criado a 7 de Setembro de 1951 e localizado na cidade de Karlsruhe[82], surgiu aos olhos dos cidadãos como a «*Krönung ihrer Verfassung*»[83] (a coroa da sua Constituição), no qual os cidadãos depositaram uma plena confiança[84].

---

[79] KLAUS SCHLAICH e STEFAN KORIOTH, *op. cit.*, p. 2. Na Alemanha, o século XIX traduziu-se, nomeadamente, numa clara prevalência do estatismo e do interesse geral frente ao particular.

[80] Cfr. *Ibidem, loc. cit.*, e MAURO CAPPELLETTI, *La jurisdicción constitucional de la libertad... cit.*, p. 16.

[81] O *Nationalsozialistische Deutsche Arbeiterpartei* (NSDAP) dominou o Terceiro Reich, de 1933 a 1945.

[82] Karlsruhe, situada no Estado federado de Baden-Württemberg, foi a cidade escolhida para a sede do Tribunal Constitucional Federal alemão, nos termos do artigo 1.º, n.º 2, da *Bundesverfassungsgerichtsgesetz* – BVerfGG (Lei do Tribunal Constitucional Federal Alemão, de 12 de Março de 1951, entretanto objecto de várias alterações.

[83] Expressão de KLAUS SCHLAICH e STEFAN KORIOTH, *op. cit.*, p. 1. Também VITAL MOREIRA, «*Princípio da maioria e princípio da constitucionalidade: legitimidade e limites da justiça constitucional*», in AAVV, Legitimidade e Legitimação da Justiça

A protecção efectiva dos direitos dos indivíduos foi elevada a prioridade máxima do Estado e o TCFA foi incumbido da tarefa de «*Hüter der Verfassung*» – guardião supremo da Constituição, assegurando a obediência das autoridades públicas à Constituição. Ora, o TCFA, com o seu amplo elenco de competências, não possui nenhum antecedente histórico comparável[85]. A verdade é que, durante a vigência da anterior Constituição – a Constituição de Weimar – os direitos fundamentais eram meramente perspectivados como objectivos ou incumbências do Estado (*Staatszielbestimmungen*), sem eficácia directa e imediata[86]. Logo, a sua efectivação prática estaria inevitavelmente dependente de *interpositio legislatoris* que determinasse o seu conteúdo. Por esse mesmo motivo, relembremo-lo, foi possível a Adolf Hitler suspender o exercício dos direitos fundamentais.

Ver-se-á, antecipando, que o «*Nicht-Recht*»[87] derivado das Guerras--Mundiais e da experiência de regimes violadores dos direitos fundamen-

---

Constitucional – Colóquio no 10.º Aniversário do Tribunal Constitucional – Lisboa, 28 e 29 de Maio de 1993, Coimbra Editora, Coimbra, 1995, pp. 177-198, p. 178, realça a importância da jurisdição constitucional como «elemento necessário da própria definição do Estado de direito democrático».

Todavia, como bem salientaram ALFRED RINKEN, *op. cit.*, p. 15, GERD ROELLECKE, «*Verfassungsgerichtsbarkeit zwischen Recht und Politik in Spanien und der Bundesrepublik Deuschland*», *in* KritV, 74. Jahrgang, Heft 1, 1991, Duncker & Humblot, Berlin, pp. 74-86, pp. 74-75, e J. J. GOMES CANOTILHO, «*Jurisdição constitucional e intranquilidade discursiva*», *cit.*, p. 877, cumpre não esquecer que a existência de um Tribunal Constitucional ou, pelo menos, de uma justiça constitucional, não são requisitos necessários para a classificação de um determinado Estado como Estado de Direito. Tanto mais que há Estados alheios à justiça constitucional, como a Inglaterra, Suécia, ou Holanda, e que não deixam de ser genuínos Estados de Direito.

[84] Daí que o site oficial do TCFA, algo inesperadamente, assuma que a arquitectura do Tribunal, extremamente aberta e despretensiosa (não foi construído como um palácio de justiça) é um espelho do desejo de transmitir aos cidadãos a mensagem de transparência democrática. Sobre esta intenção, cfr. o site mencionado em http://www.bundesverfassungsgericht.de/en/organization/gebaeude.htlm.

[85] KLAUS SCHLAICH e STEFAN KORIOTH, *op. cit.*, p. 3.

[86] Cfr. CHRISTIAN STARCK, «*I Diritti Fondamentali nel Grundgesetz della Repubblica Federale di Gemania*», (trad. Alessandra Ippoliti), *in* Giurisprudenza Costituzionale, Anno XXXVII, Maggio-Giugno, 1992, Casa Editrice Dott. Antonino Giufrè, Milan, pp. 2521--2549, pp. 2522-2523, JÖRG POLAKIEWICZ, «*El proceso Histórico de la Implantación de los Derechos Fundamentales en Alemania*», *in* REP, Núm. 81., Julio-Septiembre, Centro de Estudios Constitucionales, Madrid, 1993, pp. 23-45, p. 33 e p. 40, e ULLI F. H. RÜHL, *op. cit.*, p. 158.

[87] MANUEL AFONSO VAZ, «*O Direito e a Justiça na estrutura constitucional portuguesa – A heteronomia como estrutura organizatório-valorativa do Estado de Direito*», *in* Direito e Justiça, Vol. XI, Tomo 2, 1997, pp. 63-72, p. 66.

A *Tutela Constitucional dos Direitos, Liberdades e Garantias* 45

tais provocaram uma atitude de desconfiança perante o legislador e uma «subida de alçada»[88] dos direitos fundamentais. Antes de mais, a confiança cega na intangibilidade e omnipotência do aparelho legislativo («*Herrschaft des Parlements*»)[89] começou a decrescer e a atingir fortes patamares de cepticismo[90]. Os cidadãos compreenderam que a existência de um Parlamento não era uma garantia suficiente para a protecção dos seus direitos, e exigiram uma protecção contra potenciais investidas do próprio legislador. Aqui (na dessacralização da lei) é dado o primeiro salto lógico da maior relevância, ao atribuir-se uma dignidade hierárquica superior aos direitos fundamentais, através da sua constitucionalização, pelo que, nos nossos dias, por força do princípio da constitucionalidade, é a lei que se terá de mover no território dos direitos fundamentais, e não o oposto[91]. A isto acresce que, com a aprovação da GG, em 23 de Maio de 1949, deixou-se bem claro que a dignidade da pessoa humana é inviolável e que todas as autoridades do Estado têm a obrigação de a respeitar e proteger[92].

De forma a engendrar um cabal e fecundo cumprimento das considerações precedentes, a GG acolhe expressamente o revolucionário princípio da aplicabilidade directa («*unmittelbar geltendes Recht*») dos direitos fundamentais, que vinculam os poderes legislativo, executivo e judicial[93].

---

[88] Expressão proferida por MANUEL AFONSO VAZ, em ensinamentos orais.

[89] Cfr. HERBERT POSSER, *Die Subsidiarität der Verfassungsbeschwerde*, Münsterische Beiträge zur Rechtswissenschaft, Band 77, Duncker & Humbloy, Berlin, 1993, p. 413.

[90] Cfr. PIERRE BON, «*La protection constitutionnelle des droits fondamentaux: aspects de droit comparé européen*», in RFDUL, Vol. XXXI, 1990, pp. 9-65, p. 11. Estranhamente perturbadoras e clarividentes são também as palavras de WILLIAM RAPPARD, *apud* CRISTINA M. M. QUEIROZ, *op. cit.*, p. 20, quando lembrou que as teses assentes na infalibilidade da lei foram responsáveis pelo «cemitério de todas as constituições escritas».

[91] Anote-se a observação certeira de HERBERT KRÜGER, *apud* FRANCISCO FERNÁNDEZ SEGADO, «*La judicialización del Derecho Constitucional*», *cit.*, p. 46. Do mesmo modo, ALFRED RINKEN, *op. cit.*, p. 13, lembra que a condição essencial para a existência de uma eficaz justiça constitucional é precisamente a superioridade/primazia da Constituição (*Vorrang der Verfassung*). Com efeito, como salienta MANUEL AFONSO VAZ, «*O Direito e a Justiça na estrutura constitucional portuguesa... cit.*, p. 66, «se a lei, porque convertida em instrumento de poder ao serviço de um programa de governo, deixou de ser a apriorística garantia dos valores do Estado de Direito», é necessário outra estrutura de garantia.

[92] Cfr. artigo 1.º, n.º 1, da GG.

[93] Cfr. artigo 1.º, n.º 3, da GG. A princípio da aplicabilidade directa consagrado na Lei Fundamental alemã foi fonte de inspiração directa para o nosso artigo 18.º, n.º 1, da CRP. Neste sentido, JOSÉ MANUEL M. CARDOSO DA COSTA, «*A Lei Fundamental de Bonn e o direito constitucional português*», in BFDC, Vol. LXV, 1989, pp. 1-27,

Assim, a eficácia dos direitos fundamentais não fica refém de uma eventual regulação, mas, ao invés, tem eficácia *per se*, isto é, tem um conteúdo normativo que pode ser feito valer através da própria GG. Com a agravante, aliás, de que o elenco de direitos fundamentais assoma estrategicamente posicionado nos artigos iniciais da Lei Fundamental, visando a *mens legislatoris*, deste modo, atribuir-lhes um especial enfoque[94]. Outra grande conquista do Estado de Direito (*Rechtsstaat*) na Alemanha foi a constitucionalização da garantia da tutela judicial efectiva, no artigo 19.º, n.º 4, da GG[95], ponto que depois se tratará de forma mais desenvolvida.

Num simples relance sobre as principais competências do TCFA, podemos assinalar a queixa constitucional (*Verfassungsbeschwerde*)[96], o controlo abstracto (*Abstrakte Normenkontrolle*)[97], o controlo concreto (*Konkrete Normenkontrolle*, mediante a *richterliches Prüfungsrecht*)[98] de normas, a resolução de conflitos entre órgãos (*Organstreitverfahren*)[99] e de conflitos federais (*Bund-Länder-Streitigkeit*)[100].

---

p. 11, e Maria Lúcia Amaral, «*Responsabilidade do Estado-Legislador: Reflexões em torno de uma reforma*», *in* Themis, ano II, n.º 4, 2001, pp. 5-21, p. 20.

Ressalve-se, com J. J. Gomes Canotilho, «*Métodos de Protecção de Direitos, Liberdades e Garantias*», *in* BFD, Universidade de Coimbra, Volume Comemorativo do 75.º Tomo do BFD, 2003, pp. 793-814, p. 801, que na constituição norte-americana não faria sentido uma disposição como o nosso artigo 18.º da CRP. Na verdade, nessa constelação jurídica, os direitos fundamentais sempre foram perspectivados como «direitos subjectivos juridicamente accionáveis», ao passo que, no «direito continental europeu, até meados do século XX, duvidava-se da *validade, vinculatividade, actualidade e força obrigatória geral* dos direitos fundamentais positivados na Constituição».

[94] Cfr. Christian Starck, «*I Diritti Fondamentali nel Grundgesetz...*, *cit.*, p. 2523.

[95] «Na hipótese de o poder público violar os direitos de uma pessoa, esta dispõe do recurso à via judicial. Se não existir uma jurisdição competente para conhecer do recurso, este deverá ser interposto para os tribunais ordinários (...)».

[96] Prevista no artigo 93.º, n.º 1 (4), da GG e nos artigos 90.º a 96.º da BVerfGG.

[97] Cfr. artigo 93.º, n.º 1 (2), da GG. A legitimidade processual activa para desencadear o controlo abstracto de normas não é universal, pois compete apenas ao Governo Federal ou ao Governo do Estado federado em causa, e ainda a 1/3 dos membros do *Bundesrat*. O objectivo deste mecanismo é examinar a conformidade formal e material do direito do Estado Federal ou dos Estados federados com a Constituição, ou a compatibilidade do direito de um Estado federado com o direito Federal.

[98] Através do mecanismo da *Richterklage* (questão de inconstitucionalidade), apresenta-se ao TCFA uma questão prejudicial, de acordo com o artigo 100.º da GG. A legitimidade processual activa pertence ao tribunal *a quo*, quando este considere que a norma aplicável é inconstitucional.

[99] Nos termos do artigo 93.º, n.º 1 (1), da GG e dos artigos 13.º, n.º 4, e 63.º a 67.º da BVerfGG.

A *Tutela Constitucional dos Direitos, Liberdades e Garantias*

Feita esta digressão, podemos facilmente compreender o motivo pelo qual a GG e a vasta tabela de competências do Tribunal de Karlsruhe[101] influenciaram um pouco por todo o mundo o movimento constitucional do pós II Guerra Mundial. Foi em sintonia com esta tendência que alguma doutrina reconheceu que o constitucionalismo germânico superou decididamente a Constituição americana de 1787, como «padrão mundial do constitucionalismo democrático»[102]. Não será exagero dizer que a vigência da GG superou todas as expectativas iniciais quanto à sua duração. Estes longos 59 anos de vigência da Lei Fundamental alemã contribuíram decisivamente para a criação de uma matriz constitucional europeia, assente no princípio do Estado de direito.

1.3. O Tribunal Constitucional Português

1.3.1. *Surgimento*

Durante a monarquia constitucional, a fiscalização da constitucionalidade das leis incumbia às Cortes, assumindo, por conseguinte, o controlo da constitucionalidade um carácter político. De registar que a primeira Constituição portuguesa republicana de 1911, influenciada pela

---

[100] Cfr. artigo 93.º, n.º 1 (3), da GG e dos artigos 13.º, n.º 7, e 68.º ss. da BVerfGG.

[101] Doravante, utilizaremos a expressão Tribunal de Karlsruhe para nos referirmos ao TCFA. Note-se, todavia, que o Tribunal Supremo Federal (*Bundesgerichtshof*) também está localizado na mesma cidade. O *Bundesgerichtshof* foi instituído em 08/10/1950, enquanto que o *Bundesverfassungsgericht* surgiu em 07/09/1951. Cfr. HANS JOACHIM FALLER, «*Bundesverfassungsgericht und Bundesgerichtshof – Zum Verhältnis beider Gerichtshöfe in fast 40jähriger Jurisdiktion*», *in* AÖR, 115. Band, Heft 2, Jun. 1990, J. C. B. Mohr, Tübingen, pp.185-211, pp. 187 e 209.

[102] KOMMERS, *apud* KLAUS SCHLAICH e STEFAN KORIOTH, *op. cit.*, p. 4. O Autor entende que se superou a Constituição americana, na medida em que apesar de esta última ter influenciado um grande número de Constituições, em especial na América Latina, muitas destas não conseguiram vingar no tempo. Cfr., igualmente, CHRISTIAN PESTALOZZA, «*Das Bundesverfassungsgericht: Bonner Reform-Allerlei'98*», *in* JZ, Jahr. 53, Heft 21, Nov. 1998, J. C. B. Mohr, Tübingen, pp. 1039-1046, p. 1039, INGO VON MÜNCH, «*¿El Tribunal Constitucional Federal como actor político?*», *cit.*, p. 568, e KARL LOEWENSTEIN, «*Alemania desde 1945 à 1960 (Una relación de hechos)*», (trad. Cándido Perea Gallego), *in* REP, Núm. 110, 1960, Centro de Estudios Constitucionales, Madrid, pp. 115-142, p. 132.

48 A Tutela Directa dos Direitos Fundamentais

Constituição brasileira de 1891, foi pioneira na Europa na importação do sistema americano do controlo incidental difuso da constitucionalidade (artigo 63.º)[103]. A Constituição de 1933 optou pelo mesmo modelo[104]. Em 25 de Abril de 1974, o Movimento das Forças Armadas derrubou o regime do Estado Novo e institucionalizou-se, criando a Assembleia do Movimento das Forças Armadas e o Conselho da Revolução[105]. Nos dois anos que mediaram a revolução e a entrada em vigor da actual Constituição da República Portuguesa (dia 25 de Abril de 1976), manteve-se o modelo de controlo difuso da constitucionalidade previsto na Constituição de 1933[106].

O Conselho da Revolução, órgão de soberania na Constituição da República Portuguesa, não visava somente garantir o cumprimento da Constituição, mas também, nos termos do artigo 142.º da CRP (versão original), perpetuar a «fidelidade ao espírito da Revolução Portuguesa de 25 de Abril de 1974»[107].

Paralelamente ao Conselho de Revolução, criou-se um órgão consultivo em assuntos constitucionais, denominado de Comissão Constitucional[108]. A Comissão Constitucional emitia pareceres prévios (de cariz

---

[103] Cfr. FRANCISCO FERNÁNDEZ SEGADO, «La justice constitutionnelle devant le XXIème siècle», cit., p. 340, e RUI MEDEIROS, «Anotação ao artigo 204.º da Constituição», in JORGE MIRANDA e RUI MEDEIROS, Constituição Portuguesa Anotada, Tomo III, Coimbra Editora, 2007, pp. 48-66, p. 49.

[104] Cfr. o artigo 122.º da Constituição de 1933, apud JORGE MIRANDA, As Constituições Portuguesas – de 1822 ao texto actual da Constituição, Livraria Petrony, Lisboa, 2004, 5.ª Edição, p. 213.

[105] Cfr. a Lei n.º 5/75, de 14 de Março.

[106] Cfr. o artigo 1.º, n.º 1, da Lei n.º 3/74, de 14 de Maio.

[107] Idem, As Constituições Portuguesas – de 1822 ao texto actual... cit., p. 323.

[108] A Comissão Constitucional era composta por oito juristas, quatro dos quais eram juízes de carreira. A função consultiva da Comissão Constitucional verificava-se no âmbito da fiscalização abstracta. Já no que concerne à fiscalização concreta, possuía poderes jurisdicionais, o que levou a que alguns a tivessem classificado como um «embrião de uma justiça constitucional autónoma». Cfr., sobre o assunto, os estudos de ANTÓNIO DE ARAÚJO e J. A. TELES PEREIRA, «A justiça constitucional nos 30 anos da Constituição portuguesa: notas para uma aproximação ibérica», in AAVV, La Constitución portuguesa de 1976 – Un estudio académico treinta años después, (Coord: Javier Tajadura Tejada), Centro de Estúdios Políticos y Constitucionales, Madrid, 2006, pp. 207-227, p. 208, JORGE MIRANDA, «Nos dez anos de funcionamento do Tribunal Constitucional», in AAVV, Legitimidade e Legitimação da Justiça Constitucional – Colóquio no 10.º Aniversário do Tribunal Constitucional – Lisboa, 28 e 29 de Maio de 1993, Coimbra Editora, Coimbra, 1995, pp. 91-104, p. 94, e JOSÉ MANUEL M. CARDOSO

A Tutela Constitucional dos Direitos, Liberdades e Garantias

não vinculativo) ao exercício das funções de garantia constitucional do Conselho de Revolução, que, na esmagadora maioria das vezes, foram seguidos. Em termos políticos, a história anota aí um período carregado de polémica e de discussões acerca da natureza militar do Conselho de Revolução e sobre a sua pertinência numa Constituição que se queria verdadeiramente democrática[109].

Em 1982, como legado crucial da primeira revisão constitucional (Lei Constitucional n.º 1/82, de 30 de Setembro), irrompe o Tribunal Constitucional, extinguindo-se, em consequência, o Conselho de Revolução[110]. Desta forma, instituiu-se pela primeira vez na história do constitucionalismo português, uma jurisdição constitucional autónoma[111].

À semelhança do que sucede em Espanha, na Alemanha, e na generalidade dos países da Europa de Leste, o ordenamento jurídico-constitucional português é *híbrido* pois, apesar de se firmar no modelo estrutural kelseniano, aceita que nele convirjam características muito específicas do modelo difuso norte-americano. Deste modo, cumpre ressalvar que a Constituição portuguesa foi claramente influenciada pela Constituição italiana de 1947 e pela Lei Fundamental alemã de 1949, que trouxeram consigo a herança comum de tentativa de eliminação de resquícios autoritários e a força irradiante da afirmação e protecção dos direitos e liber-

---

DA COSTA, «*A Lei Fundamental de Bonn e o direito constitucional português*», cit., p. 20. Para um estudo mais aprofundado acerca da natureza específica da Comissão Constitucional, cfr. ANDRÉ VENTURA, «*A Comissão Constitucional: história, memória e actividade jurídica – Um trabalho de análise jurisprudencial*», in AAVV, Anuário Português de Direito Constitucional, Vol. IV, 2004/2005, Coimbra Editora, 2008, pp. 187-259, pp. 198-206.

[109] Entre outros, CARLOS BLANCO DE MORAIS, *Justiça Constitucional, Tomo I, cit.*, pp. 359 e ss., JORGE MIRANDA, «*Tribunais, Juízes e Constituição*», cit., p. 23, e JOSÉ MANUEL M. CARDOSO DA COSTA, «*A Lei Fundamental de Bonn e o direito constitucional português*», cit., pp. 1-27, p. 5, referiram-se ao Conselho de Revolução como detentor de um «poder de tutela político-militar».

[110] Por sua vez, a Comissão Constitucional continuou os seus trabalhos até à entrada em funções do Tribunal Constitucional, em 6 de Abril de 1983. A doutrina tende a louvar o trabalho realizado pela Comissão Constitucional, enquanto primeiro contributo para a «fecundação» da realidade constitucional pela «ideologia» dos direitos fundamentais. Neste sentido, JOSÉ MANUEL M. CARDOSO DA COSTA, *O Tribunal Constitucional português face a uma Constituição em mudança*», in AAVV, Estudos em Memória do Conselheiro Luís Nunes de Almeida, Coimbra Editora, 2007, pp. 479-494, p. 490.

[111] *Idem, A Jurisdição Constitucional em Portugal*, Almedina, 3.ª Edição Revista e Actualizada, 2007, p. 11.

dades fundamentais (*diritti inviolabili*), mas não perdeu a memória interna do controlo difuso que a Constituição de 1911 reconhecia aos tribunais[112].

Por outro lado, o constitucionalismo português sempre colocou os direitos fundamentais num local de destaque. Por isso mesmo, desde a Constituição Monárquica de 1822 – que teve como decisão pré-constituinte a revolução liberal – em que ficaram pela primeira vez positivados os direitos individuais, até à Constituição dos nossos dias, que os direitos fundamentais mereceram um reconhecimento constitucional expresso[113].

O sistema de controlo da constitucionalidade português – de coabitação entre o sistema americano (desde a Constituição de 1911, no seu artigo 63.º, por influência da Constituição brasileira de 1891) e o sistema austríaco de justiça constitucional – é, sem dúvida, original[114]. Ao contrário do que sucede noutros países que adoptaram um modelo concentrado de justiça constitucional, os tribunais comuns também têm *acesso directo* à Constituição, dispondo de competência plena para julgarem e decidirem as questões suscitadas[115-116]. Neste contexto, e como adiante veremos em

---

[112] Cfr. José de Melo Alexandrino, *A estruturação do sistema de direitos, liberdades e garantias...*, Vol. I, *cit.*, p. 115, e J. J. Gomes Canotilho e Vital Moreira, *Constituição da República Portuguesa Anotada*, Vol. I, Coimbra Editora, 4.ª Edição, 2007, pp. 24--25.

[113] Para uma abordagem histórica, cfr. José de Melo Alexandrino, *Direitos Fundamentais... cit.*, p. 19.

[114] Cfr., entre muitos, Jorge Miranda, *«As instituições políticas portuguesas»*, in AAVV, La Constitución portuguesa de 1976 – Un estudio académico treinta años después, (Coord: Javier Tajadura Tejada), Centro de Estúdios Políticos y Constitucionales, Madrid, 2006, pp. 35-72, p. 41, José Manuel M. Cardoso da Costa, *A Jurisdição Constitucional... cit.*, p. 42, José de Melo Alexandrino, *«Il sistema portoghese dei diritti e delle libertà fondamentali: zone franche nella tutela giurisdizionale»*, in Diritto Pubblico Comparato ed Europeo, 2003-I, G. Giappichelli Editore, Torino, pp. 271-284, p. 272, Vital Moreira, *«O Tribunal Constitucional Português: a "fiscalização concreta" no quadro de um sistema misto de justiça constitucional»*, in Sub judice – Justiça e sociedade, n.º 20/21, 2001, Janeiro/Junho, DocJuris, Coimbra, Abril de 200, pp. 95-110, p. 95, e *«A "fiscalização concreta" no quadro do sistema misto de justiça constitucional»*, in AAVV, BFDC, Boletim Comemorativo do 75.º Tomo do BFD, 2003, pp. 815-848, p. 815.

[115] Cfr. António Vitorino, *«A justiça constitucional – Notas sobre o futuro (possível?) da justiça constitucional»*, in RMP, ano VI, n.º 12, pp. 9-14.

[116] Nos termos do artigo 204.º da CRP. Neste sentido, estamos com José de Melo Alexandrino, *Direitos Fundamentais... cit.*, p. 83, quanto afirma que o nosso sistema constitucional de controlo jurisdicional da constitucionalidade das normas assume traços de *horizontalidade* (responsabiliza todos os tribunais) e de *verticalidade* (atribuiu-se um papel de primazia ao Tribunal Constitucional).

A Tutela Constitucional dos Direitos, Liberdades e Garantias 51

mais pormenor, todos os tribunais ordinários são igualmente «agentes da justiça constitucional[117]. Todavia, diferentemente dos sistemas de *judicial review*, as decisões dos tribunais *a quo* são recorríveis para um tribunal constitucional específico, exterior à jurisdição ordinária[118].

Significa isto, em síntese, que o nosso ordenamento jurídico-constitucional apresenta uma peculiaridade, que é precisamente o carácter «bifronte do nosso juiz constitucional, que é, ao mesmo tempo, juiz dos juízes e juiz do legislador»[119]. Em confirmação desta ideia, o TC actua como última «instância» de recurso em sede de inconstitucionalidade das decisões dos demais juízes, mas é também juiz do legislador em sede de fiscalização abstracta por acção ou por omissão.

Numa breve súmula, a fiscalização concreta da constitucionalidade contempla duas espécies de recurso: o recurso das decisões judiciais que recusem a aplicação de uma norma com fundamento em inconstitucionalidade – artigos 280.º, n.º1, al. a), da CRP e 70.º, n.º 1, al. a), da Lei da Organização, Funcionamento e Processo do Tribunal Constitucional (LTC)[120] – e o recurso das decisões judiciais que apliquem norma arguida de inconstitucional pelas partes – artigos 280.º, n.º1, a. b), da CRP e 70.º, n.º 1, al. b), da LTC. Contudo, este tipo de recursos não pode ser classificado como recurso de amparo ou «acção constitucional de defesa de direitos fundamentais», pois não constituem um meio específico de protecção dos direitos, liberdades e garantias[121].

---

[117] JORGE MENDES-CONSTANTE, *Les principes constitutionnels et l'organisation juridictionnelle – L'exemple du Portugal»*, *in* Cahiers du Conseil constitutionnel, n.º 14, oct. 2002 à fév. 2003, 2003, pp. 97-101, p. 99.

[118] Cfr. ANTÓNIO ARAÚJO e JOAQUIM PEDRO CARDOSO DA COSTA, *«III Conferência da Justiça Constitucional da Ibero-América, Portugal e Espanha – Relatório Português»*, *in* BMJ, n.º 493, Junho 2001, pp. 5-67, p. 12.

[119] MARIA LÚCIA AMARAL, *«Problemas da Judicial Review em Portugal»*, *in* Themis, ano VI, n.º 10, 2005, pp. 67-90, p. 82.

[120] Lei n.º 28/82, de 15 de Novembro, alterada pelos seguintes diplomas: Lei n.º 143/85, de 26 de Novembro, Lei Orgânica n.º 85/89, de 7 de Setembro, Lei n.º 88/ /95, de 1 de Setembro e Lei n.º 13-A/98, de 26 de Fevereiro.

[121] Como alertam JORGE MIRANDA, *Manual de Direito Constitucional*, Tomo VI, Coimbra Editora, 3.ª Edição, 2008, p. 218, PAULO CARDINAL, *«O Amparo de Direitos Fundamentais no Direito Comparado... cit.*, p. 69 e RUI MEDEIROS, *«Anotação ao artigo 280.º da Constituição»*, *in* JORGE MIRANDA e RUI MEDEIROS, *Constituição Portuguesa Anotada*, Tomo III, *cit.*, pp. 738-791, p. 754. Sobre o tema da natureza do recurso para o TC, cfr. J. J. GOMES CANOTILHO, *Direito Constitucional e Teoria da Constituição, cit.*, p. 1003.

1.3.2. A Problemática Questão da Natureza Jurídica do Tribunal Constitucional

«Como legitimar em democracia um Tribunal Constitucional que é, não só um garante da Constituição como, num certo sentido, até a última instância da mesma democracia, chamado a decidir quando é que os órgãos daquela actuaram "legitimamente" ou não»[122].

É interessante notar, numa visão de Direito comparado, como a problemática da natureza jurídica do Tribunal Constitucional tem sido recorrentemente debatida na doutrina nacional e estrangeira, sem que a discussão tenha ficado selada. O que só por si, registe-se, já confirma a complexidade da matéria em causa. Sem pretensões de desenvolvermos aprofundadamente esta temática, procuraremos, outrossim, colocar o foco na jurisdição constitucional portuguesa e perceber como é perspectivado o papel do TC no nosso ordenamento jurídico-constitucional. Não obstante, queremos apenas acrescentar que grande parte das considerações que iremos tecer são igualmente válidas no ordenamento jurídico espanhol e, *mutatis mutandis*, no alemão.

Em abstracto, a verdadeira questão que se nos coloca prende-se com a verificação de uma natureza híbrida ou *sui generis* do Tribunal Constitucional. Assim, apesar de possuir uma organização e funcionamento de cariz jurisdicional, não se afigura como um órgão totalmente judicial, desde logo pelo facto de o Tribunal Constitucional ser habitualmente regulado num capítulo autónomo em relação aos restantes tribunais. E isto porque, como é sabido, ainda que o envolvimento de alguns juízos de valor patentes em algumas das suas decisões e o sistema da nomeação dos juízes constitucionais possam inclinar-nos para o classificarmos como um órgão político, certo é que não podemos olvidar a sua já mencionada organização jurisdicional.

Perguntar-se-á, emergido na dialéctica tensão entre a política e o direito, se o Tribunal Constitucional pode ser considerado uma verdadeira jurisdição? Ou será, ao invés, um órgão político "mascarado" de tribunal?

---

[122] Francisco Lucas Pires, «*Legitimidade da justiça constitucional e princípio da maioria*», *in* AAVV, Legitimidade e Legitimação da Justiça Constitucional – Colóquio no 10.º Aniversário do Tribunal Constitucional – Lisboa, 28 e 29 de Maio de 1993, Coimbra Editora, Coimbra, 1995, pp. 167-175, p. 167.

A Tutela Constitucional dos Direitos, Liberdades e Garantias 53

E donde retira este órgão a sua legitimidade democrática?[123] Este é, sem dúvida, o *quid* da questão. Nestes termos, seguidamente, pretendemos desenvolver esta dicotomia quanto à natureza da jurisdição constitucional.

Para abrir o tema, começaremos por abordar a singular questão da *legitimidade democrática da jurisdição constitucional*. Se quiséssemos caracterizar, perfunctoriamente, esta temática através de algumas palavras-chave ou ideias-força, diríamos que o princípio democrático é incompatível com a ideia de uma auto-legitimação da jurisdição constitucional, tanto mais não seja porque a sua dinâmica jurídica produz efeitos de uma grande envergadura no ordenamento jurídico, mormente no domínio da fiscalização abstracta sucessiva. De facto, nesta sede, torna-se-nos irresistível reiterar a sintomática questão de saber qual é o fundamento da legitimidade de um Tribunal Constitucional em declarar a inconstitucionalidade de normas, quando estas foram aprovadas, *maxime*, pela Assembleia da República (órgão que, ao contrário do que sucede com o TC, possui legitimidade democrática directa)[124]. É esta a questão que procuraremos responder daqui em diante.

---

[123] São algumas das questões formuladas por EDUARDO GARCÍA DE ENTERRÍA, *La Constitución Como Norma y el Tribunal Constitucional, cit.*, p. 168, e HANS KELSEN, «*Quem deve ser o guardião da Constituição?*», *cit.*, p. 253. Aliás, como já bem alertava JÜRGEN HABERMAS, *apud* J. J. GOMES CANOTILHO, «*Jurisdição constitucional e intranquilidade discursiva*», *cit.*, p. 876, «a existência de tribunais constitucionais não se compreende por si mesma». Do mesmo modo, JUTTA LIMBACH, «*Papel y Poder del Tribunal Constitucional*», (trad. Antonio López Pina), *in* Teoría y Realidad Constitucional, núm. 4, 2.º semestre 1999, Editorial Centro de Estudios Ramón Areces, Madrid, pp. 93-126, pp. 94-95, lembra que a existência de um Tribunal Constitucional «não é algo evidente numa democracia» e poderá, *prima facie*, parecer violar os princípios democrático e da separação de poderes. Todavia, cumpre ressalvar que, nos nossos dias, cada vez menos releva a perene discussão acerca da legitimidade da jurisdição constitucional. Como realça VITAL MOREIRA, «*Princípio da maioria e princípio da constitucionalidade...* *cit.*, p. 178, o fenómeno impressionante da expansão da jurisdição constitucional é a viva prova de que ela é «considerada como elemento necessário da própria definição de Estado democrático».

[124] Este difícil problema da teoria democrática é levantado igualmente por ALFRED RINKEN, *op. cit.*, pp. 13-14, JORGE MIRANDA, *Manual de Direito Constitucional,* Tomo VI, *cit.*, p. 131, e «*Tribunais, Juízes e Constituição*», *cit.*, p. 24, JOSÉ DE SOUSA E BRITO, *Jurisdição constitucional e princípio democrático*», *in* AAVV, Legitimidade e Legitimação da Justiça Constitucional – Colóquio no 10.º Aniversário do Tribunal Constitucional – Lisboa, 28 e 29 de Maio de 1993, Coimbra Editora, Coimbra, 1995, pp. 39-47, p. 39, e MAURO CAPPELLETTI, «*¿Renegar de Montesquieu? La expansión y la legitimidad de la "justicia constitucional"*», *in* REDC, Año 6, Núm. 17, Mayo-Agosto 1986, Centro de Estudios Constitucionales, Madrid, pp. 9-46, p. 38. Nesta sede, JOSÉ DE SOUSA E BRITO

A Tutela Directa dos Direitos Fundamentais

Ora, bem sabemos que conceber o TC – órgão estabelecido para garantir o cumprimento da Constituição – como um poder supremo alheio a qualquer controlo por parte dos demais poderes, equivaleria a colocar em xeque a estrutura constitucional democrática[125]. Mais precisamente, e para impedir tal desfecho, importa que o ordenamento jurídico-constitucional consiga providenciar alguns factores de legitimação susceptíveis de tornar mais transparente a ambivalência democrática do Tribunal Constitucional[126].

A primeira observação a registar é a de que uma efectiva legitimação democrática dos magistrados constitucionais passará pela descoberta de critérios e procedimentos utilizados para a sua nomeação, que estejam preferencialmente imunes a uma politização partidária (*Parteipolitisierung*). Para o efeito, cumpre evitar que a selecção dos magistrados seja somente da esfera de competência da maioria parlamentar no poder, ou do Exe-

---

(p. 42) defende que o sufrágio universal por si só «não assegura o carácter democrático da decisão», pois este está também dependente «da sua conformidade com as próprias razões do princípio democrático, com a democracia como sistema de princípios».

[125] Cfr. ERNST-WOLFGANG BÖCKENFÖRDE, «*Verfassungsgerichsbarkeit: Strukturfragen, Organization, Legitimation*», *cit.*, p. 15. Note-se que, como atrás já referimos, o princípio da separação de poderes poderia parecer, à primeira vista, violado aquando da previsão de um Tribunal Constitucional. Além, como o próprio MONTESQUIEU salientou, enquanto que entre o poder legislativo e o poder executivo existe uma relação de *distribuição* (interligação mútua), já no que concerne ao poder judicial, este deverá estar separado dos restantes poderes (relação de *separação*).

O modelo de *checks and balances* resulta também previsto no artigo 111.º da CRP, sob a epígrafe «separação e interdependência». Como vemos, também nos nossos dias, as Constituições procuram estabelecer âmbitos de responsabilidade próprios de cada poder, atribuindo-lhes espaços de manobra e recorrendo, inclusivamente à previsão de competências discricionárias.

Ainda assim, o Legislador possui barreiras jurídico-constitucionais (*verfassungsrechtliche Schranken*) controladas, em ultima instância, pelo Tribunal Constitucional. Cfr. KLAUS SCHLAICH e STEFAN KORIOTH, *op. cit.*, pp. 359 e 366, e MAURO CAPPELLETTI, «*¿Renegar de Montesquieu?... cit.*, p. 39. Discorrendo sobre a temática das novas perspectivas da separação de poderes, J. J. GOMES CANOTILHO, *"Brancosos e interconstitucionalidade – Itinerários dos discursos sobe a historicidade constitucional*, Almedina, Coimbra, 2006, p. 87, faz uma breve resenha das principais teses, destacando a tese monista de KELSEN (que propugna por um controlo meramente jurídico), a tese dualista de MARCIC (assente na perspectivação do Tribunal Constitucional como contra-legislador) e, por fim, a tese da aporia de TRIEPEL e LEIBHOLZ (defensora de uma convergência na jurisdição constitucional entre a política e o direito).

[126] Cfr. ALFRED RINKEN, *op. cit.*, p. 51.

A Tutela Constitucional dos Direitos, Liberdades e Garantias 55

cutivo[127]. Por último, saliente-se que o Tribunal Constitucional não deverá actuar oficiosamente, mas apenas quando for chamado a intervir pelos legitimados processualmente[128].

Só mediante este esforço, poderá nascer uma jurisdição constitucional verdadeiramente independente do poder político e capaz de cumprir as suas funções, de entre as quais ainda não referimos a função da protecção das minorias, actuando, destarte, como um *countervailing power*[129]. Para finalizar, sempre se dirá que a legitimidade democrática do TC reside no facto de ser um poder constituído, ou seja, reside na legitimidade que lhe foi atribuída pelo poder constituinte democrático, enquanto competência das competências (*Gewalt der Gewalten*)[130]. A isto acresce que se, por uma banda, o Tribunal Constitucional representa o Direito, por outra banda, o legislador é a face da Política[131].

Em boa verdade, a CRP não dispõe de forma clara e precisa qual a posição jurídico-constitucional do TC[132]. Por muito que a redacção dos artigos 209.º, n.º 1, e 221.º não deixe dúvidas quanto à sua natureza de verdadeiro *tribunal*, e que a revisão Constitucional de 1989 tenha dedicado ao Tribunal Constitucional um título inteiramente novo – onde passaram

---

[127] Ainda que, no entender de Klaus Schlaich e Stefan Korioth, *op. cit., loc. cit.*, seja sempre relevante respeitar as tradições do respectivo Estado.

[128] Cfr. Jutta Limbach, «*Papel y Poder del Tribunal Constitucional*», cit., p. 97.

[129] Para um desenvolvimento sobre a relevância do Tribunal Constitucional enquanto instrumento de protecção de minorias (*Instrument des Minderheitenschutzes*), contra abusos de maioria, cfr. Alfred Rinken, *op. cit.*, p. 28, José Julio Fernández Rodríguez, *La justicia constitucional europea ante el siglo XXI*, cit., p. 139, Luigi Ferrajoli, «*Jurisdicción y democracia*», (trad. Andres Ibáñez), *in* Jueces para la democracia. Información y Debate, n.º 29, 1997, Madrid, pp. 3-9, p. 7, e Vital Moreira, «*Princípio da maioria e princípio da constitucionalidade... cit.*, p. 186.

[130] Cfr. K. Stern, *apud* Eduardo García de Enterría, *La Constitución Como Norma y el Tribunal Constitucional, cit.*, p. 213, Otto Pfersmann, *op. cit.*, p. 66, e Vital Moreira, «*Princípio da maioria e princípio da constitucionalidade... cit.*, pp. 181-182. Sobre o conceito de competência das competências (Kompetenz-Kompetenz), surgido na Alemanha na segunda metade do século XIX, cfr. Miguel Galvão Teles, *A competência da competência do Tribunal Constitucional*», *in* AAVV, Legitimidade e Legitimação da Justiça Constitucional – Colóquio no 10.º Aniversário do Tribunal Constitucional – Lisboa, 28 e 29 de Maio de 1993, Coimbra Editora, Coimbra, 1995, pp. 105-125, pp. 105-107.

[131] Cfr. Gerd Roellecke, «*Zum Problem einer Reform der Verfassungsgerichtsbarkeit*», *in* JZ, Jahr. 56, Heft 3, 2001, J. C. B. Mohr, Tübingen, pp. 114-119, p. 115.

[132] J. J. Gomes Canotilho, *Direito Constitucional e Teoria da Constituição, cit.*, p. 678.

56 A Tutela Directa dos Direitos Fundamentais

a estar consagradas as disposições relativas à sua organização, autonomizando-as das respeitantes aos restantes tribunais – certo é que a doutrina continua hesitante quanto à sua classificação e ainda discute se é possível atribuir-lhe a categoria de *órgão constitucional* semelhante à dos órgãos de soberania elencados no artigo 110.º, n.º 1, da CRP, a saber, o Presidente da República, a Assembleia da República, o Governo e os Tribunais[133-134].

No que respeita à natureza de *órgão jurisdicional*, tal parece resultar do estatuto do TC, do processo de formação das suas decisões e da natureza da sua actividade[135-136]. Com efeito, relevantes para efeitos da

---

[133] Neste sentido, JOSÉ MANUEL M. CARDOSO DA COSTA, *A Jurisdição Constitucional... cit.*, p. 22, e VITALINO CANAS, «*O Tribunal Constitucional: órgão de garantia da segurança jurídica, da equidade e do interesse público de excepcional relevo*», in AAVV, Estudos em Homenagem ao Prof. Doutor Armando M. Marques Guedes, Faculdade de Direito da Universidade de Lisboa, 2004, pp. 107-126, p. 108. A classificação do TC como um órgão constitucional justifica que o seu Presidente faça parte do Conselho de Estado (artigo 142.º, al. c), da CRP). Por outro lado, um formalismo que diferencia a tomada de posse dos magistrados constitucionais da restante magistratura judicial é que esta tem lugar perante o Presidente da República e mediante juramento (artigo 20.º da LTC). Cfr. GIOVANNI VAGLI, *L'Evoluzione del Sistema di Giustizia Costituzionale in Portogallo*, Edizioni ETS, Pisa, 2001, p. 55.

[134] Defendendo que o TC apenas poderá ser considerado um órgão constitucional de soberania enquanto integrado nos tribunais no seu conjunto, cfr. J. J. GOMES CANOTILHO, *Direito Constitucional e Teoria da Constituição*, *cit.*, *loc. cit.* Numa aproximação diferente, ANTÓNIO DE ARAÚJO, MIGUEL NOGUEIRA DE BRITO, e JOAQUIM PEDRO CARDOSO DA COSTA, «*As relações entre os tribunais constitucionais e as outras jurisdições nacionais, incluindo a interferência nesta matéria, da acção das jurisdições europeias*», in AAVV, Estudos em Homenagem ao Conselheiro José Manuel Cardoso da Costa, Coimbra Editora, Coimbra, 2003, pp. 203-273, p. 206, e JOSÉ MANUEL M. CARDOSO DA COSTA, *A Jurisdição Constitucional... cit.*, p. 23, consideram que o TC é um órgão de soberania para além do clássico elenco do artigo 110.º, n.º 1, da CRP.

[135] No nosso país, a competência do TC consta do artigo 223.º da CRP e dos artigos 6.º a 11.º-A da Lei n.º 28/82, de 15 de Novembro (Lei de Organização, Funcionamento e Processo do Tribunal Constitucional). Em contraste, VITALINO CANAS, *op. cit.*, p. 108, defende que o TC exerce, essencialmente, uma «função de controlo», que se processa em moldes aproximados às funções jurisdicional, política e legislativa, não se assimilando, porém, totalmente a nenhuma delas.

[136] Como observa, J. J. GOMES CANOTILHO, *Direito Constitucional e Teoria da Constituição*, *cit.*, p. 680, a classificação que se atribui ao TC deverá ter sempre em consideração a competência em causa. Certamente será fácil considerar que a função que exerce ao abrigo dos processos de fiscalização da constitucionalidade, *maxime* a fiscalização concreta da constitucionalidade das normas (artigo 280.º da CRP), apresenta traços fortemente identificadores com a função jurisdicional. Ao passo que, *v.g.*, as

A Tutela Constitucional dos Direitos, Liberdades e Garantias

atribuição do carácter jurisdicional ao TC, são precisamente as garantias da independência dos juízes constitucionais face aos poderes, em especial ao partido que os indicou[137]. Por outro lado, veja-se que, nos termos do n.º 5 do mesmo preceito, «os juízes do Tribunal Constitucional gozam das garantias de independência, inamovibilidade, imparcialidade e irresponsabilidade e estão sujeitos às incompatibilidades dos juízes dos restantes tribunais».

Concretizando o mandato constitucional, o artigo 27.º, n.º 1, da LTC especifica a incompatibilidade com o desempenho do cargo de juiz constitucional «o exercício de funções em órgãos de soberania, das regiões autónomas ou do poder local, bem como o exercício de qualquer outro cargo ou função de natureza pública ou privada», exceptuando «o exercício não remunerado de funções docentes ou de investigação científica de natureza jurídica» (n.º 2). Outra zona da normação processual constitucional que espelha a preocupação pela garantia da independência dos

---

tarefas que desenvolve ao abrigo do controlo eleitoral (artigo 223.º, n.º 2, al. c) da CRP) ou de funções certificatórias (artigo 223.º, n.º 2, als. a), b) e d) da CRP), já suscitem maiores dúvidas.

[137] Cfr. JORGE MIRANDA, «*Anotação ao artigo 222.º da Constituição*», in JORGE MIRANDA e RUI MEDEIROS, *Constituição Portuguesa Anotada*, Tomo III, cit., pp. 251--256, p. 253. Nesta medida, se atendermos ao artigo 222, n.º 3, da CRP verificamos que o mandato dos juízes não é renovável e tem a duração de nove anos. Esta redacção constitucional, alterada pela Revisão de 1997, veio certamente reforçar a independência dos magistrados constitucionais, acolhendo a proposta de revisão constitucional apresentada por JORGE MIRANDA, *Ideias para uma revisão constitucional em 1996*, Cosmos, Lisboa, 1996, p. 26, e as críticas da generalidade da doutrina portuguesa que apontavam nesse sentido.

A justificação da alteração da duração do mandato prendeu-se com a necessidade de conferir ao cargo a independência necessária ao desenvolvimento das suas funções. Ainda assim, alguma doutrina adianta outra justificação, que se prende com uma espécie de compensação concedida aos juízes constitucionais pela abolição da possibilidade de renovação do mandato, acrescida da necessidade de adequar a nossa legislação constitucional com a da maioria dos países europeus, que previam mandatos bastante mais longos. Cfr., neste sentido, GIOVANNI VAGLI, *op. cit.*, pp. 64-65, nt. 141, e LUÍS NUNES DE ALMEIDA, «*Da politização à independência (algumas reflexões sobre a composição do Tribunal Constitucional*», in AAVV, Legitimidade e Legitimação da Justiça Constitucional – Colóquio no 10.º Aniversário do Tribunal Constitucional – Lisboa, 28 e 29 de Maio de 1993, Coimbra Editora, Coimbra, 1995, pp. 241-254, pp. 253-254. A verdade é que o alargamento do mandato dos juízes constitucionais, operado pela Revisão de 1997, veio abonar em favor da independência dos magistrados, na medida em que o seu mandato excede o prazo de duas legislaturas.

A Tutela Directa dos Direitos Fundamentais

magistrados constitucionais prende-se com a impossibilidade de exercício de actividades políticas, sendo que uma eventual filiação de um juiz constitucional num partido ficará suspensa (artigo 28.º da LOTC)[138].

Não obstante, o TC, enquanto órgão especialmente vocacionado para a interpretação da ordem constitucional, está autonomizado dos restantes tribunais, *não se encontrando integrado na estrutura do poder judicial*[139-140]. Não sendo de estranhar, por isso, que os magistrados cons-

---

[138] Ressalve-se, porém, que a filiação em partido ou associação política não constitui fundamento de suspeição (artigo 29.º, n.º 2, da LTC).

[139] Daí que ANTÓNIO DE ARAÚJO, MIGUEL NOGUEIRA DE BRITO, e JOAQUIM PEDRO CARDOSO DA COSTA, *op. cit.*, pp. 205-206, considerem que o TC não se insere no sistema judiciário (de organização dos tribunais), mas sim num «sub-sistema *a se*», autonomizado num título próprio (o Título VI).

[140] Como salientam JOSÉ JULIO FERNÁNDEZ RODRÍGUEZ, *La justicia constitucional europea ante el siglo XXI, cit.*, p. 50, e LOUIS FAVOREU, «*La notion de Cour Constitutionnelle*», *in* AAVV, Perspectivas Constitucionais – Nos 20 Anos da Constituição de 1976, Vol. I, Coimbra Editora, Coimbra, 1996, pp. 1067-1085, p. 1078, o mesmo sucede nas Constituições de Bélgica, Bulgária, Croácia, Eslovénia, Espanha, França, Hungria, Itália, Lituânia, Macedónia, Moldávia, Polónia e Roménia.

Sobre o tema, em Espanha, cfr. ÁNGELA FIGUERUELO BURRIEZA, «*Crisis Constitucional y Abuso del Derecho a la Tutela Judicial Efectiva*», *in* Revista Jurídica de Castilla y León, n.º 7, octubre 2005, Junta de Castilla y León, pp. 129-153, p. 131, EDUARDO GARCÍA DE ENTERRÍA, *La Constitución Como Norma y el Tribunal Constitucional, cit.*, pp. 66 e 212, FAUSTINO CORDÓN MORENO, *El proceso de amparo constitucional*, La Ley, Madrid, 1992, 2.ª edición actualizada, p. 14, FRANCISCO FERNÁNDEZ SEGADO, «*La teoría jurídica de los derechos fundamentales en la doctrina constitucional*», *in* REDC, Año 13, Núm. 39, Septiembre-Diciembre, 1993, Centro de Estudios Constitucionales, Madrid, pp. 195-247, p. 195, FRANCISCO BALAGUER CALLEJÓN, GREGORIO CÁMARA VILLAR e LUIS FELIPE MEDINA REY, *La Nueva Ley Orgánica del Tribunal Constitucional*, Editorial Tecnos, Madrid, 2008, p. 31, MANUEL CARRASCO DURÁN, «*El concepto constitucional de recurso de amparo: examen de posibilidades para una reforma de la regulación y la práctica del recurso de amparo*», *in* REDC, n.º 63, año 21, septiembre/diciembre, 2001, Centro de Estudios Políticos y Constitucionales, Madrid, p. 89, e PEDRO CRUZ VILLALÓN, «*Conflict between Tribunal Constitucional and Tribunal Supremo – A national experience*», *in* AAVV, The Future of the European Judicial System in a Comparative Perspective, Nomos Verlag, Baden-Baden, Germany, 2006, pp. 111-116, p. 112. Os Autores afirmam que o TCE, apesar de ser um órgão jurisdicional, não se enquadra no poder judicial, ao não constar do Título VI (artigos 117.º a 127.º), mas sim de um Título autónomo. Na verdade, o TCE goza de autonomia administrativa e auto-governo para a sua gestão financeira e para a sua organização e funcionamento internos. Do ponto de vista organizativo, não ocupa uma posição dentro da hierarquia judicial e diferencia-se dos tribunais ordinários também pelo procedimento de selecção dos seus membros.

Contra, IGNACIO BORRAJO INIESTA, «*Reflexiones acerca de las reformas que necesita el amparo judicial. Sencillez y celeridad como criterios determinantes*», *in* REDC, año

A *Tutela Constitucional dos Direitos, Liberdades e Garantias*   59

tucionais não se encontrem integrados numa carreira, sendo, diversamente, eleitos pela Assembleia da República ou cooptados entre os demais juízes. Porém, na medida em que das decisões dos tribunais que compõem o poder judicial, incluindo os supremos tribunais, cabe recurso para o TC, alguma doutrina vai mais além e sustenta que este há-de ser considerado, ao menos sob o ponto de vista *funcional*, como situado no topo da hierarquia dos tribunais (em relação às questões relativas à interpretação e aplicação da Constituição) [141-142]. De acordo com esta tese, o TC deveria, então, ser qualificado como o «supremo dos supremos» [143].

Não deixa de ser interessante verificar que, no ordenamento jurídico-constitucional alemão, o Tribunal de Karlsruhe é considerado um genuíno tribunal (*echtes Gericht*), formalmente disposto no Capítulo IX (artigos 92.º a 104.º da GG) relativo ao poder judicial (*die Rechtsprechung*) e no artigo 1.º da BVerfGG [144-145]. Não obstante, alguma doutrina – em contradição com a letra da GG e da BVerfGG – continua a levantar dúvidas quanto à sua natureza jurídica, defendendo uma revisão constitucional

---

15, núm. 43, enero-abril, 1995, Centro de Estudios Constitucionales, Madrid, pp. 25--49, p. 43. Rosario Tur Ausina, *op. cit.*, pp. 191-192, vai mais longe e sugere que a tradicional configuração do TCE como jurisdição especializada e separada organicamente do poder judicial deverá ser objecto de revisão.

[141] Pelo menos no que respeita à fiscalização concreta da constitucionalidade, uma vez que quanto às actividades não jurisdicionais, ou quanto à fiscalização abstracta (preventiva e sucessiva), não faz sentido sequer falar em «hierarquia». Cfr. António de Araújo, Miguel Nogueira de Brito, e Joaquim Pedro Cardoso da Costa, *op. cit.*, p. 228, Carlos Blanco de Morais, *Justiça Constitucional, Tomo I, cit.*, p. 333, e *Justiça Constitucional, Tomo II – O contencioso constitucional português, entre o modelo misto e a tentação do sistema de reenvio*, Coimbra Editora, Coimbra, 2005, p. 549, Fernando Alves Correia, «*A Justiça Constitucional em Portugal e em Espanha. Encontros e Divergências*», in RLJ, Ano 131, 1998-1999, n.ºs 3891, 3892 e 3893, pp. 162-171, 198--204 e 234-240, respectivamente, p. 165, nt. 11, Jorge Miranda, *Manual de Direito Constitucional, Tomo VI, cit.*, pp. 205 e 241-242, e José Manuel M. Cardoso da Costa, *A Jurisdição Constitucional... cit.*, p. 23.

[142] Por outro lado, o artigo 209.º, n.º 1, *ab initio*, da CRP, ao estipular que «além do Tribunal Constitucional, existem as seguintes categorias de tribunais (...)», faz uma menção expressa à posição primeira do TC. Idêntica posição é assumida por Jorge Miranda, «*Anotação ao artigo 221.º da Constituição*», in Jorge Miranda e Rui Medeiros, *Constituição Portuguesa Anotada*, Tomo III, *cit.*, pp. 247-250, p. 249, quando lembram que se existe uma possibilidade de recurso das decisões dos tribunais ordinários para o TC, já o oposto não se verifica.

[143] Miguel Galvão Telles, *op. cit.*, p. 120.

[144] Mais concretamente, o artigo 92.º da GG, que preceitua que o poder judicial é exercido pelo TCFA, pelos tribunais federais e pelos tribunais dos Estados federados.

60 — A Tutela Directa dos Direitos Fundamentais

que retirasse o TCFA do Capítulo respeitante ao poder judicial. Como justificação, invocam as particularidades específicas da jurisdição constitucional, que se prendem sobretudo com a sua proximidade dos órgãos de decisão política e a envergadura política das suas decisões[146]. Note-se que, na Alemanha, o TCFA é dotado de três competências basilares mediante as quais a sua actuação apresenta contornos políticos. Essas competências são: (*i*) a fiscalização abstracta das normas; (*ii*) a resolução de conflitos orgânicos; (*iii*) e a decisão sobre a proibição de partidos políticos[147].

Com realismo, dir-se-á que estas reticências de alguma doutrina nos permitem atestar que a questão de integrar, ou não, formalmente o poder

---

Repare-se ainda que, curiosamente (ou não), o legislador constituinte não classificou nenhum dos tribunais como «supremo». Cfr. Francisco Rubio Llorente, *«El Tribunal Constitucional»*, in REDC, Año 24, Núm. 71, Mayo-Agosto 2004, Centro de Estudios Constitucionales, Madrid, pp. 11-33, p. 31, Gerd Roellecke, *«Verfassungsgerichtsbarkeit zwischen Recht und Politik in Spanien und der Bundesrepublik Deuschland»*, *cit.*, p. 80, e Klaus Schlaich e Stefan Korioth, *op. cit.*, p. 357.

[145] O mesmo sucede na Eslováquia e Rússia.

[146] Nesta medida, alguma doutrina entende que para a qualificação como «tribunal», falta o afastamento necessário dos restantes poderes. Por esse motivo, Carl Schmitt, *apud* Dorothee Ax, *Prozeßstandschaft im Verfassungsbeschwerde-Verfahren – Zugleich ein Exkurs betreffs Methoden richterlicher Rechtsfortbildung im Verfassungsbeschwerde-Verfahren*, Studien und Materialen zur Verfassungsgerichtsbarkeit, Band 61, Herausgegeben von Christian Starck, Nomos Verlagsgesellschaft, Baden-Baden, 1994, p. 24, considerou o TCFA como uma «instância altamente política» (*«hochpolitische Instanz»*). Por sua vez, K. Doehring, *apud* Eduardo García de Enterría, *La Constitución Como Norma y el Tribunal Constitucional, cit.*, p. 212, nt. 168, classifica o TCFA como um «quarto poder», ainda que neutro. Daí que Benda e Hesse, *apud* Dorothee Ax, *op. cit., loc. cit.*, falem de uma «dupla ligação ao político» (*«doppelten Bezug zum Politischen»*), que se pode revelar quer no objecto de controlo, quer na medida do controlo da jurisdição constitucional.

Também Maria Lúcia Amaral, *«Justiça constitucional, protecção dos direitos fundamentais... cit.,* pp. 20-21, lembra que a magistratura constitucional não pode ser plenamente equiparável às restantes magistraturas ordinárias, uma vez que o primeiro é um «juiz do legislador» e um «guardião do princípio da constitucionalidade», sendo que as suas decisões de declaração de inconstitucionalidade de normas acabam por alterar o sistema de fontes infraconstitucionais. Por conseguinte, como ressalva a Autora, verifica-se que as ordens jurídico-constitucionais estrangeiras são extremamente prudentes quanto à temática dos efeitos dos acórdãos dos tribunais constitucionais.

[147] Cfr., respectivamente, os artigos 93.º, n.º 1 (2); 93.º, n.º 1 (1); e 21.º, n.º 2, da GG. Para mais desenvolvimentos, v. Ingo Von Münch, *«¿El Tribunal Constitucional Federal como actor político?», cit.*, pp. 570-578.

A Tutela Constitucional dos Direitos, Liberdades e Garantias

judicial não é de *per si* suficiente para concluirmos pela natureza jurisdicional ou não jurisdicional de um Tribunal Constitucional. Ainda assim, parece-nos que a doutrina que considera o TCFA um órgão político, não atende a um factor da maior importância: a fronteira entre a jurisdição e a política não está no objecto, mas sim no fundamento das suas decisões[148]. Deve, aliás, ter-se sempre presente que o fundamento das decisões do TCFA reside somente na Lei Fundamental (artigos 20.º, n.º 3, e 97.º, n.º 1, da GG)[149]. Como bem elucidou o primeiro presidente do Tribunal de Karlsruhe, «não é tarefa do Tribunal Constitucional decidir sobre lutas políticas, mas apenas assegurar que nessas lutas se respeitem as normas da Lei Fundamental»[150].

Do exposto decorre que, em relação à legislação, o TCFA não é co--legislador, mas sim controlador (*Kontrolleur*) e não possui poderes de iniciativa própria, estando, ao invés, limitado a um procedimento estruturado constitucionalmente e vinculado ao padrão de controlo (*Kontrollmaßstab*)[151]. Nesta ordem de ideias, hoje, reconhece-se que a «dimensão jurídico-funcional da interpretação constitucional»[152], comporta um elemento de distinção entre a função de agir (reservada ao legislador) e a função de controlar (da competência do TCFA). Todavia, a GG não formula explicitamente esta diferenciação, o que por vezes implica que a mesma norma constitucional tenha ao mesmo tempo as funções de norma de acção (*Handlungsnorm*) e norma de controlo (*Kontrollnorm*)[153].

Em nosso entender, e colocando-nos perante a Constituição portuguesa, o carácter jurisdicional do Tribunal Constitucional não tem de

---

[148] Cfr. KLAUS STERN, LÖWER, ENGELMANN, *apud* DOROTHEE AX, *op. cit.,* p. 25.

[149] DOROTHEE AX, *op. cit.,* p. 26, recapitula que, de acordo com a própria jurisprudência constitucional, a tarefa do TCFA enquanto «guardião da Constituição» («*Hütter der Verfassung*»), ou «Senhor do Processo» («*Herr des Verfahrens*»), depende do respeito pelos limites plasmados na GG e na BverfGG.

[150] HÖPKER ASCHOFF, *apud* MARCELO REBELO DE SOUSA, «*Legitimação da justiça constitucional e composição do Tribunais Constitucionais*», *in* AAVV, Legitimidade e Legitimação da Justiça Constitucional – Colóquio no 10.º Aniversário do Tribunal Constitucional – Lisboa, 28 e 29 de Maio de 1993, Coimbra Editora, Coimbra, 1995, pp. 211-228, p. 214. No mesmo sentido, JUTTA LIMBACH, «*Papel y Poder del Tribunal Constitucional*», *cit.,* p. 97.

[151] Cfr. INGO VON MÜNCH, «*¿El Tribunal Constitucional Federal como actor político?*», *cit.,* p. 581, e KLAUS SCHLAICH e STEFAN KORIOTH, *op. cit.,* p. 358.

[152] «*Die funktionell-rechtliche Dimension der Verfassungsinterpretation*», nas palavras de SCHUPPERT, *apud* KLAUS SCHLAICH e STEFAN KORIOTH, *op. cit.,* p. 359.

[153] *Ibidem*, pp. 359-360. A título exemplificativo, o artigo 3.º, n.º 1, da GG, consagrador do princípio da igualdade perante a lei, consagra não apenas uma norma

excluir toda uma contribuição activa para a formação da vontade política do Estado[154]. No entanto, como é sabido, certa doutrina, invocando o *pendor político* da composição deste Tribunal, nomeadamente a escolha política dos seus membros, permanece com dúvidas quanto à sua classificação, preferindo considerar que as suas decisões não são judiciais, mas políticas[155-156].

Vistas bem as coisas, num breve relance de Direito comparado, o *SC* norte-americano não deixa de ser considerado um «tribunal» pelo facto de os seus membros serem nomeados pelo Presidente[157]. Em torno da mesma ideia, não se esqueça que a Assembleia de República possui fortes poderes sobre o TC, principalmente no que tange a possíveis alterações à sua Lei de Organização e Funcionamento[158-159]. A ligar, num

---

de acção para o legislador, que se traduz na previsão de um tratamento materialmente paritário, mas também uma norma de controlo para o TCFA, que residirá na verificação da existência de diferenciações não objectivamente justificáveis.

[154] Como, de resto, tinha sido já salientado por HANS KELSEN, «*Quem deve ser o guardião da Constituição?*», *cit.*, p. 253.

[155] LUÍS NUNES DE ALMEIDA, «*Da politização à independência... cit.*, pp. 243- -244, distingue duas críticas quanto à composição do TC: (*i*) uma que põe em causa a existência de uma forma de selecção dos magistrados constitucionais diversa da que existe para a jurisdição ordinária; (*ii*) e uma segunda tese, que advoga que a escolha exclusivamente parlamentar dos juízes origina uma inevitável partidarização. O Autor afasta a primeira objecção, por entender que ela parte de uma ideia ultrapassada do juiz de carreira como um juiz «puro» e «asséptico», «imunes à influência política», no desempenho das suas funções. Em consonância, cfr. JOSÉ MANUEL M. CARDOSO DA COSTA, «*Entretien avec le Président du Tribunal constitutionnel portugais*», *in* CCC, n.º 10, 2001, Editions Dalloz, Paris, pp. 35 e ss., p. 39, e LOUIS FAVOREU, «*La notion de Cour Constitutionnelle*», *cit.*, pp. 1070 e 1081. Em sentido oposto, na Alemanha, advogando que os juízes do TCFA deveriam ser todos juízes de carreira, cfr. KARL AUGUST BETTERMANN, *apud* GERD ROELLECKE, «*Zum Problem einer Reform der Verfassungsgerichtsbarkeit*», *cit.*, p. 115.

[156] Para uma crítica a esta posição doutrinal, cfr. ANTÓNIO DE ARAÚJO e J. A. TELES PEREIRA, *op. cit.*, pp. 214-215. Por sua vez, EDUARDO GARCÍA DE ENTERRÍA, *La Constitución Como Norma y el Tribunal Constitucional*, *cit.*, p. 196 alerta que o Tribunal Constitucional não pode ser cego às consequências políticas das suas decisões. Na mesma linha de raciocínio, PABLO PÉREZ TREMPS, *Tribunal Constitucional y Poder Judicial*, *cit.*, p. 14, sublinha que o facto de os conflitos constitucionais acarretarem consequências políticas não implica que não estejam primeiramente vinculados ao Direito.

[157] Nos termos do artigo II, secção 2, cláusula 2, da Constituição dos EUA, os juízes do Tribunal Supremo são nomeados pelo Presidente, mediante o parecer e aprovação do Senado.

A Tutela Constitucional dos Direitos, Liberdades e Garantias 63

tecido coerente, invoca-se igualmente que os juízes constitucionais devem assumir aquilo a que Louis Favoreu denominou de «dever de ingratidão» (*devoir d'ingratitude*) perante o partido político que os indicou[160].

No que importa à nomeação dos juízes do TC, é claramente visível a *preponderância da Assembleia da República*, se bem que esta dependa de uma maioria de dois terços[161-162]. Como bem se aceitará, a existência desta maioria qualificada tem como função impedir abusos de maioria absoluta e também incentivar o diálogo entre os partidos (ao jeito de

---

[158] Cfr. Louis Favoreu, «*La notion de Cour Constitutionnelle*», cit., pp. 1083--1084. Nesta sede, porém, Paulo Castro Rangel, *Repensar o Poder Judicial – Fundamentos e Fragmentos*, Estudos e Monografias, Publicações Universidade Católica, Porto, 2001, p. 148, lembra que esta mesma lei pode ser objecto de fiscalização por parte do TC.

[159] Paulo Castro Rangel, «*O Legislador e o Tribunal Constitucional: o risco da redução metodológica do problema político*», in Direito e Justiça, Vol. XI, Tomo 2, 1997, pp. 195-220, pp. 211-217, ainda que com algumas reservas, aponta quatro meios através dos quais o legislador actua sobre o TC, a saber: 1) o poder de revisão constitucional; 2) o poder de alterar a LTC, apetrechando-a excessivas competências que, no limite, paralisariam a actividade do TC; 3) o poder de confirmação atribuído à AR em sede de fiscalização preventiva (n.º 2 do artigo 279.º da CRP); e, por último, 4) o poder de designar 10 dos 13 juízes que compõem o TC.

[160] «*La notion de Cour Constitutionnelle*», cit., p. 1082. Deste modo, os magistrados constitucionais deverão desempenhar com independência as suas funções, sem se sentirem de algum modo condicionados por uma obrigação inconsciente de não «desiludir» o partido que os indicou. Seguindo a mesma abordagem, Allan R. Brewer-Carías, «*The question of legitimacy: how to choose the judges of the Supreme Court?*», in AAVV, The Future of the European Judicial System in a Comparative Perspective, Nomos Verlag, Baden-Baden, Germany, 2006, pp. 153-182, p. 153.

[161] De notar que esta solução não é assim tão infrequente em termos de Direito comparado. Na Alemanha, Suiça e Bélgica, o Parlamento é responsável pela eleição da totalidade dos juízes, enquanto em Espanha, elege somente oito dos 12 juízes. A questão é bem sintetizada por Francisco Rubio Llorente, «*Seis tesis sobre la jurisdicción constitucional en Europa*», in REDC, Año 12, Núm. 35, Mayo-Agosto 1992, Centro de Estudios Constitucionales, Madrid, pp. 9-39, p. 15. Por sua vez, José Manuel M. Cardoso da Costa, «*Entretien avec le Président... cit.*, p. 40, entende que a exigência de uma maioria de dois terços obriga a que os partidos acordem o nome dos juízes constitucionais. Assim, o TC acolherá no seu seio juízes indicados por diferentes partidos, o que acaba por acolher diversas sensibilidades constitucionais, ideológicas, morais, sociais, entre outras.

[162] Defendendo este modo de designação, cfr. Luís Nunes de Almeida, «*Da politização à independência... cit.*, pp. 251-252, quando afirma discordar categoricamente de uma nomeação presidencial de um certo número de magistrados constitucionais, por colocar em perigo a independência dos mesmos. Em sentido oposto, cfr. a visão crítica

gentlemen's agreement), que terão de acordar entre si listas de candidatos[163-164]. Tendemos, por isso, a considerar que o elemento político presente na nomeação dos magistrados constitucionais não pode, por si só, servir de argumento para negar o seu carácter jurisdicional[165].

Quanto à actividade exercida pelo TC, em especial no âmbito da fiscalização abstracta preventiva (artigos 278.º e 279.º da CRP) e sucessiva da constitucionalidade (artigos 281.º e 282.º da CRP) e da verificação da inconstitucionalidade por omissão (artigo 283.º da CRP), é inteligível que esta acaba por condicionar e influenciar o desenvolvimento do processo político[166]. Esta gradual conquista pelo TC de espaço político na

---

de CARLOS BLANCO DE MORAIS, *Justiça Constitucional, Tomo I, cit.*, p. 350. Como elucida o Autor, *loc. cit.*, o processo de designação dos juízes constitucionais em Portugal deveria seguir o exemplo dos sistemas italiano, espanhol e francês, em que se verifica uma maior multiplicidade de intervenientes tornando o processo mais plural. Este aspecto, pelo menos, já tinha sido tratado, entre nós, por JORGE MIRANDA, em *Ideias para uma revisão constitucional... cit.*, p. 26, quando propôs uma alteração constitucional, no sentido de evitar as conotações político-partidárias da magistratura constitucional, que advêm, em grande medida, da sua designação exclusivamente pelo Parlamento. Assim, o Presidente da República passaria a designar dois juízes, a Assembleia da República designaria oito, e os três restantes seriam cooptados pelos primeiros. O nosso sistema de selecção dos magistrados constitucionais aproxima-se mais do modelo alemão, pois, apesar de estar previsto uma eleição por maioria de dois terços dos deputados, certo é que, na prática, os dois grandes partidos combinam previamente uma quota de magistrados a designar. MARCELO REBELO DE SOUSA, *op. cit.*, p. 227, também considera pertinente alguma participação presidencial na designação de juízes constitucionais. Para a análise desta temática na Alemanha, cfr. ERNST-WOLFGANG BÖCKENFÖRDE, «*Verfassungsgerichsbarkeit: Strukturfragen, Organization, Legitimation*», *cit.*, p. 16.

[163] Cfr. JORGE MIRANDA, *Manual de Direito Constitucional, Tomo VI, cit.*, p. 135, e MARCELO REBELO DE SOUSA, *op. cit.*, p. 219. Criticando esta situação, na Alemanha, GERD ROELLECKE, «*Verfassungsgerichtsbarkeit zwischen Recht und Politik in Spanien und der Bundesrepublik Deuschland*», *cit.*, p. 82, alega que esta favorece a politização, uma vez que cada partido sabe, à partida, que o outro partido irá aceitar automaticamente a sua lista de candidatos.

[164] Sistema de designação do colectivo de juízes em lista bloqueada (Lei n.º 13--A/98, de 26/02).

[165] Cfr. PABLO PÉREZ TREMPS, *Tribunal Constitucional y Poder Judicial, cit., loc. cit.*

[166] Cfr. JOSÉ MANUEL M. CARDOSO DA COSTA, *A Jurisdição Constitucional... cit.*, p. 103. Por seu turno, PAULO CASTRO RANGEL, *op. cit.*, pp. 148-151, destaca que é em sede de fiscalização preventiva que se colocam os maiores problemas de politização. Contudo, o Autor lembra que a Assembleia da República possuirá sempre a válvula de escape do artigo 279.º, n.º 2, da CRP.

A Tutela Constitucional dos Direitos, Liberdades e Garantias 65

dinâmica institucional – que alguma doutrina apelida, inclusivamente, de verdadeira função de *«indirizzo político»* (direcção política)[167] ou, pelo menos, de *«operatori politici»* (operadores políticos)[168] – justifica-se no facto de o TC ser o intérprete supremo de um direito delimitador da actuação política. Contudo, estamos com STERN, quando afirma que jurisdição *sobre o político* é uma realidade diversa de jurisdição política[169]. Não será aliás coincidência que, nos nossos dias, se tenha ultrapassado a visão positivista do juiz-funcionário, assente meramente em silogismos jurídicos, avançando-se para a sua perspectivação como instrumento activo do processo político, cuja actividade irradia, influenciando, a própria realidade social[170]. Como expressivamente escreveu KARL ENGISCH, «a aplicação do Direito (a jurisprudência) é um pedaço da vida do Direito. Aquilo que é vivo nunca se deixa racionalizar completamente»[171].

Olhada a questão mais de perto, queremos apenas concluir que ambas as abordagens quanto à natureza da jurisdição constitucional podem acarretar alguns perigos. Expliquemo-nos. Considerar o TC como um órgão de natureza eminentemente política, pode equivaler à constituição

---

[167] Cfr., na doutrina italiana, ENZO CHELI, PAOLO BARILE, e PAOLO CARETTI, *apud* FRANCISCO FERNÁNDEZ SEGADO, *«La judicialización del Derecho Constitucional»*, cit., pp. 50-51. Em Portugal, J. J. GOMES CANOTILHO, *«Jurisdição constitucional e intranquilidade discursiva»*, cit., p. 874.

[168] MARTINES, *apud* FRANCISCO FERNÁNDEZ SEGADO, *«La justice constitutionnelle devant le XXIème siècle»*, cit., p. 335.

[169] *Apud* LUÍS NUNES DE ALMEIDA, *«Da politização à independência... cit.*, p. 245.

[170] Há muito que se ultrapassou o paradigma do juiz como mera *«buche qui prononce les paroles de la loi.* Cfr. CRISTINA M. M. QUEIROZ, *op. cit.*, pp. 295-296, JOSÉ JULIO FERNÁNDEZ RODRÍGUEZ, *La justicia constitucional europea ante el siglo XXI, cit.*, p. 143, LUIGI FERRAJOLI, *«Jurisdicción y democracia»*, cit., p. 3, e PAULO CASTRO RANGEL, *Repensar o Poder Judicial, cit.,*, p. 161. Aliás, como bem salienta MARIA LÚCIA AMARAL, *«Justiça constitucional, protecção dos direitos fundamentais... cit.,* p. 16, actualmente não se pode fazer uma distinção dicotómica e rígida entre o momento de aplicação do direito e o momento da criação do direito, mas sim, importa reconhecer que a cultura jurídica do Estado constitucional assume movimentos circulares, já que o momento de criação do direito pode assumir uma vertente de aplicação e o momento de aplicação do direito pode ter uma vertente criadora.

Pelo que, segundo cremos, assume cada vez mais actualidade a conhecida expressão de CÍCERO, quando afirma que «o magistrado é a lei que *fala*, e a lei um magistrado mudo».

[171] *Introdução ao Pensamento Jurídico*, (trad. J. Baptista Machado), Fundação Calouste Gulbenkian, Lisboa, 2.ª Edição, 1964, pp. 206-207.

66 *A Tutela Directa dos Direitos Fundamentais*

de um governo de juízes, ou seja, à *«judicial usurpation»* da função política, na forma de *«Politisierung der Justiz»*[172]. Nesta sede, e no que respeita ao Direito Processual Constitucional, algumas vozes consideram que é necessário definir com certeza e segurança todo o procedimento constitucional, de modo a que não se transite de um Estado de Direito para um Estado de Justiça (*Übergang vom Rechtsstaat zum Justizstaat*), em que a Justiça se confunda com a Política[173]. Em reforço, o encarar o TC, como um órgão de cariz substancialmente político, acaba por colocar em risco a liberdade constitutiva ou conformadora do legislador[174]. Fica assim determinada a inevitabilidade de um sistema de justiça constitucional como o português: o TC pode ser acusado de activismo em duas frentes, quer de activismo judicial, quer de activismo legislativo[175].

Sem incorrer na ilusão de defender uma separação estanque entre a política e a justiça, já advertia HANS KELSEN que «é tão difícil quanto desejável afastar qualquer influência política da jurisdição constitucional»[176]. Na verdade, afigura-se-nos que um certo grau de politização do TC acaba por ser inevitável e poderá ser matizado pelo próprio TC. O certo é que, por vezes, o TC sente-se tentado a orientar-se por um princípio de auto-

---

[172] Precisamente o que temia CARL SCHMITT, *Der Hütter der Verfassung*, que optou por atribuir a supremacia constitucional ao Executivo. Para uma narrativa sobre o problema da legitimação democrática dos juízes nos Estados Unidos da América, cfr. JOHN HART ELY, *Democracy and Distrust – A Theory of Judicial Review*, Harvard Universty Press, Massachusetts, 1980, p. 47.

[173] DOROTHEE AX, *op. cit.*, p. 29.

[174] MARIA LÚCIA AMARAL PINTO CORREIA, *Responsabilidade do Estado e dever de indemnizar do legislador*, *cit.*, p. 382, nt. 196, lembra que o termo *«Gestaltungsfreiheit»* (liberdade de conformação política do legislador) – adoptado pela jurisprudência constitucional alemã no segundo cinquénio do século passado – pretende designar os «espaços de actuação *livre*, não constitucionalmente vinculada, da função legislativa».

[175] Cfr. J. J. GOMES CANOTILHO, *«Jurisdição constitucional e intranquilidade discursiva»*, *cit.*, pp. 882-883. O Autor defende que a solução de equilíbrio passará por «estabelecer *canais comunicativo-discursivos* entre a política e o direito» (p. 877). Igualmente chamando atenção para esta dualidade, em Espanha, cfr. ROSARIO TUR AUSINA, *op. cit.*, p. 175, nt. 328. Em termos mais genéricos, PETER HÄBERLE, *«Role and impact of constitutional courts in a comparative perspective»*, *in* AAVV, The Future of the European Judicial System in a Comparative Perspective, Nomos Verlag, Baden-Baden, Germany, 2006, pp. 65-77, p. 70, alerta que o activismo dos juízes do Tribunal Constitucional húngaro, levou a que alguma doutrina se referisse à existência de uma «Constituição invisível».

[176] HANS KELSEN, *«A jurisdição constitucional»*, *cit.*, p. 154.

A Tutela Constitucional dos Direitos, Liberdades e Garantias 67

-contenção (*judicial self-restraint*), à semelhança da posição assumida nas últimas três décadas pelo *SC* norte-americano[177]. Um tal princípio, logo se adivinhará, assenta na limitação da esfera de competência decisória dos juízes às questões jurisdicionais, pelo que se deverão abster de controlar as decisões políticas (*political question doctrine*)[178-179].

---

[177] Para um desenvolvimento acerca das tendências de «*judicial activism*» ou de «*judicial restraint*», cfr. Ronald Dworkin, *Taking Rights Seriously*, Harvard University Press, Massachusetts, 1978, pp. 137-149. Queremos apenas realçar que o Autor divide a auto-contenção judicial em duas modalidades, isto é, em duas perspectivas: (*i*) «*theory of political scepticism*», segundo a qual aos cidadãos apenas possuem os direitos garantidos na Constituição; (*ii*) «*theory of judicial deference*»: que defende que os cidadãos possuem outros direitos para além dos direitos garantidos na Constituição, porém não compete aos tribunais o reconhecimento desses mesmos direitos (p. 138).

O Autor tende todavia a apoiar o activismo judicial, afastando o clássico argumento «democrático», que aponta para a impossibilidade de um órgão judicial se imiscuir em questões relativas à moral ou à política e que, destarte, apenas poderiam ser solucionadas em instituições democráticas e politicamente responsáveis (pp. 140-141). Ronald Dworkin, porém, invocando o princípio da constitucionalidade (na vertente da *judicial review of legislation*), entende que «as decisões respeitantes aos direitos contra a maioria não são assuntos que possam ser, com justiça, deixados à maioria» (p. 142). Daí que, numa análise de custo-benefício, os possíveis «riscos de tirania» que o activismo judicial comporta, compensem «a injustiça de pedir à maioria que seja juíza em própria causa» (pp. 143-144).

[178] Cfr. Alfred Rinken, *op. cit.*, p. 58, Ingo Von Münch, «*¿El Tribunal Constitucional Federal como actor político?*», *cit.*, p. 679 J. J. Gomes Canotilho, *Direito Constitucional e Teoria da Constituição, cit.*, pp. 1308-1309, Maria da Assunção Esteves, «*Legitimação da justiça constitucional e princípio maioritário*», in AAVV, Legitimidade e Legitimação da Justiça Constitucional – Colóquio no 10.º Aniversário do Tribunal Constitucional – Lisboa, 28 e 29 de Maio de 1993, Coimbra Editora, Coimbra, 1995, pp. 127-138, p. 128, e Paulo Castro Rangel, *Repensar o Poder Judicial, cit.*, p. 131, nt. 4. Neste domínio, Cass R. Sunstein, *apud* Paulo Mota Pinto, «*Reflexões sobre jurisdição constitucional e direitos fundamentais nos 30 anos da Constituição da República Portuguesa*», in Themis, Edição Especial, 30 Anos da Constituição Portuguesa (1976-2006), 2006, pp. 201-216, p. 205, tem vindo a defender, para a jurisprudência do SC a concepção do «minimalismo judiciário» («*judicial minimalism*»). Ainda nesta sede, José Manuel M. Cardoso da Costa, «*A justiça constitucional no quadro das funções do Estado vista à luz das espécies, conteúdos e efeitos das decisões sobre a constitucionalidade das normas jurídicas*», in VII.ª Conferência dos Tribunais Constitucionais Europeus, 27 a 30 de Abril de 1987, pp. 1-20, disponível no site http://tribunalconstitucional.pt, p. 18, justifica a auto-contenção da jurisdição constitucional no respeito pela fronteira entre a função «constitutiva» reservada ao legislador e a função de legislador negativo atribuída ao TC. Ainda que este último atravesse para o território legislativo (ao modificar a ordem jurídica), certo é que não estará a autonomamente criar direito, na medida em a sua actividade permanecerá sempre pautada pelos ditames constitucionais.

68 A Tutela Directa dos Direitos Fundamentais

Se é assim, pergunta-se: não estarão os tribunais a alhear-se do âmbito das suas competências, incorrendo numa violação da proibição do *non liquet*? A pergunta é inevitável. Como é inevitável que se conclua que uma importação *tout court* da máxima norte-americana de auto-limitação da justiça constitucional – que atribui a competência das competências ao oportunismo decisório (*opportunistisch-dezisionistische Kompetenz-Kompetenz*) do *SC* – não é pacífica na doutrina nacional e estrangeira.

De facto, sobre esta designação cobrem-se situações muito diferentes. Talvez por isso, ALFRED RINKEN[180], MATTHIAS JESTAEDT[181] e VITAL MOREIRA, entre outros, se mostrem enfaticamente contra esta possibilidade, na medida em que esta doutrina pode encobrir algo de essencial: se a matéria em causa é constitucionalmente atribuída ao controlo do TC, então este não poderá deixar de se debruçar sobre ela[182]. Sem desprimor destes argumentos, que sufragamos, parece-nos oportuno acrescentar, também, que o TC não deverá contender com as opções políticas que o legislador possa legitimamente tomar.

---

[179] Sobre a função política (de *policy-making*) atribuída ao *SC*, cfr. o estudo de KARL LOEWENSTEIN, «*La función política del Tribunal Supremo de los Estados Unidos*», (trad. Manuel Medina), *in* REP, Núm. 133, 1964, Centro de Estudios Constitucionales, Madrid, pp. 5-40, em especial, pp. 17 e ss.

[180] *Op. cit.*, p. 58.

[181] *Verfassungsrecht und einfaches Recht – Verfassungsgerichtsbarkeit und Fachgerichtsbarkeit*», *in* DVBl, 116. Jahrgang des Reichsverwaltungsblattes, Heft 17, 15. September 2001, Carl Heymanns Verlag Gmbh, Köln, pp. 1309-1376, p. 1313.

[182] «*Princípio da maioria e princípio da constitucionalidade... cit.*, pp. 194-195. O Autor cita KAR KORINEK, KONRAD HESSE e VON DER HEYDTE, que alertam para os perigos de um *non liquet*, ao abrigo de uma pretensa auto-contenção jurisdicional. Até porque, como lembra ALFRED RINKEN, *op. cit.*, p. 59, o que se exige do TCFA não é uma auto-contenção, mas sim um activismo jurisdicional. Igualmente salientado o perigo de um conceito tão genérico, cfr. ROBERT ALEXY, *Teoría de los Derechos Fundamentales*, (trad. Ernesto Garzón Valdés), Centro de Estudios Políticos y Constitucionales, Madrid, 2002, p. 527, e RUI MEDEIROS, *A Decisão de Inconstitucionalidade – Os autores, o conteúdo e os efeitos da decisão de inconstitucionalidade da lei*, Universidade Católica Editora, Lisboa, 1999, p. 33. Por sua vez, J. J. GOMES CANOTILHO, *Direito Constitucional e Teoria da Constituição, cit.*, p. 1309, lembra que a própria doutrina norte-americana se manifestou no sentido de que a auto-contenção não é sinónimo de «questões constitucionais isentas de controlo».

A Tutela Constitucional dos Direitos, Liberdades e Garantias 69

4.3. Relacionamento entre Jurisdições Constitucional e Ordinária

Qualquer discussão sobre a temática da relação entre a jurisdição constitucional e a jurisdição ordinária depende de uma prévia consideração do modo como interagem o Direito constitucional e o Direito ordinário[183]. Compreende-se, por isso, que a constitucionalização da ordem jurídica e o efeito de irradiação dos direitos fundamentais às relações jurídicas privadas (*Ausstrahlungswirkung der Grundrechte*) obriguem a uma mais complexa tentativa de separação material entre as jurisdições[184]. Alguma doutrina germânica defende mesmo que procurar resolver o problema exclusivamente através de uma delimitação material das jurisdições não surtirá efeitos satisfatórios. Neste contexto, importará enriquecer a abordagem jurídico-material com uma visão jurídico-funcional (*Funktionell-rechtlichen*), que permitirá uma melhor distribuição de competências e uma relação de cooperação entre as jurisdições[185].

---

[183] Esta ideia encontra apoio em MATTHIAS JESTAEDT, *op. cit.*, p. 1309.

[184] Em 1958, no acórdão *Lüth*, (acórdão da 1.ª Secção do TCFA, de 15/01/1958, n.º 400/51), o TCFA foi confrontado com a aplicação horizontal dos direitos fundamentais, ou seja, a sua aplicação nas relações de direito privado. O caso em análise teve início quando Erich Lüth – director da Imprensa Nacional de Hamburgo – tentou um boicote contra o filme «*Unsterbliche Geliebte*» (Amada Imortal), de Veit Harlan. Este fora o mesmo realizador do filme «*Jud Süss*», produzido durante o 3.º Reich (1940), e que tinha sido considerado um dos piores filmes anti-semitas que foram realizados durante o regime nacional-socialista. Contudo, a jurisdição ordinária de Hamburgo deu razão à queixa de Veit Harlan e decidiu impedir o boicote. Insatisfeito com a decisão do tribunal, Erich Lüth intentou uma queixa constitucional no TCFA, que foi admitida e que deu provimento à sua pretensão, na medida em que o direito à liberdade de expressão (enquanto direito fundamental) não tem apenas uma vertente subjectiva, mas também representa valores sociais tidos por fundamentais (dimensão objectiva).

Apesar de o TCFA reconhecer que a génese dos direitos fundamentais foi (e é ainda) a protecção dos indivíduos face ao Estado (par. 25), certo é que os direitos fundamentais são também uma «*objektive Wertordnung*» (ordem objectiva de valores), que vinculam a ordem jurídica no seu todo – quer seja o direito público, quer o direito privado – e que, ao mesmo tempo, não dizem respeito apenas à produção legislativa, mas também à aplicação da lei (pars. 27 e 32 e ss.). Cfr., em especial, ALFRED RINKEN, *op. cit.*, p. 72, DIETER GRIMM, «*Constitutional issues in substantive law – Limits of constitutional jurisdiction*», *in* AAVV, The Future of the European Judicial System in a Comparative Perspective, Nomos Verlag, Baden-Baden, Germany, 2006, pp. 277-281, pp. 277-278, MATTHIAS JESTAEDT, *op.cit.*, pp. 1309-1310, e ULLI F. H. RÜHL, *op. cit*, pp. 161-162.

[185] Com efeito, a questão da delimitação de tarefas entre as jurisdições ordinária e constitucional deve ser perspectivada como um problema jurídico-funcional, e não

70   A Tutela Directa dos Direitos Fundamentais

Seguindo o ponto de vista proposto, podemos atestar que já o arquitecto do modelo de jurisdição constitucional havia demonstrado alguma preocupação quanto à questão da conflituosidade entre justiça constitucional e ordinária. Como é sabido, HANS KELSEN sublinhava que a delimitação do âmbito de competência de cada jurisdição se faria atendendo ao critério do carácter individual ou geral do acto em causa. Segundo esta tese, enquanto os actos gerais seriam da competência do Tribunal Constitucional, os actos individuais pertenceriam ao domínio de decisão dos tribunais ordinários[186]. Não obstante, recorde-se que a tentativa kelseniana de delimitação do conceito de jurisdição constitucional em sentido material, não logrou êxito.

A prova mais cabal de que a Constituição não se compagina com uma distinção radical entre o âmbito de competência das jurisdições constitucional e ordinária, é o elemento unificador de uma estrutura sistemática única. Em termos breves, o efeito irradiante dos direitos fundamentais à totalidade da ordem jurídica tornou algo ingénua a afirmação de que o Direito Constitucional assumia a funcionalidade de uma medida de apreciação da validade das normas. Sabemos, hoje, que ele se enriqueceu com algo mais: um «parâmetro para a sua interpretação e aplicação»[187].

A título preliminar, não deixa de ser sugestivo notar que a distinção se tornou ainda mais complexa nos ordenamentos jurídico-constitucionais

---

jurídico-material. Neste sentido, BRYDE e RINKEN, *apud* JUTTA LIMBACH, «*Función y significado del recurso constitucional en Alemania*», *in* CuC, n. º 3, 2000, Instituto de Investigaciones Jurídicas, UNAM, México, pp. 68-89, p. 83. Segundo MATTHIAS JESTAEDT, *op.cit.*, p. 1313, o critério jurídico-funcional questiona a adequação do órgão em causa para decidir sobre determinada questão, atendendo à sua composição, legitimação e o procedimento decisório. Como adiante veremos, expressões desta abordagem jurídico-funcional são, nomeadamente, a fórmula de HECK, utilizada pelo TCFA, ou a reiterada máxima que o mesmo Tribunal utiliza quando afirma categoricamente que não é uma instância de revisão.

[186] A não ser que, excepcionalmente, esses actos individuais sejam determinados directamente pela Constituição, o que dará lugar à intervenção do Tribunal Constitucional. Seria o caso, *v.g.*, de actos jurídicos individuais da autoria do Parlamento. Cfr. HANS KELSEN, «*A jurisdição constitucional*», *cit.*, p. 161.

[187] J. J. GOMES CANOTILHO, «*Para uma teoria pluralística da jurisdição constitucional no Estado Constitucional Democrático português*», *in* RMP, Ano 9.º, n.ºs 33 e 34, Lisboa, 1988, pp. 9-27, p. 27. Também PABLO PÉREZ TREMPS, Tribunal Constitucional y Poder Judicial, cit., p. 121, esclarece que toda a actividade jurisdicional contém em si, potencialmente, um conteúdo constitucional, na medida em que toda a aplicação do Direito abarca uma potencial aplicação constitucional.

A Tutela Constitucional dos Direitos, Liberdades e Garantias   71

que adoptaram um modelo misto ou híbrido de fiscalização da constitucionalidade – tais como o português ou o espanhol – em que os tribunais ordinários são também chamados a partilhar a tarefa de salvaguarda da Constituição. Esta «judicialização das Constituições»[188] contribuiu decisivamente para a existência de disputas entre jurisdições.

Mais concretamente, no ordenamento jurídico-constitucional português esta potencial conflituosidade entre jurisdições deve-se à existência de um processo de fiscalização concreta da constitucionalidade que, segundo JORGE MIRANDA, concretiza a «*justiça constitucional* em sentido estrito»[189]. A este respeito, refira-se que embora a fiscalização abstracta seja um processo verdadeiramente independente, na fiscalização concreta, se está perante um recurso de constitucionalidade, não se podendo aqui falar de uma genuína autonomia em relação ao processo em que se enxerta[190].

Um dos focos de crispação que existe no constitucionalismo português prende-se precisamente com a possibilidade – inédita em termos de Direito comparado[191-192] – de o juiz *a quo* desaplicar uma norma por

---

[188] LECH GARLICKI, «*Constitutional courts versus supreme courts*», in IJCL, Vol. 5, Num. 1, January 2007, Oxford Journals, Oxford University Press, pp. 44-68, p. 65.

[189] *Manual de Direito Constitucional,* Tomo VI, *cit.,* p. 61.

[190] Cfr. JOSÉ MANUEL M. CARDOSO DA COSTA, *A Jurisdição Constitucional... cit.,* p. 66. O Autor salvaguarda, porém, a possibilidade de se classificar o recurso em processo de fiscalização concreta como um processo específico, autónomo em relação ao processo principal a correr no tribunal *a quo* (p. 66, nt. 82).

[191] Cfr., por exemplo, ANTÓNIO DE ARAÚJO, MIGUEL NOGUEIRA DE BRITO, e JOAQUIM PEDRO CARDOSO DA COSTA, *op. cit.,* pp. 213-214, CATARINA SARMENTO E CASTRO, «*O modelo português de justiça constitucional*», in AAVV, Estudos em Memória do Conselheiro Luís Nunes de Almeida, Coimbra Editora, 2007, pp. 381-459, pp. 426 e 430, RUI MEDEIROS, «*Anotação ao artigo 204.º da Constituição*», in JORGE MIRANDA e RUI MEDEIROS, *Constituição Portuguesa Anotada,* Tomo III, *cit.,* pp. 48-66, pp. 49, e *idem, «Anotação ao artigo 280.º da Constituição»,* cit., pp. 742-743, e JOSÉ MANUEL M. CARDOSO DA COSTA, «*A Lei Fundamental de Bonn e o direito constitucional português*», *cit.,* p. 22.

Daí que J. J. GOMES CANOTILHO, «*Jurisdição constitucional e intranquilidade discursiva*», *cit.,* p. 876, não hesite em classificar, numa perspectiva dogmático-categorial, os tribunais ordinários portugueses como «tribunais constitucionais», não apenas por terem acesso directo à Constituição, mas, e essencialmente, por serem dotados de uma competência autónoma de desaplicar normas inconstitucionais (*Verwerfungskompetenz*). Também RUI MEDEIROS, «*Anotação ao artigo 204.º da Constituição*», *cit.,* p. 51, lembra que o «*quid specificum*» do nosso sistema de fiscalização reside precisamente no facto de o tribunal da causa ter a competência para «*conhecer* e *decidir* a questão da inconstitucionalidade». É esta última característica que acrescenta algo ao modelo de suspensão

72   A Tutela Directa dos Direitos Fundamentais

entender que esta é inconstitucional (artigos 204.º e 280.º, n.º 1, al. a), da CRP). Com efeito, na generalidade dos Estados europeus que também possuem um controlo difuso da constitucionalidade, quando a questão da inconstitucionalidade de uma norma é suscitada pelo juiz *a quo*, a instância suspende-se e o processo é remetido para o Tribunal Constitucional, que decide a questão da inconstitucionalidade como questão prévia relativamente ao juízo da causa e com efeitos *erga omnes*[193].

Todo o ambiente convida, pois, a que alguma doutrina entenda que o modelo de suspensão da instância apresenta vantagens relativamente à delimitação de competências entre o TC e a jurisdição ordinária[194]. Desde

---

da instância característico de tantos países europeus, em que os tribunais apenas exercem um *Prüfungsrecht* (direito de verificação/controlo) da constitucionalidade das leis. Cfr. WALTHER FÜRST e HELLMUTH GÜNTHER, *op. cit.*, p. 211.

Por isso se explica que FRANCISCO RUBIO LLORENTE, «*Seis tesis sobre... cit.*, p. 10, entenda por bem ressalvar que, a nível dos Estados europeus (exceptuando, *prima facie*, Portugal), subsista uma distinção entre a jurisdição constitucional e a jurisdição que aplica a Constituição (*constitutional adjudication*), esta última a cargo da generalidade dos tribunais ordinários. No mesmo sentido, LOUIS FAVOREU, «*La notion de Cour Constitutionnelle*», *cit.*, p. 1074, ao sublinhar que não se pode assimilar a função de protecção constitucional dos direitos fundamentais oferecida pelos tribunais ordinários, àquela que é esperada do Tribunal Constitucional. Na verdade, os tribunais constitucionais, na sua limitada capacidade de trabalho, não foram concebidos para proteger directamente os direitos e liberdades dos cidadãos (essa tarefa pertence aos tribunais ordinários), mas, ao invés, foram criados para «para fornecer o melhor amparo possível e para mostrar o caminho àqueles, múltiplos e diversos, que estão encarregues dessa protecção».

[192] Contra o sustentado, CARLOS BLANCO DE MORAIS, *Justiça Constitucional, Tomo II, cit.*, pp. 992-1000, defende, de forma expressiva, que o modelo português não representa uma «realidade esdrúxula ou alienígena» (p. 995) em sede de Direito Constitucional comparado, sendo inclusivamente partilhado pelos principais Estados de língua portuguesa (p. 994).

[193] Em Espanha, basta o juízo de dúvida do juiz *a quo* (artigo 163.º CE, e os artigos 35.º, n.º 3, e 38.º, da LOTCE), ao passo que, na Alemanha, exige-se que o juiz *a quo* não duvide da ocorrência de uma violação da Constituição (artigos 100.º, n.º 1, da GG, e os artigos 13.º, n.º 11 e 31.º, n.º 3, da BVerfGG). Note-se, ainda assim, que esta «questão prejudicial» da constitucionalidade assume diversas variantes, dependendo do ordenamento jurídico em causa. Para mais desenvolvimentos, cfr. JOSÉ MANUEL M. CARDOSO DA COSTA, «*A justiça constitucional no quadro das funções do Estado... cit.*, p. 3.

[194] Cfr., em especial, JORGE MIRANDA, *Manual de Direito Constitucional,* Tomo VI, *cit.*, p. 246, JORGE REIS NOVAIS, «*Em Defesa do Recurso de Amparo Constitucional (ou uma Avaliação Crítica do Sistema Português de Fiscalização Concreta da Constitucionalidade)*», *in* Themis, ano VI, vol. 10, 2005, pp. 91-117, p. 114, e *Direitos Fundamentais: trunfos contra a maioria*, Coimbra Editora, Coimbra, 2006, pp. 155-

A *Tutela Constitucional dos Direitos, Liberdades e Garantias* 73

logo, enquanto, no modelo português de recurso, um julgamento de inconstitucionalidade por parte do TC pode obrigar à reforma da decisão tomada pelo tribunal *a quo* que não admitiu/verificou essa mesma inconstitucionalidade, já nos Estados que admitem a suspensão da instância, o Tribunal Constitucional intervém sempre antes da decisão do tribunal da causa. O que, a bem dizer, significa que o modelo de suspensão da instância acaba por garantir uma maior segurança jurídica que, no modelo português, é abalada, uma vez que a decisão de inconstitucionalidade possui somente efeitos *inter partes* (artigo 80.º da LTC), não eliminando a norma da ordem jurídica. Ora, este limbo possui efeitos nefastos a nível de certeza e segurança jurídicas, não se mostrando plenamente adequado à protecção dos direitos fundamentais[195].

Talvez a questão mais polémica que, em Portugal, se levanta no que respeita à dificuldade de relacionamento entre a jurisdição constitucional e as jurisdições ordinárias, se prenda com as decisões interpretativas, mais propriamente, com o entendimento a dar ao artigo 80.º, n.º 3, da LTC. Por outras palavras, em causa está a possibilidade de o TC não se limitar a julgar inconstitucional a interpretação que o tribunal *a quo* fez de uma norma, mas impor-lhe uma dada interpretação da norma em conformidade com a Constituição. A ser admitida esta possibilidade, resulta claramente limitada a liberdade de interpretação da jurisdição ordinária[196].

-187, e MARIA LÚCIA AMARAL, «*Justiça constitucional, protecção dos direitos fundamentais... cit.*, pp. 17-19, (apesar de a mesma Autora, no estudo «*Justiça Constitucional e trinta anos de Constituição*», *in* Themis, Edição Especial 2006, pp. 145-153, pp. 151--152, parecer defender com menos ênfase a opção por um sistema de reenvio prejudicial). Contra a modificação do actual modelo vigente, CARLOS BLANCO DE MORAIS, *Justiça Constitucional, Tomo II, cit.*, pp. 1001-1006, e MARIA FERNANDA PALMA, «*Constitucionalidade e justiça: um desafio para a justiça constitucional*», *in* Themis, ano I, n.º 1, 2000, pp. 21-32, p. 30.

[195] MARIA LÚCIA AMARAL, «*Justiça constitucional, protecção dos direitos fundamentais... cit.*, p. 22.

[196] Cfr. FRANCISCO FERNÁNDEZ SEGADO, «*La judicialización del Derecho Constitucional*», *cit.*, p. 50, e RUI MEDEIROS, *A Decisão de Inconstitucionalidade... cit.*, p. 363. Por este motivo, os conflitos poderão agudizar-se. Note-se que LUÍS NUNES DE ALMEIDA, «*La compétence d'appel du Tribunal Constitutionnel du Portugal sur les décisions des cours ordinaires*», *apud* ANTÓNIO DE ARAÚJO, MIGUEL NOGUEIRA DE BRITO, e JOAQUIM PEDRO CARDOSO DA COSTA, *op. cit.*, p. 244, nt. 26, refere precisamente um caso em que os tribunais comuns se recusaram, de forma reiterada, a acatar a interpretação da lei realizada pelo TC.

Em face disso, deve dizer-se apenas que, a maioria da doutrina, socorrendo-se da letra do artigo 80.º, n.º 3, da LTC, defende que o TC pode fixar, de forma vinculativa, a interpretação da norma em causa, mesmo que essa interpretação seja diferente da que havia sido proposta pelo juiz *a quo*[197-198]. Os principais argumentos a favor desta tese prendem--se com motivos de segurança jurídica e de economia processual, ao se evitar, deste modo, que o tribunal da causa interprete a norma num sentido diverso do adoptado pelo TC, o que abriria as portas a um novo recurso. Ainda na mesma esfera, há quem não deixe de apontar um eventual paradoxo que resultaria de uma suposta inadmissibilidade de decisões interpretativas, por um lado, conjugado, por outro lado, com previsão expressa da obrigatoriedade do tribunal *a quo* reformar a sua decisão em conformidade com o julgamento de inconstitucionalidade de uma norma (artigo 80.º, n.º 2, da LTC)[199].

Não obstante, alguma doutrina mostra-se contra esta possibilidade[200] ou, pelo menos, revela algumas reticências[201]. Vigorosamente neste sentido,

---

[197] Numa posição favorável à obrigação de o tribunal *a quo* reformar a sua decisão de acordo com a interpretação efectuada pelo TC, manifestaram-se António de Araújo, Miguel Nogueira de Brito, e Joaquim Pedro Cardoso da Costa, *op. cit.*, p. 235, António Rocha Marques, «*O Tribunal Constitucional e os outros tribunais: a execução das decisões do Tribunal Constitucional*», in AAVV, Estudos sobre a jurisprudência do Tribunal Constitucional, Aequitas, Lisboa, 1993, pp. 453-495, p. 469; Carlos Blanco de Morais, *Justiça Constitucional, Tomo II, cit.*, pp. 904-922; Jorge Miranda, *Manual de Direito Constitucional,* Tomo VI, *cit.*, pp. 84-85; José Manuel M. Cardoso da Costa, *A Jurisdição Constitucional... cit.*, p. 90, nt. 119, que admite esta possibilidade, não deixando, porém, de sublinhar a necessidade de alguma cautela por parte do TC, aderindo, em especial, a critérios de «plausibilidade» na escolha da interpretação que mais se adeque à Constituição; Luís Nunes de Almeida, «*Les effets des arrêts du Tribunal Constitutionnel*», in AAVV, La Justice constitutionnelle au Portugal, Economica, Paris, 1989, pp. 381-403, p. 401, Mário de Brito, «*Sobre as decisões interpretativas do Tribunal Constitucional*», in RMP, n.º 62, 1995, pp. 57-75, p. 59, e Vitalino Canas, *op. cit.*, p. 111.

[198] Note-se que o artigo 80.º, n.º 3, da LTC não é inovador, pois já o artigo 442.º, n.º 2, do Estatuto da Comissão Constitucional estatuía o mesmo.

[199] O argumento deve-se Jorge Miranda, *Manual de Direito Constitucional,* Tomo VI, *cit.*, p. 84.

[200] Rui Medeiros, *A Decisão de Inconstitucionalidade... cit.,* p. 387, propugna, lapidarmente, pela inconstitucionalidade do n.º 3 do artigo 80.º da LTC.

[201] J. J. Gomes Canotilho, *Direito Constitucional e Teoria da Constituição, cit.*, p. 1313, mostra algumas dúvidas quanto à constitucionalidade do preceito de direito

A Tutela Constitucional dos Direitos, Liberdades e Garantias   75

Rui Medeiros sustenta a inconstitucionalidade do n.º 3 do artigo 80.º da LTC, pelos seguintes motivos, que enunciaremos de forma esquemática: (*i*) implica, desde logo, uma violação do princípio do pedido[202]; (*ii*) transforma o TC no órgão supremo da constitucionalidade e da legalidade, extravasando, desta forma, a sua esfera constitucional de competências[203]; (*iii*) coloca em perigo o «princípio da independência interpretativo--decisória» dos restantes tribunais[204].

Em jeito de conclusão, importa frisar que enquanto o TC se apresenta como uma jurisdição especializada exclusivamente em questões constitucionais, os tribunais ordinários são «generalistas», uma vez que o contencioso constitucional representa apenas uma escassa fatia da sua actividade[205]. Cremos, por conseguinte, que a coexistência das duas jurisdições tem de ser levada a cabo de forma razoável. Em todo o caso, e como bem metaforizou Lech Garlicki, actual juiz do TEDH e antigo juiz do Tribunal Constitucional polaco, «os tribunais constitucionais e os tribunais supremos viajam na mesma estrada, mas não necessariamente de acordo com as mesmas regras e na mesma direcção»[206].

---

processual constitucional em causa. Também J. J. Gomes Canotilho e Vital Moreira, *Fundamentos da Constituição*, *cit.*, p. 271, defendem que, em princípio, o TC não deverá afastar-se da interpretação da norma realizada pelo tribunal *a quo*.

[202] *A Decisão de Inconstitucionalidade... cit.*, p. 370. Noutro sentido, Carlos Blanco de Morais, *Justiça Constitucional, Tomo II, cit.*, pp. 886-887, e 911, quando sustenta que não é claro que o princípio do pedido possa funcionar como um limite ao poder cognitivo e decisório do TC.

[203] *A Decisão de Inconstitucionalidade... cit.*, pp. 386 e 859. Não aceitando esta argumentação, Carlos Blanco de Morais, *Justiça Constitucional, Tomo II, cit.*, pp. 915-916, sublinha que o TC não pode «deixar de interpretar o Direito ordinário na medida em que essa interpretação releve necessariamente para o seu juízo de constitucionalidade».

[204] *A Decisão de Inconstitucionalidade... cit.*, p. 379. Contra, Carlos Blanco de Morais, *Justiça Constitucional, Tomo II, cit.*, pp. 912-913, lembrando que o TC é o tribunal supremo em matéria de garantia da Constituição.

[205] Louis Favoreu, «*La notion de Cour Constitutionnelle*», *cit.*, p. 1076.

[206] «*Constitutional courts versus supreme courts*», *in* IJCL, Vol. 5, Num. 1, January 2007, Oxford Journals, Oxford University Press, pp. 44-68, p. 49.

2. OS MECANISMOS DE PROTECÇÃO DOS DIREITOS FUNDAMENTAIS E SUA INTRÍNSECA LIGAÇÃO COM O PRINCÍPIO DA DIGNIDADE DA PESSOA HUMANA

> «(p)or muy completo que sea el cuadro de los derechos, adecuada su regulación y eficaces sus mecanismos de tutela, nunca se agotarán todos los supuestos del respeto debido a la dignidad de la persona»[207].

2.1. A Consagração Constitucional dos Direitos Fundamentais e a Complementar Exigência de Efectividade dos Mesmos

Com o advento da modernidade, o regime político das democracias constitucionais assenta, *grosso modo*, numa positivação de direitos e liberdades fundamentais[208]. Porém, a sua efectividade não se basta com uma mera prescrição normativa, mas está, outrossim, dependente de um conjunto de mecanismos processuais que garantam a sua protecção, *maxime* através da sindicabilidade judicial[209-210]. Perante um tal cenário, é recorrente afirmar-se que a justiça constitucional e a justiça administrativa desempenham um relevante papel neste domínio.

---

[207] JESUS GONZALEZ PÉREZ *apud* MIGUEL ÁNGEL ALEGRE MARTÍNEZ, *La dignidad de la persona como fundamento del ordenamiento constitucional español*, Universidad de León, León, 1996, p. 45, nt. 39.

[208] Cfr. KARL LOEWENSTEIN, *Verfassungslehre*, J. C. B Mohr, 2. Auflage, Tübingen, 1975, p. 333.

[209] Cfr. JUAN JOSÉ SOLOZÁBAL ECHAVARRÍA, *«Una revisione della teoria dei diritti fondamentali»*, (trad. di Giampaolo Gerbasi), *in* AAVV, Tecniche de Garanzia dei Diritti Fondamentali, (à cura di Giancarlo Rolla), Centro di Ricerca e Formazione sul Diritto Costituzionale Comparato – Quaderni Per La Ricerca, G. Giappichelli Editore, 2001, Torino, pp. 55-68, p. 56, e PIERRE BON, *«La protection constitutionnelle des droits fondamentaux... cit.*, p. 10.

[210] Quer isto dizer, note-se, que a existência de uma efectiva judiciabilidade é o elemento que permite fazer a distinção entre os direitos fundamentais e aqueles que não podem ser classificados como tal. Cfr., neste preciso sentido, PEDRO CRUZ VILLALÓN, *apud* GIANCARLO ROLLA, *«Las perspectivas de los derechos de la persona a la luz de las recientes tendencias constitucionales»*, *in* REDC, año 18, núm. 54, Septiembre-Diciembre, 1998, Centro de Estudios Políticos y Constitucionales, Madrid, pp. 39-83, p. 53.

A *Tutela Constitucional dos Direitos, Liberdades e Garantias*   77

Com efeito, os alicerces da tutela jurisdicional efectiva apoiam-se na primazia da dimensão subjectiva, ou seja, na defesa dos direitos e interesses individuais, não olvidando, porém, a vertente objectiva, intimamente ligada ao controlo da legalidade[211]. Por outro lado, e na sequência do capítulo que anteriormente tratámos, a mera existência de um Tribunal Constitucional não o incumbe automaticamente de competências no domínio da tutela directa de direitos fundamentais, como podemos atestar através dos exemplos português e italiano[212].

Um estudo de Direito Constitucional Comparado permite-nos concluir, com clareza, que são bastante *diversos os patamares de protecção dos direitos fundamentais a nível europeu*, pelo que se pode e deve até falar-se em diversos graus de juridicidade dos direitos fundamentais. De onde decorre, com toda a naturalidade, que alguma doutrina proceda a uma distinção entre modelos que consagram uma tutela subjectiva máxima, média e mínima[213].

Seguindo atentamente a sua análise, a tutela subjectiva *máxima* (ou o modelo forte) ocorre em ordenamentos jurídicos como o alemão, o espanhol (e, em menor escala, o suíço, austríaco e o brasileiro), em que está gizada, ainda que com consideráveis flutuações de amplitude, a possibilidade de um acesso directo dos titulares de direitos e liberdades fundamentais ao Tribunal Constitucional[214].

---

[211] O controlo da legalidade opera-se, nomeadamente, através da acção popular (art. 52.º, n.º 3, da CRP) e da intervenção do Ministério Público em defesa da legalidade democrática (art. 219.º, n.º 1, da CRP). Cfr. JORGE MIRANDA, *«Os parâmetros constitucionais da reforma... cit.*, p. 4.

[212] Cfr. PABLO PÉREZ TREMPS, *Tribunal Constitucional y Poder Judicial, cit.*, p. 169.

[213] Cfr., entre nós, CARLOS BLANCO DE MORAIS, *«Fiscalização da Constitucionalidade e Garantia dos Direitos Fundamentais: Apontamento sobre os passos de uma evolução subjectivista»*, in AAVV, Estudos em Homenagem ao Prof. Doutor Inocêncio Galvão Telles, Almedina, Coimbra, 2003, pp. 89-93, e JOSÉ DE MELO ALEXANDRINO, *A estruturação do sistema de direitos, liberdades e garantias...*, Vol. I, *cit.*, pp. 182-187.

[214] Na verdade, estes ordenamentos jurídicos consagram mecanismos de «super--protecção» dos direitos fundamentais. Cfr. GERHARD DANNEMANN, *«Constitutional Complaints: The European Perspective»*, in ICLQ, Vol. 43, N.º 1, Jan. 1994, Cambridge University Press, pp. 142-153, p. 142, MANUEL ARAGÓN REYES, *«La tutela diretta dei diritti fondamentali»* (trad. Di Nicola Vizioli), *in* AAVV, Tecniche de Garanzia dei Diritti Fondamentali, (à cura di Giancarlo Rolla), Centro di Ricerca, *idem*, Formazione sul Diritto Costituzionale Comparato – Quaderni Per La Ricerca, G. Giappichelli Editore, 20001, Torino, pp. 69-88, p. 73, e MARIO PATRONO, *op. cit.*, p. 423.

78   A Tutela Directa dos Direitos Fundamentais

Por sua vez, Portugal e Itália apresentam uma tutela subjectiva *média* (modelo intermédio), na qual está instituída a fiscalização concreta, se bem que desacompanhada de recurso directo de inconstitucionalidade[215].

Nos antípodas, estava a França, que – na ausência de um controlo difuso e perseverando algumas reticências em equiparar plenamente o *Conseil Constitutionnel* a um tribunal constitucional – possuía uma tutela subjectiva *mínima*, prevendo apenas a fiscalização preventiva das leis e dos tratados[216-217]. Mais recentemente, a esmagadora revisão constitucional

---

[215] Apesar de, entre os dois ordenamentos jurídico-constitucionais, Portugal oferecer, *prima facie*, um maior leque de mecanismos de protecção. Neste sentido, CARLOS BLANCO DE MORAIS, *«Fiscalização da Constitucionalidade e Garantia dos Direitos Fundamentais... cit.*, pp. 91-92, e JOSÉ DE MELO ALEXANDRINO, *A estruturação do sistema de direitos, liberdades e garantias...*, Vol. I, *cit.*, p. 185.

[216] *Ibidem*, p. 187.

[217] Não obstante, convém deixar claro que a criação do Conselho Constitucional pela actual Constituição francesa (de 4 de Outubro de 1958) constituiu uma verdadeira «revolução jurídica» no Direito Constitucional francês, na medida em que pela primeira vez se instituiu um órgão com capacidade para se pronunciar sobre a conformidade das leis com a Constituição. Volvidas algumas décadas desde a sua entrada em funcionamento, cada vez mais a doutrina reconhece que o Conselho Constitucional decide à semelhança de um órgão jurisdicional, pertencendo, inclusivamente à família dos tribunais constitucionais europeus.

Quanto a este último aspecto, em concordância, cfr. CHRISTIAN STARCK, *«La legitimación de la justicia constitucional y el principio democrático», cit.*, p. 487, CLAUDE LECLERCQ, *Droit Constitutionnel et Institutions Politiques*, Éditions Litec, 10ème Édition, 1999, p. 443, JOSÉ MANUEL M. CARDOSO DA COSTA, *«A justiça constitucional no quadro das funções do Estado... cit.*, p. 1, LECH GARLICKI, *«Constitutional courts versus supreme courts», in* IJCL, Vol. 5, Num. 1, January 2007, Oxford Journals, Oxford University Press, pp. 44-68, p. 45, MARIA LÚCIA AMARAL PINTO CORREIA, *Responsabilidade do Estado e dever de indemnizar do legislador, cit.*, p. 182, PIERRE BON, *«Le Conseil Constitutionnel français et le modèle des cours constitutionnelles européennes», in* REDC, Año 11, Núm. 32, Mayo-Agosto 1991, Centro de Estudios Constitucionales, Madrid, pp. 45-72, p. 59, e VITAL MOREIRA, *«Princípio da maioria e princípio da constitucionalidade... cit.*, p. 178. O tema foi também analisado por JORGE MIRANDA, *«Tribunais, Juízes e Constituição», cit.*, p. 23, que o designa como um «mecanismo jurisdicionalizado afim».

Por seu turno, LOUIS FAVOREU, *«Sur l'introduction hypothétique du recours individuel direct devant le Conseil Constitutionnel», in* CCC, n.º 10, 2001, Editions Dalloz, Paris, pp. 99-102, p. 99, e PIERRE BON, *Le Conseil Constitutionnel français et le modèle des cours constitutionnelles européennes», cit.*, pp. 70-71, mostram-se vivamente contra o «complexo de inferioridade» da doutrina francesa no último quartel do século XX, no que concerne a uma alegada insuficiência do modelo de justiça constitucional francês. Nesta sede, rejeitam a introdução de um recurso directo perante o

A Tutela Constitucional dos Direitos, Liberdades e Garantias   79

de 23 de Julho de 2008, veio permitir, expressamente, o controlo da constitucionalidade de leis já promulgadas. Os efeitos que resultarão desta reforma de tão grande envergadura ainda não são totalmente conhecidos, pelo que a doutrina espera, com alguma curiosidade e optimismo, que se tenha caminhado no sentido de uma efectiva protecção dos direitos fundamentais.

Apesar das diferenças que separam os diversos ordenamentos jurídico-constitucionais no que respeita à protecção dos direitos fundamentais, certo é que o constitucionalismo moderno manifesta uma «tendência unitária»[218] na afirmação da positividade, internacionalidade e especificidade desses direitos. Recorde-se que o principal motor desta multiplicação de Constituições e de declarações de direitos, se fundou na tomada de consciência de que o Parlamento não era capaz, através da sua legislação, de proteger eficazmente os direitos fundamentais dos particulares e, até, poderia ser o seu principal inimigo.

Em sintonia, surgiram catálogos de direitos fundamentais, com assento constitucional, especialmente nos Estados que haviam assistido à vigên-

---

Conselho Constitucional, pelos seguintes motivos: (i) entupimento do Conselho com esses recursos; (ii) implicaria renunciar à «imunidade jurisdicional da lei promulgada», tão característica e entranhada na tradição republicana francesa; (iii) seria uma fonte de insegurança jurídica (pp. 100-101).

Vivamente contra, defendendo a introdução de um recurso directo dos particulares perante o Conselho Constitucional, cfr. MAURICE DUVERGER, «Les vrais juges constitutionnels», apud JOAN OLIVIER ARAUJO, El recurso de amparo, Colección Estado y Derecho-2, Facultad de Derecho de Palma de Mallorca, Palma, 1986, p. 51, e MAURO CAPPELLETTI, «¿Renegar de Montesquieu?... cit., p. 28. Também MICHEL FROMONT, «La justice constitutionnelle en France ou l'exception française», in Anuario Iberoamericano de Justicia Constitucional, Núm. 8, 2004, Centro de Estudios Constitucionales, Madrid, pp. 171-187, p. 171, alerta para o perigo de os franceses estarem ainda demasiado entorpecidos numa suposta originalidade de um modelo de justiça constitucional que se revela, hoje, claramente insuficiente para responder às crescentes exigências dos tempos actuais. A um nível internacional regional, STEVEN GREER, The European Convention on Human Rights – Achievements, problems and prospects, Cambridge University Press, New York, 2006, pp 87-93, argumenta, entre outros factores, com a ausência de uma queixa constitucional para justificar a frequente condenação do Estado francês por violação do artigo 13.º da CEDH (cuja epígrafe é «direito a um recurso efectivo»).

[218] GREGORIO PECES-BARBA, apud ALESSANDRO PACE, «Costituzionalismo e metodi interpretativo dei diritti fondamentali», AAVV, in Tecniche di Garanzia dei Diritti Fondamentali, (à cura di Giancarlo Rolla), Centro di Ricerca e Formazione sul Diritto Costituzionale Comparato – Quaderni Per La Ricerca, G. Giappichelli Editore, 20001, Torino, pp. 27-54, p. 27.

cia dos regimes nacional-socialista (Alemanha), fascista (Itália), autoritário de extrema-direita (Grécia, Portugal e Espanha), ou autoritário comunista (Hungria, Eslovénia, Eslováquia, e Polónia)[219]. A amplitude desta catalogação tende a variar proporcionalmente, de acordo com a gravidade das violações massivas de direitos fundamentais sofrida por cada Estado[220].

Na verdade, a realidade constitucional destes países encontrava-se particularmente sensibilizada para as violações de direitos fundamentais que ocorreram sobre a égide destes regimes e quis evitar que as gerações futuras fossem vítimas dos mesmos erros, através de uma codificação «sem lacunas» e portanto algo ingénua[221]. É curioso notar que o rol de direitos fundamentais de cada Estado tenderá a reforçar os direitos que foram mais grosseiramente violados[222]. Um olhar sobre estas Constituições permite-nos descobrir quais foram as maiores feridas históricas e a panóplia de meios criados especificamente para as sarar[223].

---

[219] Cfr. GIANCARLO ROLLA, «*Las perspectivas de los derechos de la persona... cit.*, p. 47.

[220] O caso das Constituições portuguesa e espanhola mostram à saciedade a preocupação em elencar exaustivamente os direitos e deveres fundamentais. Cfr. CATHERINE-AMÉLIE CHASSIN, «*La protection juridictionnelle des droits fondamentaux a travers de recours d'amparo constitutionnel en Espagne*», in CRDF, n.º 1/1002, Presses Universitaires de Caen, pp. 33-45, p. 34, JOSÉ CASALTA NABAIS, *Por uma liberdade com responsabilidade... cit.*, p. 63, PABLO PÉREZ TREMPS e MIGUEL REVENGA SÁNCHEZ, «*La protección jurisdiccional de los derechos fundamentales en España*», in AAVV, La Protección Judicial de los Derechos Fundamentales en Brasil, Colombia y España, (coord. Emilio Pajares Montolío), Instituto de Derecho Público Comparado – Universidad Carlos III, Tirant to Blanch, Valencia, 2005, pp. 17-56, p. 17, e PIERRE BON, «*La protection constitutionnelle des droits fondamentaux... cit.*, p. 11.

[221] GIANCARLO ROLLA , «*I diritti fondamentali nel costituzionalismo contemporaneo... cit.*, p. 22. Como destaca o Autor, tratou-se mesmo de procurar informar, de forma didáctica, as futuras gerações de cidadãos acerca dos seus direitos.

[222] *Idem*, «*Las perspectivas de los derechos de la persona... cit.*, p. 48, e «*I diritti fondamentali nel costituzionalismo contemporaneo... cit.*, p. 22, e JOAQUÍN GARCÍA MORILLO, *El amparo judicial de los derechos fundamentales*, Ministerio de Justicia – Secretaria General Técnica, Centro de Publicaciones, Madrid, 1985, pp. 14-15.

[223] A título exemplificativo, veja-se a ênfase dada aos direitos políticos e ao pluralismo democrático nas Constituições europeias que se seguiram a regimes autoritários ou ditatoriais; a preocupação com a proibição da tortura e tratamentos desumanos, assim como a ampla tutela do direito à vida, nas Constituições da América Latina; ou, nas Constituições africanas, a tónica colocada na condenação de qualquer forma de discriminação racial e da escravatura. Para um historial breve, cfr. GIANCARLO ROLLA, «*I diritti fondamentali nel costituzionalismo contemporaneo... cit.*, p. 22.

A Tutela Constitucional dos Direitos, Liberdades e Garantias   81

Ao invés, nos Estados que não sofreram rupturas político-institucionais opressoras dos direitos fundamentais, verifica-se que possuem elencos mais reduzidos, pois a continuidade constitucional permitiu que se entranhasse, na cultura constitucional, uma ordem de valores e de princípios, pautados pelo respeito e salvaguarda da dignidade da pessoa humana. Não se estranhará, portanto, que concluamos que a positividade dos direitos fundamentais e das suas várias dimensões de protecção, ainda que importante e frutuosa, não implica impreterivelmente uma maior efectividade da justiça constitucional[224]. Isto supõe, sem dúvida, que possamos conceber a hipótese de um Estado não ter constitucionalizado formalmente os direitos fundamentais, mas conseguir garanti-los na prática, com eficiência, pois prevê um conjunto de mecanismos processuais destinados a acautelar precisamente esses direitos[225].

Também no plano internacional regional, que acompanhou este movimento de "constitucionalização" dos direitos fundamentais, se assistiu a uma multiplicação dos instrumentos de tutela dos direitos do homem. Seguindo uma ordem cronológica, indicamos, *v.g.*, a Convenção Europeia dos Direitos do Homem (1950), a Convenção Americana Sobre os Direitos Humanos (1969), a Carta Africana dos Direitos do Homem e dos Povos (1981) e a Declaração Islâmica dos Direitos do Homem (1981).

E não se pode esquecer, além disso, que, quando se alude a uma cada vez maior tentativa de especificação dos direitos fundamentais, se pretende evidenciar a preocupação crescente dos Estados em concretizarem ao máximo em sede constitucional as esferas de protecção do direito fundamental, evitando que a menor ou maior amplitude do seu âmbito de protecção fique refém do juízo casuístico e concreto do intérprete-aplicador do Direito.

---

[224] *Idem*, «*Las perspectivas de los derechos de la persona... cit.*, pp. 49 e 54. Na verdade, como já afirmava JUAN JOSÉ SOLOZÁBAL ECHAVARRÍA, «*Los derechos fundamentales en la Constitución española*», in REP, Núm. 105, Julio-Septiembre 1999, Centro de Estudios Constitucionales, Madrid, pp. 9- 28, p. 22, «os direitos fundamentais protegem--se pela sua importância, mas, obviamente, não devem a sua importância à sua protecção».

[225] Veja-se, a título exemplificativo, o caso da Nova Zelândia ou da Finlândia, onde a força normativa da Constituição não é superior à da lei. Daí que ROSARIO TUR AUSINA, *op. cit.*, p. 128, saliente a necessidade de matizar a correlação usualmente efectuada entre a supremacia normativa das normas fundamentais e o garantismo constitucional para as liberdades.

2.2. Os Mecanismos de Protecção dos Direitos Fundamentais

São várias as possibilidades que se oferecem ao legislador aquando da ponderação político-legislativa acerca da criação de instrumentos de protecção dos direitos fundamentais. Neste passo, vale a pena destacar alguns aspectos. Com efeito, um número considerável de ordenamentos jurídico-constitucionais optou pelo estabelecimento de mecanismos de garantia de direitos (nomeadamente, direitos pessoais), que tanto podem possuir um carácter global, como um carácter específico[226].

Quanto à primeira categoria de mecanismos, basta reportarmo-nos, por exemplo, às *«writs of injuction»* existentes, nos Estados Unidos da América (EUA) e no Brasil (mandado de injunção), que, muito sucintamente, podem ser definidas como um mandado judicial que intima um indivíduo a tomar ou a abster-se de um determinado comportamento[227-228]. Nesta dimensão, é de salientar, também, a experiência italiana do *«procedimento speciale per il riesame di provvedimenti sulla libertà personale»*, acolhido no artigo 111.º, par. 7, da Constituição italiana[229]. Através deste

---

[226] Giancarlo Rolla, *«Las perspectivas de los derechos de la persona... cit.,* p. 59, prefere a designação de «sectorial».

[227] Cfr. Nos Estados Unidos da América, a Lei Federal do Processo Civil (*Federal Rules of Civil Procedure*), que no artigo 65.º estabelece as regime aplicável às injunções. Da leitura deste preceito podemos concluir que existem dois tipos de injunções: uma injunção preliminar e um mandado liminar temporário.

[228] O artigo 5°, inciso LXXI, da Constituição Federal brasileira estipula que haverá lugar a mandado de injunção «sempre que a falta de norma regulamentadora torne inviável o exercício de direitos e liberdades constitucionais e das prerrogativas inerente à nacionalidade, à soberania e à cidadania». Como podemos verificar, no Brasil, este instituto não possui um âmbito de aplicação tão amplo como o que se verifica nos EUA, pois apenas poderá ser utilizado nos casos em que não exista uma regulamentação dos direitos identificados na Constituição. É um mecanismo especificamente concebido para salvaguardar situações de inércia do legislador.
Para uma análise mais aprofundada, *v.* os estudos de António G. Moreira Maués e Fernando Facury Scaff, *«A protecção dos direitos fundamentais em um sistema misto de justiça constitucional: o caso brasileiro»,* in AAVV, La Protección Judicial de los Derechos Fundamentales en Brasil, Colombia y España, (coord. Emilio Pajares Montolío), Instituto de Derecho Público Comparado – Universidad Carlos III, Tirant to Blanch, Valencia, 2005, pp. 57-142, p. 73, e Lenio Luiz Streck, *«Os meios de acesso do cidadão à jurisdição constitucional, a arguição de descumprimento de preceito fundamental e a crise de efetividade da Constituição Brasileira»,* in RFDUL, Vol. XLI, n.º 2, 2000, Coimbra Editora, pp. 867-886.

[229] Em conjugação com o artigo 24.º da Constituição italiana, que prevê, em múltiplas facetas, o direito de defesa dos indivíduos para tutelar os seus direitos e interesses legítimos.

A *Tutela Constitucional dos Direitos, Liberdades e Garantias* 83

procedimento, o Tribunal da Liberdade (*Tribunale della libertà*) leva a cabo uma revisão das decisões judiciais restritivas da liberdade pessoal[230].

No que respeita aos instrumentos específicos de protecção, ressalta de imediato o *habeas corpus*[231], como um símbolo de liberdade mundialmente difundido, se bem que de parca utilização. Será um truísmo dizer que o *ius puniendi* do Estado se encontra em constante fricção com a liberdade da pessoa humana, pelo que tal risco acrescido de ofensa à dignidade da pessoa humana desde cedo exigiu que os ordenamentos jurídicos previssem determinadas garantias para salvaguardar a liberdade[232].

Este procedimento judicial teve origem no direito anglo-saxónico[233] e encontra, hoje, assento constitucional em vários Estados de todo o mundo: destacamos Portugal[234], Espanha[235], Itália[236], Irlanda[237], Alemanha[238], EUA[239], Brasil[240], Chile[241], Malásia[242], entre tantos outros. A

---

[230] Este Tribunal é o órgão da magistratura competente para decidir do mérito dos recursos de providências emitidas pelo Tribunal penal em matéria de liberdade pessoal e patrimonial.

[231] A expressão completa é «*habeas corpus ad subjiciendum*». Podemos traduzir esta expressão latina como «que tenhas o teu corpo para o apresentar (perante um Tribunal)».

[232] Cfr. MIGUEL ÁNGEL ALEGRE MARTINEZ, *op. cit.*, p. 109.

[233] Apesar de as raízes históricas deste instituto remontarem ao instituto «*homine libero exhibendo*» existente no Império Romano, certo é que a sua primeira inserção legal foi no artigo 39.º da *Magna Charta Libertatum*, de 25 de Junho de 1215. Posteriormente, procedeu-se a uma codificação deste procedimento pelo *Habeas Corpus Act*, em 27 de Maio de 1679. Este mecanismo assume uma extrema importância entre os meios judiciais disponíveis para a salvaguarda de direitos, sendo habitualmente denominado como «*the great writ*» (o maior mandado/ intimação).

[234] Cfr. o artigo 31.º da CRP. Este instituto integrou pela primeira vez a ordem jurídico-constitucional portuguesa, através da Constituição de 1911. Como tivemos ocasião de referir, esta primeira Constituição, surgida após a implantação da República, foi muito influenciada pela Constituição brasileira de 1981 que, por sua vez, sofreu influências do constitucionalismo americano.

[235] Artigo 17.º, n.º 4, da Constituição espanhola.

[236] Artigo 111.º da Constituição italiana.

[237] Artigo 40.º, secção 4, da Constituição irlandesa.

[238] Artigo 104.º, pars. 2 e 3, da GG.

[239] O artigo I, secção 9, cláusula 2, da Constituição americana estipula que «o privilégio do mandado de habeas corpus não poderá ser suspenso, salvo quando, em caso de rebelião ou de invasão, a segurança pública assim o exija». Na sequência do 11 de Setembro de 2001, tem-se questionado acerca da extensão deste artigo aos prisioneiros de Guantánamo Bay.

[240] Artigo 5.º, inciso LXVIII, da Constituição Federal brasileira.

proibição da prisão arbitrária aparece também consagrada em legislação internacional, em especial no artigo 9.º da Declaração Universal dos Direitos Humanos (DUDH)[243], no artigo 9.º do Pacto Internacional dos Direitos Civis e Políticos (PIDCP)[244], no artigo 5.º da CEDH[245] e no artigo 9.º da Carta dos Direitos Fundamentais da União Europeia[246].

Outro instrumento específico de protecção de direitos é o mandado de segurança brasileiro. Esta garantia constitucional visa a protecção do indivíduo contra um acto de uma autoridade pública que lese ou a ameace lesar um seu direito, «líquido e certo»[247-248], que não possa ser protegido por *habeas corpus* ou *habeas data*[249].

---

[241] Artigo 21.º, da Constituição chilena.

[242] Artigo 5.º, par. 2, da Constituição Federal da Malásia.

[243] Adoptada pela Assembleia-Geral das Nações Unidas, em 10 de Dezembro de 1948, por 48 votos a favor e 8 abstenções. Entre as abstenções, estavam a Arábia Saudita (que não aceitava a liberdade religiosa), a África do Sul (que punha em causa a pertinência dos direitos económicos, sociais e culturais na Declaração) e os seis Estados do Bloco Comunista (que defendiam que o texto acentuava demasiadamente a perspectiva do indivíduo).

[244] De 16 de Dezembro de 1966.

[245] Nomeadamente o n.º 4 do artigo 5.º da CEDH, ao estipular que: «4. Qualquer pessoa privada da sua liberdade por prisão ou detenção tem direito a recorrer a um tribunal, a fim de que este se pronuncie, em curto prazo de tempo, sobre a legalidade da sua detenção e ordene a sua libertação, se a detenção for ilegal».

[246] De 18 de Dezembro de 2000.

[247] Segundo o artigo 5.º, inciso LXIX, da Constituição Federal brasileira «conceder-se-á mandado de segurança para proteger direito líquido e certo, não amparado por *habeas-corpus* ou *habeas-data*, quando o responsável pela ilegalidade ou abuso de poder for autoridade pública ou agente de pessoa jurídica no exercício de atribuições do Poder Público». A Lei n.º 1533/51, de 31 de Dezembro de 1951, regula este instituto, procedendo à alteração das regras do Código de Processo Civil relativas ao mandado de segurança. Cfr. ANTÓNIO G. MOREIRA MAUÉS e FERNANDO FACURY SCAFF, *op. cit*. p. 73. Por seu turno, ADHEMAR FERREIRA MACIEL, *op. cit.*, p. 110, considera-o como um dos instrumentos de protecção dos direitos mais eficazes e notáveis do mundo.

[248] Note-se, porém, que, de acordo com o preceito constitucional acima mencionado, o mandado de segurança pode também ser colectivo. Deste modo, os sindicatos ou os partidos políticos terão legitimidade processual activa para o interpor.

[249] O *habeas data* é uma garantia constitucional, de carácter sumário, consagrada no artigo 5.º, inciso LXXII da Constituição Federal brasileira e na Lei n.º 9.507/97, que permite ao indivíduo conhecer ou rectificar as informações relativas à sua pessoa, constantes nos registros ou bancos de dados de entidades governamentais ou de carácter público.

A *Tutela Constitucional dos Direitos, Liberdades e Garantias*   85

Por último, importa referir o recurso de amparo constitucional ou queixa constitucional, que se nos apresenta como um mecanismo com capacidade para suprir algumas das limitações do *habeas corpus*, uma vez que este último apenas se circunscreve à tutela dos direitos pessoais de liberdade e de movimento (locomoção) que tenham sido violados pela autoridade pública[250-251]. Tanto assim é que, no nosso entender, deve ser classificado como o principal instrumento global de tutela directa dos direitos fundamentais. Antes de mais, cumpre esclarecer que o recurso de amparo *constitucional* se distingue do amparo *judicial*, ao constituir a última instância na protecção de direitos fundamentais e visa complementar um possível *déficit* de tutela judicial dos direitos[252].

Numa breve súmula, o recurso de amparo constitucional, como adiante veremos, adopta *três características particulares* que o diferenciam e posicionam face ao amparo judicial: (*i*) em primeiro lugar, tem natureza subsidiária, ou seja, permite aos particulares lesados nos seus "direitos fundamentais"[253] interporem uma acção perante o tribunal constitucional somente após o esgotamento prévio das vias judiciais ordinárias; (*ii*) em segundo lugar, apresenta uma especialização relativamente ao amparo judicial, posto que o seu âmbito material abarca apenas o exame de eventuais lesões de direitos constitucionais (em particular, os direitos fundamentais), não se imiscuindo na análise da legalidade ordinária; (*iii*) e, por último, possui carácter extraordinário, não operando como um mecanismo normal ou ordinário para a protecção dos direitos fundamentais[254].

---

[250] Cfr. GIANCARLO ROLLA, «*Las perspectivas de los derechos de la persona... cit.*, p. 60.

[251] Como informa JOAN OLIVIER ARAUJO, *El recurso de amparo, cit.*, p. 41, o vocábulo «amparo» era utilizado tradicionalmente na língua castelhana quer para se referir à relação que se estabelecia entre pessoas desamparadas e aquelas que tivessem condições para as proteger, quer para denominar o documento onde se consagravam direitos recíprocos do protector e do protegido.

[252] Convirá notar, porém, e como mais à frente teremos oportunidade de desenvolver, que o recurso de amparo jurisdicional abarca três modalidades: o amparo *judicial*, o amparo *constitucional* e o amparo *internacional*. Cfr. ROSARIO TUR AUSINA, *op. cit.*, p. 132, nt. 251.

[253] Importa, antes de prosseguirmos, alertar que, por razões de economia, usaremos doravante a expressão «direitos fundamentais», ainda que, no rigor dos termos, nos devêssemos referir a «*direitos fundamentais tutelados*s pelo recurso de amparo».

[254] Cfr., em especial, GERHARD DANNEMANN, *op. cit.*, p. 142, e ROSARIO TUR AUSINA, *op. cit.*, pp. 146-152.

Historicamente, o recurso de amparo tem-se revelado um instrumento de enorme eficácia na protecção de direitos fundamentais. A este nível, não deixa de ser peculiar notar que nem todos os Estados o receberam como uma competência dos seus tribunais constitucionais, e aqueles que o introduziram fizeram-no essencialmente por razões históricas e políticas[255]. É um ponto que depois de tratará. Todavia, uma análise de Direito comparado, permite-nos afirmar que a esfera de incidência constitucional deste mecanismo se tem vindo a globalizar[256]. No espaço europeu, podemos apontar a Alemanha (*Verfassungsbeschwerde*)[257], a Áustria (*Beschwerde*)[258], a Espanha (*recurso de amparo*)[259] e a Suiça

---

[255] Cfr. MANUEL ARAGÓN REYES, «*La tutela diretta dei diritti fondamentali*»... *cit.*, p. 70.

[256] Cfr. EDUARDO FERRER MAC-GREGOR, «*El Amparo Iberoamericano*», *in* Estudios Constitucionales, noviembre, Año 4, Núm. 2, Centro de Estudios Constitucionales, Universidad de Talca, Chile, 2006, pp. 39-65, pp. 49-50.

[257] Ver *infra* 4.1.

[258] A Constituição austríaca de 1920 concebia a queixa constitucional como um mecanismo alternativo à via processual-administrativa, pelo que o seu objecto consistia somente no controlo de actos administrativos lesivos de direitos fundamentais constitucionalmente reconhecidos, após o esgotamento da via administrativa. Contudo, através da Revisão de 15/05/1975, o objecto da queixa foi alargado, sendo que o actual artigo 144.º, n.º 1, acolhe também o controlo de actos normativos que directamente violem tais direitos fundamentais. Mais concretamente, este preceito consagra que a queixa constitucional apenas pode ter como objecto as decisões das autoridades administrativas, na medida em que o requerente tenha sido lesado pela violação de um direito protegido na Constituição, ou por aplicação de um regulamento ilegal, de uma lei inconstitucional ou de um tratado internacional desconforme com o Direito. Destarte, os actos do poder judicial não poderão ser atacados mediante este mecanismo de tutela de direitos fundamentais. No entanto, tal limitação da queixa constitucional austríaca é matizada pelo facto de não ser exigido, ao contrário do que acontece *v.g.*, na Alemanha e em Espanha, a exaustão das vias ordinárias de recurso para intentar a queixa. Por outras palavras, o ordenamento jurídico-constitucional austríaco, ao invés do que sucede na Alemanha e em Espanha, considera a queixa constitucional como um procedimento independente. Resta referir que a queixa constitucional austríaca foi regulamentada pelos artigos 57.º, 62.º, 66.º e 82.º a 88.º da *Verfassungsgerichtshofgesetz* (Lei Reguladora do Tribunal Constitucional. Cfr., a propósito, ALFRED RINKEN, *op. cit.*, p. 17, GERHARD DANNEMANN, *op. cit.*, pp. 146 e 151, JOAN OLIVIER ARAUJO, *El recurso de amparo*, *cit.*, pp. 62-65, MARIO PATRONO, *op. cit.*, pp. 414-418, MAURO CAPPELLETTI, *La jurisdicción constitucional de la libertad...* *cit.*, pp. 31-37, e PABLO PÉREZ TREMPS, *Tribunal Constitucional y Poder Judicial*, *cit.*, p. 170.

[259] Ver *infra* 4.2.

A Tutela Constitucional dos Direitos, Liberdades e Garantias   87

(*staatsrechtliche Beschwerde*)[260]. Mais recentemente, foi sendo introduzido nos países da Europa Central, Oriental e da ex-União Soviética[261], tais como a Albânia (*individëve për shkeljen*)[262], a Croácia (*povodom ustavnih*)[263], a Eslováquia (*st'ažnostiach*)[264], a Eslovénia (*ustavnih pritožbah*)[265], a Hungria[266], Montenegro (*ustavnoj žalbi*)[267], a Polónia (*skarga konstytucyjna*)[268], a República Checa (*ustavni stiznosti*)[269], a Rússia[270] e a Sérvia (*Уставна жалба*)[271]. Este instituto aparece também previsto em 16 Estados latino-americanos, a saber, a Argentina (*acción*

---

[260] A Constituição Federal Suíça de 1874 consagrou no seu artigo 189.º, n.º 1, um recurso de direito público, similar aos estabelecidos na Alemanha e na Áustria, que foi regulamentado e desenvolvido pelos artigos 84.º a 96.º da *Bundesgesetz über die Organisation der Bundesrechtspflege* (Lei de Organização Judicial Federal), de 16/12//1943. Num primeiro relance, esta *staatsrechtliche Beschwerde* possui, em termos de direito, um objecto pouco amplo, na medida em que está apenas prevista para os actos cantonais (da autoridade pública de cada cantão/ Estado federado), o que exclui todos os actos do poder legislativo, administrativo ou judicial do Estado Federal. Cfr. JOAN OLIVIER ARAUJO, *El recurso de amparo, cit.*, pp. 65-68.

[261] Para uma interessante perspectiva do recurso constitucional de amparo nos países da Europa do Leste, cfr. JOAQUÍN BRAGE CAMAZANO, *Una Visión Panorámica del Recurso Constitucional de Amparo en los Países de la Europa del Este (Chequia, Croacia, Eslovaquia, Eslovenia, Hungría, Macedonia, Polonia y Rusia)*», *in* REP, Núm. 128, Abril-Junio 2005, Centro de Estudios Constitucionales, Madrid, pp. 193-220. Conforme explicita GERHARD DANNEMANN, *op. cit.*, p. 144, apesar de a consagração das queixas constitucionais ser um passo importante na protecção dos direitos humanos, não passou tempo suficiente desde a sua inserção para avaliarmos, com rigor científico, acerca da efectividade das mesmas.

[262] Cfr. o artigo 131.º, al. i), da Constituição albanesa (1998).

[263] Cfr. o artigo 128.º, par. 4, da Constituição da Croácia (1990).

[264] Cfr. o artigo 127.º, n.º 1, da Constituição da Eslováquia (1992)

[265] Cfr. o artigo 160, n.º 1, par. 6, da Constituição da Eslovénia (1991).

[266] Cfr. o artigo 64.º da Constituição húngara (1949), que contempla a possibilidade genérica de se apresentarem petições e queixas perante o Tribunal Constitucional (*Az Alkotmánybíróság*).

[267] Cfr. o artigo 149.º, n.º 3, da Constituição da República do Montenegro (2007).

[268] Cfr. o artigo 79.º, n.º 1, da Constituição polaca (1997).

[269] Cfr. o artigo 87.º, n.º 1, al. d), da Constituição da República Checa (1992).

[270] Cfr. o artigo 125.º, n.º 4, da Constituição da Rússia, que prevê a possibilidade de o Tribunal Constitucional da Federação russa, nos recursos relativos à violação dos direitos e liberdades constitucionais e a pedido dos tribunais, verificar a inconstitucionalidade da lei aplicada ou aplicável num caso concreto.

[271] Cfr. o artigo 170.º da Constituição da República da Sérvia (2006).

88   *A Tutela Directa dos Direitos Fundamentais*

de amparo)[272], a Bolívia (*amparo constitucional*)[273], o Brasil (*mandado de segurança*)[274], o Chile (*recurso de protección*)[275], a Colômbia (*acción de tutela*)[276], a Costa Rica (*recurso de amparo*)[277], Equador (*recurso de amparo*)[278], o Salvador (*amparo*)[279], a Guatemala (*amparo*)[280], Honduras (*recurso de amparo*)[281], México (*juicio de amparo*)[282], Nicarágua (*recurso de amparo*)[283], Panamá (*recurso de amparo de garantías constitucionales*)[284], Paraguai (*amparo*)[285], Peru (*acción de amparo*)[286] e Venezuela (*acción de amparo*)[287]. Por fim, ainda que numa escala mais reduzida, este mecanismo expandiu-se também aos continentes africano e asiático, em particular em Cabo Verde (*recurso de amparo*)[288], Coreia do Sul[289] e Macau[290].

---

[272] Cfr. o artigo 43.º da Constituição Nacional da República da Argentina (1994).

[273] Cfr. o artigo 19.º da Constituição Política da República da Bolívia (1967).

[274] Cfr. o artigo 5.º, LXIX e LXX, da Constituição da República Federativa do Brasil (1988).

[275] Cfr. o artigo 20.º da Constituição Política da República do Chile (em vigor desde 1981).

[276] Cfr. o artigo 86.º da Constituição Política da República da Colômbia (1991).

[277] Cfr. o artigo 48.º da Constituição Politica da República de Costa Rica (1949).

[278] Cfr. o artigo 175.º, n.º 3, da Constituição Política da República do Equador (1996).

[279] Cfr. o artigo 247.º da Constituição Política da República de Salvador (1983). Este amparo terá lugar perante o Supremo Tribunal de Justiça, (*Sala de lo Constitucional*).

[280] Cfr. o artigo 265.º da Constituição Política da República da Guatemala (1985).

[281] Cfr. o artigo 183.º da Constituição Política da República das Honduras (1982).

[282] Cfr. os artigos 103.º, n.º 1 e 107.º da Constituição Política da República do México (1917).

[283] Cfr. os artigos 45.º e 188.º da Constituição Política da República da Nicarágua (1987).

[284] Cfr. o artigo 50.º da Constituição Política da República do Panamá (1972).

[285] Cfr. o artigo 77.º da Constituição da República do Paraguai (1967).

[286] Cfr. o artigo 200, n.º 2, da Constituição Política do Peru (1993).

[287] Cfr. o artigo 27.º da Constituição da República Bolivariana da Venezuela (1999).

[288] Cfr. os artigos 20.º, n.º 1, e 219.º, n.º 1, al. e), da Constituição da República de Cabo Verde (de 1992, tendo sofrido uma profunda revisão constitucional em 1999, pela Lei Constitucional n.º 1/V/99, de 23 de Novembro).

[289] Cfr. o artigo 111.º, n.º 1 (5), da Constituição da Coreia do Sul (1948), que estabelece o Tribunal Constitucional é competente para decidir acerca das petições que lhe forem enviadas relativamente a matéria constitucional.

[290] O recurso de amparo foi consagrado no artigo 17.º da Lei n.º 112/91, de 29 de Agosto, nos seguintes termos: «1. De decisão proferida por tribunal sedeado no Território pode sempre recorrer-se para o plenário do Tribunal Superior de Justiça, com

A Tutela Constitucional dos Direitos, Liberdades e Garantias

No panorama de Direito comparado apresentado, que não pretende ser exaustivo, subsistem relevantes diferenças quanto ao modo de funcionamento do recurso de amparo, em especial, quanto aos direitos e liberdades tutelados, relativamente à tramitação processual e legitimidade e, por último, no que respeita ao órgão incumbido de decidir sobre o recurso de amparo (Tribunal Constitucional, Sala Constitucional de um Tribunal Supremo, ou os Tribunais Supremos)[291]. Apesar dos diversos

---

fundamento em violação de direitos fundamentais garantidos pelo Estatuto Orgânico de Macau, sendo o recurso directo e restrito à questão da violação. 2. Sem prejuízo do disposto no número anterior, há recurso para os tribunais de jurisdição administrativa de actos administrativos ou da simples via de facto de poderes públicos, com fundamento na violação de direitos fundamentais garantidos pelo Estatuto Orgânico de Macau». Resultam, assim, consagradas duas modalidades de recurso de amparo, uma contra decisões jurisdicionais, e outra contra actos administrativos ou factos dos poderes públicos (à semelhança do mandado de segurança brasileiro).

Contudo, PAULO CARDINAL, «*O Amparo de Direitos Fundamentais no Direito Comparado e no Ordenamento Jurídico de Macau*», in Revista Jurídica de Macau, vol. 3, n.º 1, Jan-Abril, 1996, Imprensa Oficial de Macau, pp. 51-92, pp. 73-74, na altura, apontava algumas deficiências na utilização deste instrumento de tutela, em especial a falta de regulamentação processual do recurso. Para mais desenvolvimentos sobre a sua natureza, o objecto, a legitimidade, o prazo e a tramitação processual, cfr. PAULO CARDINAL, «*O amparo macaense de direitos fundamentais vis-à-vis as decisões judiciais*», in Revista Jurídica de Macau, n.º Especial – O Direito de amparo em Macau e em Direito Comparado, Gabinete Para os Assuntos Legislativos, Macau, 1999, pp. 353-401.

Muito curiosamente, confessava a doutrina, dava-se o paradoxo de um Estado que não consagrava o mecanismo do recurso de amparo (Portugal), ter feito questão de o integrar no ordenamento jurídico macaense, então sobre administração da República portuguesa (sendo que, neste momento, Macau é uma região administrativa especial da República da China). Como etapas deste mesmo discurso, cfr. JORGE MIRANDA, *Manual de Direito Constitucional,* Tomo VI, *cit.*, p. 59, JOSÉ JOAQUIM GOMES CANOTILHO, «*As Palavras e os Homens – Reflexões sobre a Declaração Conjunta Luso-Chinesa e a institucionalização do recurso de amparo de direitos e liberdades na ordem jurídica de Macau*», in Revista Jurídica de Macau, n.º Especial – O Direito de amparo em Macau e em Direito Comparado, Gabinete Para os Assuntos Legislativos, Macau, 1999, pp. 107-131, p. 123, e PAULO CARDINAL, «*The Judiciary and Fundamental Rights – a dual role: guarantor and breacher*», in Revista Jurídica de Macau, n.º Especial – O Direito de amparo em Macau e em Direito Comparado, Gabinete Para os Assuntos Legislativos, Macau, 1999, pp. 155-172, p. 167.

[291] Como exemplo de Estados que atribuem a competência para conhecer dos recursos de amparo a Salas Constitucionais, podemos apontar a Costa Rica, as Honduras, a Nicarágua, o Paraguai, Salvador e a Venezuela. Por sua vez, elucidando modelos assentes num controlo por parte dos Tribunais Supremos, veja-se a Argentina, o Brasil, o México, o Panamá, a República Dominicana e o Uruguai. Cfr. EDUARDO FERRER MAC-

90   A Tutela Directa dos Direitos Fundamentais

nomina juris adoptados, quanto ao âmbito de aplicação deste mecanismo, descortina-se um padrão comum de protecção dos direitos de defesa contra o Estado, comummente designados como direitos de primeira geração, assim como dos direitos de participação política (ou de segunda geração)[292].

2.3. O Princípio da Dignidade da Pessoa Humana

> «*Age de tal maneira que uses a humanidade, tanto na tua pessoa, como na pessoa de qualquer outra, sempre e simultaneamente como um fim, e nunca como um meio. No reino dos fins, tudo tem um preço e uma dignidade. Quando uma coisa tem um preço, pode-se pôr em vez dele qualquer outro como equivalente; mas quando uma coisa está acima de todo o preço e, portanto, não permite equivalente, então tem ela dignidade*», KANT, *Fundamentação da Metafísica dos Costumes*.

2.3.1. *A Evolução do Princípio na História do Pensamento*

O princípio da dignidade da pessoa humana foi uma conquista histórica paulatina, que começou a ganhar raízes mais fortes na Idade Moderna, depois de superada a perspectiva *heterónoma* da dignidade[293]. Com efeito, durante os largos séculos da Idade Antiga e da Idade Média, a dignidade derivava apenas de factores externos ao próprio homem que diziam respeito não apenas à sua posição social, aos títulos, à honra, mas

---

GREGOR, *op. cit.*, p. 59. Feito este reparo, cabe também ressalvar que nem todos os Estados permitem a queixa constitucional contra decisões judiciais, tais como a Coreia do Sul, alguns Estados Latino-americanos, a Polónia, a Hungria e a Rússia.

[292] Cfr. PIERRE BON, «*La protection constitutionnelle des droits fondamentaux... cit.*, p. 60.

[293] JORGE MIRANDA, «*O artigo 1.º e o artigo 2.º da Constituição*», in AAVV, Estudos sobre a Constituição, Vol. II, Livraria Petrony, Lisboa, 1978, pp. 9-56, p. 15, esclarece que «dignidade da pessoa humana» e «dignidade humana» não são sinónimos, não obstante por vezes a doutrina utilizar os conceitos de forma indistinta. Todavia, certo é que a expressão «dignidade da pessoa humana» coloca a tónica no homem como ser único e irrepetível (personalidade individual), enquanto que falar em «dignidade humana» é perspectivá-la do ponto de vista global, da humanidade (conjunto de pessoas).

A *Tutela Constitucional dos Direitos, Liberdades e Garantias* 91

também à própria criação do homem à imagem e semelhança de Deus[294]. Neste último plano, a dignidade do homem não era contemplada através do próprio homem, mas sim pela intermediação de Deus.

Com o avanço da Idade Moderna, em especial o seu culminar no *siècle des lumières* (XVIII), assistiu-se a um claro impulsionar do individualismo, do protagonismo da pessoa (humanismo)[295]. Esta nova perspectiva do homem teve como consequência uma diferente abordagem da dignidade da pessoa humana, agora derivada da própria condição de pessoa. Deste modo, o processo de racionalização – que teve o seu exponencial máximo com as contribuições filosóficas de IMMANUEL KANT – foi o momento de charneira para a «devolução da autonomia à dignidade humana»[296].

Chegados aos tempos hodiernos, podemos atestar a preocupação da doutrina em definir a dignidade da pessoa humana não como uma qualidade da pessoa geradora de princípios ou direitos, mas sim como um projecto mediado pela razão, postulador de um dever ser[297]. Se bem vemos as coisas, a forma como esse projecto lograr garantia prática fará a distinção entre a dignidade *platónica* e dignidade *real*.

---

[294] Cfr., sobre o tema, GREGORIO PECES-BARBA MARTÍNEZ, *La dignidad de la persona desde la Filosofía del Derecho*, Instituto de Derechos Humanos "Bartolomé de las Casas" – Universidad Carlos III de Madrid, 2.ª edición, Dykinson, Madrid, 2003, pp. 21-28, e HANNAH ARENDT, *op. cit.*, p. 36.

Contudo, em pleno século XIII, não é de descurar o enorme contributo de S. TOMÁS DE AQUINO, com a sua obra *Suma Teológica*, para o enraizamento do pensamento cristão medieval em torno do estatuto da pessoa humana. Cfr., na doutrina portuguesa, PAULO OTERO, *Instituições Políticas e Constitucionais*, Vol. I, Almedina, Coimbra, 2007, pp. 105-113.

[295] Não obstante, já no início da Idade Moderna, G. PICO DELLA MIRANDOLA, na sua obra «*Oratio de hominis dignitate*» (1486), escrevia que «nem celeste nem terrestre, nem tão pouco mortal nem imortal; assim te criámos para que possas ser livre segundo a tua vontade e a tua honra, para que possas ser o teu próprio criador e construtor. Apenas a ti demos a liberdade e cresceres e desenvolveres-te de acordo com a tua própria vontade. Em ti levas o embrião da vida universal», *apud* GREGORIO PECES-BARBA MARTÍNEZ, *La dignidad de la persona... cit.*, p. 30.

[296] *Idem*, *La dignidad de la persona... cit.*, p. 28, e PAULO OTERO, *Instituições Políticas e Constitucionais, cit.*, pp. 203-212.

[297] GREGORIO PECES-BARBA MARTÍNEZ, *La dignidad de la persona... cit.*, p. 68, LAURENCE WEIL, «*La dignité de la personne humaine en droit administratif*», in AAVV, La Dignité de La Personne Humaine, (Dir. Marie-Luce Pavia et Thierry Revet), Études Juridiques, Economica, Paris, 1999, pp. 85-106, pp. 85-86, e SABRINA MORELLI, *Tecniche di Tutela dei Diritti Fondamentali della Persona – Nuovi diritti nella giurisprudenza della Corte costituzionale, di Cassazione, europea di Strasburgo. Tutela preventiva e risarcitoria*, I grandi orientamenti della giurisprudenza civile e commerciale, Collana Diretta da Francesco Galgano, CEDAM, Padova, 2003, p. 9.

2.3.2. A Dignidade da Pessoa Humana como Princípio Universal

Em termos muito perfunctórios, a conexão entre a dignidade da pessoa humana e a legislação estadual prende-se com a aceitação de que é o Estado que existe para o homem e que se deve moldar a ele, e não o oposto[298]. Contudo, embora partindo dessa premissa, parece-nos pertinente ressalvar que, a nível internacional, a concepção da dignidade da pessoa humana apresenta *algumas heterogeneidades*. Já se prognostica, assim, que, apesar de estar consagrada na generalidade das Constituições ou declarações de direitos – tanto na Europa Ocidental e de Leste, como no Médio Oriente[299], nos Estados americanos[300], africanos[301] e asiáticos[302]

---

[298] FRANCISCO FERNÁNDEZ SEGADO *«La dignité de la personne en tant que valeur suprême de l'ordre juridique espagnol en tant que source de tous les droits»*, in RFDC, n.º 67, Juillet 2006, Paris, pp. 451-482, p. 465.

[299] V., a título exemplificativo, o artigo 17.º, 2 par. da Constituição da República da Turquia (1959); o preâmbulo e artigo 42.º, da Constituição da República Arábica do Egipto (1971); o artigo 39.º da Constituição da Arábia Saudita (1992); o artigo 47.º da Constituição da República do Iémen (1994); o 8 par. do preâmbulo e o artigo 24.º da Constituição do Afeganistão (2004) e o artigo 35.º, n.º 1, al. a), da Constituição do Iraque (2005).

[300] Cfr., *v.g.*, o artigo 6.º, 2.º parágrafo, da Constituição Política da República da Bolívia (1967); o artigo 1.º da Constituição Política da República do Chile (1980); o artigo 1.º, inciso III, da Constituição brasileira (1988); e os artigos 1.º, 3.º, 7.º e 23.º da Constituição Política do Perú (1933).

[301] Cfr., entre outros, o preâmbulo da Constituição da Tunísia (1959); o preâmbulo e artigos 55.º, n.º 3, 63.º, n.º 1 e 74.º da Constituição de Moçambique (1990); os artigos 21.º, n.º 1, 24.º, n.º 1, 29.º, n.º 6 e 30.º, n.º 2, da Constituição da República Federal Democrática da Etiópia (1994); as secções 7 (1) e 10.º da Constituição da África do Sul (1999, em vigor desde 7 de Fevereiro de 1997); os artigos 17.º, n.º 2, al. b), 21.º, al. a), 24.º, al. c) e 34.º da Constituição da República Federal da Nigéria (1999); os artigos 11.º, 18.º, 5 par. e 36.º, par. 2, da Constituição da República Democrática do Congo (2005, em vigor desde 18 de Fevereiro de 2006).

[302] V. os artigos 27.º, n.º 2 e 32.º da Constituição da Indonésia (1945); o artigo 24.º da Constituição do Japão (1946); os artigos 10.º, 32.º, n.º 3 e 38.º, n.º 1, da Constituição da República da Coreia do Sul (1948); o preâmbulo da Constituição da Índia (1949); o artigo 24.º da Constituição de Myanmar (1974); o preâmbulo da Constituição da República Democrática do Sri Lanka (1978); o preâmbulo e o artigo 38.º, da Constituição da República Popular da China (1982); os artigos 16.º, n.º 17 e 17.º, n.º 2, da Constituição da Mongólia (1992); os artigos 63.º, 71.º e 126.º da Constituição da República Socialista do Vietname (1992); o artigo 38.º da Constituição do Cambodja (1993); o artigo 1.º, n.º 1, da Constituição da República Democrática de Timor-Leste (2002).

A Tutela Constitucional dos Direitos, Liberdades e Garantias 93

– o seu fundamento axiológico varia, consoante as mentalidades, religiões, valores, desenvolvimento social e económico, entre outros factores. Noutras palavras, possivelmente com conteúdo mais informativo: em África[303], ou na maioria dos Estados asiáticos[304], a pessoa humana não é perspectivada do ponto de vista do indivíduo (atendendo à sua individualidade, única e irrepetível), mas como parte de um grupo, quer este seja a família, a tribo ou a colectividade. Portanto, a pessoa apenas adquirirá relevância enquanto parte desse mesmo grupo[305]. Esta concepção afasta-se, decisivamente, da construção jurídica e ontológica ocidental, alicerçada na primazia da pessoa sobre o grupo e na ideologia individualista liberal[306]. A ideia de dignidade da pessoa humana é contrária à perspectivação do Estado como um fim em si, ou à valoração do indivíduo apenas enquanto membro de qualquer «realidade transpersonalista»[307].

---

[303] Segundo o Relatório do Encontro Regional Africano da Conferência Mundial dos Direitos Humanos (de 24 de Novembro de 1992), disponível em http://www.unhchr.ch., do qual emergiu a Declaração da Tunísia – que foi o resultado das negociações e compromissos internacionais – concluiu-se que «a natureza universal dos direitos humanos está fora de questão (...). Porém, não pode ser imposto a nível universal um modelo pré-concebido, na medida em que não podem ser desconsideradas as realidades históricas e culturais de cada nação e as tradições, padrões e valores de cada povo».

[304] No mesmo sentido, o Relatório do Encontro Regional Asiático da Conferência Mundial dos Direitos Humanos (de 7 de Abril de 1993), disponível em http://www.unhchr.ch., através da Declaração de Bangkok, fez uma referência expressa ao facto de que «a promoção dos direitos humanos deve ser encorajada pela cooperação e consenso, e não através de confrontação e a imposição de valores incompatíveis (...)».

[305] GIANCARLO ROLLA, «Las perspectivas de los derechos de la persona... cit., p. 45.

[306] Salvaguarde-se, todavia, que a invocação do individualismo liberal como marco histórico de um incremento de protecção legal da dignidade da pessoa humana, não invalida que consideremos que, nos dias actuais, seja outra a concepção da dignidade. Com efeito, e na esteira de JORGE REIS NOVAIS, Os Princípios Constitucionais Estruturantes da República Portuguesa, Coimbra Editora, 2004, p. 53, esta deixa de ser perspectivada como um «individualismo possessivo», «do homem burguês e isolado», e passa a ser entendida tendo em conta a realidade de um indivíduo comunitariamente inserido. Neste sentido, cfr. também GIANCARLO ROLLA, «I diritti fondamentali nel costituzionalismo contemporaneo... cit., pp. 10-11. Segundo o Autor, o princípio personalístico evoluiu, bebeu nas fontes do Estado Social a ideia de igualdade efectiva e de não discriminação, superou a «tríade do constitucionalismo liberal» (igualdade, liberdade, fraternidade) e, em seu lugar, encontramos hoje um «complexo mosaico», em que há uma especificação de direitos reconduzíveis à pessoa humana. Em vez de universalidade, fala-se hoje em «multiplicidade», em vez de igualdade, a tónica coloca-se na «diferença».

[307] JORGE REIS NOVAIS, Os Princípios Constitucionais Estruturantes... cit., p. 52.

94 A Tutela Directa dos Direitos Fundamentais

Primeiramente, é preciso lembrar que o fim do Estado não é o próprio Estado, mas sim a soma de cada um dos indivíduos atomisticamente considerados[308].

Por sua vez, nas Repúblicas Islâmicas do Paquistão[309] e do Irão[310], a dignidade do homem é salvaguardada em estreita conexão com a sua responsabilidade perante Deus. Daí que conste do preâmbulo da Declaração Islâmica Universal dos Direitos Humanos, que «os deveres e obrigações têm prioridade sobre os direitos». Já na Coreia do Norte a dignidade está intrinsecamente associada ao cumprimento estrito das leis do Estado socialista[311].

Retomando o fio da investigação, é inteligível a não existência de um total paralelismo a nível internacional no que respeita aos catálogos de direitos fundamentais e à sua respectiva tutela. Porém, o que não poderá nunca acontecer é que os Estados procurem escudar-se em justificações, tais como o relativismo cultural, os assuntos internos do Estado ou a sua identidade cultural e nacional[312], para conservarem tradições grosseiramente violadoras da dignidade da pessoa humana, *v.g.*, a excisão feminina[313].

---

[308] Como bem refere JORGE MIRANDA, *«O artigo 1.º da Constituição... cit.*, p. 15, «(e)m cada homem e em cada mulher estão presentes todas as faculdades da humanidade».

[309] Cfr. a Constituição da República Islâmica do Paquistão (1973), que apesar de consagrar expressamente a salvaguarda da dignidade da pessoa humana (artigos 11.º, n.º 2, al. b) e 14.º), no seu preâmbulo reza que «os muçulmanos poderão organizar as suas vidas, quer na esfera individual, quer colectiva, em acordo com os ensinamentos e as exigências do Islão, plasmadas no Sagrado Corão e na Sunna».

[310] Em igual medida, o artigo 2.º, n.º 6, da Constituição da República Islâmica do Irão (em vigor desde 3 de Dezembro de 1979), estipula que «a República Islâmica é um sistema baseado na crença da elevada dignidade e valor do homem, e da sua liberdade conjugadas com a sua responsabilidade perante Deus», para mais à frente, no artigo 22.º, salvaguardar que «a dignidade, a vida, (...) do indivíduo são invioláveis, excepto nos casos previstos pela lei».

[311] Na verdade, segundo o preceituado no artigo 82.º da Constituição da Coreia do Norte (1972), «os cidadãos deverão observar rigorosamente as leis do Estado e os padrões socialistas da vida e defender a sua honra e dignidade enquanto cidadãos da República Popular Democrática da Coreia».

[312] GIANCARLO ROLLA, *«Las perspectivas de los derechos de la persona... cit.*, p. 46.

[313] O Código Penal português, no seu artigo 144.º, al. b), considera a mutilação genital feminina como uma ofensa à integridade física qualificada. Contudo, de acordo com dados da UNICEF, a mutilação genital feminina ainda afecta 3 milhões de raparigas em África e no Médio Oriente. Cfr., o relatório realizado, em 2005, disponível no site: http://www.unicef.org/publications/index_29994.html.

A *Tutela Constitucional dos Direitos, Liberdades e Garantias* 95

O que quer dizer que, ao consignar-se uma tendência universalista dos direitos do homem, que justifica o aperfeiçoamento crescente da justiça internacional, *almeja-se evitar zonas cinzentas de protecção dos direitos do homem*[314-315]. Na verdade, afirmarmos a sua universalidade,

---

[314] O universalismo dos direitos do homem tem sido reafirmado na esfera internacional. A Conferência Mundial dos Direitos do Homem, que teve lugar em Viena, de 14 a 25 de Junho de 1993, com o objectivo de apurar o desenvolvimento que se verificara no campo dos direitos humanos desde a adopção da DUDH, concluiu, através da Declaração de Viena, no seu § 5.º que «todos os direitos humanos são universais, indivisíveis e interdependentes e interrelacionados. (...) Apesar de ser necessário atender ao significado das particularidades e dos factores históricos, culturais e religiosos, é dever dos Estados, independentemente dos seus sistemas políticos, económicos e culturais, promover e proteger todos os direitos humanos e liberdades fundamentais». Cfr. o seguinte endereço electrónico: http://www.unhchr.ch.

No mesmo sentido, defendendo a noção de dignidade de pessoa humana *numa dimensão universal*, refira-se o prémio Nobel da Paz (1968), RENÉ CASSIN, *apud* LAURENCE WEIL, *op. cit.*, p. 86. Para uma visão crítica do relativismo cultural, cfr. LUIGI FERRAJOLI, *«Sobre los derechos fundamentales»*, *cit.*, pp. 82-83. O Autor defende que a crítica do relativismo cultural ao universalismo redunda numa falácia, num paradoxo incontornável: é que o próprio relativismo assume um universalismo extremo, ao assumir que qualquer cultura, qualquer ética, qualquer acção deve respeitar-se enquanto dotada de igual valor. Em jeito de conclusão, o Autor reconhece que o constitucionalismo e o universalismo dos direitos fundamentais são a única e verdadeira garantia do multiculturalismo, ao postularem pelo igual respeito pelas diversas identidades culturais (p. 87).

[315] Este movimento iniciou-se em 1945, desde logo, com a criação de tribunais cuja incumbência seria julgar os crimes praticados durante a 2.ª Guerra-Mundial. Foram eles o Tribunal Militar de Nuremberga e o Tribunal Militar de Tóquio. Estes tribunais foram alvo de algumas críticas, que se desenvolveram em duas frentes: (*i*) houve quem os classificasse como tribunais de vencedores sobre os vencidos; (*ii*) foram igualmente acusados de violarem o princípio *nullum crimen, nulla poena sine praevia lege poenali*. Mais tarde, surgiram os primeiros tribunais penais internacionais *ad hoc*: o TPI para a Ex-Jugoslávia (1993) e o TPI para a Ruanda (1994). Todavia, estas jurisdições também foram criticadas, por terem sido criadas somente após o culminar dos conflitos e das violações massivas de direitos humanos, devido à enorme pressão da *communis opinio* internacional.

Mais recentemente, em 2002, assistiu-se à criação de um TPI permanente (cujo estatuto – Estatuto de Roma do TPI – foi aprovado em 17 de Julho de 1998 e entrou em vigor a 1 de Julho de 2002), localizado em Haia, para investigar julgar os crimes internacionais graves perpetrados por indivíduos (genocídio, crimes contra a humanidade e crimes de guerra). Como estipulado no artigo 1.º do Estatuto de Roma, «será uma instituição permanente, com jurisdição sobre as pessoas responsáveis pelos crimes de maior gravidade com alcance internacional (...) e será complementar das jurisdições penais nacionais». É neste TPI que, presentemente, se depositam as mais profundas expectativas. Em Portugal, a Lei Constitucional n.º 1/2001, de 12 de Dezembro, aditou o n.º 7 ao artigo 7.º da Constituição, nos seguintes termos: «Portugal pode (...) aceitar

A Tutela Directa dos Direitos Fundamentais

implica que estes valham para todos os seres humanos e que sejam respeitados por todos os indivíduos e por todos os Estados, por muito que a procura de uma definição para o conceito de dignidade da pessoa humana continue a suscitar «controvérsias intermináveis»[316], atinentes não só ao seu fundamento histórico ou cultural, mas também e mais especificamente, à sua interacção com a biologia e a medicina[317].

2.3.3. A Constitucionalização do Princípio da Dignidade da Pessoa Humana como Pedra Angular dos Mecanismos de Protecção dos Direitos Fundamentais

O valor da dignidade da pessoa humana surge umbilicalmente unido à concepção moderna do Estado de Direito Democrático, sobretudo como consequência do dilema axiológico que se viveu no após Segunda-Guerra Mundial[318-319]. A vivência de experiências humanamente degradantes, tais

---

a jurisdição do TPI, nas condições de complementaridade e demais termos estabelecidos no Estatuto de Roma». Por sua vez, o artigo 8.º da Lei n.º 32/2004 (Lei Penal Relativa às Violações do Direito Internacional Humanitário), publicada no DR n.º 32, I-A Série de 07/02/2004, adapta a legislação portuguesa ao Estatuto do TPI.

[316] Cfr. FRANCK MODERNE, «La dignité de la personne comme principe constitutionnel dans les Constitutions portugaise et française», in AAVV, Perspectivas Constitucionais – Nos 20 anos da Constituição de 1976, (org. Jorge Miranda), Coimbra Editora, 1996, pp. 197-230, p. 200 e MIGUEL ÁNGEL ALEGRE MARTINEZ, op. cit., p. 26.

[317] Estamos a referir-nos aos temas actuais da manipulação genética, da experimentação clínica e farmacológica sobre o homem ou sobre embriões, da colheita de órgãos e tecidos para enxertos e transplantações, do aborto e eutanásia, da procriação artificial, da «maternidade de substituição», do prolongamento artificial da vida, entre tantos outros. Estes temas levantam a questão de saber até que ponto se violam direitos e princípios basilares, tais como, respectivamente, a integridade física e a dignidade da pessoa humana. A ligação entre a Bioética e o Direito é, sem dúvida, um dos principais e mais complexos desafios do nosso século.

[318] JOAQUÍN RUIZ-GIMÉNEZ CORTÉS, apud FRANCISCO FERNÁNDEZ SEGADO, «La dignité de la personne... cit., pp. 462-463, num estudo detalhado sobre esta questão distingue quatro dimensões da dignidade da pessoa humana : (i) a dimensão teológica do homem, como ser criado à imagem e semelhança de Deus; (ii) a dimensão ontológica, enquanto ser racional e livre; (iii) a dimensão ética, que perspectiva o homem como um fim em si mesmo, condenando a instrumentalização da pessoa; (iv) e, por último, a dimensão social, na vida em sociedade. O Autor conclui que a Constituição espanhola acolhe as dimensões ontológica e ética.

[319] Cfr. GREGORIO PECES-BARBA MARTÍNEZ, La dignidad de la persona... cit., p. 11. O Autor considera a dignidade da pessoa humana como um «prius» relativamente aos

A Tutela Constitucional dos Direitos, Liberdades e Garantias

como os massacres praticados em campos de concentração, a coisificação da vida humana e o eugenismo, influenciaram decisivamente a inclusão deste valor fundamental no preâmbulo da Carta das Nações Unidas[320], no primeiro parágrafo do preâmbulo da DUDH[321], nos preâmbulos do PIDCP e do Pacto Internacional Sobre os Direitos Económicos, Sociais e Culturais (PIDESC)[322].

Este princípio mereceu consagração, quer no âmbito do Direito Internacional regional[323] – em que destacamos o artigo 5.º, n.º 2 da Convenção Americana dos Direitos Humanos[324], o artigo 5.º da Carta Africana dos Direitos dos Homens e dos Povos[325], o preâmbulo da Declaração Islâmica Universal dos Direitos Humanos[326] e o preâmbulo da Declaração dos Direitos do Homem dos Estados Asiáticos[327] – quer no plano comunitário, em que salientamos a Convenção para a Protecção dos Direitos do Homem e da Dignidade do Ser Humano face às Aplicações da Biologia e da Medicina[328] e a Carta dos Direitos Fundamentais da União Europeia.

---

valores políticos e jurídicos e aos princípios e dos direitos que derivam de esses valores (p. 12).

[320] De 26 de Junho de 1946. O preâmbulo da CNU estipula o seguinte: «nós, os povos das Nações Unidas, decididos «(a) reafirmar a nossa fé nos direitos fundamentais do homem, na dignidade e no valor da pessoa humana, na igualdade de direitos dos homens e das mulheres, assim como das nações, grandes e pequenas (...)».

[321] «Considerando que o reconhecimento da dignidade inerente a todos os membros da família humana e dos seus direitos iguais e inalienáveis constitui o fundamento da liberdade, da justiça e da paz no mundo (...)». Esta conclusão justifica que o catálogo de preceitos da DUDH inicie imediatamente nos seguintes termos: «todos os seres humanos nascem livres e iguais em dignidade e em direitos. Dotados de razão e de consciência, devem agir uns para com os outros em espírito de fraternidade» (artigo 1.º).

[322] De 16 de Dezembro de 1966.

[323] Curiosamente, a CEDH não proclama explicitamente este princípio, mas a maioria da doutrina retira-o implicitamente do artigo 3.º, que proíbe a tortura e os tratamentos e penas cruéis e degradantes. Cfr., nestes precisos termos, SANDRINE CURSOUX-BRUYERE, *«Le principe constitutionnel de sauvegarde de la dignité de la personne humaine (1ère partie)»*, *in* Revue de le Recherche Juridique – Droit Prospectif, XXXI-109, 2005-3, Presses Universitaires d'Aix Marseille, Puam, 2005, pp. 1377-1423, p. 1383.

[324] Assinada em 22 de Novembro de 1969 e em vigor desde 19 de Julho de 1978.

[325] Assinada em 26 de Junho de 1981, em vigor desde 1986.

[326] De 19 de Setembro de 1981.

[327] De 1983.

[328] De 4 de Abril de 1997. Entrou em vigor na ordem internacional em 1 de Dezembro de 1999.

Esta dinâmica empolgante manifestou-se também na generalidade das Constituições ocidentais estabelecidas após períodos de ditadura[329] e nas Constituições da Europa de Leste do período pós-comunista[330]. A dignidade da pessoa humana foi elevada a valor material central e a base de sustentação de elencos de direitos da pessoa humana e de uma panóplia de mecanismos processuais que se esforcem por a garantir. Nos nossos dias, podemos afirmar, adoptando a expressão feliz de ALESSANDRO PIZZORUSSO, que a dignidade da pessoa humana é o principal pilar do «património constitucional europeu»[331]. Deste modo, tanto na esfera internacional, como na esfera estadual, o homem, enquanto ser dotado de razão e de capacidade de autodeterminação, aparece erigido a valor axiológico fundamental dos ordenamentos jurídico-constitucionais, em consonância com a ideia kantiana de que cada homem é um fim em si mesmo[332-333]. Antes de avançar, importa ter em conta que este princípio é aberto, não consubstanciando de forma alguma qualquer imposição de um determinado modelo de homem ou de modelos de comportamento[334].

---

[329] Cfr. o artigo 3.º da Constituição italiana (1947); o artigo 1.º da GG (1949); o artigo 2.º da Constituição grega (1975); o artigo 1.º, *ab initio*, da CRP (1976); e o artigo 10.º, n.º 1, da Constituição espanhola (1978).

[330] Cfr., entre outros, o artigo 95.º da Constituição da República da Letónia (1922, tendo sofrido entretanto dez revisões constitucionais); o artigo 25.º da Constituição da República da Croácia (1990); o preâmbulo e os artigos 4.º, n.º 2 e 6.º, n.º 1, da Constituição búlgara (1991); os artigos 1.º, n.º 3, 16.º e 30.º da Constituição da Roménia (1991); o artigo 1.º da Lei Constitucional da República da Letónia (1991); os artigos 21.º e 34.º da Constituição da República da Eslovénia (1991); o preâmbulo da Constituição da República da Chechénia (1992); artigo 10.º da Constituição da Estónia (1992); os artigos 21.º, n.º 2, 22.º, n.º 4 e 25.º, n.º 3, da Constituição da Lituânia (1992); e o artigo 21.º da Constituição russa (1993).

[331] *Apud* PABLO PÉREZ TREMPS e MIGUEL REVENGA SÁNCHEZ, *op. cit.*, p. 20.

[332] A Declaração de Viena, *cit.*, não hesita em afirmar que «(t)odos os direitos humanos derivam da dignidade e do valor inerente à pessoa humana, e que a pessoa humana é o núcleo central dos direitos humanos e das liberdades fundamentais».

[333] Cfr. FRANCISCO FERNÁNDEZ SEGADO, *«La dignité de la personne... cit.,* p. 453--455, e GIANCARLO ROLLA, *«I diritti fondamentali nel costituzionalismo contemporaneo... cit.*, p. 4. Por sua vez, JORGE REIS NOVAIS, *Os Princípios Constitucionais Estruturantes... cit.*, p. 51, considera precisamente que a constitucionalização da dignidade da pessoa humana, a transforma em «dever-ser jurídico», vinculando toda a actividade estadual.

[334] Advertindo neste sentido, cfr. JOSÉ CARLOS VIEIRA DE ANDRADE, *Os Direitos Fundamentais na Constituição Portuguesa de 1976,* Almedina, Coimbra, 4.ª Edição, 2009, p. 49.

A Tutela Constitucional dos Direitos, Liberdades e Garantias 99

O valor da dignidade da pessoa humana é perspectivado como a fonte da qual brotam os restantes direitos fundamentais, que obtiveram consagração constitucional precisamente devido à sua indissolúvel conexão com a pessoa humana, como ser único e irrepetível, dotado de dignidade. De facto, a importância ou o relevo a dar aos direitos fundamentais, em termos de garantias de protecção, será tanto maior quanto mais profundo for o seu vínculo com a dignidade da pessoa humana.

Nesta linha, tomemos como exemplo a Constituição portuguesa, que estabelece um regime privilegiado no que respeita aos direitos, liberdades e garantias[335], *maxime* através do artigo 18.º – que garante a sua aplicabilidade directa e a vinculação das entidades púbicas e privadas – e um elenco restrito de direitos fundamentais que não poderão nunca ser postos em causa[336], inclusive em estado de sítio e emergência (artigo 19.º, n.º 6), o que leva alguma doutrina a classificá-los como «direitos *fundamentalíssimos*»[337]. A Constituição portuguesa salvaguarda os direitos

---

[335] Saliente-se, desde logo, que o regime da aplicabilidade directa dos direitos liberdades e garantias plasmado no artigo 18.º da CRP foi inspirado no artigo 1.º, n.º 3, da GG («*unmittelbar geltendes Recht*»).

[336] Para mais desenvolvimentos sobre a «cláusula de intangibilidade de certos direitos», *vide* J. J. GOMES CANOTILHO e VITAL MOREIRA, *Constituição da República Portuguesa Anotada*, Vol. I, *cit.*, pp. 402-403.

[337] Cfr., entre outros, JORGE BACELAR GOUVEIA, *O estado de excepção no direito constitucional – Entre a eficiência e a normatividade das estruturas de defesa extraordinária da Constituição*, Colecção Teses, Vol II, Almedina, 1998, pp. 1463 ss., JOSÉ CARLOS VIEIRA DE ANDRADE, *Os Direitos Fundamentais na Constituição ... cit.*, pp. 97 e 316, JOSÉ CASALTA NABAIS, «*Os direitos fundamentais na Constituição portuguesa*», in BMJ, n.º 400, 1990, pp. 15-39, p. 28 e *Por uma liberdade com responsabilidade... cit.*, p. 73, e JOSÉ MANUEL M. CARDOSO DA COSTA, «*A hierarquia das normas constitucionais e a sua função na protecção dos direitos fundamentais*», in BMJ, n.º 396, 1990, pp. 5-27, p. 21. No mesmo sentido, MANUEL AFONSO VAZ, *Lei e Reserva da Lei, A Causa da Lei na Constituição Portuguesa de 1976*, Universidade Católica, Porto, 1992, p. 201, entende que os direitos aí enumerados compreendem uma «reserva de direito», que se impõe ao próprio legislador constituinte, e não uma mera reserva da lei. Também JORGE MIRANDA, *Manual de Direito Constitucional*, Tomo II, Coimbra Editora, 6.ª Edição, 2007, pp. 134-135, classifica os direitos plasmados nesse preceito como «limites transcendentes» ao poder constituinte, e coloca-os no primeiro patamar de uma «ordem decrescente de consistência e protecção jurídica» dos direitos fundamentais (*Manual de Direito Constitucional*, Tomo IV, *cit.*, pp. 155 e 369-370).

Por sua vez, na doutrina espanhola, GREGORIO PECES-BARBA MARTÍNEZ, *Lecciones de Derechos Fundamentales*, Dykinson, Madrid, 2004, p. 284, refere a categoria de «*derechos personalísimos*», que protegem a pessoa em si, independentemente da vida

100   *A Tutela Directa dos Direitos Fundamentais*

à vida, à integridade pessoal, à identidade pessoal, à capacidade civil e à cidadania, à não retroactividade da lei criminal, o direito de defesa dos arguidos e a liberdade de consciência e de religião, como o reduto último de direitos que não poderão ser postos em causa, mesmo na vigência de estado de sítio ou de emergência. Interessante salvaguardar que a Lei Fundamental alemã não estabelece, nem positiva, nem negativamente, um conjunto de direitos que poderão ser suspensos[338].

Já a Constituição espanhola, no n.º 1 do artigo 55.º, resolve a questão ao contrário, ao indicar especificamente quais os direitos que poderão ser suspensos e que são: a liberdade, o direito de *habeas corpus*, a inviolabilidade do domicílio e da correspondência, a liberdade de expressão, a liberdade de imprensa e o direito de reunião, o direito à greve[339].

Em igual sentido, a Constituição brasileira, no artigo 136.º, § 1.º, estipula que o estado de defesa apenas poderá restringir os direitos de reunião, sigilo de correspondência e sigilo de comunicação telegráfica e telefónica. No que respeita ao estado de sítio, nos termos do artigo 139.º, só poderão ser tomadas contra as pessoas as seguintes medidas: «obrigação de permanência em localidade determinada; detenção em edifício não destinado a acusados ou condenados por crimes comuns; restrições relativas à inviolabilidade da correspondência, ao sigilo das comunicações, à prestação de informações e à liberdade de imprensa, radiodifusão e televisão; suspensão da liberdade de reunião; busca e apreensão em domicílio; intervenção nas empresas de serviços públicos; requisição de bens».

---

social e das suas relações com os demais. Segundo o Autor, são eles o direito à vida, à integridade física e moral, à liberdade religiosa e ideológica, o direito à imagem e honra e o directo à objecção de consciência.

No direito norte-americano, a protecção acrescida que é concedida aos direitos fundamentalíssimos, ou «*preferred rights*», deriva da constatação de que alguns direitos estão mais intimamente conexionados com a autodeterminação da pessoa e com a dignidade da pessoa humana, como *v.g.*, a liberdade de expressão. Cfr. ADAM WINKLER, «*Fundamentally wrong about fundamental rights*», in CC, Vol. 23, Num. 2, Summer 2006, The University of Minnesota Law Scholl, Thomson Gale, pp. 227-239.

[338] Cfr. artigos 115-A e ss. da GG.

[339] Cfr. os artigos 17.º, 18.º, n.ºs 2 e 3, 19.º, 20.º, n.º 1, al. a) e d) e n.º 5, 21.º, 28.º, n.º 2, e 37.º, n.º 2, da CE. Sobre esta questão debruçou-se JUAN JOSÉ SOLOZÁBAL ECHAVARRÍA, «*Los derechos fundamentales en la Constitución española*», *cit.*, pp. 26-27.

2.3.4. *O Valor Constitucional da Dignidade da Pessoa Humana –*
Perspectiva Geral

Não se nos afigura que seja de sobremaneira chocante afirmar que o «nível óptimo de protecção» da dignidade da pessoa varia em função de várias realidades, como a própria história do Estado em causa e dos valores que fazem parte do património intrínseco da sua sociedade[340]. Neste patamar, urge deixar claro que não se pode fazer corresponder a dignidade da pessoa humana somente ao seu reconhecimento jurídico. Mas mais do que isto. Precisamente, porque a dignidade é inata à pessoa humana, é, pois, imperioso salientar que ela é prévia ao Direito[341].

Destarte, são várias as alternativas que se oferecem aos ordenamentos jurídico-constitucionais no que respeita à consagração do direito à dignidade da pessoa humana. Enquanto uns a garantem de *forma expressa* – tal como a Lei Fundamental alemã[342] – outros optam por explicitar o seu conteúdo *associando-a a outros princípios fundamentais.* É o caso da Constituição portuguesa que apresenta, desde logo, três vertentes desta associação. Em primeiro lugar, após fundar, no artigo 1.º, a República Portuguesa na dignidade da pessoa humana, associa dignidade à igualdade (artigo 13.º da CRP), no sentido de que todos os indivíduos gozam do mesmo *quantum* de dignidade, merecendo igual respeito[343]. Seguidamente, no artigo 26.º, n.º 2, a dignidade da pessoa humana opera como limite ao direito de informação. A terminar, na alínea e) do n.º 2 do artigo 67.º, a Constituição estabelece como incumbência do Estado «regulamentar a procriação assistida, em termos que salvaguardem a dignidade da pessoa humana».

No nosso modelo constitucional, a dignidade da pessoa humana *não é considerada um direito subjectivo fundamental,* mas sim um princípio

---

[340] FRANCK MODERNE, *op. cit.* p. 198.

[341] MIGUEL ÁNGEL ALEGRE MARTINEZ, *op. cit.*, p. 21. Nas palavras do Autor, «a dignidade não é apenas o que o Direito diz que é». Na verdade, a dignidade é muito mais do que um conceito jurídico, ela toca também, desde logo, dimensões filosóficas e religiosas. Claro que, o reconhecimento da dignidade será sempre um fundamento de legitimidade do poder político (p. 29).

[342] Como sucede no artigo 1.º, n.º 1, da GG, em que se consagra expressamente que *«die Würde des Menschen ist unantastbar»* (a dignidade da pessoa humana é inviolável).

[343] No mesmo sentido a Constituição indiana (1949), que estabelece uma ligação entre a dignidade e a protecção das mulheres e crianças (artigos 51.º-A, al. e), e 39.º, al. f)).

102   *A Tutela Directa dos Direitos Fundamentais*

que confere «unidade e coerência de sentido» ao sistema constitucional de direitos fundamentais[344]. MARIA LÚCIA AMARAL esclarece que a dignidade da pessoa humana acaba por ser «algo mais e algo menos que um direito», uma vez que, embora não possua «densidade suficiente para ser fundamento directo de posições jurídicas subjectivas», tem uma forte dimensão objectiva, «pois o que nele vai incluído é, à partida, algo mais do que um direito»[345].

Por agora, interessa sublinhar que, seguindo o exemplo das Constituições alemã[346] e grega[347], a nossa Constituição reconhece um *valor supra-constitucional* à dignidade da pessoa humana, o que impossibilita, desde logo, a sua revisão constitucional[348-349]. Com efeito, a dignidade da pessoa humana assume um carácter transcendental, uma vez que está para além do domínio dos direitos fundamentais, assumindo um papel medular de toda a ordem constitucional[350]. Nesta medida, e invocando a máxima utilizada no projecto de Constituição de Herrenchiemsee, «o Estado existe para o homem e não o homem para o Estado»[351].

---

[344] Cfr. JORGE MIRANDA, *«Anotação ao artigo 1.º da Constituição»*, in JORGE MIRANDA e RUI MEDEIROS, *Constituição Portuguesa Anotada*, Tomo I, *cit.*, pp. 51-57, p. 53, J. J. GOMES CANOTILHO e VITAL MOREIRA, *Constituição da República Portuguesa Anotada*, Vol. I, *cit.*, pp. 199-200, e MARIA LÚCIA AMARAL, *«O Princípio da Dignidade da Pessoa Humana na Jurisprudência Constitucional Portuguesa»*, in AAVV, Liber Amicorum de José de Sousa e Brito – em comemoração do 70.º Aniversário, Almedina, Coimbra, 2009, pp. 947-964, p. 948.

[345] *Ibidem, loc. cit.*

[346] Cfr. o artigo 79.º, par. 3, da GG. Neste sentido, CRISTINA M. M. QUEIROZ, *op. cit.*, p. 17, citando jurisprudência do TCFA que afirma esse carácter supra-constitucional.

[347] Cfr. o artigo 10.º da Constituição grega.

[348] Alertámos atrás para o facto de a dignidade da pessoa humana se encontrar plasmada no artigo que abre a Constituição da República Portuguesa, sendo depois novamente invocada nos artigos 13.º, n.º 1, 26.º, n.º 2 e artigo 67.º, n.º 2, al. e). Ainda assim, falta na nossa Constituição um preceito tão marcante como o do artigo 1.º, n.º 1, da GG («a dignidade humana é inviolável»). Cfr. JOSÉ MANUEL M. CARDOSO DA COSTA, *«A Lei Fundamental de Bonn e o direito constitucional português»*, *cit.*, p. 9.

[349] Cfr. o artigo 288.º, al. d), da CRP, que consagra o catálogo dos limites materiais da revisão constitucional, na qual se insere os direitos, liberdades e garantias dos cidadãos.

[350] Cfr. JOSÉ DE MELO ALEXANDRINO, *A estruturação do sistema de direitos, liberdades e garantias na Constituição Portuguesa*, Vol. II, (A construção dogmática), Almedina, Coimbra, 2006, p. 312.

[351] Citado por ERHARDT DENNIGER, *apud idem, A estruturação do sistema de direitos, liberdades e garantias...*, Vol. II, *cit.*, p. 314.

A Tutela Constitucional dos Direitos, Liberdades e Garantias 103

No universo jurídico alemão, discute-se, igualmente, se a dignidade da pessoa humana pode, ou não, ser considerada um direito fundamental. EKKEHART STEIN entende que a resposta deverá ser afirmativa, pois, mesmo que o artigo 1.º, n.º 1, da GG, não atribua aos particulares um direito subjectivo, certo é que podemos retirar essa fundamentalidade do artigo 2.º, n.º 1, da GG[352], porquanto a liberdade geral de acção se justifica precisamente com base no princípio da dignidade da pessoa humana[353].

É conveniente verificar, em contrapartida, como este princípio não logrou ser constitucionalizado em França, apesar de, em Fevereiro de 1993, o Comité consultivo para a revisão da Constituição francesa ter apresentado uma proposta de inserção no texto constitucional de uma referência ao princípio da dignidade da pessoa humana[354-355].

Mesmo assim, é indubitável que a não existência de uma referência expressa a este princípio não significa que ele não tenha valor, mas apenas que se entendeu que já estava suficientemente salvaguardado através da soberania popular e da adesão de França a várias convenções internacionais que o receberam[356]. Abona neste sentido o facto de a Constituição francesa não possuir um catálogo de direitos fundamentais, sendo que estes constam de Declarações autónomas, que são parte integrante da Constituição[357]. Estamos a referir-nos, nomeadamente, à Declaração dos Direitos do Homem e do Cidadão e ao preâmbulo da Constituição de 1958[358].

---

[352] O preceito estipula que «Todos têm o direito ao livre desenvolvimento da sua personalidade, na medida em que tal não lese os direitos dos outros, ou viole a ordem constitucional ou a lei moral».

[353] *Apud* FRANCISCO FERNÁNDEZ SEGADO, *«La dignité de la personne... cit.,* p. 469. No mesmo sentido, INGO VON MÜNCH, *«La dignidad del hombre en el derecho constitucional»,* (trad. Jaime Nicolas Muñiz), *in* REDC, Año 2, Núm. 5, Mayo-agosto 1982, pp. 9-33, p. 27.

[354] A actual Constituição francesa foi criada em 4 de Outubro de 1958. Na anterior Constituição (1946) a referência ao princípio da dignidade da pessoa humana constava do preâmbulo.

[355] FRANCK MODERNE, *op. cit.,* p. 208.

[356] *Ibidem*, p. 208-210.

[357] Quanto ao valor jurídico das declarações, cfr. os estudos de GEORGES BURDEAU, FRANCIS HAMON e MICHEL TROPER, *Droit Constitutionnel*, 25ème Édition, L. G. D. J., Paris, 1997, pp. 57-58 e K. C. WHEARE, *op. cit.,* p. 54.

[358] Com efeito, por decisão do Conselho Constitucional francês, de 16/07/1971, foi atribuído valor normativo ao Preâmbulo da Constituição de 1958, que consagrava expressamente a subordinação dos cidadãos e dos poderes públicos aos direitos do homem. Cfr. PIERRE BON, *«La protection constitutionnelle des droits fondamentaux...*

104 A Tutela Directa dos Direitos Fundamentais

De qualquer forma, e conquanto o Conselho Constitucional (*Conseil Constitutionnel*) nunca tenha reconhecido à dignidade da pessoa humana um carácter supraconstitucional, não deixa de o considerar como um princípio basilar, do qual poderão advir outros princípios, mas que, por apenas possuir um carácter relativo, carecerá sempre de um juízo de conciliação com outros princípios constitucionais[359].

Por outro lado, em paralelo, o Tribunal Constitucional espanhol frisou que a dignidade da pessoa humana não pode ser considerada um direito fundamental, não podendo ser invocada autonomamente como um direito a ser protegido através do recurso de amparo constitucional. Todavia, a realidade demonstra-nos que o TCE se socorre dela como critério hermenêutico, que servirá de fundamento constitucional para a invocação de direitos fundamentais materiais (e não formais), para a resolução de conflitos relativamente à titularidade de direitos fundamentais e, por último, para precisar, em concreto, o alcance dos mesmos[360]. Se é certo que, segundo a jurisprudência espanhola, a dignidade da pessoa humana não pode ser classificada como um direito fundamental, em sentido próprio, a verdade é que ela é a razão de ser de vários direitos que obtiveram consagração constitucional, acabando por operar como um limite a esses próprios direitos.

A dignidade da pessoa humana resulta plasmada no artigo 10.º, n.º 1, da CE, sistematicamente localizado no início do Título I, cuja epígrafe é «direitos e deveres fundamentais», e estabelece que «a dignidade da pessoa, os direitos invioláveis que lhe são inerentes, o livre desenvolvimento da personalidade, e o respeito pela lei e pelos direitos dos outros são fundamento da ordem política e da paz social». Em geral, a

---

cit., p. 13, e ROSARIO TUR AUSINA, *op. cit.*, p. 98. A última Autora explica que a justificação para o sistema jurídico-constitucional francês ser o que mais tardiamente desenvolveu a tutela constitucional dos direitos, assenta na tradição muito enraizada da soberania da lei.

[359] SANDRINE CURSOUX-BRUYERE, *op. cit.*, p. 1414. Contra este entendimento (dito redutor) do Conselho de Estado francês sobre o princípio da dignidade da pessoa humana, manifestou-se GREGORIO PECES-BARBA MARTÍNEZ, *La dignidad de la persona...* *cit.*, p. 68.

[360] V., entre outros, as SSTCE n.º 64/1986, de 21 de Maio, n.º 120/1990, de 27 de Junho, n.º 95/1982, de 17 de Fevereiro. Cfr., na doutrina, FERNANDO BATISTA JIMÉNEZ, *«La eficacia del valor dignidad de le persona en el sistema jurídico español»*, in CuC, n.º 11, julio-diciembre 2004, Instituto de Investigaciones Jurídicas, UNAM, México, pp. 3 e ss, pp. 4-5 e MIGUEL ÁNGEL ALEGRE MARTINEZ, *op. cit.*, p. 118.

A *Tutela Constitucional dos Direitos, Liberdades e Garantias* 105

doutrina espanhola classifica o postulado nesse preceito como «princípios básicos» ou «princípios fundamentais» da ordem jurídico-política constitucional[361]. De registar que, da leitura do artigo 10.°, n.° 1, da CE, podemos lealdar que a liberdade individual possui não só um fundamento *positivo*, radicado na «dignidade da pessoa», nos «direitos invioláveis que lhe são inerentes» e no «livre desenvolvimento da sua personalidade», mas também um fundamento *negativo*, que limita essa liberdade e que é precisamente o «respeito pela lei e pelos direitos dos outros»[362].

A bem dizer, o princípio da dignidade da pessoa humana assume um significado jurídico-político, não apenas por ser um atributo da *pessoa* humana, quer na sua dimensão individual, quer na dimensão social ou colectiva, mas também por ter uma ligação incindível com a *liberdade* e a *igualdade*[363]. Exprime, assim, uma posição «prévia e fundante»[364] dos direitos invioláveis. Chegados aqui, a pergunta naturalmente será esta: Quais serão os direitos invioláveis inerentes à dignidade da pessoa humana? Responder a esta questão não constitui tarefa fácil, uma vez que o legislador constituinte deixou a questão em aberto. Nessa medida, por exemplo, enquanto alguns Autores entendem que serão apenas os direitos fundamentais reconhecidos na Secção I, do Capítulo II, do Título I, da CE, outros vão mais além e defendem que poderão ser todos os direitos fundamentais contidos no Título I[365].

---

[361] Cfr. as obras de L. PAREJO ALFONSO, L. SANCHEZ AGESTA, e J. DE ESTEBAN e P. J. GONZALEZ-TREVIJANO, *apud* MIGUEL ÁNGEL ALEGRE MARTINEZ, *op. cit.*, p. 40, nt. 29. No mesmo sentido, FRANCISCO FERNÁNDEZ SEGADO, «*La teoría jurídica de los derechos fundamentales... cit.*, p. 201. Por sua vez, MIGUEL ÁNGEL ALEGRE MARTINEZ adianta, inclusive, o carácter «fundamentalíssimo» do preceito (p. 71).

[362] F. GARRIDO FALLA, e J. RUIZ GIMÉNEZ, *apud* MIGUEL ÁNGEL ALEGRE MARTINEZ, *op. cit.*, p. 42.

[363] Cfr. MIGUEL ÁNGEL ALEGRE MARTINEZ, *op. cit.*, p. 19.

[364] PABLO PÉREZ TREMPS e MIGUEL REVENGA SÁNCHEZ, *op. cit.*, p. 19.

[365] Cfr. FRANCISCO FERNÁNDEZ SEGADO, «*La dignité de la personne... cit.*, p. 476, e MIGUEL ÁNGEL ALEGRE MARTINEZ, *op. cit.*, p. 45. O último Autor entende que os direitos invioláveis inerentes à pessoa em razão da sua dignidade serão todos aqueles cuja lesão atente contra a personalidade ou o seu desenvolvimento (p. 51), *v.g.*, o direito à propriedade (artigo 33.° da CE), a protecção social, económica e jurídica da família (artigo 32.° da CE), ou o acesso à cultura (artigo 40.° da CE).

2.3.5. Breve Análise da Jurisprudência Constitucional sobre o Princípio da Dignidade da Pessoa Humana

Um cotejo da jurisprudência constitucional pátria com as jurisprudências constitucionais espanhola e alemã permite-nos concluir que os tribunais constitucionais, em geral, têm vindo a fazer sucessivas referências ao princípio da dignidade da pessoa humana, de forma a melhor interpretar certos preceitos constitucionais, ou mesmo, deles retirar determinados conteúdos. Iremos, de seguida, proceder à selecção de alguma dessa jurisprudência.

Antes, porém, importa frisar que vozes do interior do Tribunal Constitucional reconhecem que a jurisprudência constitucional portuguesa sobre a dignidade da pessoa humana tem revelado uma certa «prudência» e «parcimónia»[366]. O acórdão do TC, n.º 105/91, foi elucidativo do valor que a Constituição atribui a dignidade da pessoa humana. Com efeito, começou por reconhecer o «valor axial e nuclear» da dignidade e afastando, em consequência, uma concepção da dignidade da pessoa humana como «mera proclamação teórica (...) despida de qualquer significado jurídico-normativo». Por outro lado, o acórdão rejeitou a perspectivação da dignidade da pessoa humana como um conceito «puramente apriorístico», encarando-a, ao invés, como «algo que justamente se vai fazendo e que vai progredindo na história, assumindo, assim, uma dimensão eminentemente cultural»[367].

No que respeita à *interrupção voluntária da gravidez* (IVG), iremos demonstrar como a questão foi abordada nos ordenamentos jurídico-constitucionais espanhol, alemão e português, seguindo a ordem cronológica dos acórdãos dos seus respectivos tribunais constitucionais. Em 11 de Abril de 1985, através do acórdão n.º 53/1985, o Tribunal Constitucional espanhol apesar de admitir que a vida é «um processo que começa com a gestação», concluiu que não é garantido ao nascituro a titularidade do direito à vida, pelo que não viola a CE o sistema de despenalização da IVG com base num sistema de indicações – terapêutica, terminológica e eugénica[368].

---

[366] Nas palavras de Maria Lúcia Amaral, «*O Princípio da Dignidade da Pessoa Humana...*, *cit.*, p. 948.
[367] *Idem, ibidem,* pp. 949-950.
[368] De 11/04/1985, *in* BOE n.º 119.

A Tutela Constitucional dos Direitos, Liberdades e Garantias   107

É verdade que o Código Civil espanhol, no seu artigo 29.º, estabelece que «o nascimento determina a personalidade». Porém, cremos que desta opção legislativa não se pode retirar uma obrigatoriedade de interpretação da Constituição espanhola em conformidade com o disposto em legislação ordinária. Pelo contrário, é a legislação ordinária que deverá orientar-se pelos ditames constitucionais[369]. Ora, sem polemizar, defendemos que a dignidade da pessoa humana não se inicia com o nascimento, mas com a sua concepção. Caso contrário, a Constituição espanhola teria de se referir à dignidade da pessoa *nascida*, o que não faz. Portanto, parece--nos que é de sufragar o entendimento que propugna pela existência de uma união indissociável entre dignidade e pessoa (ou seja, vida humana)[370].

Na Alemanha, a problemática da IVG culminou no acórdão de 28 de Maio de 1993, através do qual o Tribunal Constitucional Federal alemão recebeu um pedido de fiscalização abstracta da constitucionalidade de determinadas disposições que alteraram a legislação federal, em especial, o Código Penal e o Código da Segurança Federal[371-372]. O TCFA acordou que a Lei Fundamental alemã, na medida em que imputa ao Estado o dever de respeitar e promover a dignidade da pessoa humana (artigos 1.º, n.º 1, e 2.º, n.º 2, da GG), atribui-lhe também, em consequência, a incumbência de proteger a vida humana[373]. Dito de outra forma, o conceito de «vida humana» inclui a vida intra-uterina e não se resume apenas num direito de defesa contra o Estado, exigindo ainda que

---

[369] Como bem sublinha J. J. GOMES CANOTILHO, *Direito Constitucional e Teoria da Constituição, cit.*, pp. 1233-1234, a interpretação da constituição em conformidade com as leis (*gesetzeskonform Verfassungsinterpretation*), proposta por LEISNER, implicaria uma inversão da estrutura hierárquica normativa. Significa isto, em suma, que teríamos «a legalidade da Constituição a sobrepor-se à constitucionalidade da lei».

[370] MIGUEL ÁNGEL ALEGRE MARTINEZ, *op. cit.*, p. 92, alerta que o conceito «arcaico» de pessoa, a que se refere o Código Civil, foi concebido essencialmente para regular a segurança do tráfico jurídico e não pode de modo algum servir de cânone interpretativo para a Constituição espanhola. Corroborando essa perspectiva, MILAGROS OTERO PARGA, «*"El derecho de la persona" en la obra del Dr. Lete del Río*», in Dereito, Vol. 16, n.º 1, 2007, pp. 353-364, p. 357, esclarece que a origem etimológica de pessoa deriva do latim «*persona*» e significa «indivíduo da espécie humana».

[371] Acórdão da 2.ª Secção do TCFA, n.ºs 2 BvF 2/90, 2 BvF 4/92, e 2 BvF 5/92, disponível no site http://www.bverfg.de/entscheidungen.

[372] Não obstante, ressalve-se que, a 25/02/1975, o TCFA havia declarado inconstitucional a legislação que descriminalizava a interrupção voluntária da gravidez. Cfr., para mais desenvolvimentos, MARIO PATRONO, *op. cit.*, pp. 406-407.

[373] Par. 145.

108　　　　*A Tutela Directa dos Direitos Fundamentais*

o mesmo se empenhe activamente na protecção da vida humana, nomeadamente providenciando ao feto o seu direito subjectivo à vida. Tal direito não existe unicamente no caso de a grávida o reconhecer e respeitar[374], mas justifica-se tão-somente pela sua existência e é um direito elementar e inalienável, cuja pedra angular se sustenta na dignidade da pessoa[375].

De todo o modo, entende-se que a obrigação de protecção da vida não é absoluta e pode ceder ou limitar-se quando estejam em jogo outros direitos ou valores fundamentais, a saber, neste domínio específico: o direitos da grávida à protecção e respeito pela sua dignidade (artigo 1.º, n.º 1, da GG), pela sua vida e integridade física (artigo 2.º, n.º 2, da GG) e pelo livre desenvolvimento da sua personalidade (artigo 2.º, n.º 1, da GG)[376]. Assim, neste momento, na Alemanha, é legal a prática de aborto, nas primeiras 12 semanas, a pedido da mulher, mas dependente de aconselhamento especificamente dirigido à protecção da vida intra-uterina[377].

Em Portugal, no acórdão n.º 288/98[378], o TC pronunciou-se pela não inconstitucionalidade da proposta de referendo acerca da despenalização da IVG[379]. No entanto, a delicadeza da matéria em causa era de tal ordem que esta não pronúncia mereceu seis votos de vencido. A nosso ver, o acórdão partiu de premissas certas para chegar, incompreensivelmente, à conclusão errada. Vejamos, mais de perto, esta questão. O Tribunal começou por reconhecer que o artigo 24.º da CRP, ao tutelar a protecção da vida humana, está intrinsecamente ligado ao artigo 1.º da CRP, postulador da dignidade da pessoa humana e que a vida intra-uterina partilha dessa dignidade[380]. Porém, invocando critérios de concordância prática,

---

[374] Par. 184.

[375] Par. 147.

[376] Par. 153.

[377] Nos termos do n.º 1 do artigo 219.º do Código Penal alemão.

[378] De 17/04/1998. Todas as referências a jurisprudência constitucional que enunciaremos podem ser consultadas no seguinte endereço electrónico: http://www.tribunalconstitucional.pt//tc/acordaos/.

[379] A questão em causa foi a seguinte : «Concorda com a despenalização voluntária da gravidez, se realizada, por opção da mulher, nas primeiras 10 semanas, em estabelecimento de saúde legalmente autorizado?».

[380] Note-se que o direito à vida, além da sua componente subjectiva – enquanto «pressuposto fundante de todos os direitos fundamentais» – possui também uma vertente objectiva, ao proteger a vida humana, independentemente dos seus titulares, na medida em que esta consubstancia um valor objectivo e um princípio basilar num Estado de

A *Tutela Constitucional dos Direitos, Liberdades e Garantias*   109

admitiu que estavam em causa os direitos à maternidade responsável[381] e ao livre desenvolvimento da personalidade da grávida[382], o que justificava *per se* a liberdade total de a mulher praticar o aborto até às 10 semanas, independentemente de qualquer justificação ou ponderação da sua situação concreta.

Alguns dos juízes vencidos ressalvaram, de maneira lúcida, que o feto, enquanto forma específica e peculiar de vida humana – que contém em si mesmo a potencialidade da pessoa – partilha da sua indissociável dignidade[383]. Deste postulado podemos, então, inferir, que a dignidade da vida humana abarca também o «direito de nascer»[384]. Segundo o enquadramento que defendemos, este direito subjectivo foi e é grosseiramente violado, ao permitir-se que a decisão entre a vida ou morte do feto pertença inteiramente à discricionariedade da grávida. Pelos factos que se expuseram, aderimos na totalidade à crítica de Rui Medeiros e Jorge Pereira da Silva, quando sublinham a total ausência de concordância prática entre os direitos em conflito[385]. Além disso, dir-se-á inclusive que a questão levada a referendo optou claramente pelo direito de autodeterminação da mulher, pelo que será, em abstracto, possível abortar até às 10 semanas de gravidez, independentemente da situação concreta que justificou semelhante decisão (*v.g.*, um estado de necessidade desculpante).

Mais tarde, quando a mesma questão foi pela segunda vez levada à consulta popular, o Presidente da República enviou novamente a pergunta ao TC para que este se pronunciasse sobre ela[386]. No acórdão n.º 617/

Direito fundado sob a égide do princípio da dignidade da pessoa humana. Neste sentido, Jorge Miranda, *Manual de Direito Constitucional*, Tomo IV, *cit.*, pp. 186-187, Rui Medeiros e Jorge Pereira da Silva, «*Anotação ao artigo 24.º da Constituição*», *in* Jorge Miranda e Rui Medeiros, *Constituição Portuguesa Anotada*, Tomo I, Coimbra Editora, 2005, pp. 221-266, p. 223, J. J. Gomes Canotilho e Vital Moreira, *Constituição da República Portuguesa Anotada*, Vol. I, *cit.*, p. 449.

[381] Artigo 67.º, n.º 2, al. c), da CRP.

[382] Artigo 26.º, n.º 1, da CRP.

[383] Neste sentido, as declarações de voto de Alberto Tavares da Costa, Paulo Mota Pinto, Vítor Nunes de Almeida, Messias Bento, e José Manuel Cardoso da Costa.

[384] Cfr. as declarações de voto de Vítor Nunes de Almeida, e de Messias Bento.

[385] «*Anotação ao artigo 24.º da Constituição*», *cit.*, p. 230.

[386] Relembramos que no primeiro referendo venceu o «não», com 50,07% dos votos, contra 48,28% de votos a favor do «sim». Apesar dos resultados, a elevada taxa de abstenção (que rondou os 68%), não cumpriu a maioria exigida pelo artigo 115.º, n.º 11, da CRP e impediu que o referendo tivesse carácter vinculativo. Esta situação

/2006[387], o TC pronunciou-se novamente pela não inconstitucionalidade da proposta de referendo, salientando que não se pode retirar da inviolabilidade da vida humana um direito subjectivo do feto à vida. Com o devido respeito, discordamos desta pronúncia. Afirmar que a vida intra-uterina, pelo facto de possuir dignidade, granjeia tutela constitucional, implica necessariamente atestar que estamos perante uma forma de vida humana, logo, automaticamente protegida ao abrigo do artigo 24.º da CRP[388].

Não vislumbramos como pode ser concebível atribuir ao feto alguma protecção em nome da sua dignidade, sem lhe reconhecer a titularidade de vida humana[389]. Todavia, como é obvio, afirmar a dignidade constitucional da vida intra-uterina, não invalida quer a admissão de uma tutela menos forte, em comparação com a tutela (acrescida) que se oferece às pessoas humanas (após o nascimento) e a necessária concordância prática com os direitos da mulher grávida em conflito e igualmente dignos de protecção constitucional[390], quer uma margem de apreciação e liberdade do legislador ordinário quanto à escolha dos instrumentos adequados à sua protecção, que pode não passar obrigatoriamente por uma criminalização de condutas violadoras desse direito[391].

No que toca aos *direitos sociais* e à sua relação com a dignidade da pessoa humana, a circunstância de um Estado de Direito ter preocupações sociais que se manifestam, *maxime*, na consagração de um extenso catálogo de direitos e deveres económicos, sociais e culturais origina, inevitavelmente, o compromisso da salvaguarda da dignidade da pessoa humana[392].

---

alterou-se no segundo referendo, em que o «sim» venceu, mas também sem carácter vinculativo.

[387] De 15de Novembro de 2006.

[388] Como fez o acórdão do TC em análise, no seu ponto 33, 3.º par.

[389] Neste sentido o voto de vencido de BENJAMIM RODRIGUES. O juiz vai mais longe e afirma inclusivamente que o direito à vida humana uterina e pós-uterina «é pressuposto necessário da existência de todos os demais (direito *com pretensão* de absoluto), de um direito sem cuja existência, em seres concretos, não é concebível qualquer princípio de dignidade da pessoa humana e existência de uma comunidade politicamente organizada em Estado».

[390] Assim, o voto de vencido de MÁRIO TORRES.

[391] Cfr. RUI MEDEIROS e JORGE PEREIRA DA SILVA, «*Anotação ao artigo 24.º da Constituição*», *cit.*, p. 232.

[392] Cfr. ISABEL MOREIRA, *A Solução dos Direitos, Liberdades e Garantias e dos Direitos Económicos, Sociais e Culturais na Constituição Portuguesa*, Almedina, Coimbra, 2007, pp. 124-148, em especial, p. 134.

A Tutela Constitucional dos Direitos, Liberdades e Garantias

Nestes termos, na esteira de BREUER[393] e da actual jurisprudência do TCFA, cumpre problematizar se não é de aceitar a existência de uma garantia constitucional a um *mínimo de existência condigna*[394-395]. Em Portugal, embora a Constituição não o preveja expressamente, tal poderia retirar-se do princípio da dignidade da pessoa humana vertido no artigo 1.º da CRP, enquanto afloramento da ideia de Estado de Direito Democrático (artigo 2.º da CRP), que implicaria, assim, um direito a um mínimo de existência condigna, entendido como um direito análogo aos direitos, liberdades e garantias[396].

Neste domínio, um acórdão que nos suscitou interesse, por incidir precisamente sobre o terreno movediço dos direitos sociais e do princípio da proibição do retrocesso, foi o acórdão do TC n.º 509/2002[397]. Em causa estava o requerimento do Presidente da República que suscitou o processo de fiscalização preventiva da constitucionalidade de uma disposição de um diploma da Assembleia da República (Decreto da Assembleia da República n.º 18/IX), que procedeu à revogação do rendimento mínimo garantido, substituindo-o pelo rendimento social de inserção[398]. Ao passo que a anterior legislação reconhecia a titularidade do direito à prestação de rendimento mínimo aos indivíduos com idade igual ou superior a 18 anos, a lei que se apresentou ao Presidente da República para promulgação

---

[393] *Apud* JOSÉ CARLOS VIEIRA DE ANDRADE, *Os Direitos Fundamentais na Constituição ... cit.*, pp. 376-377. Já JORGE REIS NOVAIS, *As restrições aos direitos fundamentais não expressamente autorizadas pela Constituição*, Coimbra Editora, Coimbra, 2003, p. 151, defende que o direito ao mínimo de existência deve ser classificado como um direito social, não obstante a sua ligação incindível com o direito à vida. Por último, ISABEL MOREIRA, *op cit.*, pp. 147-148, defende tratar-se de um «direito de natureza híbrida».

[394] *Vide*, entre tantos outros, o acórdão da 2.ª Secção do TCFA, de 08/06/2004, 2 BvL 5/00, disponível no site http://www.bverfg.de/entscheidungen.

[395] Para um breve historial desta questão, na jurisprudência constitucional portuguesa, cfr. MARIA LÚCIA AMARAL, «*O Princípio da Dignidade da Pessoa Humana...*, cit.*, pp. 956-963.

[396] Foi esta a decisão do TC, no seu acórdão n.º 62/02, de 06/02/2001, par. 9, em que se julgou inconstitucionais certas normas que permitiam a penhora do rendimento mínimo garantido, por violação do princípio da dignidade da pessoa humana contido no princípio do Estado de Direito, ao privar a pessoa do mínimo indispensável à sua sobrevivência condigna e do seu agregado familiar.

[397] De 19/12/2002.

[398] O rendimento mínimo garantido estava previsto na Lei n.º 19-A/96, de 29 de Junho.

112   A Tutela Directa dos Direitos Fundamentais

garantia, regra geral, a titularidade do direito ao rendimento social de inserção apenas às pessoas com idade igual ou superior aos 25 anos.

Perante este cenário, o TC, invocando jurisprudência anterior, pronunciou-se pela inconstitucionalidade deste diploma. Esta decisão obteve críticas de alguma doutrina, que considerou que neste caso não se estava perante a violação do conteúdo mínimo do direito à existência condigna[399] e que, desta feita, o Estado português se vinculou a garantir essa prestação também entre a faixa etária dos 18 aos 25 anos, como anteriormente o fizera com o rendimento mínimo garantido, «independentemente de dificuldades financeiras circunstanciais ou de particulares orientações políticas»[400].

Por último, merece referência o acórdão n.º 607/2003[401], pela relação que estabelece entre a dignidade da pessoa humana e a liberdade. O TC, na sua decisão, começou por realçar que o direito à liberdade, gizado no artigo 27.º da CRP, «é uma exigência ôntica da dignidade humana», para depois se deter sobre a problemática dos diários poderem ser valorados como meio de prova da existência de indícios dos factos integrantes dos crimes de abuso sexual de crianças, na ausência de uma ponderação, efectuada à luz dos princípios da necessidade e da proporcionalidade, sobre o seu conteúdo concreto. Nesta ordem de considerações, o Tribunal entendeu que urgia fazer uma distinção, entre saber, se o conteúdo concreto desses diários pertencia ao domínio exclusivamente interno do seu autor, revelando características da sua personalidade, o seu estado de alma ou uma conversa consigo próprio – espaço íntimo este que é protegido pela dignidade da pessoa humana – ou se, ao invés, tais descrições abarcam já a esfera das vítimas, situação em que se estaria para lá de um foro exclusivo interno[402].

---

[399] JOSÉ CARLOS VIEIRA DE ANDRADE, *Os Direitos Fundamentais na Constituição ... cit.*, p. 372, nt. 37.

[400] JORGE REIS NOVAIS, *Os Princípios Constitucionais Estruturantes... cit.*, p. 68.

[401] De 5 de Dezembro de 2003.

[402] Par. 22.2.4.

3. A TUTELA DOS DIREITOS, LIBERDADES E GARANTIAS NA JUSTIÇA CONSTITUCIONAL PORTUGUESA

3.1. Principais Remédios Constitucionais de Protecção dos Direitos, Liberdades e Garantias

A aplicabilidade directa dos direitos, liberdades e garantias, tal como dos direitos de natureza análoga, implica uma tutela jurisdicional acrescida quando comparada com os direitos económicos, sociais e culturais[403]. Na verdade, *apesar de ambos consubstanciarem genuínos direitos fundamentais*, não susceptíveis de hierarquização, certo é que, em regra, enquanto os direitos, liberdades e garantias podem ser postos em causa pela generalidade dos poderes públicos e pelos particulares, os direitos sociais (que não possuam natureza análoga aos direitos, liberdades e garantias) vinculam apenas o legislador[404]. Parece-nos, todavia, que, nos nossos dias, é mister acentuar-se que o legislador não deverá reduzir o conteúdo mínimo dos direitos sociais e, sob reserva do possível (*Vorbehalt des Möglichen*), deverá concretizá-los[405].

---

[403] De facto, a própria terminologia do legislador constituinte parece adoptar esse caminho, ao utilizar a expressão «direitos *de*» quando se refere aos direitos e liberdades tradicionais e a designação «direitos *a*» para os direitos sociais. Porém, e defendendo que uma *dicotomia radical* entre direitos, liberdades e garantias e direitos sociais levanta cada vez mais reticências – tese em que nos revemos inteiramente – cfr., entre outros, J. J. GOMES CANOTILHO, *Direito Constitucional e Teoria da Constituição, cit.*, pp. 403 e 415, J. J. GOMES CANOTILHO e VITAL MOREIRA, *Fundamentos da Constituição, cit.*, p. 120, e RUI MEDEIROS, *O Estado de direitos fundamentais português: alcance, limites e desafios*», in AAVV, Anuário Português de Direito Constitucional, vol. II/2002, Coimbra Editora, Coimbra, pp. 23-43, e p. 41.
Já, em 1990, PIERRE BON, «*La protection constitutionnelle des droits fondamentaux... cit.*, pp. 38-39, alertava para a necessidade de protecção dos direitos económicos, sociais e culturais, enquanto genuínos «direitos». Frontalmente contra uma clivagem rígida entre os direitos, liberdades e garantias e os direitos sociais, manifestaram-se, entre outros, ISABEL MOREIRA, *op cit.*, p. 89, e JORGE REIS NOVAIS, *As restrições aos direitos fundamentais... cit.*, pp. 76-80.
[404] Cfr. JORGE MIRANDA, *Manual de Direito Constitucional*, Tomo IV, *cit.*, pp. 113--114.
[405] Cfr. JOSÉ CASALTA NABAIS, *Por uma liberdade com responsabilidade... cit.*, pp. 75 e 80.

A Tutela Directa dos Direitos Fundamentais

E, porque as garantias «nos mostram a sinceridade do ordenamento»[406], cumpre investigar até que ponto a Constituição portuguesa torna efectiva a normatividade dos direitos e liberdades dos seus destinatários[407]. Deste modo, analisaremos doravante, em termos muito sucintos e sem a pretensão de sermos exaustivos, alguns dos *principais* meios de defesa jurisdicionais e não jurisdicionais que o ordenamento jurídico-constitucional português oferece, para seguidamente nos debruçarmos em pormenor sobre o recurso de amparo ou queixa constitucional.

3.1.1. *O Direito de Acesso ao Direito e à Tutela Jurisdicional Efectiva*

O princípio da tutela jurisdicional efectiva tem raízes muito antigas, que remontam ao, sobejamente conhecido, brocardo latino «*ubi ius, ibi remedium*». Com efeito, e a par da actual construção jurídica, facilmente aceitamos que a atribuição de um direito substantivo careça de uma concretização processual, sob pena de não passar de um direito somente nominal.

Curioso, porém, é notar que as constituições e declarações de direitos liberais dos países europeus da família jurídica da *civil law*, como, por exemplo, a Declaração de Direitos do Homem e do Cidadão (de 26 de Agosto de 1789), não propugnavam formalmente o direito à tutela jurisdicional, porventura numa prognose confiante de que eles fossem na prática respeitados[408]. Diferentemente, nos países anglo-saxónicos, de *common law*, a herança do *due process of law* das declarações de direitos britânicas manteve-se ao longo dos séculos, inspirando e desenvolvendo a garantia jurisdicional efectiva[409].

---

[406] M. A. García Herrera, *apud* Rosario Tur Ausina, *op. cit.*, p. 129.

[407] Luigi Ferrajoli, *El derecho como sistema de garantías*», (trad. Andres Ibáñez), *in* Jueces para la democracia. Información y Debate, n.ºs 16-17, 1992, Madrid, pp. 61--69, p. 65, define o conceito de garantias como sendo «as técnicas previstas pelo ordenamento para reduzir a distância estrutural entre normatividade e efectividade, e portanto, para possibilitar a máxima eficácia dos direitos fundamentais em coerência com a sua estipulação constitucional». Sobre o conceito de «garantia» e a sua evolução histórica, cfr., *idem*, «*Garantías*», *cit.*, pp. 39-40.

[408] Sobre os conceitos de *common law* e *civil law*, cfr. Alessandro Pizzorusso, *op. cit.*, pp. 68-73.

[409] Cfr., para mais desenvolvimentos, J. J. Gomes Canotilho, *Direito Constitucional e Teoria da Constituição, cit.*, pp. 492-493, e Patrícia Fragoso Martins, *Da Proclamação*

A *Tutela Constitucional dos Direitos, Liberdades e Garantias*   115

Tendo isto em consideração, podemos dizer que, não obstante esta dualidade inicial de modelos, a experiência das Guerras Mundiais mostrou à saciedade que a plena exequibilidade dos direitos passaria pela inter-conexão entre os *rights* e os *remedies*[410]. É bem certo que foi assim que se garantiu uma plena protecção da dignidade da pessoa humana, a operar através da tutela judicial dos direitos em que a mesma se concretiza[411]. Neste contexto, basta um simples relance sobre o entendimento mais recente dos direitos fundamentais – inspirado na teorização germânica – para podermos atestar que se colocou a tónica na dimensão procedimental dos direitos fundamentais, que manifesta uma particular importância na sua tutela constitucional, não se circunscrevendo apenas ao âmbito do Direito Administrativo[412].

à Garantia Efectiva dos Direitos Fundamentais – Em busca de um due process of law na União Europeia, Princípia, Estoril, 2007, pp. 85 e ss. A designação *due process of law* pretende designar o respeito pelo processo estabelecido na lei e as suas raízes esten-dem-se, pelo menos, à *Magna Charta Libertatum* outorgada, em 1215, pelo monarca João sem Terra. Este direito consta das Emendas V e XIV à Constituição americana. A vasta doutrina citada pela Autora procura demonstrar a tremenda evolução do alcance da cláusula do *due process of law*. Deste modo, a actividade pretoriana do Supremo Tribunal Federal americano permitiu que assumisse um «conteúdo subjectivo que em muito transcende a ideia de garantias meramente processuais, ou mesmo no nosso entendimento preliminar do direito fundamental a uma tutela jurisdicional efectiva» (p. 126).

[410] Cfr., entre outros, ALESSANDRO PIZZORUSSO, *op. cit.*, p. 49, e PATRÍCIA FRAGOSO MARTINS, *op. cit.*, p. 71.

[411] Cfr. MIGUEL ÁNGEL ALEGRE MARTINEZ, *op. cit.*, pp. 119-120.

[412] PETER HÄBERLE, «*El Tribunal Constitucional como poder político*», in REP, Núm.125, Julio-Septiembre 2004, Centro de Estudios Constitucionales, Madrid, pp. 9--37, p. 29, rompendo com a tradição que antecedeu a explosão do Estado Social, teorizou a existência de um genuíno «*status activus processualis*», que acresce ao conceito de Estado prestador meramente material e no qual se destaca, à cabeça, a existência do mecanismo queixa constitucional. Por conseguinte, o Autor acrescentou uma quinta categoria à tese de JELLINEK, que se referia aos seguintes modelos: (*i*) *status subjectionis* (submissão do indivíduo ao Estado); (*ii*) *status positivus*; (*iii*) *status activus*; (*iv*) *status negativus*. Por sua vez, HELMUT GOERLICH, colocou a tónica nos direitos fundamentais como «garantias de procedimento» (*Verfahrensgarantie*), isto é, a participação no pro-cedimento pertenceria à dimensão intrínseca dos próprios direitos fundamentais. Mais em pormenor, cfr. CHRISTIAN STARCK, «*I Diritti Fondamentali nel Grundgesetz...*, cit.*, p. 2544, CRISTINA M. M. QUEIROZ, *op. cit.*, p. 76, J. J. GOMES CANOTILHO, «*Constituição e Défice Procedimental*», *in* Estudos Sobre Direitos Fundamentais, Coimbra Editora, Coimbra, 2004, pp. 69-84, pp.72-74, e ROBERT ALEXY, *op. cit.*, pp. 454-459.

116   *A Tutela Directa dos Direitos Fundamentais*

Nesta medida, os direitos fundamentais não podem ser perspectivados de forma estática, pelo contrário, necessitam de toda uma dinâmica de efectivação e democratização. Daí que se fale, hoje mais do que nunca, na projecção dos direitos fundamentais sobre o procedimento, que se desvenda primacialmente através da consagração constitucional de direitos fundamentais de conteúdo processual, mas também mediante direitos fundamentais «dependentes de um procedimento»[413]. Nesta última hipótese, a plena efectividade do direito subjectivo atribuído irá depender da exequibilidade que lhe for dada pelo legislador ordinário, através da regulação dos respectivos meios de tutela. Ora, as considerações prévias aplicam-se na íntegra ao direito fundamental à tutela jurisdicional efectiva, genuíno direito subjectivo de natureza procedimental.

O princípio da tutela jurisdicional[414] efectiva, entendido como um direito geral à protecção jurídica, assume uma estrutura multifacetada, sendo inclusive classificado por alguma doutrina como um «*cluster-right*», isto é, um feixe de direitos, com vários afloramentos no texto constitucional[415]. Consequentemente, o direito de acesso ao direito e à tutela

---

[413] Cfr. CRISTINA M. M. QUEIROZ, *op. cit.*, p. 289, e JOSÉ CARLOS VIEIRA DE ANDRADRE, *O Dever da Fundamentação Expressa de Actos Administrativos*, Almedina, Coimbra, 2.ª Reimp., 2007, p. 188. Igualmente, na doutrina espanhola, ÁNGELA FIGUERUELO BURRIEZA, *El Derecho a la Tutela Judicial Efectiva*, Temas Clave de la Constitución Española, Editorial Tecnos, Madrid, 1990, p. 20.

[414] Para uma distinção entre tutela jurisdicional e tutela judicial, cfr. JORGE MIRANDA, *Manual de Direito Constitucional*, Tomo IV, *cit.*, pp. 261-264.

[415] Expressão de JOSÉ DE MELO ALEXANDRINO, *Direitos Fundamentais... cit.*, p. 81. O Autor exemplifica alguma das concretizações constitucionais deste direito, *v.g.*, artigos 29.º, n.º 6, 31.º, 32.º, n.ᵒˢ 2, 5 a 9 e 52.º, n.ᵒˢ 1 a 3, da CRP. Paralelamente, JORGE MIRANDA, *Manual de Direito Constitucional*, Tomo IV, *cit.*, pp. 259-261, e RUI MEDEIROS, «*Anotação ao artigo 20.º da Constituição*», *in* JORGE MIRANDA e RUI MEDEIROS, *Constituição Portuguesa Anotada*, Tomo I, *cit.*, pp. 170-205, p. 189, apresentam um vasto elenco de afloramentos do princípio da tutela jurisdicional efectiva, tais como os artigos 9.º, n.º 6, 31.º, 32.º, n.ᵒˢ 7 e 9, 202.º, 203.º, 204.º, 205.º, 206.º, 268.º, n.ᵒˢ 4 e 5, 280.º, 282.º, n.ᵒˢ 3 e 4, da CRP.

Também, na Alemanha, o preceito equivalente ao nosso artigo 20.º da CRP – o artigo 19.º, n.º 4, da GG – que consagra o direito à tutela judicial efectiva, é considerado pela doutrina como o preceito com maior força irradiante sobre a globalidade do ordenamento jurídico. Na doutrina, aceitando esta justificação, JAVIER BARNÉS-VÁZQUEZ, «*La tutela judicial efectiva en la Constitución alemana*», *in* AAVV, La Protección Jurídica del Ciudadano (Procedimiento administrativo y garantía jurisdiccional), Estudios en Homenaje al Profesor Jesús González Pérez, Tomo I, Editorial Civitas, Madrid, 1993, pp. 429-469, p. 439.

A *Tutela Constitucional dos Direitos, Liberdades e Garantias*   117

jurisdicional efectiva (artigo 20.º da CRP) desdobra-se em: direito de acesso ao direito (n.º 1, 1.ª parte), direito de acesso aos tribunais (n.º 1, 2.ª parte), direito à informação e consulta jurídicas (n.º 2, 1.ª parte), direito ao patrocínio judiciário (n.º 2, 2.ª parte), direito à assistência de advogado (n.º 2, 2.ª parte, *in fine*), direito à protecção do segredo de justiça (n.º 3), direito a uma decisão em prazo razoável (n.º 4, 1.ª parte), direito a um processo equitativo (n.º 4, 2.ª parte) e direito à tutela efectiva (n.º 5). A garantia da tutela jurisdicional efectiva deve ser configurada, não apenas como um direito análogo aos direitos, liberdades e garantias, mas também como uma garantia institucional da via judiciária[416]. Especificamente no âmbito da justiça administrativa e como mais à frente teremos oportunidade de ilustrar, o n.º 5 do artigo 20.º da CRP, serviu de mote à taxativa estipulação desta garantia no artigo 2.º do CPTA[417].

Em síntese, deve reter-se que o princípio da tutela judicial efectiva alcança uma dimensão fulcral nos dias de hoje, pelo que logrou obter previsão constitucional expressa em vários ordenamentos jurídicos, *v.g.*, na Alemanha (artigo 19.º, n.º 4, da GG)[418], em Espanha (artigo 24.º, n.º 1, da CE) e na Itália (artigo 24.º, n.º 1, da Constituição italiana) e é também previsto, em algumas convenções internacionais, *v.g.*, no artigo 6.º da CEDH.

---

[416] Cfr. J. J. GOMES CANOTILHO, *Direito Constitucional e Teoria da Constituição*, *cit.*, p. 496, MARIA D'OLIVEIRA MARTINS, *Contributo Para a Compreensão da Figura das Garantias Institucionais*, Almedina, Coimbra, 2007, p. 11, PIERRE BON, «*La protection constitutionnelle des droits fondamentaux... cit.*, p. 53, e ULRICH RAMSAUER, «*Artikel 19.º – Einschränkung von Grundrechten*», in AAVV, *Kommentar zum Grundgesetz für die Bundesrepublik Deutschland*, Vol. II, (Herausgeber Erhard Denninger, Wolfgang Hoffman-Riem, Hans-Peter Schneider und Ekkehart Stein), Neuwied; Kriftel: Luchterhand, 2001, p. 24. A figura das garantias institucionais – de origem germânica (*Einrichtungsgarantien*) – surge ligada à dimensão objectiva dos direitos fundamentais e trata-se de uma norma constitucional que visa essencialmente a sua protecção. Cfr. J. J. GOMES CANOTILHO, *Direito Constitucional e Teoria da Constituição*, *cit.*, pp. 397-398. Por sua vez, alguns Autores preferem não referir-se às garantias institucionais como figura autónoma em relação aos direitos fundamentais, defendendo, então, uma concepção global institucional dos direitos fundamentais. Cfr., neste sentido, JORGE REIS NOVAIS, *As restrições aos direitos fundamentais... cit.*, p. 61.

[417] Ver *infra* II, 1.

[418] Se bem que resultaria já do próprio princípio de Estado de Direito (*Rechtsstaatsprinzip*). Para mais desenvolvimentos, v. ÁNGELA FIGUERUELO BURRIEZA, *El Derecho a la Tutela Judicial Efectiva*, *cit.*, pp. 34-40, HERBERT POSSER, *op. cit.*, pp. 436--438, JAVIER BARNÉS-VÁZQUEZ, *op. cit.*, p. 431, KLAUS SCHLAICH e STEFAN KORIOTH, *op. cit.*, pp. 137-140, e WALTHER FÜRST e HELLMUTH GÜNTHER, *op. cit.*, pp. 115-121.

118 *A Tutela Directa dos Direitos Fundamentais*

3.1.2. *O Direito de Resistência*

O direito de resistência baseia-se num princípio geral de liberdade e as suas raízes encontram-se na Idade Média, tendo acompanhado, posteriormente a formação do Estado moderno, em especial o movimento constitucional norte-americano e europeu[419]. Mereceu acolhimento constitucional, pela primeira vez entre nós, no artigo 25.º da Constituição monárquica de 1838, que estipulava o seguinte: «é livre a todo o Cidadão resistir a qualquer ordem que manifestamente violar as garantias individuais, se não estiverem legalmente suspensas»[420].

Numa perspectiva de Direito comparado, ainda que não esteja expressamente consagrado num número significativo de leis fundamentais, podemos assinalar a sua presença no artigo 20.º, n.º 4, da GG, se bem que esteja aí tutelado não como um direito subjectivo – como acontece em Portugal – mas como um direito de cariz objectivo de defesa da ordem constitucional democrática[421].

O artigo 21.º da CRP atribui a todas as pessoas, singulares ou colectivas, uma dupla modalidade de resistência[422]. Por um lado, é-lhes atribuído um direito de resistência *passiva* a qualquer ordem que ofenda os seus direitos, liberdades e garantias, *v.g.*, uma ordem do superior hierárquico cujo cumprimento implique a prática de um crime[423] ou a

---

[419] Cfr. JORGE MIRANDA, *Manual de Direito Constitucional*, Tomo IV, *cit.*, p. 359.

[420] Cfr. *Idem*, *As Constituições Portuguesas – de 1822 ao texto actual... cit.*, p. 123, e MARIA MARGARIDA CORDEIRO MESQUITA, *Direito de resistência e ordem jurídica portuguesa*», *in* Ciência e Técnica Fiscal, n.º 353, Janeiro-Março 1989, Lisboa, pp. 7-47, pp. 24-25.

[421] Na verdade, o artigo 20.º, n.º 4, da GG não protege, em termos gerais, o direito de resistência, mas restringe-se à resistência que vise garantir a ordem constitucional. No nosso ordenamento jurídico, o direito de resistência pode considerar-se como um direito fundamental de natureza análoga aos direitos, liberdades e garantias. Este é o caminho seguido por JORGE MIRANDA, *Manual de Direito Constitucional*, Tomo IV, *cit.*, pp. 151 e 360, nt. 1, e MARIA MARGARIDA CORDEIRO MESQUITA, *op. cit.*, p. 32.

[422] Cfr. JORGE MIRANDA, «*Anotação ao artigo 21.º da Constituição*», *in* JORGE MIRANDA e RUI MEDEIROS, *Constituição Portuguesa Anotada*, Tomo I, *cit.*, pp. 206-208, p. 207, e J. J. GOMES CANOTILHO e VITAL MOREIRA, *Constituição da República Portuguesa Anotada*, Vol. I, *cit.*, p. 420.

[423] Esta situação encontra-se expressamente prevista e salvaguardada no artigo 271.º, n.º 3, da CRP. Cfr., sobre o tema, DIOGO FREITAS DO AMARAL, *Curso de Direito Administrativo*, Vol. I, Almedina, 3.ª Edição, 2006, pp. 823-831. Para outra exemplificação prática, cfr. EDUARDO MAIA COSTA, «*Crime de desobediência: conceitos de reunião e de*

A Tutela Constitucional dos Direitos, Liberdades e Garantias · 119

recusa do pagamento de impostos que não tenham sido criados nos termos da Constituição[424]. Por outro lado, confere também um direito de resistência *defensiva*, permitindo repelir pela força qualquer agressão, quando não seja possível recorrer à autoridade pública. Uma hipótese explicitamente salvaguardada no artigo 7.º, n.º 4, da CRP, como resistência agressiva, embora numa dimensão colectiva, será a do direito dos povos à insurreição contra todas as formas de opressão.

Isto posto, importa averiguar, então, qual é o objecto do direito de resistência. Nesta sede, não obstante o legislador constituinte ter utilizado a expressão «ordem», aderimos à doutrina que entende que deverá estar aí em causa qualquer tipo de acto jurídico que tenha sido praticado por autoridades públicas ou por privados, desde que seja lesivo de direitos, liberdades e garantias[425]. Assente esta ideia, cabe agora referir que o recurso ao direito de resistência pode ter lugar, quer em momentos de normalidade constitucional, quer perante uma eventual suspensão do exercício de direitos declarada pelo Presidente da República (artigos 19.º e 134.º, al. d), da CRP)[426]. Acrescente-se, ainda, que o campo de eleição do direito de resistência será precisamente o dos direitos de liberdade.

Esta «causa especial de justificação»[427] de comportamentos que, *a priori*, seriam inconstitucionais espelha uma clara manifestação do prin-

---

manifestação, direito de resistência – Acórdão do Tribunal da Relação de Lisboa de 30 de Maio de 1990», in RMP, Ano 11.º, n.º 43, pp. 129-137. O Autor, em anotação do mencionado aresto, converge com o sentido do acórdão que deu razão a grupo de trabalhadores que pacificamente se agruparam à porta da residência oficial do Primeiro-Ministro – para forçar a solução de um problema laboral – e que, perante uma ordem da Polícia de Segurança Pública (PSP) para se retirarem, a recusaram ao abrigo do direito de resistência. Com efeito, o acórdão entendeu que uma vez que a ordem da PSP era ilegítima, os trabalhadores não cometeram qualquer ilícito de desobediência mas, pelo contrário, agiram correctamente, ao abrigo do artigo 21.º da CRP.

[424] Cfr. o artigo 103.º, n.º 3, da CRP, como afloramento do direito de resistência.

[425] Outra interpretação dificilmente respeitará o preceituado de forma cristalina no n.º 1 do artigo 18.º da CRP. Cfr. Jorge Miranda, *Manual de Direito Constitucional*, Tomo IV, *cit.*, p. 363, J. J. Gomes Canotilho e Vital Moreira, *Constituição da República Portuguesa Anotada*, Vol. I, *cit.*, p. 421, e Maria Margarida Cordeiro Mesquita, *op. cit.*, p. 34.

[426] Cfr. Jorge Miranda, *Manual de Direito Constitucional*, Tomo IV, *cit.*, p. 363.

[427] J. J. Gomes Canotilho e Vital Moreira, *Constituição da República Portuguesa Anotada*, Vol. I, *cit.*, p. 421. Na verdade, o direito de resistência tem como efeito a justificação jurídico-criminal do facto (artigo 31.º, n.º 2, al. b), do Código Penal).

A Tutela Directa dos Direitos Fundamentais

cípio da aplicabilidade directa dos direitos, liberdades e garantias e apenas deve ser utilizada como última hipótese, perante uma violação gritante dos seus direitos[428]. De qualquer modo, se estivermos perante uma situação de resistência passiva, a pessoa jurídica que se socorrer desta possibilidade não deverá ultrapassar os limites da adequação, exigibilidade e proporcionalidade, patentes no artigo 18.º, n.º 2, *in fine,* da CRP.

3.1.3. *O Direito de Petição*

O direito de petição, actualmente previsto no artigo 52.º, n.º 1, da CRP, foi primeiramente inserido na Constituição monárquica de 1822[429]. No essencial, este direito possui uma dupla natureza[430]. Se, por um lado, é classificado como um *direito de participação política* dos cidadãos e tem por objecto quer a defesa de direitos pessoais (reclamações e queixas)[431], quer a defesa da Constituição, das leis ou do interesse geral (petições e representações), por outro lado, consubstancia também uma *garantia* não contenciosa para a defesa de direitos e interesses legalmente protegidos[432].

---

[428] Cfr. *Idem, Fundamentos da Constituição, cit.,* p. 512. Por sua vez, José Carlos Vieira de Andrade, *Os Direitos Fundamentais na Constituição ... cit.,* p. 343, e Maria Margarida Cordeiro Mesquita, *op. cit.,* p. 8, sugerem a aplicação de um princípio de evidência, baseado numa gravidade objectiva. Certo é que, como bem ressalva Jorge Miranda, *Manual de Direito Constitucional,* Tomo IV, *cit.,* p. 365, tal não constitui por si só um critério de legitimidade.

[429] Nos seus artigos 16.º e 17.º. Cfr. Luís Barbosa Rodrigues, «*O direito de petição perante a Assembleia da República*», in AAVV, Perspectivas Constitucionais – Nos 20 Anos da Constituição de 1976, Vol. II, Coimbra Editora, Coimbra, 1997, pp. 643-670, p. 645, e Jorge Miranda, *As Constituições Portuguesas – de 1822 ao texto actual... cit.,* p. 31.

[430] Como é assumido por Jorge Miranda, «*Anotação ao artigo 52.º da Constituição*», in Jorge Miranda e Rui Medeiros, *Constituição Portuguesa Anotada,* Tomo I, *cit.,* pp. 493-498, p. 494, J. J. Gomes Canotilho e Vital Moreira, *Constituição da República Portuguesa Anotada,* Vol. I, *cit.,* p. 693, e Luís Barbosa Rodrigues, *op. cit.,* p. 648.

[431] De salientar que o direito de queixa ao Provedor de Justiça (artigo 23.º da CRP) configura um direito fundamental de natureza análoga aos direitos, liberdades e garantias. Neste sentido, Jorge Miranda, *Manual de Direito Constitucional,* Tomo IV, *cit.,* p. 151.

[432] Os observadores atentos da realidade político-constitucional têm chamado a atenção para o facto de esta ser a forma de participação política «de mais fraca inten-

A Tutela Constitucional dos Direitos, Liberdades e Garantias 121

É altura de sobrevoarmos (brevemente) alguns conceitos. Por conseguinte, enquanto a *reclamação* é a impugnação de acto de uma autoridade para o próprio autor do acto, de modo a conseguir a sua revogação ou modificação, a *queixa* acaba por ser uma denúncia da prática de um acto ou de um comportamento ilegal, injusto ou anómalo, feita perante uma autoridade. Por sua vez, a *petição* – aqui entendida em sentido estrito ou próprio – é um pedido dirigido às autoridades públicas, propondo a adopção de determinadas medidas ou soluções ou solicitando a tomada de decisões específicas. Por último, a *representação* traduz-se num exercício pluralista de expressão de diferentes avaliações acerca de actos praticados por autoridades públicas, por vezes avançando, inclusivamente, com críticas ou chamadas de atenção[433].

O direito de petição abarca também o direito a um procedimento[434], ou seja, o dever de as autoridades públicas receberem, examinarem e responderem num prazo razoável[435]. Os sujeitos activos do direito de petição podem ser somente uma pessoa (petição individual) ou um conjunto de pessoas (petição colectiva)[436]. Paralelamente, os sujeitos passivos podem ser os órgãos de soberania, órgãos de governo próprio das regiões autónomas ou quaisquer autoridades públicas.

---

sidade», adiantando mesmo a sua escassa possibilidade de sucesso. Cfr., assim, JOSÉ CARLOS VIEIRA DE ANDRADE, *Os Direitos Fundamentais na Constituição ... cit.*, p. 343, e JORGE MIRANDA, *«Anotação ao artigo 52.º da Constituição»*, *cit.*, p. 495. Contudo, as petições colectivas dirigidas à Assembleia da República e às Assembleias Legislativas Regionais adquirem uma maior relevância, podendo inclusivamente assumir um papel de incentivo à iniciativa legislativa, na medida em que, nos termos do artigo 51.º, n.º 2, da CRP, deverão ser apreciadas em reunião plenária, a fixar nos termos da legislação ordinária. Aos grupos de cidadãos restará ainda o direito de iniciativa legislativa, ao abrigo do artigo 167.º, n.º 1, da CRP.

[433] Cfr. J. J. GOMES CANOTILHO e VITAL MOREIRA, *Constituição da República Portuguesa Anotada*, Vol. I, *cit.*, pp. 695-696.

[434] JORGE MIRANDA, *«Anotação ao artigo 52.º da Constituição»*, *cit.*, p. 495.

[435] Regulados nos artigos 6.º e 8.º da Lei n.º 43/90, de 10 de Agosto (alterada pelas leis n.º 6/93, de 01/03, e n.º 15/2003, de 04/06), que regula o exercício do direito de petição.

[436] Note-se que os subscritores da petição terão de possuir cidadania portuguesa ou serem cidadãos de países de língua portuguesa com residência permanente em Portugal, desde que exista um estatuto de reciprocidade (artigo 15.º, n.º 3, da CRP). Na verdade, o artigo 7.º, n.º 4, da CRP procurou espelhar uma ideia de comunidade cultural daqueles que partilham a língua portuguesa.

A Tutela Directa dos Direitos Fundamentais

Convém, todavia, aditar que não existe um formalismo pré-determinado para a apresentação da generalidade das petições[437], sendo que, nos nossos dias, alcança cada vez maior relevância a petição electrónica, em que a recolha de assinaturas é também efectuada através da *Internet*[438]. Dito isto, não se deixará sem acento que, frequentemente, o sucesso de uma petição dependerá do modo como o cidadão ou o grupo de cidadãos conseguir jogar com os meios de comunicação social, aproveitando as suas potencialidades[439].

O direito de petição tem vindo a assumir uma importância crescente, tanto no direito interno, como no foro internacional e comunitário. No direito nacional, é, hoje em dia, bastante utilizado o direito de queixa perante autoridades administrativas independentes, nomeadamente a Entidade Reguladora da Comunicação Social, a Comissão de Acesso aos Documentos Administrativos, a Comissão Nacional de Eleições, entre outras. Do mesmo modo, no plano internacional regional, registamos, *v.g.*, o direito de petição exercido perante o Conselho da Europa[440] e, numa dimensão comunitária, a cidadania europeia comporta, como um seu afloramento, a possibilidade do direito de petição ao Parlamento Europeu[441]. Por último, sob o prisma do Direito comparado, é de salientar que este direito foi recebido em inúmeras constituições da Europa[442].

3.1.4. *O Provedor de Justiça*

O direito de reclamação ou queixa às autoridades públicas abarca, em especial, o recurso ao Provedor de Justiça. Esta instituição foi intro-

---

[437] Exceptuando as petições colectivas endereçadas à Assembleia da República e as reclamações.

[438] Cfr. a Lei n.º 15/2003, de 4 de Junho, que alterou o regime do direito de petição.

[439] José Carlos Vieira de Andrade, *Os Direitos Fundamentais na Constituição... cit.*, p. 343.

[440] Cfr. o artigo 25.º da CEDH.

[441] Nos termos dos artigos 21.º e 194.º do TCE, e do artigo 44.º da CDFUE. Cfr., para mais desenvolvimentos, João Mota de Campos e João Luiz Mota de Campos, *Manual de Direito Comunitário*, Coimbra Editora, 5.ª Edição, 2007, p. 244.

[442] *V.g.*, no artigo 17.º da GG, no artigo 29.º da Constituição espanhola, no artigo 50.º da Constituição italiana, no artigo 57.º da Constituição Suiça, no artigo 21.º da Constituição belga e no artigo 10.º da Constituição grega.

A Tutela Constitucional dos Direitos, Liberdades e Garantias 123

duzida em Portugal pelo Decreto-Lei n.º 212/75, de 21 de Abril, e constitucionalizada na versão original da Constituição da República Portuguesa, constando hoje do artigo 23.º[443]. O estatuto do Provedor de Justiça vem regulado na Lei n.º 9/91, de 9 de Abril[444].

Desde sempre e primeiramente, a figura do nosso Provedor de Justiça foi inspirada no *Ombudsman* escandinavo, ao visar proteger os particulares contra actos dos poderes públicos, de forma célere e gratuita[445]. Porém, ao contrário do que à primeira vista poderia supor-se, afasta-se igualmente do seu modelo de inspiração, posto que prevê uma independência do Provedor face à Assembleia da República (artigo 23.º, n.º 3, da CRP)[446]. Embora este seja eleito pela Assembleia da República (artigo 163.º, al. h), da CRP e artigo 5.º da Lei n.º 9/91), é um órgão do Estado independente[447], perante o qual não incidem relações de tutela ou superintendência por parte do Governo[448].

---

[443] Na versão original da CRP, constava do artigo 24.º. Cfr. JORGE MIRANDA, *As Constituições Portuguesas – de 1822 ao texto actual... cit.*, p. 289.

[444] Alterada pela Lei n.º 30/96, de 14 de Agosto, que reforça as competências e independência do Provedor de Justiça.

[445] A expressão *Ombudsman,* inspirada na palavra sueca «*umbuðsmann*», foi baptizada no início do século XIX (a 6 de Junho de 1809) pelo Parlamento sueco e significa «representante». A instituição «*Riksdagens ombudsman*» (ombudsman parlamentar) foi originariamente concebida com o intuito de limitar os poderes do monarca e rapidamente se espalhou por muitos outros países. No século passado, recebeu consagração constitucional e/ou legal em vários países, *v.g.*, na Finlândia (1919), Dinamarca (1955), Nova Zelândia (1962), Holanda (1969), Austrália (1976), Espanha (1978, com a designação de «*Defensor del Pueblo*»), Irlanda (1980), Croácia (1990), Chipre (1991). Mais recentemente, em 1998, podemos apontar a Bulgária e a Ucrânia. O tema foi analisado por ANA FERNANDA NEVES, «*O Provedor de Justiça e a Administração Pública*», *in* AAVV, Estudos em Homenagem ao Prof. Doutor Joaquim Moreira da Silva Cunha, (coord. Jorge Miranda), Coimbra Editora, Coimbra, 2005, pp. 51-92, p. 51-53, e MARIA LÚCIA AMARAL, «*O Provedor de Justiça: garantia constitucional de uma instituição ou garantia de uma função?*», *in* AAVV, O Cidadão, o Provedor de Justiça e as Entidades Administrativas Independentes, Provedoria da Justiça – Divisão de Documentação, Lisboa, 2002, pp. 53-73, p. 55, entre outros.

[446] Cfr. VITAL MOREIRA, «*As entidades administrativas independentes e o Provedor de Justiça*», *in* AAVV, O Cidadão, o Provedor de Justiça e as Entidades Administrativas Independentes, Provedoria da Justiça – Divisão de Documentação, Lisboa, 2002, pp. 93- -117, pp. 107-108.

[447] Cfr. o artigo 1.º, n.os 1 e 2, da Lei n.º 9/91.

[448] CARLOS BLANCOS DE MORAIS, «*As autoridades administrativas independentes na ordem jurídica portuguesa*», *in* ROA, Ano 61, Vol. I, Jan. 2001, Almedina, pp. 101-154, pp. 129-130, e JORGE MIRANDA, «*Anotação ao artigo 23.º da Constituição*», *in* JORGE

124 *A Tutela Directa dos Direitos Fundamentais*

A principal função do Provedor de Justiça é a defesa e a promoção de todos os direitos constitucionalmente consagrados, isto é, não apenas dos direitos, liberdades e garantias, mas também, dos direitos económicos, sociais e culturais[449]. Esta sua qualidade de *órgão de garantia dos direitos constitucionais* deduz-se facilmente da inserção sistemática do artigo 23.º, nos princípios gerais respeitantes aos direitos de deveres fundamentais[450]. A legitimidade activa pertence não só aos cidadãos (artigo 3.º da Lei n.º 9/91)[451], que poderão apresentar-lhe queixas, através do exercício do direito de petição (artigo 52.º, n.º 1, da CRP), mas também ao próprio Provedor, a título oficioso (artigos 4.º e 24.º da Lei n.º 9/91).

MIRANDA e RUI MEDEIROS, *Constituição Portuguesa Anotada*, Tomo I, *cit.*, pp. 217-220, p. 218, entendem que o Provedor de Justiça integra as «entidades administrativas independentes», a que se refere o artigo 267.º, n.º 3, da CRP. Em sentido oposto se manifestaram ANA FERNANDA NEVES, *op. cit.*, pp. 60-62, J. J. GOMES CANOTILHO e VITAL MOREIRA, *Constituição da República Portuguesa Anotada*, Vol. I, *cit.*, p. 440, MARIA LÚCIA AMARAL, «*O Provedor de Justiça: garantia constitucional... cit.*, p. 72, e VITAL MOREIRA, «*As entidades administrativas independentes e o Provedor de Justiça*», *cit.*, pp. 110-113, por não reconhecerem ao Provedor de Justiça natureza administrativa. Deste modo, e segundo o último Autor citado, esta figura escapa à tríade de poderes clássicos do Estado, constituindo um órgão constitucional «*a se*» (p. 113), incumbido de uma função de «*indirizzo político*».

[449] Cfr. J. J. GOMES CANOTILHO, *Direito Constitucional e Teoria da Constituição*, *cit.*, p. 513.

[450] Cfr. ANA FERNANDA NEVES, *op. cit.*, p. 58, J. J. GOMES CANOTILHO e VITAL MOREIRA, *Constituição da República Portuguesa Anotada*, Vol. I, *cit.*, pp. 440-441, e JOSÉ DE MELO ALEXANDRINO, *Direitos Fundamentais... cit.*, p. 84. Alguns Autores, como DIOGO FREITAS DO AMARAL, *Limites jurídicos, políticos e éticos da actuação do 'Ombudsman'*», *in* AAVV, Democracia e Direitos Humanos no Século XXI, Provedoria de Justiça – Divisão de Documentação, Lisboa, 2003, pp. 23-52, p. 50, admitem tratar--se aqui de um «quarto poder do Estado», na medida em que fiscaliza os restantes três poderes, sem ser controlado por nenhum deles.

[451] O conceito de cidadão deve ser entendido com a máxima abrangência possível, incluindo também as pessoas colectivas, os cidadãos estrangeiros e os funcionários e agentes públicos em diferendo com as suas respectivas autoridades públicas, inclusivamente em sede de relações laborais. Contudo, este poder de iniciativa não poderá caber aos próprios poderes públicos contra outros poderes públicos, pois tal equivaleria a colocar o Provedor de Justiça numa função de árbitro de conflitos institucionais. Cfr. JORGE MIRANDA, «*Anotação ao artigo 23.º da Constituição*», *cit.*, p. 218, e J. J. GOMES CANOTILHO e VITAL MOREIRA, *Constituição da República Portuguesa Anotada*, Vol. I, *cit.*, p. 441.

A *Tutela Constitucional dos Direitos, Liberdades e Garantias*   125

O objecto da competência do Provedor de Justiça abrange todas as «acções ou omissões dos poderes públicos» (artigo 23.º, n.º 1, da CRP)[452]. Assim, excluindo, pela sua própria natureza, os actos jurisdicionais[453] e políticos, o seu domínio de eleição será toda a actividade da Administração Pública central, local, regional, das Forças Armadas, dos institutos públicos, das empresas públicas ou de capitais maioritariamente públicos ou concessionárias de serviços públicos ou de exploração de bens do domínio público (artigo 2.º da Lei n.º 9/91). A intervenção do Provedor é independente dos meios graciosos e contenciosos à disposição dos particulares (artigo 4.º da Lei n.º 9/91). Deste modo, pode ter lugar, simultaneamente, aquando do recurso gracioso ou contencioso ou ainda na hipótese de o particular ter ultrapassado os prazos da reclamação ou recurso.

Em termos necessariamente simplificados, pode-se afirmar que os órgãos e agentes da Administração Pública têm o dever de colaboração, com o Provedor de Justiça, prestando todas as informações e esclarecimentos necessários (artigo 23.º, n.º 4, da CRP e artigos 19.º, 21.º e 29.º da Lei n.º 9/91). É sabido que as competências do Provedor se prendem, essencialmente, com a elaboração das recomendações necessárias para prevenir e reparar injustiças[454]. O elenco de meios de acção ao dispor do Provedor consta do artigo 20.º da Lei n.º 9/91, no qual salientamos a

---

[452] Este preceito constitucional parece algo incompatível com a redacção do artigo 2.º, n.º 2, da Lei n.º 9/91 (na alteração da Lei n.º 30/96), uma vez que «o âmbito de actuação do Provedor de Justiça pode ainda incidir em relações entre particulares que impliquem uma especial relação de domínio, no âmbito da protecção de direitos, liberdades e garantias». Ora, justamente, é aqui que DIOGO FREITAS DO AMARAL, *Limites jurídicos, políticos e éticos da actuação do 'Ombudsman'»*, cit., pp. 28-29, sufraga a tese da inconstitucionalidade do preceito mencionado. Lembre-se, todavia, que o próprio Autor introduz uma ressalva, ao admitir que a competência do Provedor de Justiça se estenda igualmente à actuação de particulares investidos no exercício privado de funções públicas, e as empresas e sociedade de direito privado, mas de capitais exclusiva ou maioritariamente públicos. Nestas hipóteses, também J. J. GOMES CANOTILHO, *«Provedor de Justiça e efeito horizontal de direitos, liberdades e garantias*, in Estudos Sobre Direitos Fundamentais, Coimbra Editora, Coimbra, 2004, pp. 85-96, p. 94, admite a «extroversão» do Provedor de Justiça.

[453] Sob pena de violação dos artigos 203.º e 205.º, n.º 2, da CRP, que consagram, respectivamente, o princípio da independência dos juízes e o efeito vinculativo das decisões dos tribunais sobre todas as autoridades públicas.

[454] Cfr. o artigo 23.º, n.º 1, *in fine,* da CRP e o artigo 38.º da Lei n.º 9/91. Caso o destinatário da recomendação não a pretenda cumprir, deverá fundamentar o seu não acatamento, num prazo de 60 dias (artigo 38.º da Lei n.º 9/91).

«divulgação do conteúdo e do significado de cada um dos direitos e liberdades fundamentais»[455]. Convirá notar, no entanto, que o Provedor não possui competência decisória, não lhe cabendo a revogação, anulação ou suspensão dos actos da Administração (artigo 22.º, n.º 1, da Lei n.º 9/91)[456]. Os actos do Provedor de Justiça não são susceptíveis de recurso, embora possam ser objecto de reclamação (artigo 36.º da Lei n.º 9/91).

Julgamos que, nesta sede, tem pleno cabimento uma referência ao facto da não atribuição de legitimidade processual activa aos particulares para desencadearem um processo de fiscalização abstracta da constitucionalidade das normas (quer por acção, quer por omissão), ser como que colmatada com a possibilidade de os mesmos apelarem directamente ao Provedor de Justiça neste sentido (artigo 52.º, n.º 1, da CRP), uma vez que este possui tais competências, nos termos dos artigos 281.º, n.º 2, al. d), e 283.º, n.º 1, da CRP, respectivamente. Ver-se-á ao longo da exposição que alguma doutrina encara esta possibilidade, como uma compensação pela inexistência de uma acção directa da constitucionalidade[457] ou como um sucedâneo do recurso de amparo[458].

A terminar, refira-se que a instituição sueca do Provedor de Justiça assumiu uma enorme adesão nos ordenamentos jurídicos estrangeiros, sob as mais diversas designações (*v.g., ombudsman, médiateur, parliamentary commissioner, diffensore cívico, defensor del pueblo*)[459]. A nível

---

[455] Cfr. o artigo 20.º, n.º 1, al. d).

[456] Não podemos ignorar que, apesar de ser considerado um instrumento de tutela directa dos direitos fundamentais, a sua competência para levar a cabo essa defesa é meramente «persuasiva», ou seja, não decisória. Parafraseando uma expressão bem conhecida, estamos perante uma «*magistratura de opinión*». Cfr. Manuel Aragón Reyes, «*La tutela diretta dei diritti fondamentali*»... *cit.*, p. 69.

[457] Cfr. J. J. Gomes Canotilho e Vital Moreira, *Constituição da República Portuguesa Anotada*, Vol. I, *cit.*, p. 443, e Pierre Bon, «*La protection constitutionnelle des droits fondamentaux... cit.*, p. 64.

[458] Cfr Jorge Miranda, «*Anotação ao artigo 23.º da Constituição*», *cit.*, p. 218. Mais concretamente, na sua obra *Manual de Direito Constitucional*, Tomo IV, *cit.*, p. 285, o mesmo Autor defende que a discricionariedade que o Provedor de Justiça possui quando, na sequência de petições dos cidadãos, decide desencadear ou não o processo de fiscalização sucessiva abstracta, se assemelha à actividade de filtragem de recursos de amparo levada a cabo pelo Tribunal Constitucional espanhol.

[459] Cfr. João Caupers, «*A pluralidade do Ombudsman: vantagens e inconvenientes para a Administração Pública*», in AAVV, O Cidadão, o Provedor de Justiça e as Entidades Administrativas Independentes, Provedoria da Justiça – Divisão de Documentação, Lisboa, 2002, pp. 83-90, p. 83.

A Tutela Constitucional dos Direitos, Liberdades e Garantias   127

europeu, tanto os cidadãos da União Europeia, como qualquer pessoa singular ou colectiva, com residência num Estado-membro, pode apresentar petições ao Provedor de Justiça Europeu, com fundamento na má administração na actuação de instituições ou órgãos comunitários não jurisdicionais[460].

3.1.5. *A Responsabilidade Civil das Entidades Públicas*

Muito sucintamente, vamos abordar a questão da responsabilidade civil das entidades públicas. Como sabemos, esta temática não caminhou a par e passo com a afirmação do Estado de Direito, sendo bastante mais recente. Com efeito, em alguns Estados europeus, foi apenas uma realidade no desenrolar do século XX[461].

Em Portugal, o Código Civil de 1966 apenas previa o regime da responsabilidade do Estado e doutras pessoas colectivas públicas pelos danos causados a terceiros no exercício de actividades de gestão privada, deixando de fora os actos de gestão *pública*[462]. No intuito de preencher essa lacuna, aprovou-se o Decreto-Lei n.º 48 051, de 21 de Novembro de 1967, que versava precisamente o regime geral da responsabilidade civil extracontratual do Estado e demais pessoas colectivas públicas no domínio dos actos de gestão pública. Numa primeira aproximação, recorde-se que a responsabilidade civil do Estado estava estruturada nos mesmos pilares da responsabilidade civil geral, exigindo para o efeito o preenchimento cumulativo dos requisitos do facto ilícito, culpa, dano e nexo de causalidade[463].

---

[460] Nos termos dos artigos 21.º e 195.º do TCE e do artigo 43.º da CDFUE. Cfr., para um maior desenvolvimento, JOÃO MOTA DE CAMPOS e JOÃO LUIZ MOTA DE CAMPOS, *Manual de Direito Comunitário*, Coimbra Editora, 5.ª Edição, 2007, p. 244.

[461] Cfr. MANUEL AFONSO VAZ, *A Responsabilidade Civil do Estado – Considerações breves sobre o seu estatuto constitucional*, Publicações da Universidade Católica, Porto, 1995, p. 5.

[462] Cfr. MARIA JOSÉ RANGEL DE MESQUITA, «*Responsabilidade do Estado e demais entidades públicas: o Decreto-Lei n.º 48 051, de 21 de Novembro de 1967, e o artigo 22.º da Constituição*», in AAVV, Perspectivas Constitucionais – Nos 20 Anos da Constituição de 1976, Vol. II, Coimbra Editora, Coimbra, 1997, pp. 359-393, p. 361.

[463] Cfr. JOSÉ DE MELO ALEXANDRINO, *Direitos Fundamentais... cit.*, p. 103.

128   *A Tutela Directa dos Direitos Fundamentais*

Com a aprovação da Constituição da República Portuguesa, a responsabilidade civil do Estado logrou obter um estatuto constitucional[464-465]. O actual artigo 22.º da CRP, estipulador do direito de indemnização por danos causados pelo Estado e pelas demais entidades públicas, foi objecto de uma longa e acesa discussão doutrinal[466-467]. Em acréscimo, desde cedo, a doutrina apontou para a necessidade de nova regulamentação na matéria. Com efeito, a ausência de regulamentação, teve como resultado que se continuasse a aplicar o Decreto-Lei n.º 48 051, o que não deixou de perpetuar muitas dúvidas e hesitações nesta matéria[468]. Era essa realidade cada vez mais complexa que interpelava os esforços interpretativos juscientíficos e os incitava a afrontar, radicalmente, o problema.

Actualmente, o regime da responsabilidade civil extracontratual do Estado e das demais entidades públicas consta da Lei n.º 67/2007, de 31 de Dezembro, alterada em 17 de Julho, pela Lei n.º 31/2008. Em termos muito genéricos, podemos adiantar que esta legislação procede a uma divisão da responsabilidade pelas várias funções do Estado: (*i*) função administrativa (artigos 7.º a 11.º); (*ii*) função jurisdicional (artigos 12.º

---

[464] Como reconhece, aliás, RUI MEDEIROS, *Responsabilidade civil dos poderes públicos – Ensinar e investigar*, Universidade Católica Editora, Lisboa, 2005, p. 50, um relance histórico mostra-nos, porém, que o problema da responsabilidade civil dos poderes públicos era tradicionalmente perspectivado como uma questão de natureza administrativa, pelo que, em consequência, também apenas dizia respeito à actividade administrativa.

[465] Deste modo, apesar de o cerne da responsabilidade civil do Estado residir no artigo 22.º da CRP, não se deverão descurar, igualmente, os artigos 27.º, n.º 5, 29.º, n.º 6, 120.º, n.º 1, 160.º, n.º 1, 218.º, n.º 2 e 271.º da CRP. Neste sentido, MANUEL AFONSO VAZ, *A Responsabilidade Civil do Estado... cit.*, pp. 4-5.

[466] *V.g.*, enquanto que parte da doutrina o considera como um direito de natureza análoga aos direitos, liberdades e garantias (Cfr. JORGE MIRANDA, *Manual de Direito Constitucional*, Tomo IV, *cit.*, p. 151, MANUEL AFONSO VAZ, *A Responsabilidade Civil do Estado... cit.*, p. 9, nt. 14, e RUI MEDEIROS, *Ensaio sobre a Responsabilidade Civil do Estado por actos legislativos*, Almedina, Coimbra, 1992, p. 121), outros Autores, advogando uma tese objectivista, defendem que o preceito constitucional em análise não atribui direitos subjectivos, devendo ser classificado como uma garantia institucional consagradora do instituto da responsabilidade civil (cfr. JOSÉ CARLOS VIEIRA DE ANDRADE, *Os Direitos Fundamentais na Constituição ... cit.*, p. 136).

[467] Sobre o artigo 22.º da CRP, são obras indispensáveis, entre outras, J. J. GOMES CANOTILHO e VITAL MOREIRA, *Constituição da República Portuguesa Anotada*, Vol. I, *cit.*, pp. 423-438, RUI MEDEIROS, *Ensaio sobre a Responsabilidade Civil do Estado... cit.*, e idem, «*Anotação ao artigo 22.º da Constituição*», in JORGE MIRANDA e RUI MEDEIROS, *Constituição Portuguesa Anotada*, Tomo I, *cit.*, pp. 209-216.

A Tutela Constitucional dos Direitos, Liberdades e Garantias 129

a 14.º); (*iii*) função político-legislativa (artigo 15.º). De salientar que, quanto à função administrativa, a responsabilidade pode resultar de facto ilícito ou ser responsabilidade pelo risco. Já no que respeita à função jurisdicional, a responsabilidade é sempre por factos ilícitos. Por último, relativamente à responsabilidade político-legislativa, esta tem lugar quando se tiverem provocado «danos anormais» aos cidadãos, apesar de o n.º 6 do artigo 15.º salvaguardar uma limitação do montante indemnizatório.

3.2. A Constituição da República Portuguesa e as duas Tentativas Malogradas de Consagração do Recurso de Amparo Constitucional

Voltando agora um pouco atrás, verificámos que a maior parte dos ordenamentos jurídicos actuais que adoptaram um modelo de justiça constitucional de tipo concentrado possuem um instituto similar ao recurso de amparo. Na história constitucional portuguesa, podemos destacar duas tentativas de introdução de um mecanismo similar ao recurso de amparo espanhol ou à queixa constitucional alemã, que passaremos a examinar[469].

O primeiro ensaio data da *Revisão Constitucional de 1989*[470], mediante a qual se introduziram algumas modificações na disciplina do sistema de justiça constitucional e no próprio Tribunal Constitucional[471]. As várias propostas que se discutiram prenderam-se com a criação de uma acção directa de controlo da constitucionalidade para a defesa dos direitos, liberdades ou garantias. Na verdade, o projecto do PCP falava numa «acção constitucional de defesa perante o Tribunal Constitucional contra actos ou omissões dos poderes públicos que lesassem directamente direitos, liberdades ou garantias, quando não sejam susceptíveis de impugnação junto dos demais tribunais» e o projecto do PS referia-se a um «recurso constitucional de defesa» contra actos ou omissões dos

---

[468] Cfr. MARIA JOSÉ RANGEL DE MESQUITA, *op. cit.*, p. 378 e 380.

[469] Contudo, estas iniciativas, não obtiveram a maioria de dois terços necessária para a sua aprovação. Cfr. FERNANDO ALVES CORREIA, *A Justiça Constitucional em Portugal e em Espanha... cit.*, p. 238.

[470] Lei constitucional n.º 1/89, de 8 de Julho, que aprovou a segunda revisão constitucional, *in* JORGE MIRANDA, *As Constituições Portuguesas – de 1822 ao texto actual... cit.*, pp. 447-502.

[471] Cfr., por exemplo, JORGE MIRANDA, *Manual de Direito Constitucional*, Tomo VI, *cit.*, pp. 155-158. Cfr., também, GIOVANNI VAGLI, *op. cit.*, p. 55.

130 A Tutela Directa dos Direitos Fundamentais

tribunais, de natureza processual, que, de forma autónoma, violassem os mesmos direitos, liberdades e garantias, após esgotamento dos recursos ordinários[472].

A segunda tentativa verificou-se aquando da *Quarta Revisão Constitucional de 1997*[473], que alterou alguns aspectos da Parte I da CRP, dedicada aos direitos fundamentais, não procedendo, todavia, a uma mudança da engenharia constitucional[474]. O artigo 20.º da CRP foi profundamente revisto, alterando-se a sua epígrafe[475] e introduzindo-se três novos números. Consequentemente, reforçou-se o acesso ao direito, constitucionalizando-se o direito à informação e consulta jurídicas, ao patrocínio judiciário e ao acompanhamento por advogado perante qualquer autoridade (artigo 20.º, n.º 2, da CRP). Por outro lado, foram impostos ao legislador ordinário os seguintes mandatos: a definição e protecção do segredo de justiça (artigo 20.º, n.º 3, da CRP) e a regulação do direito à tutela jurisdicional efectiva, através do reconhecimento dos direitos a uma decisão judicial em prazo razoável e a um processo justo (artigo 20.º, n.º 4, da CRP) e da criação de procedimentos judiciais céleres e prioritários de defesa contra ameaças ou violações dos direitos, liberdades e garantias pessoais (artigo 20.º, n.º 5, da CRP).

Não foram sufragadas, porém, pela Assembleia nem a proposta do PSD, que incorporava a sugestão de JORGE MIRANDA de introdução de um «recurso constitucional»[476-477], nem as propostas do PS[478] e do PCP[479],

---

[472] Ambas as propostas estão publicadas no DR, respectivamente, II Série, n.º 4, de 28/03/1988, e n.º 65, de 10/01/1989.

[473] Cfr. a lei constitucional n.º 1/97, de 20 de Setembro, *in* JORGE MIRANDA, *As Constituições Portuguesas... cit.,* pp. 505-556. Para uma exposição da revisão em causa, cfr. *Idem, Manual de Direito Constitucional,* Tomo VI, *cit.,* pp. 158-161.

[474] CATARINA SAMPAIO VENTURA, *«Os Direitos Fundamentais à Luz da Quarta Revisão Constitucional», in* BFDC, vol. LXXIV, 1998, pp. 493-527, p. 498.

[475] A alteração da epígrafe prendeu-se, precisamente, com este intuito de reforçar a efectividade que deverá ser reconhecida à tutela judicial.

[476] Na verdade, o Autor defendeu que constituía uma alteração *necessária* a introdução de um n.º 6 no artigo 280.º da CRP, com o seguinte texto: «Esgotados os recursos ordinários, cabe também recurso, nos termos da lei, para o Tribunal Constitucional, de decisões de outros tribunais quando arguidas de violação de direitos, liberdades e garantias». Cfr. *Ideias para uma revisão constitucional... cit.* p. 29. A proposta de JORGE MIRANDA foi acolhida em vários projectos apresentados pelo PSD, nomeadamente o Projecto n.º 9/VII, apresentado a 01/03/1996, da autoria dos deputados Arménio Santos, Acácio Roque, Francisco José Martins, João Mota e Costa Pereira. GIOVANNI VAGLI, *op. cit.,* p. 58, defende que em causa estava um genuíno recurso de amparo, apesar da diversa denominação.

A Tutela Constitucional dos Direitos, Liberdades e Garantias   131

respectivamente, no sentido da consagração de um «recurso de amparo» e «acção constitucional de defesa»[480].

Chegados aqui, são agora necessários alguns esclarecimentos. Actualmente percebe-se que foram essencialmente quatro as principais objecções à introdução do recurso de amparo ou figura similar, que moveram os debates efectuados quer na Comissão Eventual para a Revisão Constitucional (de 1989) e no Plenário da Assembleia da República[481], quer na Comissão Eventual para a Revisão Constitucional (de 1997)[482-483].

---

[477] Que deu lugar ao Projecto de Revisão Constitucional n.º 2/VII, apresentado por alguns deputados do PSD, em 22/02/1996. O projecto da JSD, com a epígrafe *recurso constitucional*, passava pela inclusão de um novo normativo, o artigo 280.º-A, nos seguintes termos: «1. Cabe recurso constitucional para o Tribunal Constitucional de normas que violem directamente o conteúdo essencial de direitos, liberdades e garantias, com fundamento na sua inconstitucionalidade, quando já não haja recurso ordinário. 2. O regime de admissão do recurso constitucional será regulado por lei». O projecto do PSD propugnava o aditamento do artigo 280.º-A, na subsequente formulação: «Cabe recurso para o Tribunal Constitucional, nos termos da lei, de actos da Administração ou de decisões dos tribunais que violem directamente o conteúdo essencial de direitos, liberdades ou garantias, com fundamento na sua inconstitucionalidade, quando já não haja recurso ordinário».

[478] O Projecto de Revisão Constitucional n.º 3/VII do PS, apresentado a 29/02//1996, continha uma proposta de artigo 20.º-A, com a epígrafe *recurso de amparo*, que passamos a transcrever: «Há recurso de amparo com carácter de prioridade e celeridade, junto do Tribunal Constitucional: a) Contra actos ou omissões de entidades públicas de que decorra lesão directa de direitos, liberdades e garantias, insusceptíveis de impugnação junto dos demais tribunais; b) Contra actos ou omissões dos tribunais de carácter processual que, de forma autónoma, violem direitos, liberdades e garantias, após o esgotamento dos recursos ordinários».

[479] O Projecto de Revisão Constitucional n.º 4/VII do PCP, apresentado a 01/03//1996, com o qual se inseria o artigo 20.º-A, sob a epígrafe, *acção constitucional de defesa*, era a seguinte: «1 – Há acção constitucional de defesa junto do Tribunal Constitucional contra quaisquer actos ou omissões dos poderes públicos que lesem directamente direitos, liberdades ou garantias, quando eles não sejam susceptíveis de impugnação junto dos demais tribunais. 2 – Há também recurso constitucional de defesa para o Tribunal Constitucional dos actos ou omissões dos tribunais, de natureza processual que, de forma autónoma, violem direitos, liberdades e garantias, desde que tenham sido esgotados os recursos ordinários competentes. 3 – A lei regula as acções e recursos previstos nos números anteriores, garantindo-lhes carácter de celeridade e prioridade»

[480] Todas as propostas estão publicadas no DR, II Série-A, n.º 27, de 07/03/1996.

[481] *In* DR, II Série, n.º 7, de 21/04/1988, n.º 48, de 21/10/1988, n.º 67 e de 19//01/1989.

[482] *In* DR, II Série, n.º 19, de 11/09/1996, e n.º 76, de 16/04/1997.

[483] Nesta questão, seguiremos de perto o estudo de FERNANDO ALVES CORREIA, «*Os Direitos Fundamentais e a sua Protecção Jurisdicional Efectiva*», in BFDC, vol. LXXIX,

132 *A Tutela Directa dos Direitos Fundamentais*

Todavia, antes de as indicarmos, parece-nos curioso atestar que se verifica um certo paralelismo entre as observações críticas que referiremos e as preocupações que se fizeram sentir, nomeadamente em Espanha, no último quartel do século XX, aquando da introdução constitucional do recurso de amparo[484]. Com esta advertência, procuramos patentear que nenhum mecanismo de super-protecção dos direitos fundamentais poderá algum dia ser introduzido, sem as inevitáveis e inesgotáveis interrogações, dúvidas e incertezas. Isto porque ele irá necessariamente incidir sobre o tradicional estado das coisas e provocar algum desconforto nos poderes estabelecidos[485]. Vejamos, desde já e em termos sucintos, essas objecções e o contraponto argumentativo, que adiante analisaremos com mais pormenor.

Em primeiro lugar, aponta-se a *dificuldade de harmonização* do instituto do recurso de amparo com o sistema de fiscalização concreta da constitucionalidade[486], que desempenha um papel relevantíssimo na protecção dos direitos fundamentais dos cidadãos, por duas razões: (*i*) uma vez que o TC se considera competente para conhecer a questão da constitucionalidade da norma, *«tal como foi interpretada»* pela decisão

---

2003, pp. 63-96, p. 72, premonitório de uma cerca evolução que se verificou depois, uma vez estas mesmas objecções foram retomadas por Luís Nunes de Almeida, no *Discurso de S. E. o Presidente do Tribunal Constitucional Proferido na Sessão Solene Comemorativa do XX Aniversário do Tribunal Constitucional*, 27 de Novembro de 2003, disponível no seguinte endereço electrónico: http://www.tribunalconstitucional.pt, que se manifestou claramente contra a inserção de uma figura como o recurso de amparo constitucional ou queixa constitucional.

[484] Cfr. Joan Olivier Araujo, *El recurso de amparo*, *cit.*, pp. 31-33, lembra que, em Espanha, as objecções foram, sumariamente, as seguintes: (*i*) receio de uma sobrecarga de trabalho que impeça o regular funcionamento do TCE e que o afaste de cumprir as suas obrigações constitucionais perante a resolução de recursos de inconstitucionalidade e de conflitos de competência; (*ii*) ao diminuir-se o raio de influência da justiça ordinária, também, consequencialmente, se reduziria o prestígio dos tribunais ordinários; (*iii*) por último, entendia-se que o então processo contencioso-administrativo regulado pela anterior Ley 62/78, de 26/12 era bastante para tutelar efectivamente os direitos e liberdades fundamentais, não sendo necessária a consagração de um mecanismo de amparo constitucional.

[485] Sobre este tema, já J. J. Gomes Canotilho, *"Brancosos e interconstitucionalidade... cit.,* p. 89, adiantara que a não consagração de um recurso contencioso directo de inconstitucionalidade reside em «posturas políticas antropologicamente adversas à dinamização processual e procedimental dos direitos fundamentais».

[486] Cfr. Jorge Reis Novais, *«Em Defesa do Recurso de Amparo Constitucional... cit.*, p. 114, e *Direitos Fundamentais: trunfos contra a maioria*, *cit.*, pp. 155-187.

A Tutela Constitucional dos Direitos, Liberdades e Garantias   133

recorrida, ou na «*dimensão interpretativa*» constante da decisão jurisdicional; (*ii*) na medida que o TC pode emitir um juízo de constitucionalidade, com base numa interpretação da norma diferente da que foi feita pelo juiz *a quo*[487]. Porém, ao invés (e algo ironicamente), a realidade das coisas demonstra que a suposta falta de compatibilização do recurso de amparo, com o recurso de constitucionalidade carece de fundamento[488]. Com efeito, a configuração pretoriana do recurso de constitucionalidade é que acaba por aproximá-lo, como mais à frente veremos, do recurso de amparo. Daí que, como atrás pudemos apreciar, seja comum falar-se de um «recurso directo ou quase directo para o TC», através do artigo 280.º, n.º 1, al. b), da CRP, ou então, do direito de petição perante o Provedor de Justiça (artigo 23.º da CRP)[489].

Em segundo lugar, alega-se o facto da justiça constitucional não ser o único meio jurisdicional de defesa dos direitos fundamentais existente no nosso ordenamento jurídico, dado que o acesso ao direito e à tutela jurisdicional efectiva mereceram acolhimento constitucional, no artigo 20.º. Este direito-garantia é um genuíno direito fundamental de natureza análoga aos direitos, liberdades e garantias, aplicando-se o regime do artigo 18.º, *ex vi* artigo 17.º da CRP. Além disso, no artigo 268.º, n.ºs 4 e 5, da CRP está autonomizado o direito de acesso à justiça administrativa, hoje também designado como princípio da plenitude da garantia jurisdicional administrativa. E a ser assim, parte da doutrina defende que a tutela jurisdicional efectiva acaba por dar resposta à maioria das situações que justificariam a introdução do recurso de amparo. Temos de reconhecer que este argumento tem a sua sustentabilidade, porquanto é verdade que existe uma próspera panóplia de mecanismos à disposição dos titulares de direitos, liberdades e garantias. Com isto não vai afirmado que concordemos integralmente com tal argumento, pois, como veremos, mais relevante do que a sua "positivação" normativa, é a sua *eficácia*. Nesta sede, alguma doutrina tem chamado a atenção para uma certa incompletude da tutela administrativa, em especial quando estivermos face à permanência de um acto administrativo violador de um direito, liberdade e garantia, não anulado pela jurisdição administrativa (nas suas sucessivas instâncias)[490].

---

[487] Nos termos do artigo 80.º, n.º 3, da LTC.

[488] Cfr. José de Melo Alexandrino, *A estruturação do sistema de direitos, liberdades e garantias...*, Vol. II, *cit.*, p. 488.

[489] Giovanni Vagli, *op. cit.*, p. 57.

[490] Cfr. José de Melo Alexandrino, *A estruturação do sistema de direitos, liberdades e garantias...*, Vol. II, *cit.*, p. 489.

134   *A Tutela Directa dos Direitos Fundamentais*

Outro argumento, a que se atribui um grande peso, é o receio da sobrecarga do TC com um número avultado de processos, comprometendo-se a sua operacionalidade[491-492]. Note-se que, de facto, o desenho de justiça constitucional portuguesa não pôde evitar a utilização do recurso para o TC em sede de fiscalização concreta como expediente dilatório. Contudo, foram tomadas medidas para tentar aliviar este problema, pelo que, não só a condenação em litigância por má fé resulta expressamente prevista no artigo 84.º, nº 6, da LCT[493], como, em 1998, se levou a cabo uma profunda reforma processual promotora da celeridade da fiscalização concreta[494].

---

[491] Recordem-se as palavras de CARLOS BLANCO DE MORAIS, *«Fiscalização da Constitucionalidade e Garantia dos Direitos Fundamentais... cit.*, p. 109, e RUI MEDEIROS, *A Decisão de Inconstitucionalidade... cit.*, pp. 354-555. Contra, JORGE REIS NOVAIS, *«Em Defesa do Recurso de Amparo Constitucional... cit.*, pp. 114-115, defendendo que caso se introduzisse este instituto, seria obviamente necessário rever os actuais moldes da fiscalização concreta. No mesmo sentido, J. J. GOMES CANOTILHO, *«Para uma teoria pluralística da jurisdição constitucional..., cit.*, p. 24, refere que as reticências da doutrina portuguesa à introdução de uma acção constitucional de defesa se basearam «no argumento prático de "muito trabalho"». Como disse expressivamente JOSÉ DE MELO ALEXANDRINO, *A estruturação do sistema de direitos, liberdades e garantias...*, Vol. II, *cit.*, p. 491, «não pode (...) pretender reduzir-se a utilidade de um mecanismo processual à sua expressão puramente numérica, uma vez que mesmo esta é função de múltiplas variáveis».

[492] De salientar que a questão da sobrecarga de trabalho dos tribunais, ordinários ou constitucionais, é uma realidade com que se deparam a generalidade dos ordenamentos jurídicos. A nível internacional regional, o próprio Tribunal de Estrasburgo, através do recente Protocolo n.º 14 à Convenção Europeia dos Direitos do Homem (aberto à assinatura em 13/05/2004), adoptou uma série de medidas que procuram minimizar o problema do verdadeiro aluvião de queixas individuais que todos os anos ingressam no Tribunal. Mais desenvolvidamente, cfr. SANTIAGO RIPOL CARULLA, *El sistema europeo de protección de los derechos humanos y el derecho español – La incidencia de las sentencias del Tribunal Europeo de Derechos Humanos en el Ordenamiento Jurídico Español*, Atelier Libros Jurídicos, Barcelona, 2007, pp. 91-94, e STEVEN GREER, *op. cit.*, pp. 42--47 e 136-192.

[493] A lei determina que a condenação em multa e indemnização como litigante de má fé é feita «nos termos do processo», remetendo, assim, para os artigos 456.º e ss. do Código de Processo Civil e artigo 208.º, n.º 1, al. a), do Código das Custas Judiciais. Vejam-se, por exemplo, os acórdãos do TC n.º 762/96, de 12/06/1996, e n.º 133/98, de 05/02/1998.

[494] Através da Lei n.º 13-A/98, de 26 de Fevereiro, foram tomadas várias medidas para cumprir este desiderato. Em especial, o artigo 78.º-A, n.º 1, da LTC veio prever explicitamente a possibilidade de o relator proferir «decisão sumária», quando entender que não pode conhecer-se do objecto do recurso ou que a questão é simples, nomeada-

A Tutela Constitucional dos Direitos, Liberdades e Garantias 135

Por último, algumas vozes alertam que a consagração de um recurso de amparo que incida sobre decisões judiciais, possibilitaria o surgimento de atritos no relacionamento entre o TC e os restantes tribunais ordinários, *maxime* os Supremos Tribunais. Este reparo não é descabido e tem sido objecto de estudo doutrinal nos países que prescrevem mecanismos de acesso directo dos particulares aos tribunais constitucionais. Veremos ao longo deste nosso trabalho até que ponto existe um chamado «*choque de trenes*»[495] entre as jurisdições constitucional e ordinária, e como a arquitectónica constitucional do período que seguiu à Segunda Guerra Mundial alterou os tradicionais padrões constitucionais dos Estados. Em jeito de conclusão, refira-se ainda que a inevitabilidade de confronto entre as jurisdições tem motivado a doutrina e os próprios tribunais constitucionais, um pouco por toda a Europa, a adoptarem uma postura de auto-contenção.

3.3. Em Defesa de um Acesso Directo dos Particulares à Constituição

«*Quis custodiet ipsos custodes?*»[496]

Os direitos fundamentais, dimensão máxima e axiomática da justiça constitucional, estão amplamente custodiados em ordenamentos jurídicos que consagram mecanismos processuais específicos para a sua protecção.

---

mente por a mesma já ter sido objecto da decisão anterior do TC, ou por ser manifestamente infundada, podendo tal «decisão sumária» consistir numa simples remissão para anterior jurisprudência do TC. A «decisão sumária» do relator pode ser objecto de reclamação, nos termos dos n.ᵒˢ 3 e 4 do mesmo artigo. Cfr., mais em pormenor, o estudo de ANTÓNIO DE ARAÚJO e J. A. TELES PEREIRA, *op. cit.*, pp. 218-222, e ANTÓNIO DE ARAÚJO, MIGUEL NOGUEIRA DE BRITO, e JOAQUIM PEDRO CARDOSO DA COSTA, *op. cit.*, p. 217.

[495] Cfr. CATALINA BOTERO MARINO, *El control de constitucionalidad de las sentencias en Colombia*», *in* AAVV, La Protección Judicial de los Derechos Fundamentales en Brasil, Colombia y España, Coord. Emilio Pajares Montolío, Instituto de Derecho Público Comparado – Universidad Carlos III, Tirant to Blanch, Valencia, 2005, pp. 143-211, p. 195.

[496] A tradução normalmente atribuída a este brocardo é a seguinte: «quem nos protegerá contra quem nos protege». A este respeito, cfr. LUÍSA NETO, *«A (ir)responsabilidade dos juízes», in* Revista da FDUP, Ano III, Coimbra Editora, Coimbra, 2006, pp. 561-588, p. 562.

136   *A Tutela Directa dos Direitos Fundamentais*

Não obstante, o facto de um país como Portugal não possuir instrumentos destinados especificamente à protecção constitucional destes direitos basilares, não implica fatalmente a inexistência de uma defesa satisfatória dos direitos fundamentais[497]. Com efeito, como atrás defendemos, reconhecemos – em consonância com a doutrina maioritária – que o recurso de constitucionalidade em fiscalização concreta cumpre algumas das funções do recurso de amparo e mecanismos semelhantes[498].

Segundo este raciocínio, parte da doutrina, repleta de uma «prognose optimista»[499], sublinha que já é possível obter entre nós alguns dos efeitos do recurso de amparo, se bem que «de forma lateral ou mitigada»[500], defendendo mesmo, por vezes, que em Portugal existe um «quase-recurso de amparo»[501], devido ao *agere licere* que o artigo 280.º, n.º 1, al. b), da CRP atribui aos cidadãos. Simplesmente, parece-nos que esta premissa não tinha de ser acompanhada, como foi, da conclusão segundo a qual, sendo assim, não se justificaria – numa análise de «custo-benefício» – a introdução do recurso de amparo[502].

---

[497] FERNANDO ALVES CORREIA, *Os Direitos Fundamentais e a sua Protecção... cit.*, p. 69 e GIANCARLO ROLLA, *«Las perspectivas de los derechos de la persona... cit.*, pp. 49-50.

[498] Cfr. VITAL MOREIRA, *«O Tribunal Constitucional Português: a "fiscalização concreta"... cit.*, p. 109, e *«A "fiscalização concreta" no quadro do sistema misto... cit.*, pp. 845-846.

[499] CARLOS BLANCO DE MORAIS, *«Fiscalização da Constitucionalidade e Garantia dos Direitos Fundamentais... cit.*, p. 106.

[500] Cfr. ANTÓNIO DE ARAÚJO, MIGUEL NOGUEIRA DE BRITO, e JOAQUIM PEDRO CARDOSO DA COSTA, *op. cit.*, pp. 219 e 226, FRANCISCO RUBIO LLORENTE, *«Seis tesis sobre... cit.*, p. 27, MÁRIO TORRES, *«Le "constitutionnalisme"»*, in Boletim de Documentação e Direito Comparado, n.º 37/38, Lisboa, 1989, pp. 175-186, p. 184, e VITAL MOREIRA, *«O Tribunal Constitucional Português: a "fiscalização concreta"... cit., loc. cit.*, e *«A "fiscalização concreta" no quadro do sistema misto... cit.*, p. 846.

[501] É a posição de ANTÓNIO ARAÚJO e JOAQUIM PEDRO CARDOSO DA COSTA, *op. cit.*, p. 40, CARLOS BLANCO DE MORAIS, *«Fiscalização da Constitucionalidade e Garantia dos Direitos Fundamentais... cit.*, pp. 107-108, JOSÉ DE MELO ALEXANDRINO, *A estruturação do sistema de direitos, liberdades e garantias...*, Vol. II, *cit.*, p. 486, RUI MEDEIROS, *A Decisão de Inconstitucionalidade... cit.*, p. 353, e VITAL MOREIRA, *«A fiscalização concreta no quadro do sistema misto... cit.*, p. 846. Contra, MARIA LÚCIA AMARAL, *«Queixas Constitucionais e Recursos de Constitucionalidade (Uma Lição de «Direito Público Comparado»)»*, in Estudos Comemorativos dos 10 Anos da Faculdade de Direito da Unversidade Nova de Lisboa, Vol. I, Coord. Diogo Freitas do Amaral, Carlos Ferreira de Almeida e Marta Tavares de Almeida, Almedina, 2008, pp. 473-501, p. 498.

[502] RUI MEDEIROS, *A Decisão de Inconstitucionalidade..., cit.*, p. 357.

A Tutela Constitucional dos Direitos, Liberdades e Garantias

Afigura-se-nos que o provérbio alemão «a abundância das árvores não deixa ver o bosque» (*den Wald vor lauter Bäumen nicht sehen*) ilustra com particular perspicuidade esta situação. Na verdade, segundo acreditamos, quando uma Constituição assume o compromisso de garantir e fiscalizar o cumprimento das suas normas, em especial, as normas respeitantes de direitos e liberdades fundamentais, não pode contentar-se com o patamar de protecção já atingido, mas deve, pelo contrário, empenhar-se em potenciá-lo.

Na inevitável tensão entre aquilo que «é» e o que «deveria ser»[503], caberá agora ao poder constituinte derivado e/ou ao legislador ordinário, apostar em formas de tutela mais perfeitas e que respondam ao compromisso democrático assumido pela Assembleia Constituinte em 1976. De resto, como bem ilustrou J. J. GOMES CANOTILHO, verifica-se que «(à) riqueza e completude do "catálogo dos direitos fundamentais (...), não corresponde uma *estrutura procedimental/processual* adequada e eficaz para conferir plena realização prática a esses direitos»[504].

3.3.1. O Conceito «Funcional» de Norma e a Incerteza Jurídica

Como atrás abordámos[505], o desenho da engenharia constitucional portuguesa optou por um modelo de controlo da constitucionalidade misto. Quer isto dizer que, para além da criação de uma jurisdição constitucional concentrada, previu igualmente uma fiscalização difusa da constitucionalidade das leis, cuja competência se generalizou a todos os tribunais ordinários (artigo 204.º da CRP)[506]. Ainda que este modelo se afigure,

---

[503] ULLI F. H. RÜHL, *op. cit.*, p. 157. Segundo o Autor, os direitos fundamentais prescrevem precisamente aquilo que deve ser. São, deste modo, proposições de dever (*Sollensätze*).

[504] «*Constituição e Défice Procedimental*», *cit.*, p. 72. No mesmo sentido, cfr. VITAL MOREIRA, «*Princípio da maioria e princípio da constitucionalidade... cit.*, pp. 189 e 192. Por sua vez, com menos veemência, PAULO MOTA PINTO, *op. cit.*, pp. 207--208, entende que a jurisdição constitucional portuguesa não é «uma jurisdição de direitos fundamentais», isto sem prejuízo de ter desenvolvido uma jurisprudência «amiga dos direitos fundamentais».

[505] Ver *supra* 1.3.

[506] Daí que a doutrina tenda a caracterizar o nosso modelo de justiça constitucional como «difuso na base e concentrado no topo». Cfr. ANTÓNIO DE ARAÚJO, MIGUEL NOGUEIRA DE BRITO, e JOAQUIM PEDRO CARDOSO DA COSTA, *op. cit.*, p. 205.

prima facie, completo e transversal, certo é que ao cidadão não lhe foi assegurada uma acção constitucional directa. A esta luz, a questão da constitucionalidade terá sempre de enxertar-se num processo judicial preexistente, ou seja, opera somente de forma incidental.

No desfiar destas razões, segue-se, porém, que o TC e a própria Comissão Constitucional, conscientes do défice do sistema de fiscalização da constitucionalidade português, procuraram pretorianamente maximizar a dimensão garantística do mesmo, quer através da adopção de um conceito *«funcional»* e *«formal»* de norma, quer pela admissão da fiscalização da constitucionalidade das normas na interpretação concreta que delas faz o juiz ordinário[507]. Vamos, então, debruçar-nos sobre estas duas tomadas de posição da jurisprudência constitucional, no sentido de um reforço da protecção constitucional dos particulares.

Apesar de o modelo português de justiça constitucional assentar no controlo de *normas jurídicas* (artigos 277.º, n.º 1, e 283.º, n.º 1, da CRP), a Comissão Constitucional e o TC alargaram o âmbito do objecto da fiscalização da constitucionalidade, visto que não perspectivaram o conceito de «norma» no seu sentido puramente material (enquanto preceito geral e abstracto), mas incluíram também nele preceitos de carácter individual e concreto[508].

No parecer n.º 13/82, a Comissão Constitucional frisou que o objecto do controlo não toca «toda a actividade dos poderes públicos, mas apenas um sector dela, a saber, o que se traduz na emissão de regras de conduta ou padrões de valoração de comportamentos (i.e., normas): desse modo, fora desse específico controlo ficam os *puros actos de aplicação* dessas regras ou padrões, que são os actos jurisdicionais e os actos administrativos, *stricto sensu*»[509]. Em conformidade, no acórdão n.º 26/85, o TC

---

[507] Cfr. Maria Lúcia Amaral, *«Queixas Constitucionais... cit.*, pp. 497-498, e Jorge Reis Novais, *«Em Defesa do Recurso de Amparo Constitucional... cit.*, p. 98.

[508] Para um vasto elenco de normas sujeitas a fiscalização da constitucionalidade, cfr. os estudos de António de Araújo, Miguel Nogueira de Brito, e Joaquim Pedro Cardoso da Costa, *op. cit.*, pp. 207-208, e Licínio Lopes Martins, *«O conceito de norma na jurisprudência do Tribunal Constitucional»*, in BFDC, Vol. LXXV, 1999, pp. 599-648, pp. 610-612.

[509] *In* Pareceres da Comissão Constitucional, Vol. 19.º, pp. 149 e ss. Em causa estará, assim, um «padrão de valoração de comportamento», ou seja, «um conceito funcionalmente adequado ao sistema de fiscalização da constitucionalidade aí constituído e consonante com a sua justificação e sentido», acórdão n.º 214/94, de 02/03/1994. *Vide* a jurisprudência uniforme do TC, em especial, os acórdãos n.º 16/97, de 14/01/1997,

A Tutela Constitucional dos Direitos, Liberdades e Garantias   139

ressalvou que estão excluídos igualmente os actos políticos ou actos de governo, em sentido estrito e os actos jurídico-privados[510]. Por outras palavras, o conceito *«funcional»* de norma parte do entendimento da função do TC como garante da conformidade constitucional do «ordenamento jurídico objectivo estabelecido pelo Estado»[511].

A isto acresce que, não obstante a natureza normativa da fiscalização, a jurisprudência constitucional desde há umas décadas tem vindo a decidir, de forma generosa, que a questão de constitucionalidade tanto pode respeitar a uma norma (ou a parte dela), como também à interpretação ou sentido com que foi tomada no caso concreto e aplicada (ou desaplicada) na decisão recorrida[512], ou mesmo a uma norma construída pelo juiz recorrido, interpretativamente (por analogia, por integração de lacunas). Neste domínio, é lícito frisar que se esbatem inevitavelmente as linhas de fronteira entre a norma e a decisão (*on it's face*)[513]. Alguma doutrina tem-se mostrado reticente quanto a admitir estas decisões, que contribuiriam para uma configuração cada vez mais acentuada do TC como um legislador positivo, o que se poderá revelar, de forma implícita, numa desconfiança injustificada no legislador ordinário e, no limite, a uma «despolitização sistemática do legislador político democrático»[514].

Todavia, permanecem fora desta esfera de protecção os actos administrativos propriamente ditos, os actos políticos e as decisões judiciais[515-516]. Com efeito, o TC tem reiterado uma jurisprudência uniforme, a qual não concede a possibilidade de apreciar vícios próprios de constitu-

---

n.º 10/2003, de 15/01/2003, e n.º 143/05, de 16/03/2005. Esta noção de «conceito funcional de norma» é criticado por Jorge Miranda, *Manual de Direito Constitucional,* Tomo VI, *cit.,* pp. 174-175, e Rui Medeiros, *A Decisão de Inconstitucionalidade... cit.,* pp. 90-98, entre outros fundamentos, por entenderem que fere a natureza «geral» e «abstracta», que é intrínseca ao próprio conceito de norma.

[510] Publicado na 2.ª Série do DR, de 26/04/1985. Note-se que, no que respeita aos actos de governo, estão excepcionalmente sujeitos ao controlo jurisdicional da constitucionalidade a declaração de estado de sítio ou de emergência (cfr. J. J. Gomes Canotilho e Vital Moreira, *Constituição da República Portuguesa Anotada,* Vol. I, *cit.,* p. 404), e os actos de convocação de referendos (artigo 115.º, n.º 8, da CRP).

[511] José Manuel M. Cardoso da Costa, *A Jurisdição Constitucional... cit.,* p. 34.

[512] Cfr. os acórdãos do TC n.º 139/95, de 19/02/1995, n.º 215/99, de 21/04/1999, n.º 15/03, de 15/01/2003, em especial os n.º 205/99, de 07/04/1999, n.º 655/99, de 07/12/1999, e n.º 357/00, de 19/07/2000.

[513] *Idem, A Jurisdição Constitucional... cit.,* pp. 80-81, e Rui Medeiros, *A Decisão de Inconstitucionalidade... cit.,* p. 336.

[514] Gustavo Zagrebelsky, *apud* Cristina M. M. Queiroz, *op. cit.,* p. 239.

A Tutela Directa dos Direitos Fundamentais

cionalidade que inquinem as decisões recorridas. Sendo o controlo de constitucionalidade um controlo de constitucionalidade de normas, a suscitação da inconstitucionalidade deve fazer-se por referência a normas jurídicas e não às decisões judiciais em si mesmas[517].

Ora, a latitude permitida pelo TC relativamente à sindicância do âmago do acto de julgar – a interpretação das normas – acaba por, de alguma maneira, indirectamente, propiciar que em determinados casos se

---

[515] E há que atender, além disso, ao facto de a rejeição do controlo da constitucionalidade dos actos políticos ser uma situação algo comum nos ordenamentos jurídico-constitucionais europeus. Com efeito, em causa está o receio de uma intromissão excessiva do poder jurisdicional na política (judicialização da política) ou, vice-versa, o perigo de uma politização da justiça. Cfr., sobre este problema, JOSÉ JULIO FERNÁNDEZ RODRÍGUEZ, *La justicia constitucional europea ante el siglo XXI, cit.*, p. 141, e LUIGI FERRAJOLI, *«Jurisdicción y democracia», cit.*, p. 7. Contudo, estas perspectivas alarmistas não nos devem desviar da extrema relevância que tem assumido a justiça constitucional. É que – permita-se-nos um parêntese – como já lembrava TRIEPEL (1974), *apud* JOSÉ JULIO FERNÁNDEZ RODRÍGUEZ, *La justicia constitucional europea ante el siglo XXI, cit.*, p. 142, a dimensão política do Tribunal Constitucional acaba por ser um afloramento do carácter político do próprio Direito Público.

[516] Cfr. JOSÉ MANUEL M. CARDOSO DA COSTA, *«A justiça constitucional no quadro das funções do Estado vista à luz das espécies, conteúdos e efeitos das decisões sobre a constitucionalidade das normas jurídicas», in* VII.ª Conferência dos Tribunais Constitucionais Europeus, 27 a 30 de Abril de 1987, pp. 1-20, disponível no site http://tribunalconstitucional.pt, p. 5, VITAL MOREIRA, *«O Tribunal Constitucional Português: a "fiscalização concreta" no quadro de um sistema misto... cit.*, pp. 108-109, e *«A "fiscalização concreta" no quadro do sistema misto... cit.*, p. 845.

[517] O acórdão do TC n.º 413/94 tornou mais claro o sentido da jurisprudência constitucional neste domínio. O TC vem defendendo, por unanimidade, que uma decisão judicial não pode enquadrar-se no conceito de norma. Cfr., entre outros, os acórdãos do TC, n.º 187/97, de 11/03/1997, n.º 435/97, de 19/06/1997, n.º 412/98, de 03/06/1998 e n.º 582/2005, de 02/11/2005.

Mais concretamente, e de acordo com uma jurisprudência uniforme, o acórdão do TC n.º 87/2005, de 16/02/2005, par. 2, esclareceu que «a distinção entre os casos em que a inconstitucionalidade é imputada a *interpretação normativa* daqueles em que é imputada directamente a *decisão judicial* radica em que na primeira hipótese é discernível na decisão recorrida a adopção de um *critério normativo* (ao qual depois se subsume o caso concreto em apreço), com carácter de generalidade, e, por isso, susceptível de aplicação a outras situações, enquanto na segunda hipótese está em causa a aplicação dos critérios normativos tidos por relevantes às *particularidades do caso concreto».* É precisamente esta exigência, na opinião de JOSÉ MANUEL M. CARDOSO DA COSTA, *A Jurisdição Constitucional... cit.*, p. 80, que marca a diferença entre «um puro "controlo normativo" e o que seria já mais um recurso de "queixa constitucional" (ou "de amparo") de mais largo alcance».

A Tutela Constitucional dos Direitos, Liberdades e Garantias 141

esteja a controlar a decisão judicial em si mesma, e não a interpretação judicial de uma norma, dado que a linha de fronteira que se desenha entre ambas é, por vezes, pouco nítida[518]. Que concluir deste excurso? A este propósito, parte da doutrina, na esteira de WOLFGANG FIKENTSCHER, advoga que estamos perante a ficção da *Fallnorm*, ou seja, da norma que o juiz criou no caso concreto[519].

Esta situação foi muito criticada por PAULO MOTA PINTO, que entende que se está a introduzir, de forma ilegítima, um «factor de complexidade acrescida», ao exigir que o advogado da causa consiga provar que em causa está não a decisão em si, mas a interpretação judicial da norma[520]. Este cenário não favorece as pessoas mais carenciadas economicamente, que poderão não ter capacidade de pagar honorários a um advogado de elevado mérito técnico. Perante estes elementos, o Autor conclui que o problema seria mais facilmente resolvido pela introdução de critérios de selecção dos recursos[521].

Ainda na mesma esfera, o nosso Direito Constitucional está construído com base em três alicerces primordiais[522]. Desde logo, que a decisão judicial aplica normas, e apenas estas é que podem eventualmente padecer de inconstitucionalidade. Daqui advém que a decisão do juiz apenas poderá violar a Constituição caso aplique uma norma inconstitucional ou, entendendo erradamente que determinada norma é inconstitucional, não a aplique. Por último, permanece a crença que as vias judiciais ordinárias são, de *per se*, suficientes para reparar eventuais actos judiciais

---

[518] Cfr. ANTÓNIO ARAÚJO e JOAQUIM PEDRO CARDOSO DA COSTA, *op. cit.*, pp. 5-67, p. 40, RUI MEDEIROS, *A Decisão de Inconstitucionalidade... cit.*, p. 336, e VITAL MOREIRA, *«A "fiscalização concreta" no quadro do sistema misto de justiça... cit.*, pp. 826-827. No acórdão do TC n.º 205/99, o Tribunal «viu-se confrontado com esse problema a propósito de uma interpretação de uma norma do Código Penal, não tendo o Tribunal chegado a determinar – por entender que não era necessário – se o objecto do recurso era efectivamente essa norma do Código Penal ou antes uma norma construída pelo julgador através de um processo de integração de lacuna por analogia, nos termos do artigo 10.º, n.ᵒˢ 1 e 2, do Código Civil». *Vide* a declaração de voto do conselheiro Cardoso da Costa, considerando que nesse caso se não estava já perante uma questão de inconstitucionalidade «normativa».

[519] *Apud* PAULO MOTA PINTO, *op. cit.*, pp. 212-213.

[520] *Op. cit.*, p. 213.

[521] *Op. cit.*, p. 214.

[522] Seguimos o raciocínio de VITAL MOREIRA, *«O Tribunal Constitucional Português: a "fiscalização concreta"... cit.*, p. 109, e *«A "fiscalização concreta" no quadro do sistema misto... cit.*, p. 845.

inconstitucionais. Sucede, porém, que um sistema de constitucionalidade que assente no mero controlo de normas (violação da norma) acaba por olvidar a afectação do direito fundamental (violação do direito), que é um dos principais motes da arquitectónica constitucional germânica e da portuguesa[523].

Diga-se em consequência que, apesar do poder judicial ser um pilar fundamental do Estado, não se vislumbra uma genuína preocupação em instituir garantias contra as suas decisões, que não estão sujeitas à fiscalização doutros poderes do Estado, esgotando-se o controle das decisões dentro do próprio poder judicial, através do sistema de recursos para as instâncias superiores[524]. Relembre-se, por outro lado, que o nosso ordenamento jurídico também não consagra uma protecção judicial primária contra actos da função política, apenas uma protecção de segundo grau que é assegurada pelo instituto da responsabilidade civil do Estado, nos termos do artigo 22.º da CRP[525-526].

Quanto a nós, afigura-se-nos, contudo, que estamos perante um *paradoxo*. Nesta linha, se, por uma banda, a nossa Constituição não prevê o recurso de amparo, nem figura similar, por outra banda, a jurisprudência constitucional como que assume as dores de tal falha e admite, com excessiva largueza, processos de fiscalização sucessiva concreta da constitucionalidade, interpostos tantas vezes como expediente dilatório. Deste modo, o TC fecha os olhos à sua função de principal guardião da Constituição e dos direitos fundamentais, sobrecarregando-se com processos que não pretendem, genuinamente, obter o seu julgamento quanto a uma eventual inconstitucionalidade.

---

[523] Cfr. José de Melo Alexandrino, *Direitos Fundamentais... cit.*, p. 104.

[524] José Carlos Vieira de Andrade, *Os Direitos Fundamentais na Constituição... cit.*, p. 337.

[525] Os actos políticos não cabem na categoria de normas, por isso não estão sujeitos à fiscalização da justiça constitucional. Por sua vez, como não consubstanciam "relações jurídicas administrativas", também não estão sujeitos ao controlo da justiça administrativa.

[526] Como atrás ficou dito, a maioria da doutrina perspectiva o artigo 22.º como um «princípio geral de responsabilidade civil do Estado por danos causados por actos legislativos, jurisdicionais e administrativos», Manuel Afonso Vaz, *A Responsabilidade Civil do Estado... cit.*, pp. 8-16. A competência para julgar as acções relativas ao exercício da função legislativa e da função política saiu da esfera de competência dos tribunais comuns e passa a pertencer à jurisdição administrativa, de acordo com o preceituado no artigo 4.º, n.º 1, alínea g), do ETAF.

A *Tutela Constitucional dos Direitos, Liberdades e Garantias* 143

A mesma ideia aflora na verificação de que a intenção louvável do TC, ao conceder uma jurisprudência benevolente em sede de fiscalização concreta – dadas as limitações da estrutura constitucional existente – *cria uma certa margem de incerteza jurídica*, pois não oferece critérios pré-definidos ou requisitos objectivos acerca das condições de admissibilidade do recurso[527]. O que, aliás, é profusamente confirmado se atendermos ao facto de, em Portugal, não vigorar a regra do precedente, pelo que nada impede o TC de decidir enveredar por uma nova orientação jurisprudencial menos garantística.

CARLOS BLANCO DE MORAIS, em alternativa à introdução do recurso de amparo, entende que o TC deveria ser ainda mais flexível nestas situações fronteiriças, alargando a noção de norma que pode ser objecto de fiscalização em controlo concreto, no sentido de admitir recursos de decisões que apliquem uma «*norma implícita* de construção jurisdicional violadora de direitos, liberdades e garantias»[528]. Ao invés, somos de opinião que este desenvolvimento jurisprudencial é perigoso, pois cria patamares indesejáveis de insegurança e indeterminação, ao mesmo tempo que potencia o subjectivismo e os riscos de tratamento desigual dos cidadãos. Entendemos que não colhe o argumento, amiúde apontado, de que instaurar o recurso de amparo constitucional criaria tensões entre as jurisdições ordinárias e constitucional, visto que o actual estado de coisas mais não faz do que a atiçar constantemente e com a agravante de não ter qualquer base constitucional ou legal[529].

---

[527] Veja-se, a título exemplificativo, no acórdão de TC n.º 476/2004, de 02/07/ /2004, que julgou inconstitucionais «os artigos 113.º, n.º 9, e 411.º, n.º 1, do Código de Processo Penal, interpretados no sentido de que a notificação de uma decisão condenatória relevante para a contagem do prazo de interposição do recurso seria a notificação ao defensor, independentemente, em qualquer caso, da notificação pessoal ao arguido, sem exceptuar os casos em que este não tenha obtido conhecimento pessoal da decisão condenatória», o voto de vencido do Cons.º Benjamim Rodrigues, com a seguinte orientação: «eis como a ponderação, em concreto, pelo tribunal *a quo* das excepções, salvaguardas e válvulas de segurança possíveis relativamente a certas normas jurídicas poderão justificar a interposição e o julgamento de inconstitucionalidade não obstante aquelas poderem existir precisamente para acautelar as normas e princípios constitucionais. *Estamos no caminho do recurso de amparo*» (itálico nosso).

[528] Cfr. «*Fiscalização da Constitucionalidade e Garantia dos Direitos Fundamentais...* cit.*, p. 108-110. Outros Autores, como RUI MEDEIROS, *A Decisão de Inconstitucionalidade... cit.*, p. 335, mostram-se mais cépticos e preocupados com esta ampla admissibilidade e apontam os potenciais riscos.

[529] Cfr. JORGE REIS NOVAIS, «*Em Defesa do Recurso de Amparo Constitucional... cit.*, p. 105, e JOSÉ DE MELO ALEXANDRINO, *A estruturação do sistema de direitos, liberdades*

144 A Tutela Directa dos Direitos Fundamentais

Sem prejuízo do supra exposto, resulta óbvio que a doutrina portuguesa, por muito que não defenda unanimemente a inserção do recurso de amparo constitucional, acaba por reconhecer que o modelo português de protecção jurisdicional dos direitos fundamentais não é tão garantístico, nem eficaz quanto o modelo do recurso de amparo[530]. Em reforço desta ideia, podemos facilmente configurar hipóteses em que uma decisão judicial seja susceptível de afectar *directamente* a Constituição por vícios próprios[531].

Da pesquisa jurisprudencial que efectuámos, é surpreendente o *número avultadíssimo de acórdãos do Tribunal Constitucional que concluíram pela impossibilidade do conhecimento do recurso de constitucionalidade* (fundado na al. b) do n.º 1 do artigo 280.º da CRP e na al. b) do n.º 1 do artigo 70.º da LTC) *de decisões judiciais, por não se achar consagrado, no nosso universo jurídico-constitucional, um recurso de amparo ou de queixa constitucional.*

Neste domínio, merece uma referência o recente acórdão do TC n.º 289/2009, pela clareza da sua argumentação[532]. Assim, no par. 4, o TC

---

e garantias..., Vol. II, *cit.*, p. 487. Um ponto deve ter-se por incontroverso: é o de que a afirmação do princípio da constitucionalidade passa pela aceitação da omnipresença da Constituição e dos direitos fundamentais, que nunca poderão ser remetidos para um plano residual. Cfr. CATALINA BOTERO MARINO, *op. cit.*, pp. 206-207.

[530] Cfr. CARLOS BLANCO DE MORAIS, *«Fiscalização da Constitucionalidade e Garantia dos Direitos Fundamentais... cit.*, 106, FERNANDO ALVES CORREIA, *A Justiça Constitucional em Portugal e em Espanha... cit.*, p. 237, e RUI MEDEIROS, *A Decisão de Inconstitucionalidade... cit.*, p. 353.

[531] *V.g.*, no acórdão n.º 369/2007, de 26/06/2007, par. 2, o TC decidiu que não podia conhecer do objecto do recurso (interposto ao abrigo da al. b) do n.º 1 do artigo 280.º da CRP), na medida em que o que se veio requerer não era a inconstitucionalidade de *normas*, mas outrossim, que o TC julgasse «da constitucionalidade de uma decisão judicial por esta ter, alegadamente, lesado de modo imediato direitos inscritos na Constituição [em causa estava, precisamente uma autorização de intercepção telefónica que, segundo o requerente, ofendia os artigos 18.º, n.º 2, 32.º e 34.º da CRP]. Ora, e como se sabe, de um tal pedido – que configura o que, em certos ordenamentos estrangeiros, se designa por *queixa constitucional* ou *recurso de amparo* – não deve este Tribunal conhecer».

Para uma panóplia de exemplos (alguns, porventura, mais académicos) sobre situações em que as decisões judiciais violam, elas próprias, direitos fundamentais, cfr. PAULO CARDINAL, *«The Judiciary and Fundamental Rights... cit.*, pp. 160-162, em especial p. 162.

[532] De 08/06/2009.

A Tutela Constitucional dos Direitos, Liberdades e Garantias

julgou o seguinte: «esta pretensão não pode ser atendida, não só pelo que já se disse quanto ao objecto do recurso que o requerimento de interposição define, mas também porque não corresponde ao modelo de acesso ao Tribunal Constitucional instituído pelo nosso sistema jurídico. Resulta da Constituição (artigo 280.º da CRP) e da Lei (artigo 70.º da LTC), que a competência do Tribunal Constitucional, seja no controlo de constitucionalidade, seja na apreciação de ilegalidade por violação de lei de valor reforçado, versa sobre *normas* que os demais tribunais apliquem ou a que recusem aplicação com qualquer desses fundamentos qualificados. O recurso de constitucionalidade português não é meio ordenado ao escrutínio da constitucionalidade da decisão do tribunal *a quo,* designadamente por violação de direitos fundamentais como sucede na Espanha (*recurso de amparo*) ou na Alemanha (*Verfassungsbeschwerde*), mas à apreciação da conformidade à Constituição de uma certa norma infraconstitucional que seja relevante para a decisão do caso»[533].

---

[533] Também no acórdão do TC n.º 175/2007, de 08/03/2007, par. 3, o Tribunal concluiu que o recurso apresentado não cabia dentro do objecto do recurso de constitucionalidade, «(p)orque a Constituição não [o] configurou (...) como um recurso de amparo – ou de queixa constitucional (...) no âmbito da qual fosse possível sindicar qualquer lesão dos direitos fundamentais, aí se incluindo a possibilidade de conhecer, nesse âmbito, do mérito da própria decisão judicial sindicanda, antes recortou a competência do Tribunal Constitucional em torno do conhecimento de questões de constitucionalidade *de normas,* pelo que é perante tal conformação do sistema jurídico-constitucional de recursos que o Tribunal pode actuar em termos de avaliar da bondade constitucional de critérios normativos quando estejam em causa os direitos fundamentais (...)».

Nesta linha, o acórdão do TC n.º 128/2005, de 10/03/2005, par. 9.3, adiantou que «de facto, só por lapso manifesto ou indesculpável desconhecimento se pode olvidar que, num sistema como o de fiscalização concreta de constitucionalidade vigente em Portugal, que não prevê o recurso de *amparo,* o Tribunal Constitucional apenas pode conhecer dos recursos que, *preenchendo integralmente os respectivos pressupostos de admissibilidade,* visem questionar *normas jurídicas* aplicadas nas decisões recorridas e não as próprias decisões, ainda que, alegadamente, estas sejam violadoras de normas ou princípios constitucionais».

Como vínhamos afirmando, o número de acórdãos que se recusaram a conhecer do recurso de constitucionalidade é extremamente elevado. Da resenha jurisprudencial que recolhemos, desde o ano de 2004 até 2009, podemos apresentar a seguinte listagem de acórdãos em que o TC disse *expressamente* que não podia conhecer dos recursos apresentados, dado a inexistência, entre nós, de um recurso de amparo constitucional: cfr., entre outros, os acórdãos do TC n.º 72/2004, 30/01/2004, par. 2; n.º 87/2004, de 05/02/2004, par. 8; n.º 117/2004, de 18/02/2004, par. 2; n.º 198/2004, de 24/03/2004, par. 2.2.5; n.º 277/2004, de 21/04/2004, par. 7.1; n.º 329/2004, de 11/05/2004, par. 3; n.º 361/2004, de 19/05/2004, par. 2.2; n.º 437/2004, de 22/06/2004, par. 2; n.º 474/

Este *limbo jurídico* – que impede uma plena garantia jurisdicional da constitucionalidade de acto jurídico-públicos, aliado à nova redacção do artigo 20.º, n.º 5, da CRP – torna pertinente a questão de saber se este preceito poderá abrir portas à consagração, por via ordinária, do recurso de amparo ou figura semelhante.

RUI MEDEIROS entende que do artigo 20.º, n.º 5, da CRP, não podemos retirar uma habilitação ao legislador ordinário para introduzir um recurso de amparo constitucional[534]. Nos antípodas, ALEXANDRE SOUSA PINHEIRO e MÁRIO J. DE BRITO FERNANDES sustentam que é defensável argumentar que a nova redacção do preceito acaba por acolher um recurso de amparo, ainda que este não esteja autonomizado num dispositivo autónomo, mas sim inserido este regime no corpo do artigo 20.º[535].

/2004, de 02/07/2004, par. 2.2; n.º 480/2004, de 07/07/2004, par. 1; n.º 539/2004, de 15//07/2004, par 4; n.º 548/2004, de 02/08/2004, par. 4; n.º 597/2004, de 12/10/2004, par. 2; n.º 676/2004, de 30/11/2004, par. 3; n.º 678/2004, de 30/11/2004, par. 6; n.º 696/04, de 15/12/2004, par. 3; n.º 700/2004, de 15/12/2004, par. 2; n.º 710/2004, de 21/12/2004, par. 9.1; n.º 3/2005, de 05/01/2005, par. 6; n.º 9/2005, de 10/01/2005, par. 7.1; n.º 21/2005, de 18/01/2005, par. 6; n.º 39/2005, de 25/01/2005, par. 2; n.º 90/2005, de 22/02/2005; n.º 142/2005, de 16/03/2005, par. 2; n.º 230/2005, de 27/04/2005, par. 7; n.º 350/2005, de 04/07/2005, par. 10.1; n.º 425/2005, de 25/08/2005, par. 6.2; n.º 476/2005, de 26/09/2005, par. 3; n.º 488/2005, de 28/09/2005, par. 4.2; n.º 505/2005, de 04/10/2005, par. 9; n.º 713/2005, de 14/12/2005, par. 4.1; n.º 46/2006, de 13/01/2006, par. 9.2.1; n.º 69/2006, de 25/01/2006, par. 5; n.º 81/2006, de 31/01/2006, par. 6; n.º 124/2006, de 14/02/2006, par. 8.2; 169/2006, de 06/03/2006, par. 5; n.º 173/2006, de 08/03/2006, par. 5; n.º 256/2006, de 11/04/2006, par. 8.5; n.º 355/2006, de 08/06//2006, par. 3; n.º 365//2006, de 14/06/2006, par. 5.3; n.º 384/2006, de 27/06/2006, par. 5; n.º 433/2006, de 12/07/2006, par. 3; n.º 443/2006, de 12/07/2006, par. 3; n.º 507//2006, de 22/09/2006, par. 3; n.º 539/2006, de 27/09/2006, par. 4; n.º 624/2006, de 16//11/2006, par. 3.2; n.º 671/2006, de 12/12/2006, par. 4.1; n.º 675/2006, de 12/12/2007, par. 6.2; n.º 135//2007, de 27/02/2007, par. 8; n.º 206/2007, de 21/03/2007, par. 4; n.º 328/2007, de 29//05/2007, par. 5.3; n.º 330/2007, de 29/05/2007, par. 5; n.º 410//2007, de 11/07/2007, par. 4.1; n.º 515/2007, de 16/10/2007, par. 4.1; n.º 558/2007, de 13/11/2007, par. 3.1; n.º 597/2007, de 11/12/2007, par. 4; n.º 14/2008, de 14/01/2008, par. 3.1; n.º 66/2008, de 31/01/2008, par. 4.1; n.º 254/2008, de 30/04/2008, par. 6; n.º 258/2008, de 30/04//2008; n.º 267/2008, de 13/05/2008, par. 4; n.º 270/2008, de 02/04//2008, par. 4.1; n.º 300/2008, de 29/05/2008, par. 4.2; n.º 380/2008, de 15/07/2008, par. 5.1; n.º 412/2008, de 31/07/2008, pars. 6.1 e 6.3; n.º 417/2008, de 31/07/2008, par. 5; n.º 33/2009, de 20/01/2009, par. 7; n.º 120/2009, de 11/03/2009, par. 5.2; n.º 176/2009, de 02/04//2009, par. 3; n.º 357/2009, de 08/07/2009, par. 13 ; e n.º 486/2009, de 28//09/2009.

[534] «*Anotação ao artigo 20.º da Constituição*», cit., p. 204.

[535] *Op. cit.*, p. 106.

A Tutela Constitucional dos Direitos, Liberdades e Garantias 147

Por sua vez, relativamente a esta problemática, o acórdão do Supremo Tribunal Administrativo, de 18 de Novembro de 2004, esclareceu que, «se olharmos ao figurino delineado no preceito constitucional vemos que em causa não está a criação de um qualquer meio cautelar, uma vez que o que se pretende é a efectivação de um direito a processos céleres e prioritários, de forma a obter uma eficaz e atempada protecção jurisdicional contra ameaças ou atentados aos direitos, liberdades e garantias pessoais dos particulares»[536]. Com base nessa premissa, o STA, seguindo de perto a doutrina de J. J. GOMES CANOTILHO, concluiu que se está, «em presença de um direito constitucional de amparo a efectivar através das vias judiciárias normais»[537-538].

3.3.2. O Princípio da Aplicabilidade Directa dos Direitos Fundamentais como Fundamento Constitucional para uma Hipotética Inserção do Recurso de Amparo

«(s)em determinabilidade não há aplicabilidade directa; sem aplicabilidade directa não há positividade ou normatividade reforçada; sem normatividade reforçada fica perturbada a mensagem directiva da Constituição no sentido de se transitar definitivamente para um sistema no qual são as leis que se movem dentro dos direitos fundamentais»[539].

A temática do recurso de amparo desde cedo atraiu a curiosidade de alguma doutrina nacional e estrangeira e, como atrás pudemos analisar, foi

---

[536] Processo n.º 978/04, disponível *in* http://www.dgsi.pt. Doravante, e na falta de menção contrária, os arestos respeitantes à jurisdição administrativa pressumem-se retirados deste endereço electrónico.

[537] No mesmo sentido, e mais recentemente, o acórdão do STA, de 06/12/2006, processo n.º 0885/06.

[538] *Direito Constitucional e Teoria da Constituição, cit.,* p. 506. *Vide* também J. J. GOMES CANOTILHO e VITAL MOREIRA, *Constituição da República Portuguesa Anotada,* Vol. I, *cit.,* p. 419. No mesmo sentido, JOSÉ DE MELO ALEXANDRINO, *A estruturação do sistema de direitos, liberdades e garantias...,* Vol. II, *cit.,* p. 486, nt. 2095.

[539] J. J. GOMES CANOTILHO, *Estudos Sobre Direitos Fundamentais,* Coimbra Editora, Coimbra, 2004, p. 149.

objeto de várias tentativas malogradas de consagração constitucional[540-541]. Com realismo, vários Autores defendem o recurso de amparo constitu-

---

[540] Defendido, em maior ou menor alcance, por ANTÓNIO VITORINO, *op. cit.*, pp. 12 ss.; CARLA AMADO GOMES, *Contributo para o estudo das operações materiais da Administração Pública e do seu controlo jurisdicional*, Coimbra Editora, 1999, p. 499, e «*À espera de Ulisses – Breve análise da Secção I do Capítulo VI do Anteprojecto de Código dos Tribunais Administrativos/II (As medidas cautelares)*», *in* RMP, Ano 21.º, n.º 84, Outubro-Dezembro 2000, Lisboa, pp. 49-94, p. 67; ainda que em termos muito limitados e como *ultima ratio*, CARLOS BLANCO DE MORAIS, «*Fiscalização da Constitucionalidade e Garantia dos Direitos Fundamentais... cit.*, p. 109, admite a hipótese do «alargamento do objecto do controlo da fiscalização concreta, a sentenças inconstitucionais transitadas em julgado, violadoras do conteúdo essencial de direitos, liberdades e garantias e proferidas por instâncias superiores ou de revisão»; FRANCISCO AGUILAR, «*Direito ao recurso, graus de jurisdição e celeridade processual*», *in* O Direito, 138.º, Vol. II, 2006, Almedina, pp. 295-311, pp. 299-300; FRANCISCO LUCAS PIRES, *Teoria da Constituição de 1976 – a transição dualista*, Coimbra, 1988, pp. 266-267; JORGE MENEZES DE OLIVEIRA, «*A letra, o espírito e o direito ao amparo*», *in* Revista Jurídica de Macau, n.º Especial – O Direito de amparo em Macau e em Direito Comparado, Gabinete Para os Assuntos Legislativos, Macau, 1999, pp. 403-426, pp. 420-421; JORGE MIRANDA, *Ideias para uma Revisão... cit.*, p. 29, e *Manual de Direito Constitucional*, Tomo VI, *cit.*, pp. 177-178; defendendo a introdução de um genuíno e amplo recurso de amparo, JORGE REIS NOVAIS, «*Em Defesa do Recurso de Amparo Constitucional... cit.*, *loc. cit.*; JORGE SAMPAIO, *Discurso de Sua Excelência o Presidente da República por ocasião da Sessão Solene Comemorativa do XX Aniversário do Tribunal Constitucional*, 27 de Novembro de 2003, disponível no seguinte endereço electrónico: http://www.tribunalconstitucional.pt, indicando que esta é uma temática que merecia ser objecto de reflexão e motivaria uma revisão constitucional; JOSÉ DE MELO ALEXANDRINO, *A estruturação do sistema de direitos, liberdades e garantias...*, Vol. II, *cit.*, pp. 485-491, p. 487; J. J. GOMES CANOTILHO, «*Constituição e Défice Procedimental*», *cit.*, p. 79, e «*Para uma teoria pluralística da jurisdição constitucional...*, *cit.*, pp. 23 e ss..; J. M. FERREIRA DE ALMEIDA, *A justiça constitucional em Portugal*, Lisboa, 1985, p. 78; JOSÉ MANUEL SÉRVULO CORREIA e JORGE BACELAR GOUVEIA, «*Princípios constitucionais do acesso à justiça, da legalidade processual e do contraditório; junção de pareceres em processo civil; interpretação conforme à Constituição do artigo 525.º do Código do Processo Civil – Anotação ao Acórdão n.º 934/96 do Tribunal Constitucional*», *in* ROA, Ano 57, Janeiro de 1997, Vol. I, Almedina, pp. 295-357, pp. 301-302, advogando pela insuficiência de um modelo que não admite a sindicabilidade das decisões judiciais em si mesmas; MANUEL AFONSO VAZ, *A Responsabilidade Civil do Estado... cit.*, p. 15, nt. 30 e p. 16, nt. 33, entende que a inexistência de um recurso de amparo ou queixa constitucional «é uma falha assinalável quando estão em causa actos jurisdicionais violadores de "direitos, liberdades e garantias"» e «um entrave à operacionalidade jurisdicional da [sua] salvaguarda»; MARCELO REBELO DE SOUSA e JOSÉ DE MELO ALEXANDRINO, *Constituição da República Portuguesa – Comentada*, Livraria Petrony, Lisboa, 2000, p. 103; MARIA LÚCIA AMARAL, «*Queixas Constitucionais... cit.*, pp. 496-499; NUNO PIÇARRA, *O Tribunal de Justiça das Comunidades*

A Tutela Constitucional dos Direitos, Liberdades e Garantias

cional como a «competência estrela»[542] ou a «rainha» («*Königin*»)[543] das vias de acesso ao Tribunal Constitucional, que, embora com vários problemas e percalços pelo caminho, guarda um «saldo muito favorável»[544], na defesa dos direitos e liberdades dos cidadãos. Com efeito, os direitos

---

Europeias como juiz legal e o processo do artigo 177.º do Tratado da CEE – As relações entre a ordem jurídica comunitária e as ordens jurídicas dos Estados-membros da perspectiva dos tribunais constitucionais, Livraria Petrony, Lisboa, 1991, pp. 95-96; PAULO OTERO, *Ensaio sobre o caso julgado inconstitucional*, Lex, Lisboa, 1993, pp. 121 e ss., numa visão *de jure constituto*, defende a «possibilidade de interposição de um recurso extraordinário atípico de todas as decisões judiciais directa e imediatamente inconstitucionais, sempre que se tenham esgotado os respectivos recursos ordinários», em termos aproximados ao regime previsto para os recursos de revisão (p. 121); RICARDO LEITE PINTO, «*A fiscalização da constitucionalidade e a defesa dos direitos fundamentais na Constituição de 1976 (relatório final)*», pp. 79-80, *apud* JOSÉ DE MELO ALEXANDRINO, *A estruturação do sistema de direitos, liberdades e garantias...*, Vol. II, *cit.*, p. 485, nt. 2093; RONNIE PREUSS DUARTE, *Garantia de acesso à justiça – os direitos processuais fundamentais*, Coimbra Editora, 2007, p. 227, propugna que a ausência de um recurso de amparo ou queixa constitucional consubstancia uma «flagrante inconstitucionalidade por omissão»; VITAL MOREIRA, «*Princípio da maioria e princípio da constitucionalidade... cit.*, p. 192, e, em declaração de voto, aposta ao acórdão do TC n.º Acórdão n.º 65/88 (publicado no *Diário da República*, II Série, n.º 192, de 20/08/1988), advogou a tese da imposição constitucional da recorribilidade das decisões judiciais violadoras de direitos fundamentais constitucionais, «pelo menos os que integram a categoria constitucional dos "direitos, liberdades e garantias"», mais tarde seguida, igualmente, por ANTÓNIO VITORINO, na declaração de voto aposta ao Acórdão do TC n.º 202/90, de 19/06/1990; e, por último, WLADIMIR BRITO, «*O amparo constitucional*», *in* Revista Jurídica de Macau, n.º Especial – O Direito de amparo em Macau e em Direito Comparado, Gabinete Para os Assuntos Legislativos, Macau, 1999, pp. 87-117, p. 111.

[541] Também, em Itália, se defendeu convictamente a importação deste mecanismo de tutela directa dos direitos fundamentais, nomeadamente, através do estudo de direito comparado efectuado por MAURO CAPPELLETTI, *La jurisdicción constitucional de la libertad... cit.*, pp. 5 e 112-114. Em França, esta defesa foi levada a cabo, de modo manifesto, na obra de MAURICE DUVERGER, «*Les vrais juges constitutionnels*», *apud* JOAN OLIVIER ARAUJO, *El recurso de amparo, cit.*, p. 51.

[542] ÁNGELA FIGUERUELO BURRIEZA, *El Recurso de Amparo: Estado de la Cuestión*, Biblioteca Nueva, Madrid, 2001, p. 30, e «*Veintitrés Años de Recurso de Amparo*», *in* UNED – Revista de Derecho Político, núms.. 58-59 (2003-2004), pp. 331-353, p. 23.

[543] PETER HÄBERLE, «*Die Verfassungsbeschwerde im System der bundesdeutschen Verfassungsgerichtsbarkeit*», *in* Jahrbuch des Öffentlichen Rechts, Neue Folge, Band 45, J. C. B. Mohr (Paul Siebeck) Tübingen, 1997, pp. 89-135, p. 112.

[544] Cfr. ÁNGELA FIGUERUELO BURRIEZA, *El Recurso de Amparo: Estado de la Cuestión, cit.*, p. 23. No mesmo sentido, TOMÁS QUADRA-SALCEDO, *El recurso de amparo y los derechos fundamentales en las relaciones entre particulares*, Editorial Civitas, Madrid, 1981, p. 12.

A Tutela Directa dos Direitos Fundamentais

fundamentais só poderão garantir a sua função plena se forem efectivados na prática. Caso contrário, estaremos perante um esvaziamento dos direitos fundamentais («*Leerlaufen der Grundrechte*»)[545].

O artigo 20.º, n.º 5, da CRP goza de uma genuína «*determinidade*»[546] constitucional, pelo que, por conseguinte, é directamente aplicável, nos termos do artigo 18.º da CRP[547]. Sendo, no entanto, uma norma preceptiva não exequível por si mesma, ou seja, dependente de *interpositio legislatoris*, caberá à lei regulamentar os pressupostos externos de exequibilidade. O legislador pode livremente optar por reformar os meios processuais em vigor, acrescentando-lhes regras que assegurem a celeridade e a prioridade da defesa de direitos, liberdades e garantias, ou pode, em alternativa, seguindo o exemplo dos ordenamentos jurídico-constitucionais espanhol e alemão, criar vias próprias para a tutela jurisdicional desses direitos. Em qualquer caso, como já vimos, é imperioso insistir que, estando aqui veiculado um *direito constitucional de amparo*, não estamos perante *o recurso de amparo*.

---

[545] RICHARD THOMAS, *apud* ULLI F. H. RÜHL, *op. cit.*, p. 158.

[546] Expressão de MANUEL AFONSO VAZ, *Lei e Reserva da Lei – A Causa da Lei na Constituição... cit.*, pp. 301. O critério da determinabilidade constitucional ainda parece ser maioritariamente seguido pela doutrina. Neste sentido, cfr. JOSÉ CARLOS VIEIRA DE ANDRADE, *Os Direitos Fundamentais na Constituição ... cit.*, pp. 176-177, JOSÉ CASALTA NABAIS, *Por uma liberdade com responsabilidade... cit.*, p. 67, e RUI MEDEIROS, *Ensaio sobre a Responsabilidade Civil... cit.*, p. 121. Com algumas reservas, porém, defendendo uma tese mista, JORGE MIRANDA, *Manual de Direito Constitucional*, Tomo IV, *cit.*, pp. 106-114, e J. J. GOMES CANOTILHO, *Direito Constitucional e Teoria da Constituição*, *cit.*, pp. 399-400.
Contra o critério da determinabilidade constitucional, entre outros, ISABEL MOREIRA, *op cit.*, p. 192; JORGE BACELAR GOUVEIA, *Manual de Direito Constitucional*, Vol. II, Almedina, Coimbra, 2.ª Edição, 2007, p. 1055, defendendo um critério de separação normativo-formal; e JORGE REIS NOVAIS, *As restrições aos direitos fundamentais... cit.*, p. 150.

[547] É a posição assumida pela generalidade da doutrina. Cfr. JORGE MIRANDA, «*Uma Perspectiva Constitucional da Reforma do Contencioso Administrativo*», in AAVV, Estudos em Homenagem ao Prof. Doutor Inocêncio Galvão Telles, V Volume – Direito Público e Vária, Almedina, Coimbra, 2003, pp. 35-61, p. 56, JORGE PEREIRA DA SILVA, *Dever de Legislar e Protecção Jurisdicional Contra Omissões Legislativas – Contributo para uma Teoria da Inconstitucionalidade por Omissão*, Universidade Católica Editora, Lisboa, 2003, pp. 53-54, J. J. GOMES CANOTILHO, *Direito Constitucional e Teoria da Constituição*, *cit.*, p. 506, PAULO CARDINAL, «*The Judiciary and Fundamental Rights... cit.*, p. 158, e RUI MEDEIROS, «*Anotação ao artigo 20.º da Constituição*», *cit.*, p. 203. Uma relevante concretização deste direito, é precisamente o processo de intimação para a protecção de direitos, liberdades e garantias, previsto nos artigos 109.º ss do CPTA, que adiante analisaremos com mais detalhe.

A Tutela Constitucional dos Direitos, Liberdades e Garantias

Cremos, inclusive, que a inserção constitucional de uma figura como o recurso de amparo permitiria, por sua vez, uma genuína "democratização" do acesso à justiça constitucional, uma abertura da via constitucional a todos os cidadãos lesados nos seus direitos fundamentais[548]. Não se nos afigura aceitável rejeitar a inserção deste instituto apregoando argumentos *ad terrorem,* como o da tão badalada incapacidade que o Tribunal Constitucional sentiria em responder atempadamente às queixas dos particulares. Colocar a tónica em questões de logística processual, que podem ser solucionadas através de reformas perspicazes e destemidas, não pode de modo algum servir de justificação para a negação de mecanismos eficazes de protecção dos direitos fundamentais[549].

Podemos, então, dar por plausível que o modelo constitucional português necessita de ser aperfeiçoado, de modo a ser capaz de dar resposta às reclamações da realidade constitucional (*law in action*) e às exigências de um genuíno Estado de Direito material, em que imperem os princípios da justiça e da dignidade da pessoa humana e se efective uma «maior autenticidade da democracia»[550]. Como é natural, quando uma Constituição assume a responsabilidade da catalogação de um elenco de direitos, liberdades e garantias, tem de, paralelamente, questionar-se acerca da melhor forma de os tornar efectivos[551]. De nada valerá a um Estado constitucionalizar direitos, se não se comprometer a atribuir-lhes uma real eficácia. Assim sendo, a preocupação primordial deverá sempre incidir sobre a efectividade, sob pena de estarmos a falar de declamações vazias (*«hohle Deklamationen»*), ou ideologias despidas (*«bloße Ideologie»*)[552].

---

[548] Como bem realça MANUEL ARAGÓN REYES, *«La tutela diretta dei diritti fondamentali»... cit.,* p. 74, desta forma, os direitos fundamentais serão protegidos «de modo supremo» (pelo supremo intérprete constitucional, ou seja, o Tribunal Constitucional), e esta protecção abre-se a «todos» (todas as pessoas), e «no confronto de todos» (todas as autoridades públicas).

[549] VITAL MOREIRA, *«Princípio da maioria e princípio da constitucionalidade... cit.,* p. 192, acusa, mesmo, a existência de «maltusianismo artificial» na negação aos particulares do acesso directo ao TC, que poderia ser concedido através de uma previsão prévia de mecanismos de filtragem de recursos abusivos.

[550] JORGE MIRANDA, *Ideias para uma revisão constitucional... cit.* p. 15.

[551] Nesta sede, segundo FRANCISCO RUBIO LLORENTE, *«Seis tesis sobre... cit.,* p. 32, a melhor forma de conservar o texto constitucional vivo, operante, em interacção com a realidade constitucional, é mediante a possibilidade de impugnar decisões judiciais.

[552] ULLI F. H. RÜHL, *op. cit.,* p. 157. No mesmo sentido, L. PRIETO SANCHÍS, *apud* ROSARIO TUR AUSINA, *op. cit.,* p. 202, sustenta que quando o sistema de direitos funda-

152 *A Tutela Directa dos Direitos Fundamentais*

Tendemos, por isso, a considerar que o sistema constitucional português, não obstante possuir vários aspectos positivos e de referência, deverá ser complementado e enriquecido, vencendo a posição de confortável resistência à mudança, sobretudo quando o que está em cima da mesa é uma matéria tão preciosa e merecedora como a da tutela jurisdicional subjectiva dos direitos fundamentais. Como acabámos de ver, nos sistemas de justiça constitucional de tipo concentrado carentes de recurso de amparo, a jurisprudência do TC fica à mercê da sapiência e da boa vontade dos tribunais ordinários[553], afastando-se do «ponto ómega do Estado de Direito»[554] e não assegurando os direitos fundamentais da forma mais plena, eficaz e ampla possível[555].

De tudo o que até aqui se foi comprovando, resulta já com uma vítrea nitidez que não é bastante afirmar que a fiscalização concreta acaba por responder à maioria dos desígnios do recurso de amparo, precisamente porque é em sede de fiscalização concreta que o nosso sistema constitucional apresenta ainda consideráveis deficiências[556]. Dado que o modelo concentrado está exclusivamente dirigido à fiscalização de normas, ficam *prima facie* excluídas as decisões e actos individuais e concretos, quer praticados pelos titulares do poder político, pela Administração ou pelo poder judicial[557].

Não será mesmo ousado adiantar que esta situação de carência de protecção impede que alguma doutrina perspective o TC como um genuíno

---

mentais não garante aos respectivos titulares a sua satisfação, então «não poderemos falar de uma verdadeira existência jurídica de direitos». Estaremos antes perante «figuras jurídicas vazias» ou «meras considerações teóricas ou programáticas» (ROSARIO TUR AUSINA, *op. cit.*, pp. 202-203).

[553] Como já alertava LUIZ MARIA DIEZ-PICAZO GIMÉNEZ, *op. cit.*, p. 31.

[554] FRANCISCO LUCAS PIRES, *Teoria da Constituição de 1976... cit.*, p. 266. Contra esta percepção, RUI MEDEIROS, *A Decisão de Inconstitucionalidade..., cit.,* p. 354.

[555] PETER HÄBERLE, *«Die Verfassungsbeschwerde im System... cit.*, p. 113.

[556] Cfr. JORGE REIS NOVAIS, *«Em Defesa do Recurso de Amparo Constitucional... cit.*, p. 94.

[557] ÁNGELA FIGUERUELO BURRIEZA, *El Recurso de Amparo: Estado de la Cuestión, cit.,* p. 334. A maioria da doutrina espanhola considera que o recurso de amparo não tem «um assento cómodo» no modelo concentrado ou austríaco, não pertencendo à essência deste modelo. Com efeito, enquanto neste modelo o juiz constitucional realiza um juízo abstracto da constitucionalidade das normas legais, actuando mais como um «legislador negativo» do que como um verdadeiro juiz, ao invés, no recurso de amparo, o juiz constitucional converte-se num juiz do caso concreto.

A *Tutela Constitucional dos Direitos, Liberdades e Garantias* 153

tribunal dos direitos fundamentais[558]. Tomando como exemplo as decisões jurisdicionais – que são, sem dúvida, o aspecto mais problemático do actual sistema de controlo da constitucionalidade[559-560] – na hipótese de um particular pretender que seja apreciada a eventual inconstitucionalidade de uma norma violadora dos seus direitos fundamentais, terá de provocar ou esperar uma questão jurídica em que essa lei deva ser aplicada, para então aí invocar, perante o tribunal[561], a inconstitucionalidade respectiva, podendo, depois, recorrer para o TC de uma possível decisão desfavorável, nos termos do artigo 280.º, n.º 1, alínea b), da CRP. E, por tudo isto, logo se antolha que o recurso de constitucionalidade, *apesar de dar cobertura a uma significativa parcela* do âmbito da queixa constitucional, ou do recurso de amparo, *não se lhe equipara*[562].

Neste sentido se manifestou GERHARD DANNEMANN, quando sustentou que o mecanismo de fiscalização concreta português não é comparável ao recurso de amparo[563]. Na verdade, o Autor alerta que, conquanto esta possibilidade – inspirada no modelo da *judicial review* – faça lembrar uma «espécie» de queixa constitucional numa «limitada esfera de aplicação», *certo é que os particulares continuam a não ter acesso directo ao Tribunal Constitucional*, fora de um processo a correr nos tribunais ordinários[564]. Além do mais, a impossibilidade de se sindicar a violação (de um direito fundamental) por uma decisão judicial em si mesma, é considerada pelo Autor como um «erro», visto que os tribunais, principais

---

[558] Porém, estamos com CARLOS BLANCO DE MORAIS, *Justiça Constitucional, Tomo II, cit.*, p. 1050, quando alerta para o perigo da conversão do TC num mero "tribunal de direitos fundamentais", ignorando as restantes problemáticas de Direito Constitucional próprias de um Estado de Direito. Os direitos fundamentais são provavelmente o domínio de eleição do TC, mas não o esgotam. Como etapas do mesmo discurso, PETER HÄBERLE, *«Die Verfassungsbeschwerde im System... cit.*, p. 112, e RUI MEDEIROS, *O Estado de direitos fundamentais português: alcance, limites e desafios», cit.* p. 23, criticam a «moda» de um fundamentalismo excessivo dos direitos fundamentais.

[559] CARLOS BLANCO DE MORAIS, *Justiça Constitucional, Tomo II, cit.*, p. 1041.

[560] Contudo, e como adiante veremos em pormenor, quanto às decisões administrativas, os particulares estão suficientemente tutelados não só pelos artigos 20.º e 268.º, n.ºs 4 e 5, da CRP, mas também por toda uma recente reforma da justiça administrativa.

[561] Nos termos do artigo 204.º, n.º 1, da CRP.

[562] Cfr. JOSÉ CASALTA NABAIS, *Por uma liberdade com responsabilidade... cit.*, pp. 13-14.

[563] *Op. cit.*, pp. 143-144.

[564] *Op. cit.*, pp. 144-145.

154 A Tutela Directa dos Direitos Fundamentais

garantes dos direitos processuais constitucionais, são precisamente os seus principais violadores[565].

Concluindo a análise do Autor, que, após um estudo aprofundado de Direito comparado, não se deixa impressionar com o artigo 280.º da CRP, resta alertar que a não consagração de um recurso de amparo ou queixa constitucional acaba apenas por *transferir a carga de trabalho dos tribunais nacionais para o Tribunal de Estrasburgo*[566]. Ora, como posteriormente inferiremos, este Tribunal possui um leque de poderes muito mais limitado do que os que existem dentro da esfera soberana da cada Estado, não tutelando de forma tão eficaz e plena os direitos fundamentais dos particulares lesados.

Um dos erros estratégicos do actual desenho constitucional consistiu, a nosso ver, na falta de percepção da extrema relevância que deve assumir a criação de um modelo de justiça constitucional, orientado para que os cidadãos perspectivem a figura do Tribunal Constitucional como um *genuíno guardião da Constituição* – à semelhança do que sucede em Espanha e na Alemanha[567].

Como atrás vimos, o particular possui apenas um acesso à Constituição por via *indirecta*[568], isto é, através do exercício do seu direito de petição ou do direito de apresentar queixa ao Provedor de Justiça, pode tentar sensibilizar – diga-se desde já, sem grandes perspectivas de sucesso[569] – os titulares de legitimidade processual activa em processos

---

[565] *Op. cit.*, p. 152. Nesta sede, cumpre, porém, como alerta Maria Lúcia Amaral, «*Queixas Constitucionais... cit.*, p. 494, não esquecer que a defesa dos direitos se faz «através dos tribunais e não contra eles», como resulta transparente do artigo 20.º da CRP.

[566] *Op. cit., loc. cit.*

[567] Para corroborar esta nossa afirmação, são significativas as estatísticas apresentadas por António de Araújo e Pedro Coutinho Magalhães, *apud* Luís Ferreira Leite, *op. cit.*, p. 193, nt. 188, que, em 1998, reportaram o resultado de um inquérito por questionário. Os resultados não deixaram de ser surpreendentes: só 33,3% dos portugueses conheciam o TC, e os restantes 66,7% não o conheciam ou conheciam mal.

[568] Cfr. Manuel Afonso Vaz, *Lei e Reserva da Lei – A Causa da Lei na Constituição... cit.*, pp. 310-311. Em termos mais gerais, esta realidade assenta, segundo J. J. Gomes Canotilho, «*Jurisdição constitucional e intranquilidade discursiva*», *cit.*, p. 880, numa visão de separação entre Estado e sociedade, que se traduz numa limitação da legitimidade processual activa a órgãos constitucionais do Estado. Daí Vital Moreira, «*Princípio da maioria e princípio da constitucionalidade... cit.*, p. 192, propugnar por uma «*democratização do acesso à justiça constitucional*».

[569] Num discurso mais optimista, cfr. José Manuel M. Cardoso da Costa, *A Jurisdição Constitucional... cit.*, p. 69, nt. 89.

A Tutela Constitucional dos Direitos, Liberdades e Garantias   155

de fiscalização abstracta da constitucionalidade[570], esperando que estes desencadeiem o processo que possa levar à declaração de inconstitucionalidade da norma que ofende os seus direitos, liberdades e garantias[571].

Poderá ainda, em última análise, apresentar uma petição individual perante o TEDH, após esgotados os recursos jurisdicionais internos, caso tenha sido violado um direito fundamental que seja, de igual modo, protegido pela CEDH. Não deixa, porém, de ser contraditório que um particular não possa obter essa tutela jurisdicional no seu próprio Estado e tenha de recorrer ao Direito Internacional para ressarcir essa violação, quando a regra da aplicabilidade directa não pode deixar de exigir «eficácia imediata» através da justiça constitucional[572-573].

O aforismo jurídico *«quis custodiet ipsos custodes»*, no sentido de saber quem controla a criatura (neste caso, o TC), é um argumento fácil utilizado por quem pretende desvalorizar a criação de mecanismos garantísticos de direitos e liberdades fundamentais. Ora, como já dizia com argúcia Hans Kelsen, «guardar o "guardião" seria o primeiro passo de um absurdo *regressus ad infinitum* de política do direito»[574]. Admitimos que o problema do controlo da jurisdição constitucional faça sentido na

---

[570] Elencados no artigo 281.º, n.º 2, da CRP.

[571] José Carlos Vieira de Andrade, *Os Direitos Fundamentais na Constituição ...* *cit.*, p. 350.

[572] Alguma doutrina manifestou a sua perplexidade face a este sistema que permite recurso a instâncias internacionais, sem que primeiro se esgote a jurisdição doméstica. Expondo o problema, cfr. Jorge Reis Novais, *Direitos Fundamentais: trunfos contra a maioria, cit.*, p. 12, José Casalta Nabais, «*Os direitos fundamentais na Constituição portuguesa*», *cit.*, p. 33 e *Por uma liberdade com responsabilidade... cit.*, p. 79, e José de Melo Alexandrino, *A estruturação do sistema de direitos, liberdades e garantias...*, Vol. II, *cit.*, p. 486, nt. 2094.

[573] Cfr. Eduardo García Enterría, *Hacia una nueva justicia administrativa, cit.*, p. 41, José Carlos Vieira de Andrade, *Os Direitos Fundamentais na Constituição ...* *cit.*, p. 195, e Manuel Afonso Vaz, *Lei e Reserva da Lei – A Causa da Lei na Constituição... cit.*, p. 302.

[574] Hans Kelsen, *«Quem deve ser o guardião da Constituição?»*, *cit.*, p. 290. No mesmo sentido, Ernst-Wolfgang Böckenförde, «*Die Überlastung des Bundesverfassungsgerichts*», *in* ZRP, 29. Jahrgang, Heft 33, August 1996, Verlag C. H. Beck OHG, Münschen, pp. 281-284, p. 284, refere que a jurisdição constitucional é um sistema auto-referencial (*selbstreferentielles System*), incumbido da importante missão do controlo da Constituição. Esta missão não foi confiada a nenhum outro órgão do Estado Constitucional democrático, pelo que recai sobre os ombros do Tribunal Constitucional uma pesada responsabilidade em não defraudar as expectativas.

156 A Tutela Directa dos Direitos Fundamentais

hipótese de o TC forçar o limite do conteúdo da Constituição, cerceando a liberdade de actuação dos restantes operadores jurídicos[575]. Todavia, tal situação não se afigura muito provável, por vários motivos.

Antes de mais, o sistema de nomeação dos juízes constitucionais, assente exclusivamente na intervenção parlamentar, acaba por permitir um controlo prévio de eventuais excessos. Por outro lado, espera-se que o Tribunal actue nos limites das suas competências, de modo a não potenciar os conflitos entre jurisdições. E não pode esquecer-se, por seu turno, que o argumento recorrente da necessidade de guardar o guardião, passe o pleonasmo, encerra em si uma *falácia*, pois espelha uma preocupação que jamais será sossegada e que é reversível à escala das decisões judiciais. Se outro órgão controlasse o TC, poderíamos questionar: quem corrige, agora, o resultado do controlo que este órgão efectuou sobre o TC? E, num remar contra a maré, estaríamos *ad perpetuam* a controlar o anteriormente controlado.

Urge, assim, confiar nas instituições democráticas, sem levantar, esquizofrenicamente, perenes suspeitas de abuso de poder. O TC é o órgão a quem foi constitucionalmente confiada a guarda da normação mais preciosa do ordenamento jurídico – a Constituição. Por sua vez, o Direito Constitucional é uma disciplina jurídica de cariz extremamente complexo, composto por normas abertas e muito dependentes de interpretação[576].

No quadro da *actual formação dos nossos juízes*, apesar de já apresentar um maior peso a formação nas cadeiras de Direitos Fundamentais e Direito Constitucional, certo é que sua essência – como seria de esperar – permanece profundamente centrada nas disciplinas substantivas e processuais civis e penais[577]. Não é francamente exigível que os juízes ordi-

---

[575] PABLO PÉREZ TREMPS, *Tribunal Constitucional y Poder Judicial, cit.*, p. 272.

[576] Cfr. MARIA LÚCIA AMARAL, «*Carl Schmitt e Portugal... cit.*, pp. 185-186.

[577] JORGE SAMPAIO, *Discurso de Sua Excelência o Presidente da República por ocasião da Sessão Solene Comemorativa do XX Aniversário do Tribunal Constitucional, cit.*, foi bem mais longe na sua crítica ao actual estado de coisas, exortando que «talvez valha a pena interrogarmo-nos se estaremos a proporcionar aos nossos juristas uma preparação académica e uma formação profissional adequadas às exigências actuais de um Estado de Direito, um Estado que tem sido justamente caracterizado como Estado de Direitos Fundamentais. Esta dúvida ganha nova consistência quando, (…) verificamos simultaneamente que seguramente mais de 90% dos nossos magistrados judiciais, dos magistrados do Ministério Público e dos advogados nunca tiveram, ao longo de toda a sua formação universitária e profissional, uma simples disciplina de Direitos Fundamen-

A *Tutela Constitucional dos Direitos, Liberdades e Garantias*   157

nários possuam uma sensibilidade constitucional tão apurada e desenvolvida como aquela que é esperada dos magistrados constitucionais[578]. Daí que HANS KELSEN aconselhasse que a jurisdição constitucional deveria acolher especialistas em Direito Constitucional[579]. Aliás, é para aqui pertinente, o subtil reparo de H. QUARTISCH: o Tribunal Constitucional é um «órgão de *especialistas*», criado pelo povo soberano para controlar os «órgãos *generalistas*»[580].

Como atrás já referimos, apesar de a catalogação constitucional de direitos fundamentais ser um indicador positivo de que o Estado de Direito se autovinculará à sua protecção, não é *per se* suficiente[581]. Terá de existir a par desta "positivação" – ou, inclusive, mesmo que ela não exista – uma panóplia de mecanismos processuais que consigam atribuir uma protecção «mais forte e energética»[582] a determinados direitos funda-

---

tais. (…) Na maior parte dos casos, deste ramo do Direito resta, na memória dos nossos juristas, uma ténue reminiscência do que ficou do aglomerado de informação transmitida no primeiro ano das Faculdades de Direito». Também alertando para o mesmo problema, ainda que não lhe reconhecendo tanta gravidade, cfr. CARLOS BLANCO DE MORAIS, *Justiça Constitucional, Tomo II, cit.*, p. 961, e 1044-1045.

[578] PABLO PÉREZ TREMPS, *Tribunal Constitucional y Poder Judicial, cit.*, pp. 197--199, apontou as seguintes razões para a desconfiança da Europa perante o juiz ordinário: (*i*) razões políticas atinentes com alguma reverência da magistratura judicial perante os regimes autoritários e totalitários; (*ii*) o sistema de recrutamento dos juízes ser algo semelhante ao utilizado na Administração Pública, o que leva à perspectivação do juiz como o braço aplicador da lei, sem a dinâmica criativa característica da magistratura dos países de *Common Law*; (*iii*) e, por último, a deficitária «consciência constitucional» do juiz ordinário, que se deve essencialmente à escassa formação juspublicista dos magistrados constitucionais (e, além destes, da generalidade dos operadores judiciários não especializados em Direito Constitucional). No mesmo sentido, TOMÁS QUADRA-SALCEDO, *op. cit.*, p. 41.

[579] «*A jurisdição constitucional*», *cit.*, p. 154. No mesmo sentido, mais tarde, OTTO BACHOF, *Jueces y Constitución, apud* JOSÉ JULIO FERNÁNDEZ RODÍGUEZ, «*La expansión de la justicia constitucional en Europa Central y Oriental*», *in* Ius et praxis, Vol. 5, Núm. 2, 1999, Universidad de Talca, Chile, pp. 321-352, pp. 330-331.

[580] *Apud* EDUARDO GARCÍA DE ENTERRÍA, *La Constitución Como Norma y el Tribunal Constitucional, cit.*, p. 210. No mesmo sentido, RUI MEDEIROS, *A Decisão de Inconstitucionalidade – Os autores, o conteúdo e os efeitos da decisão de inconstitucionalidade da lei*, Universidade Católica Editora, Lisboa, 1999, p. 855.

[581] Tanto que os patamares mais elevados de tutela verificam-se nos Estados em que se assistiu a uma positivação dos direitos fundamentais. Cfr. GIANCARLO ROLLA, «*Las perspectivas de los derechos de la persona… cit.*, pp. 39-83, p. 50.

[582] MANUEL ARAGÓN REYES, «*La tutela diretta dei diritti fondamentali»… cit.*, p. 74.

158 *A Tutela Directa dos Direitos Fundamentais*

mentais que a Constituição quis directamente garantir. Defendemos, deste modo, a introdução de um mecanismo de acesso directo do particular à jurisdição constitucional, de forma *subsidiária e extraordinária*.

Acreditamos que esta solução deve ser assumida como uma consequência necessária do princípio da aplicabilidade directa[583] (artigo 18.º da CRP), que ousou ir mais além do princípio da constitucionalidade consagrado no artigo 3.º, n.º 3, da CRP[584-585]. Quanto a este último princípio, não deixa de ser curioso notar a total disparidade entre a letra do preceito – que propugna que a validade dos actos jurídico-públicos («demais actos») depende da sua conformidade com a Constituição – e o modelo de fiscalização adoptado, que é, manifestamente, um controlo normativo (artigos 277.º, n.º 1, e 283.º, n.º 1, da CRP)[586].

O modelo de fiscalização da constitucionalidade não deveria ter assumido um *carácter tão redutor e exclusivamente centrado na violação de norma* (e não, na violação do direito). Além do mais, é interessante verificar que, se, por uma parte, a Constituição portuguesa foi directamente influenciada pela Lei Fundamental alemã quanto à enumeração de direitos,

---

[583] No sentido de que os sujeitos de direitos fundamentais são, consequentemente, titulares de uma legitimidade processual activa para interpor uma queixa constitucional perante o TCFA, CHRISTIAN PESTALOZZA, *«Die echte Verfassungsbeschwerde»*, Schriftenreihe der Juristichen Gesellschaft zu Berlin, Heft 181, De Gruyter Recht, Berlin, 2007, p. 8, par. 5. Na arquitectura constitucional portuguesa, o elemento literal de interpretação vertido no artigo 18.º da CRP apoia o nosso desiderato. E não há que obscurecer o seu sentido, uma vez que, como bem salientou JORGE BACELAR GOUVEIA, *«A Declaração Universal dos Direitos do Homem e a Constituição Portuguesa»*, in AAVV, Ab Vno ad Omnes – 75 Anos da Coimbra Editora, Coimbra Editora, 1998, pp. 925-963, p. 938, os elementos literais representam «(o) código comunicacional que tem o propósito de transmitir aspectos de dever-ser que se entendeu por bem impor». Em geral, numa perspectiva de Direito Comparado, cfr. GERHARD DANNEMANN, *op. cit.*, p. 142.

[584] Como é apontado por JOSÉ DE MELO ALEXANDRINO, *Direitos Fundamentais... cit.*, p. 87, e RUI MEDEIROS, *A Decisão de Inconstitucionalidade – Os autores, o conteúdo e os efeitos da decisão de inconstitucionalidade da lei*, Universidade Católica Editora, Lisboa, 1999, p. 168.

[585] Cfr., sobre o princípio da constitucionalidade, CARLOS BLANCO DE MORAIS, *Justiça Constitucional, Tomo I, cit.*, pp. 121-123, e J. J. GOMES CANOTILHO, *Direito Constitucional e Teoria da Constituição, cit.*, p. 277.

[586] Alertando, também, para este facto, cfr. CATARINA SARMENTO E CASTRO, *op. cit.*, p. 388, J. J. GOMES CANOTILHO e VITAL MOREIRA, *Constituição da República Portuguesa Anotada*, Vol. I, *cit.*, p. 217, e *Fundamentos da Constituição, cit.*, p. 258, LICÍNIO LOPES MARTINS, *op. cit.*, p. 61, e VITAL MOREIRA, *«Princípio da maioria e princípio da constitucionalidade... cit.*, p. 187.

A *Tutela Constitucional dos Direitos, Liberdades e Garantias*

liberdades e garantias[587] e relativamente à "positivação" expressa da sua aplicabilidade directa, não acompanhou, por outra parte, o modelo alemão da queixa constitucional.

Antes de mais, cumpre ressalvar que, à semelhança do que acontece nos ordenamentos jurídico-constitucionais espanhol e alemão, *não defendemos uma introdução de um recurso de amparo extensível a todos os direitos fundamentais.* Destarte, parece-nos que o objecto de tal recurso deveria ser limitado aos direitos, liberdades e garantias e aos direitos fundamentais de natureza análoga, uma vez que a estes últimos é igualmente aplicável, por imperativo constitucional, o regime dos direitos, liberdades e garantias (artigo 18.º *ex vi* artigo 17.º da CRP)[588].

Com efeito, regra geral, os direitos sociais não concretizados não gozam do regime de aplicabilidade directa, pelo que não se lhes aplica o regime do artigo 18.º da CRP. Apesar de não existir qualquer relação hierárquica entre preceitos consagradores de direitos, liberdades e garantias e os preceitos respeitantes aos direitos sociais, certo é que os primeiros são especialmente valorados pelo legislador constituinte e mais estreitamente protegidos[589]. Nesta ordem de ideias, não sendo directamente aplicáveis por falta de determinidade constitucional, sendo direitos sob *reserva de lei*, concluímos que os direitos sociais não deverão ser directamente

---

[587] Sobre esta influência, cfr. JORGE MIRANDA, «*A originalidade e as principais características da Constituição portuguesa*», in CuC, Año 2007, Num. 16, Instituto de Investigaciones Jurídicas, UNAM, México, pp. 253-280, p. 260, e JOSÉ DE MELO ALEXANDRINO, *A estruturação do sistema de direitos, liberdades e garantias...*, Vol. I, *cit.*, p. 115.

[588] Excluídos deverão estar, assim, os direitos económicos, sociais e culturais que não possuam natureza análoga aos direitos, liberdades e garantias. Veja-se, por exemplo, que a Lei Fundamental alemã não consagra um elenco de direitos sociais, não se lhes aplicando, desta forma a queixa constitucional. Cfr. CARLOS BLANCO DE MORAIS, *Justiça Constitucional, Tomo II, cit.*, p. 1042, e JORGE MIRANDA, *Manual de Direito Constitucional, Tomo IV, cit.*, pp. 121 e 145-146.

[589] JORGE MIRANDA, «*Os direitos fundamentais na ordem constitucional portuguesa*», in REDC, Año 6, Núm. 18, Septiembre-Diciembre 1986, Centro de Estudios Constitucionales, Madrid, pp. 107-138, pp. 115 e 123, JOSÉ DE MELO ALEXANDRINO, *Direitos Fundamentais... cit.*, p. 64, e JOSÉ MANUEL M. CARDOSO DA COSTA, «*A hierarquia das normas constitucionais... cit.*, p. 8, referem-se a uma ideia de «primado», de «diferenciação» entre os direitos, liberdades e garantias e os direitos económicos, sociais e culturais. Numa posição mais moderada, J. J. GOMES CANOTILHO, *Direito Constitucional e Teoria da Constituição, cit.*, p. 415, prefere a designação «regime geral», aplicável a todos os direitos fundamentais, e «regime especial», que incide apenas sobre os direitos, liberdades e garantias e os direitos de natureza análoga.

160 A Tutela Directa dos Direitos Fundamentais

accionáveis perante o TC[590]. Pelo contrário, os direitos, liberdades e garantias (e os direitos fundamentais de natureza análoga a estes) são direitos de reserva da Constituição, são «*norma normata*»[591], pelo que não necessitam da intervenção do legislador ordinário para concretizar o seu conteúdo.

Mesmo que não se adira à tese da inserção de um recurso de amparo constitucional extensível a todos os direitos protegidos pelos artigo 17.º e 18.º da CRP, *no mínimo*, deverão ser primacialmente salvaguardados os direitos, liberdades e garantias *pessoais*, com fundamento no artigo 20.º, n.º 5, da CRP[592].

Em segundo lugar, importa referir que temos consciência dos problemas que se poderão levantar aquando de uma eventual criação de um recurso de amparo, pelo que, unicamente através da *previsão de exigentes mecanismos de filtragem* que impeçam um bloqueamento da actividade do TC, se poderá obstar um cenário de sobrecarga do Tribunal – que nos parece ser, actualmente, o principal calcanhar de Aquiles dos congéneres europeus que adoptaram este instrumento. Nesta medida, todas as alterações à LTC no sentido de regulamentar os requisitos proces-suais deste instituto deverão acompanhar, de perto, a experiência das reformas operadas em sede de Direito comparado, a que faremos referência na altura devida.

Um dos caminhos, que se nos afigura de enorme potencial, é o aproveitamento e o aperfeiçoamento da *tutela dos direitos fundamentais pela própria jurisdição ordinária*. Na verdade, o papel de último intérprete da Constituição, recorrentemente atribuído ao TC, tem de adequar-se com a ideia de «paralelismo de tarefas» («*Aufgabenparallelität*») ou, se se preferir, de subsidiariedade de tarefas (*Aufgabensubsidiarität*), entre

---

[590] Segundo Manuel Afonso Vaz, «*O Enquadramento Jurídico-Constitucional dos "Direitos Económicos, Sociais e Culturais"*», *in* AAVV, Juris et de Jure – Nos 20 Anos da Faculdade de Direito da UCP – Porto, Porto, 1998, pp. 435-451, p. 437, a grande distinção entre os direitos, liberdades e garantias, por um lado, e os direitos sociais, por outro, prende-se precisamente ao facto de os primeiros serem direitos de «reserva da constituição» – isto é, na medida em que possuem determinidade constitu-cional, são directamente aplicáveis *ex vi constitutionis* – enquanto os segundos são apenas «direitos de reserva de lei», ainda que sejam «normas-princípios constitucionais». Contra esta avaliação, Isabel Moreira, *op cit.*, p. 189.

[591] K. Stern, *apud* J. J. Gomes Canotilho, *Direito Constitucional e Teoria da Constituição, cit.*, p. 438.

[592] Cfr. Francisco Aguilar, *op. cit.*, p. 299, nt. 12.

A Tutela Constitucional dos Direitos, Liberdades e Garantias 161

as jurisdições constitucional e ordinária[593]. Dito de outro modo: o TC deverá intervir apenas e exclusivamente nos casos em que essa protecção não tiver sido adequadamente levada a cabo pelos tribunais ordinários.

Podemos então assentar, depois deste excurso, que o domínio de eleição do recurso de amparo será precisamente o dos *actos jurisdicionais*. Em causa, poderá estar uma de duas situações: uma primeira hipótese é o tribunal, na sua sentença ou acórdão, confirmar uma situação de alegada violação de direitos e liberdades fundamentais; ou, então, essa violação ter origem directa e imediata num acto ou omissão do próprio órgão judicial[594]. Ver-se-á, antecipando que, da lição de Direito comparado espanhol, concluiremos que a esmagadora maioria dos recursos de amparo tiveram por objecto uma alegada violação do direito à tutela judicial efectiva. Isso demonstra à saciedade que a opção portuguesa pela não sindicância das decisões judiciais merecerá um repensar lúcido e informado.

Cremos, por conseguinte, que a inserção de um recurso de amparo constitucional contra decisões judiciais teria as *seguintes vantagens*: (*i*) em primeiro lugar, uma tal "democratização" da justiça constitucional alteraria significativamente o modo como os cidadãos perspectivam o TC, incutindo neles uma cultura democrática, com substrato na protecção efectiva dos direitos fundamentais dos particulares e promoveria uma atitude de militância em defesa dos seus direitos; (*ii*) depois, não os deixaria tão profundamente reféns de uma atitude generosa do TC e/ou do mérito técnico-jurídico do seu advogado, permitindo maior certeza e segurança jurídicas; (*iii*) algo inesperadamente, a jurisdição ordinária também lucraria, com um acréscimo de confiança no aparelho judicial, dada a hipótese do cidadão poder recorrer contra decisões judiciais lesivas de direitos, liberdades e garantias e direitos fundamentais de natureza análoga; (*iv*) e, por fim, teria como consequência a atribuição ao TC de

---

[593] A expressão é de BRYDE, *apud* KLAUS SCHLAICH e STEFAN KORIOTH, *op. cit.*, p. 17. Esta a ideia de paralelismo pressupõe uma homogeneidade entre o tribunal constitucional, por um lado, e os restantes tribunais da jurisdição ordinária, por outro. Neste sentido, REINHARD WARMKE, *op. cit.* p. 34.

[594] Estas duas hipóteses estão expressamente consagradas, respectivamente, nos artigos 43.º, n.º 1 e 44.º, n.º 1, da LOTCE. Cfr. PEDRO GONZÁLEZ SALINAS, «*Recurso de amparo prematuro, nulidad de actuaciones improcedente y recurso de amparo extemporáneo? Donde esta la garantía de una tutela judicial efectiva?*», in REDA, n.º 116, octubre-diciembre, 2002, Editorial Civitas, Madrid, p. 605.

uma tarefa de unificação hermenêutica da interpretação sobre o conteúdo e alcance dos direitos fundamentais. Se os juízes ordinários não estiverem vinculados à interpretação de um órgão de topo em assuntos constitucionais – o TC – teria que aceitar-se a existência simultânea de duas interpretações igualmente válidas da Constituição: uma realizada pelo TC frente aos actos ou omissões do legislador ou da Administração e outra efectuada pelos tribunais ordinários (ou pelo Supremo), frente a decisões judiciais. Desta forma, inexistindo segurança jurídica ao nível de como deverão ser interpretadas as normas constitucionais, não se atinge um limiar de optimização que seria exigível num Estado de Direito[595].

Reputamos, inclusive, que esta é uma altura ideal (se é que essa altura existe) para a inserção deste mecanismo, mediante uma revisão constitucional. Como adiante procuraremos demonstrar, as experiências alemã e espanhola permitem-nos *absorver, como fonte inspiradora, as opções político-legislativas que funcionaram e afastar aquelas que se revelaram mais infelizes.* Importa, assim, aproveitar o estado de *maturidade* constitucional das experiências de Direito comparado. Parece-nos que o caminho a seguir passa pela reivindicação de uma maior efectividade da justiça constitucional, acentuando a perspectiva do TC como uma jurisdição de liberdade.

Em jeito de conclusão, não advogamos, nem seria intelectualmente honesto afirmar que a inserção de um recurso constitucional de amparo seja urgente para a tutela dos direitos fundamentais dos indivíduos. Todavia, entendemo-lo como *necessário para o seu aperfeiçoamento e potencialização.* Com efeito, a função do amparo contra decisões judiciais não se esgota na defesa de direitos subjectivos, mas também, e como acima referimos, na afirmação prática da primazia da Constituição no ordenamento jurídico, ou seja, a promoção da ordem constitucional objectiva e a construção de uma sociedade democrática.

Para finalizar e em síntese, nunca é demais repetir a límpida formulação de José Carlos Vieira de Andrade, quando sustenta que a principal garantia dos direitos fundamentais «resulta de eles próprios», do modo como cada comunidade política os foi absorvendo e impulsionando ao longo da história[596].

---

[595] Também Maria Lúcia Amaral, «*Queixas Constitucionais... cit.*, pp. 497-499, sublinha que o TC deve actuar «como centro difusor da cultura constitucional».
[596] *Os Direitos Fundamentais na Constituição ... cit.*, p. 315.

A *Tutela Constitucional dos Direitos, Liberdades e Garantias*   163

4. A QUEIXA CONSTITUCIONAL NO DIREITO COMPARADO

«Il s'analyse aujourd'hui comme une institution indispensable, et dont l'exportation dans d'autres Etats serait sans doute profitable, tant à la démocratie au sens premier du terme qu'à l'Etat de droit»[597].

O estudo de Direito Constitucional Comparado que pretendemos realizar não tem como intuito um mero exercício académico de investigação dos pressupostos formais e materiais do *instituto* da queixa constitucional ou recurso de amparo, mas visa, outrossim, a procura de soluções mais aperfeiçoadas de tutela dos direitos fundamentais, com os seguintes objectivos: (*i*) apreender a teleologia e axiologia que lhe está subjacente; (*ii*) perceber até que ponto a sua inserção no ordenamento jurídico-constitucional português apresenta vantagens significativas para a tutela dos direitos fundamentais; (*iii*) avaliar também acerca da viabilidade da sua introdução e sustentabilidade na arquitectura constitucional portuguesa[598]. Vamos considerar mais detidamente esses vários aspectos, chamando a atenção para o facto de, ao longo do nosso trabalho, termos já discorrido sobre alguns destes pontos de análise.

Deste modo, no nosso ensaio, procuraremos frisar aquilo que une e o que separa os ordenamentos jurídico-constitucionais, socorrendo-nos

---

[597] CATHERINE-AMÉLIE CHASSIN, *op. cit.*, p. 45.

[598] Como lembra EDUARDO FERRER MAC-GREGOR, *op. cit.*, pp. 40-42, a preocupação pelo estudo do Direito comparado manifestou-se sobretudo no século XIX, através da criação da *Société de Législation Comparée* (1869), em Paris. O estudo de Direito comparado assume várias potencialidades, posto que a investigação sobre a forma como questões similares são respondidas noutros ordenamentos jurídicos nos permite obter uma visão mais cristalina acerca das vantagens e desvantagens da abordagem nacional do assunto, desenvolvendo o espírito crítico do jurista. Por sua vez, GUSTAVO ZAGREBELSKY, *op. cit.*, pp. 92, sublinha a importância do estudo da jurisprudência constitucional comparada, à semelhança do que estipula o artigo 39.º da Constituição da República da África do Sul, ao permitir que na interpretação do catálogo de direitos, os tribunais possam ter em consideração o Direito Internacional e o Direito *estrangeiro*. De acordo com o Autor, a adopção de uma justiça constitucional cosmopolita não constitui uma *«meretricious practice»*, na expressão de RICHARD A. POSNER, nos termos em que terá sempre pendente a espada de Dâmocles de padrões mínimos de homogeneidade entre ordenamentos jurídicos (pp. 94-95). Cfr., no mesmo sentido, PETER HÄBERLE, *«Role and impact of constitutional courts in a comparative perspective»*, *cit.*, p. 66.

164 A Tutela Directa dos Direitos Fundamentais

do critério tríplice proposto por Jorge Miranda, que passa pela averiguação da exequibilidade de um juízo de comparação do objecto, seguido do esforço pela localização e que culminará na definição do contexto dos regimes comparados[599]. Assim sendo, após um breve relance de macro--comparação entre os ordenamentos jurídico-constitucionais português *versus* o alemão e o espanhol, estaremos em condições de proceder a uma detalhada análise de micro-comparação entre eles, em especial focando-nos na queixa constitucional e no recurso de amparo[600]. Ao longo do nosso estudo, e determinados a dotá-lo de uma maior relevância prática, apostaremos numa perspectiva de *interconstitucionalidade*[601], isto é, de tudo aquilo que aproxima os direitos constitucionais nacionais.

4.1. A Queixa Constitucional Alemã – Die *Verfassungsbeschwerde*

4.1.1. *Análise Comparativa sobre os Ordenamentos Jurídico--Constitucionais Português e Alemão*

a) Principais semelhanças

Tanto o TCFA, como o TC, não podem ser considerados como tribunais de última instância, na medida em que a sua jurisdição se circunscreve somente às questões relativas à interpretação e aplicação da Constituição. Em consequência, apenas nestes dois domínios específicos poderá eventualmente falar-se em supremacia ou primazia sobre a juris-dição ordinária[602].

---

[599] *Notas para uma introdução ao direito constitucional comparado*, Separata de O Direito, n.os 2 e 3, Lisboa, 1970, pp. 21 e 42-48. Sobre os desafios da interpretação comparativa, cfr. J. J. Gomes Canotilho, *Direito Constitucional e Teoria da Constituição*, *cit.*, p. 1214.

[600] Cfr. Alessandro Pizzorusso, *op. cit.*, p. 148.

[601] J. J. Gomes Canotilho, *Direito Constitucional e Teoria da Constituição*, *cit.*, pp. 1425-1430.

[602] O artigo 2.º da LTC estabelece que «as decisões do Tribunal Constitucional são obrigatórias para todas as entidades públicas e privadas e prevalecem sobre as dos restantes tribunais e de quaisquer outras autoridades». Por sua vez, no artigo 31.º, n.º 1, da BVerfGG podemos ler que «as decisões do Tribunal Constitucional Federal são

A *Tutela Constitucional dos Direitos, Liberdades e Garantias*   165

O n.º 1 do artigo 1.º da BVerfGG classifica este órgão constitucional (*«Verfassungsorgan»*)[603], como um tribunal autónomo e independente (*«selbständiger und unabhängiger Gerichtshof des Bundes»*)[604]. Também no nosso ordenamento jurídico-constitucional, o TC é considerado um órgão de soberania, com independência em relação aos demais órgãos de soberania[605].

Saliente-se, por fim, que em ambos os Estados é conferido aos juízes constitucionais a possibilidade de lavrar votos de vencido (*Sondervoten*), que serão publicados em apêndice à decisão[606]. Esta solução não surpreende, dada a tradição romanista dos dois países, na qual às decisões não é atribuído um valor de precedente, como sucede nos países de *common law*[607]. Esta abertura ao pluralismo e à progressão jurisprudencial

---

vinculativas para os órgãos constitucionais federais e dos Estados federados, assim como para todos os tribunais e autoridades». A isto acresce que, no caso de uma decisão ser anulada, os autos baixarão ao tribunal *a quo* que terá de julgar novamente a questão (artigo 95.º, n.º 2, da BVerfGG).

O mesmo raciocínio se aplica, no direito português, quanto aos efeitos da fiscalização concreta da constitucionalidade, nos termos dos artigos 280.º, n.º 6, da CRP e artigo 80.º da LCT. Assim, o julgamento do TC em sede desta fiscalização, será sempre e apenas restrito à questão de inconstitucionalidade.

[603] Nos termos do artigo 92.º da GG, cuja epígrafe é a «organização dos tribunais», e do artigo 1.º da BVerfGG. Na verdade, os órgãos constitucionais da República Federal da Alemanha são os seguintes: Presidente Federal, Governo Federal, Parlamento Federal (*Bundestag*), Conselho Federal (*Bundesrat*) e o Tribunal Constitucional Federal. Note-se, por outro lado, que a escolha da cidade de Karlsruhe para a sede do TCFA, e não, como seria previsível, da capital do Estado federal, realça claramente a sua independência perante o poder executivo. Cfr. DOROTHEE AX, *op. cit.*, pp. 25-27, e HERBERT POSSER, *op. cit.*, p. 303 e 391.

[604] Assim se justifica que o TCFA possua um orçamento próprio (dentro do orçamento federal) e que a posição dos juízes do tribunal constitucional seja regulada com autonomia em relação às posições dos demais juízes (artigo 98.º e ss. da BVerfGG). Ressalve-se, porém, na esteira de DOROTHEE AX, *op. cit.*, pp. 26-27, que a autonomia da jurisdição constitucional não a desvincula da vinculação à GG e à BVerfGG.

[605] Na verdade, retiramos essa conclusão de uma leitura combinada do artigo 110.º, n.º 1, da CRP (que elenca os tribunais nos órgãos de soberania), com o artigo 209.º, n. 1, da CRP (que insere o Tribunal Constitucional na categorização dos tribunais).

[606] Cfr. o artigo 42.º, n.º 4, da LTC e artigo 30.º, n.º 2, da BVerfGG. Cfr. JUTTA LIMBACH, *«Papel y Poder del Tribunal Constitucional»*, cit., p. 108, e PETER HÄBERLE, *«La jurisdicción constitucional institucionalizada en el Estado constitucional»*, (trad. Joaquín Brage Camazano), *in* Anuario Iberoamericano de Justicia Constitucional, Núm. 5, 2001, Centro de Estudios Constitucionales, Madrid, pp. 169-182, p. 180.

[607] Cfr. MICHEL FROMONT, *«Les revirements de jurisprudence de la Cour constitutionnelle fédérale d'Allemagne»*, *in* CCC, n.º 20, Editions Dalloz, Paris, p. 110-117,

166   A Tutela Directa dos Direitos Fundamentais

revela o amadurecimento jurídico por parte dos tribunais constitucionais português e alemão, que não pretendem proclamar verdades absolutas e irreversíveis, mas que aceitam que a protecção constitucional dos cidadãos necessita também de um espírito de abertura e de aceitação da evolução jurisprudencial, na hipótese de esta vir a fomentar os patamares de protecção dos indivíduos e a justiça em si mesma.

b) Principais diferenças

Voltando agora um pouco atrás, vimos que o TCFA, ao contrário do TC – concebido como um órgão jurisdicional autonomizado dos restantes tribunais – está formalmente consagrado no Capítulo IX (artigos 92.º a 104.º da GG) relativo ao poder judicial (*die Rechtsprechung*) e no artigo 1.º da BVerfGG. Nos termos dos artigos 94.º da GG e 2.º da BVerfGG, o TCFA é composto por dezasseis juízes, divididos em duas secções (*Senaten*), cada uma com oito membros. Uma Secção é encabeçada pelo Presidente, outra pelo Vice-Presidente do TCFA[608]. Ambas as Secções partilham a competência de decisão sobre os processos de queixa constitucional e de controlo de normas[609]. Os restantes assuntos que extravasem estes dois domínios cabem na esfera de competência da segunda Secção[610]. É importante referir que uma Secção não poderá decidir em contradição com as decisões de outra Secção. Existindo uma divergência jurisprudencial, a questão deverá ser reconduzida ao Pleno (composto pela totalidade dos juízes do TCFA)[611].

---

p. 110, e PETER HÄBERLE, «*Die Verfassungsbeschwerde im System... cit.*, p. 94. Não obstante, como informa JOSÉ JULIO FERNÁNDEZ RODRÍGUEZ, *La justicia constitucional europea ante el siglo XXI, cit.*, p. 55, na Alemanha, até 1970, não foi permitida a publicação de votos de vencido.

[608] Cfr. o artigo 15.º, n.º 1, da BVerfGG. A presidência é alternada entre as duas Secções, isto é, caso o presidente do TCFA seja também o presidente da 1.ª Secção, o seu sucessor – à presidência do TCFA – será da 2.ª Secção.

[609] Cfr. o artigo 14.º, n.º 1, da BVerfGG. Conquanto, no actual desenho de partilha de competências entre Secções, esta distinção não faça sentido, era costume designar-se a 1.ª Secção como a «secção dos direitos fundamentais» (*Grundrechtssenat*) e a 2.ª Secção como a «secção do direito público» (*Staatsrechtssenat*). As decisões das Secções exigem uma maioria de 5 votos (em 8 votos) ou, em alguns casos especialmente tipificados no artigo 15.º, n.º 4, da BVerfGG, de 6 votos, de modo a perfazer uma maioria de dois terços.

[610] Cfr. o artigo 14.º, n.º 2, da BVerfGG.

[611] Cfr. o artigo 16.º, n.º 1, da BVerfGG.

A Tutela Constitucional dos Direitos, Liberdades e Garantias

Por sua vez, o TCFA possui seis Subsecções (*Kammern*), distribuídas paritariamente por cada Secção, com três membros cada[612]. Daqui advém, por conseguinte, que o presidente da respectiva Secção terá de ser ao mesmo tempo membro de duas Subsecções. A função das Subsecções é a de decidir da admissibilidade da queixa, ou seja, se a *Verfassungsbeschwerde* será admitida a julgamento e as suas decisões têm de ser tomadas por unanimidade (artigos 81.º-A e 93.º-D da BVerfGG)[613].

O processo de eleição dos juízes compete exclusivamente aos dois órgãos legislativos federais, o *Bundestag* (Parlamento Federal) e o *Bundesrat* (Conselho Federal), cada um responsável pela eleição de metade dos juízes[614-615]. A eleição dos juízes pelo *Bundestag* é indirecta[616], já que quem irá proceder à efectiva eleição dos mesmos será uma comissão eleitoral (*Rictherwahlausschuß*) composta por doze membros[617]. De seu turno, no que tange aos juízes eleitos pelo *Bundesrat*, a eleição é directa e deverá sempre respeitar uma maioria de dois terços[618]. Cumpre ressaltar que, em cada Secção, três membros são eleitos de entre os juízes dos tribunais supremos da Federação, que tenham prestado pelo menos três anos de serviço[619].

É interessante notar que, na Alemanha, os requisitos de elegibilidade dos juízes são mais exigentes do que em Portugal. Na verdade, segundo o disposto no artigo 3.º da BVerfGG, os candidatos a juízes têm de ter atingido a idade de 40 anos, possuírem capacidade eleitoral activa para o *Bundestag* e terem manifestado – por escrito – a vontade de se tornarem membros do TCFA. Por outro lado, têm de estar qualificados a exercer funções judiciais nos termos da Lei do Poder Judicial (*Deutsches Rich-*

---

[612] Cfr. o artigo 15.º-A da BVerfGG.

[613] As Subsecções aliviam as Secções de uma avultada carga de trabalho.

[614] Note-se, com CARLOS BLANCO DE MORAIS, *Justiça Constitucional, Tomo I, cit.*, p. 350, que o modelo alemão de designação dos juízes constitucionais serviu de inspiração ao modelo português. No que respeita ao procedimento de eleição dos juízes do TCFA, têm-se levantado vozes que alertam para uma excessiva politização do sistema e para o perigo de alguma falta de imparcialidade dos juízes em face dos partidos que os patrocinaram. Este tema foi analisado por ERNST-WOLFGANG BÖCKENFÖRDE, «*Verfassungsgerichsbarkeit: Strukturfragen, Organization, Legitimation*», *cit.*, p. 16, e PETER HÄBERLE, «*Die Verfassungsbeschwerde im System... cit.*, pp. 93-94.

[615] Cfr. o artigo 94.º, n.º 1, da GG e artigo 5.º, n.º 1, da BVerfGG.

[616] Cfr. o artigo 6.º, n.º 1, da BVerfGG.

[617] De acordo com os trâmites do artigo 6.º, n.os 2 a 5, da BVerfGG.

[618] Cfr. o artigo 7.º da BVerfGG.

[619] Nos termos do artigo 2.º, n.º 3, da BVerfGG.

168   *A Tutela Directa dos Direitos Fundamentais*

tergesetz)[620]. No nosso país, a LTC apenas exige que os cidadãos elegíveis possuam um pleno gozo dos seus direitos civis e políticos e sejam doutores, mestres ou licenciados em Direito ou juízes dos restantes tribunais[621].

No ordenamento constitucional português, o número de juízes do TC é de treze, sendo também diverso o modo de designação dos juízes[622]. Mais em pormenor, o TC, que funciona em sessões plenárias e por secções[623], é composto por *treze* juízes, sendo dez designados pela Assembleia da República e três cooptados por estes. Contudo, seis desses juízes são obrigatoriamente escolhidos de entre juízes dos demais tribunais e os restantes seis membros de entre juristas[624]. As deliberações das secções ou do plenário do TC são tomadas à pluralidade de votos dos membros presentes[625], possuindo o Presidente ou o Vice-Presidente (caso o substitua) voto de qualidade[626].

O mandato dos juízes constitucionais alemães tem a duração de doze anos[627], sem possibilidade de reeleição[628]. Em Portugal, os juízes são designados por um período de nove anos, sem renovação[629].

Em suma, parece pertinente relembrar que o principal arquitecto do modelo de justiça constitucional concentrada defendeu abertamente que o Tribunal Constitucional deveria possuir um número pouco elevado de membros, e que estes não deveriam ser eleitos exclusivamente pelo Parlamento, nem serem nomeados apenas pelo Chefe de Estado ou de Governo[630].

---

[620] Segundo o artigo 3.º, n.º 2, da BVerfGG, o exercício das funções judiciais depende do preenchimento dos requisitos plasmados nos artigos 5.º a 7.º da *Deutsches Richtergesetz*, de 09/09/1961, nomeadamente, o da aprovação em exames nacionais. Os Professores de Direito das universidades alemãs estão dispensados das provas (artigo 7.º).

[621] Cfr. o artigo 13.º, n.º 1, da LTC.

[622] Cfr. o artigo 12.º, n.º 1, da LTC.

[623] Cfr. o artigo 224.º da CRP e artigos 40.º e 41.º da LTC.

[624] Cfr. o artigo 12.º, n.º 2, da LTC.

[625] Cfr. o artigo 42.º, n.º 2, da LTC.

[626] Cfr. o artigo 42.º, n.º 3, da LTC.

[627] Cfr. o artigo 4.º, n.º 1, da BVerfGG. Note-se, porém, que o mandato deverá cessar – e ainda que não se tenham completado 12 anos – se, entretanto, o magistrado tiver atingido o patamar da idade de reforma: esta inicia-se no final do mês em que o juiz atinge a idade de 68 anos (artigo 4.º, n.º 3 do mesmo diploma).

[628] Cfr. o artigo 4.º, n.º 2, da BVerfGG.

[629] Cfr. o artigo 21.º, n.ºs 1 e 2, da LTC. Diferentemente do que sucede na Alemanha, na hipótese de os juízes dos restantes tribunais designados para o TC completarem os 70 anos durante o período de exercício, deverão manter-se em funções até ao termo do mandato (artigo 21.º, n.º 3, da LTC).

[630] Cfr. HANS KELSEN, «*A jurisdição constitucional*», *cit.*, pp. 153-154.

A Tutela Constitucional dos Direitos, Liberdades e Garantias

4.1.2. *Análise da* Verfassungsbeschwerde

(*i*) Enquadramento histórico e terminologia adoptada

Antes de passarmos ao estudo da *Verfassungsbeschwerde*, não queremos deixar de sublinhar que, como tivemos ocasião de referir (*supra*, 2.2) este mecanismo de protecção específica dos direitos fundamentais remonta ao Império Austro-Húngaro e foi posteriormente introduzido na Áustria e em vários Estados europeus e latino-americanos. O antecessor directo da queixa constitucional foi a Carta Constitucional Bávara de 1919[631-632].

Quando se iniciaram as discussões públicas e os debates que antecederam a aprovação da actual Constituição Federal alemã (GG), o desenvolvimento do Estado de Direito atingira já patamares elevados e entendeu-se que a inserção da queixa constitucional era dispensável, pois o artigo 19.º, n.º 4, da GG, ao consagrar expressamente o direito à tutela jurisdicional – através do qual os direitos, em especial, os direitos fundamentais estariam protegidos contra qualquer actuação das autoridades públicas, perante qualquer juiz e em qualquer Estado federado – assegurava uma protecção jurídica satisfatória[633].

---

[631] Convém não esquecer outros antecedentes indirectos, como a *Reichtskammergericht* do Sacro Império Romano-germânico, perante a qual um súbdito tinha o direito de apresentar queixa contra um príncipe que lhe tivesse negado protecção jurídica. Igualmente, na Lei Sobre o Tribunal Supremo do Império Austro-Húngaro (*Reichstsgericht*), de 21/12/ /1867, existia a denominada «*Beschwerde*» (queixa), através da qual os particulares que tivessem sido lesados nos seus direitos fundamentais, poderiam recorrer a esse tribunal Supremo, para tutelar os seus direitos. Não obstante, a eficácia da resolução desse tribunal possuía somente um efeito declarativo. Cfr., desenvolvidamente, Héctor Fix-Zamudio, «*El juicio de amparo mexicano y el recurso constitucional federal alemán*», in Boletín Mexicano de Derecho Comparado, Nueva Serie, Año XXVI, Núm. 77, Mayo-Agosto, 1993, pp. 461--488, p. 476, Jutta Limbach, «*Función y significado del recurso constitucional en Alemania*»... *cit.*, p. 69, e Rosario Tur Ausina, *op. cit.*, p. 70.

[632] Com efeito, o artigo 70.º, n.º 1, atribuía aos cidadãos a possibilidade de se dirigirem ao Tribunal do Estado (*Staatsgerichtshof*), face a uma actuação lesiva das autoridades públicas. Esta foi a primeira Constituição democrática da Baviera e foi, entretanto revogada pelas Constituições de 02/02/1934 e, posteriormente, pela de 02/12/ /1946.

[633] Klaus Schlaich e Stefan Korioth, *op. cit.*, p. 138, dão nota de uma certa «insegurança» que se verificou no Conselho Parlamentar aquando da discussão acerca da inserção da queixa constitucional. Na verdade, permaneciam algumas reservas no que respeita à compatibilização desse mecanismo com o restante sistema de protecção. Por outro lado, também foi determinante para a sua não inclusão imediata na GG, a dificuldade

170 A Tutela Directa dos Direitos Fundamentais

Do exposto, não admira que a *Verfassungsbeschwerde* tenha sido primeiramente introduzida fora do texto constitucional, na BVerfGG, em 12 de Março de 1951, vindo a ser mais tarde constitucionalizada, em 29 de Janeiro de 1969, através da 19.ª Lei sobre a Revisão da Constituição Federal. Hoje em dia, o instituto encontra-se vertido no artigo 93.º, n.º 1 (4a. e 4b.), da GG e nos artigos 90.º a 96.º da BVerfGG. De resto e em bom rigor, a protecção conferida pela queixa constitucional ultrapassa a garantia da via judicial prevista no artigo 19.º, n.º 4, da GG, posto que o direito à tutela jurisdicional não abarca um recurso adicional contra acórdãos das instâncias superiores transitados em julgado, nem garante, até ao momento, uma protecção jurídica processual contra o legislador[634].

Na redacção do artigo 90.º, n.º 3, da BVerfGG, a queixa constitucional está veiculada não só ao nível federal – e, assim, plasmada na Constituição Federal – mas também nas constituições dos Estados federados. Garante-se, destarte, uma dupla via de protecção dos direitos fundamentais, a efectivar-se, quer a nível federal, quer perante o próprio Estado federado a que o lesado pertença. Não obstante, a queixa constitucional prevista, em cada um dos Estados federados, circunscreve-se apenas aos direitos fundamentais previstos na Constituição do respectivo Estado federado, ao passo que, a queixa constitucional federal, visa atacar a violação de um direito fundamental previsto na GG[635]. Como era de esperar, na hipótese de o objecto da queixa constitucional incidir sobre

---

prática de elaborar uma redacção concisa da queixa constitucional. Sobre o assunto, Jutta Limbach, «*Función y significado del recurso constitucional en Alemania*»... *cit.*, p. 70. Por sua vez, Ingo Von Münch, «*El recurso de amparo constitucional como instrumento jurídico y político en la Republica Federal de Alemania*», *in* REP, n.º 7, (Nueva Época), Enero-Febrero 1979, Centro de Estudios Constitucionales, Madrid, pp. 269-289, pp. 279-280, lembra que Fritz Werner, antigo presidente do Tribunal Administrativo Federal, chegara mesmo a afirmar publicamente que a queixa constitucional era um «luxo jurídico».

[634] Acórdão do TCFA, 2 BvR 1055/76, de 11/10/1978, *apud* Klaus Schlaich e Stefan Korioth, *op. cit.*, p. 140.

[635] É de realçar que os tribunais constitucionais dos Estados federados deverão orientar-se pela jurisprudência do TCFA em sede de direitos fundamentais. Com esta salvaguarda, não pretendemos afirmar que estes estejam "obrigados" a qualquer tipo de precedente. O que acontece, então, é que face a uma decisão de um tribunal constitucional de um Estado federado que divirja do que resulta plasmado na GG, o TCFA deverá intervir e decidir sobre o caso (artigo 100.º, n.º 3, da GG). Esta solução constitucional justifica-se em homenagem ao princípio da interpretação e aplicação uniforme dos direitos fundamentais.

A Tutela Constitucional dos Direitos, Liberdades e Garantias 171

um direito salvaguardado, quer na GG, quer na Constituição do Estado federado, abrir-se-á uma dupla via judicial de protecção[636].

A inserção da *Verfassungsbeschwerde* na GG está intrinsecamente ligada ao desenvolvimento da ideia de Estado de Direito e à crescente preocupação de garantir aos cidadãos mecanismos efectivos de protecção dos direitos fundamentais[637]. A experiência do regime nacional-socialista na Alemanha tornou bem claro que a protecção dos direitos é algo que não deriva *per se* da sua consagração constitucional, mas que exige a criação de procedimentos que sejam capazes de assegurar a aplicabilidade directa e a genuína efectividade dos direitos fundamentais.

Neste domínio, é curioso atentar como o maior ou menor empenho de um Estado na criação de mecanismos de tutela dos direitos fundamentais, é *directamente proporcional* ao maior ou menor grau de violação que historicamente incidiu sobre esses direitos. Por isso, não é de espantar que, após a reunificação da Alemanha, as cinco novas Constituições dos Estados federados da Alemanha de Leste, vítimas de violações dos direitos fundamentais, perpetradas pelo regime de cariz comunista, tenham consagrado taxativamente a queixa constitucional no seu texto formal[638].

---

[636] Se bem que se possa dar o caso de a queixa perante o Tribunal Constitucional do Estado federado ser considerada não admissível, na hipótese do requerente ter também apresentado ou pretender ainda apresentar uma queixa constitucional com o mesmo objecto no TCFA. Neste sentido e a título exemplificativo, *vide* o preceituado no artigo 43.º, n.º 1, da Lei do Tribunal Constitucional de Hesse (HessStGHG), de 30/11/1994 (na versão de 19/01/2001).

[637] Cfr. PETER HÄBERLE, *«Die Verfassungsbeschwerde im System... cit.*, p. 112. Na verdade, como cedo afirmou o TCFA, no seu acórdão de 20/07/1954, n.º 1/54, par. 30, a queixa constitucional consubstancia uma *«spezifischer Rechtsbehlf des Bürgers gegen den Staat»* (via de recurso específica do cidadão contra o Estado). Todavia, desde a década de 70, face à crescente avalanche (*Flut*) de recursos, o TCFA sentiu necessidade de criar barreiras (*Schranken*) de protecção, comprometendo de algum modo ou, pelo menos na sua plenitude, a função subjectiva da queixa constitucional. Adiante (*infra*, 4.1.4) veremos esta temática mais pormenorizadamente.

[638] Cfr. os artigos 6.º, 100.º e 113.º, n.º 4, da Constituição de Brandenburgo de 1992, o artigo 81.º da Constituição da Saxónia de 1992, o artigo 75.º, n.ºs 6 e 7, da Constituição da Saxónia-Anhalt de 1992, o artigo 80.º, n.º 1 (1), da Constituição de Thüringen de 1993 e o artigo 53.º da Constituição de Mecklenburg-Vorpommern de 1993. O texto das constituições referidas está integralmente disponível no site: http://www.verfassungen.de.

(*ii*) Âmbito material de protecção

A queixa constitucional configura-se como um mecanismo de tutela concebido para controlar as intervenções ablativas nos direitos fundamentais dos cidadãos provocadas por qualquer decisão administrativa, decisão judicial ou acto normativo. Contudo, relativamente ao seu âmbito de aplicação, o legislador não visou salvaguardar através deste mecanismo todos os direitos fundamentais em sentido material[639], mas apenas os *«Grundrechte»* (direitos fundamentais) catalogados como tal na GG e os *«grundrechtsgleiche Rechte»* (direitos de natureza análoga aos direitos fundamentais), taxativamente enumerados no artigo 90.º, n.º 1, da BVerfGG, a saber: o artigo 20.º, n.º 4 (direito de resistência – *Widerstand*), artigo 33.º (igualdade de cidadania de todos os alemães – *Staatsbürgerliche Gleichstellung aller Deutschen*), artigo 38.º (direito de sufrágio – *Wahlrechtsgrundsätze*), artigo 101.º (proibição de tribunais de excepção e direito ao juiz legal – *Recht auf den gesetzlichen Richter*), artigo 103.º (direitos fundamentais do acusado de ser ouvido – *Anspruch auf rechtliches Gehör* – e proibição do *ne bis in idem* – *Verbot rückwirkender Strafgesetze und der Doppelbestrafung*) e 104.º (garantias jurídicas na privação da liberdade de ensino – *Rechtsgarantien bei Freiheitsentziehung*), todos da GG[640-641].

---

[639] Com efeito, não pode hoje pretender-se regressar à pureza do artigo 93.º, n.º 2, da Carta Constitucional Bávara, que previa como objecto da queixa constitucional não apenas os direitos fundamentais, mas qualquer direito (mesmo que consagrado em diploma hierarquicamente inferior à Lei Fundamental). Cfr., REINHARD WARMKE, *op. cit.*, p. 37.

[640] De acordo com o artigo 90.º, n.º 1, da BVerfGG, «qualquer pessoa que alegue que o poder público violou um dos seus direitos fundamentais ou um dos direitos plasmados nos artigos 20.º, n.º 4, 33.º, 38.º, 101.º, 103.º, e 104.º da GG pode intentar uma queixa constitucional do Tribunal Constitucional Federal».

[641] Estamos, portanto, a referir-nos aos direitos formalmente constitucionais, assim designados por estarem incluídos no catálogo constitucional de direitos fundamentais. Este catálogo compreende os 19 primeiros artigos da GG. Os direitos fundamentais aí acolhidos podem ser divididos em *«Jedermann-Grundrechten»*, ou seja, direitos fundamentais de todas as pessoas, ou *«Bürgerrechte»/«Deutschen-Rechten»*, que dizem respeito apenas aos direitos dos cidadãos alemães. Deste modo, resultam somente protegidos determinados direitos constitucionais (*spezifischen Verfassungsrecht*). Cfr., entre outros, BRUNO SCHMIDT-BLEIBTREU e FRANZ DIRNBERGER, *Rechtsschutz gegen den Staat*, Beck--Rechtsberater im dtv, München, 4. Auflage, 1992, p. 341, KLAUS SCHLAICH e STEFAN KORIOTH, *op. cit.*, p. 196, e PETER HÄBERLE, *«Die Verfassungsbeschwerde im System...* cit., p. 116.

Pelo contrário, no ordenamento jurídico-constitucional austríaco, os direitos protegidos pela queixa constitucional são todos os direitos que merecem protecção constitucional, e não apenas os que a Constituição expressamente consagra. Cfr. ALLAN R.

A Tutela Constitucional dos Direitos, Liberdades e Garantias 173

Compreende-se por isso que, na apresentação da queixa constitucional, o requerente deva indicar o direito que foi alegadamente violado[642].

Significa isto, em síntese, que o legislador constituinte alemão – ao invés do que sucede na Áustria e na Suiça[643] – estabeleceu um catálogo específico de direitos fundamentais que gozam da tutela da queixa constitucional, pelo que não se pode afirmar que do carácter de fundamentalidade de um direito advenha, automaticamente, a susceptibilidade de queixa constitucional (*beschwerdetaugliches Grundrecht*).

Nesta ordem de ideias, alguma doutrina germânica critica a opção legislativa de denominar este instrumento como "queixa *constitucional*" (*Versfassungs*beschwerde), defendendo antes a designação de "queixa de *direitos fundamentais*" (*Grundrechts*beschwerde)[644]. Com base neste raciocínio, no Estado Federado de Hesse, optou-se pela expressão «*Grundrechts*klage»[645], para enfatizar, precisamente, que estamos perante uma queixa de *direitos fundamentais* que se encontra à disposição de cidadãos do respectivo Estado federado[646], ou de municípios ou associações de municípios[647], cujos direitos fundamentais tenham sido violados por uma autoridade pública desse mesmo Estado federado.

Brewer-Carías, «*El Amparo a los Derechos y Libertades Constitucionales (Una aproximación comparativa)*», *in* AAVV, La Protección Jurídica del Ciudadano (Procedimiento administrativo y garantía jurisdiccional), Estudios en Homenaje al Profesor Jesús González Pérez, Tomo III, Editorial Civitas S. A., Madrid, 1993, pp. 2695-2748, pp. 2727-2728, Mario Patrono, *op. cit.*, p. 423, e Mauro Cappelletti, *La jurisdicción constitucional de la libertad... cit.*, p. 70.

[642] Cfr. o artigo 92.º da BVerfGG.

[643] Na Áustria e na Suiça, incumbe ao juiz definir quais os direitos que são susceptíveis de serem tutelados mediante a queixa. Cfr. Gerhard Dannemann, *op. cit.*, p. 43, nt. 27.

[644] A título de curiosidade, informamos que, na Carta Constitucional do Estado da Baviera de 14/08/1919 (derrogada pela Constituição da Baviera de 02/12/1946), se positivou, com alguma razão, a expressão "queixa constitucional", pois o objecto da mesma não versava somente os direitos fundamentais, mas todos os direitos constitucionais. Com efeito, o artigo 93.º, n.º 1, consagrava que «todos os cidadãos e todas as pessoas jurídicas, que tenham o seu domicílio na Baviera, têm o direito de queixa perante o Tribunal Constitucional, quando entendam que foram lesados nos seus direitos, em violação da presente Constituição, pela actuação de uma autoridade pública». Para uma abordagem histórica, cfr. Christian Pestalozza, «*Die echte Verfassungsbeschwerde*», *cit.*, pp. 17-18, pars. 31-32.

[645] Prevista no artigo 131.º, n.º 1, da Constituição do Estado federado de Hesse, de 01/12/1946 e nos artigos 43.º a 47.º da HessStGHG.

[646] Cfr. o artigo 43.º da HessStGHG.

[647] Cfr. o artigo 46.º da HessStGHG

174 A Tutela Directa dos Direitos Fundamentais

Regressando agora ao objecto deste nosso trabalho, incumbe sublinhar que não é qualquer violação do elenco de direitos supra apresentado que pode dar origem a uma queixa constitucional. Na verdade, para pôr algum freio ao exponencial de queixas constitucionais que desde cedo começaram a surgir, a jurisprudência constitucional tem vindo a exigir que a lesão do direito fundamental seja cumulativamente: (*i*) pessoal; (*ii*) actual; (*iii*) e imediata[648]. Embora o primeiro requisito conste expressamente da GG e da BVerfGG, os restantes foram desenvolvidos por criação jurisprudencial[649]. Passamos, agora, à análise desta tríplice exigência.

Uma afectação *pessoal* (*Selbstbetroffenheit*) significa que o acto do poder público violador de um direito fundamental foi dirigido directamente ao requerente da queixa constitucional[650]. Ou seja, apenas pode tratar-se de uma situação em que o particular foi lesado nos *seus* direitos fundamentais[651], não sendo, portanto, admissível qualquer tipo de transmissão a

---

[648] Destacamos os acórdãos da 1.ª Subsecção, da 2.ª Secção do TCFA, de 14/07/ /2006, 2 BvR 1058/05, pars. 14-18, e da 3.ª Subsecção, da 1.ª Secção do TCFA, de 18/ /01/2006, 1 BvR 2312/05.

[649] Cfr. HERBERT POSSER, *op. cit.*, p. 68, INGO VON MÜNCH, «*El recurso de amparo constitucional como instrumento jurídico y político... cit.*, p. 119-134, e REINHARD WARMKE, *op. cit.*, pp. 94-109. O último Autor apresenta uma visão crítica relativamente à tríade de requisitos exigida pelo TCFA, em especial, por considerar que foi desenvolvida *praeter legem* e porque alegadamente contraria o disposto no 90.º, n.º 1, da BVerfGG, que dispõe que o requerente deve (apenas) alegar que sente que foi violado um seu direito fundamental (p. 292).

[650] Quer dizer, o particular terá de ter sido, assim, o destinatário *directo* do acto. Cfr., para mais desenvolvimentos sobre a exigência de pessoalização na violação dos direitos, BERND J. HARTMANN, «*Die Möglichkeitsprüfung im Prozessrecht der Verfassungsbeschwerde*», *in* JuS, vol. 43, 2003, Verlag C. H. Beck OHG, Münschen, pp. 897-901, pp. 899-890.

Na jurisprudência, *vide*, entre outros, o acórdão da 1.ª Secção do TCFA, de 18/ /12/1951, n.º 222/51, par. 95, o acórdão da 2.ª Secção do TCFA, de 30/05/1961, n.º 366/ /60, par. 9, o acórdão da 1.ª Secção do TCFA, de 07/06/1977, n.º 108/73, par. 74, e o acórdão da 1.ª Secção do TCFA, de 18/05/1982, n.º 602/78, par. 370. Para uma jurisprudência mais recente, cfr. o acórdão da 2.ª Secção do TCFA, de 14/07/2006, n.º 1058/ /05, par. 14, e o acórdão da 1.ª Secção do TCFA, de 07/12/2004, n.º 1804/03, par. 40- -43. Todos os acórdãos citados neste trabalho encontram-se disponíveis, no site http:/ /www.bundesverfassungsgericht.de.

[651] Neste contexto, a queixa constitucional distingue-se da acção popular (*Popularklage*), nos termos em que serve apenas para proteger o requerente contra uma lesão dos *seus* direitos subjectivos fundamentais por um poder público. Esta exigência da pessoalização resulta também consagrada nas respectivas Constituições dos Estados Federados, à excepção do Estado federado da Baviera (artigo 98.º da *Bayerische*

A Tutela Constitucional dos Direitos, Liberdades e Garantias

terceiro da sua legitimidade processual (*Prozeßstandschaft*)[652], mesmo que este terceiro com ele se relacione por laços familiares[653]. A imposição deste requisito deriva do próprio artigo 90.º, n.º 1, da BVerfGG, que estabelece, de forma transparente, que o âmbito de protecção da queixa constitucional se estende apenas aos direitos fundamentais do requerente («in einem *seiner* Grundrechte oder in einem *seiner* ... Rechte»)[654]. Resulta, assim, acentuada a função subjectiva da queixa constitucional, enquanto mecanismo historicamente concebido como forma de protecção dos direitos subjectivos.

Por sua vez, a afectação *actual* (*gegenwärtige Betroffenheit*) será aquela que se produz no presente e não, virtualmente, no futuro[655]. O Tribunal de Karlsruhe começou por entender que a verificação do requisito da afectação somente poderia ser aferido casuisticamente[656]. Actualmente, o maior ponto de conflito, neste domínio, está em saber se a actualidade da afectação de um direito fundamental é abordada numa dimensão «temporal», ou numa dimensão «real», uma vez que a jurisprudência constitucional permite uma interpretação em qualquer um dos dois sentidos[657].

Verfassung). Por sua vez, como é sabido, na acção popular, o particular pode dirigir--se a um tribunal sem ter sido directamente violada a sua posição subjectiva. Cfr., sobre o assunto, GERHARD DANNEMANN, *op. cit.*, p. 147, HERBERT POSSER, *op. cit.*, pp. 49 e 283, INGO VON MÜNCH, «*El recurso de amparo constitucional como instrumento jurídico y político... cit.*, p. 274, e REINHARD WARMKE, *op. cit.*, p. 96. A este respeito, refira-se que CHRISTIAN PESTALOZZA, «*Die echte Verfassungsbeschwerde*», *cit.*, p. 35, par. 83, defende, numa perspectiva *de jure condendo*, a introdução de uma *Popularsklage* na Lei Fundamental alemã.

[652] Há algumas décadas atrás, o TCFA admitiu, excepcionalmente, este recurso, quando estivesse em causa um direito fundamental do próprio que tivesse sido afectado. Cfr. os acórdãos da 2.ª Secção do TCFA, de 15/01/1975, n.º 65/74, de 11/03/1975, n.º 135/75, e de 21/06/1977, n.º 361/75.

[653] Cfr. CHRISTIAN PESTALOZZA, «*Die echte Verfassungsbeschwerde*», *cit.*, p. 20, par. 37.

[654] Itálico nosso. Cfr., com a mesma conclusão, HERBERT POSSER, *op. cit.*, p. 120.

[655] Aqui se revela uma adicional distinção em relação à *Popularklage*, que pode dirigir-se com intuito a evitar uma futura lesão de direitos. Como observam HERBERT POSSER, *op. cit.*, pp. 120-121, e REINHARD WARMKE, *op. cit.*, p. 42 e p. 94, se não se entendesse deste modo, no que respeita às normas, seria sempre admissível uma queixa constitucional, por haver uma susceptibilidade de lesão futura.

[656] Acórdão da 1.ª Secção do TCFA, de 19/12/1951, n.º 220/51.

[657] Cfr. HERBERT POSSER, *op. cit.*, p. 121. Com efeito, a própria redacção do 90.º, n.º 1, da BVerfGG, dá margem para essas interpretações díspares, ao consagrar a «(a)firmação/ alegação (...) de ter sido violado...» (*Behauptung... verletzt zu sein...*).

176 A Tutela Directa dos Direitos Fundamentais

Por último, a afectação é *imediata* (*unmittelbare Betroffenheit*) quando o acto lesivo produz efeitos directos e imediatos – *ipso iure* – na esfera jurídica do lesado[658]. Se se tratar, a título exemplificativo, de um acto legal que ainda necessite de ser regulamentado ou de um acto de execução, a lesão não pode considerar-se imediata[659].

(*iii*) Legitimidade

Qualquer pessoa («*jedermann*») que se sinta lesada nos seus direitos fundamentais por acto das autoridades públicas pode accionar a queixa constitucional[660]. Esta democratização do acesso à justiça constitucional permite que qualquer pessoa que seja capaz de ser titular de direitos fundamentais, possa intentar uma queixa constitucional individual – designada de «*Individualbeschwerde*»[661]. Nesta sede, têm-se colocado pertinentes questões no que respeita à legitimidade processual activa dos nascituros e dos direitos *post mortem*[662]. Os estrangeiros também poderão utilizar este mecanismo processual, se estiver em causa um direito fundamental que por eles possa ser invocado, ou seja, um direito também extensível a indivíduos que não possuam a cidadania alemã[663].

De acordo com o artigo 19.º, n.º 3, da BVerfGG, os direitos fundamentais valem igualmente para as pessoas jurídicas de direito interno («*inländische juristische Personen*»), que poderão intentar uma queixa constitucional, «na medida em que tal seja compatível com a sua natureza». Nessa medida, *v.g.*, este preceito confere legitimidade activa às sociedades civis, sociedades comerciais de nome colectivo, sociedades em comandita e até a certas iniciativas cívicas. Alguma doutrina reprova

---

[658] Cfr. Alfred Rinken, *op. cit.*, p. 39, e Reinhard Warmke, *op. cit.*, pp. 41-46.

[659] Cfr. Peter Häberle, «*Die Verfassungsbeschwerde im System... cit.*, p. 119. Para uma crítica a construção dogmática da necessidade de atacar o acto de execução, cfr. Reinhard Warmke, *op. cit.*, pp. 291-292.

[660] Cfr. artigo 93.º, n.º 1 (4a), da GG e 90.º, n.º 1, da BVerfGG. Trata-se, assim, de um direito de todos («*Jedermann-Rechte*»).

[661] Sobre o conceito de titular de direitos fundamentais (*Grundrechtsträger*), cfr. Walther Fürst e Hellmuth Günther, *op. cit.*, pp. 58-60.

[662] Cfr. Christian Pestalozza, «*Die echte Verfassungsbeschwerde*», *cit.*, p. 8, par. 5.

[663] Por exemplo, a liberdade de circulação (artigo 11.º da GG) ou o direito de asilo (artigo 16.º da GG).

A Tutela Constitucional dos Direitos, Liberdades e Garantias 177

a redacção deste preceito, por considerá-la redundante, uma vez que tal resultaria já da sua qualidade de sujeitos titulares de direitos fundamentais, não sendo necessária uma consagração expressa da legitimidade processual activa em questão.

Relativamente às pessoas colectivas de direito público, a sua legitimidade estaria, à primeira vista, excluída. Com efeito, atendendo à justificação histórica que subjaz ao mecanismo da queixa constitucional, facilmente antevemos que foi desenhado como um instrumento de protecção contra o Estado, pelo que seria paradoxal torná-lo um beneficiário do mesmo[664]. Em reforço desta ideia, a jurisprudência constitucional mostrou-se inicialmente reticente a este respeito, tendo decidido que os municípios não possuem direito a apresentar uma queixa constitucional por violação do seu direito à propriedade privada (artigo 14.º da GG). Numa breve súmula, o TCFA interpretou o artigo 14.º da GG como um direito fundamental que não protege por si mesmo a propriedade privada, mas a propriedade de privados[665].

Todavia, a verdade é que o artigo 19.º, n.º 3, da GG não exclui *in extremis* as pessoas colectivas de direito público[666]. Nesta medida, mais recentemente, o TCFA tem admitido queixas constitucionais interpostas por pessoas colectivas de direito público, em caso de violação dos direitos procedimentais ao juiz legal ou à audiência[667], ou por instituições estatais, nos domínios em que estas apresentam independência face ao Estado[668]. Por outro lado, também os municípios e as associações de municípios possuem legitimidade processual activa para a interposição de uma queixa constitucional municipal – a que a GG denomina de «*kommunale*

---

[664] Cfr. Armin Dittmann, «*Le recours constitutionnel en droit allemand*», in CCC, n.º 10, 2001, Editions Dalloz, Paris, pp. 72-89, p. 74, e Ingo Von Münch, «*El recurso de amparo constitucional como instrumento jurídico y político... cit.*, pp. 273-274.

[665] *Vide* o acórdão da 2.ª Secção do TCFA, de 08/07/1982, n.º 1187/80, *apud* Klaus Schlaich e Stefan Korioth, *op. cit.*, p. 143, nt. 44. Segundo esta perspectiva, o TCFA entendeu que o Município não possuía legitimidade, ainda que este tivesse alegado que agiu fora das suas vestes de pessoa jurídica pública.

[666] Neste sentido, Christian Pestalozza, «*Die echte Verfassungsbeschwerde*», *cit.*, p. 9, par. 7.

[667] V., respectivamente, os artigos, 101.º, n.º 2, e 103.º, n.º 1, da GG.

[668] Como exemplo, podemos apontar a liberdade de ensino e de investigação das universidades e faculdades estatais (artigo 5.º, n.º 2, da GG), e a liberdade de expressão das sociedades de radiodifusão estatais. Cfr. Klaus Schlaich e Stefan Korioth, *op. cit.*, p. 145.

Verfassungsbeschwerde» – com fundamento na violação do artigo 28.º, n.º 2, da GG (garantia da autonomia municipal) pela legislação federal ou pela legislação do Estado federado respectivo[669-670]. Contudo, alguma doutrina, de entre a qual destacamos KLAUS SCHLAICH e STEFAN KORIOTH, prefere ver aqui, não uma queixa constitucional em sentido próprio, mas sim um controlo normativo «susceptível de invocação num requerimento especializado»[671].

Vistas bem as coisas – e depois do que foi afirmado – parece poder concluir-se que o carácter extremamente generoso do legislador constitucional, quanto à atribuição de uma legitimidade activa universal para a interposição de uma queixa constitucional, é exclusivo deste mecanismo de protecção de direitos fundamentais, já que nos restantes processos de fiscalização directa da constitucionalidade, a legitimidade activa é restrita a certos órgãos constitucionais. E note-se – à guisa de comentário – que, ao permitir um acesso de todos os particulares ao TCFA, sem constituição obrigatória de advogado e isento de custas judiciais, o legislador elevou-o a um verdadeiro tribunal do cidadão (*«Bürgergericht»*)[672], em homenagem a uma efectiva garantia dos direitos fundamentais.

(*iv*) Objecto

Nos termos do artigo 90.º, n.º 1, *in medio*, da BVerfGG, a queixa constitucional pode ter como objecto toda a actuação do poder público (*öffentliche Gewalt*), independentemente da forma jurídica que assuma, ou seja, incide sobre quaisquer actos emanados pelo poder legislativo,

---

[669] Cfr. artigo 93.º, n.º 1 (4b), da GG e artigo 91.º da BVerfGG. Apenas com a ressalva prevista no artigo 91.º da BVerfGG, de que «(a) queixa constitucional não pode ser interposta perante o Tribunal Constitucional Federal se a queixa contra a violação da garantia de autonomia administrativa puder ser intentada no tribunal constitucional do Estado federado respectivo de acordo com a legislação desse mesmo Estado». Deste modo, o princípio da subsidiariedade, que adiante trataremos com maior detalhe, impõe-se também à queixa constitucional municipal. Para corroborar esta afirmação, *vide* o acórdão da 1.ª Subsecção, da 2.ª Secção do TCFA, de 25/06/2007, n.º 635/07, par. 3.

[670] Cfr., na doutrina, para mais desenvolvimentos, HERBERT POSSER, *op. cit.,* pp. 279-280, e REINHARD WARMKE, *op. cit.,* pp. 272-282.

[671] *Op. cit.,* p. 145.

[672] Cfr. PETER HÄBERLE, *«Die Verfassungsbeschwerde im System... cit.,* p. 95.

A Tutela Constitucional dos Direitos, Liberdades e Garantias   179

administrativo ou judicial[673-674]. Olhada a questão mais de próximo, estes são os poderes públicos que, de acordo com o artigo 1.º, n.º 3, da GG, estão explicitamente vinculados ao respeito e promoção dos direitos fundamentais. Melhor dizendo: as queixas constitucionais interpõem-se directamente contra as formas de actuação destes poderes públicos, ou seja, respectivamente, contra leis, regulamentos administrativos e actos administrativos e decisões judiciais[675].

Do quadro constitucional supramencionado, parece resultar, então, que um litígio entre privados não pode estar na origem de uma queixa constitucional. Em face a uma violação de direitos fundamentais por actuação de pessoas jurídicas privadas, a competência para eliminar a violação e ressarcir os eventuais lesados, pertence aos tribunais especializados (*Fachgerichte*) – a não ser que a questão chegue ao TCFA por outras vias[676-677]. Note-se que, nesta hipótese também não se aplica a

---

[673] A amplitude do objecto da queixa constitucional alemã é salientada pela doutrina, em termos de Direito comparado. Cfr. GERHARD DANNEMANN, *op. cit.*, p. 145, ULLI F. H. RÜHL, *op. cit.*, p. 160, e WALTHER FÜRST e HELLMUTH GÜNTHER, *op. cit.*, p. 62.

[674] Com efeito, a queixa constitucional pode ser interposta directamente contra leis, segundo uma leitura combinada do artigo 90.º, n.º 1 com os artigos 93.º, n.º 3, 94.º, n.º 4, e 95.º, n.º 3, todos da BVerfGG. São também admitidas queixas constitucionais contra regulamentos. V. o acórdão da 2.ª Secção do TCFA, de 06/12/1983, n.º 1275//79, *apud* KLAUS SCHLAICH e STEFAN KORIOTH, *op. cit.*, p. 146, nt. 61.

[675] A maior parte das queixas constitucionais são dirigidas contra decisões judiciais. Cfr. as estatísticas no site de TCFA, *in* http://www.bverfg.de e, na doutrina, KLAUS SCHLAICH e STEFAN KORIOTH, *op. cit.*, p. 146, e MICHEL FROMONT, *«République fédérale d'Allemagne: la jurisprudence constitutionnelle en 2003»*, *in* RDP, n.º 6, 2004, Librairie Générale de Droit e Jurisprudence, Editions Dalloz, Paris, pp. 1631-1660, p. 1633.

[676] Por tais razões, o TCFA apenas admite a eficácia mediata ou indirecta dos direitos fundamentais (*mittelbare Drittwirkung*) nas relações entre particulares. Em 1958, no acórdão *Lüth* (acórdão da 1.ª Secção do TCFA, de 15/01/1958, n.º 400/51), o TCFA foi confrontado com a aplicação horizontal dos direitos fundamentais, isto é, a sua aplicação nas relações de direito privado. O acórdão em causa é sobejamente conhecido, pelo que nos dispensamos de descrever pormenorizadamente a factualidade que lhe está subjacente. Relembrando, Erich Lüth – director da Imprensa Nacional de Hamburgo – tentou um boicote contra o filme *«Unsterbliche Geliebte»* (Amada Imortal), de Veit Harlan. Este fora o mesmo realizador do filme *«Jud Süss»*, produzido durante o 3.º Reich (1940), e que tinha sido considerado um dos piores filmes anti-semitas que foram realizados durante o regime nacional-socialista. Contudo, a jurisdição ordinária de Hamburgo deu razão à queixa de Veit Harlan e decidiu impedir o boicote.

Insatisfeito com a decisão do tribunal, Erich Lüth intentou uma queixa constitucional no TCFA, que foi admitida e que deu provimento à sua pretensão, nos termos em

180 A Tutela Directa dos Direitos Fundamentais

protecção lateral oferecida pelo artigo 19.º, n.º 4, da GG, já que este preceito apenas confere legitimidade processual passiva às autoridades públicas.

Como adiante veremos, o facto de se exigir, previamente à instauração de uma queixa constitucional, o esgotamento das vias judiciais ordinárias, tem como consequência que a esmagadora maioria das queixas constitucionais contra sentenças ou acórdãos (*Urteilsverfassungsbeschwerde*), seja interposta contra acórdãos proferidos em última instância[678]. Em causa estão as cinco ordens jurisdicionais, correspondentes aos seguintes tribunais federais: o *Bundesgerichtshof* (Tribunal Federal de Justiça)[679], o *Bundesverwaltungsgericht* (Tribunal Federal Adminis-

---

que o direito à liberdade de expressão (enquanto direito fundamental) não tem apenas uma vertente subjectiva, mas também representa valores sociais tidos por fundamentais (dimensão objectiva). Apesar de o TCFA ter reconhecido que a génese dos direitos fundamentais foi (e é ainda) a protecção dos indivíduos face ao Estado (par. 25), certo é que os direitos fundamentais são também uma «*objektive Wertordnung*» (ordem de valores objectiva), que vinculam a ordem jurídica no seu todo – quer seja o direito público, quer o direito privado – e que, ao mesmo tempo, não dizem respeito apenas à produção legislativa, mas também à aplicação da lei (pars. 25 e 27).

Para uma análise crítica da noção de «ordem de valores», cfr. J. J. GOMES CANOTILHO, *«Derecho, derechos; Tribunal, tribunales», in* REP, Núms. 60-61, Abril-Septiembre 1988, Centro de Estudios Constitucionales, Madrid, pp. 819-829, p. 823, *Direito Constitucional e Teoria da Constituição, cit.,* pp. 1397-1398, e *«Jurisdição constitucional e intranquilidade discursiva», cit.,* pp. 879, e 886-887, não apenas por falta de legitimação do próprio Tribunal Constitucional em se arrogar a tarefa de «ente epistemológico que escolhe e ordena os valores de uma comunidade», mas também porque, na prática, redundaria num «decisionismo interpretativo» e numa «tirania de valores».

[677] Todavia, o posterior desenvolvimento da jurisprudência relativo a esta temática foi extremamente cauteloso, admitindo-se apenas queixa constitucional contra actuações lesivas de privados, no caso de o juiz ordinário não conceder tutela ao particular lesado. Por outras palavras, entende-se que é a decisão judicial que viola o direito fundamental em questão (ao não o reconhecer), e é somente esta (a decisão) que pode ser objecto de uma queixa constitucional. Neste sentido, cfr. a jurisprudência do TCFA dos últimos cinquenta anos, citada por CHRISTIAN PESTALOZZA, *«Die echte Verfassungsbeschwerde»,* *cit.,* p. 13, par. 16, e ULLI F. H. RÜHL, *op. cit,* pp. 161-162. Como desenvolveremos mais à frente [*infra* 4.2.2.v)] esta orientação jurisprudencial foi também adoptada pelo Tribunal Constitucional espanhol.

[678] Cfr. ULLI F. H. RÜHL, *op. cit,* p. 160.

[679] Corresponde ao nosso Supremo Tribunal de Justiça (STJ), última instância em matéria cível e criminal. O *Bundesgerichtshof* tem como principal incumbência assegurar a uniformidade da jurisprudência e decidir sobre as questões mais relevantes para o desenvolvimento do direito.

A Tutela Constitucional dos Direitos, Liberdades e Garantias 181

trativo, o *Bundesfinanzhof* (Tribunal Federal de Finanças), o *Bundes-arbeitsgericht* (Tribunal Federal de Trabalho) e o *Bundessozialgericht* (Tribunal Federal Social)[680]. Por via de regra, neste tipo de queixa constitucional, os requerentes alegam que um determinado tribunal interpretou e aplicou a legislação ordinária de forma inconstitucional ou que a própria legislação aplicável ao caso concreto padece de inconstitucionalidade.

Uma questão deveras relevante que se levanta no domínio da determinação do objecto da queixa constitucional, prende-se com a possibilidade de este abranger também actos das organizações internacionais ou europeias que violem direitos fundamentais protegidos pela GG. Trata-se, em termos muito perfunctórios, de saber até que ponto estes actos caberão, ou não, na categoria de actos do poder público (*öffentliche Gewalt*).

No domínio específico das normas comunitárias, o TCFA começou por admitir essa hipótese. Basta pensar, por exemplo, no famoso acórdão *Internationale Handelsgesellschaft* (ou, de modo mais simples, acórdão *Solange*)[681], em que o TCFA se considerou provisoriamente competente para fiscalizar a conformidade das normas comunitárias com os direitos fundamentais plasmados na GG – recusando-se, por conseguinte, a reenviar as questões ao Tribunal de Justiça das Comunidades Europeias (TJCE), nos termos do artigo 234.º do Tratado da Comunidade Europeia – enquanto o processo de integração europeia não tivesse evoluído para a criação de um catálogo de direitos fundamentais comum a todos os Estados-membros. Portanto, o que o TCFA veio exigir não passava necessariamente por uma identidade plena entre os direitos fundamentais acolhidos no Direito Comunitário e os estipulados no Direito nacional, mas outrossim, por um nível equivalente de protecção dos direitos fun-

---

[680] Cfr. o artigo 95.º, n.º 1, da GG.

[681] De 29/05/1974, BvL 52/71, 37 BVerfGE 271. Publicado, em versão inglesa, *in* «*Common Market Law Reports*», vol. 14, London, 1974, pp. 540-569. Note-se, por curiosidade, que a atribuição do nome *Solange* ao acórdão (que pode ser traduzido como «tanto tempo»), nada tem a ver com o nome da parte queixosa, mas é o advérbio com que se inicia a primeira frase da decisão do TCFA, que começa precisamente a afirmar que «há tanto tempo que (...)».

[682] Cfr. ALFRED RINKEN, *op. cit.*, p. 87, DIETER GRIMM, «*La Cour européenne de justice et les juridictions nationales, vues sous l'angle du droit constitutionnel allemand. Situation après la "Décision Maastricht" de la Cour Constitutionnelle Fédérale d'Allemagne*», *in* CCC, n.º 4, 97/2, Dalloz, Paris, p. 70 ss, p. 71, JOCHEN ABR. FROWEIN,

182 *A Tutela Directa dos Direitos Fundamentais*

damentais[682]. Não nos esqueçamos que, em grande medida, a construção jurídica germânica assenta na perspectiva hegeliana do Estado, valorizando, por outro lado, a identidade constitucional e cultural dos Estados.

Todavia, onze anos mais tarde, esta posição veio a ser afastada pelo acórdão *Wünsche Handelsgesellschaft* (*Solange II*)[683], no qual o TCFA reconheceu que a protecção dos direitos fundamentais a nível comunitário tinha evoluído consideravelmente e se aproximava da protecção assegurada pela GG. Assim, invertendo a posição que defendera anteriormente, considerou que o TJCE teria competência para verificar a violação de um direito fundamental por um acto comunitário derivado[684-685]. Em torno da mesma ideia, na hipótese dos tribunais nacionais ordinários não suscitarem as questões prejudiciais ao TJCE (quando esse reenvio fosse obrigatório), seria admissível intentar-se uma queixa constitucional no TCFA, por violação do direito ao juiz legal (*Recht auf den gesetzlichen Richter*), previsto no artigo 101.º, n.º 2, 2.ª parte, da GG.

Ressalve-se, porém, que a evolução jurisprudencial que marcou o acórdão *Solange II* não significa que o TCFA tenha renunciado integralmente à sua competência de fiscalização da conformidade das normas comunitárias com os direitos fundamentais consagrados na GG[686]. Na

---

«*Das Maastricht-Urteil und die Grenzen der Verfassungsgerichtsbarkeit*», in ZaöR, Jarh 54, Heft 1, 1994, W. Kohlhammer GmbH, Stuttgart, pp. 1-14, p. 2, KLAUS SCHLAICH e STEFAN KORIOTH, *op. cit.*, pp. 250-251, e RÜDIGER STOTZ, «*La primauté du droit communautaire en Allemagne*», in RFDA, 6 (6), nov.-déc. 1990, pp. 957-960, p. 958.

[683] Acórdão da 2.ª Secção do TCFA, de 22/10/1986, n.º 197/83. Publicado, em versão inglesa, in «*Common Market Law Reports*», vol. 50, London, 1987, pp. 225-265.

[684] Traduziu-se numa verdadeira reviragem jurisprudencial, imposta pela alteração das circunstâncias.

[685] A doutrina perspectiva este acórdão do TCFA como pioneiro na afirmação do princípio do primado do Direito Comunitário no ordenamento jurídico-constitucional alemão. Cfr., neste sentido, INÊS QUADROS, *A Função Subjectiva da Competência Prejudicial do Tribunal de Justiça das Comunidades Europeias*, Almedina, Coimbra, 2006, p. 149, e RÜDIGER STOTZ, *op. cit.*, p. 959. Note-se, contudo, que a afirmação do princípio do primado em relação a qualquer norma do Direito interno havia já sido proferida pelo TJCE nos acórdãos Costa/ Enel, de 15/07/1964 e Simmenthal, de 09/03/1978. No que respeita à afirmação desse princípio sobre as disposições constitucionais dos Estados--membros, a doutrina perspectiva o *acórdão Internationale Handelsgesellschaft*, de 17/ /12/1970, como a primeira afirmação expressa desse princípio. Cfr., para mais desenvolvimentos, JOÃO MOTA DE CAMPOS e JOÃO LUIZ MOTA DE CAMPOS, *Manual de Direito Comunitário*, Coimbra Editora, 5.ª Edição, 2007, pp. 390-395.

[686] Com semelhante decisão, o TCFA apenas quis sublinhar que, enquanto este estado de coisas durar – leia-se: enquanto o patamar de protecção comunitário dos

A Tutela Constitucional dos Direitos, Liberdades e Garantias 183

verdade, no acórdão *Brunner gegen den Maastrichter Vertrag* (ou, acórdão *Maastricht*)[687], o TCFA admitiu que os actos comunitários que excedam as competências atribuídas pela Comunidade Europeia (actos *ultra vires*) poderão eventualmente afectar os indivíduos protegidos pelos direitos fundamentais e, nesta medida, será legítima a sua invocação perante a jurisdição constitucional alemã. Por outras palavras, o TCFA apenas pretendeu avocar a competência para intervir em situações extremas e excepcionais de violação do patamar de protecção oferecido pela GG.

Dito isto, não se deixará sem acento que, apesar do ambiente de "guerra-fria" entre o TJCE e o TCFA, não há registo de nenhuma decisão do TCFA que tenha desaplicado um acto comunitário, por violação dos direitos fundamentais consagrados na GG[688]. Na realidade, e na esteira jurisprudência constitucional alemã, subsiste uma relação de cooperação (*«Kooperationsverhältnis»*) entre o TCFA e o TJCE, que permite que ambos se completem mutuamente na tarefa de protecção dos direitos fundamentais[689].

Além disso, ironicamente, a resistência do Tribunal de Karlsruhe teve um efeito indirecto positivo, ao contribuir para um mais aprofundado

---

direitos fundamentais se mantiver no patamar satisfatório que entretanto atingira – se absterá de exercer essa competência. Podemos, assim, dar por plausível que a reviragem jurisprudencial deste acórdão não foi assim tão reformadora, nem visou contrariar directamente a anterior jurisprudência. Cfr., já com esta ideia, DIETER GRIMM, *«La Cour européenne de justice et les juridictions nationales, vues sous l'angle du droit constitutionnel allemand...*, cit.*, p. 72.

[687] Acórdão do TCFA, 2.ª Secção, de 12/10/1993, n.º 2159/92, disponível no site: http://www.servat.unibe.ch/dfr/bv089155.html. Em causa estava a aplicabilidade de um regulamento comunitário regulador do comércio de bananas que alegadamente violava os direitos garantidos na Lei Fundamental alemã. Para mais desenvolvimentos, cfr. INGOLF PERNICE, *«Les bananes et les droits fondamentaux : la Cour Constitutionnelle allemande fait le point»*, in CDE, vol. 37, n.º 3-4, L. Goffin, Bruxelles, 2001, pp. 427--440, KLAUS SCHLAICH e STEFAN KORIOTH, *op. cit.*, pp. 252-264, e ULRICH RAMSAUER , *op. cit.*, p. 17.

[688] Cfr. DIETER H. SHEUING, *«Allemagne»*, in AIJC, XXI, 2005, Economica, Paris, 2006, pp. 83-95, p. 88, e FRANK HOFFMEISTER, *«Germany: Status of European Convention on Human Rights in domestic law»*, in IJCL, Vol. 4, October 2006, Oxford University Press, pp. 722-731, p. 730.

[689] Acórdão *supra cit.*, par. 70. Sobre o significado desta expressão, cfr. JOCHEN ABR. FROWEIN, *op. cit.*, p. 2, KLAUS SCHLAICH e STEFAN KORIOTH, *op. cit.*, pp. 20, e 259-264, e WALTER FRENZ, *«Die Verfassungsbeschwerde als Verfahren zur Durchsetzung gemeinschaftsrechtlich verliehener Rechte»*, in DÖV, Jahr 48, Heft 10, Mai 1995, pp. 414-419, p. 415. Para uma perspectiva crítica, cfr. ALFRED RINKEN, *op. cit.*, pp. 88-89.

A Tutela Directa dos Direitos Fundamentais

reconhecimento dos direitos fundamentais como património comunitário. Como bem lembra MARIA LUISA DUARTE, o facto de os tribunais constitucionais terem perdido a batalha na relativização do princípio do primado comunitário não significa que tenham abandonado «a trincheira do dualismo», ou abdicado *ad perpetuam* da sua função de guardas da Constituição[690].

(v) Pressupostos

O requerente deverá apresentar a sua queixa constitucional por escrito, com a respectiva motivação e com a especificação do direito que alegadamente foi violado e do acto ou omissão do órgão ou autoridade que terá lesado a esfera jurídica subjectiva do queixoso[691]. Segundo uma leitura combinada do artigo 94.º, n.º 2, 2.ª parte, da GG, com o artigo 90.º, n.º 2, 1.ª parte, da BVerfGG, exige-se também o esgotamento prévio das vias judiciais existentes (*Erschöpfung des Rechtswegs*), transformando-se a *Verfassungsbeschwerde* num mecanismo extraordinário (*außerordentlicher*) de protecção dos direitos fundamentais[692].

---

[690] «*O Tratado da União Europeia e a Garantia da Constituição. Notas de Uma Reflexão Crítica*», *in* AAVV, Estudos em Memória ao Professor Doutor João de Castro Mendes, Lex, Lisboa, 1995, pp. 667-715, p. 684.

[691] Os artigos 23.º, n.º 1, e 92.º da BVerfGG espelham com clareza o carácter de *ultima ratio* da queixa constitucional. Nesta linha, cfr. BERND J. HARTMANN, *op. cit.*, p. 901, CHRISTIN STARCK, «*Jurisdicción Constitucional y Tribunales Ordinarios*», *in* REDC, año 18, núm. 53, mayo-agosto, 1998, Centro de Estudios Políticos y Constitucionales, Madrid, pp. 11-32, ERNST-WOLFGANG BÖCKENFÖRDE, «*Die Überlastung des Bundesverfassungsgerichts*», *cit.*, p. 383, HANS JOACHIM FALLER, *op. cit.*, p. 195, ROBERT SEEGMÜLLER, «*Praktische Probleme des Verfassungsbeschwerdeverfahrens*», *in* DVBl, 114. Jahrgang, Heft 11, 1. Juni 1999, Carl Heymanns Verlag, Köln, pp. 738-745, pp. 743-744, e RÜDIGER ZUCK, «*Die Entlastung des Bundesverfassungsgerichts*», *in* ZRP, 30. Jahrgang, Heft 3, 1997, Verlag C. H. Beck OHG, Münschen, pp. 95-99, p. 96. Em sentido oposto, defendendo, *de lege ferenda*, a abolição da subsidiariedade da queixa constitucional, salientamos o estudo de CHRISTIAN PESTALOZZA, «*Die echte Verfassungsbeschwerde*», *cit.*, pp. 35-39, par. 83-93. Muito sucintamente, o Autor entende que a defesa dos direitos fundamentais pode ser levada a cabo na própria jurisdição ordinária – nos tribunais especializados (*Fachgerichte*) – com a mesma eficácia.

[692] Cfr. INGO VON MÜNCH, «*El recurso de amparo constitucional como instrumento jurídico y político... cit.*, p. 269, MAURO CAPPELLETTI, *La jurisdicción constitucional de la libertad... cit.*, pp. 76-77, REINHARD WARMKE, *op. cit.*, pp. 33, nt. 2 e 290, e ROBERT

A Tutela Constitucional dos Direitos, Liberdades e Garantias

Nesta dimensão, o legislador constitucional, sibilinamente prevendo a necessidade de colocar alguns freios à admissibilidade deste mecanismo, deixou em aberto à legislação ordinária a possibilidade de restringir a queixa constitucional. De onde decorre, com toda a naturalidade, que a BVerfGG não tenha hesitado impor este requisito adicional da exaustão prévia das vias judiciais[693]. Estabelece-se, deste modo, na esteira de KONRAD ZWEIGERT e WILLI GEIGER[694], o «*Subsidiaritätsprinzip*» ou «*Grundsatz der Subsidiarität*» (princípio da subsidiariedade) da queixa constitucional, que significa que a responsabilidade primária da protecção dos direitos fundamentais compete aos tribunais *ordinários*[695] (artigo 19.º, nº 4, da GG), apenas devendo o TCFA intervir na hipótese de estes não assegurarem essa mesma protecção[696].

SEEGMÜLLER, *op. cit.*, p. 744. Como referem KLAUS SCHLAICH e STEFAN KORIOTH, *op. cit.*, p. 197, a queixa constitucional não constitui um recurso complementar (*zusätzlicher Rechtsbehelf*).

[693] Com efeito, o artigo 94.º, n.º 2, 2.ª parte, da GG estipula que: «(a) lei poderá exigir a exaustão das vias judiciais antes da interposição de uma queixa constitucional, (...)». Por sua vez, o artigo 90.º, n.º 2, 1.ª parte, da BVerfGG, reza o seguinte: «caso seja admissível intentar uma acção judicial contra a violação, a queixa constitucional só poderá ser interposta após o esgotamento das vias judiciais». Sobre esta questão, cfr. REINHARD WARMKE, *op. cit.*, p. 38, e KLAUS SCHLAICH e STEFAN KORIOTH, *op. cit.*, p. 139.

[694] *Apud* HERBERT POSSER, *op. cit.*, p. 30.

[695] Ao longo do tempo o Tribunal de Karlsruhe adiantou várias tentativas de denominação destes tribunais, tais como: «*die Gerichten*» (tribunais), «*die anderen Gerichten*» (os outros tribunais), ou «*Instanzgerichten*» (tribunais de competência geral). A partir de 1976, porém, generalizou-se na jurisprudência constitucional, na doutrina, e na própria jurisprudência, a utilização do termo «*Fachgerichte*» (tribunais especializados), ou «*Fachgerichtsbarkeit*» (jurisdição especializada). KLAUS SCHLAICH e STEFAN KORIOTH, *op. cit.*, pp. 18-19, entendem que esta designação não é adequada, por ser pejorativa e implicar uma certa desclassificação destes tribunais («*Deklassierung der eigentlichen Gerichte*») face ao TCFA. Destarte, propõem a denominação de «*ordentliche Gerichte*» (tribunais ordinários), embora reconheçam, contudo, que a expressão jurisdição ordinária (*ordentliche Gerichtsbarkeit*) seja já a utilizada pelos tribunais civis e penais. Por sua vez, HERBERT POSSER, *op. cit.*, pp. 343-344, – que opta pelo termo «*Instanzgerichten*» – rejeita o argumento que advoga uma certa desclassificação dos tribunais especializados, e defende que o que interessa, neste domínio, não é uma questão estética de denominação, mas sim a sua correcção a nível de conteúdo. Ora, defende o Autor, os chamados «tribunais especializados», por força dos artigos 1.º, n.º 3 e 20.º, n.º 3, da GG, têm de respeitar os direitos fundamentais. Assim sendo, o seu âmbito de actuação não se limita, de modo algum, ao seu núcleo de especialidade jurídica. No nosso trabalho adoptaremos, pelos vários motivos apontados, a designação «tribunais ordinários».

[696] Cfr. a jurisprudência do TCFA, em especial, o acórdão da 1.ª Secção, de 19//04/2005, n.º 1644/00 e 188/03, par. 57. São inúmeros os acórdãos do Tribunal de

186 A Tutela Directa dos Direitos Fundamentais

Por outras palavras, a lei processual constitucional, prevê, de forma expressa, a «*Nachlauffunktion*» (função *a posteriori*) da queixa constitucional em relação à protecção primária, que é da incumbência dos tribunais ordinários[697]. A razão de ser da subsidiariedade prende-se com a verificação de que a tutela dos direitos fundamentais será tão mais completa, quanto mais próximo dos factos for o procedimento[698-699].

Nos nossos dias, podemos afirmar que a Constituição, em especial os direitos fundamentais, sofreram um efeito irradiante (*Ausstrahungswirkung der Grundrechte*) e estão omnipresentes (*allgegenwärtig*) em todos os procedimentos, perante todos os tribunais[700]. A este propósito, tem-se por vezes falado, quer na doutrina, quer na jurisprudência, numa subsidiariedade da própria jurisdição constitucional[701]. Em sentido oposto, outro quadrante doutrinal questiona se semelhante ideia poderá ser aceite, sem uma revisão formal da GG nesse mesmo sentido, optando por advogar a existência de uma distribuição de competências entre a jurisdição ordinária e a jurisdição constitucional[702].

Karlsruhe que não admitiram queixas constitucionais por não estar respeitado o princípio da subsidiariedade. A título exemplificativo e atendo à jurisprudência mais recente, destacamos os seguintes: o acórdão da 1.ª Secção, de 27/02/2008, n.º 370/07, pars. 159-160, o acórdão da 1.ª Secção, de 30/01/2008, n.º 829/06, par. 30, o acórdão da 2.ª Secção, de 08/10/2007, n.º 1387/07, pars. 7-9, o acórdão da 2.ª Secção, de 20/09/2007, n.º 855/06, pars. 11-12, o acórdão da 1.ª Secção, de 30/05/2007, n.º 390/04, par. 16, entre tantos outros.

[697] Cfr. HERBERT POSSER, *op. cit.*, p. 30, e REINHARD WARMKE, *op. cit.*, p. 33.

[698] Cfr. MARKUS VAN DEN HÖVEL, *Zulässigkeits- und Zulassungsprobleme der Verfassungsbeschwerde gegen Gesetze*, Scriften zum Öffenltichen Recht, Band 591, Duncker & Humblot, Berlin, 1990, p. 75.

[699] Note-se que quando o TCFA se socorre da máxima da subsidiariedade pretende ir mais além da exigência de esgotamento da via de recurso. Cfr., neste sentido, BODO PIEROTH e BERNHARD SCHLINK, *Grundrechte Staatsrecht II*, 22., neu bearbeitete Auflage, C.F. Müller Verlag, Heidelberg, 2006, p. 296, par. 1156.

[700] Cfr. KLAUS SCHLAICH e STEFAN KORIOTH, *op. cit.*, p. 16.

[701] É a tese sufragada por ECKART KLEIN, ERNST BENDA, GERHARD ULSAMER, RÜDIGER ZUCK, WOLFGANG NEUTZ, *apud* REINHARD WARMKE, *op. cit.*, p. 283, nt.1. Por essa razão, ALFRED RINKEN, *op. cit.*, p. 73, refere que a função do TCFA é ser uma instância de substituição/compensação da jurisdição ordinária (*Ersatinstanz der Fachgerichtsbarkeit*). Na jurisprudência, v. os acórdãos da 2.ª Secção do TCFA, de 31/01/1978, n.º 8/77, par. 154, e de 12.01.1983, n.º 23/81, par. 22.

[702] Para mais desenvolvimentos sobre a repartição de competências (*Kompetenzverteilung*) entre ambas as jurisdições, cfr. REINHARD WARMKE, *op. cit.*, pp. 283 e ss.

A Tutela Constitucional dos Direitos, Liberdades e Garantias 187

De qualquer modo, deve ter-se presente que o princípio da subsidiariedade não é absoluto e que poderá ser limitado nos estritos termos do artigo 90.º, n.º 2, 2.ª parte, da BVerfGG, de modo a compensar um défice de protecção (*Rechtsschutzdefizite*) por parte da jurisdição ordinária. Por conseguinte, este preceito admite a interposição imediata da queixa constitucional, se esta possuir uma relevância geral («*allgemeiner Bedeutung*») ou, quando a exigência da exaustão prévia dos recursos existentes provoque no requerente um prejuízo sério e irremediável. Outra limitação a este princípio, desenvolvida por via jurisprudencial, é a excepção de inexigibilidade («*Unzumutbarkeit*»)[703], que admite o recurso directo para o TCFA quando a queixa constitucional for contrária a uma jurisprudência firme, recente e unívoca dos tribunais ordinários, evitando-se, deste modo, que o requerente da queixa tenha de peregrinar processualmente, sem perspectivas de sucesso, pela jurisdição ordinária.

Assim, caso o recurso às vias ordinárias não permita uma protecção em tempo útil, existem os correctivos acima mencionados, crismados por alguma doutrina como «reserva de efectividade» (*Effektivitätsvorbehalt*)[704]. Outros Autores, porém, alertam que a forma como o TCFA tem utilizado o princípio da subsidiariedade se afasta substancialmente daquilo para que foi concebida a excepção do artigo 90.º, n.º 2, da BVerfGG[705]. Na verdade, segundo esta doutrina, a regra de esgotamento prévio das vias judiciais ordinárias e o princípio da subsidiariedade deixaram de ser

---

[703] Cfr. PETER HÄBERLE, «*Die Verfassungsbeschwerde im System...* cit., p. 120, e REINHARD WARMKE, *op. cit.*, p. 64-66. O último Autor alerta para os perigos de uma jurisprudência carente de sustento dogmático (p. 290). Em termos breves, classifica o princípio da subsidiariedade da queixa constitucional como «um direito do juiz a preencher uma lacuna que, por sua vez, se tem que justificar em termos de conteúdo» (p. 291).

[704] REINHARD WARMKE, *op. cit.*, p. 65.

[705] Num contexto tão atribulado, HERBERT POSSER, *op. cit.,* pp. 31-33 e pp. 150-
-152, acusa a máxima da subsidiariedade de servir de *melting pot* para uma grande quantidade de considerações diversas e, de certa forma, heterogéneas. Com efeito, o TCFA utiliza cerca de vinte conceitos distintos para designar subsidiariedade, *v. g.*, «princípio», «axioma», «ponto de vista», «ideia», referindo-se, então, ao «carácter subsidiário», à «função subsidiária», «via de recurso subsidiária», «subsidiariedade da queixa constitucional», «subsidiariedade da justiça constitucional». Daí que, segundo o Autor, não seja de admirar, «considerando a inflacionária e "babilónica confusão conceptual", firmada sob a etiqueta da "subsidiariedade"» («*in Anbetracht der inflationären, geradezu, "babylonischen Begriffsverwirrung", die unter dem Etikett "Subsidiarität" firmiert*»), que se verifiquem contradições dentro das próprias Secções do TCFA. Resta, em consequência, apenas «um invólucro do conceito, sem conteúdo» (p. 33).

188 A Tutela Directa dos Direitos Fundamentais

sinónimos[706]. Com efeito, a incongruência dos seus conteúdos já foi lapidarmente reconhecida pelo próprio TCFA, quando admitiu que as exigências feitas com sustento no princípio da subsidiariedade excediam o pressuposto da exaustão prévia das vias judiciais ordinárias (entendido em sentido estrito)[707].

Importa, adicionalmente, chamar a atenção para que, no que respeita à queixa constitucional contra leis (*Verfassungsbeschwerde gegen Gesetze*, ou *Rechtssatz-Verfassungsbeschwerde*), não ter sido, numa primeira fase, exigido o preenchimento do requisito do esgotamento das vias judiciais ordinárias[708-709]. Nesta situação particular, o TCFA começou a prescrever tão-somente, como atrás expusemos, que se tratasse de uma lesão pessoal, actual e imediata. Contudo, numa jurisprudência mais recente, profetizando uma incomportável sobrecarga de trabalho, optou por reivindicar que o requerente fizesse uso de todas as possibilidades de protecção perante os tribunais ordinários[710-711]. O que, a bem dizer, significa que a queixa constitucional contra normas não consubstancia um recurso opcio-

---

[706] *Idem, op. cit.*, p. 30. Uma outra linha de argumentação, assumida por REINHARD WARMKE, *op. cit.*, p. 46, parece assentar na ideia de que a regra da exaustão prévia das vias judiciais ordinárias consubstancia o núcleo essencial (*Kern*) da jurisprudência da subsidiariedade. Veja-se, na jurisprudência mais actualizada, o acórdão da 3.ª Subsecção, da 2.ª Secção do TCFA, de 8/10/2007, n.º 1387/07, par. 8, e o acórdão da 3.ª Subsecção, da 1.ª Secção do TCFA, de 14/06/2007, n.º 1075/07, par. 2.

[707] Cfr., entre outros, os acórdãos da 1.ª Secção do TCFA, de 26/01/1988, n.º 1561/82, e de 11/06/91, n.º 772/90, e o acórdão da 2.ª Secção, de 27/07/1971, n.º 443/70, *cit. apud* HERBERT POSSER, *op. cit.,* p. 31, nt. 21.

[708] Cfr. os acórdãos da 1.ª Secção do TCFA, de 19/12/1951, *cit.*, par. 101, de 13/ /05/1953, n.º 93/52, par. 295, 14/11/1962, n.º 987/58, par. 132, e de 20/06/1978, n.º 314/77, par. 10.

[709] REINHARD WARMKE, *op. cit.*, p. 61. Criticando esta solução, HERBERT POSSER, *op. cit.*, p. 34, e KLAUS SCHLAICH e STEFAN KORIOTH, *op. cit.*, pp. 171-175.

[710] CLAUS ARNDT, *apud* MARKUS VAN DEN HÖVEL, *op. cit.*, p. 76, possuindo uma visão alternativa à da subsidiariedade, considera que quando as queixas constitucionais contra leis não são admitidas, em causa está a inexistência de uma específica necessidade de protecção da jurisdição constitucional (*spezifische verfassungsgerichtliche Rechtsschutzbedürfnis*). Eis como, segundo nos parece, tendo partido de um ponto de vista diferente, o Autor acaba por chegar, praticamente, à mesma conclusão, apesar da diversa designação.

[711] Com excepção, por exemplo, dos regulamemtos autónomos que, na falta de leis de execução, não estão sujeitos ao controlo dos tribunais administrativos, nos termos do artigo 47.º do Código das Juridições Administrativas (*Verwaltungsgerichtsordnung*). Cfr. BODO PIEROTH e BERNHARD SCHLINK, *op. cit.*, pp. 295-296, par. 1149.

A Tutela Constitucional dos Direitos, Liberdades e Garantias

nal, mas sim um recurso último e subsidiário (*ein letzter und subsidiärer Rechtsbehelf*)[712]. Nesta medida, o adágio de que «qualquer titular de direitos fundamentais pode iniciar um controlo (principal) de normas», tornou-se uma rara excepção[713-714].

Tendo isto em consideração, o requerente procurará satisfazer a sua pretensão perante a jurisdição ordinária e, se o tribunal *a quo* entender que a norma a aplicar viola a Lei Fundamental (*Inzidentnormenkontrolle*), deverá interromper o processo e enviá-lo ao TCFA, nos termos do artigo 100.º, n.º 1, da GG, para que este decida sobre a conformidade constitucional da lei. Ora, desta forma, o requerente deverá em primeiro lugar provocar um controlo incidental de normas e, apenas nas hipóteses em que tal não seja possível obter uma tutela judicial efectiva, interpor a queixa directamente no TCFA[715].

Por último, lembre-se que as queixas constitucionais contra leis também abarcam as omissões de medidas legislativas (*legislatives Unterlassen*) necessárias a dar exequibilidade às normas constitucionais[716]. Será igualmente admitida, a todo tempo, uma queixa contra uma legislação incompleta, na medida (e na parte) em que esta omita normação essencial que tivesse sido constitucionalmente exigida.

(vi) Prazo

Em regra, a queixa constitucional deverá ser interposta num prazo de *um mês* a contar da notificação da decisão (isto, claro está, na hipótese

---

[712] Cfr. a jurisprudência constitucional citada por DOROTHEE AX, *op. cit.*, p. 36, e SCHMIDT-BLEIBTREU, *apud* MARKUS VAN DEN HÖVEL, *op. cit.*, p. 13.

[713] MARKUS VAN DEN HÖVEL, *op. cit.*, pp. 14 e 187, na esteira de HARALD KLEIN e HANS ZACHER, não deixa de enfatizar que a falta de uniformidade nas condições de admissibilidade deveria ser ultrapassada, de modo a assegurar uma maior transparência neste domínio.

[714] Cfr. ÁNGELA FIGUERUELO BURRIEZA, *«Algunos problemas que suscita la autocuestión de inconstitucionalidad (art. 55.2 de la LOTC)»*, in REDC, Año 7, Núm. 21, Septiembre-Diciembre de 1987, Centro de Estudios Constitucionales, Madrid, pp. 229-250, p. 235.

[715] KLAUS SCHLAICH e STEFAN KORIOTH, *op. cit.*, pp. 173-175, não sufragam inteiramente esta orientação jurisprudencial, pois ainda que aceitem que o TCFA deva impor algumas barreiras – evitando, desta forma, uma inundação de processos – certo é que tal acaba sempre por significar uma peregrinação processual acrescida.

[716] Cfr. MARKUS VAN DEN HÖVEL, *op. cit.*, pp. 167 e 182.

190 · A Tutela Directa dos Direitos Fundamentais

da notificação ser obrigatória), da tomada de decisão, ou da comunicação da mesma, conforme os casos[717].

Excepcionalmente, quando a queixa for intentada contra uma lei ou outro acto de soberania perante o qual não se encontre aberta a via judicial, o prazo será de *um ano* a contar da sua entrada em vigor ou da publicação[718]. Ora, esta solução legislativa tem vindo a ser criticada pela doutrina, visto que se mostra incompatível com a actual orientação jurisprudencial em matéria de queixa constitucional contra leis. Recorde--se que, nesta modalidade de queixa constitucional, o TCFA tem vindo a exigir, como requisito de admissibilidade, o esgotamento das vias judiciais ordinárias para tutela do direito fundamental violado. Como facilmente se antevê, não é despiciendo reconhecer que, em muitas situações, a morosidade processual em sede de jurisdição ordinária implicará a caducidade da queixa constitucional[719]. Assim, não será exagero dizer que uma das mais frequentes causas de inadmissibilidade da queixa constitucional é a da sua apresentação fora de prazo.

(*vii*) Tramitação processual

Uma leitura apressada do artigo 93.º, n.º 1 (4), da GG poderia levar--nos a equacionar até que ponto a queixa constitucional não seria uma cláusula geral da via judicial («*Rechtsweggeneralklausel*»), em paralelo com o artigo 19.º, n.º 4, da GG. Todavia, tal ilação foi veementemente rejeitada pelo TCFA, que sempre frisou o entendimento segundo o qual a queixa constitucional não consubstancia qualquer tipo de recurso adicional («*zusätzlicher Rechtsbehelf*»), no sentido de pretender substituir as vias judiciais oferecidas pela jurisdição ordinária, mas, ao invés, é um recurso extraordinário («*außerordentlicher Rechtsbehelf*») concedido aos cidadãos para defesa contra violações dos seus direitos fundamentais perpetradas por autoridades públicas[720]. Noutras palavras, é tão-somente

---

[717] Cfr. o artigo 93.º, n.º 1, da BVerfGG.

[718] Cfr. o artigo 93.º, n.º 3, da BVerfGG.

[719] Cfr. *Idem, op. cit.*, pp. 14, 166 e 186. Para mais desenvolvimentos sobre os problemas práticos relacionados com o cumprimento dos prazos, cfr. CHRISTIAN PESTALOZZA, «*Die echte Verfassungsbeschwerde*», *cit.*, p. 35, par. 83, e GEORG SEYFARTH, «*Die Vorlage der Entscheidung als Zulässigkeitsvoraussetzung der Verfassungs-beschwerde*», *in* ZRP, vol. 33, 2000, Verlag C. H. Beck OHG, Münschen, pp. 272-274.

[720] Cfr. ALFRED RINKEN, *op. cit.*, p. 28.

A *Tutela Constitucional dos Direitos, Liberdades e Garantias*   191

um recurso último e subsidiário («*ein letzter und subsidiärer Rechtsbehelf*»)[721].

Não obstante, o TCFA não demorou a perceber que, dado o avultadíssimo número de queixas constitucionais que eram interpostas anualmente, urgia alertar o legislador para a necessidade da previsão de medidas que permitissem uma decisão atempada e cabal das mesmas. Na impossibilidade logística de decidir, com efeito útil, sobre a totalidade das queixas, foram adoptadas reformas que reforçaram a exigência dos requisitos da admissibilidade das queixas. Passou, então, a concentrar-se esforços para criar um verdadeiro filtro de admissibilidade (*Zulässigkeitsfilter*) das queixas constitucionais. Um tal modelo de descongestionamento do TCFA, logo se adivinhará, acabou por restringir parcelas da garantia da protecção efectiva dos direitos fundamentais.

Como sabemos, antes da decisão acerca do mérito da queixa, o Tribunal tem de a admitir. Existem, assim, duas fases processuais perante o TCFA: (*i*) em primeiro lugar, este decide da admissibilidade da queixa; (*ii*) em segundo lugar, tendo sido a queixa admitida, passará a decidir sobre a procedência da mesma[722]. Antes de mais, as Secções competentes deverão apenas admitir a queixa nas duas situações tipificadas no artigo 93.º-A, n.º 2, da BVerfGG. Passemos, de seguida, à análise deste preceito.

Na primeira situação, deverá ser admitida a queixa constitucional que possua uma relevância constitucional fundamental («*grundsätzliche verfassungsrechtliche Bedeutung*»)[723]. Através deste apelo explícito à dimensão objectiva da queixa, pretende admitir-se somente aquelas queixas que possam propiciar uma decisão útil para o esclarecimento e aperfeiçoamento do Direito Constitucional[724-725].

---

[721] *Vide* a vasta jurisprudência do TCFA citada por KLAUS SCHLAICH e STEFAN KORIOTH, *op. cit.*, p. 135, nt. 2. Também HERBERT POSSER, *op. cit.*, p. 45, na sequência do acórdão da 2.ª Secção do TCFA, de 18/06/1985, n.º 414/84, sublinha que a queixa constitucional é configurada como o «último refúgio» dos cidadãos lesados nos seus direitos fundamentais, pelo que não poderá ser perspectivada como um «mecanismo alternativo e complementar das restantes vias de recurso» («nicht wahlweise und zusätzlich neben andere Rechtsbehelf»).

[722] Cfr. o artigo 93.º-A, n.º 1, da BVerfGG.

[723] Artigo 93.º-A, n.º 2, al. a), da BVerfGG. Cfr. ROBERT SEEGMÜLLER, *op. cit.*, p. 739.

[724] ULLI F. H. RÜHL, *op. cit*, p. 161, entende que, na queixa constitucional, não está em causa apenas o desenvolvimento do Direito Constitucional, mas também a função de aperfeiçoamento da ordem jurídica em geral («*die rechtsfortbildende Funktion von Verfassungsbeschwerde*»).

[725] É inquestionável que, uma questão que se encontre já esclarecida, ou cuja resolução não levante sérias dúvidas, não possui relevância constitucional fundamental.

192 A Tutela Directa dos Direitos Fundamentais

Por outras palavras e de acordo com a jurisprudência dominante do TCFA, uma queixa constitucional é dotada de relevância fundamental quando «levanta uma questão constitucional que não pode ser automaticamente respondida com recurso à GG e não tenha sido ainda esclarecida pela jurisprudência do Tribunal Constitucional Federal»[726] e quando tiver «probabilidades de ser julgada procedente»[727]. Em sintonia, compreende-se que a problemática em causa deverá ser de tal forma complexa, que tenha suscitado várias interpretações divergentes, quer por parte da doutrina constitucional, quer pelos tribunais ordinários[728].

A título exemplificativo, salientamos um caso – que na altura suscitou um forte interesse mediático – em que estava em causa uma decisão do Liceu de Stuttgart, confirmada pelos tribunais administrativos, que recusou listar como funcionária pública uma professora primária, com fundamento no facto de esta ter declarado expressamente que pretendia usar o véu islâmico durante o período de leccionação, o que, segundo o Liceu, manifestava uma falta de aptidão (*Eignung*) para exercer a profissão em causa[729]. Face a este cenário, a professora intentou uma queixa constitucional no TCFA, alegando violação dos princípios da igualdade de acesso à função pública e da proibição de discriminação por motivos religiosos[730]. O Tribunal entendeu que a queixa era admissível e que estando em causa uma questão de interpretação dos direitos fundamentais pela jurisdição ordinária, a sua missão deveria ser a de decidir de modo definitivo sobre a interpretação e aplicação do Direito Constitucional[731].

Retomando o fio da nossa investigação, o segundo pressuposto de admissibilidade terá lugar quando a aceitação da queixa constitucional

---

A este propósito, veja-se, respectivamente o acórdão da 3.ª Subsecção, da 1.ª Secção do TCFA, de 20/02/2008, n.º 2389/06, par. 5, e o acórdão da 3.ª Subsecção, da 1.ª Secção do TCFA, de 20/02/2008, n.º 2772/06, par. 5.

[726] Acórdão da 1.ª Subsecção, da 1.ª Secção, de 29/11/2005, n.º 1444/01, par. 17, e acórdão da 2.ª Secção do TCFA, de 24/06/2003, n.º 685/03, par. 28.

[727] Acórdão da 2.ª Secção do TCFA, de 24/06/2003, *cit.*, *loc. cit.* e acórdão da 2.ª Subsecção, da 1.ª Secção do TCFA, de 03/07/2001, par. 19.

[728] *Vide* a jurisprudência citada no acórdão da 1.ª Subsecção, da 1.ª Secção do TCFA, de 29/11/2005, *cit., loc. cit.*

[729] Acórdão da 2.ª Secção do TCFA, de 24/09/2003, n.º 1436/02. Foi também uma questão controversa no seio do próprio TCFA, já que o acórdão passou com 5 votos a favor e três votos de vencido.

[730] A queixa constitucional teve, assim, por fundamento o artigo 33.º, n.º 2, em conjunção com o artigo 4.º, n.ºs 1 e 2 e o artigo 33.º, n.º 3, todos da GG.

[731] Acórdão da 2.ª Secção do TCFA, de 24/09/2003, *cit.*, pars. 29-31.

A Tutela Constitucional dos Direitos, Liberdades e Garantias   193

permita reforçar os direitos referidos no artigo 90.º, n.º 1, da BVerfGG. Situação que se verificará, entre outras circunstâncias, na hipótese de a recusa da queixa provocar um prejuízo especialmente grave ou quando a queixa se fundamentar numa violação grosseira de direitos fundamentais[732].

De resto, e em harmonia com o que foi afirmado, a decisão da admissibilidade da queixa competirá, regra geral, à Secção[733]. Enquanto a Secção não decidir sobre a admissibilidade da queixa, a Subsecção poderá tomar todas as decisões procedimentais pertinentes[734]. Esta decisão é tomada sem audiência, não necessita de ser fundamentada e não poderá ser objecto de recurso[735].

(viii) Efeitos

Convirá notar, deste logo, que o exame do TCFA é restrito à questão de inconstitucionalidade (artigo 81.º da BVerfGG) – ou seja, decide acerca da conformidade constitucional do acto do poder público que lesou o interessado – pelo que não se debruça sobre qualquer questão de legalidade ordinária. De outro modo, não se compreenderia o artigo 31.º, n.º 1, da BVerfGG, que estipula que «as decisões do Tribunal Constitucional Federal são vinculativas para os órgãos constitucionais da Federação e dos Estados federados, assim como para todos os tribunais e autoridades».

Se a queixa constitucional for dirigida contra uma decisão (v.g., uma decisão administrativa), o acórdão favorável do TCFA ditará a anula-

---

[732] Cfr. o artigo 93.º-A, n.º 2, al. b), da BVerfGG. Note-se que, como salientam BODO PIEROTH e BERNHARD SCHLINK, op. cit., p. 297, pars. 1159-1160, o TCFA é extremamente exigente quanto à verificação desses requisitos.

[733] Cfr. o artigo 93.º-B, da BVerfGG. Contudo, na hipótese de a questão sobre a qual se levantam problemas de inconstitucionalidade ter sido já decidida pelo TCFA, a competência pertence à Subsecção (artigos 93.º-B, e 93.º-C, da BVerfGG). A decisão da Subsecção terá, deste modo, o mesmo valor do que uma decisão da Secção. Todavia, na 2.ª parte do n.º 1 do artigo 93.º-C, ressalvam-se os casos em que a decisão do TCFA tem força de lei (nas hipóteses tipificadas no artigo 31.º, n.º 2, do mesmo diploma), por a lei ser incompatível com a GG ou com outra lei Federal. Nesta eventualidade, a decisão competirá à Secção.

De sublinhar que as decisões das Subsecções deverão ser adoptadas por unanimidade, ao passo que a decisão em Secção deverá depender apenas do acordo de, pelo menos, três juízes (artigo 93.º-D, n.º 3, da BVerfGG).

[734] Cfr. o artigo 93.º-D, n.º 2, da BVerfGG.

[735] Cfr. o artigo 93.º-D, n.º 1, da BVerfGG.

ção dessa decisão[736]. No caso de uma decisão judicial, poderemos estar perante três possibilidades: (*i*) se o TCFA entender que a própria legislação que serviu de suporte legal à decisão do tribunal é inconstitucional, declarará a nulidade da legislação em causa; (*ii*) se considerar que o tribunal aplicou a legislação de modo inconstitucional, revogará a decisão; (*iii*) se entender que a constitucionalidade da legislação depende da sua interpretação em determinado sentido, os tribunais ordinários ficarão vinculados a essa interpretação, se bem que, como resulta óbvio, a solução concreta do litígio seja apenas da sua competência[737]. Por último, na hipótese de uma queixa constitucional contra uma lei ser considerada procedente, o TCFA procederá à declaração de nulidade dessa lei[738].

Apesar do processo de queixa constitucional ser isento de custas (*Kostenfrei*), a utilização abusiva deste instituto poderá ser sancionada com o pagamento de uma quantia monetária (até ao limite máximo de 2.600 euros)[739].

(*ix*) A compatibilidade da *Verfassungsbeschwerde* com os direitos protegidos pela CEDH

No universo jurídico alemão, nos termos do artigo 25 da GG, a Convenção Europeia dos Direitos do Homem (CEDH) é equiparada a uma lei federal[740]. Se é certo que a maioria da doutrina germânica defende que a CEDH ocupa um posição de inferioridade hierárquica em relação à Constituição Federal[741], a verdade é que esta não deixa de assumir

---

[736] Cfr. o artigo 95.º, n.º 2, 1.ª parte, da BVerfGG.

[737] Em qualquer dos casos, devolve-se o processo ao tribunal competente (artigo 95.º, n.º 2, 2.ª parte, da BVerfGG).

[738] Cfr. o artigo 95.º, n.º 3, da BVerfGG.

[739] Cfr. o artigo 34.º da BVerfGG.

[740] Recorde-se que, na legislação alemã, os tratados internacionais (que digam respeito às relações externas ou a matérias legislativas federais) não são directamente aplicáveis na ordem jurídica interna, pelo que, segundo o disposto no artigo 59.º, n.º 2, da GG, terão de ser aprovados mediante a forma de uma lei federal.

[741] Nomeadamente RUDOLF BERNHARDT, GERHARD DRONSCH, RUDOLF GEIGER, MEINHARD HILF, PAUL KIRCHHOF, GERHARD ULSAMER, KARL-PETER SOMMERMANN e ERIK STAEBE. Entre a doutrina minoritária que advoga um valor superior para a Convenção, destacam-se HEINZ GURADZE, RUDOLF ECHTERHÖLTER, ALBERT BLECKMANN, HUBERT SCHORN, EBERHARD MENZEL, ULRICH KLUG, e JÜRGEN BAUMANN. Cfr., para este efeito, a doutrina

A Tutela Constitucional dos Direitos, Liberdades e Garantias — 195

importância enquanto método auxiliar de interpretação (*Auslegungshilfe*) do direito nacional[742-743].

Em acréscimo, o Tribunal de Karlsruhe tem vindo a ressalvar que tanto os direitos acolhidos na Convenção como a jurisprudência do Tribunal Europeu dos Direitos do Homem (TEDH), deverão servir de bitola interpretativa para o juiz alemão, desde que, como salvaguarda o próprio artigo 53.º da CEDH, não diminuam o alcance de protecção dos direitos fundamentais, constitucionalmente consagrados[744]. Deste modo, e nas palavras do próprio TCFA, a Constituição Federal visa integrar a Alemanha numa comunidade internacional (artigo 24.º da GG) e europeia (artigo 23.º da GG), «mas não prescinde da soberania presente em última instância na Lei Fundamental alemã»[745].

Nesta sede, surge a problemática de saber se os direitos protegidos na CEDH podem ser equiparados aos direitos fundamentais, de modo a que seja possível a um particular atacar directamente perante o TCFA – por via de queixa constitucional – um acto que viole um direito previsto na Convenção[746]. Para novos problemas, novas respostas: a jurisprudência constitucional alemã tem negado esta possibilidade, argumentando que as garantias vertidas na CEDH são mais abrangentes do que o catálogo de direitos fundamentais reconhecido na GG, pelo que, ao excederem o

---

e jurisprudência citadas por Volker Schlette, *«Les interactions entre les jurisprudences de la Cour européenne des droits de l'homme et de la Cour constitutionnelle fédérale allemande», in* RFDC, n.º 28, 1996, Presses Universitaires de France, Paris, 1997, pp. 747-768, p. 749, nt. 6 e p. 750, nt. 8.

[742] Desde logo, por força do artigo 20.º, n.º 3, da GG, Paul Kirchhof, *apud* Volker Schlette, *op. cit.*, p. 756, sustenta que os direitos consagrados na CEDH «beneficiarão, assim, de uma protecção constitucional indirecta». No mesmo sentido, Klaus Schlaich e Stefan Korioth, *op. cit.*, p. 268.

[743] O acórdão da 2.ª Secção do TCFA, de 05/11/2003, n.º 1506/03, par. 45, em consonância com a posição jurisprudencial unânime, alerta que «o artigo 25.º da GG impede as autoridades administrativas e os tribunais da República Federal da Alemanha de interpretar e aplicar o direito nacional de uma maneira que viole os princípios gerais de Direito Internacional».

[744] Cfr., entre outros, o acórdão da 3.ª Subsecção, da 2.ª Secção do TCFA, de 20/ /12/2000, n.º 591/00, par. 43.

[745] Acórdão da 2.ª Secção do TCFA, de 14/10/2004, n.º 1481/04, par. 35. Para uma abordagem crítica deste acórdão, *vide* Dieter H. Sheuing, *op. cit.*, p. 91. O Autor acusa o TCFA de não ter ido tão longe como deveria, ao reiterar que a Lei Fundamental alemã goza de uma «reserva de soberania», prevalecendo, destarte, sobre a CEDH e o TEDH.

[746] Cfr. Volker Schlette, *op. cit.*, p. 751.

A Tutela Directa dos Direitos Fundamentais

objecto da queixa constitucional plasmado no artigo 93.º, n.º 1 (4), da GG e no artigo 90.º, n.º 1, da BVerfGG, não podem ser protegidas pela via da queixa constitucional[747].

Por sua vez, alguma doutrina advoga que um tal recurso poderá ser, eventualmente, admitido, em duas circunstâncias particulares: (*i*) caso se verifique um desconhecimento arbitrário das disposições da CEDH, que consubstancie uma violação do princípio da igualdade (artigo 3.º, n.º 1, da GG)[748]; (*ii*) ou, como adiante veremos, quando for desrespeitada uma interpretação de um direito fundamental tal como efectuada pela jurisprudência de Estrasburgo, que atribua uma garantia especificamente prevista na CEDH[749].

Relativamente ao efeito vinculativo das decisões do TEDH, e de acordo com o preceituado no artigo 46.º da CEDH, vale o princípio *res judicata pro veritate accipitur*, ou seja, o Estado terá de respeitar e cumprir o julgado pelo Tribunal de Estrasburgo, nos litígios em que figure como parte. Os restantes Estados signatários da Convenção, deverão apenas averiguar de que forma o seu sistema jurídico interno respeita a jurisprudência do TEDH e, caso necessário, proceder a essa adequação legislativa[750].

Em seguida, refrescamos a memória da temática em análise, através de uma referência ao acórdão *Görgülü*[751], que ilustra, de forma muito nítida, as reticências dos tribunais alemães em acatar as decisões do TEDH[752].

---

[747] Cfr. o acórdão da 1.ª Subsecção, da 2.ª Secção do TCFA, de 01/03/2004, n.º 1570/03, par. 32 e o acórdão da 1.ª Secção do TCFA, de 28/03/2006, n.º 1054/01, par. 77. Cfr. FRANK HOFFMEISTER, *op. cit.*, p. 728.

[748] Desta forma, mediante a queixa constitucional, o TCFA poderia acolher alegadas violações grosseiras da CEDH. Cfr. VOLKER SCHLETTE, *op. cit.*, p. 752.

[749] Cfr. FRANK HOFFMEISTER, *op. cit.*, p. 731, objecta que, ignorar a jurisprudência do TEDH, equivale a violar o artigo 1.º, n.º 2, da GG, que diz respeito à protecção acrescida que gozam certos direitos do homem.

[750] Acórdão da 2.ª Secção do TCFA, de 14/10/2004, *cit.*, par. 39.

[751] Acórdão do TEDH, de 26/02/2004, *in* http://www.echr.coe.int. Doravante, todas citações respeitantes a jurisprudência do TEDH, poderão ser encontradas no referido endereço electrónico.

[752] Neste sentido, CHRISTIAN PESTALOZZA, *«Die echte Verfassungsbeschwerde», cit.*, pp. 36-37, par. 87. Igualmente, VOLKER SCHLETTE, *op. cit.*, p. 763, critica a posição da jurisprudência constitucional alemã e defende que esta deverá, no futuro, assumir uma posição de maior diálogo e abertura com o TEDH. Este estado de coisas levou a que alguns autores tenham mesmo defendido que este «diálogo jurisdicional» poderia ser melhor conseguido com a criação de um reenvio prejudicial no sistema da Convenção, à semelhança do reenvio prejudicial que existe no Direito Comunitário.

A Tutela Constitucional dos Direitos, Liberdades e Garantias   197

Recapitulando a matéria de facto, estava em causa o direito de um pai biológico a ter contacto com o seu filho, nascido fora do casamento. Após ter esgotado as vias judiciais na Alemanha, o requerente apresentou uma queixa no TEDH, invocando que a recusa dos tribunais alemães em conceder acesso e custódia do seu filho violava o respeito pela vida familiar (protegida no artigo 8.º da CEDH) e revelava parcialidade do tribunal (em contradição com o preceituado no artigo 6.º da CEDH). Na sua decisão, o Tribunal de Estrasburgo sublinhou que, de acordo com o artigo 19.º da CEDH, «a sua função não é actuar como um tribunal de recurso e lidar com erros de facto ou de direito alegadamente cometidos por um tribunal nacional», exceptuando a hipótese do próprio tribunal nacional ter infringido direitos e liberdades protegidas pela Convenção[753]. A esta luz, o TEDH entendeu que houve uma violação do artigo 8.º da CEDH, ao ter sido negado ao requerente o acesso e a custódia do seu filho menor.

Contudo, o pai biológico, uma vez que continuava a ver o acesso ao seu filho negado pela jurisdição alemã, intentou uma queixa constitucional no TCFA contra a execução insatisfatória do julgamento do TEDH. No seu acórdão, o Tribunal salientou que as autoridades e os tribunais alemães, no exercício da sua actividade, estavam obrigados a «ter em conta, em certas condições» as disposições da CEDH, tal como são interpretadas pelo TEDH[754].

Um ponto deve ter-se por incontroverso: é o de que a primeira consequência de um julgamento do Tribunal de Estrasburgo que alerte para uma violação da Convenção, será precisamente a de que o Estado em questão não poderá continuar a defender que a sua actuação é conforme à Convenção e terá que, na medida do possível, reconstituir a situação em que o requerente estaria se não tivesse ocorrido essa violação[755]. Caso isto não aconteça, o Estado cometerá uma nova violação da CEDH[756], a

---

[753] Par. 58.

[754] Segundo o acórdão da 2.ª Secção do TCFA, de 14/10/2004, *cit.*, par. 62, «*ter em conta* significa ter conhecimento da interpretação que o TEDH faz das disposições da Convenção e aplicá-la ao caso, desde que essa aplicação não viole direito posicionado num patamar superior, nomeadamente o direito constitucional».

[755] Ao abrigo do artigo 20.º, n.º 3, da GG, como atrás referimos. Nisto se traduz o efeito vinculativo das decisões do TEDH. Cfr. FRANK HOFFMEISTER, *op. cit.*, p. 725.

[756] Acórdão da 2.ª Secção do TCFA, de 14/10/2004, *cit.*, par. 41 e 47 e acórdão da 1.ª Subsecção, da 1.ª Secção, de 10/06/2005, n.º 2790/94, pars. 33-38.

198 A Tutela Directa dos Direitos Fundamentais

não ser que justifique fundadamente o motivo pelo qual, mesmo após a condenação do TEDH, continua a entender que não é de acolher a interpretação da Convenção feita pela jurisdição europeia[757]. A terminar, refira-se que o TCFA concluiu que esta desconsideração, pelo tribunal ordinário alemão, do julgamento do TEDH, consubstanciava uma violação do artigo 6.º da Convenção[758].

4.1.3. *A Imprescindibilidade da* Verfassungsbeschwerde

É curioso notar que, apesar da queixa constitucional não ter sido inicialmente prevista na Lei Fundamental alemã, acabou por ser justamente o processo que determinou de forma qualitativa e quantitativa a jurisprudência do TCFA[759]. O número avultado de queixas constitucionais que todos os anos ingressam no Tribunal de Karlsruhe traduz à saciedade que não estamos apenas perante um fenómeno jurídico, mas também diante de um fenómeno *político*[760].

Com efeito, a sua função tem sido de uma incontestável relevância, em especial, por desenvolver uma importante função integradora dos cidadãos (*bürgerintegrierende*)[761] e um notável «efeito educativo geral» (*generellen Edukationseffekt*)[762], permitindo uma crescente consciencialização social para a temática dos direitos fundamentais e da sua protecção. De facto, a enorme popularidade da queixa constitucional transparece numa evoluída perspectivação da Lei Fundamental, segundo a qual os direitos fundamentais dos particulares não se cristalizam – e muito menos

---

[757] Acórdão da 2.ª Secção do TCFA, de 14/10/2004, *cit.*, par. 50.

[758] Este tribunal (Tribunal Supremo Regional de Naumburg) entendera, erradamente, que os julgamentos do TEDH apenas vinculavam a República Federal Alemã como um sujeito de Direito Internacional, mas não vinculavam os tribunais alemães. Cfr. o acórdão da 2.ª Secção do TCFA, de 14/10/2004, *cit.*, par. 67.

[759] Cfr. KLAUS SCHLAICH e STEFAN KORIOTH, *op. cit.*, p. 140.

[760] INGO VON MÜNCH, «*El recurso de amparo constitucional como instrumento jurídico y político... cit.*, p. 287, e KARL LOEWENSTEIN, «*Alemania desde 1945 à 1960 (Una relación de hechos)*», *cit.*, p. 133.

[761] Cfr. ALFRED RINKEN, *op. cit.*, p. 46, CHRISTIAN STARCK, «*La legitimación de la justicia constitucional y el principio democrático*», *cit.*, p. 482, e JUTTA LIMBACH, «*Papel y Poder del Tribunal Constitucional*», *cit.*, p. 103.

[762] Expressão atribuída a KONRAD ZWEIGERT, *apud* HERBERT POSSER, *op. cit.,* p. 51, e PETER HÄBERLE, «*Die Verfassungsbeschwerde im System... cit.*, p. 113.

A *Tutela Constitucional dos Direitos, Liberdades e Garantias* 199

se esgotam – em catálogos proclamatórios de direitos, mas, outrossim, deverão ser fonte de efectividade e de garantia.

Face a semelhante protecção constitucional, os cidadãos revêem-se na Lei Fundamental, consideram-na operante, vigente, plenamente normativa, não se sentindo tão indefesos e passivos relativamente à actuação dos poderes públicos[763]. Por conseguinte, na medida em que os cidadãos gozam de acesso directo ao TCFA, este pode ser, com justiça, apelidado de um «tribunal civil *par excellence*»[764]. Na expressão feliz de GERD ROELLCKE, o extraordinário sucesso da queixa constitucional reside no facto de ela «reflectir a inevitável imperfeição do direito positivo»[765].

Num primeiro relance, se ponderarmos a reduzida taxa de admissão das queixas constitucionais (que oscila entre os 2% - 3%), poderíamos ser tentados a colocar em causa a veracidade das afirmações precedentes. Nestes termos, perguntaríamos: como pode este instrumento gozar de tamanha reputação, quando os dados estatísticos demonstram uma diminuta percentagem de sucesso?

Ora, como teremos oportunidade de esclarecer durante este nosso estudo, a verdade é que a importância da queixa constitucional não pode ser descurada, tanto mais não seja, e citando a antiga presidente do Tribunal de Karlsruhe, JUTTA LIMBACH, «pelo efeito exemplar das [suas] decisões para o futuro comportamentos dos poderes públicos»[766].

Já o dissemos, mas não é demais enfatizá-lo, que, de um ponto de vista histórico, a queixa constitucional assumiu uma dimensão impressio-

---

[763] INGO VON MÜNCH, «*El recurso de amparo constitucional como instrumento jurídico y político... cit.*, p. 288, e JUTTA LIMBACH, «*Función y significado del recurso constitucional en Alemania»... cit.*, p. 68.

[764] Quanto a nós, ninguém o terá dito melhor do que PETER HÄBERLE, «*El Tribunal Constitucional como poder político», cit.*, p. 12.

[765] «*Zum Problem einer Reform der Verfassungsgerichtsbarkeit», cit.*, p. 119. Também INGO VON MÜNCH, «¿*El Tribunal Constitucional Federal como actor político?*», *cit.*, p. 580, não hesitou em afirmar que o TCFA se converteu numa «instância quase-moral» de referência para os cidadãos alemães. Todavia, como bem ressalvou PETER HÄBERLE, «*La jurisdicción constitucional institucionalizada... cit.*, p. 174, importa que essa confiança dos cidadãos na justiça constitucional «não se converta em incredulidade na democracia».

[766] «*Función y significado del recurso constitucional en Alemania»... cit., loc. cit.* Por sua vez, KOMMERS, *apud* GERHARD DANNEMANN, *op. cit.*, p. 151, defende que a pequena percentagem de sucesso não significa que a queixa constitucional seja inútil ou não apresente vantagens, quando comparada com um modelo que confie a tutela dos direitos fundamentais apenas aos tribunais ordinários.

200 A Tutela Directa dos Direitos Fundamentais

nante no período que seguiu à Queda do Muro de Berlim, devido aos abusos perpetrados na RDA pelo Partido Socialista Unificado da Alemanha (*Sozialistische Einheitspartei Deutschlands*). O regime, de cariz comunista, teve fortes implicações, não só a nível económico (*v.g.*, nacionalização de médias e grandes empresas), mas também, e sobretudo, traduziu-se em restrições de direitos pessoais dos indivíduos (nomeadamente, das liberdades de expressão e informação, de imprensa e meios de comunicação social e de criação cultural), de direitos de participação política e de acesso ao ensino superior[767].

Nesta medida, facilmente se depreende como a confiança popular na jurisdição constitucional culminou num reforço da estabilidade política[768]. Justamente esta particularidade, permite-nos, numa linguagem metafórica, conceber a queixa constitucional como uma espécie de espada de Dâmocles, incessantemente suspensa sobre a cabeça dos poderes públicos, *maxime*, quando estes actuam de forma potencialmente atentatória dos direitos fundamentais dos particulares[769]. De tudo quanto se tem arrolado, não deixa de ter interesse referir que, não obstante as inevitáveis críticas, a jurisprudência de Karlsruhe é amplamente respeitada, não apenas pela doutrina constitucional e pelos tribunais ordinários, mas também pelo próprio poder legislativo[770].

De forma sucinta, passaremos a aclarar a dupla função (*doppelte Funktion*) da queixa constitucional alemã. Em primeiro lugar, o grande atractivo deste mecanismo reside na possibilidade de abrir aos cidadãos uma «via de acesso directo» (*unmittelbaren Zugang*)[771] ao TCFA, que terá como incumbência interpretar as normas constitucionais consagra-

---

[767] Cfr. REINHARD WARMKE, *op. cit.*, p. 290.

[768] Cfr. ARMIN DITTMANN, *op. cit.*, p. 84, e JUTTA LIMBACH, *«Papel y Poder del Tribunal Constitucional»*, *cit.*, p. 105.

[769] Curiosa a metáfora de HERBERT POSSER, *op. cit.*, p. 51. No mesmo sentido, GERD ROELLECKE, «*Zum Problem einer Reform der Verfassungsgerichtsbarkeit*», *cit.*, p. 119, lembrando que a queixa constitucional é perspectivada como uma última «esperança institucionalizada de salvação» («*die institutionalisierte Hoffnung auf Erlösung*»).

[770] Com efeito, KLAUS SCHLAICH e STEFAN KORIOTH, *op. cit.*, p. 382, apontam para os efeitos prévios da jurisprudência constitucional, mormente quando o Legislador pretende aprovar uma nova legislação, não deixando de atender a esta jurisprudência. Por outro lado, fala-se também numa pressão crescente da jurisprudência constitucional sobre a própria legislação de revisão da Lei Fundamental, ao ponto de se observar uma certa «marginalização» do legislador constitucional (JESTAEDT, *apud idem, op. cit., loc. cit.*).

[771] ULLI F. H. RÜHL, *op. cit*, p. 160.

A Tutela Constitucional dos Direitos, Liberdades e Garantias

doras de direitos fundamentais de maneira oportuna e, quando for o caso, criativa[772]. Contudo, a finalidade da queixa constitucional, vai para além da protecção individual dos direitos fundamentais (*individuellen Grundrechtsschutz*).

Na verdade, o artigo 31.º, n.º 1, da BVerfGG, ao estipular que as decisões do TCFA «vinculam todos os órgãos constitucionais do Estado Federal e dos Estados federados, assim como todos os tribunais e autoridades», acolhe, de forma cristalina, uma vertente objectiva da queixa constitucional, visto que os acórdãos proferidos nesta sede servirão de critério de interpretação e desenvolvimento do Direito Constitucional[773]. Em boa verdade, a jurisprudência constitucional desempenha uma proeminente missão de uniformização da interpretação e aplicação do Direito Constitucional (*Einheitlichkeit der Rechtsprechung*)[774]. Em plena sintonia, o crescente pendor objectivo da queixa constitucional tem levado a que a jurisprudência constitucional o caracterize como um meio de protecção jurídica específico do direito constitucional objectivo (*spezifisches Rechtsschutzmittel des objektiven Verfassungsrechts*)[775].

4.1.4 *As Reformas da* Verfassungsbeschwerde

O Tribunal de Karlsruhe, consciente do seu indispensável papel no que toca à protecção dos direitos fundamentais, acabou por «ser vítima do seu próprio êxito»[776], ao enveredar por uma jurisprudência generosa –

---

[772] Cfr. HÉCTOR FIX-ZAMUDIO, «*El juicio de amparo mexicano y el recurso constitucional federal alemán*», cit., p. 482.

[773] Cfr. ARMIN DITTMANN, *op. cit.*, pp. 72-73, e DOROTHEE AX, *op. cit.*, pp. 35-40, KLAUS SCHLAICH e STEFAN KORIOTH, *op. cit.*, p. 141.

[774] Cfr. KLAUS SCHLAICH e STEFAN KORIOTH, *op. cit.*, p. 382.

[775] Acórdãos da 1.ª Secção do TCFA, de 28/06/1972, n.º 105/63, par. 258, de 07//06/1977, n.º 108/73, par. 74, 03/04/1979, n.º 1460/78, par. 139, e de 05/05/1987, n.º 1113/85, par. 326, *apud* HERBERT POSSER, *op. cit.*, p. 50, nt. 25. O Autor salienta, porém, que a dimensão objectiva da queixa constitucional não foi ainda objecto de um tratamento sistemático-dogmático suficiente, porventura devido ao facto de o TCFA ter reconhecido, tardiamente, esta dupla dimensão (p. 51).

[776] RAINER WAHL e JOACHIM WIELAND, «*Verfassungsrechtsprechung als knappes Gut*», *in* JZ, Jahr. 23, 1996, J. C. B. Mohr, Tübingen, pp. 1137-1145, p. 1138. De salientar a perspectiva inteligente adoptada pelos Autores, segundo a qual perspectivaram a jurisprudência constitucional como um «bem escasso» (*knappes Gut*) e que, nessa mesma condição, deverá ser optimizado ao máximo.

202 · A Tutela Directa dos Direitos Fundamentais

maxime após os acórdãos *Elfes* e *Lüth,* que reconheceram o efeito irradiante dos direitos fundamentais à generalidade da ordem jurídica[777-778]. Por outro lado, em paralelo, a queixa constitucional apresenta, como vimos, uma dupla faceta subjectiva e objectiva. Ainda assim, é manifesto que o TCFA continua intensamente comprometido com a dimensão subjectiva, o que acaba por criar cada vez mais dificuldades à celeridade processual e ao objectivo da diminuição do número de processos pendentes[779].

Desde sempre e primeiramente, elementos estatísticos demonstram que uma parcela esmagadora da actividade do TCFA está afecta à decisão de queixas constitucionais[780]. Por ano, dão entrada no TCFA entre 5.000 a 6.000 queixas constitucionais[781]. Porém, a sua probabilidade de êxito permanece muito reduzida, o que não pode deixar de colocar pertinentes questões acerca da viabilidade de um modelo que desperdiça o tempo valioso da jurisdição constitucional a decidir da admissibilidade das queixas[782-783].

A este problema, acresce o da utilização abusiva (*mißbräuchliche Inanspruchnahme*) deste mecanismo de garantia da Constituição, instrumentalizando-o a um mero expediente dilatório e impedindo que o TCFA cumpra a sua verdadeira missão[784].

---

[777] No sobejamente conhecido acórdão *Elfes*, de 16/01/1957, disponível em versão electrónica no site: http://jurawelt.com/gerichtsurteile/oerecht/bverfg/3504, o TCFA decidiu que o amplo conceito de «liberdade geral de acção» patente no artigo 2.º, n.º 1, da GG, assegura uma protecção consistente dos direitos fundamentais.

[778] Acórdão da 1.ª Secção do TCFA, de 15/01/1958, *cit.*

[779] Cfr. Rainer Wahl e Joachim Wieland, *op. cit.*, p. 1141.

[780] Entre 1951 e 2005, deram entrada no TCFA 157.233 requerimentos, dos quais 151.424 eram queixas constitucionais. Em face disso, bem se compreende que alguma doutrina o apelide de «Tribunal das queixas constitucionais» (*Verfassungsbeschwerdegericht*). Na doutrina, aceitando esta justificação, cfr. Rüdiger Zuck, *op. cit.*, p. 96.

[781] Cfr. http://www.bundesverfassungsgericht.de/en/organization/organization.htlm.

[782] A taxa de admissão foi apenas de 2,5% (3,699 queixas admitidas), segundo o site: http://www.bundesverfassungsgericht.de/en/organization/verfassungsbeschwerde.htlm.

Sobre este problema, cfr. Ernst-Wolfgang Böckenförde, «*Die Überlastung des Bundesverfassungsgerichts*», *cit.*, p. 282, e Georg Seyfarth, *op. cit.*, p. 272.

[783] Christian Pestalozza, «*Die echte Verfassungsbeschwerde*», *cit.,* p. 7, par. 90, critica a excessiva morosidade da queixa constitucional, que contraria a sua função de instrumento de protecção dos direitos fundamentais (*Grundrechtsschutzinstrument*).

[784] V. a crítica de Ulli F. H. Rühl, *op. cit,* p. 160. É certo que muitas das queixas constitucionais não representam mais do que meras bagatelas (*Bagatellfall*).

A Tutela Constitucional dos Direitos, Liberdades e Garantias 203

Todavia, a diminuta percentagem de admissão das queixas não é suficiente para ofuscar as tremendas repercussões a nível da política de direitos fundamentais de uma única queixa que seja julgada procedente, posto que esta ultrapassará em muito o caso individual e assumirá um «efeito didáctico» de «pedagogia constitucional»[785].

A hipertrofia de queixas constitucionais, não sarada, continuava a provocar receios de uma paralisação da justiça constitucional – exteriorizados por palavras de ordem como colapso (*Kollaps*) e desmoronamento (*Zerfall*) do TCFA – e exigia um esforço reformador[786]. Em consequência, em 1993, teve lugar uma reforma da queixa constitucional, ainda que sem êxito. Seguiu-se a formação de uma comissão – «*Kommission Entlastung des Bundesverfassungsgerichtes*» (Comissão para o alívio do TCFA), comummente designada como «Comissão Benda» – composta por onze membros e presidida pelo antigo presidente do Tribunal de Karlsruhe, ERNST BENDA[787].

Com efeito, apesar de o próprio TCFA (implicitamente) rejeitar algumas queixas por carecerem de relevância constitucional fundamental,

---

[785] Na verdade, várias decisões resultaram em revogação de legislação, nomeadamente no domínio fiscal. Cfr. PETER HÄBERLE, «*Die Verfassungsbeschwerde im System...* cit.*, p. 95 e p. 101.

[786] Cfr., entre outros, os seguintes estudos dedicados *ex professo* ao problema: ERNST-WOLFGANG BÖCKENFÖRDE, «*Die Überlastung des Bundesverfassungsgerichts*», cit., p. 282, JÖRG BERKEMANN, «*Das Bundesverfassungsgericht und "seine" Fachgerichtsbarkeiten auf der Suche nach Funktion und Methodik*», in DVBl, 111. Jahrgang, Heft. 18, 15. September 1996, Carl Heymanns Verlag, Köln, pp. 1009-1072, p. 1029. REINHARD WARMKE, *op. cit.*, p. 59, aponta precisamente para o perigo de o Tribunal de Karlsruhe se degradar a uma «*Superbeschwerdeinstanz*». Reforçando esta posição, KLAUS SCHLAICH e STEFAN KORIOTH, *op. cit.*, p. 197, e WOLFGANG ROTH, «*Die Überprüfung fachgerichtlicher Urteile durch das Bundesverfassungsgericht un die Entscheidung über die Annahme einer Verfassungsbeschwerde*», in AR, 121. Band, Heft Band, Heft 4, Dezember 1996, J. C. B. Mohr, Tübingen, pp. 544-577, p. 547, sublinham que o TCFA não se configura como mais uma instância de revisão (*weitere Revisionsinstanz*, ou *Superrevisionsgericht*).

[787] Esta Comissão foi criada em Setembro de 1996 e deu por finalizados os seus trabalhos em Dezembro de 1997. Consequentemente, a BVerfGG foi alterada, tendo a sua nova redacção entrado em vigor em 23/07/1998. Cfr, mais amplamente, CHRISTIAN PESTALOZZA, «*Das Bundesverfassungsgericht: Bonner Reform-Allerlei'98*», cit., p. 1040, GERD ROELLECKE, «*Zum Problem einer Reform der Verfassungsgerichtsbarkeit*», cit., p. 115, PABLO LOPEZ PIETSCH, «*Objetivar el recurso de amparo: las recomendaciones de la "Comision Benda" y el Debate Español*», in REDC, año 18, núm. 53, mayo-agosto, 1998, Centro de Estudios Políticos y Constitucionales, Madrid, pp. 115-153, e RÜDIGER ZUCK, *op. cit.*, pp. 95-99.

certo é que esta jurisprudência não fazia depender o acesso ao Tribunal de uma tal condição[788]. Destarte, em cima da mesa estava a questão de saber se as decisões do Tribunal deveriam esclarecer uma questão jurídico--constitucional ou assegurar a protecção do direito fundamental no caso concreto[789].

Entendeu, assim, alguma doutrina que deveria ser colocada a ênfase na dimensão objectiva da queixa constitucional, não só porque esta não é uma via normal de protecção, mas também, *a fortiori*, porque, como atrás referimos, não logrou ser originariamente consagrada na GG[790]. Nesta sede, alguma doutrina apontou a necessidade de se privilegiar a qualidade das decisões sobre a quantidade (*bevorzugen Qualität vor Quantität*)[791]. Por essa razão, em linguagem metafórica, GERD ROELLCKE, lembra que o Tribunal de Karlsruhe pode ser equiparado a uma casa de saúde, que, para funcionar com eficácia, não pode abrir as suas portas a todos os hipocondríacos que apareçam[792]. Do mesmo modo, o Tribunal deverá alhear-se das bagatelas constitucionais e dedicar-se às questões que possuem uma genuína relevância constitucional.

Foi, então, aprovada uma proposta que se inspirou no modelo norte--americano do *writ of certiorari* (ou da *preliminary injunction*) e que criou um modelo por onde perpassa uma certa margem de livre apreciação na fase da admissão dos recursos[793-794]. Antes de avançar, porém, importa

---

[788] Acórdão da 1.ª Secção do TCFA, de 03/04/1979, n.º 1460/78, par. 143, posteriormente seguido pelos acórdãos da 1.ª Secção do TCFA, de 03/06/1980, n.º 627/78, par. 190, e de 08.02.1984, n.º 580/83, par. 173.

[789] GERD ROELLCKE, «*Zum Problem einer Reform der Verfassungsgerichtsbarkeit*», *cit.*, p. 117.

[790] Cfr. FROWEIN e ZIMMERMANN, *apud* GERD ROELLCKE, «*Zum Problem einer Reform der Verfassungsgerichtsbarkeit*», *cit.*, *loc. cit.*

[791] KLAUS SCHLAICH e STEFAN KORIOTH, *op. cit.*, p. 192. No mesmo sentido, ALFRED RINKEN, *op. cit.*, p. 31, diz que face a limitada capacidade de trabalho do TCFA, não é possível fazer-se a «quadratura do círculo».

[792] «*Zum Problem einer Reform der Verfassungsgerichtsbarkeit*», *cit.*, p. 118.

[793] Este modelo, praticado nos Estados Unidos da América, tem lugar através de uma *petition for a writ of certiorari*, na qual o requerente expõe os motivos pelos quais acredita que a sua questão deve e pode ser examinada pelo *SC*. Posteriormente, o *SC* apreciará o requerimento e, caso o considere procedente, emanará o respectivo «*writ*», através do qual se pronunciará sobre a questão. Sobre o tema, cfr., JOSÉ L. CASCAJO CASTRO e VICENTE GIMENO SENDRA, *El recurso de amparo*, Editorial Tecnos, Madrid, 1985, p. 67. Já em 1993, HERBERT POSSER, *op. cit.*, p. 297, alertava que, apesar de este modelo discricionário não ter sido ainda imposto por via legislativa, era há muito utilizado pela jurisprudência constitucional alemã.

A *Tutela Constitucional dos Direitos, Liberdades e Garantias* 205

ter em conta que esta reforma não seguiu o sistema norte-americano na sua pureza, pois estabeleceu *critérios objectivos de selecção das queixas constitucionais*, não estando, por conseguinte, o magistrado constitucional dotado de pleno poder discricionário[795]. Mais precisamente, o livre procedimento de admissibilidade das queixas (*freies Annahmerverfahren*) não se traduz num princípio de livre discricionariedade (*Lustprinzips*), mas sim, na introdução de uma margem de apreciação (*Ermessen*), sempre pautada pelos ditames constitucionais[796].

Dito de outra forma, não é correcto afirmar-se que tenha desaparecido a função subjectiva da queixa constitucional. Esta subsiste, uma vez que o cidadão continua a figurar como um sujeito processual activo, com possibilidade de levar a sua pretensão ao TCFA. Nesta ordem de considerações, o importante será que permaneça uma estreita conexão («*enger Zusammenhang*»)[797] entre a protecção dos direitos individuais e a função objectiva da queixa constitucional.

Não satisfeitos com os resultados desta reforma, alguns Autores sugerem que seja introduzida a obrigação de constituição de advogado e custas judiciais[798]. É por demais conhecido que o actual estádio da queixa constitucional necessita não apenas de uma qualquer forma meramente circunstancial de alívio do número de processos que dão entrada no TCFA, mas sim, de uma genuína e profunda reforma[799].

---

[794] Com apenas um voto contra da magistrada K. GRASSHOF. Esta formulou um voto particular, no qual sustentou que a adopção de um modelo similar ao norte-americano «reduziria notavelmente a dimensão subjectiva do amparo, menosprezando o direito à tutela efectiva – muito enraizado entre os cidadãos. Além do mais, criar-se-ia um sistema inseguro que acarretaria a perda da confiança do amparo como um remédio efectivo frente às lesões de direitos constitucionais», *apud* ÁNGELA FIGUERUELO BURRIEZA, *El Recurso de Amparo: Estado de la Cuestión, cit.,* p. 86. Cfr., no mesmo sentido, WOLFGANG ROTH, *op. cit.,* pp. 569-561.

[795] Cfr., mais em pormenor, ERNST-WOLFGANG BÖCKENFÖRDE, «*Die Überlastung des Bundesverfassungsgerichts*», *cit.,* p. 283, e JUTTA LIMBACH, «*Función y significado del recurso constitucional en Alemania*»... *cit.,* p. 88.

[796] Para mais desenvolvimentos, cfr. ERNST-WOLFGANG BÖCKENFÖRDE, «*Die Überlastung des Bundesverfassungsgerichts*», *cit.,* p. 283.

[797] ULLI F. H. RÜHL, *op. cit,* p. 170.

[798] CHRISTIAN PESTALOZZA, «*Die echte Verfassungsbeschwerde*», *cit.,* p. 35, par. 83, e INGO VON MÜNCH, «*El recurso de amparo constitucional como instrumento jurídico y político...* *cit.,* p. 284.

[799] ALFRED RINKEN, *op. cit.,* p. 72.

Se bem vemos as coisas, e em jeito de síntese, é pouco provável que a queixa constitucional venha algum dia a ser plenamente abolida, posto que é um mecanismo de tutela que se encontra entranhado na consciência dos cidadãos alemães[800]. Alguma doutrina refere, inclusive, a existência de um «patriotismo constitucional», na maneira como os alemães perspectivam o TCFA, a saber, como o «Tribunal dos cidadãos»[801].

4.1.5. *Potenciais Conflitos entre as Jurisdições Constitucional e Ordinária*

No que respeita a potenciais conflitos entre a jurisdição constitucional (*Verfassungsgerichtsbarkeit*) e a jurisdição ordinária (*Fachgerichtsbarkeit*), é hoje em dia cada vez mais complexo distinguir com clareza entre a violação de um direito constitucional e a violação de um direito protegido somente na legislação ordinária[802]. A questão da delimitação entre jurisdições não é despicienda e, bem pelo contrário, pode demonstrar-se decisiva para uma protecção efectiva dos direitos fundamentais. Como bem elucida GERHARD DANNEMANN, uma perspectiva restritiva nesta matéria poderá deixar vazios de protecção constitucional, ao passo que uma abordagem mais generosa corre o risco de transformar o Tribunal Constitucional numa nova instância de recurso[803].

---

[800] É a posição de ALFRED RINKEN, *op. cit.*, p. 70, GERD ROELLECKE, «*Zum Problem einer Reform der Verfassungsgerichtsbarkeit*», *cit.*, pp. 118-119, INGO VON MÜNCH, «*El recurso de amparo constitucional como instrumento jurídico y político... cit.*, p. 280, JUTTA LIMBACH, «*Función y significado del recurso constitucional en Alemania*»... *cit.*, 87, e ULLI F. H. RÜHL, *op. cit*, p. 156. Nestes termos, JUTTA LIMBACH lembra que seria ingenuidade pensar que o TCFA já havia cumprido a sua missão histórica, após ter restaurado um clima de protecção dos direitos fundamentais no período que seguiu ao nacional-socialismo. Ainda que neste momento os perigos de uma tal ausência de protecção constitucional não sejam tão gravosos, certo é que eles persistem igualmente, apesar de incidirem sobre outros domínios da vida em sociedade.

[801] Expressão de PETER HÄBERLE, «*Role and impact of constitutional courts in a comparative perspective*», *cit.*, p. 72.

[802] Como reconhecem, entre outros, JÖRG BERKEMANN, *op. cit.*, p. 1030, JUTTA LIMBACH, «*Función y significado del recurso constitucional en Alemania*»... *cit.*, p. 83, e MARTIN SCHULTE, *op. cit.*, p. 1015. Todavia, como bem adverte a primeira Autora, não se pode adoptar, nesta sede, uma visão restritiva dos direitos fundamentais, no sentido de se atribuir ao Direito Privado um espaço de liberdade isento do respeito e promoção dos direitos fundamentais (p. 82).

[803] *Op. cit.*, p. 148.

A Tutela Constitucional dos Direitos, Liberdades e Garantias   207

Não obstante, no domínio das queixas constitucionais contra sentenças ou acórdãos (*Urteilsverfassungsbeschwerde*), cumpre enfatizar que o TCFA não foi concebido como um tribunal de recurso. O Supremo Tribunal Federal (*Oberstes Bundesgericht*) é o tribunal supremo da jurisdição ordinária e o TCFA não poderá de forma alguma imiscuir-se em quaisquer assunto que ultrapasse o território da questão da inconstitucionalidade[804]. De forma esquemática, a actuação do TCFA é pautada por três características essenciais, que nos permitem distinguir, com clareza, a autonomia que deve reger entre as jurisdições ordinária e constitucional.

Primo, o controlo exercido pelo TCFA é subsequente. Isto é, em regra, apenas terá lugar após a exaustão das vias legais ordinárias.

Secundo, a fiscalização do Tribunal de Karlsruhe traduzir-se-á, apenas, num controlo da constitucionalidade, mais concretamente, do direito constitucional específico (*spezifisches Verfassungsrecht*) e não deverá entrar em questões que não digam directamente respeito a este, tais como o apuramento e análise dos factos ou a interpretação e aplicação do direito ordinário[805]. Este fundamento de delimitação das competências – que foi desenvolvido de forma pretoriana pelo TCFA – teve como base a sobejamente conhecida «fórmula de Heck» («*Heck'sche Formell*»), atribuída a esse mesmo Autor[806]. Assim, ao TCFA não lhe competiria

---

[804] Cfr. Hans Joachim Faller, *op. cit.*, p. 194.

[805] Cfr., entre outros, o acórdão da 1.ª Secção do TCFA, de 28/03/2006, n.º 1054//01, par. 90.

[806] Heck foi um juiz da 1.ª Secção do TCFA, que, no acórdão n.º 37/63, de 10//06/1964, propôs uma solução de delimitação de competências entre as jurisdições, ao sustentar que «(c)onhecendo de uma queixa constitucional, o Tribunal Constitucional pode intervir apenas no caso de violação do direito constitucional específico pelos tribunais. O direito constitucional especifico não resulta violado, sem mais, quando uma decisão judicial, de acordo com o direito ordinário, é objectivamente incorrecta». Cfr. Hans Joachim Faller, *op. cit.*, p. 194, Jörg Berkemann, *op. cit.*, p. 1029-1031, e Luis Javier Mieres Mieres, *El incidente de constitucionalidad en los procesos constitucionales (especial referencia al incidente en el recurso de amparo)*, Editorial Civitas, Madrid, 1998, p. 72.

Martin Schulte, *op. cit.*, p. 1015, destaca que, apesar de o Tribunal de Karlsruhe aplicar a fórmula de Heck, que por vezes estende em demasia as suas competências de cognição. Esta situação precisa de ser modificada, uma vez que a jurisdição constitucional não possui capacidade para assumir as funções de uma instância de super-revisão ou factual («*Superrevisionsinstanz*», ou «*Supertatsacheninstanz*»). Também Wolfgang Roth, *op. cit.*, pp. 545-548, sublinhou a necessidade de distinguir se o que está em causa é a decisão judicial em si (inconstitucionalidade *per se*) ou a aplicação

208   *A Tutela Directa dos Direitos Fundamentais*

averiguar se os tribunais ordinários aplicaram correctamente a legislação federal ou até se o próprio TCFA teria decidido da mesma forma se estivesse no lugar do tribunal ordinário[807]. Isto sem prejuízo de a própria intensidade do controlo poder variar proporcionalmente com as circunstâncias do caso concreto, nomeadamente na hipótese de os tribunais ordinários terem lidado, de forma directa, com direitos fundamentais[808].

Esta fórmula foi aplicada durante uma década, com pouca ou nenhuma crítica. Todavia, a doutrina mais recente, não deixa de apresentar as suas reservas a esta tese, que se tem revelado insuficiente para responder ao complexo problema de delimitação de competências[809]. A delicada questão

---

que o tribunal fez da Constituição (inconstitucionalidade *per modum*). Ora, quanto o TCFA entra na averiguação da inconstitucionalidade *per modum*, corre o risco de transformar-se naquilo para o que não foi concebido: uma instância de super-revisão. Ainda assim, há duas situações em que o Tribunal deverá entrar numa averiguação *per modum* da decisão judicial: (*i*) se os tribunais ordinários tiverem optado por uma interpretação inconstitucional da legislação ordinária; (*ii*) se a interpretação operada pelo tribunal ordinário for arbitrária, ou seja, não respeitar os métodos hermenêuticos de interpretação (pp. 574-576).

Por sua vez, é interessante referir a tese de HANS-JÜRGEN PAPIER, *apud* RUI MEDEIROS, *A Decisão de Inconstitucionalidade – Os autores, o conteúdo e os efeitos da decisão de inconstitucionalidade da lei*, Universidade Católica Editora, Lisboa, 1999, p. 362, que defende uma leitura da fórmula «violação do direito constitucional específico», no sentido de abarcar apenas as «violações *directas* dos direitos fundamentais», excluindo aquelas que sejam indirectas, isto é, «que se fundem exclusivamente na violação do *princípio da legalidade*».

[807] Caso contrário, e como bem soube alertar INGO VON MÜNCH, «*El recurso de amparo constitucional como instrumento jurídico y político... cit.*, p. 289, estaríamos a admitir uma revisão «etérea e desligada da prática» por parte do TCFA.

[808] Sobre este critério da intensidade (*Intensitätskriterium*) cfr. ALFRED RINKEN, *op. cit.*, p. 74.

[809] Cfr. ALFRED RINKEN, *op. cit.*, p. 74, J. J. GOMES CANOTILHO, «*Para uma teoria pluralística da jurisdição constitucional..., cit.*, p. 27, LECH GARLICKI, «*Constitutional courts versus supreme courts*», in IJCL, Vol. 5, Num. 1, January 2007, Oxford Journals, Oxford University Press, pp. 44-68, p. 52, MATTHIAS JESTAEDT, *op.cit.*, p. 1310, OLIVIER JOUANJAN, «*La théorie allemande des droits fondamentaux*», in AJDA, 20 juillet/20 août 1998 spécial, Paris, pp. 44-51, p. 51, e RUI MEDEIROS, *A Decisão de Inconstitucionalidade – Os autores, o conteúdo e os efeitos da decisão de inconstitucionalidade da lei*, Universidade Católica Editora, Lisboa, 1999, p. 361. Por seu turno, JUTTA LIMBACH, «*Función y significado del recurso constitucional en Alemania*»... *cit.*, pp. 81-82, aponta a insuficiência desta fórmula, na medida em que apenas enuncia o problema, sem indicar propostas de solução do mesmo. Além do mais, segundo a Autora, permanece a questão mais difícil de responder: afinal, o que deve entender-se por «direito constitu-

A Tutela Constitucional dos Direitos, Liberdades e Garantias

mantém-se em aberto – quem sabe se indefinidamente – pois os vários critérios delimitadores entretanto propostos não estão isentos de reparos[810].

Tertio, resta relembrar que, à semelhança do que sucede no ordenamento jurídico português quanto à fiscalização sucessiva concreta, o TCFA nunca poderá decidir o caso substituindo-se ao tribunal ordinário. Ao invés, os autos deverão baixar ao tribunal *a quo*, que, nos termos do artigo 95.º, n.º 2, da BVerfGG decidirá novamente, desta vez tendo em conta a decisão do TCFA no que respeita à inconstitucionalidade[811]. A este propósito, alguma doutrina e jurisprudência não deixam de apelar à máxima norte-americana de *judicial self-restraint* (*richterlicher Selbstbeschränkung*, ou *richterlicher Zuruckhaltung*), em ordem a não ultrapassar as fronteiras da jurisdição constitucional[812].

Para concluir, recordemos que o posicionamento privilegiado do Tribunal de Karlsruhe no universo jurídico alemão lhe confere um papel proeminente em termos políticos e processuais. Aliás, como afirmou expressivamente INGO VON MUNCH, «acima do Tribunal Constitucional Federal só está o céu azul»[813]. No desfiar desta autoconfiança da justiça constitucional, segue-se, porém, que a Constituição e, em especial, os direitos fundamentais não são de forma alguma um bem próprio ou particular deste Tribunal.

---

cional específico»? Ou, mais complexo ainda, o que se deve considerar como «direito constitucional *não* específico»? Também FRANCISCO RUBIO LLORENTE, «¿*Divide et obtempera? – Una reflexión desde España sobre el modelo europeo... cit.*, p. 64, se manifestou contra a importação deste critério distintivo para o ordenamento jurídico-constitucional espanhol, uma vez que se trata somente de uma «fórmula verbal» que é utilizada a favor do juiz que tem a última palavra sobre o assunto, leia-se, *grosso modo*, o juiz constitucional.

[810] Cfr. DIETER GRIMM, «*Constitutional issues in substantive law – Limits of constitutional jurisdiction*», *cit.*, p. 279. Deste modo, a delimitação de competências tem sido efectuada de forma casuística e relativamente pacífica. Ainda que se tenham verificado episódios de confrontação mais acesa, certo é que não são de comparar com os que ocorreram em Espanha, ou mesmo Itália. Cfr. LECH GARLICKI, «*Constitutional courts versus supreme courts*», *in* IJCL, Vol. 5, Num. 1, January 2007, Oxford Journals, Oxford University Press, pp. 44-68, pp. 52-54.

[811] Cfr. o artigo 31.º, n.º1 da BVerfGG, que preceitua o carácter obrigatório das decisões do TCFA.

[812] Cfr. KLAUS SCHLAICH e STEFAN KORIOTH, *op. cit.*, p. 354.

[813] *Apud* ROSARIO TUR AUSINA, *op. cit.*, p. 193. Claro que esta frase tem de entender-se *cum grano salis*, uma vez que além do céu azul encontra-se, nos nossos dias, entre outras, a jurisdição do Tribunal Europeu dos Direitos do Homem, como adiante veremos com maior detalhe.

A Tutela Directa dos Direitos Fundamentais

Com efeito, à afirmação demasiado restritiva de ERNST BENDA, que perspectivava o TCFA como o fiel depositário da Constituição (*Treuhänder der Verfassung*) e os restantes tribunais como os guardas das leis (*Treuhänder der Gesetze*), contrapomos a concepção de uma justiça constitucional aberta a todos os tribunais[814], de forma a que se possa falar de uma genuína divisão de tarefas (*Arbeitsteilung*) entre as jurisdições[815].

4.2. O Recurso de Amparo Constitucional Espanhol

4.2.1. Semelhanças e Diferenças entre os Modelos de Justiça Constitucional Português e Espanhol

a) Semelhanças

Como atrás referimos, a propósito da natureza do Tribunal Constitucional, o carácter jurisdicional dos tribunais constitucionais português e espanhol parece dimanar do seu estatuto, do processo de formação das suas decisões e da natureza da sua actividade[816]. Embora todos os tribunais devam obediência à Constituição[817], o Tribunal Constitucional surge como órgão especialmente vocacionado para unificar a interpretação da ordem constitucional[818-819]. Neste contexto, os tribunais constitucionais estão

---

[814] Cfr. KLAUS SCHLAICH e STEFAN KORIOTH, *op. cit.*, p. 18. Também PETER HÄBERLE, «*Die Verfassungsbeschwerde im System... cit.*, p. 92 e p. 101, critica esta forma de visualizar o TCFA como guardião da Constituição, pois entende que a guarda da Constituição não compete ao TCFA, mas, outrossim, a todos os cidadãos no seu conjunto. Só deste modo se pode falar no TCFA como um genuíno tribunal dos cidadãos («*Bürgergericht*»).

[815] Cfr. KLAUS SCHLAICH e STEFAN KORIOTH, *op. cit.*, p. 139.

[816] O Tribunal Constitucional espanhol aparece regulado nos artigos 159.º a 165.º da Constituição Espanhola, aprovada em 27/12/1978. Por mandato expresso da lei constitucional (artigo 165.º), a organização e funcionamento deste tribunal constam da Lei de Orgânica do Tribunal Constitucional – Lei n.º 2/1979 –, de 03/10/1979. A competência do TCE está prevista no artigo 161.º, n.º 1, da CE.

[817] Cfr. os artigo 204.º da CRP e artigo 5.º, n.º 1, da LOPJ.

[818] Cfr. o artigo 123.º, n.º 1, da CE e os artigos 221.º da CRP e 2.º da LTC. Na verdade, o já mencionado artigo 2.º da LTC, preceitua lapidarmente que «as decisões do Tribunal Constitucional são obrigatórias para todas as entidades públicas e privadas e prevalecem sobre as dos restantes tribunais e de quaisquer autoridades».

A *Tutela Constitucional dos Direitos, Liberdades e Garantias* 211

autonomizados dos restantes tribunais, não se encontrando, por isso, integrados na *estrutura* do poder judicial.

O TC funciona em sessões plenárias e por secções[820]. Nos mesmos moldes, o TCE funciona em plenário, em Sala, ou em Secção[821]. Todavia, em Espanha, cada Sala (das duas existentes) é composta por seis magistrados nomeados pelo Tribunal em Pleno. Por sua vez, cada uma das Salas possui duas Secções (de três magistrados cada)[822]. Quanto ao mandato dos juízes, a duração é a mesma: nove anos[823].

Nas justiças constitucionais portuguesa e espanhola registamos semelhantes *tipos* de fiscalização sucessiva abstracta e concreta de normas jurídicas, apesar de os *modos* e as *vias processuais* do controlo da constitucionalidade serem diversos nos dois países[824-825].

---

[819] Cfr. Ángela Figueruelo Burrieza, *El Recurso de Amparo: Estado de la Cuestión*, cit., p. 30, José L. Cascajo Castro e vicente gimeno sendra, *op. cit.*, p. 15, e Juan Antonio Doncel Luengo, «*El modelo español de justicia constitucional. Las decisiones más importantes del tribunal constitucional español*», in Sub judice – Justiça e Sociedade, n.º 20/21, 2001, Janeiro/Junho, DocJuris, Coimbra, Abril de 2002, p. 79.

[820] Nos termos dos artigos 224.º da CRP e dos artigos 40.º e 41.º da LTC.

[821] Cfr. o artigo 6.º da LOTCE.

[822] Cfr. o artigo 7.º, n.º 1, da LOTCE. As Salas conhecem dos assuntos que não são da competência do Pleno (artigo 11.º, n.º 1, da LOTCE), logo, compete-lhes, fundamentalmente, conhecer dos recursos de amparo. Nos termos da anterior redacção do artigo 8.º da LOTCE, as Secções assumiam o despacho ordinário dos assuntos que entravam no Tribunal e decidiam sobre a admissibilidade ou inadmissibilidade dos recursos. Contudo, a profunda reforma operada pela Lei Orgânica 6/2007, de 24 de Maio, atribuiu-lhes também a competência de conhecer e decidir questões de amparo que a Sala correspondente lhes atribua (artigo 8.º, n.º 3).

[823] Cfr. o artigo 222.º, n.º 3, da CRP e o artigo 159.º, n.º 3, da CE.

[824] Cfr. Fernando Alves Correia, *A Justiça Constitucional em Portugal e em Espanha... cit.*, p. 169.

[825] É interessante verificar que o ordenamento jurídico espanhol prevê algo semelhante ao nosso processo de fiscalização abstracta com base na fiscalização concreta, plasmado no artigo 281.º, n.º 3, da CRP e 82.º da LTC, que permite que o TC aprecie e declare, com força obrigatória geral, a inconstitucionalidade ou ilegalidade de qualquer norma, desde que tenha sido por ele julgada inconstitucional ou ilegal em três casos concretos.

Em Espanha, designa-se como «*auto-questão de inconstitucionalidade*» e procura colmatar a ausência de recurso de amparo contra actos legislativos. Cfr., de forma desenvolvida, Álvaro Rodríguez Bereijo, «*Entretien avec Álvaro Rodríguez Bereijo – Président du Tribunal Constitutionnel Espagnol*», in CCC, n.º 2, deuxième semestre 1996, Editions Dalloz, Paris, pp. 54 e ss., p. 58, e Joan Oliver Araujo, *El recurso de amparo*, Colección Estado y Derecho-2, Palma de Mallorca, 1986, pp. 366-375. Como

b) Diferenças

O *modo de designação* dos juízes que integram os tribunais constitucionais português e espanhol, não é idêntico. Em Portugal, apenas o poder legislativo intervém na eleição dos treze juízes-conselheiros do TC – devendo seis deles ser juízes dos demais tribunais e os restantes juristas[826] – ao passo que, em Espanha, os doze magistrados são designados predominantemente pelo poder legislativo, mas com intervenção dos três poderes clássicos do Estado[827]. Em Espanha regista-se um requisito mais exigente para a designação dos magistrados, uma vez que todos os juízes do TCE terão de possuir mais de quinze anos de exercício profissional[828].

No que respeita ao *âmbito* e *objecto* do controlo da constitucionalidade de normas jurídicas pelos tribunais constitucionais, também se verificam diferenças significativas. Em Portugal, são objecto de controlo de constitucionalidade quaisquer normas do poder público, constantes de actos legislativos, de tratados e acordos internacionais ou de regulamentos, desde que dotados de eficácia externa[829]. Por sua vez, em Espanha, apenas estão sujeitas a fiscalização da constitucionalidade as leis, disposições

---

salienta ÁLVARO RODRÍGUEZ BEREIJO, *op. cit.*, pp. 58-59, a «auto-questão de inconstitucionalidade» não consubstancia um adicional mecanismo de controlo da constitucionalidade das leis. Ao invés, ele deve ser perspectivado como um «mecanismo de conexão» entre o recurso de amparo e o processo de declaração da inconstitucionalidade.

Nesta medida, caso a inconstitucionalidade de um acto parlamentar, de um acto administrativo ou de um acto judicial tiver como base a inconstitucionalidade de uma lei, a Secção ou Sala do TCE responsável pela decisão do recurso de amparo, deverão levar a questão ao Pleno (competente em matéria de controlo de actos legislativos), com suspensão do prazo para ditar o acórdão. Cfr. os artigos 35.º e ss e 55.º, n.º 2 da LOTCE.

[826] Segundo o artigo 222.º da CRP e artigo 12.º da LTC, «dez juízes serão eleitos pela Assembleia da República e os restantes três cooptados pelos anteriores». Cfr. JORGE MIRANDA, *Manual de Direito Constitucional*, Tomo V, Coimbra Editora, Coimbra, 3.ª Edição, 2004, p. 63.

[827] Cfr. os artigos 9.º e 16.º da LOTCE. O Congresso dos Deputados (Parlamento) elege quatro magistrados, assim como o Senado elege outros quatro magistrados (por uma maioria qualificada de 3/5). Depois, quer ao Governo, quer ao *Consejo Geral del Poder Judicial* (equivalente ao nosso Conselho Superior da Magistratura), competirá a designação de dois magistrados, respectivamente. É ao Rei que caberá a sua nomeação formal.

[828] Cfr. o n.º 3 do artigo 159.º da CE.

[829] Para um elenco detalhado, cfr. VITAL MOREIRA, «*A "fiscalização concreta" no quadro do sistema misto de justiça... cit.*, p. 825.

A Tutela Constitucional dos Direitos, Liberdades e Garantias

normativas e actos com força de lei, provenientes do Estado ou de alguma das Comunidades Autónomas[830]. Ou seja, os regulamentos não são, assim, impugnáveis directamente perante o TCE[831].

Interessa-nos particularmente, no âmbito deste nosso trabalho, evidenciar a diferença entre os ordenamentos jurídicos no que diz respeito ao *âmbito dos mecanismos de controlo concreto* da constitucionalidade de normas jurídicas. Em Espanha, relativamente ao controlo incidental de normas, o mecanismo existente é o da «questão prejudicial de inconstitucionalidade», em que o juiz da causa reenvia a questão de inconstitucionalidade para o TCE, quer por sua própria iniciativa, quer por iniciativa da parte[832]. Todavia, ainda que as partes tenham esse poder de iniciativa, caberá ao órgão judicial decidir da oportunidade de reenviar a questão ao TCE. Como bem se aceitará, dado este cenário, o recurso de amparo irrompe como um meio privilegiado para evitar que a efectividade do modelo concentrado de justiça constitucional dependa do espírito de colaboração dos juízes ordinários[833]. Em Portugal, como já referimos, a intervenção do TC, neste domínio, tem lugar quando se estiver perante decisões de desaplicação de qualquer norma com fundamento na sua inconstitucionalidade (decisões positivas de inconstitucionalidade)[834] ou face a decisões de aplicação de norma cuja inconstitucionalidade haja sido suscitada durante o processo (decisões negativas de inconstitucionalidade)[835].

---

[830] Cfr. o artigo 27.º, n.º 2, da LOTCE.

[831] Todavia, como veremos, os regulamentos poderão ser objecto de recurso de amparo, nos termos dos artigos 41.º, n.º 2, e 43.º, n.º 1, da LOTCE, na hipótese de terem sido a causa directa da violação de um direito fundamental susceptível de amparo.

[832] Cfr. o artigo 163.º da CE e o artigo 35.º, n.º 1, da LOTCE.

[833] LUIZ MARIA DIEZ-PICAZO GIMENÉZ, «*Dificultades practicas y significado constitucional del recurso de amparo*», in REDC, n.º 14, año 40, enero-abril, 1994, Centro de Estudios Constitucionales, Madrid, p. 24. Como alerta o Autor, p. 25, a isto acresce que a jurisprudência constitucional «tem negado a admissibilidade do recurso de amparo contra a recusa pelos tribunais ordinários de colocarem a questão de inconstitucionalidade – STCE, n.º 21/1991 e n.º 22/1991».

[834] Cfr. o artigo 280.º, n.º, al. a), da CRP e artigo 70.º, n.º 1, al. a), da LTC. Nesta eventualidade, e caso a norma cuja aplicação tiver sido recusada constar de convenção internacional, de acto legislativo ou de decreto regulamentar, o recurso é obrigatório para o Ministério Público (artigo 280.º, n.º 3, da CRP).

[835] Cfr. o artigo 280.º, n.º, al. b), da CRP e artigo 70.º, n.º 1, al. b), da LTC. Face a uma decisão negativa de inconstitucionalidade, o recurso apenas poderá ser interposto pela parte que haja suscitado a questão da inconstitucionalidade (artigo 280.º, n.º 4, da CRP).

A *Tutela Directa dos Direitos Fundamentais*

Por último, os dois ordenamentos jurídicos atribuem uma diferente *eficácia jurídica* às decisões proferidas em sede de controlo concreto ou incidental de normas jurídicas. Em Portugal, os efeitos da fiscalização concreta da constitucionalidade, vertidos no artigo 280.º, n.º 6, da CRP e no artigo 80.º, n.º 1, da LTC, são *inter partes*, fazendo caso julgado formal e material no processo, e são restritos à questão da inconstitucionalidade[836]. Por sua vez, em Espanha – apesar de, em regra, os acórdãos do TCE no domínio do recurso de amparo constitucional terem efeitos *inter partes* – as decisões de inconstitucionalidade proferidas em controlo concreto de normas com valor de lei têm eficácia obrigatória geral[837].

4.2.2 Análise do Recurso de Amparo Constitucional Espanhol

> «*Yo creo que la Constitución española, tal como ha sido aplicada hasta ahora, sería reconocible sin el recurso o la cuestión de inconstitucionalidad; pero no sería la misma sin el recurso de amparo*»[838].

(i) Antecedentes

Na Idade Média, existia, no reino foral de Aragão (*fueros de Aragon*), uma instituição denominada «*Justicia Mayor*»[839], que tinha como uma das suas principais incumbências proteger os indivíduos no exercício dos seus direitos, tanto perante as autoridades públicas, como perante os tribunais[840]. Embora esta instituição tenha sido abolida, em 1716, acabou por ser "exportada" para as colónias espanholas, ficando sob a respon-

---

[836] Convém salientar, porém, que o efeito *inter partes* se encontra de algum modo mitigado pelo preceituado no artigo 280.º, n.º 5, da CRP, que acaba por obrigar o Ministério Público a recorrer, caso a decisão do tribunal *a quo* aplique norma anteriormente julgada inconstitucional ou ilegal pelo próprio TC.

[837] Cfr. o artigo 40.º da LOTCE.

[838] LUIZ MARIA DIEZ-PICAZO GIMENÉZ, *op. cit.*, p. 37.

[839] Funcionava como uma espécie de «*defensor del pueblo*», hoje existente em Espanha.

[840] Cfr. JOAN OLIVIER ARAUJO, *El recurso de amparo, cit.*, pp. 77-86, e ROSARIO TUR AUSINA, *op. cit.*, p. 34.

A Tutela Constitucional dos Direitos, Liberdades e Garantias 215

sabilidade do Vice-Rei. Poucos anos após a independência do México, debateu-se a oportunidade da criação de um instituto particular de protecção dos direitos do homem designado de *«amparo»*, que acabou por integrar a Constituição mexicana de 1917[841]. Foi, nestes moldes e com esta designação, que o amparo mexicano acabou por regressar às suas origens, ou seja, a Espanha, através da Constituição de 1931[842], que, no seu artigo 121.°, al. b), instituía o *recurso de amparo de garantías individuales* como uma das competências do então recém-criado Tribunal de Garantias Constitucionais da Segunda República espanhola[843]. Apesar de tudo, o sucesso deste mecanismo foi diminuto, uma vez que, além da legislação ordinária ter limitado o objecto deste recurso, não se chegaram a criar os Tribunais de Urgência que serviriam para conhecer em primeira instância do recurso[844].

---

[841] Sobre a influência mexicana no recurso de amparo espanhol, cfr. HÉCTOR FIX-ZAMUDIO, *«El recurso de amparo y la suspensión de las garantías»*, in REP, Núm.7, Enero-Febrero 1979, Centro de Estudios Constitucionales, Madrid, pp. 227-267, pp. 245-248.

[842] A Constituição Espanhola de 1931 é o primeiro antecedente directo do recurso de amparo. Cfr., para uma abordagem histórica do conceito, ÁNGELA FIGUERUELO BURRIEZA, *El Recurso de Amparo: Estado de la Cuestión, cit.*, p. 29, e *«Veintitrés Años de Recurso de Amparo», cit.*, p. 333, FRANCISCO FERNÁNDEZ SEGADO, *El sistema constitucional español*, Dykinson, Madrid, 1992, pp. 1101-1102, HÉCTOR FIX-ZAMUDIO, *«El recurso de amparo y la suspensión de las garantías», cit.*, pp. 248-250, JOAQUÍN GARCÍA MORILLO, *El amparo judicial..., cit.*, pp. 22-23, MIGUEL SÁNCHEZ MORÓN, *El recurso de amparo constitucional – Naturaleza jurídica, características actuales y crisis*, Centro de Estudios Constitucionales, Madrid, 1987, p. 23, e VICENTE GIMENO SENDRA, *op. cit.*, p. 81.

[843] Na altura, designava-se como *«recurso de amparo de garantias individuales»*. CARLOS RUIZ MIGUEL, *L'amparo constitutionnel en Espagne: droit et politique, in* «Les Cahiers du Conseil Constitutionnel», n.° 10, 2001, Dalloz, Paris, p. 90, e FRANCISCO FERNÁNDEZ SEGADO, *«El Recurso de Amparo en España»*, in Revista Jurídica Virtual, Vol. 7, n.° 75, Out./Nov. 2005, pp. 1-20, disponível *in* www.presidencia.gov.br/revista-juridica, p. 1, destacam que o sucesso do recurso de amparo, em Espanha, se deve a dois factores: em primeiro lugar, à presença neste país de RODOLFO REYES (jurista mexicano), que divulgou o instituto do amparo; e, em segundo lugar, ao contributo kelseniano que defendia a existência de um órgão, separado do poder judicial, que assumiria o monopólio do controlo da constitucionalidade. Todavia, este precedente do actual recurso de amparo constitucional não deixava de apresentar algumas deficiências, sintetizadas por ROSARIO TUR AUSINA, *op. cit.*, pp. 114-126.

[844] Cfr. ÁNGELA FIGUERUELO BURRIEZA, *El recurso de amparo en cuanto tutela reforzada de los derechos fundamentales»*, in Cuadernos de la Cátedra Fadrique Furió Ceriol, n.° 6, Invierno de 1994, J. V. Ediciones, Valencia, pp. 43-56, p. 45.

A Tutela Directa dos Direitos Fundamentais

Deste modo, quando a actual CE de 1978 decidiu positivar o recurso de amparo – como instrumento de protecção específica dos direitos fundamentais – teve como fontes inspiradoras o amparo mexicano, a Constituição precedente de 1931, o modelo da *Verfassungsbeschwerde* alemã e das *Beschwerden* suíça e austríaca[845-846].

(ii) Consagração constitucional e legislativa do instituto

Antes de nos debruçarmos propriamente sobre a análise do recurso de amparo constitucional, importa focar, ainda que ao de leve, a divisão hierárquica dos direitos realizada pelo legislador constituinte. Na verdade, o artigo 53.º da CE, com o qual se inicia o Capítulo IV – que estabelece as garantias das liberdades e direitos fundamentais – veicula um triplo nível de protecção dos direitos previstos na Constituição[847].

Seguindo a organização sistemática da Constituição, o n.º 1 do artigo 53.º, prescreve um nível de protecção *intermédio* para todos os direitos acolhidos nos artigos 14.º a 38.º da CE. Esta garantia manifesta-se, essen-

---

[845] Saliente-se que a influência do *juicio de amparo* mexicano se estendeu aos países latino-americanos, *maxime*, Argentina, Bolívia, Brasil, Chile, Costa Rica, Equador, El Salvador, Guatemala, Honduras, Nicarágua, Panamá, Paraguai, Peru e Venezuela. Cfr., sobre o tema, CARLOS RUIZ MIGUEL, *op. cit.*, p. 91, HÉCTOR FIX-ZAMUDIO, *«Garantias de los Derechos. Control Judicial, Amparo. Ombudsman. La protección jurídica de los derechos humanos en Latinoamérica: habeas corpus, amparo y Ombudsman»*, in El Derecho Publico de Finales de Siglo, una Perspectiva Iberoamericana, Directores: Eduardo Garcia de Enterria e Manuel Clavero Arevalo, Editorial Civitas, Madrid, 1997, pp. 601--673, e JOAN OLIVER ARAUJO, *op. cit.*, pp. 49-74.

No entanto, ÁNGELA FIGUERUELO BURRIEZA, *El Recurso de Amparo: Estado de la Cuestión*, *cit.*, p. 32, e ROSARIO TUR AUSINA, *op. cit.*, p. 85, deixaram claro que o amparo mexicano possui diferenças significativas em relação ao recurso de amparo constitucional espanhol. Em particular, a amplitude do campo de competências do *juicio de amparo* no México separa-o conceptual e institucionalmente do recurso de amparo espanhol, pois o amparo mexicano é bastante mais extenso e complexo, abarcando em si o *habeas corpus*, um tipo de recurso de inconstitucionalidade, o «amparo cassação», a impugnação de actos e resoluções da Administração e o «amparo social agrário».

[846] Cfr. FRANCISCO RUBIO LLORENTE, *«Sobre la relación entre Tribunal Constitucional y Poder Judicial en el ejercicio de la jurisdicción constitucional»*, in REDC, Año 2, Núm. 4, Enero-Abril 1982, Centro de Estudios Constitucionales, Madrid, pp. 35-67, pp. 61-62.

[847] Seguiremos de perto, ainda que com algumas reservas, a análise de PABLO PÉREZ TREMPS e MIGUEL REVENGA SÁNCHEZ, *op. cit.*, pp. 20-23.

A Tutela Constitucional dos Direitos, Liberdades e Garantias   217

cialmente, pela reserva de lei a que estão sujeitos e pelo controlo do recurso de inconstitucionalidade[848]. De seguida, o n.º 2 do artigo 53.º adiciona um nível *reforçado* de protecção, exclusivamente para aos direitos salvaguardados pelos artigos 14.º, 15.º a 29.º, e 30.º, n.º 2, da CE. Este *plus* de protecção desdobra-se em três frentes essenciais, a saber: (*i*) tais direitos fundamentais podem ser tutelados mediante um recurso de amparo constitucional; (*ii*) o desenvolvimento legislativo destes direitos terá de assumir a forma de lei orgânica[849]; (*iii*) qualquer revisão constitucional que incida sobre os mesmos implicará o respeito pelas maiorias qualificadas a que se refere o artigo 168.º da CE. Por último, o n.º 3 do artigo 53.º, refere-se ao nível *atenuado* de protecção, relativamente aos princípios orientadores da política social e económica (artigos 39.º a 52.º da CE), que possuem apenas um «valor informador»[850] da actuação dos poderes públicos.

A garantia constitucional do recurso de amparo é um «instituto medular»[851] da actual organização jurisdicional do Estado espanhol, a «manifestação mais vistosa»[852] da tutela dos direitos fundamentais levada a cabo pelo TCE. Já se antevê, por aqui, que o contencioso constitucional do recurso de amparo patenteia uma importância incomparável, quer do ponto de vista quantitativo, quer qualitativo[853].

Seguindo de perto a análise de MANUEL CARRASCO DURÁN sobre o conceito de recurso de amparo constitucional, este apresenta-se-nos como um instrumento jurisdicional vocacionado para a protecção de determinados direitos fundamentais, cujo conhecimento se atribui ao TCE, e que se caracteriza pelos princípios da subsidiariedade e excepcionalidade – em relação à tutela prestada a tais direitos, previamente, pelos órgãos judiciais ordinários[854].

---

[848] Previsto no artigo 161.º, n.º 1, al. a), da CE.

[849] Nos termos do artigo 81.º, n.º 1, da CE. Ora, o n.º 2 do mesmo preceito esclarece que «a aprovação, modificação ou derrogação das leis orgânicas exige a maioria absoluta do Congresso (...)». Este preceito deve ser lido em conexão com o artigo 165.º da CE.

[850] *V.* o artigo 53.º, n.º 3, da CE.

[851] ÁNGELA FIGUERUELO BURRIEZA, *Veintitrés Años de Recurso de Amparo»*, *cit.*, p. 331.

[852] MANUEL ARAGÓN REYES, *«La tutela diretta dei diritti fondamentali»... cit.*, p. 70.

[853] Cfr. CATHERINE-AMÉLIE CHASSIN, *op. cit.*, p. 34.

[854] *El concepto constitucional de recurso de amparo... cit.*, p. 120.

218 A Tutela Directa dos Direitos Fundamentais

Transcrevemos, de seguida, alguns preceitos que se revelam essenciais para o estudo do recurso de amparo espanhol[855]. O artigo 53.º, n.º 2, da CE, estipula que «qualquer cidadão poderá obter a tutela das liberdades e direitos reconhecidos no artigo 14.º e na 1.ª Secção do Capítulo II perante os Tribunais ordinários mediante um procedimento baseado nos princípios de preferência e de sumariedade e, se for caso disso, através do recurso de amparo perante o Tribunal Constitucional. Este último recurso será aplicável à objecção de consciência reconhecida no artigo 30.º». Por sua vez, o artigo 161.º, n.º 1, b), da CE, preceitua que «o Tribunal Constitucional possui jurisdição em todo o território espanhol e é competente para conhecer (...) do recurso de amparo por violação dos direitos e liberdades referidos no artigo 53.º, n.º 2, da presente Constituição, nos casos e formas que a lei estabeleça». A isto acresce o artigo 41.º, n.º 1, da LOTCE, que dispõe que «os direitos e liberdades reconhecidos nos artigos 14.º a 29.º da Constituição serão susceptíveis de amparo constitucional, nos casos e formas que esta Lei estabelece, sem prejuízo da sua tutela geral atribuída aos Tribunais de justiça. Igual protecção será aplicável à objecção de consciência reconhecida no artigo 30.º da Constituição».

É patente que a CE regula o recurso de amparo constitucional de forma *sumária*, deixando em aberto a sua configuração concreta[856]. De facto, esta apenas se refere aos direitos susceptíveis de amparo – artigo 53.º, n.º 2 – ao órgão competente para dele conhecer – artigos 53.º, n.º 2 e 161.º, n.º 1, alínea b) – e a quem tem legitimidade para o interpor – 161.º, n.º 1, alínea b). Por conseguinte, a regulação do instituto resulta complementada pela LOTCE (recentemente alterada), que estabelece que o conhecimento dos recursos de amparo é da competência das Salas do TCE – artigos 10.º e 11.º – podendo, porém, o Pleno chamar a si o conhecimento de qualquer recurso de amparo, por proposta do presidente ou de três magistrados, nos termos do artigo 10.º, alínea n).

---

[855] A CE e a LOTCE podem ser consultadas, respectivamente nos sites do *Tribunal Constitucional Español*, *in* http://www.tribunalconstitucional.es/constitucion/laconstitucion.html e *in* http://www.tribunalconstitucional.es/tribunal/leyorganica.html.

[856] Cfr. Ángela Figueruelo Burrieza, *El Recurso de Amparo: Estado de la Cuestión*, *cit.*, p. 27, Francisco Fernández Segado, «*El Recurso de Amparo en España*», *cit.*, p. 1, e Rosario Tur Ausina, *op. cit.*, p. 195.

A Tutela Constitucional dos Direitos, Liberdades e Garantias

De acordo com os artigos 53.º, n.º 2[857], e 161.º, n.º 1, da CE[858] e com o artigo 41.º, n.º 1, da LOTCE, apenas são susceptíveis de amparo constitucional os direitos fundamentais e liberdades públicas compreendidos na Secção I do Capítulo II do Título I da Constituição (artigos 15.º a 29.º)[859] e, ainda, o direito à igualdade (com as proibições de discriminação do artigo 14.º) e o direito à objecção de consciência (artigo 30.º).

Nesta ordem de ideias, podemos, desde já, adiantar que o artigo 53.º, n.º 2, da CE instaura uma duplicidade de mecanismos de protecção de direitos fundamentais[860], a saber: o recurso de amparo constitucional

---

[857] Esta disposição preceitua que qualquer cidadão poderá pedir a tutela das liberdades e dos direitos a que se referem o artigo 14.º e a Secção I do Capítulo II, perante os tribunais ordinários mediante um procedimento baseado nos princípio de preferência e sumariedade e, quando for caso disso, através do recurso de amparo perante o TCE (recurso este que também é aplicável ao direito à objecção de consciência, condensado no artigo 30.º da CE).

[858] Este preceito atribui ao TCE o conhecimento do recurso de amparo «en los casos y formas que la ley estableza».

[859] O âmbito de protecção do recurso de amparo espanhol foi, sem dúvida, influenciado pela experiência da queixa constitucional alemã. Deste modo, no leque de direitos e liberdades, ressaltam os seguintes: direito à vida e à integridade física e moral (artigo 15.º da CE), liberdade ideológica, religiosa e de culto (artigo 16.º da CE), direito à liberdade e à segurança pessoal (artigo 17.º da CE), direito à honra, à intimidade da vida pessoal e à própria imagem (artigo 18.º, n.º 1, da CE), direito à inviolabilidade do domicílio (artigo 18.º, n.º 2, da CE), direito ao sigilo das comunicações (artigo 18.º, n.º 3, da CE), liberdade de residência e de circulação (artigo 19.º da CE), direito à liberdade de expressão e à livre difusão do pensamento (artigo 20.º, n.º 1, al. a), da CE), direito à produção e criação literária, artística, científica e técnica (artigo 20.º, n.º 1, al. b), da CE), liberdade de cátedra (artigo 20.º, n.º 1, al. c), da CE), direito a comunicar ou receber livremente informação verdadeira por qualquer meio de difusão (artigo 20.º, n.º 1, al. d), da CE), direito de reunião (artigo 21.º da CE), direito de associação (artigo 22.º da CE), direito de participação em assuntos públicos (artigo 23.º, n.º 1, da CE), direito à igualdade de acesso às funções e cargos públicos (artigo 23.º, n.º 2, da CE), direito à tutela jurisdicional (artigo 24.º da CE), direito ao princípio da legalidade penal (artigo 25.º da CE), direito à educação e liberdade de ensino nas suas diferentes vertentes (artigo 27.º da CE), direito à liberdade sindical (artigo 28.º, n.º 1, da CE), direito à greve (artigo 28.º, n.º 2, da CE), direito de petição (artigo 29.º da CE). Cumpre, ainda, lembrar que, na apresentação do recurso de amparo constitucional, o requerente deverá indicar o direito que foi alegadamente violado (artigo 49.º, n.º 1 da LOTCE).

[860] Como referem ÁNGELA FIGUERUELO BURRIEZA, *Veintitrés Años de Recurso de Amparo»*, *cit.*, p. 344, e *El recurso de amparo en cuanto tutela reforzada... cit.*, p. 46, CATHERINE-AMÉLIE CHASSIN, *op. cit.*, p. 34, JOAQUÍN GARCÍA MORILLO, *El amparo judicial..., cit., loc. cit.*, PABLO PÉREZ TREMPS, *«Tribunal Constitucional, juez ordinario y una deuda*

220 · A Tutela Directa dos Direitos Fundamentais

ou amparo *extraordinário*, interposto perante o TCE e o amparo *ordinário* ou *judicial*, que tem lugar perante as várias ordens jurisdicionais ordinárias, através da criação de procedimentos especiais de protecção dos direitos fundamentais, caracterizados por princípios de preferência e de sumariedade[861].

O recurso de amparo constitucional consagrado no artigo 161.º, b), da CE, é uma herança do recurso de amparo previsto na Constituição Espanhola de 1931 e na *Verfassungsbeschwerde* alemã, enquanto que o amparo judicial se encontra bem mais próximo do amparo mexicano[862]. Decorre das considerações antecedentes que se pode falar na existência de um «juiz constitucional em sentido estrito» – o Tribunal Constitucional – e de um «juiz constitucional em sentido amplo» – todos os tribunais ordinários[863].

A leitura conjugada das expressões «*en su caso*» do artigo 53.º, n.º 2, e «*en los casos y formas que la ley establezca*», do artigo 161.º, n.º 1, b), da CE, assim como o legado da experiência da *Verfassungsbeschwerde* alemã e da *Beschwerde* suíça e austríaca, estiveram por detrás da opção legislativa ordinária de configuração do recurso de amparo constitucional como um mecanismo processual subsidiário[864-865]. Portanto,

---

pendiente del legislador», *in* AAVV, La Reforma del Recurso de Amparo, (coord. Pablo Pérez Tremps), Instituto de Derecho Público Comparado – Universidad Carlos III, Tirant to Blanch, Valencia, 2004, pp. 177-214, p. 193, e PEDRO CRUZ VILLALÓN, *«Sobre el amparo»*, *in* REDC, n.º 14, año 41, mayo-agosto, 1994, Centro de Estudios Constitucionales, Madrid, pp. 9- 23, p. 11.

[861] O amparo judicial ordinário está regulamentado em legislação avulsa, *v.g.*: artigos 2.º a 5.º da Lei 62/1978 (amparo na ordem jurisdicional penal); artigos 175.º e ss. do Decreto Real Legislativo n.º 2/1995, de 7 de Abril, que aprova o texto do procedimento laboral (amparo na ordem jurisdicional social) e artigos 114.º e ss. da Lei n.º 29/1998, de 13 de Julho, que regulamenta a jurisdição contenciosa administrativa (amparo na ordem jurisdicional contenciosa administrativa). Cfr., para uma exposição mais detalhada, CARLOS RUIZ MIGUEL, *op. cit.*, p. 91, nt. 8, e MANUEL CARRASCO DURÁN, *Los procesos para la tutela judicial... cit.*, pp. 308-420.

[862] Cfr. JOSÉ L. CASCAJO CASTRO e VICENTE GIMENO SENDRA, *op. cit.*, p. 61.

[863] CH. EISENMANN e L. HAMON, *apud* PABLO PÉREZ TREMPS, *Tribunal Constitucional y Poder Judicial, cit.*, p. 190.

[864] A expressão «*en su casu*», que tantas questões hermenêuticas levanta à doutrina espanhola, pode traduzir-se como: «se for caso disso», «dado o caso», «em tal circunstância», ou «se assim for».

[865] Neste sentido, realçando o carácter subsidiário do recurso de amparo constitucional, cfr. ANAMARI GARRO VARGAS, *«El debate sobre la reforma del recurso de*

A Tutela Constitucional dos Direitos, Liberdades e Garantias

apesar de a CE não exigir de forma expressa a subsidiariedade do recurso de amparo constitucional, tal conclusão retira-se de forma implícita da Constituição e da configuração posteriormente desenvolvida pela LOTCE e pela jurisprudência constitucional[866]. Daqui advém, por consequência, que não há recurso constitucional directo para o TCE, excepto nas situações do artigo 42.º da LOTCE.

O emaranhado normativo acima mencionado é susceptível de leituras minimalistas ou maximalismas, responsáveis, segundo cremos, pelas discrepâncias doutrinais que se verificam neste domínio. Com efeito, alguma doutrina interpreta o inciso «*en su caso*» como indicativo de que o recurso de amparo não tem cunho constitucional, pelo que o legislador poderá suprimi-lo, ou seja, desconstitucionalizá-lo. Ao invés, a doutrina maioritária defende que a CE não deixou ao legislador a liberdade de prescindir dessa garantia – o legislador apenas poderá, nos limites da CE, alterar a sua configuração na LOTCE[867]. Foi isto que sucedeu a 24

---

amparo en España – Análisis de algunas de las propuestas a la luz de la Constitución», in REDC, año 26, n.º 76, Enero/Abril, 2006, Centro de Estudios Políticos y Constitucionales, Madrid, pp. 95-142, p. 97, Ángela Figueruelo Burrieza, *El Recurso de Amparo: Estado de la Cuestión, cit.*, p. 35 e *idem, El Derecho a la Tutela Judicial Efectiva, cit.*, p. 13, German Fernández Farreres, *El recurso de amparo según la jurisprudencia constitucional – Comentarios al Título III de la LOTC*, Marcial Pons, Madrid, 1994, p. 12, Luiz Maria Diez-Picazo Giménez, *op. cit.*, p. 18, e Miguel Sánchez Morón, *El recurso de amparo constitucional... cit.*, pp. 44-45.

Sustentando que não existe um princípio de subsidiariedade, mas sim um princípio de «complementaridade», cfr. Manuel Carrasco Durán, *El concepto constitucional de recurso de amparo... cit.*, pp. 85-86. O Autor entende que, se atendermos à génese do dito preceito, poderemos concluir que com a incorporação de tal inciso não se pretendeu estabelecer nenhuma definição expressa acerca do tipo de articulação entre via judicial e recurso de amparo, mas, pelo contrário, remeteu-se para o legislador a determinação dos pressupostos em que procederá uma ou outra via (isto é, o procedimento preferente e sumário, ou o recurso de amparo).

[866] Cfr. Enoch Albertí Rovira, «*El recurso de amparo constitucional: una revisión pendiente*», in AAVV, La Reforma del Recurso de Amparo, Coord. Pablo Pérez Tremps, Instituto de Derecho Público Comparado – Universidad Carlos III, Tirant to Blanch, Valencia, 2004, pp. 115-143, p. 127. No que respeita à jurisprudência, desde o seu primeiro acórdão (STCE n.º 1/1981, de 26/01/1981, BOE n.º 47), que o TCE propugna pela subsidiariedade do recurso de amparo constitucional, quando esclarece que «a finalidade do recurso de amparo é a protecção, em sede constitucional, dos direitos e liberdades (...) quando as vias ordinárias de protecção tenham resultado insatisfatórias» (par. 2).

[867] Cfr. Enoch Albertí Rovira, *op. cit.*, p. 118.

de Maio de 2007, em que, através da Lei Orgânica 6/2007, se procedeu a uma *profunda revisão* do regime de tramitação do recurso de amparo constitucional, acentuando o seu carácter subsidiário e sublinhando a relevância da jurisdição ordinária na promoção e defesa dos direitos fundamentais[868]. De resto, como procuraremos demonstrar na exposição que se segue, há muito que se fazia sentir a necessidade de uma reforma significativa e que não fosse meramente cosmética.

(*iii*) Âmbito material de protecção

Como tivemos ocasião de referir, o âmbito de aplicação do recurso de amparo abrange a violação ou lesão efectiva dos direitos fundamentais e liberdades públicas compreendidos na Secção I do Capítulo II do Título I da Constituição, o direito à igualdade e o direito à objecção de consciência (artigo 30.°), por actuação dos *poderes públicos*, quando aquela não tiver sido reparada pelos tribunais judiciais, ou quando essa lesão seja devida a um acto ou omissão dos próprios *órgãos judiciais*[869].

Acontece que, como é característico das Constituições longas, por vezes o legislador constituinte tem dificuldade em respeitar o princípio da essencialidade[870]. Partindo desta premissa, o TCE começou a defender que nem todo o conteúdo desses preceitos possui dignidade ou materialidade constitucional. Na verdade, alguns segmentos de preceitos – *v. g.*, os artigos 16.°, n.° 3[871] e 25.°, n.° 2[872], da CE – apenas estão aí gizados

---

[868] *In* BOE, de 25/05/2007.

[869] Relativamente ao amparo contra decisões judiciais, o pedido de amparo perante o TCE pode ter origem numa destas situações: ou o juiz, ao ditar a sentença/acórdão, confirmou uma situação violadora dos direitos e liberdades fundamentais (artigo 43.°, n.° 1, da LOTCE), ou as violações desses direitos e liberdades tiveram a sua origem imediata e directa num acto ou omissão do próprio órgão judicial (artigo 44.°, n.° 1, da LOTCE).

[870] Cfr., a este respeito, na doutrina portuguesa, JOSÉ CARLOS VIEIRA DE ANDRADE, *Os Direitos Fundamentais na Constituição ... cit.*, pp. 87-88.

[871] Que estabelece o dever de colaboração do Estado com a Igreja Católica. A STCE n.° 93/1983, de 08/11/1983, BOE, n.° 288, considerou que não pode considerar--se um direito fundamental, enquanto dever dirigido ao poder público.

[872] Neste inciso não se consagram direitos fundamentais, com materialidade constitucional, mas apenas directrizes dirigidas ao legislador para definir os princípios do sistema jurídico-penal e penitenciário. Cfr. a STCE n.° 28/1988, de 23/02/1988, BOE n.° 67.

A Tutela Constitucional dos Direitos, Liberdades e Garantias

por razões de inserção sistemática ou de vizinhança, pelo que não são protegidos por via do recurso de amparo[873]. Numa palavra, o objecto do recurso de amparo reporta-se somente aos *direitos* contidos nos preceitos e não aos preceitos por si só.

O nó górdio do problema prende-se com a resposta à seguinte questão: a Constituição espanhola fixou taxativamente o âmbito do recurso de amparo, ou apenas estabeleceu um escalão mínimo de protecção susceptível de ser ampliado pelo legislador ordinário? [874]

A saída deste dilema não se afigura de resposta fácil. Não temos, como é óbvio, a pretensão de dar uma solução inovadora a uma questão que tem sido já por demais discutida entre os mais notáveis juristas espanhóis. Apesar de tudo, julgamos que o tema merece uma referência especial. Destarte, numa interpretação literal das disposições pertinentes, alguma doutrina e a jurisprudência entendem que o recurso de amparo constitucional apenas existe para os direitos constitucionais *expressamente* mencionados nestas disposições[875]. Nesta medida, não poderá ser utilizado

---

[873] Sobre o assunto, cfr. CATHERINE-AMÉLIE CHASSIN, *op. cit.*, p. 41, MANUEL ARAGÓN REYES, *«La tutela diretta dei diritti fondamentali»... cit.*, p. 76, e PABLO PÉREZ TREMPS, *«Comentario al artigo 41»*, *in* AAVV, Comentarios a la Ley Orgánica del Tribunal Constitucional, (coord. Juan Joaquín Requejo Pagés), Boletín Oficial del Estado, Madrid, 2001, pp. 633-655.

[874] Cfr. o disposto no artigo 53.º, n.º 2, da CE e no artigo 41.º, n.º 1, da LOTCE. Trata-se de uma questão de interpretação do artigo 53.º, n.º 2, da CE, mais do que do artigo 41.º da LOTCE, já que este último se limita a reproduzir neste ponto o mandato constitucional. Cfr. PABLO PÉREZ TREMPS, *De la procedencia e interposición del recurso de amparo... cit.,* p. 637.

[875] Esta doutrina fundamenta-se no teor literal do artigo 53.º, n.º 2, da CE – *«en su caso»* –, interpretando-o restritivamente, de modo a pôr fim à avalanche de recursos de amparo que inunda o TCE. Nesta linha, cfr., entre outros, ENOCH ALBERTÍ ROVIRA, *op. cit.*, p. 121, MANUEL ARAGÓN REYES, *«La tutela diretta dei diritti fondamentali»... cit.*, p. 70, e P. SALA SÁNCHEZ *apud* MANUEL CARRASCO DURÁN, *El concepto constitucional de recurso de amparo... cit.*, pp. 105-106. Na jurisprudência, cfr. SSTCE n.º 8/1981, de 30/ /03/1981, BOE n.º 89; n.º 16/1982, de 28/04/1982, BOE n.º 118; n.º 5/1983, de 04/02/ /1983, BOE n.º 148; n.º 18/1983, de 14/03/1983, BOE n.º 87; e n.º 252/1993, de 20/ /07/1993, BOE n.º 197.

De forma mais matizada, FRANCISCO FERNÁNDEZ SEGADO, *El sistema constitucional español*, *cit.*, p. 1105, defende que, apesar da enumeração ser taxativa, não deve ser interpretada de forma estrita, mas, ao invés, num sentido amplo que abarque as diferentes manifestações desses direitos. Neste sentido, a STCE n.º 3/1981, de 02/02/1981, BOE n.º 47, par. 1, que considerou os partidos políticos como pertencentes à categoria de «associação», na qual estaria incluído o direito a criar partidos. Assim, apesar de a CE

224 A Tutela Directa dos Direitos Fundamentais

para a protecção de outros direitos consagrados, quer na Constituição (ainda que pertençam ao capítulo II do título I), quer em tratados internacionais, ou em leis internas[876]. Mais: esse núcleo restrito de direitos que o legislador constituinte entendeu por bem proteger, foi objecto de outras medidas especiais de protecção, tais como a exigência de lei orgânica para regulamentar o seu exercício, ou um procedimento mais agravado para a revisão constitucional[877].

Nos antípodas, outro sector da doutrina, considera que o âmbito de protecção pode ser ampliado e se estende a outros direitos constitucionais (*v.g.*, o direito de propriedade e todos os estabelecidos no Capítulo II do Título I da CE), a fim de aproximar o recurso de amparo constitucional espanhol do patamar de protecção oferecido pela CEDH e, em consequência, evitar que o TEDH condene o Estado espanhol, sem que o TCE tenha sido chamado a pronunciar-se sobre o assunto[878]. Segundo esta tese, não há qualquer impedimento constitucional ao alargamento do âmbito do recurso de amparo, até porque a letra cristalina do artigo 161.º, n.º 1, alínea d), da CE, deixa aberta a possibilidade de atribuir novas competências ao Tribunal, mediante uma lei orgânica nesse sentido.

Ainda na mesma ordem de ideias, é interessante verificar que a jurisprudência do TCE se mostrou generosa, mantendo uma postura de «moderada flexibilidade» na interpretação destes preceitos, tendo inclusivamente estendido o âmbito do recurso de amparo a direitos e liberdades que «no mais puro rigor exegético se encontrariam fora do mesmo»[879-880].

---

não consagrar expressamente os partidos políticos no artigo 22.º (relativo ao direito de associação), o TCE entendeu que um partido político é uma forma particular de associação, pelo que deverá lograr protecção constitucional através do recurso de amparo.

[876] O mesmo se passa com a queixa constitucional alemã, em que, como atrás se procurou demonstrar, se assiste a uma delimitação do âmbito material de protecção.

[877] Cfr. MANUEL ARAGÓN REYES, *«La tutela diretta dei diritti fondamentali»... cit.*, p. 70.

[878] Cfr., a apresentação efectuada por PEDRO CRUZ VILLALÓN, «Memória 1999 do Tribunal Constitucional», *in* http://www.tribunalconstitucional.es/Memoria1999.htm. Idêntica posição é assumida por F. RUBIO LLORENTE, *apud* PABLO PÉREZ TREMPS, *De la procedencia e interposición del recurso de amparo... cit.*, p. 638.

[879] ÁNGELA FIGUERUELO BURRIEZA, *El Recurso de Amparo: Estado de la Cuestión, cit.*, p. 41.

[880] A extensão do âmbito de protecção do amparo levou-se a cabo, quer pela incorporação no conteúdo de um direito susceptível de amparo de outro direito (fora do âmbito do recurso de amparo), quer por intermédio da aplicação instrumental de um

A Tutela Constitucional dos Direitos, Liberdades e Garantias

É de realçar, ainda, que o TCE não admite o denominado «*contra-amparo*»[881]. Se um tribunal ordinário interpretar um direito ou liberdade fundamental de uma forma mais ampla do que aquela que vinha sendo realizada pela jurisprudência constitucional, aquele que tiver esta decisão por contrária aos seus interesses, não pode interpor recurso de amparo, salvo se, como resultado da dita interpretação, resultar violado outro direito fundamental que seja protegido pelo recurso de amparo constitucional[882].

(*iv*) Legitimidade

A natureza mista dos direitos fundamentais, subjectiva e objectiva, espelha-se na dupla legitimação para intentar o recurso de amparo[883]. De acordo com os artigos 162.º, n.º 1, alínea b), da CE e 46.º da LOTCE, estão legitimados a introduzir um recurso de amparo *duas categorias* de requerentes[884]. Passemos, assim, à análise deste requisito.

Por força da faceta subjectiva dos direitos fundamentais – perspectivados como direitos subjectivos – o recurso está aberto aos *particulares*

---

direito susceptível de amparo, *maxime*, a igualdade ou a tutela judicial efectiva, previstas nos artigos 14.º e 24.º, n.º 1, da CE, respectivamente (cfr. Miguel Ángel Alegre Martinez, *op. cit.*, p. 118).

No que respeita à dignidade da pessoa humana, como atrás tivemos a oportunidade de verificar, esta não logra merecer protecção constitucional directa através do artigo 53.º, n.º 2, da CE. Contudo, a jurisprudência constitucional tem admitido uma protecção indirecta da dignidade da pessoa humana, quando o atentado à mesma tenha lugar mediante a violação de um dos direitos protegidos pelo recurso de amparo. Cfr., entre outras, a STCE n.º 64/1986, de 21 de Maio.

[881] Para atingir semelhante conclusão, o TCE apoia-se nos artigos 41.º a 44.º da LOTCE. Para uma referência crítica mais desenvolvida, cfr. Francisco Caamaño Dominguez, *«El recurso de amparo y la reforma peyorativa de derechos fundamentales: el denominado "contra-amparo"»*, in REDC, año 16, núm. 47, mayo-agosto, 1996, Centro de Estudios Constitucionales, Madrid, pp. 125-153, em especial, pp. 129-136, e Pedro Cruz Villalón, *«Sobre el amparo»*, *cit.*, pp. 14-15.

[882] Cfr. Manuel Carrasco Durán, *El concepto constitucional de recurso de amparo... cit.*, p. 104.

[883] Sobre esta temática, *vide* José Carlos Vieira de Andrade, *Os Direitos Fundamentais na Constituição ... cit.*, pp. 107-160, e J. J. Gomes Canotilho, *Direito Constitucional e Teoria da Constituição*, *cit.*, pp. 1255-1258.

[884] Cfr. Carlos Ruiz Miguel, *op. cit.*, p. 92.

lesados[885]. O recurso interposto por particulares apresenta a maior fatia no aluvião de processos que todos os anos ingressam no TCE[886]. É de salientar que os estrangeiros possuem também legitimidade activa, desde que o direito que invoquem não esteja reconhecido pela Constituição apenas aos nacionais[887]. Convirá ter presente que a anterior redacção do artigo 41.º, n.º 2, da LOTCE, parecia restringir o leque dos requerentes do recurso de amparo, ao estipular que este «protege todos os cidadãos». Todavia, a actual redacção do preceito, modificado pela Lei Orgânica n.º 6/2007, de 24 de Maio, exclui essa referência[888].

Por sua vez, em virtude da função objectiva, o interesse da protecção dos direitos fundamentais não diz respeito apenas ao particular lesado, mas a toda a comunidade, pelo que podem também interpor recurso de amparo aqueles que detêm uma legitimidade institucional, a saber, o *Ministério Fiscal*[889] e o *Defensor do Povo*[890].

Chegados aqui, certamente pudemos atestar que o leque dos legitimados se patenteia bastante alargado. A isto acresce que o TCE tem interpretado este requisito processual de forma bastante generosa e abrangente. Afinal de contas, a Constituição espanhola apenas se reporta a esta questão em termos gerais, prevendo, no artigo 162, n.º 1, al. b), da CE, que possui legitimidade processual activa «*toda persona natural jurídica que invoque un interés legitimo*». Daqui podemos retirar duas conclusões, que passaremos a expor.

---

[885] De acordo com a STC n.º 41/1997, de 10/03/1997, BOE n.º 87, o recurso de amparo não constitui uma via aberta aos poderes públicos para defesa dos seus actos mas, ao invés, é um instrumento concedido aos particulares de defesa contra os poderes públicos.

[886] Cfr. CATHERINE-AMÉLIE CHASSIN, *op. cit.*, p. 36.

[887] Cfr. *ibidem*, p. 35, JOAN OLIVER ARAUJO, *El recurso de amparo*, Colección Estado y Derecho-2, Palma de Mallorca, 1986, p. 288 e MIGUEL ÁNGEL ALEGRE MARTINEZ, *op. cit.*, p. 43.

[888] Não obstante esta alteração legislativa, já anteriormente a jurisprudência constitucional admitia os recursos de amparo interpostos por estrangeiros, desde que o direito fundamental que invocassem fosse susceptível de atribuir titularidade àqueles que não possuem o vínculo da nacionalidade, *v.g.*, se estivessem em causa os direitos à extradição e à liberdade (por motivo de detenção ilegal), protegidos pelo artigo 17.º da CE. Cfr. as SSTCE, n.º 141/1998, de 29/06/1998, BOE n.º 181; e n.º 147/2000, de 29/05/2000, BOE n.º 156.

[889] Incumbido, nos temos do artigo 124.º, n.º 1, da CE, de «promover a acção da justiça em defesa da legalidade, os direitos dos cidadãos e o interesse público protegido pela lei».

[890] Cfr. o artigo 54.º da CE.

A Tutela Constitucional dos Direitos, Liberdades e Garantias 227

Em primeiro lugar, para se alegar a violação de um direito fundamental é necessário que a entidade em causa seja susceptível de ser titular de direitos fundamentais, isto é, possua capacidade jurídica[891]. Deste modo se compreende que tenham sido julgados admissíveis recursos de amparo intentados por pessoas colectivas públicas e entidades públicas, v. g. organismos públicos[892], universidades[893], colectividades locais[894], deputados no exercício das suas funções electivas[895], ou pelo próprio Estado[896]. Seja como for, e feita esta reserva, é certo que a jurisprudência constitucional mais recente esclareceu que «as possibilidades das Administrações públicas defenderem os seus "direitos" através do recurso de amparo são mais limitadas», pois não são titulares de grande parte dos direitos fundamentais[897]. Adiante-se ainda que a legitimidade processual activa também pertence às pessoas colectivas privadas, tais como sociedades comerciais[898], bancos[899], associações de fins não lucrativos[900], sindicatos[901] ou jornais[902].

---

[891] Cfr. SSTCE n.º 100/1993, de 22/03/1993, BOE n.º 100, par. 2; n.º 139/1995, de 26/09/1995, BOE n.º 246, pars. 1 e 5; n.º 175/2001, de 29/07/2001, BOE n.º 194, pars. 4-6.

[892] Nesta sede, reconheceu-se legitimidade ao Instituto Nacional da Saúde (STCE, n,º 179/1999, de 11/10/1999, BOE n.º 276) e ao Instituto Nacional da Segurança Social (STCE n.º 309/2000, de 18/12/2000, BOE n.º 14).

[893] Cfr. as SSTCE n.º 55/1989, de 23/02/1989, BOE n.º 62; n.º 187/1991, de 03//10/1991, BOE n.º 265; n.º 103/2001, de 23/04/2001, BOE n.º 128; e n.º 239/2001, de 18/12/2001, BOE n.º 14.

[894] A legitimidade activa abrange não só os órgãos executivos (v.g., STCE n.º 237//2000, de 16/10/2000, BOE n.º 276, mas também os órgãos deliberativos (v.g., STCE n.º 19/1983, de 14/03/1983, BOE n.º 87.

[895] Cfr. as SSTCE n.º 161/1988, de 20/09/1988, BOE n.º 247; n.º 25/1992, de 24//02/1992, BOE n.º 66; n.º 124/1995, de 18/07/1995, BOE n.º 200.

[896] Cfr. a STCE n.º 64/1988, de 12/04/1988, BOE n.º 107. Em causa estava o direito à tutela jurisdicional efectiva, consagrado no artigo 24.º da CE.

[897] STCE n.º 239/2001, de 18/12/2001, BOE n.º 14, par. 3.

[898] Cfr. SSTCE n.º 285/2000, de 27/11/2000, BOE n.º 4; n.º 17/2000, de 30/01//2000, BOE n.º 54; n.º 37/2001, 12/02/2001, BOE n.º 65.

[899] V.g., STCE n.º 74/2001, de 26/03/2001, BOE n.º 104.

[900] V.g., a Associação de Informação para a Defesa de Soldados, considerada detentora de legitimidade processual activa (STC n.º 280/2000, de 27/11/2000, BOE n.º 4).

[901] Veja-se o caso da CC.OO – Confederación Sindical de Comisiones Obreras, STCE n.º 8/1992, de 16/01/1992, BOE n.º 38.

[902] A título exemplificativo, o Jornal El país, STCE n.º 171/1990, de 12/11/1990, BOE n.º 287.

228 *A Tutela Directa dos Direitos Fundamentais*

Em segundo lugar, e nos termos do artigo 47.º, n.º 1, da LOTCE, podem igualmente intervir no processo de amparo constitucional, as pessoas beneficiadas pela decisão, acto ou facto em razão do qual o recurso foi formulado e aqueles que tenham um interesse legítimo quanto a este[903]. Em razão disso, o TCE tem entendido que o requerente possui um interesse legítimo (*interés legítimo*), quando é afectado de forma *real* – que posicione o requerente numa situação de falta de defesa (*indefensión*)[904] – *pessoal*[905] e *imediata*[906].

(*v*) Objecto

Da leitura do artigo 41.º, n.º 2, da LOTCE, resulta que o objecto do recurso de amparo é constituído pelas «disposições, actos jurídicos, omissões ou simples comportamentos materiais dos poderes públicos do Estado, das comunidades autónomas e demais organismos públicos de carácter territorial, corporativo ou institucional, assim como dos seus funcionários ou agentes»[907]. Para além destes, podem dar lugar ao recurso de amparo: as decisões ou actos que não tenham valor de lei, emanados de assembleias parlamentares ou de qualquer um dos seus órgãos, ou de assembleias legislativas das comunidades autónomas ou dos seus órgãos

---

[903] Nesta medida, o recurso de amparo espanhol afasta-se do modelo de queixa constitucional alemão, que apenas confere legitimidade processual activa ao titular do direito fundamental violado. Cfr. Francisco Fernández Segado, «*El Recurso de Amparo en España*», *cit.*, p. 12.

[904] V. a STCE n.º 61/1989, de 03/04/1989, BOE n.º 93. Sobre o complexo conceito indeterminado «indefensión», cfr. Ignacio Borrajo Iniesta, Ignacio Diez-Picazo Gimenez e German Fernández Farrares, *El Derecho a la Tutela Judicial y el Recurso de Amparo – Una reflexión sobre la jurisprudencia constitucional*, Editorial Civitas, Madrid, 1995, pp. 93-94.

[905] Cfr. as SSTCE n.º 90/2001, de 02/04/2001, BOE n.º 104; n.º 129/2001, de 04/06/2001, BOE n.º 158.

[906] Imediata, no sentido de não se poder invocar uma lesão futura ou ainda não produzida na esfera jurídica do requerente. *V.g.*, as SSTCE n.º 74/1988, de 21/04/1988, BOE n.º 108; n.º 216/1999, de 29/11/1999, BOE n.º 310; n.º 155/2000, de 12/06/2000, BOE n.º 165; n.º 50/2001, de 26/02/2001, BOE n.º 77.

[907] Este artigo foi modificado pela Lei Orgânica n.º 6/2007, de 24 de Maio, que estendeu o objecto do recurso de amparo também às *omissões* lesivas de direitos fundamentais. Anteriormente, só podiam ser sindicadas as omissões do poder judicial, abarcando-se agora também as omissões da Administração e do Executivo.

A Tutela Constitucional dos Direitos, Liberdades e Garantias

(actos do poder legislativo)[908-909]; as disposições, actos jurídicos, omissões ou simples comportamentos materiais da Administração Pública e do Governo (actos do poder executivo)[910-911]; e, em certas condições, os actos ou omissões dos órgãos jurisdicionais, que directa e imediatamente violem direitos fundamentais (actos do poder judicial)[912-913].

---

[908] O termo «disposições» refere-se às disposições administrativas ou regulamentares, *v.g.*, os regulamentos, os regimentos parlamentares ou os actos administrativos, deixando de parte as disposições legislativas. Mais concretamente, tomemos por exemplo a negação de um requerimento *suplicatorio* de um deputado num processo, que deste modo viole o direito à tutela judicial efectiva consagrado no artigo 24.º da CE.

[909] Cfr. o artigo 42.º da LOTCE. Este preceito exclui implicitamente toda a disposição com valor de lei (cfr. STCE n.º 31/1994, de 31/01/1994, BOE n.º 52, par. 4), no intuito de estabelecer uma separação clara entre o domínio do recurso de amparo e o domínio dos recursos de inconstitucionalidade. Como esclarece ALBERTO ARCE JANÁRIZ, *«Comentario al artigo 42»*, in AAVV, Comentarios a la Ley Orgánica del Tribunal Constitucional, (Coord. Juan Joaquín Requejo Pagés), Boletín Oficial del Estado, Madrid, 2001, pp. 655-677, p. 657, não se trata de sindicar «actos *en* Parlamento», mas sim, «actos *de* Parlamento» (itálico nosso). Cfr., igualmente, FRANCISCO FERNÁNDEZ SEGADO, *El sistema constitucional español, cit.*, p. 1106, e JOAN OLIVIER ARAUJO, *El recurso de amparo, cit.*, pp. 166-168.

[910] Cfr. o artigo 43.º, n.º 1, da LOTCE. Note-se que este artigo inclui no seu âmbito de aplicação os actos ou decisões de outros órgãos constitucionais de natureza assimilável aos actos administrativos em sentido estrito, como por exemplo, as decisões do Conselho Geral do Poder Judicial (STCE n.º 39/1987, de 06/03/1987, BOE n.º 71). MIGUEL SÁNCHEZ MORÓN, *«Comentario al artigo 43»*, in AAVV, Comentarios a la Ley Orgánica del Tribunal Constitucional, (Coord. Juan Joaquín Requejo Pagés), Boletín Oficial del Estado, Madrid, 2001, pp. 679-695, p. 680, entende que este preceito se aplica também aos actos e disposições de outros órgãos constitucionais, tais como o Defensor do Povo e o Tribunal de Contas.

[911] Quanto ao conceito *«vias de hecho»*, segundo TOMÁS-RAMÓN FERNÁNDEZ, *apud* JOAN OLIVIER ARAUJO, *El recurso de amparo, cit.*, p. 185, este pretende abranger, designadamente, as situações em que se produz uma «irregularidade ou excesso na própria actividade de execução em si mesma considerada». Desenvolvidamente, cfr. FRANCISCO LÓPEZ MENUDO, *Via de hecho administrativa y justicia civil*, Editorial Civitas, Madrid, 1988.

[912] Cfr. o artigo 44.º, n.º 1, da LOTCE. Por razões óbvias, estão excluídas do recurso de amparo constitucional as próprias decisões jurisdicionais do TCE, nos termos do artigo 93.º da LOTCE. Como vimos atrás, a maior parte da doutrina sustenta que o TCE não integra o poder judicial. Já, por exemplo, os actos do Conselho Geral do Poder Judicial são susceptíveis de recurso de amparo, devido à sua natureza de actos administrativos (artigo 43.º da LOTCE). Neste sentido, JOAN OLIVIER ARAUJO, *El recurso de amparo, cit.*, p. 186.

[913] Num recurso de amparo contra decisões judiciais, em causa estará, usualmente, a violação do artigo 24.º da CE, mas nada impede que se esteja igualmente perante a

230   *A Tutela Directa dos Direitos Fundamentais*

Da análise da letra do preceito mencionado, facilmente compreendemos que se encontra vedada, ao invés do que sucede no ordenamento jurídico-constitucional alemão, a possibilidade da interposição de um recurso de amparo contra actos legislativos[914]. É sabido que, porém, a *ratio legis* de um instituto como o do amparo, prende-se com uma ideia de abrangência máxima do seu objecto. Em face do que se disse, se estivermos perante um acto normativo violador de um direito fundamental, este poderá ser impugnado indirectamente, através dos seus actos de aplicação[915]. Nesta hipótese, e com fundamento no artigo 55.º, n.º 2, da LOTCE, a Secção deverá levar a questão ao Pleno, que poderá declarar a inconstitucionalidade do acto normativo[916-917]. Como atrás já referimos, é a chamada «*auto-questão de inconstitucionalidade*», que procura impedir futuras violações dos direitos fundamentais, em consequência da sua aplicação a casos similares[918].

---

violação de outros direitos ou liberdades fundamentais reconhecidas nos artigos 14.º a 29.º e 30.º, n.º 2, da CE. Cfr. JOAN OLIVIER ARAUJO, «*El recurso de amparo frente a actos y omisiones judiciales*», in REP, Núm. 120, Abril-Junio 2003, Centro de Estudios Constitucionales, Madrid, pp. 79-102, p. 101.

[914] Na STCE n.º 113/1987, de 03/07/1987, BOE n.º 180, o Tribunal explicou a razão pela qual o legislador constituinte optou por excluir o recurso de amparo contra leis. Com efeito, «o recurso de amparo não foi concebido como um procedimento da jurisdição constitucional de controlo directo e abstracto da constitucionalidade de uma lei por presumida violação na mesma de algum dos direitos fundamentais ou liberdades públicas, mas como um remédio para reparar as lesões que se produziram nos mencionados direitos e liberdades, por disposições, actos jurídicos ou simples via de facto por parte dos poderes públicos» (par. 3). Ainda assim, desde cedo que o TCE (STCE n.º 41/1981) admitiu a possibilidade de um recurso de amparo contra leis, através da impugnação do acto de aplicação da lei. Cfr., neste sentido, FRANCISCO RUBIO LLORENTE, «*Seis tesis sobre... cit.*, p. 31.

[915] Cfr. CATHERINE-AMÉLIE CHASSIN, *op. cit.*, p. 38, GERHARD DANNEMANN, *op. cit.*, p. 146, e MANUEL ARAGÓN REYES, «*La tutela diretta dei diritti fondamentali*»... *cit.*, p. 83.

[916] Cfr. as SSTCE n.º 41/1981, de 18/12/1981, BOE n.º 12; e n.º 65/1983, de 21/07/1983, BOE n.º 189.

[917] Aquilo a que JOSÉ ANTONIO MONTILLA MARTOS, «*Defensa judicial 'versus' ley singular de intervención – Comentario a la Sentencia del Tribunal Europeo de Derechos Humanos de 23 de junio de 1993 sobre el caso Rumasa*», in REDC, Año 14, Núm. 40, Enero-Abril 1994, Centro de Estudios Políticos y Constitucionales, Madrid, pp. 291--321, p. 309, designa de «*amparo reflejo frente a la ley*».

[918] Importa, neste domínio, ressalvar que esta matéria foi objecto de alterações pela Lei Orgânica n.º 6/2007, de 24 de Maio. A anterior redacção estipulava que quando

A Tutela Constitucional dos Direitos, Liberdades e Garantias 231

Por outro lado, e ainda em sede da delimitação do objecto do recurso de amparo, a jurisprudência começou a admitir, gradualmente, a possibilidade de julgamento por via de amparo das leis-medida (*leggi provvedimento* ou *Maßnahmegesetze*)[919], que possuem um efeito directo sobre a esfera jurídica do particular, sem necessitarem da mediação de um qualquer acto de aplicação.

Como era de esperar, na sua concepção originária, o objecto do recurso de amparo abarcava tão-somente os actos provenientes de qualquer

---

o recurso de amparo fosse concedido em face da aplicação de uma lei violadora de direitos fundamentais ou liberdades públicas, a Sala remeteria a questão ao Pleno, que poderia declarar a inconstitucionalidade da dita lei em novo acórdão. Ora, este modelo acabava por levar a situações em que o acórdão ditado num recurso de amparo projectava os seus efeitos para além do caso concreto, por alguma incapacidade de estabelecer fronteiras nítidas entre o outorgamento do amparo e a declaração da inconstitucionalidade. Verificavam-se, por vezes, discrepâncias entre a decisão do Pleno e o acórdão de amparo constitucional. Para uma apreciação crítica relativamente a esse problema, cfr. Ángela Figueruelo Burrieza, «*Algunos problemas que suscita la autocuestión de inconstitucionalidad... cit.*, pp. 238-246. Na jurisprudência, veja-se o que sucedeu nas SSTCE n.º 185/1990, de 15/11/1990, BOE n.º 289, e n.º 48/1995, de 14/02/1995, BOE n.º 66, em que o TCE considerou conformes à Constituição determinados preceitos sobre os quais, previamente, as Salas do TCE, em processo de amparo, haviam mostrado dúvidas quanto à inconstitucionalidade dos mesmos e, por isso, formalizado a auto-questão de inconstitucionalidade.

Deste modo, a actual redacção procura evitar essas situações, ao exigir que a questão da inconstitucionalidade seja resolvida antes do eventual outorgamento do amparo. Neste sentido, Francisco Balaguer Callejón, Gregorio Cámara Villar e Luis Felipe Medina Rey, *op. cit.*, p. 20. Por sua vez, Francisco Fernández Segado, «*El Recurso de Amparo en España*», *cit.*, p. 18, defendeu, antes da reforma da LOTCE, que, ao contrário da doutrina maioritária, concordava com a solução legislativa de diferenciar entre a «*autocuestión de inconstitucionalidad*» ou «*cuestión interna de inconstitucionalidad*», de um lado, e a «*cuestión de inconstitucionalidad*» doutro. Com efeito, no primeiro caso, o processo de amparo constitucional não resulta dependente da prévia resolução do controlo normativo, ao passo que, na questão de inconstitucionalidade, o processo a correr perante o juiz *a quo* se suspende até que tenha lugar a decisão do TCE.

[919] Esta solução jurisprudencial foi alvo de críticas. De um lado, Carlos Ruiz Miguel, *op. cit.*, p. 95, receia que uma tal solução acabe por subverter o equilíbrio e a repartição de competências entre as jurisdições ordinária e constitucional. Em sentido oposto, Manuel Aragón Reyes, «*La tutela diretta dei diritti fondamentali*»... *cit.*, p. 86, defende o alargamento do objecto do recurso de amparo a estas leis-medida, sublinhando mesmo que a não admissão deste tipo de recursos consubstancia uma «grave deficiência do Estado constitucional de Direito».

232 A Tutela Directa dos Direitos Fundamentais

um dos poderes públicos[920]. Esta perspectivação inicial sofreu, porém, modificações e estendeu-se, por impulso da doutrina e jurisprudência – conquanto que em termos apenas mediatos – às relações entre particulares, se bem que tal situação tenha causado atritos entre o poder judicial ordinário e o TCE[921]. A redacção da CE não é suficientemente esclarecedora neste domínio, estando esta temática regulada nos artigos 42.º a 44.º da LOTCE. Não obstante a insistência do legislador ordinário em circunscrever o amparo à actuação ou omissão de autoridades públicas, a jurisprudência constitucional tem vindo a ampliar indirectamente o teor literal do artigo 44.º da LOTC. Neste passo, vale a pena destacar alguns aspectos.

Numa primeira fase, o TCE começou por rejeitar a hipótese do recurso de amparo constitucional *inter privatos*[922]. Mais tarde, acabou por abrir algumas portas, ao admitir o recurso na hipótese de o juiz ordinário não ter reconhecido a violação de um direito fundamental que tinha sido alegado pelo particular[923]. Dito de outro modo: a protecção dos particulares realiza-se de forma «indirecta» (ou, se se preferir, ficcionada), pois admite-se um recurso de amparo contra a decisão judicial que não atendeu ao pedido de protecção dos direitos fundamentais realizada por particulares, em vez de se sindicar directamente esse pedido[924]. Ao optar

---

[920] O TCE interpreta o conceito «poderes públicos» num sentido amplo, incluindo nele todas as entidades que exerçam «um poder de império derivado da soberania do Estado e procedente, em consequência, através de uma mediação mais ou menos larga, do próprio povo» (STCE n.º 35/1983, de 11/05/1983, BOE n.º 120, par. 3).

[921] ÁNGELA FIGUERUELO BURRIEZA, *El Recurso de Amparo: Estado de la Cuestión*, *cit.*, p. 77.

[922] Contra este entendimento jurisprudencial, manifestou-se TOMÁS QUADRA-SALCEDO, *op. cit.*, pp. 13-104, em especial, pp. 13-21. Cfr. a STCE, n.º 78/1982, de 20/12/1982, BOE n.º 13.

[923] Cfr. as SSTCE n.º 55/1983, de 22/06/1983, BOE n.º 168; n.º 177/1988, de 10//10/1988, BOE n.º 266; n.º 231/1988, de 02/12/1988, BOE n.º 307; e n.º 114/1989, de 22/06/1989, BOE n.º 175.

[924] Cfr. JUAN ANTONIO DONCEL LUENGO, *op. cit.*, p. 85, MANUEL ARAGÓN REYES, *«La tutela diretta dei diritti fondamentali»... cit.*, p. 82, e PABLO PÉREZ TREMPS, *«Tribunal Constitucional, juez ordinario... cit.*, p. 192. Nesta sede, é legítimo perguntar-se se não será contraditório imputar a lesão ao juiz quando, na verdade, não foi este quem lesou o particular no seu direito. Neste sentido, cfr. FRANCISCO FERNÁNDEZ SEGADO, *«El Recurso de Amparo en España»*, *cit.*, p. 5, e JUAN MARÍA BILBAO UBILLOS, *La eficacia de los derechos fundamentales frente a particulares*, CEC, Madrid, 1997, p. 168, *apud* CARLOS RUIZ MIGUEL, *op. cit.*, p. 94.

A Tutela Constitucional dos Direitos, Liberdades e Garantias 233

por esta orientação jurisprudencial – fortemente influenciada pela jurisprudência constitucional alemã – o TCE acolheu, no seu seio, a doutrina da eficácia mediata ou indirecta dos direitos fundamentais nas relações entre particulares (*mittelbare Drittwirkung*), de algum modo forçando a letra do artigo 44.º, n.º 1, alínea b), da LOTCE[925].

A verdade é que a CE não excluiu liminarmente a possibilidade de recurso de amparo entre privados[926]. Quem parece ter excluído esta possibilidade – por muito que de forma dissimulada – foi o artigo 41.º, n.º 2, da LOTCE, ao exigir que a lesão provenha de um «poder público»[927]. Ora, neste sentido, alguma doutrina vai mais longe e defende a adopção da teoria da eficácia directa ou imediata dos direitos fundamentais (*unmittelbare Drittwirkung*), sob pena de se desvirtuar o próprio conceito de direito fundamental[928].

(*vi*) Pressupostos

Chegados a este ponto, podemos afirmar que são três os pressupostos do recurso de amparo constitucional. Em primeiro lugar, o carácter *extraordinário* do recurso de amparo[929], que se traduz na necessidade de se estar perante uma violação real e efectiva de um direito ou liberdade

---

[925] Cfr. ÁNGELA FIGUERUELO BURRIEZA, *El Recurso de Amparo: Estado de la Cuestión*, *cit.*, p. 44, MANUEL ARAGÓN REYES, «*La tutela diretta dei diritti fondamentali*»... *cit.*, p. 82, e MIGUEL SÁNCHEZ MORÓN, *El recurso de amparo constitucional... cit.*, pp. 66-68.

[926] Cfr. FAUSTINO CORDÓN MORENO, *op. cit.*, p. 147.

[927] *Ibidem, loc. cit.* Note-se que esta situação não foi alterada na recente revisão da LOTCE, operada pela Lei Orgânica n.º 6/2007, de 24 de Maio.

[928] FRANCISCO FERNÁNDEZ SEGADO, «*El Recurso de Amparo en España*», *cit.*, p. 5, e GERMAN FERNÁNDEZ FARRERES, *El recurso de amparo según la jurisprudencia constitucional... cit.*, p. 16. Os Autores ressalvam que, a não ser assim, teremos uma injustificável discrepância de patamares de protecção, na medida em que, enquanto os direitos e liberdades frente aos poderes públicos são concebidos como genuínos direitos públicos subjectivos, já os direitos e liberdades frente aos particulares serão apenas perspectivados como interesses ocasionalmente susceptíveis de amparo.

[929] Cfr., de entre uma bibliografia já muito vasta, os estudos de CATHERINE-AMÉLIE CHASSIN, *op. cit.*, pp. 39-40, IGNACIO BORRAJO INIESTA, IGNACIO DIEZ-PICAZO GIMENEZ e GERMAN FERNÁNDEZ FARRARES, *op. cit.*, p. 120, e MIGUEL SÁNCHEZ MORÓN, *El recurso de amparo constitucional... cit.*, p. 28. Na jurisprudência, destaca-se a STCE n.º 143/1994, de 09/05/1994, BOE n.º 140.

234 A Tutela Directa dos Direitos Fundamentais

fundamental catalogado como susceptível de amparo[930-931]. Em segundo lugar, a natureza *excepcional* do recurso de amparo implica que a violação do direito ou liberdade fundamental não tenha encontrado reparação através do sistema ordinário de garantias, exigindo-se, por isso, em princípio, o recurso prévio aos tribunais ordinários e o esgotamento dos recursos jurisdicionais adequados. Desta premissa podemos deduzir que competirá, então, aos tribunais ordinários a missão primária da defesa desses direitos ou liberdades fundamentais. Por conseguinte, associada à excepcionalidade, está a denominada *subsidiariedade* do recurso de amparo constitucional, que espelha com clareza o facto de este não ser uma via alternativa, mas uma via sucessiva de protecção de direitos fundamentais e liberdades públicas[932].

Como já atrás referimos, o princípio da subsidiariedade foi lapidarmente influenciado pela *Verfassungsbeschwerde*, que soube prever, com profético realismo, a impraticabilidade do funcionamento de um sistema em que a função de tutela jurisdicional dos direitos fundamentais pudesse ser alternativamente confiada aos tribunais ordinários ou a um Tribunal Constitucional, constituído sempre por um número reduzido de magis-

---

[930] CARLOS RUIZ MIGUEL, *op. cit.*, p. 96, defende a possibilidade de recurso de amparo face a *ameaças* ou a *lesões futuras* de direitos, possibilidade que existia nos precedentes medievais do amparo espanhol e que existe hoje no amparo mexicano. Todavia, o próprio Autor reconhece que estas propostas são arriscadas, na medida em que avançar para além do carácter subsidiário do recurso de amparo implicaria «uma verdadeira mutação que faria passar o TC de actor "extraordinário" a interventor "ordinário"».

[931] O recurso de amparo está destinado unicamente à protecção de direitos fundamentais, pelo que está vedado ao TC conhecer questões de legalidade ordinária conexas, como se depreende do teor literal do artigo 41.º, n.º 3, da LOTCE: «através do amparo constitucional não se podem fazer valer outras pretensões que não sejam as dirigidas a restabelecer ou preservar os direitos ou liberdades em razão dos quais se formulou o recurso». Cfr., para o efeito, LUIZ MARIA DIEZ-PICAZO GIMÉNEZ, *op. cit.*, pp. 18-19, e ÁNGELA FIGUERUELO BURRIEZA, *El Recurso de Amparo: Estado de la Cuestión*, *cit.*, p. 37.

[932] Cfr. ERNESTO GARCÍA-TREVIJANO GARNICA, *«Sobre el carácter subsidiario del recurso de amparo constitucional»*, in REDT, n.º 60, julio/agosto 1993, pp. 637-646, e ROLANDO VEGA ROBERT, *«El recurso de amparo mixto y su relación con la sentencia judicial previa como objeto de impugnación»*, in REDT, n.º 40, octubre/diciembre 1989, pp. 653-668, p. 656. Note-se que, seguindo de perto a STCE n.º 185/1990, de 15/11//1990, BOE n.º 289, a subsidiariedade, «não pode conduzir a uma sucessão ilimitada de recursos judiciais, incompatível com o princípio da segurança jurídica que a Constituição consagra no seu artigo 9.º, n.º 3».

A Tutela Constitucional dos Direitos, Liberdades e Garantias

trados[933]. Segundo o próprio TCE, o recurso prévio às vias judiciais ordinárias «não é, certamente, uma mera formalidade, mas constitui um elemento essencial no sistema de articulação da jurisdição constitucional com a jurisdição ordinária»[934].

Assim sendo, a doutrina dominante, com sustento na letra do artigo 44.º, n.º 1, alínea a), da LOTCE, considera a subsidiariedade do recurso de amparo como um princípio geral implícito no sistema de tutela dos direitos fundamentais, destarte exigindo a exaustão de todas as vias judiciárias antes de interpor recurso no TCE[935]. Em sentido oposto, outra constelação doutrinária, fundada numa interpretação sistemática dos artigos 41.º, n.º 3, 49.º, n.º 1, e 54.º da LOTCE, advoga que se deve ter em conta as circunstâncias específicas de cada caso concreto, visto que a subsidiariedade não deve ser entendida como um «dogma sacrossanto»[936], até porque a CE não exige expressamente que o recurso constitucional deva ser subsidiário em todos os casos, permitindo, inclusive, casos excepcionais de acesso directo ao TCE[937].

---

[933] Cfr. IGNACIO BORRAJO INIESTA, IGNACIO DIEZ-PICAZO GIMENEZ e GERMAN FERNÁNDEZ FARRARES, *op. cit.*, p. 119.

[934] *V.* a STCE n.º 239/2001, de 18/12/2001, BOE n.º 14, par. 2.

[935] O artigo 44.º, n.º 1, al. a), da LOTCE, estabelece que deverão ser esgotados todos os «recursos utilizáveis dentro da via judicial». A jurisprudência constitucional tem vindo a esclarecer o que se deve entender pela expressão «utilizáveis». Assim, apontou que são aqueles «recursos úteis para conseguir a revisão da medida adoptada» (STCE n.º 30/1982, de 01/06/1982, BOE n.º 153, par. 2). Não é outra, no fundo, a conclusão de ENOCH ALBERTÍ ROVIRA, *op. cit.*, pp. 127-128, e JOAQUÍN GARCÍA MURCIA, *«Comentario al artigo 44», in* Comentarios a la Ley Orgánica del Tribunal Constitucional, Coord. Juan Joaquín Requejo Pagés, Boletín Oficial del Estado, Madrid, 2001, pp. 695-735.

[936] CARLOS RUIZ MIGUEL, *op. cit.*, p. 96.

[937] CARLOS RUIZ MIGUEL, *op. cit., loc. cit.*, entende que se devem distinguir dois tipos de recursos: a) Os que são introduzidos *per saltum* para o TCE, que deverão ser rejeitados, por serem prematuros; b) Aqueles em que foi o próprio tribunal da causa ou de recurso que violou os direitos fundamentais, sendo que nesta situação deverá ser admitido recurso para o TCE, sem necessidade de exaustão prévia de todas a vias judiciais, segundo um argumento de efectividade ou de «efeito útil». Cfr., para os debates sobre a questão, JOSÉ L. CASCAJO CASTRO e VICENTE GIMENO SENDRA, *op. cit.*, p. 148-153.

(*vii*) **Prazo**

O prazo para apresentação do recurso de amparo alterna, em conformidade com as vias processuais utilizadas para aceder ao mesmo[938]. Quanto aos actos ou omissões da Administração que violem direitos ou liberdades, poderá ser interposto um recurso de amparo, uma vez esgotada a via judicial competente, no prazo de *20 dias* a contar da notificação da decisão proferida em sede do processo judicial (artigo 43.º, n.º 2, da LOTCE). Por sua vez, se as violações de direitos e liberdades susceptíveis de amparo tiverem a sua origem imediata e directa num acto ou omissão de um órgão judicial, o requerente poderá interpor o recurso, após exaustão prévia das vias judiciais ordinárias, num prazo de *30 dias*, a contar da notificação da decisão proferida pelo processo judicial (artigo 44.º, n.º 2, da LOTCE) [939]. A exiguidade dos prazos prende-se com o intuito de não fazer perdurar uma situação inconstitucional de lesão de direitos fundamentais[940].

No que respeita aos actos parlamentares, ou melhor, às decisões ou actos sem valor de lei – emanados das assembleias (*v.g.*, Parlamento nacional) ou de qualquer dos seus órgãos, ou das Assembleias Legislativas das Comunidades Autónomas, ou dos seus órgãos – não é exigível nem a prévia invocação da lesão suportada junto de um tribunal, nem o esgotamento da via judicial, devendo ser interposto directamente no TCE no prazo de *3 meses*, contados do momento em que, de acordo com as normas internas das Câmaras ou Assembleias, as decisões ou actos referidos sejam definitivos (artigo 42.º da LOTCE).

---

[938] Cfr., desenvolvidamente, FAUSTINO CORDÓN MORENO, *op. cit.,* pp. 57-62, e MANUEL ARAGÓN REYES, *«La tutela diretta dei diritti fondamentali»... cit.*, p. 87.

[939] Na anterior redacção da LOTCE, antes da entrada em vigor da Lei Orgânica 6/2007, de 24 de Maio, (que procedeu a profundas reformas) o prazo era de *20 dias*. No entanto, alguma doutrina considera que este alargar do prazo acaba por ser ilusório, porque, na medida em que passou a ser exigida a justificação da «especial transcendência constitucional» do recurso de amparo, o prazo continua a ser demasiado curto. Neste sentido, FRANCISCO FERNÁNDEZ SEGADO, *La Reforma del Régimen Jurídico-Procesal del Recurso de Amparo (Reflexiones en torno de la Ley Orgánica 6/2007, de reforma de la Ley Orgánica del Tribunal Constitucional)*, Editorial Dykinson, S.L., Madrid, 2008, p. 91. Por seu turno, FRANCISCO BALAGUER CALLEJÓN, GREGORIO CÁMARA VILLAR e LUIS FELIPE MEDINA REY, *op. cit.*, pp. 69-70, sustentam que a diferenciação de prazos não apresenta fundamentação adequada e poderá tratar-se de uma «falta de atenção no procedimento legislativo».

[940] Cfr. CATHERINE-AMÉLIE CHASSIN, *op. cit.*, p. 40.

A Tutela Constitucional dos Direitos, Liberdades e Garantias   237

Não deixa de ser interessante, em matéria de prazos, registar o prazo extraordinariamente curto que existe relativamente ao sistema eleitoral. Na verdade, de acordo com o preceituado na Lei Orgânica do Regime Eleitoral Geral[941], na hipótese de recurso contra a proclamação de candidaturas e candidatos, o prazo é de *2 dias* para apresentação do recurso, devendo o TCE decidir nos 3 dias seguintes (artigo 49.º) e, na situação de recurso contencioso eleitoral, o prazo para desencadear o amparo é de 3 dias a contar da notificação da decisão proferida pelo tribunal competente, devendo o TCE decidir nos 15 dias seguintes (artigo 114.º, n.º 2).

Por fim, resta apenas salientar que os prazos de interposição do recurso de amparo são prazos de caducidade, peremptórios e improrrogáveis[942].

(*viii*) Tramitação processual

Relativamente à tramitação processual do recurso de amparo constitucional, desde há várias décadas que se sentiu necessidade de proceder a alterações significativas, de modo a colocar freio ao ritmo incessante de recursos de amparo perante o TCE. Em 1988, teve lugar a primeira reforma da legislação processual constitucional, que criou um procedimento de rejeição sumária dos recursos de amparo constitucional, mediante despacho não motivado e insusceptível de recurso (excepto para o Ministério Fiscal)[943]. Contudo, revelou-se insuficiente para cumprir tal desiderato[944]. As seguintes reformas da LOTCE também não obtiveram resultados animadores, com a agravante, aliás, de que no procedimento de admissão do recurso de amparo, de acordo com as estatísticas do TCE, cerca de 90% dos recursos não terem sido admitidos[945].

---

[941] Lei n.º 5/1985, de 19 de Junho, entretanto objecto de sucessivas modificações.

[942] STCE n.º 130/1990, e 16/07/1990, BOE 181, par. 3.

[943] Através da Lei Orgânica 6/1988, de 9 de Junho, publicada no BOE, a 11 de Junho. Esta lei respondeu a uma inquietação manifestada pelo próprio TCE. Cfr., para os debates sobre esta questão, PABLO PÉREZ TREMPS, «*Tribunal Constitucional, juez ordinario... cit.*, p. 182.

[944] Cfr. ÁLVARO RODRÍGUEZ BEREIJO, *op. cit.*, p. 62, e IGNACIO VILLAVERDE, «*Decidir qué no decidir o qué hacer con los amparos. El trámite de admisión de los recursos de amparo*», *in* Teoría y Realidad Constitucional, n.ºs 10-11, 2.º semestre 2002-1.er semestre 2003, Editorial Centro de Estudios Ramón Areces, Madrid, pp. 323-365, p. 364.

[945] Sobre este ponto cfr. a minuciosa investigação de ÁNGELA FIGUERUELO BURRIEZA, *El Recurso de Amparo: Estado de la Cuestión, cit.*, p. 36.

A Tutela Directa dos Direitos Fundamentais

Com base no referido facto, aprovou-se a tão ansiada Lei Orgânica 6/2007, de 24 de Maio, que, na sua exposição de motivos, começa por sublinhar que até então não tinha havido uma reforma que conseguisse dar uma resposta cabal às «dificuldades de funcionamento do Tribunal Constitucional», pelo que se propõe, desde logo, a fazê-lo. Destaca «o crescimento do número de recursos de amparo até ao ponto de ocupar quase todo o tempo e os meios materiais do Tribunal». Assim, com o objectivo de «maior desenvolvimento da função de garantia dos direitos fundamentais em relação com as demais funções do Tribunal Constitucional, a lei estabelece uma nova regulação da admissão do recurso de amparo», ao mesmo tempo que outorga aos tribunais ordinários poderes mais amplos, de modo a que «a tutela e defesa dos direitos fundamentais por parte do Tribunal Constitucional seja *realmente subsidiária* de uma adequada protecção prestada pelos órgãos da jurisdição ordinária».

Iremos, *hic et nunc*, proceder a uma análise das principais alterações legislativas atinentes ao recurso de amparo. Quanto aos requisitos do pedido de amparo constitucional, a anterior redacção da LOTCE concebia um sistema taxativo de causas de não admissibilidade[946]. Actualmente, nos termos do artigo 49.º, n.º 1, da LOTCE, exige-se que: (*i*) o requerente exponha, com clareza e de forma concisa, os factos que fundamentam o recurso de amparo; (*ii*) cite os preceitos constitucionais que entende que foram violados; (*iii*) e fixe, com precisão, o amparo que se solicita para preservar ou restabelecer o direito ou liberdade alegadamente violado. A grande novidade da recente reforma, porém, está na exigência da invocação da «*especial transcendência constitucional*» do conteúdo do seu recurso de amparo, que se poderá fundamentar na importância do mesmo para a interpretação, aplicação ou eficácia da Constituição[947]. O conceito

---

[946] Na verdade, a anterior redacção dos n.ºs 1 e 2 do artigo 50.º da LOTCE, previa expressamente um elenco de situações que conduziriam a uma rejeição liminar, *v.g.*, quando o pedido dissesse respeito a direitos ou liberdades não são susceptíveis de amparo constitucional; quando a apresentação do pedido fosse extemporânea, por falta de invocação da lesão do direito fundamental na via judicial prévia, por não esgotamento das vias de recurso, quando o recurso carecesse manifestamente de conteúdo; ou, ainda, na hipótese de o TCE já ter conhecido de fundo, com negação da pretensão, um recurso ou questão de inconstitucionalidade ou um recurso de amparo num caso substancialmente similar.

[947] Como se pode ler na Exposição de motivos, «inverte-se o juízo de admissibilidade, que passa de comprovar a inexistência de causas de inadmissão para a verificação da existência de uma relevância constitucional no recurso de amparo formulado».

A Tutela Constitucional dos Direitos, Liberdades e Garantias   239

indeterminado da «especial transcendência constitucional» emerge a pilar fundamental que sustenta todo o edifício do amparo constitucional[948]. Desde modo, transforma-se a fase de admissibilidade naquilo que ela deve efectivamente ser, ou seja, num «verdadeiro filtro»[949], capaz de pôr um travão no exponencial desmesurado de recursos, que muitas vezes têm como única motivação intenções dilatórias. Embora a protecção dos direitos fundamentais resultasse melhor servida se qualquer questão pudesse ser objecto de amparo, certo é que se concluiu que tal impediria a operatividade do sistema processual constitucional[950].

Apresentado o pedido, a decisão sobre a admissibilidade do mesmo compete às Salas do Tribunal Constitucional e, se for caso disso, às Secções[951]. *A extensão da competência* para a resolução dos recursos de amparo às Secções, e não apenas às Salas do TCE, foi uma das inovações introduzidas pela Lei Orgânica n.º 6/2007, de 24 de Maio[952]. Esta medida de «desconcentração» tem como intuito agilizar o funcionamento do TCE[953]. Nestes termos, a Secção só poderá admitir o recurso de amparo se, por unanimidade dos seus membros[954], estiverem preenchidos os requisitos plasmados no artigo 50.º, n.º 1, da LOTCE, ou seja: «*a)* Que a demanda cumpra o disposto nos artigos 41.º a 46.º, e 49.º; *b)* Que o conteúdo do recurso justifique uma decisão sobre o fundo por parte do Tribunal Constitucional em razão da sua especial transcendência cons-

---

[948] Cfr. Francisco Balaguer Callejón, Gregorio Cámara Villar e Luis Felipe Medina Rey, *op. cit.*, p. 72.

[949] Manuel Aragón Reyes, *«La tutela diretta dei diritti fondamentali»... cit.*, p. 88.

[950] Como bem refere Pablo Pérez Tremps, *«Tribunal Constitucional, juez ordinario... cit.*, p. 211, caso contrário também nos poderíamos questionar o motivo pelo qual apenas algumas questões são susceptíveis de recurso para o Tribunal Supremo, e não todas as questões.

[951] Cfr. os artigos 11.º, n.º 1, e 48.º da LOTCE.

[952] Fernández Segado, *La Reforma del Régimen Jurídico-Procesal del Recurso de Amparo... cit.*, pp. 136-146, manifestou-se contra esta alteração à LOTCE, considerando-a infeliz, nomeadamente porque poderá potenciar contradições jurisprudenciais no seio do próprio TCE (p. 140).

[953] Cfr. Francisco Balaguer Callejón, Gregorio Cámara Villar e Luis Felipe Medina Rey, *op. cit.*, p. 35.

[954] Quando a decisão de admissibilidade do recurso não for tomada por unanimidade, mas apenas por maioria, a Secção deverá transferir a decisão para a Sala respectiva, para que decida (artigo 50.º, n.º 2, da LOTCE).

titucional, que se apreciará atendendo à sua importância para a interpretação da Constituição, para a sua aplicação ou para a sua eficácia geral, e para a determinação do conteúdo e alcance dos direitos fundamentais».

Caso as Secções ou Salas decidam não admitir o recurso, notificarão o demandante e o Ministério Fiscal, com a especificação do requisito que não foi cumprido. Apenas o Ministério Fiscal poderá recorrer da *providencia de inadmisión*, no prazo de três dias, recurso este que uma vez decidido, não poderá novamente ser impugnado (artigo 50.º, n.º 3, da LOTCE).

Se o recurso de amparo for julgado admissível, será distribuído a uma das duas Salas que compõem o TCE (ou, se for caso disso, à Secção), que emitirão um acórdão de outorga do amparo (*sentencia de otorgamiento de amparo/ sentencia estimatoria*) ou da sua rejeição (*sentencia de denegación de amparo/ sentencia desestimatoria*)[955-956].

(ix) Efeitos

Finalmente, no que tange aos efeitos da decisão que concede o amparo, importa vincar que o ordenamento jurídico-constitucional espanhol foi bem mais longe do que a queixa constitucional alemã[957], ao preocupar-se em atribuir à decisão que concede o amparo a maior *eficácia possível*. Com efeito, como salienta a doutrina espanhola, a concessão de um recurso de amparo não possui meros efeitos declarativos, mas é susceptível de colocar um ponto final na lesão do direito fundamental ou da liberdade pública, recuperando o cidadão, por conseguinte, o gozo total do seu direito ou liberdade violados[958].

---

[955] Cfr. o artigo 53.º da LOTCE.

[956] Note-se, por último, que a recente atribuição de competência decisória às Secções, em matéria de amparo, operada pela Lei Orgânica 6/2007, de 24 de Maio, almeja «incrementar substancialmente a capacidade de trabalho» do TCE.

[957] Como tivemos oportunidade de verificar, a queixa constitucional alemã contra decisões judiciais possui efeitos meramente cassatórios, ou seja, anula a decisão recorrida e devolve os autos ao tribunal competente (artigo 95.º, n.º 2, da BVerfGG).

[958] Cfr. Catherine-Amélie Chassin, *op. cit.*, p. 44, Juan Antonio Doncel Luengo, *op. cit.*, p. 86, Marc Carrillo, «*La reparación de las vulneraciones de derechos en la sentencia estimatoria de amparo (1999-2001)*», *in* AAVV, La Reforma del Recurso de

A Tutela Constitucional dos Direitos, Liberdades e Garantias   241

Segundo o disposto no artigo 55.º, n.º 1, da LOTCE, a decisão de concessão do amparo poder conter alguma (ou uma combinação cumulativa) das seguintes pronúncias[959]: *a*) declaração de nulidade da decisão, acto ou resolução impugnada e causadora da lesão suportada pelo recorrente[960]; *b*) reconhecimento do direito ou liberdade pública, em conformidade com o seu conteúdo constitucionalmente garantido; *c*) o restabelecimento do recorrente na integridade do seu direito ou liberdade, com a adopção das medidas apropriadas para a sua conservação[961]. Assim sendo, o acórdão que conceda o amparo poderá ser *estritamente declarativo da nulidade do acto lesivo*[962] (al. a) n.º 1 do artigo 55.º); *meramente decla-*

Amparo, Coord. Pablo Pérez Tremps, Instituto de Derecho Público Comparado – Universidad Carlos III, Tirant to Blanch, Valencia, 2004, pp. 41-114, pp. 44-45, e PABLO PÉREZ TREMPS, *«Comentario al artigo 55», in* AAVV, Comentarios a la Ley Orgánica del Tribunal Constitucional, (coord. Juan Joaquín Requejo Pagés), Boletín Oficial del Estado, Madrid, 2001, pp. 858-877, p. 860.

[959] Cfr. A STCE n.º 83/1982, 22/12/1982, BOE n.º 13, par. 2. Na doutrina, cfr. GIUSEPPE CAMPANELLI, *«I rapporti tra Tribunal Constitucional e Tribunal Supremo nell'ordinamento spagnolo», in* Rivista di Diritto Costituzionale, G. Giappichelli Editore, Torino, 2002, pp. 221-286, p. 276.

[960] Os efeitos da declaração de nulidade serão diversos, consoante se trate da violação de direitos processuais ou de direitos substantivos. Na primeira hipótese, a nulidade implicará efeitos retroactivos até ao momento anterior à violação da garantia processual. Já relativamente à violação de direitos substantivos, FRANCISCO FERNÁNDEZ SEGADO, *«El Recurso de Amparo en España», cit.*, p. 16, entende que o acórdão do TCE poderá ir mais longe, e fixar os critérios que deverão pautar a nova decisão judicial que se há-de ditar em substituição da que foi declarada nula. Alguma doutrina, porém, perspectiva no artigo 55.º, n.º 1, al. a), da LOTCE, uma clara manifestação da «posição cassacional» do TCE. Neste sentido, cfr. GIUSEPPE CAMPANELLI, *op. cit.*, p. 233, nt. 37, e p. 261.

[961] PABLO PÉREZ TREMPS, *«Comentario al artigo 55», cit.*, p. 866, entende que a alínea c) do n.º 1 do artigo 55.º atribui uma acrescida margem de actuação ao TCE. Igualmente, FRANCISCO FERNÁNDEZ SEGADO, *«El Recurso de Amparo en España», cit., loc. cit.*, vê neste preceito a maior virtualidade de actuação do juiz de amparo constitucional, mas também o preceito mais desaproveitado por ele, visto que opta por restringir os seus efeitos e reencaminhar a solução do problema em exclusivo para o juiz *a quo*. Segundo o Autor, isto é sinónimo de uma atitude de deferência do juiz constitucional para com os órgãos da jurisdição ordinária.

[962] Na STCE n.º 6/1987, de 28/01/1987, BOE n.º 35, foi suficiente para o requerente do amparo, a mera declaração da nulidade da decisão judicial impugnada, violadora do princípio da proibição da *reformatio in peius*. Todavia, por vezes o TCE sente a necessidade de restringir o alcance da nulidade, em atenção aos direitos de terceiros, a razões de economia processual, boa fé, ou segurança jurídica (STCE n.º 20/2003, de 10/ /02/2003, BOE n.º 55, par. 7). Cfr. ROSARIO TUR AUSINA, *op. cit.*, pp. 254-257.

242 *A Tutela Directa dos Direitos Fundamentais*

rativo (al. b) n.º 1 do artigo 55.º), limitando-se a declarar a existência ou inexistência de um direito ou de uma posição jurídica[963]; e de *condenação*[964], ou *constitutivo*, no sentido de criar, modificar ou extinguir uma relação ou situação jurídica (al. c) n.º 1 do artigo 55.º)[965].

Ressalve-se, contudo, que, tal como resulta de uma leitura conjugada dos artigos 164.º, n.º1, *in fine*, da CE e do artigo 29.º, n.º 1, da LOTCE, a decisão de outorgamento do amparo não pode, de modo algum, pretender declarar a inconstitucionalidade de uma lei. Por outro lado, cumpre não olvidar que os efeitos de um acórdão de outorga de amparo operam apenas *inter partes*[966].

Ainda no que respeita à execução dos acórdãos constitucionais, o outorgamento do amparo mediante acórdão com efeitos declarativos ou constitutivos é directamente auto-executivo, ao passo que, no caso de um acórdão de condenação, o TCE poderá necessitar de controlar a sua respectiva execução (artigos 87.º, n.º 2, e 92.º da LOTCE)[967].

Não obstante o elenco de efeitos de uma decisão de amparo ser bastante mais generoso do que o existente noutros ordenamentos jurídico--constitucionais, parte da doutrina espanhola não deixa de criticar dura-

---

[963] Cfr. a STCE n.º 73/1984, de 27/06/1984, BOE n.º 165.

[964] Os acórdãos de condenação podem conter uma condenação a um comportamento (*mandatos de hacer*), ou a condenação a abster-se de um comportamento (*mandatos de no hacer*).

[965] Um acórdão com efeitos constitutivos será aquele que, sem declarar a nulidade do acto impugnado, repara a lesão do direito do requerente ao outorgar validade a uma anterior decisão judicial que havia amparado o lesionado. O exemplo clássico deste tipo de acórdãos é aquele em que o requerente pede a anulação de uma decisão judicial proferida em última instância (TS), o TCE anula o acórdão do TS e, em vez de remeter o caso novamente a este, vem confirmar o acórdão proferido pelo Tribunal da instância inferior. Cfr. a STCE n.º 7/1994, de 17/01/1994, BOE n.º 41. Como adiante veremos, especialmente nos casos *Isabel Preysler* I e II, esta conduta do TCE foi alvo de duras críticas.

[966] O artigo 164.º, n.º 1, *in fine*, da CE estabelece o efeito *erga omnes* para os acórdãos que «declarem a inconstitucionalidade de uma lei ou de uma norma com força de lei, e todas as que não se limitem à atribuição subjectiva de um direito». Retira-se, assim, *a contrario sensu*, que uma decisão de outorgamento de amparo não tem efeitos *erga omnes*. Cfr. a STCE n.º 193/1987, de 09/12/1987, BOE n.º 309, pars. 3 e 6. Por sua vez, o artigo 29.º, n.º 1, da LOTCE corrobora esta conclusão, ao estipular que «a declaração de inconstitucionalidade pode ser promovida mediante: a) o recurso de inconstitucionalidade; b) a questão de inconstitucionalidade promovida por Juízes ou Tribunais».

[967] Cfr. *ibidem*, pp. 366-373.

A *Tutela Constitucional dos Direitos, Liberdades e Garantias*   243

mente as atitudes de auto-contenção que o TCE tem demonstrado nesta matéria[968]. Em termos simplificados e como vimos, bem se pode afirmar que a técnica de auto-controlo judicial utilizada pelo sistema norte-americano visa minimizar os perigos que poderiam derivar do modelo judicialista de justiça constitucional. Nesta linha de raciocínio, alerta-se para a existência de um enorme número de «*sentencias platónicas*»[969], ou seja, de decisões carentes de eficácia prática e real, na medida em que não reparam plenamente o dano causado, limitando-se tão-somente a declará-lo. Ora, semelhante atitude de moderação judicial põe em causa o princípio da tutela efectiva dos direitos fundamentais, enquanto princípio medular da natureza do amparo constitucional.

Outra grande mudança introduzida pela recente alteração da LOTCE foi precisamente a da *não suspensão da execução* do acto ou decisão judicial impugnados, contrariando a anterior redacção do artigo 56.º da LOTCE, que estabelecia uma regra de suspensão automática[970]. Todavia, o actual regime não deixa de salvaguardar situações excepcionais em que

---

[968] Cfr., ainda que indirectamente, IGNACIO VILLAVERDE, *op. cit.*, p. 325.

[969] Expressão atribuída a ROSARIO TUR AUSINA, *op. cit.*, p. 156, querendo com isso fazer alusão aos acórdãos meramente declarativos, que se resumem a «acórdãos que outorgam o amparo, mas com os efeitos de não outorgamento, fictícios, ilusórios ou etéreos» (p. 159). A Autora cita uma vasta doutrina que aponta precisamente para este problema, nomeadamente FRANCISCO RAMOS MÉNDEZ, que alertou para o facto de os acórdãos do TCE não poderem ser concebidos «para colocar num quadro», nem para atribuir ao requerente do amparo uma «espécie de satisfação espiritual de dever cumprido» (p. 158). Com efeito, a atitude de auto-inibição serve como que para encobrir uma «suposta ilegitimidade do TCE», não possuidor de uma plenitude jurisdicional em matéria de direitos fundamentais (p. 181).

Exemplos de decisões platónicas verificam-se, com alguma frequência, quanto aos acórdãos declarativos da nulidade de um acto lesivo (artigo 55.º, n.º 1, al. a), da LOTCE). Nesta sede, encontram-se situações em que a lesão do direito não poder ser reparada pelos tribunais ordinários, quer porque a lesão já está consumada (*v.g.*, na SSTCE n.º 216/1991, de 14/11/1991, BOE n.º 301; e n.º 20/2003, *cit.*), quer porque se trata de um direito substantivo cuja tutela última deverá estar nas mãos do TCE.

[970] FRANCISCO FERNÁNDEZ SEGADO, *El sistema constitucional español*, *cit.*, p. 1120, esclarecia que essa regra visava equilibrar os interesses do recorrente, com os interesses gerais da sociedade e dos direitos de terceiros. Por sua vez, MANUEL ARAGÓN REYES, «*La tutela diretta dei diritti fondamentali*»... *cit.*, p. 87, num comentário sobre a antiga redacção da LOTCE, defendeu que a suspensão automática da execução do acto impugnado era necessária para tutelar «algo tão precioso como os direitos e liberdades públicas».

244   *A Tutela Directa dos Direitos Fundamentais*

essa suspensão poderá ser admitida, na totalidade ou apenas parcialmente, caso a execução do acto ou da decisão judicial impugnados «produzirem um prejuízo ao requerente que faria perder a finalidade do amparo», e desde que a suspensão não ocasione perturbação grave a um interesse constitucionalmente protegido, nem aos direitos fundamentais ou liberdades de outra pessoa» (n.º 2 do artigo 56.º da LOTCE).

4.2.3. *Importância do Recurso de Amparo no Sistema Espanhol de Justiça Constitucional*

«El reconocimiento de los derechos y libertades fundamentales en la Constitución implica el compromiso del Estado de no servirse de sus poderes para suprimirlos o para restringirlos»[971].

Logo à cabeça e bem à frente, são vários os motivos pelos quais o recurso de amparo se revela imprescindível ao universo jurídico espanhol[972]. *Primo*, é um instrumento que, num modelo concentrado de justiça constitucional, permite aos titulares de direitos subjectivos accioná-los directamente, tal como seria esperado de uma Constituição que possui pretensões de normatividade.[973]. Quer isto dizer, note-se, que o recurso de amparo constitucional assume uma função legitimadora, posto que, através dele, os cidadãos interiorizam a convicção de que os direitos fundamentais são tutelados *ex Constitutione*[974].

Este instituto logrou uma enorme receptividade por parte dos cidadãos e teve o importante papel de proteger os seus direitos fundamentais, em especial aqueles que haviam sido descurados sob a égide do regime franquista[975]. De facto, não sobejam dúvidas acerca do relevante papel

---

[971] ÁNGELA FIGUERUELO BURRIEZA, *El Recurso de Amparo: Estado de la Cuestión*, *cit.*, p. 27.

[972] *Op. cit.*, pp. 34-37.

[973] Cfr. MANUEL CARRASCO DURÁN, *Los procesos para la tutela judicial... cit.*, p. 34.

[974] Cfr. JOAN OLIVIER ARAUJO, *El recurso de amparo*, *cit.*, p. 38, e MANUEL ARAGÓN REYES, *«Problemas del recurso de amparo»*, *cit.*, p. 147.

[975] Cfr. CATHERINE-AMÉLIE CHASSIN, *op. cit.*, p. 34 e 45, ENOCH ALBERTÍ ROVIRA, *op. cit.*, p. 142, nt. 44, e ROBERTO L. BLANCO VALDÉS, *«La política y el derecho: veinte años*

A Tutela Constitucional dos Direitos, Liberdades e Garantias 245

que o recurso de amparo constitucional encabeçou na consolidação da democracia, e na integração política e social dos cidadãos. Esta mesma ideia foi reforçada nos discursos presidenciais de PEDRO CRUZ VILLALÓN e MANUEL JIMÉNEZ DE PARGA, que não hesitaram em afirmar que «não estaríamos juridicamente como agora estamos, ocupando a vanguarda das nações livres, sem o Tribunal Constitucional»[976].

Seja como for – e agora extrapolando o nosso raciocínio para uma esfera mais global – parece-nos imperioso esclarecer que a imprescindibilidade dos tribunais constitucionais não se prende com o seu papel crucial em momentos de transição política, como se desta premissa adviesse a conclusão de que, assim que a situação se tenha estabilizado, estes seriam dispensáveis. Ora, tal ilação não convence, pois, como de seguida veremos, aos tribunais constitucionais é incumbida a tarefa unificadora da interpretação dos direitos fundamentais[977].

Secundo, e na sequência do que vem dito, o recurso de amparo constitucional permite ao TCE controlar se a jurisprudência constitucional é respeitada pelos tribunais ordinários, de modo a garantir uma interpretação uniforme da Constituição, evitando que a eficácia dos acórdãos do TCE fique refém da "boa vontade" dos tribunais ordinários[978]. Como se sabe, a dualidade de jurisdições – ordinária e constitucional – existente nos sistemas de *civil law*, potencia exponencialmente os conflitos entre ambas, relativamente à interpretação da Constituição. Ora, os tradicionais processos de fiscalização abstracta e concreta da constitucionalidade das normas não bastariam para que o TCE desempenhasse, de forma completa, a sua tarefa de supremo intérprete das normas constitucionais, pelo que, em conjugação com o recurso de amparo constitucional, o Tribunal estará em melhores condições de oferecer um padrão uniforme para os demais intérpretes-aplicadores[979].

---

de justicia constitucional y democracia en España (apuntes para un balance)», in Teoría y Realidad Constitucional, núm. 4, 2.º semestre 1999, Editorial Centro de Estudios Ramón Areces, Madrid, pp. 241-272, p. 251.

[976] *Apud* ROSARIO TUR AUSINA, *op. cit.*, p. 166, nt. 309.

[977] Cfr. FRANCISCO RUBIO LLORENTE, «*El Tribunal Constitucional*», *cit.*, p. 32.

[978] JOSÉ L. CASCAJO CASTRO e VICENTE GIMENO SENDRA, *op. cit.*, p. 59, referem-se ao «efeito educativo contido implicitamente em toda a jurisdição constitucional».

[979] *Ibidem, loc. cit.* Em sentido convergente, ÁNGELA FIGUERUELO BURRIEZA, *El Recurso de Amparo: Estado de la Cuestión*, *cit.*, p. 23, e MANUEL ARAGÓN REYES, «*Problemas del recurso de amparo*», *cit.*, p. 148.

246 A Tutela Directa dos Direitos Fundamentais

Tertio, o recurso de amparo surge como consequência de uma progressiva matização do tradicional sistema austríaco de justiça constitucional, em virtude do qual o controlo da constitucionalidade se exercia exclusivamente sobre as normas com força de lei, modelo este consistente com um tipo de ordenamento em que a lei ainda gozava de omnipotência[980]. Contudo, nos nossos dias, em que ressoam novas realidades, como o poder criador dos juízes, a deslegalização ou descodificação de ordenamentos jurídicos, é algo utópico acreditar que a normatividade constitucional se pode proteger tão-somente pelo controlo de constitucionalidade de normas com força de lei.

Nesta óptica, a popularidade do recurso de amparo constitucional contribui de maneira decisiva para criar uma *cultura* de direitos fundamentais, não apenas na magistratura, mas também nos particulares[981]. O recurso de amparo serviu para aproximar os cidadãos da Constituição, de modo a torná-la operante e próxima da sua realidade quotidiana[982]. Desta forma, o recurso de amparo transforma-se num genuíno instrumento de «participação e implicação do povo na construção da sociedade»[983].

4.2.4. *Problemas Práticos do Recurso de Amparo*

(*i*) Ameaça de colapso do Tribunal Constitucional – Utilização excessiva ou excessiva generosidade?

Uma das principais áreas em que o recurso de amparo apresenta dificuldades interpretativas prende-se com o *objecto de protecção* do recurso de amparo. Nesta sede, levantam-se vários problemas, tais como: serão susceptíveis de recurso de amparo as garantias institucionais, pelo mero facto de estarem consagradas nos artigos 14.º a 29.º da CE? Os

---

[980] Luiz Maria Diez-Picazo Giménez, *op. cit.*, *loc. cit.*

[981] Cfr. Carlos Ruiz Miguel, *op. cit.*, p. 98, Eduardo García de Enterría, *La Constitución Como Norma y el Tribunal Constitucional*, *cit.*, p. 204, Manuel Aragón Reyes, *«Problemas del recurso de amparo»*, *cit.*, p. 147, Manuel Carrasco Durán, *Los procesos para la tutela judicial... cit.*, p. 31, Miguel Sánchez Morón, *El recurso de amparo constitucional... cit.*, pp. 13-17, e Rosario Tur Ausina, *op. cit.*, p. 474.

[982] Cfr. Álvaro Rodríguez Bereijo, *op. cit.*, p. 58.

[983] Catherine-Amélie Chassin *op. cit.*, p. 45.

A Tutela Constitucional dos Direitos, Liberdades e Garantias

direitos não expressamente previstos nos artigos 14.º a 29.º da CE – *v.g.* os direitos fundamentais *«per relationem»*[984] ou os chamados direitos fundamentais dependentes de *interpositio legislatoris* – poderão ser tutelados mediante recurso de amparo? Não é este, porém, o lugar próprio para responder a estas questões, tanto mais que já fomos abordando alguns destes temas ao longo do nosso trabalho[985].

A verdade é que remontam há umas décadas as críticas ao uso excessivo, ou mesmo ao abuso do recurso de amparo, convertido numa espécie de última instância em mãos de litigantes sem escrúpulos, que apenas visam proletar no tempo a execução de uma decisão judicial desfavorável[986]. Sem polemizar, pressupomos que a «hiperlitigiosidade»[987] do amparo constitucional espelha uma profanação deste mecanismo processual, adulterado numa autêntica via normal de reparação das violações de direitos fundamentais. Tanto assim é que as críticas mais veementes ao actual estado de coisas advêm do próprio Tribunal Constitucional[988]. Sem incorrer na ilusão de reduzir o problema do colapso do Tribunal Constitucional ao universo jurídico espanhol, recapitule-se que a Alemanha – Estado que lhe serviu de modelo inspirador – também padece do mesmo dilema.

---

[984] É o caso de determinadas normas constitucionais que, apesar de estarem fora da Secção 1.ª do Capítulo 2.º do Título I, complementam algum dos direitos nesta reconhecidos e merecem ser protegidas mediante recurso de amparo.

[985] *Supra* 4.2.2., *iii*).

[986] Cfr. Ángela Figueruelo Burrieza, *El Recurso de Amparo: Estado de la Cuestión, cit.*, pp. 69-70, e Luiz Maria Diez-Picazo Giménez, *op. cit.*, p. 11. Daí que alguma doutrina espanhola, na esteira da doutrina alemã, *maxime* de Ingo Von Münch, o tenha qualificado de recurso «sem custo, sem esforço e sem esperança» («mühelos, *kostenlos und aussichtslos*»), expressão citada *apud* Francisco Rubio Llorente, «*Sobre la relación entre Tribunal Constitucional y Poder Judicial... cit.*, p. 59, e Miguel Revenga Sanchez, «*Las paradojas del recurso de amparo tras la primera década de jurisprudencia constitucional (1981-1991)»*, in REDC, año 14, núm. 41, mayo-agosto, 1994, Centro de Estudios Constitucionales, Madrid, pp. 25-33, p. 29.

[987] Francisco Fernández Segado, *La Reforma del Régimen Jurídico-Procesal del Recurso de Amparo... cit.*, p. 17.

[988] No aniversário dos 20 anos do TCE, o seu presidente, Pedro Cruz Villalón, num discurso pouco optimista, deixou claro que a sobrecarga de pedidos de recurso de amparo provoca inevitáveis atrasos judiciais (http://www.tribunalconstitucional.es/memorias/2000). Numa diferente perspectiva, Ángela Figueruelo Burrieza, *El Recurso de Amparo: Estado de la Cuestión, cit.*, p. 23, lamenta, porém, que, no vigésimo aniversário do TCE, se tenha posto a tónica no perigo de colapso do tribunal.

248   *A Tutela Directa dos Direitos Fundamentais*

Francisco Rubio Llorente classificou como «pecado de juventude» esta atitude generosa que caracterizou os primeiros anos de actividade do TCE, em especial no que concerne ao direito à tutela judicial efectiva, previsto no artigo 24.º da CE[989-990]. Na verdade, o preceito que veicula as garantias do processo está formulado numa redacção ampla e vaga – excelente terreno para interpretações extensivas – possibilitando que a maior parte das decisões dos tribunais ordinários sejam recorríveis, em sede de amparo, para o TCE[991-992]. A isto acresce o facto de este preceito se ter convertido em «fonte» da qual brotam outros direitos também protegidos constitucionalmente, acabando por se «constitucionalizar» praticamente a totalidade do direito processual, civil ou penal, de sorte que, através do recurso de amparo constitucional, o juiz controla quer os vícios *in iudicando*, quer os vícios *in procedendo*[993-994].

---

[989] *«Seis tesis sobre... cit.*, p. 36.

[990] Cfr. Álvaro Rodríguez Bereijo, *op. cit.*, p. 59, Anamari Garro Vargas, *op. cit.*, p. 103, Ángela Figueruelo Burrieza, *El Recurso de Amparo: Estado de la Cuestión, cit.*, p. 75, Francisco Rubio Llorente, «*Seis tesis sobre... cit.*, p. 38, Luiz Maria Diez--Picazo Giménez, *op. cit.*, p. 15, e Pedro Cruz Villalón, «*Conflict between Tribunal Constitucional and Tribunal Supremo... cit.*, p. 115. Esta generosidade pode confirmar--se, também, com recurso às mais recentes estatísticas. Referindo-se ao ano de 2005, dos 9476 recursos de amparo que deram entrada no TCE, 8283 deles invocavam como direito fundamental lesado o direito à tutela judicial plasmado no artigo 24.º da CE. Podemos ainda acrescentar que, dentro da amplitude que assume o artigo 24.º da CE, o direito invocado com mais frequência (em 7499 dos processos) foi o direito a uma tutela judicial efectiva *«sin indefensión»*, seguido pelo direito a um processo com todas as garantias (586 processos).

Estes dados estatísticos podem ser confirmados no site oficial do TCE, que é o seguinte: http://www.tribunalconstitucional.es/memorias/2005/memo05_anexo03.html.

[991] Nos termos do n.º 1 do artigo 24.º da CE, «todas as pessoas têm direito de obter a tutela efectiva dos juízes e tribunais no exercício dos seus direitos e interesses legítimos, sem que, em caso algum, essa tutela lhes possa ser recusada».

[992] De tal modo que Carles Viver Pi-Sunyer y otros, *Jurisdicción constitucional y judicial en el recurso de amparo,* Tirant Lo Blanch, Valencia, 2006, p. 156, classificaram o artigo 24.º, n.º 1 da CE, como uma espécie de «controlo universal de carácter residual».

[993] Cfr. Álvaro Rodríguez Bereijo, *op. cit.*, p. 60, Ángela Figueruelo Burrieza, *El Recurso de Amparo: Estado de la Cuestión, cit.*, p. 44, Francisco Fernández Segado, «*El Recurso de Amparo en España», cit.*, p. 2, Encarnación Carmona Cuenca, «*El recurso de amparo constitucional y la defensa del derecho a la tutela judicial efectiva. Apuntes para una reforma», in* AAVV, La Reforma del Recurso de Amparo, Coord. Pablo Pérez Tremps, Instituto de Derecho Público Comparado – Universidad Carlos III, Tirant to Blanch, Valencia, 2004, pp. 217-238, p. 227, Enoch Albertí Rovira, *op. cit.*, p. 124, e Joan Olivier Araujo, *El recurso de amparo, cit.*, p. 239.

A Tutela Constitucional dos Direitos, Liberdades e Garantias   249

A ligar, num tecido coerente, a actual jurisprudência tem vindo a atenuar os efeitos demasiado abrangentes que inicialmente o TCE retirara do artigo 24.º da CE. A título exemplificativo, podemos apontar a *Sentencia* do TCE n.º 37/1995[995], mediante a qual o TCE não outorgou amparo constitucional. Muito brevemente, em causa estava um recurso da Paróquia de Nossa Senhora das Angústias contra um auto judicial do Tribunal Supremo, que não admitira um pedido de recurso. A requerente invocou a lesão do direito à tutela jurisdicional efectiva *«sin indefensión»*, na medida em que não teve lugar a audiência sobre as supostas causas de inadmissibilidade (essa audiência prévia estava prevista no artigo 1.710.3. da *Ley de Enjuiciamiento Civil* – LEC).

Na sua decisão, o Tribunal procedeu a uma distinção qualitativa entre o direito de acesso à justiça e o direito ao recurso. Relativamente ao direito de acesso à justiça – direito de natureza constitucional, que atribui a qualquer pessoa o direito de dirigir-se a um juiz em busca de protecção – entendeu que funcionava aí, com toda a sua plenitude, o princípio hermenêutico *pro actione*. Ao invés, quanto ao direito de recurso, sustentou que o princípio *pro actione* deviria ser interpretado com algumas reservas[996]. Com efeito, neste domínio – e exceptuando, por razões óbvias, a matéria penal – o legislador ordinário possuirá inteira liberdade de configuração do sistema de recursos, não existindo um direito constitucional a dispor de tais meios de impugnação[997].

(*ii*) A difícil relação entre jurisdição constitucional e jurisdição ordinária

> *«Como se ha dicho en frase afortunada, en nuestro ordenamiento Tribunal Supremo no hay más que uno, pero no es el que así*

---

[994] Importa, desde logo, ressalvar que o acesso à jurisdição, não abarca o direito a obter uma decisão favorável, mas sim, o direito de acesso aos tribunais e de obter uma decisão fundamentada.

[995] De 07/02/1995, BOE, n.º 59.

[996] Par. 5. No mesmo sentido, cfr. as SSTCE n.º 3/1983, de 25/01/1983, BOE, n.º 41, e n.º 294/1994, de 07/11/1994, BOE, n.º 298.

[997] Na verdade, desde muito cedo que o TCE vem decidindo neste sentido. Cfr., a este propósito, as SSTCE n.º 3/1983, *cit.*; n.º 140/1985, de 21/10/1985, BOE, n.º 283; n.º 37/1988, de 08/03/1985, BOE, n.º 74; e n.º 106/1985, de 07/10/1985, BOE, n.º 265.

se llama. Ese es el modelo de justicia constitucional europeo (...). Querer negar esa evidencia es cerrar los ojos ante la realidad»[998]

a) Apresentação do problema

Num campo diferente, a questão mais complexa e interessante em debate, é a que se prende com a relação entre o TCE e as jurisdições ordinárias. Como vimos atrás, a dualidade do sistema de protecção dos direitos fundamentais, quer através do amparo constitucional, quer mediante o amparo judicial, traz consigo uma inevitável dificuldade de fixação do respectivo âmbito material de cada jurisdição. Com alguma ironia, SCHNEIDER profetizava que essa incumbência se assemelhava à tentativa de «conseguir a quadratura do círculo»[999], pelo que, alguma doutrina questiona se, nos dias hodiernos, fará sentido manter duas ordens jurisdicionais distintas para aplicar um único sistema jurídico, ou, pelo contrário, não será de se apostar numa crescente aproximação ao modelo judicialista norte-americano[1000]. Nesta sede, cumpre descortinar até que ponto podemos afirmar, importando a terminologia italiana, que existe, neste domínio, uma verdadeira *«guerra tra Corti»* ou *«guerra delle due Corti»*[1001].

Se atendermos aos factores históricos e políticos que antecederam a feitura da Constituição espanhola de 1978 – *maxime* a preocupação pelo respeito dos direitos e liberdades fundamentais, que haviam sido violados durante o regime franquista – conseguimos compreender o que

---

[998] MANUEL ARAGÓN REYES, «*Problemas del recurso de amparo*», *cit.*, p. 175. A polémica expressão em causa «Supremo no hay más que uno, pero no es el verdadero» foi proferida por FRANCISCO RUBIO LLORENTE, «*Seis tesis sobre... cit.*, p. 32.

[999] *Apud* PABLO PÉREZ TREMPS, *Tribunal Constitucional y Poder Judicial, cit.*, p. 192.

[1000] *Idem*, *Tribunal Constitucional y Poder Judicial, cit.*, pp. 193-195.

[1001] A expressão *«guerra tra Corti»* foi pela primeira vez utilizada em 1965 por A.C. JEMOLO, na obra *Pensieri di questi giorni – la legge dell'istruttoria sommaria*, na sequência de uma tensão que se verificou entre a *Corte costiuzionale* e a *Corte di Cassazione*, após este ter proferido uma *«sentenza interpretativa di rigetto»* Sobre a «acesa» e «temperamental» crispação entre jurisdições que teve lugar em Itália, cfr. ÁLVARO RODRÍGUEZ BEREIJO, *op. cit.*, p. 61, GIUSEPPE CAMPANELLI, *op. cit.*, p. 224, e LECH GARLICKI, «*Constitutional courts versus supreme courts*», *in* IJCL, Vol. 5, Num. 1, January 2007, Oxford Journals, Oxford University Press, pp. 44-68, pp. 54-56.

A Tutela Constitucional dos Direitos, Liberdades e Garantias

motivou o legislador constituinte a desconfiar da jurisdição ordinária como garante única dos direitos fundamentais, e a configurar a jurisdição constitucional como a última intérprete em questões de constitucionalidade. Por outro lado, no entanto, a limitada capacidade de trabalho de um Tribunal Constitucional composto apenas por doze magistrados, esteve na base da atribuição de um carácter subsidiário ao recurso de amparo constitucional, assim como a crescente aposta na sua dimensão objectiva[1002]. Vamos, então, desenvolver os pontos mencionados.

Os tribunais ordinários estão encomendados de uma importante missão, não apenas enquanto poderes públicos sujeitos à Constituição (tal como dispõe o artigo 9.º, n.º 1, da CE)[1003] e vinculados aos direitos fundamentais (artigo 53.º, n.º 1, da CE), mas também no seu papel de principais garantes da dimensão subjectiva dos direitos fundamentais[1004]. Igualmente, o artigo 5.º da LOPJ reafirma a força normativa da Constituição, sendo que as decisões do seu intérprete supremo – o Tribunal Constitucional – deverão servir de elemento hermenêutico de interpretação para os juízes dos tribunais ordinários[1005]. Por sua vez, a LOTCE, preocupada com esta questão da relação entre as jurisdições, sentiu a necessidade de salvaguardar, no seu artigo 54.º, que, quando o Tribunal Constitu-

---

[1002] Não são de descurar, contudo, o precedente da Segunda República e a experiência constitucional alemã, como influências directas na opção constituinte em atribuir à jurisdição ordinária a competência a título principal para defesa e promoção dos direitos fundamentais. Na verdade, como tivemos oportunidade de referir, o próprio modelo kelseniano de consagração de uma jurisdição constitucional, parte de uma certa desconfiança do papel do julgador ordinário como efectivo garante da Constituição.

[1003] EDUARDO GARCÍA DE ENTERRÍA, *La Constitución Como Norma y el Tribunal Constitucional*, cit., p. 70, lembra que o artigo 9.º da CE, expresssa a «*vinculação más fuerte de la Constituición*», também denominada, em direito comparado, por «*superior obligation*», «*stärkere Bingung*», ou «*gesteigerte Verpflictungskraft des Grundgesetzes*».

[1004] Cfr. MANUEL ARAGÓN REYES, «*La tutela diretta dei diritti fondamentali»... cit.*, p. 73, MIGUEL SÁNCHEZ MORÓN, *El recurso de amparo constitucional... cit.*, pp. 67-68, e PABLO PÉREZ TREMPS e MIGUEL REVENGA SÁNCHEZ, *op. cit.*, p. 26. Daí que, nas palavras do próprio TCE, «nada do que diga respeito aos direitos fundamentais poderá alguma vez considerar-se alheio à sua competência ou à sua atenção» (STCE n.º 7/1983, de 14//02/1983, BOE n.º 58, par. 1)

[1005] O artigo 5.º da LOPJ (Lei n.º 6/1985, de 1 de Julho) dispõe o seguinte: «a Constituição é a norma suprema do ordenamento jurídico, e vincula todos os Juízes e Tribunais, os quais interpretarão e aplicarão as leis e os regulamentos segundo os preceitos e princípios constitucionais, conforme a interpretação dos mesmos que resulte das resoluções ditadas pelo Tribunal Constitucional em todo o tipo de processos».

cional conhecer, em sede de recurso de amparo, «de decisões de juízes e tribunais, limitará a sua função a averiguar se foram violados os direitos ou liberdades do demandante e a preservar ou restabelecer estes direitos ou liberdades, e *abster-se-á de qualquer outra consideração sobre a actuação dos órgãos jurisdicionais*»[1006].

Significa isto, em síntese, que os órgãos judiciais são autónomos na interpretação e aplicação do direito. Caso contrário, isto é, se se admitisse que da condição de órgão jurisdicional superior do TCE derivasse uma obrigação jurídica para os juízes e tribunais de aplicarem integralmente a sua jurisprudência, seríamos compelidos a concordar com a observação de MANUEL CARRASCO DURÁN, que sustenta que, então, qualquer desvio poderia ser sindicado por via do recurso de amparo, mediante alegação da violação do direito à tutela judicial efectiva, nos termos do artigo 24.º da CE[1007].

Ainda nesta linha de raciocínio, podemos acrescentar que a opção legislativa de inclusão no âmbito do amparo dos direitos ao procedimento (artigo 24.º CE) e do princípio da legalidade (artigo 14.º CE), aliada a uma certa jurisprudência constitucional que parece ter entrado no domínio do controlo da legalidade ordinária, têm suscitado críticas na doutrina[1008]. Entendem, destarte, alguns Autores, que o TCE, ocasionalmente, actua como um autêntico tribunal de cassação, ocupando o campo material que a Constituição reservou aos tribunais ordinários[1009]. Não constitui novidade

---

[1006] Itálico nosso. Cfr., sobre este preceito, EDUARDO GARCÍA ENTERRÍA, *Hacia una nueva justicia administrativa, cit.,* p. 43.

[1007] *El concepto constitucional de recurso de amparo... cit.,* p. 105. Com isto não vai afirmado que, nas matérias constitucionais, o TCE e a jurisdição ordinária estejam colocados em idêntico patamar (numa suposta relação paritária), como imediatamente a seguir veremos.

[1008] Note-se que, nos termos dos artigos 117.º, n.º 3, e 123.º, n.º 1, da CE, atribui--se a supremacia ao Tribunal Supremo, salvo no que respeita às «matérias constitucionais».

[1009] Cfr. A. J. BARREIRO, *apud* ROSARIO TUR AUSINA, *op. cit.,* p. 258, nt. 456, CARLOS RUIZ MIGUEL, *op. cit.,* p. 97, IÑIGO COELLO DE PORTUGAL, *«El recurso de amparo y el ordenamiento», in* REDA, n.º 92, enero-marzo, 1997, Editorial Civitas, Madrid, pp. 49-66, em particular, p. 58, e ROBERTO L. BLANCO VALDÉS, *op. cit.* p. 262.

Contra este entendimento doutrinal e defendendo que não existe uma duplicação de vias judiciais, manifestaram-se ANAMARI GARRO VARGAS, *op. cit.,* p. 106, CARLES VIVER I PI-SUNYER, *«Diagnóstico para una reforma», in* AAVV, La Reforma del Recurso de Amparo, (coord. Pablo Pérez Tremps), Instituto de Derecho Público Comparado – Universidad Carlos III, Tirant to Blanch, Valencia, 2004, pp. 17-39, p. 31, FAUSTINO

A *Tutela Constitucional dos Direitos, Liberdades e Garantias* 253

que, nos termos do artigo 41.º, n.º 3, da LOTCE, ao TCE está vedado o conhecimento das questões de legalidade ordinária. Nesta medida, e como tentativa de contornar este problema, algumas vozes sugerem que o TCE actue com alguma auto-contenção[1010-1011].

Apesar da justeza do reparo, certo é que, no que respeita aos assuntos relativos à interpretação da Constituição, o TCE deve ser considerado como o órgão jurisdicional superior[1012]. Esta conclusão alicerça-se no artigo 123.º, n.º 1, da CE, que perspectiva o Supremo Tribunal como órgão jurisdicional superior em todas as ordens, «salvo o disposto em matéria de garantias constitucionais», o que supõe uma «tácita alusão»[1013]

CORDÓN MORENO, *op. cit.*, p. 17, e MIGUEL SÁNCHEZ MORÓN, *El recurso de amparo constitucional... cit.*, p. 30. Esta posição encontra conforto na jurisprudência constitucional, em particular, nas SSTCE n.º 2/1982, de 29/01/1982, BOE n.º 49, e n.º 11/1982, de 29/03/1982, BOE n.º 95.

[1010] Esta ideia encontra apoio em ÁLVARO RODRíGUEZ BEREIJO, *op. cit.*, p. 61.

[1011] Parecem-nos extremamente interessantes as palavras de um antigo presidente do *Consejo General del Poder Judical*, FREDERICO CARLOS SAINZ DE ROBLES que, quando questionado sobre o modo como o Supremo Tribunal tinha encarado a criação de um recurso de amparo, respondeu: «é inevitável que na via de amparo contra decisões judiciais haja conflitos. Porque é muito difícil que não se toquem os factos e não se critique o fundo; é inevitável que se faça... são tensões inevitáveis quando existe uma novidade, e superáveis quando as instituições se compreendem e são conscientes de que colaboram no fortalecimento do Estado de Direito. O que não é admissível é que seja uma nova instância, e digo-o em proveito do próprio Tribunal Constitucional», *apud* JOAN OLIVER ARAUJO, *op. cit.*, p. 238.

Seguindo a mesma abordagem, o TCE admitiu que o recurso de amparo não é uma nova instância de judicial, mas «um processo autónomo, substantivo e distinto», STCE n.º 159/1997, de 02/10/1997, BOE n.º 260, par. 6. No mesmo sentido, *v.* as SSTCE n.º 86/1985, de 10/07/1985, BOE n.º 194, par. 2, e n.º 258/2000, de 30/10/2000, BOE n.º 288, par. 2. Assim sendo, não caberá recurso de amparo, *v.g.*, contra decisões judiciais feridas de simples erro de facto, ou de erro na interpretação e aplicação da legalidade (STCE n.º 119/1993, de 19/04/1993, BOE n.º 124, par. 4).

[1012] No mesmo sentido, o artigo 1.º, n.º 1, da LOTCE e o artigo 5.º, n.º 1, da LOPJ, esclarecem que o TCE é o «intérprete supremo da Constituição».

[1013] Cfr. ÁNGELA FIGUERUELO BURRIEZA, «*Crisis Constitucional y Abuso del Derecho... cit.*, p. 133, FAUSTINO CORDÓN MORENO, *op. cit.*, p. 194, e MANUEL CARRASCO DURÁN, *El concepto constitucional de recurso de amparo... cit.*, p. 104. Note-se que alguma doutrina, *v.g.* MANUEL ARAGÓN REYES, «*Problemas del recurso de amparo*», *cit.*, pp. 172-173, não se contenta em falar numa alusão tácita à supremacia do TCE e procura reforçar esta ideia sustentando, de forma vincada, que o problema das relações entre o TCE e a jurisdição ordinária parte de um pecado original – o equivoco de que, em matéria de direitos fundamentais, existe uma «relação de competência» entre ambos.

254 *A Tutela Directa dos Direitos Fundamentais*

à posição hierárquica superior do TCE e do recurso de amparo, dentro do sistema de tutela jurisdicional de direitos fundamentais. Deste modo, através do recurso de amparo constitucional, o TC exerce a plenitude de jurisdição em matéria da tutela de direitos fundamentais, não fazendo sentido falar-se, nesta matéria, de uma relação horizontal ou de justaposição entre ambas as jurisdições[1014].

Relacionado com esta problemática, está o debate sobre a natureza jurídica do recurso de amparo constitucional, no qual a doutrina oscila entre considerá-lo um processo *autónomo e distinto* do que existe perante os tribunais ordinários ou a admitir que se trata efectivamente de um *recurso*[1015].

Ora, nas palavras do Autor, não existe qualquer relação de competência, mas, ao invés, uma «relação de hierarquia». Esta ideia é confirmada por FRANCISCO RUBIO LLORENTE, «*El Tribunal Constitucional*», *cit.*, p. 31, e ROSARIO TUR AUSINA, *op. cit.*, p. 172. Por sua vez, PABLO PÉREZ TREMPS, «*Tribunal Constitucional, juez ordinario... cit.*, p. 200, alerta que a não classificação do TCE como o órgão jurisdicional supremo de interpretação da Constituição, conduziria à «esquizofrenia jurídica» de admitir que exista uma dupla fonte de interpretação última da Constituição.

[1014] Cfr. PABLO PÉREZ TREMPS, *Tribunal Constitucional y Poder Judicial*, *cit.*, p. 208, ROSARIO TUR AUSINA, *op. cit.*, p. 145, e a STCE n.º 248/1994, de 10/09/1994, BOE n.º 252, par. 4. Esta posição doutrinal foi reforçada por PEDRO CRUZ VILLALÓN, «*Conflict between Tribunal Constitucional and Tribunal Supremo... cit.*, p. 114, quando afirmou que apenas uma leitura «ingénua» do artigo 123.º da CE, poderia concluir que a supremacia do Tribunal Supremo é a regra e a supremacia do TCE é a excepção. Com realismo, dir-se-á que o efeito irradiante dos direitos fundamentais à globalidade do ordenamento jurídico dita precisamente o contrário.

[1015] ÁNGELA FIGUERUELO BURRIEZA, «*Crisis Constitucional y Abuso del Derecho... cit.*, p. 138, observa que, enquanto que o recurso de amparo frente a actos do poder executivo funciona como uma espécie de última instância, no que respeita ao amparo contra actos ou omissões do poder judicial, o TCE actua como uma instituição cassacional, ainda que limitado somente aos assuntos constitucionais.

Por sua vez, PABLO PÉREZ TREMPS, *Tribunal Constitucional y Poder Judicial*, *cit.*, pp. 220-223, sublinha que existem actualmente três tipos de recurso de amparo: (*i*) o previsto no artigo 42.º da LOTCE, que se dirige contra decisões ou actos sem valor de lei, e que, como não exige o esgotamento das vias judiciais ordinárias prévias, se pode classificar como um recurso autónomo; (*ii*) por seu turno, o artigo 43.º da LOTCE, relativo à actuação do Governo, do Estado, das Regiões Autónomas e dos municípios, consagra um recurso verdadeiramente subsidiário e extraordinário, funcionando como uma última instância; (*iii*) por último, no que diz respeito ao amparo contra decisões judiciais (artigo 44.º da LOTCE), o Autor considera que o amparo não é um recurso subsidiário, mas um procedimento distinto, na medida em que assenta em fundamentos diferentes dos que foram apresentados perante a jurisdição ordinária. Assim, nesta última hipótese, o recurso de amparo assemelha-se a um tradicional recurso de cassação.

A Tutela Constitucional dos Direitos, Liberdades e Garantias

Segundo a primeira hipótese, não faria sentido usar-se a expressão «recurso» de amparo, pois o TCE é uma jurisdição especial, colocada fora da jurisdição ordinária, circunscrita apenas à protecção dos direitos fundamentais[1016]. Já na segunda hipótese, admite-se a existência de uma identidade de objecto entre o amparo constitucional e o amparo judicial, pelo que o recurso de amparo constitucional serviria como meio de revisão da interpretação ou da aplicação da Constituição realizada pelos tribunais ordinários[1017].

Ora, esta discussão sobre a natureza do recurso de amparo constitucional não deve desviar-se de um ponto crucial, que se prende precisamente com a artificialidade de se falar em planos constitucional e ordinário, como realidades estanques, olvidando o efeito irradiante da Constituição a todo o ordenamento jurídico[1018]. A questão, a nosso ver, reside no cada vez mais complexo traçar de fronteiras entre o domínio do controlo da constitucionalidade e o terreno do controlo da legalidade.

[1016] JOAN OLIVIER ARAUJO, *El recurso de amparo, cit.*, p. 43, entende que a denominação «recurso» de amparo justifica-se por uma questão de tradição da história do direito espanhola, sendo que não se deve atribuir demasiada relevância ao elemento literal. Por esse mesmo motivo, o legislador da LOTCE, não hesitou em utilizar as seguintes expressões: «processo de amparo constitucional» (artigo 47.º, n.º 1), «processos de amparo» (artigo 47.º, n.º 2), «processo constitucional» (artigo 51.º, n.º 2), «processo de amparo» (artigo 56.º, n.º 3), «juízo de amparo constitucional» (artigo 57.º). Ora, estas designações parecem esvaziar de sentido a ideia de um «recurso» constitucional, ou pelo menos, deixam ficar uma séria dúvida acerca da *mens legislatoris* constituinte. Defendendo, igualmente, que se trata de um processo autónomo de tutela dos direitos fundamentais, JAIME VEGA TORRES, «*Reflexiones sobre el recurso de amparo al hilo de una polémica suscitada por la Sala Primera del Tribunal Supremo*», *in* Teoría y Realidad Constitucional, núms. 8-9, 2.º semestre 2001/ 1.er semestre 2002, Editorial Centro de Estudios Ramón Areces, Madrid, pp. 117-152, p. 141.

[1017] SSTCE n.º 43/1983, de 20/05/1983, BOE n.º 144, par. 1; n.º 57/1984, de 08/ /05/1984, BOE n.º 128, par. 1; n.º 75/1988, de 25/04/1988, BOE n.º 125, pars. 1 e 2; n.º 61/1990, de 29/03/1990, BOE n.º 107; n.º 101/1994, de 11/04/1994, BOE n.º 117; e n.º 159/1997, de 02/10/1997, BOE n.º 260, par. 6. Na doutrina, cfr., entre outros, GIUSEPPE CAMPANELLI, *op. cit.*, p. 270, e V. GIMENO SENDRA, J. GARBERÍ LLOBREGAT e I. BORRAJO INIESTA, *apud* ROSARIO TUR AUSINA, *op. cit.*, p. 211.

[1018] Como já dizia LUIS PRIETO SANCHÍS, «*El constitucionalismo de los derechos*», *in* AAVV, Teoría del neoconstitucionalismo – Ensayos escogidos, Edición de Miguel Carbonell, Instituto de Investigaciones Jurídicas – UNAM, Editorial Trotta, Madrid, 2007, pp. 213-235, p. 216, os direitos fundamentais assumem uma extraordinária força expansiva que «inunda, impregna ou irradia sobre o conjunto do sistema».

A Tutela Directa dos Direitos Fundamentais

Apesar desta problemática se afigurar, *prima facie*, simples de resolver no plano conceptual, a verdade é que, na prática, um litígio no plano da legalidade pode, com alguma facilidade, transformar-se numa controvérsia constitucional, caso se assista à violação de um direito fundamental. O próprio TCE, desde muito cedo, se manifestou no sentido de que «a unidade do ordenamento e a supremacia da Constituição não toleram a consideração de ambos os planos [o da constitucionalidade e o da legalidade] como se fossem mundos distintos e incomunicáveis»[1019].

Nesta medida, «nem a jurisdição ordinária, ao interpretar a lei, pode ignorar a Constituição, nem a jurisdição constitucional pode prescindir da análise crítica da aplicação que a jurisdição ordinária fez da lei, quando essa mesma análise é necessária para determinar se resultou vulnerado, ou não, algum dos direitos fundamentais»[1020]. Com efeito, no modelo europeu de justiça constitucional, a relação entre a jurisdição ordinária e a constitucional estabelece-se em duas frentes: (*i*) uma relação *vertical*, que se traduz na capacidade de o Tribunal Constitucional invalidar as decisões proferidas pelos tribunais ordinários; (*ii*) e uma relação *horizontal*, cuja dinâmica se prende com as competências que ambas as jurisdições possuem para fiscalizar a constitucionalidade das normas[1021].

Esta zona nebulosa de sobreposição entre a competência do TCE e a competência dos tribunais ordinários (em especial o Tribunal Supremo), mormente no que respeita ao recurso de amparo constitucional, gera, muitas vezes, um clima de tensão entre ambos[1022]. No entanto, bem vistas as coisas, tal é uma consequência necessária do desenho constitucional espanhol, que, por uma banda, concebeu a existência de uma dupla via de protecção jurisdicional dos direitos fundamentais[1023] e, por

---

[1019] STCE n.º 50/1984, de 05/04/1984, BOE n.º 99, par. 3. Nesta sede, I. Díez-Picazo, *apud* Rosario Tur Ausina, *op. cit.*, p. 211, nt. 389, advoga que «apenas em sentido *formal* se pode dizer que o Tribunal Constitucional seja uma jurisdição constitucional, porque, em sentido *material,* todos os órgão jurisdicionais exercem a jurisdição constitucional (tradução e itálico nossos).

[1020] STCE n.º 50/1984, *cit.*, *loc. cit.*

[1021] Cfr. Francisco Rubio Llorente, «*¿Divide et obtempera? - Una reflexión desde España sobre el modelo europeo... cit.*, p. 58.

[1022] Neste sentido, entre outros, cfr. Pedro Cruz Villalón, «*Conflict between Tribunal Constitucional and Tribunal Supremo... cit.*, p. 113.

[1023] A situação é habilmente identificada por Álvaro Rodríguez Bereijo, *op. cit.*, p. 61, Ángela Figueruelo Burrieza, «*Crisis Constitucional y Abuso del Derecho... cit.*, p. 132, e Manuel Aragón Reyes, «*Problemas del recurso de amparo*», *cit.*, pp. 172-

A Tutela Constitucional dos Direitos, Liberdades e Garantias

outra banda, continua ainda agarrado à matriz kelseniana, de jurisdição concentrada, separada da justiça ordinária[1024].

No fundo, e atendendo ao fundamento teleológico do recurso de amparo constitucional, a grande linha divisória na doutrina traça-se entre aqueles que o perspectivam como um instrumento de controlo dos juízes[1025] e aqueles que sustentam que ele se deve orientar mais para o controlo do legislador[1026]. Nesta sede, os primeiros defendem que se os direitos dos artigos 14.° e 24.° da CE forem excluídos, impedir-se-ão a maior parte dos amparos contra decisões judiciais, enquanto os segundos advogam que, se o âmbito do recurso de amparo for estendido a novos direitos, aumentarão os casos de amparo contra leis[1027].

Seja como for, actualmente, o juiz constitucional é, cada vez menos, um juiz da lei, assumindo, com maior frequência, o papel de *juiz de aplicação da lei*, que se dedica a "corrigir" as decisões judiciais ablativas de direitos fundamentais[1028]. Perante este cenário, cabe perguntar se não será paradoxal que a principal função do recurso de amparo constitucional se tenha convertido na protecção dos direitos fundamentais dos cidadãos contra as decisões dos tribunais ordinários, que supostamente seriam os principais defensores destes direitos[1029].

-175. O último Autor citado lembra que no que respeita ao amparo constitucional espanhol, e exceptuando as situações de amparo directo do artigo 42.° da LOTCE, a justiça constitucional assemelha-se ao modelo americano, e não ao modelo concentrado ou austríaco.

[1024] Expressão de Rosario Tur Ausina, *op. cit.*, p. 177. A Autora entende que são precisamente os resquícios kelsenianos da perspectivação do Tribunal Constitucional como um legislador negativo, que impedem a configuração verdadeiramente judicialista dos direitos fundamentais (pp. 178-180).

[1025] É o caso de Luiz Maria Diez-Picazo Giménez, *op. cit.*, p. 15, e de Carlos Ruiz Miguel, *op. cit.*, p. 98.

[1026] V. g. Francisco Rubio Llorente, «Seis tesis sobre... *cit.*», p. 36, Pedro Cruz Villalón, «*Sobre el amparo*», *cit.*, p. 9, e Roberto L. Blanco Valdés, *op. cit.* p. 268.

[1027] Carlos Ruiz Miguel, *op. cit.*, p. 98.

[1028] Conforme verifica Álvaro Rodríguez Bereijo, *op. cit.*, pp. 59-60.

[1029] *Idem, op. cit., loc. cit.* O Autor ressalva, porém, que o amparo contra decisões judiciais assumiu uma extrema relevância no período que sucedeu a ditadura franquista, obrigando os juízes (que eram na sua maioria os mesmo juízes do regime anterior) a respeitar os ditames da nova Constituição. Todavia, a situação não se mantém nos dias de hoje, volvidas três décadas após a entrada em vigor da Constituição, e perante uma natural renovação do corpo de magistrados.

b) Demonstração prática

Não andaremos longe da verdade se dissermos que, desde cedo, se registaram confrontos entre os órgãos de cúpula da jurisdição ordinária e da jurisdição constitucional[1030]. Não obstante, o momento de charneira, que mais fortemente publicitou a polémica entre a articulação das jurisdições, pode encontrar-se no período que sucedeu à STC n.º 7/1994, que anulou o aresto da Sala Civil do Tribunal Supremo, por violação do direito à tutela judicial efectiva[1031]. Na sequência desta decisão, o Tribunal Supremo (TS) solicitou ao Chefe de Estado que exercesse as suas funções moderadoras, ao abrigo do artigo 56.º, n.º 1, da CE, para evitar que o TCE invadisse a sua esfera de competência[1032].

Mais recentemente, e após alguns arestos que contribuíram para este incrementar da tensão, vamos passar a um exemplo prático que ilustra a persistência desta problemática e a necessidade, cada vez mais premente, que o TCE tem sentido de incluir as medidas compensatórias no seu leque de mecanismos destinados a tutelar efectivamente os direitos violados.

Nestes termos, há uns anos atrás, *Isabel Preysler* intentou uma acção no Tribunal de 1.ª Instância de Barcelona (*Audiencia Provincial de Barcelona*), alegando que a publicação de um artigo na revista *Lecturas*, intitulado «*A cara oculta de Isabel Preysler*», violava os seus direitos à reserva da vida privada e à protecção jurisdicional efectiva, previstos, respectivamente nos artigos 18.º, n.º 1, e 24.º, n.º 1, da CE. Esta acção obteve ganho de causa. Todavia, a parte contrária recorreu, sendo que o

---

[1030] Com efeito, PEDRO CRUZ VILLALÓN, «*Conflict between Tribunal Constitucional and Tribunal Supremo... cit.*, p. 113, salientou que a colocação em causa da posição de supremacia do Tribunal Supremo remonta à criação de duas instituições: o Tribunal Constitucional e o *Consejo General del Poder Judicial*.

[1031] De 17/01/1994, in BOE n.º 41.

[1032] Apesar de não ter havido uma formalização escrita dessa intenção, certo é que, no discurso de abertura do ano judicial 1994-1995, o então presidente do *Consejo General del Poder Judicial*, PASCUAL SÁNCHEZ, não deixou de se referir à questão. Cfr., sobre o tema, ENCARNACIÓN CARMONA CUENCA, *op. cit.*, pp. 218 e 222, FRANCISCO FERNÁNDEZ SEGADO, «*La Sentencia del Tribunal Supremo (Sala de lo civil) de 23 de Enero de 2004, una Flagrante Quiebra de la Constitución*», in Revista Jurídica Virtual, Vol. 7, n.º 75, Outubro/Novembro, 2005, pp. 1-17, disponível *in* www.presidencia.gov.br/revistajuridica, p. 2, PABLO PÉREZ TREMPS, «*Tribunal Constitucional, juez ordinario... cit.*, p. 179, e ROBERTO L. BLANCO VALDÉS, *op. cit.* p. 266.

A *Tutela Constitucional dos Direitos, Liberdades e Garantias* 259

acórdão da 1.ª Sala do TS deu provimento ao recurso, revogou a sentença recorrida e absolveu os demandados. Esgotadas assim as vias ordinárias de recurso disponíveis, a lesada interpôs um recurso de amparo contra o acórdão do TS, pedindo que este declarasse a sua posição jurídica subjectiva tal como havia sido garantida pela sentença da *Audiencia Provincial de Barcelona*.

Por força do acórdão n.º 115/2000[1033], o TCE anulou o acórdão do TS, por este não ter tutelado efectivamente os direitos da recorrente. Nesta sequência – e uma vez que, como sabemos, o TCE apenas decide questões relativas à constitucionalidade – os autos baixaram novamente ao TS, para que este fixasse o montante indemnizatório. Sucede, porém, que o TS fixou tal montante em apenas 160 euros, quando a *Audiencia Provincial de Barcelona* havia estabelecido a quantia de 32.060 euros. Em razão disso, o TS entendeu que a violação do direito à reserva da intimidade da vida privada não tinha sido de modo algum grosseira, e que as vantagens económicas (alegadamente) obtidas pela revista *Lecturas* não podiam ser quantificadas economicamente. Face a este acórdão, *Isabel Preysler* interpôs um segundo recurso de amparo, reiterando que continuava a não estar salvaguardada, de forma efectiva, da situação de violação da reserva da intimidade da vida privada. Mais concretamente, a recorrente sustentou que «o acórdão do TS não cumpre o mandado contido no acórdão do TCE, infringindo o direito à tutela judicial efectiva, porque a sua escassa motivação (...) julga novamente a intromissão ao qualificar de "insignificantes" determinadas frases da reportagem controvertida, utilizando um critério valorativo rejeitado pelo acórdão constitucional»[1034].

Em 17 de Setembro de 2001, mediante o acórdão n.º 186/2001, também conhecido como acórdão *Isabel Preysler II*, o TCE reconheceu que o acórdão do TS omitiu dados essenciais (contidos no anterior acórdão n.º 115/2000) relativos a outros aspectos da intimidade da recorrente, que foram ilegitimamente violados[1035]. Por conseguinte, ressalvou que a Revista *Lecturas*, ao ter destacado na respectiva capa o artigo sobre *Isabel Preysler*, obteve um lucro acrescido, na medida em que, em termos comparativos, vendeu muito mais revistas do que nos meses anteriores,

---

[1033] De 05/05/2000, BOE n.º 136.

[1034] Como consta do resumo das alegações da recorrente presentes na STCE n.º 186/2001, de 17/09/2001, BOE, n.º 251, par. 3.

[1035] STCE n.º 186/2001, *cit.*, par. 5.

260 *A Tutela Directa dos Direitos Fundamentais*

o que só por si, denuncia claramente que houve uma vantagem económica acrescida[1036]. Além de outros fundamentos, o TCE entendeu que «a respeito da indemnização fixada pelo acórdão recorrido, é certo que este Tribunal tem vindo a declarar que, em princípio, a fixação de uma ou outra quantia não é susceptível de converter-se em objecto de lesão autónoma de direitos fundamentais, neste caso, o direito à reserva da intimidade da vida privada. Porém, não é menos certo que também temos declarado que "a Constituição protege os direitos fundamentais (...) não no sentido teórico e ideal, mas sim como direitos reais e efectivos" (...) Desta perspectiva, existem motivos para afirmar que uma indemnização de 160 euros resulta insuficiente para reparar o direito à intimidade pessoal de familiar da recorrente»[1037].

Ora, como atrás procurámos demonstrar, o TCE possui uma enorme flexibilidade no que respeita à determinação do instrumento adequado (de entre os previstos no artigo 55.º, n.º 1, da LOTCE) para o restabelecimento do recorrente na integridade do seu direito[1038]. No presente caso, o TCE decidiu que «o outorgamento do amparo comporta a declaração de nulidade da decisão judicial impugnada [artigo 55.º, n.º 1, al. a), da LOTCE]. Mas o restabelecimento da recorrente na integridade do seu direito fundamental [artigo 55.º, n.º 1, al. c), da LOTCE] exige, dadas as circunstâncias (...) que a nossa decisão não se limite a declarar a nulidade e a acordar a devolução dos autos para que sobre eles se produza uma decisão do TS, posto que (...) estamos perante um vício *in iudicando* (...). Em consequência, procede declarar a nulidade do acórdão proferido pelo TS (...) e, pelos motivos indicados, declarar que, no que concerne ao *quantum* indemnizatório, dará execução a este nosso acórdão a quantidade fixada pelo julgamento da *Audiencia Provincial de Barcelona*»[1039].

As reacções a este acórdão não poderiam ser mais díspares. Não se estranhará, portanto, que alguma doutrina tenha perspectivado esta tomada de posição do TCE, como uma «ingerência indirecta»[1040] naquilo que é o contencioso relativo à indemnização por violação dos direitos funda-

---

[1036] *Cit., loc. cit.*

[1037] *Cit.*, par. 7. O acórdão cita a STCE n.º 47/1987, de 22/04/1987, BOE n.º 107, par. 2.

[1038] Cfr., neste sentido, STCE 99/1983, de 16/11/1983, BOE n.º 298, par. 5.

[1039] STCE n.º 186/2001, *cit.*, par. 9.

[1040] CATHERINE-AMÉLIE CHASSIN, *op. cit.*, p. 44.

A Tutela Constitucional dos Direitos, Liberdades e Garantias

mentais, que pertence, em exclusivo, à jurisdição ordinária. Esta tendência jurisprudencial permite-nos, legitimamente, questionar, se não se estará a transformar o TCE numa verdadeira instância adicional de recurso dos processos judiciais[1041].

Com efeito, o próprio acórdão n.º 186/2001 contém um voto particular dos magistrados VICENTE CONDE MARTIN DE HIJAS e GUILLERMO JIMENEZ SANCHEZ, que alertaram para o facto de o acórdão em causa ter fixado a quantia de indemnização devida à recorrente. Em termos breves, defenderam que a solução adequada a este caso «seria a de devolver os autos ao TS, para que este, exercendo a jurisdição que lhe é própria, ditasse novo acórdão, tendo em conta as exigências constitucionais violadas no anterior acórdão anulado [pelo TCE]»[1042]. E continuaram a sua linha de raciocínio, concluindo, por isso, que «a fixação directa por este Tribunal Constitucional da indemnização procedente, ainda que seja pela via quase eufemística da remeter para a sentença de apelação [da *Audiencia Provincial de Barcelona*], sem declarar a sua vinculatividade, (...) supõe uma implicação nos âmbitos próprios do exercício da jurisdição confiados aos órgãos do poder judicial (...), que este Tribunal prudentemente evitou noutras ocasiões, sem que vejamos a razão para que não se continue com essa atitude neste caso»[1043-1044].

[1041] A questão assumiu semelhante polémica nos meios de comunicação social, que se chegou a ouvir vozes dentro do Tribunal Supremo que exigiam uma responsabilização penal na actuação dos magistrados do TCE. Cfr., sobre este assunto, LUIS JIMENA QUESADA, «*La introducción del derecho a indemnización en el proceso de amparo constitucional*», *in* AAVV, La Reforma del Recurso de Amparo, Coord. Pablo Pérez Tremps, Instituto de Derecho Público Comparado – Universidad Carlos III, Tirant to Blanch, Valencia, 2004, pp. 239-269, p. 253.

[1042] STCE n.º 186/2001, *cit.*

[1043] *Cit.* Na verdade, já na STCE n.º 37/1982, de 16/06/1982, BOE n.º 169, par. 6, o próprio TCE, numa jurisprudência restritiva, frisava que não cabia nas competências do recurso de amparo constitucional, nomeadamente nos artigos 41.º, n.º 3 e 55.º, n.º 1, al. c), da LOTCE fixar qualquer indemnização. Esta jurisprudência foi posteriormente seguida nas SSTCE n.º 36/1984, de 14/03/1984, BOE n.º 80; n.º 40/ /1988, de 10/03/1980, BOE n.º 67; n.º 114/1990, de 21/06/1990, BOE n.º 160; n.º 209/ /1992, de 30/11/1992, BOE n.º 307; e n.º 144/2005, de 06/06/2005, BOE n.º 162, par. 12. Inclusivamente, o TCE tem vindo a negar a qualificação do direito à indemnização como um direito fundamental. Cfr., neste sentido, STCE n.º 78/1998, de 31/03/1998, BOE n.º 108, par. 7.

[1044] No ordenamento jurídico-constitucional alemão, caso fosse necessária uma indemnização para tutelar eficazmente o direito violado, o mais provável seria que o

262 *A Tutela Directa dos Direitos Fundamentais*

Pelo contrário e no seguimento da polémica que teve lugar após a publicação do acórdão *Isabel Presley II*, outra doutrina veio propor que a indemnização passasse a ser, *de jure condendo*, finalmente encarada como uma medida à disposição do TCE, para que este pudesse cumprir, com eficácia prática, o mandato constitucional do «restabelecimento do recorrente na integridade do seu direito»[1045]. Em face do que antecede, LUIS JIMENA QUESADA, não encarou, em abstracto, a outorga de indemnização como algo de estranho ou alienígeno às funções do TCE, e defendeu a introdução expressa do direito à indemnização no processo de amparo constitucional[1046]. O Autor argumentou que, apesar de a expressão «indemnização» não resultar directamente da LOTCE, pode retirar-se do conceito de «restabelecimento» contido nos artigos 41.º, n.º 1, 54.º, e

---

TCFA remetesse o processo para o tribunal *a quo*, uma vez que, como vimos atrás, a técnica do reenvio ao juiz ordinário é muito utilizada pelo Tribunal de Karlsruhe.

Deste modo, podemos considerar que em matéria de indemnização, o TCFA é bem mais redundante em negá-la do que o TCE, uma vez que esta competência não se parece conseguir retirar da legislação constitucional, nem sequer, de modo implícito, dos artigos 35.º e 95.º da BVerfGG. Não obstante, registaram-se algumas excepções, em que o TCFA considerou que não era necessário uma nova decisão por parte do tribunal *a quo*, pois isso implicaria uma repetição da decisão constitucional. Além do mais, o TCFA aplica com muita frequência medidas cautelares (previstas no artigo 32.º, n.º 1, da BVerfGG), de modo a evitar a consumação da lesão Cfr., com esta orientação, a jurisprudência constitucional alemã citada por ROSARIO TUR AUSINA, *op. cit.*, p. 458.

[1045] Cfr. MARC CARRILLO, *op. cit.*, p. 111, e, ainda que indirectamente, JAIME VEGA TORRES, *op. cit.*, p. 145. Perante este cenário jurisprudencial, ROSARIO TUR AUSINA, *op. cit.*, p. 445, entende que o direito à indemnização não é o direito objecto de amparo, mas sim uma medida de reparação de [outro] direito violado. Nesta medida, a Autora aponta uma confusão entre a finalidade do amparo (reparação de uma lesão de um direito) e o objecto material da sua pretensão.

[1046] *Op. cit.*, p. 241. Já neste sentido, em 1984, se manifestou IGNACIO BORRAJO INIESTA, «*Indemnización constitucional (a propósito de la sentencia Bivens del Tribunal Supremo de Estados Unidos*», *in* Revista de Administración Pública, Núm. 103, Enero-Abril 1984, Centro de Estudios Políticos y Constitucionales, Madrid, pp. 209-225, pp. 223-224, quando afirmava que «a importância real dos direitos não se mede tanto pela hierarquia do texto que os declara, mas pelo que custa infringi-los». Veja-se, no mesmo sentido, ROSARIO TUR AUSINA, *op. cit.*, pp. 190, 207 e 463, defendendo que se a LOTCE limita os poderes do TCE e prevê uma jurisdição constitucional «imperfeita», deverá ser objecto de reforma. A Autora salvaguarda, porém, que a actual configuração da LOTCE não permite pugnar pela existência de um poder indemnizatório explícito do TCE (p. 421).

A *Tutela Constitucional dos Direitos, Liberdades e Garantias* 263

55.º, n.º 1, al. c), da LOTCE. Deste modo, evita-se que o requerente permaneça numa situação de falta de tutela judicial efectiva, sendo obrigado a peregrinar indefinidamente o seu trilho procedimental, de modo a que consiga tornar efectivo o pedido de indemnização[1047].

A jurisprudência vertida nos casos *Isabel Preysler I* e *II* ressurgiu um ano mais tarde, com fundamentos bastante similares, nos casos *Alcocer I* e *II*[1048]. Neste processo, o requerente, D. Alberto de Alcocer Torra, requereu amparo constitucional contra um acórdão da Sala Civil do TS, que havia considerado que a publicação de fotografias suas numa revista "de coração", em que surgia na companhia de uma senhora na praia, não violava os seus direitos à intimidade e à imagem, anulando a decisão da *Audiencia Provincial* de Madrid que, em confirmação da decisão da Primeira Instância, havia verificado a violação desses direitos e quantificado a indemnização em 20 milhões de pesetas (120,202.42 euros). O TCE concedeu o amparo (STCE n.º 83/2002), reconhecendo a lesão dos direitos mencionados e anulando o acórdão do TS. Contudo, o TS proferiu novo acórdão, reduzindo o *quantum* indemnizatório para 200 euros, uma vez que valorou a violação destes direitos como pouco grave, atendendo a vários factores, tais como a elevada capacidade económica do lesado, o facto de o lugar ser público e de as fotografias terem sido fornecidas à revista por uma pessoa do seu conhecimento.

Em consequência, o lesado intenta novo recurso de amparo constitucional contra a redução do *quantum* indemnizatório. Em resposta a este recurso, o TCE concedeu o amparo (STCE n.º 300/2006) e, invocando a jurisprudência do caso *Isabel Preysler*, confirmou a indemnização previamente fixada pela *Audiencia Provincial* de Madrid. O TCE, porém, não resistiu a tomar partido sobre a polémica que se havia levantado após o caso *Isabel Preysler*, adiantando que as considerações tecidas pela Sala Civil do TS «parecem desconhecer a posição de supremacia que a Constituição e a LOTC reconhecem ao Tribunal Constitucional em matéria de garantias constitucionais»[1049].

[1047] LUIS JIMENA QUESADA, *op. cit.*, p. 256.
[1048] SSTCE n.º 83/2002, de 22/04/2002, BOE n.º 122, e n.º 300/2006, de 23/10//2006, BOE n.º 284.
[1049] STCE n.º 300/2006, *cit.*, par. 4.

c) O auge do conflito entre jurisdições – o acórdão do TS n.º 51/ /2004.

Para finalizarmos a temática da tensão entre as jurisdições constitucional e ordinária, que se fez sentir em Espanha, não podemos omitir a referência ao muito badalado acórdão da Sala Civil do TS, de 23 de Janeiro de 2004, também conhecido como caso *Mazón*[1050]. Este acórdão, proferido em sede de responsabilidade civil extracontratual, incidiu sobre uma *providencia* do TCE que não admitiu um pedido de amparo constitucional contra um acórdão da Sala Terceira do TS, que havia negado a pretensão de José Luis Mazón Costa. O requerente, candidato a *Letrado*[1051], pretendeu opor-se ao modo como tinha sido conduzida a contratação de *Letrados* no TCE, pelo facto de esta ter alegadamente incidido em critérios de preferência pessoal e não num concurso público.

Após ter tentado interpor um recurso para o TS, alegando a violação do artigo 23.º, n.º 2, da CE (direito a igual acesso a funções e cargos públicos) e do artigo 97.º, n.º 1, da LOTCE – recurso este que foi rejeitado – dirigiu-se ao TCE, ao qual exigiu, no seu requerimento de amparo, um exame imparcial da sua candidatura, e a criação de uma medida legislativa que «garanta o direito constitucional a um exame imparcial do presente recurso de amparo»[1052]. Ora, algo ironicamente, o Pleno do TCE, nos termos do artigo 50.º da LOTCE, acordou, por unanimidade, não admitir o recurso apresentado, posto esse «recurso não se dirige a este Tribunal Constitucional, mas sim a outro hipotético [tribunal] que o substitua»[1053].

José Luis Mazón Costa voltou a apresentar um recurso perante a Sala Primeira do TS, desta vez pedindo a condenação dos magistrados constitucionais por responsabilidade civil extracontratual (artigo 1902.º

[1050] Acórdão n.º 51/2004. Este acórdão, que rasgou profundamente o tecido frágil que unia as relações entre os dois Tribunais, sofreu as mais duras críticas por parte da doutrina. Cfr. Francisco Balaguer Callejón, Gregorio Cámara Villar e Luis Felipe Medina Rey, *op. cit.*, p. 31, Francisco Fernández Segado, *La Reforma del Régimen Jurídico-Procesal del Recurso de Amparo... cit.*, p. 73, e Leslie Turano, «Spain: Quis Custodiet Ipsos Custodes?: The struggle for jurisdiction between the Tribunal Constitucional and the Tribunal Supremo», in IJCL, Vol. 4, No 1, Jan. 2006, pp. 151-162, pp. 155-160.

[1051] Os letrados funcionam como uma espécie de assessores jurídicos (cfr. os artigos 96.º, n.º 1, a. b), e 97.º da LOTCE). O seu número não pode exceder os dezasseis.

[1052] Leslie Turano, *op. cit.*, p. 157, classificou como «quixotesca» a tentativa de Mazón pedir ao TCE que condenasse as suas próprias acções.

[1053] Mediante *providencia*, em 18 de Julho de 2002.

A Tutela Constitucional dos Direitos, Liberdades e Garantias

do Código Civil espanhol). Surpreendentemente, através do acórdão n.º 51/2004, a Sala Civil do TS decidiu que urgia ultrapassar a máxima medieval «*the king can do no wrong*», concluindo que os magistrados constitucionais também podiam ser responsabilizados[1054]. Nesta sede, justificando que a não admissão do pedido de amparo carecia de fundamentação suficiente, condenou os onze magistrados constitucionais a indemnizarem o recorrente, em 500 euros cada um[1055].

Por conseguinte, o Pleno do TCE reuniu-se e formalizou uma resposta, constante do Acordo de 3 de Fevereiro de 2004, em que considerou que o acórdão do TS foi para além das suas competências, invadindo, desta forma, a esfera de competências e atribuições constitucionais do TCE[1056]. Na verdade, e como já referimos anteriormente, o artigo 1.º, n.º 1, da LOTCE, não deixa dúvidas, quando preceitua que o TCE, «como intérprete supremo da Constituição, é independente dos demais órgãos constitucionais e está apenas submetido à Constituição e à presente lei orgânica». Assim sendo, o TS nunca poderia ter julgado acerca do acerto, ou não, da decisão de não admissão do recurso de amparo, proferida pelo TCE no exercício das suas funções constitucionais[1057].

[1054] Note-se que, como esclarecem LESLIE TURANO, *op. cit.*, p. 155, e PEDRO CRUZ VILLALÓN, «*Conflict between Tribunal Constitucional and Tribunal Supremo... cit.*, p. 114, é discutível saber se os magistrados do TCE poderão, ou não, ser sujeitos a responsabilidade civil pelo exercício das suas funções. Certo é que a LOTCE não se pronuncia sobre este assunto, pelo que ambas as hipóteses serão viáveis.

[1055] Na doutrina, cfr., em especial, a crítica feroz de FRANCISCO FERNÁNDEZ SEGADO, «*La Sentencia del Tribunal Supremo (Sala de lo civil) de 23 de Enero de 2004... cit.*, pp. 1-2, que considerou que esta invasão de competências consubstanciou um «grosseiro ataque» ao intérprete supremo da Constituição, «uma autêntica bomba de relojoaria colocada no mais profundo da sedimentação do edifício constitucional desenhado em 1978». No mesmo sentido, ÁNGELA FIGUERUELO BURRIEZA, «*Crisis Constitucional y Abuso del Derecho... cit.*, p. 129, alertou que se punha em causa o equilíbrio entre as máximas instituições jurisdicionais e que o acórdão do TS nada mais representa do que um «ajuste de contas para resolver as suas dissidências» (p. 139). Igualmente, os anteriores presidentes do TCE, MIGUEL RODRÍGUEZ-PIÑEIRO, ÁLVARO RODRÍGUEZ BEREIJO e PEDRO CRUZ VILLALÓN, utilizaram a pesada expressão: «crise institucional» (p. 140).

[1056] Contudo, o acórdão do TS teve um voto de vencido, do magistrado MARÍN CASTÁN, que entendeu que, da não admissão de um pedido inviável, não pode derivar um dano indemnizável. Assim, no caso *sub judice*, os magistrados constitucionais deveriam ser absolvidos e as custas impostas ao recorrente. Cfr. FRANCISCO FERNÁNDEZ SEGADO, «*La Sentencia del Tribunal Supremo (Sala de lo civil) de 23 de Enero de 2004... cit.*, p. 4, e LESLIE TURANO, *op. cit.*, p. 152.

[1057] Com efeito, a decisão de admissibilidade de um recurso de amparo constitucional e a apreciação de quando a falta de fundamentação de uma decisão judicial viola

Além do mais, a esmagadora maioria da doutrina constitucional insurgiu-se contra a decisão do TS, defendendo que o TCE não tinha sequer que fundamentar a não admissão daquele pedido de amparo, na medida que o requerimento apresentado ao Tribunal carecia de qualquer sustento lógico, ao reclamar uma pretensão que não cabia na esfera de competência do mesmo tribunal[1058]. As decisões do TCE não são recorríveis, admitindo-se somente, neste domínio, a intervenção do Tribunal Europeu dos Direitos do Homem, mediante queixa individual (o também designado «amparo internacional»)[1059]. De seu turno, alguma doutrina desvalorizou aquilo a que designou de «importância exagerada destas tensões», posto que os dados estatísticos demonstram que o número de acórdãos do TS anulados pelo TCE é ínfimo, pelo que a situação não assumiria proporções tão graves como as que se quer fazer crer que existem[1060].

Facilmente se infere que a obra de criação de um Tribunal Constitucional, como um tribunal situado fora do poder judicial, mas que ao mesmo tempo tem poderes de interferir nas decisões judiciais, teria necessariamente um elevado preço. Se bem vemos as coisas, este tribunal *ad hoc*, na sua qualidade de «*newcomer*», com competências de intervenção na esfera sagrada do TS, veio abalar a (até então) inegável posição de primazia destas últimas instituições[1061]. Este cenário exige, sem dúvida, uma atitude de maturidade institucional das várias Salas do TS, que não perspective a existência do TCE como um inimigo ameaçador que pisa território a defender, mas sim como um complemento e aperfeiçoamento

---

o artigo 24.º da CE (direito à tutela judicial efectiva), pertencem apenas ao TCE. Cfr. ÁNGELA FIGUERUELO BURRIEZA, «*Crisis Constitucional y Abuso del Derecho... cit.*, p. 129.

[1058] Cfr. FRANCISCO FERNÁNDEZ SEGADO, «*La Sentencia del Tribunal Supremo (Sala de lo civil) de 23 de Enero de 2004... cit.*, p. 12. Saliente-se, porém, que a doutrina não propugna a irresponsabilidade do TCE, na medida em que os poderes públicos (exceptuando a responsabilidade pessoal do Rei) são responsáveis, nos termos do artigo 9.º, n.º 3, da CE.

[1059] ÁNGELA FIGUERUELO BURRIEZA, «*Crisis Constitucional y Abuso del Derecho... cit.*, p. 145.

[1060] JAIME VEGA TORRES, *op. cit.*, pp. 117-152, p. 118, nt. 2. O Autor analisa dados do ano de 2000, e, em 29.000 casos resolvidos, apenas 19 deram lugar a anulação de decisões proferidas pelo Tribunal Supremo.

[1061] LECH GARLICKI, «*Constitutional courts versus supreme courts*», in IJCL, Vol. 5, Num. 1, January 2007, Oxford Journals, Oxford University Press, pp. 44-68, p. 65.

A Tutela Constitucional dos Direitos, Liberdades e Garantias 267

do Estado de Direito. Em contrapartida, o TCE não pode arrogar-se de competências que a Constituição e a legislação processual constitucional não lhe atribuem.

Além disso, e na linha do que foi dito, após uma insistente exortação da doutrina – que advogava que a dinâmica natural do sistema de «*checks and balances*» (freios e contrapesos)[1062] e da «cortesia institucional»[1063], não estavam a colocar termo aos conflitos entre jurisdições – surgiu a Lei Orgânica n.º 6/2007, de 24 de Maio, que, como veremos adiante, procura precisamente evitar este tipo de situações, reforçando a posição institucional do TCE, de modo a que as suas decisões não possam ser sindicadas por nenhum outro órgão jurisdicional do Estado.

E porque *in claris non fit interpretatio*, alterou-se o artigo 4.º da LOTCE, que agora passa a estipular, de forma cristalina, que «as resoluções do Tribunal Constitucional não poderão ser revistas por nenhum outro órgão jurisdicional do Estado»[1064]. Chegados a este ponto, concluímos este tema com as palavras de PIERO CALAMANDREI, quando afirmou

---

[1062] Expressão primeiramente utilizada por JAMES MADISON.

[1063] Cfr. PABLO PÉREZ TREMPS, *Tribunal Constitucional y Poder Judicial, cit.*, p. 224.

[1064] FRANCISCO BALAGUER CALLEJÓN, GREGORIO CÁMARA VILLAR e LUIS FELIPE MEDINA REY, *op. cit.*, p. 31, e FRANCISCO FERNÁNDEZ SEGADO, *La Reforma del Régimen Jurídico-Procesal del Recurso de Amparo... cit.*, p. 80, entendem que esta alteração não veio introduzir nada de novo, uma vez que tal já se retiraria da própria redacção do artigo 1.º, n.º 1, da LOTCE, que configura o TCE como «intérprete supremo da Constituição» e, portanto, «independente dos demais órgãos constitucionais». Por sua vez, ÁNGELA FIGUERUELO BURRIEZA, «*Crisis Constitucional y Abuso del Derecho... cit.*, pp. 138-139, defendeu ser necessária uma maior clareza neste domínio, não aceitando argumentos como o da «estabilidade institucional», para que não se procedesse às necessárias reformas. Já MARÍA ROSARIO ALONSO IBÁÑEZ, «*Extensión y límites del control por el Tribunal Constitucional de las resoluciones judiciales que afecten a los derechos fundamentales*», in Revista de Administración Pública, Núm. 172, Enero-Abril 2007, Centro de Estudios Políticos y Constitucionales, Madrid, pp. 189-224, p. 204, e ROSARIO TUR AUSINA, *op. cit.*, p. 497, perspectivaram esta nova redacção como uma clara resposta («uma saída airosa») à condenação por responsabilidade civil de 11 magistrados do TCE, através do acórdão do TS de 23/01/2004.

Sublinhe-se, com efeito, que, já na anterior redacção constitucional, alguma doutrina se insurgira contra o então artigo 4.º da LOTCE, considerando que este transformava o TCE um poder «omnímodo», «prepotente» em relação ao poder judicial (neste sentido, cfr. a doutrina citada por PABLO PÉREZ TREMPS, *Tribunal Constitucional y Poder Judicial, cit.*, p. 210).

268   *A Tutela Directa dos Direitos Fundamentais*

que entre os órgãos dos poderes públicos deverá existir uma genuína «colaboração activa», o que pressupõe, como resulta óbvio, uma «atmosfera de intensa e recíproca compreensão»[1065].

d) O tratamento da questão no ordenamento jurídico-constitucional português.

Para fazer um ponto da situação em Portugal, propomo-nos fazer uma concisa referência à questão de saber se, no nosso ordenamento jurídico-constitucional, o TC tem competência para verificar e garantir o cumprimento e a execução dos seus julgados pela jurisdição ordinária[1066]. Mais concretamente, problematiza-se se, após uma decisão de inconstitucionalidade revogatória da decisão do tribunal *a quo*, será possível recorrer novamente para o TC, por insuficiência ou falta de execução do seu julgado.

Inicialmente, o TC admitiu estes recursos, desde que preenchido o n.º 1 do artigo 70.º da LTC (acórdão do TC n.º 910/96, de 09/07/1996). Mais tarde, o TC passou a decidir, expressamente, pela admissibilidade de um recurso fundado directamente em violação do caso julgado de uma sua decisão anterior[1067].

Com efeito, o TC tem vindo a admitir «recursos atípicos», que visam averiguar a existência de uma eventual violação do caso julgado constitucional. Como justificação para esta jurisprudência garantística, o TC apresenta os seguintes fundamentos[1068]: (*i*) desde logo, apenas ele tem legitimidade para definir o âmbito da sua competência (artigos 210.º, n.º 1, 212.º, n.º 1, e 221.º da CRP)[1069]; (*ii*) em seguida, o artigo 80.º, n.º 1, da LTC,

---

[1065] *Apud* Francisco Fernández Segado, «*La Sentencia del Tribunal Supremo (Sala de lo civil) de 23 de Enero de 2004... cit.*, p. 15. Com efeito, como bem adverte Rosario Tur Ausina, *op. cit.*, pp. 426-427, a tensão entre jurisdições afigura-se artificial, de teor político, acaba por redundar numa desprotecção dos direitos, provoca recursos desnecessários e dilata excessivamente os processos.

[1066] Cfr., o estudo de José Manuel M. Cardoso da Costa, *A Jurisdição Constitucional... cit.*, pp. 88-89, nt. 118.

[1067] Cfr. os acórdãos do TC, n.º 523/99, de 28/09/1999; n.º 340/00, de 04/07/2000; n.º 321/03, de 02/07/2003, n.º 612/03, 10/12/2003, e n.º 223/05, de 27/04/2005.

[1068] Seguiremos de perto a argumentação do acórdão 612/03, *cit.* ponto 9.

[1069] Com efeito, já resultava do acórdão do TC n.º 518/98, de 11/11/1998 (reafirmando a doutrina dos acórdãos n.º 316/85, de 14/04/1986, e n.º 269/98, de 31/03/1998),

A Tutela Constitucional dos Direitos, Liberdades e Garantias   269

preceitua claramente que «a decisão do recurso faz caso julgado no processo quanto à questão da inconstitucionalidade ou ilegalidade suscitada»; (*iii*) a isto acresce que a verificação do desrespeito pelo caso julgado é de conhecimento oficioso, nos termos do artigo 495.º do CPC, *ex vi* artigo 69.º da LTC; (*iv*) por último, o artigo 2.º da LTC, não deixa margem para dúvidas, ao preceituar que «as decisões do Tribunal Constitucional são obrigatórias para todas as entidades públicas e privadas e prevalecem sobre as dos restantes tribunais e quaisquer outras entidades».

e) Um breve olhar sobre a actual polémica de articulação das jurisdições constitucional e ordinária na Colômbia

Muito sucintamente, e ainda acerca da temática da difícil articulação entre a jurisdição constitucional e a jurisdição ordinária, gostaríamos de dar notícia de uma peculiar situação que se está a viver, neste momento, na Colômbia. Nesta linha, à semelhança do que sucede em Espanha, o artigo 86.º da Constituição Política da República da Colômbia (1991) consagrou uma acção de tutela (*acción de tutela*) para proteger, de forma sumária e subsidiária, os direitos fundamentais dos colombianos contra actos ou omissões de qualquer autoridade pública[1070].

Ora, uma vez que as autoridades judiciais são autoridades públicas, tudo indicaria que, dentro do objecto desta mesma acção de tutela, caberiam também as decisões judiciais[1071]. No entanto, tem-se verificado uma recusa do Tribunal Supremo em aceitar um controlo por parte do Tribunal Constitucional colombiano (TCC) das suas decisões, com fundamento em que, a verificar-se tal situação, perderiam a sua superioridade enquanto órgão de topo da jurisdição ordinária[1072]. Esta recusa traduz-se, nomeadamente, na não aplicação dos acórdãos do TCC que os incumbem da

---

que é o próprio TC que tem a incumbência de determinar «se as questões que sobem até ele para serem julgadas são ou não questões de constitucionalidade ou de ilegalidade que se inscrevam no seu poder jurisdicional».

[1070] Cfr. ALLAN R. BREWER-CARÍAS, «*El Amparo a los Derechos y Libertades Constitucionales... cit.*, pp. 2718-2719, e ÁNGELA FIGUERUELO BURRIEZA, «*Garantías para la protección de derechos en la Constitución colombiana de 1991: especial referencia a la acción de tutela*», in REP (Nueva Época), Núm. 84, Abril-Junio 1994, Centro de Estudios Constitucionales, Madrid, pp. 181-197, pp. 190-197.

[1071] Cfr. CATALINA BOTERO MARINO, *op. cit.*, p. 144.

revisão das suas decisões, por violação de algum direito fundamental sujeito à acção de tutela[1073]. Além do mais, consideram que admitir-se uma acção de tutela contra decisões judiciais significaria uma usurpação das competências da jurisdição ordinária por parte do juiz constitucional[1074]. Daí alguma doutrina sustentar, inclusive, que o Estado colombiano já contém todo um «aparato jurisdicional» em matéria de acções, excepções e recursos, pelo que a admissibilidade de uma acção de tutela contra decisões judiciais apenas serviria para congestionar o sistema[1075].

Esta tomada de posição do Tribunal Supremo não deixa de ser surpreendente, pois é um dado objectivo que a jurisprudência constitucional colombiana em matéria da acção de tutela contra decisões judiciais, é já uma das mais restritivas em termos de Direito comparado[1076].

Perante um tal cenário, o actual Governo colombiano anunciou que apresentará um projecto de revisão constitucional, no qual ficará excluída

---

[1072] *Ibidem,* pp. 144-145.

[1073] Cfr. o acórdão do TCC, n.º 1185, de 2001, que ordenou à Sala de Cassação Laboral do Tribunal Supremo (TS) que proferisse novo acórdão. Em resposta, pelo acórdão de 18/05/2002, o TS recusou-se a dar cumprimento ao acórdão do TCC. A partir daí, a Sala de Cassação Laboral do TS tem, sistematicamente, recusado cumprir os acórdãos constitucionais que concedem tutela contra as suas decisões. As outras Salas do TS têm sido mais cautelosas, ainda quemem alguns casos também tenham rejeitado cumprir os acórdãos do TCC. Neste sentido, *ibidem,* p. 192.

[1074] Contra, ÁNGELA FIGUERUELO BURRIEZA, «*Garantías para la protección de derechos en la Constitución colombiana de 1991... cit.,* p. 194, e CATALINA BOTERO MARINO, *op. cit.,* p. 198. A última Autora recorda que «controlar judicialmente a administração não é administrar; controlar judicialmente a constitucionalidade das leis não é legislar; controlar a sujeição dos juízes ordinários à Constituição não supõe uma usurpação da jurisdição ordinária por parte da jurisdição constitucional».

[1075] JUAN CARLOS ESGUERRA, *apud ibidem.*, pp. 195-196. Por sua vez, CATALINA BOTERO MARINO admite que, de facto, as vias judiciais ordinárias são um mecanismo cada vez mais completo e perfeito para a defesa dos direitos fundamentais (p. 197). Contudo, quando falha, é imperativo que exista um instrumento específico como o da acção de tutela (p. 198).

[1076] Na verdade, EDUARDO CIFUENTES MUÑOZ, «*La acción de tutela en Colombia*», *in* Ius et Praxis, Año 3, Núm. 1, 1997, Facultad de Ciencias Jurídicas y Sociales, Universidad de Talca, Chile, pp. 165-174, p. 167 apontou um acórdão do próprio TCC em que este declarou a inconstitucionalidade da acção de tutela contra decisões judiciais quando entendida em termos genéricos (acórdão do TCC n.º 543/92), sendo que apenas poderia ter lugar quando violassem de modo grosseiro e manifesto direitos fundamentais (acórdãos do TCC n.ᵒˢ 231/94, 538/94, 123/95, 324/95 e 345/96).

A Tutela Constitucional dos Direitos, Liberdades e Garantias

a acção de tutela contra decisões judiciais[1077]. Certo é que, até agora, tal revisão não teve lugar e o artigo 86.º da Constituição permanece inalterado. Recentemente, porém, o TCC reiterou que o artigo 86.º da Constituição não deixa margem para dúvidas no que respeita à admissibilidade da acção de tutela contra decisões judiciais[1078]. Além disso, acrescentou que esta possibilidade deriva do próprio princípio da aplicabilidade directa dos direitos fundamentais, e que um entendimento contrário afectaria de modo irreparável o direito à igualdade na aplicação da lei (neste caso, da Constituição) e o direito à segurança jurídica, posto que o último intérprete em questões da constitucionalidade é o TCC.

4.2.5. *Várias Propostas de Reforma*

«El recurso de amparo es problemático, pues, por una doble razón: porque es importante y porque está mal estructurado. Los problemas derivados de la primera razón habrá que conllevarlos, pero los derivados de la segunda habrá que resolverlos»[1079].

(*i*) As sucessivas e falhadas revisões da LOTCE

Antes da recente reforma da LOTCE, registaram-se cinco reformulações, que procuraram responder às crescentes demandas de recurso de amparo[1080]. Em especial, a Lei Orgânica n.º 6/1988, manifestou o propósito de acelerar os processos de amparo perante o TCE. Como atrás referimos, o legislador esforçou-se por dar resposta a uma avivada onda de criticismo e, em 1988, levou a cabo uma «descafeinada»[1081] reforma, em virtude da

---

[1077] CATALINA BOTERO MARINO, *op. cit.*, p. 145.

[1078] Acórdão de tutela do TCC, n.º 808/06, de 01/10/2007.

[1079] MANUEL ARAGÓN REYES, «*Problemas del recurso de amparo*», *cit.*, p. 146.

[1080] As cinco reformas da LOTCE foram introduzidas pelas Leis Orgânicas n.º 8/1984, de 26 de Dezembro; n.º 4/1985, de 7 de Junho; n.º 6/1988, de 9 de Junho; n.º 7/1999, de 21 de Abril; e n.º 1/2000, de 7 de Janeiro (*in* http://www.tribunalconstitucional.es). Estas reformas foram meramente pontuais, no sentido de pretenderem apenas alterar aspectos muito específicos do regime processual constitucional.

[1081] Curiosa a expressão de F. RUBIO LLORENTE, *apud* ÁNGELA FIGUERUELO BURRIEZA, *Veintitrés Años de Recurso de Amparo»*, *cit.*, p. 347. Esta reforma foi introduzida pela Lei Orgânica 6/1988, de 9 de Junho.

qual se visou dotar o Tribunal Constitucional de uma maior agilidade[1082] e se acrescentou uma nova causa de inadmissibilidade do recurso de amparo, na hipótese de o TCE ter já julgado não procedente um recurso com fundamentos semelhantes[1083].

Onze anos depois, reformou-se novamente a LOTCE[1084], mas acabou por «virar-se o feitiço contra o feiticeiro», ao dotar o TCE de uma nova competência para a defesa da autonomia local, o que acabou por implicar, indirectamente, um aumento do trabalho do Tribunal[1085]. Ora, o atraso excessivo nas decisões de amparo não se afigurava de modo algum coerente com a urgência em oferecer uma tutela face a violações de direitos fundamentais. Aliás, não deixou de ser irónico que, devido ao elevado número de casos pendentes, algumas vozes tivessem acusado o TCE de violar – ele próprio – o direito à tutela judicial efectiva, por não cumprir os prazos previstos na LOTCE[1086-1087].

É sabido que a enorme hesitação que se fez sentir antes da implementação de uma genuína e profunda reforma da lei processual constitucional prendeu-se com a falta de vontade política e com o facto de poder ser interpretada como uma tentativa de restringir os direitos e liberdades – o que representaria, sem dúvida, um custo político elevado[1088]. A isto acrescia o impacto sociológico que podia advir de uma reforma, visto que a CE, a LOTCE e a jurisprudência constitucional «hiper-

---

[1082] O artigo 86.º, n.º 1, da LOTCE, veio, assim, estipular que a decisão de não admissibilidade do recurso de amparo assume a forma de *auto*, enquanto que a decisão sobre a procedência ou não do recurso, uma vez admitido, reveste a forma de *sentencia*. As outras resoluções assumirão a forma de *auto* se forem motivadas, e a forma de *providência*, se não o forem. Cfr. MANUEL ARAGÓN REYES, *«La tutela diretta dei diritti fondamentali»... cit.*, p. 88.

[1083] Nos termos do então artigo 50.º, n.º 1, da LOTCE.

[1084] Através da Lei Orgânica 7/1999, de 21 Abril.

[1085] Cfr. CARLOS RUIZ MIGUEL, *op. cit.,* p. 97.

[1086] Cfr. JESÚS GONZÁLEZ PÉREZ, *apud* FRANCISCO FERNÁNDEZ SEGADO, *La Reforma del Régimen Jurídico-Procesal del Recurso de Amparo... cit.*, p. 16, e RAFAEL BUSTOS GISBERT, *«¿Está agotado el modelo de recurso de amparo diseñado en la Constitución Española?», in* Teoría y Realidad Constitucional, núm. 4, 2.º semestre 1999, Editorial Centro de Estudios Ramón Areces, Madrid, pp. 273-292, p. 278.

[1087] Cfr., a título exemplificativo, o *caso Soto Sánchez versus Espanha*, de 25/11/ /2003, n.º 66990/01. O Estado espanhol foi condenado pelo TEDH por violação do direito à justiça em prazo razoável, previsto no artigo 6.º da CEDH.

[1088] Conforme destacam CARLOS RUIZ MIGUEL, *op. cit., loc. cit.*, e ÁNGELA FIGUERUELO BURRIEZA, *El Recurso de Amparo: Estado de la Cuestión, cit.*, p. 79.

A *Tutela Constitucional dos Direitos, Liberdades e Garantias* 273

garantística»[1089] criaram um efeito de habituação na *communis opinio*, que será difícil de mudar.

De facto, foi com alguma razão que um anterior presidente do TCE afirmou que o dilúvio de recursos que inundam a jurisdição constitucional acaba por ser a viva prova da sua enorme vitalidade[1090]. Porém, como bem advertiu Rafael Bustos Gisbert, «morrer de êxito pode ser uma forma espectacular de morrer. Mas não deixa de ser uma morte»[1091], pelo que era imperioso repensar o modelo de amparo constitucional.

Nestes termos, antes de passarmos à análise da reforma aprovada pela Lei Orgânica n.º 6/2007, entendemos não ser despiciendo apresentar as principais propostas e sugestões de reforma que foram sendo efectuadas, ao longo dos anos, pela doutrina e jurisprudência. Deste modo, poderemos compreender de uma forma mais completa os problemas que se faziam sentir e os principais eixos orientadores e motivadores de uma mudança.

A primeira proposta foi realizada pelo então Presidente do TS, em 1994, na abertura do ano judicial, e pretendia retirar a competência do TCE para conhecer dos recursos de amparo constitucional interpostos em consequência da violação das garantias processuais fundamentais contidas no artigo 24.º da CE. Essa mesma competência passaria a pertencer, exclusivamente, à jurisdição ordinária[1092]. Esta proposta – de teor radical – recebeu duras críticas de inconstitucionalidade e de falta de interesse prático, já que apenas transferia a sobrecarga de trabalho do TCE para outra instância jurisdicional, sem que se resolvesse o problema de fundo[1093].

[1089] Ángela Figueruelo Burrieza, *El Recurso de Amparo: Estado de la Cuestión*, *cit.*, p. 80.

[1090] Álvaro Rodríguez Bereijo, *op. cit.*, p. 61.

[1091] *Op. cit.*, p. 289.

[1092] Entendia-se, assim, que a expressão «*en su caso*», do artigo 53.º, n.º 2, da CE, atribuía ao legislador ordinário total discricionariedade quanto a uma eventual exclusão do amparo constitucional relativamente aos direitos fundamentais de natureza processual. Esta proposta foi assumida, em maior ou menor extensão, por Álvaro Rodríguez Bereijo, *op. cit.*, pp. 62, Carles Viver I Pi-Sunyer, «*Diagnóstico para una reforma*», *cit.*, p. 19, F. Rubio Llorente, Pascual Sala Sánchez, Fernando Jiménez Conde, Juan José González Rivas, e juan muñoz campos *apud* anamari garro vargas, *op. cit.*, pp. 110-120.

[1093] Com efeito, a doutrina que rejeita a exclusão do artigo 24.º da CE do âmbito de protecção do recurso de amparo, defende que a expressão «*en su caso*» utilizada pelo artigo 53.º, n.º 2, da CE, e a cláusula «*en los casos y formas que la ley establezca*» do artigo 161, n.º 1, al. b), da CE, não podem ser interpretadas como uma discricionariedade

274 A Tutela Directa dos Direitos Fundamentais

Outra proposta, com efeitos algo similares à anterior, seria excluir do âmbito do recurso de amparo os actos ou omissões do poder judicial que, no exercício da função jurisdicional, lesassem direitos fundamentais contidos no artigo 53.º, n.º 2, da CE[1094]. Não obstante, esta proposta também sofreu severas críticas, pois parecia ir contra a letra cristalina do artigo 123.º, n.º 1, da CE[1095].

Num discurso mais extremista, chegou-se mesmo a propor a eliminação do recurso de amparo da jurisdição constitucional[1096]. Todavia, tal solução não mereceu o apoio da doutrina maioritária, que acusou essa tese de assentar em aspectos meramente estruturais e de funcionamento do TCE – como a sobrecarga do Tribunal – não apresentando, por isso, fundamento jurídico válido para a eliminação da tutela *material* dos direitos fundamentais[1097]. Quanto a nós, aderimos a esta visão, pois parece-

---

atribuída ao legislador ordinário para que exclua do amparo os direitos plasmados no artigo 53.º, n.º 2, da CE.

Para chegarem a esta conclusão esgrimem vários argumentos, a saber: (*i*) a instância suprema em assuntos constitucionais é o TCE (artigo 123.º, n.º 1, da CE), pelo que não se poderia atribuir esta função ao TS; (*ii*) no caso específico do amparo por violação do artigo 24.º da CE, assegura-se a vinculação de toda a jurisdição ordinária à Constituição e à jurisprudência constitucional. Como etapas deste mesmo discurso merecem referência as obras de ÁNGELA FIGUERUELO BURRIEZA, *El Recurso de Amparo: Estado de la Cuestión*, *cit.*, p. 81, ENCARNACIÓN CARMONA CUENCA, *op. cit.* p. 224, FRANCISCO FERNÁNDEZ SEGADO, *La Reforma del Régimen Jurídico-Procesal del Recurso de Amparo... cit.*, p. 112, GERMÁN FERNÁNDEZ FARRERES, *El recurso de amparo según la jurisprudencia constitucional... cit.*, p. 13, IGNACIO BORRAJO INIESTA, IGNACIO DIEZ-PICAZO GIMENEZ, GERMAN FERNÁNDEZ FARRERES, *op. cit.*, pp. 17-18, MANUEL ARAGÓN REYES, «*Problemas del recurso de amparo*», *cit.*, pp. 149 e 157-159, PABLO PÉREZ TREMPS, «*Tribunal Constitucional, juez ordinario... cit.*, p. 208, RAFAEL BUSTOS GISBERT, *op. cit.*, p. 283, e ROSARIO TUR AUSINA, *op. cit.*, p. 476.

[1094] *Apud* ANAMARI GARRO VARGAS, *op. cit.*, pp. 120-124.

[1095] E foi considerada por alguma doutrina como inconstitucional. Cfr. ANAMARI GARRO VARGAS, *op. cit.*, p. 122.

[1096] Foi a posição asumida por JESÚS GONZÁLEZ PÉREZ, *apud* FRANCISCO FERNÁNDEZ SEGADO, *La Reforma del Régimen Jurídico-Procesal del Recurso de Amparo... cit.*, p. 157, e L. MARTÍN-RETORTILLO BAQUER, na sua obra «*Contra el recurso de amparo*», *apud* PABLO PÉREZ TREMPS, «*Tribunal Constitucional, juez ordinario... cit.*, p. 184.

[1097] Cfr., entre outros, MANUEL ARAGÓN REYES, «*Problemas del recurso de amparo*», *cit.*, p. 149, MANUEL MARTÍNEZ SOSPEDRA, «*Camino del colapso. Notas sobre los rendimientos del Tribunal Constitucional español y propuestas para su reforma*», *in* Cuadernos constitucionales de la Cátedra Fadrique Furió Ceriol, n.º 47, Primavera de 2004, J. V. Ediciones, Valencia, pp. 67-96, p. 95, PABLO PÉREZ TREMPS, «*Tribunal Constitucional, juez ordinario... cit.*, p. 185, RAFAEL BUSTOS GISBERT, *op. cit.*, p. 289, ROSARIO TUR AUSINA, *op. cit.*, p. 473.

A Tutela Constitucional dos Direitos, Liberdades e Garantias

-nos que a protecção destes direitos não pode ter lugar mediante a pura e simples remoção de mecanismos de tutela, mas sim, através da criação de condições eficazes para os aperfeiçoar e remodelar.

Nesta sede, não falta quem tenha defendido, inclusivamente, que qualquer revisão constitucional relativa ao recurso de amparo deverá servir, não para diminuir o seu âmbito de protecção mas, ao invés, ampliá-lo aos direitos consagrados na Segunda Secção, do Capítulo II do Título I da CE, *v.g.*, o direito de propriedade[1098].

As propostas que obtiveram maior receptividade foram aquelas que advogaram a adopção de uma reforma similar à que ocorreu na Alemanha[1099]. Nestes termos, e indo um pouco mais além da reforma alemã, esta tese defendeu a importação do *writ of certiorari* norte-americano, em ordem a objectivar o recurso de amparo[1100]. De facto, os seus defensores começam por elucidar que não existe um «direito subjectivo ao amparo constitucional», na mesma medida em que existe, por exemplo, o direito de acesso à jurisdição ordinária[1101]. Nesta medida, tratar-se-ia

---

[1098] Cfr. Manuel Aragón Reyes e Pedro Cruz Villalón, *apud* Manuel Aragón Reyes, *«Problemas del recurso de amparo»*, cit., loc. cit.

[1099] José Luis Rodríguez Álvarez e Mario Sánchez-Herrero Clemente, *«Seleccionar lo importante: la reciente reforma de trámite de admisión de la Verfassungsbeschwerde»*, in REDC, año 14, núm. 41, 1994, pp. 139-148.

[1100] Defendida, entre outros, por Anamari Garro Vargas, *op. cit.*, p. 140, e José L. Cascajo Castro e Vicente Gimeno Sendra, *op. cit.*, p. 66, e Manuel Aragón Reyes, *«Problemas del recurso de amparo»*, cit., pp. 168-172. Contra, Luiz Maria Diez-Picazo Giménez, *op. cit.*, pp. 30-31, e Manuel Martínez Sospedra, *op. cit.*, p. 94. O último Autor defendeu a introdução de um modelo de *certiorari* nada iria acrescentar às providências de inadmissão, pelo que apenas oficializaria uma situação que já acontece na prática, sem qualquer repercussão na diminuição da carga de trabalho do TCE.

[1101] Cfr. Francisco Fernández Segado, *La Reforma del Régimen Jurídico-Procesal del Recurso de Amparo... cit.*, p. 17, Ignacio Diez-Picazo, *apud* Manuel Aragón Reyes, *«Problemas del recurso de amparo»*, cit., p. 168, e Rosario Tur Ausina, *op. cit.*, pp. 215-216. Os Autores entendem que da dimensão subjectiva do recurso de amparo não deriva um direito subjectivo ao amparo constitucional, mas apenas o direito à tutela efectiva dos direitos fundamentais, que deverá ter lugar, nomeadamente, através da plenitude da reparação. Mais concretamente, Rosario Tur Ausina, *op. cit.*, p. 219, nt. 399, sustenta que, quando muito, se poderá falar num «direito fundamental ao amparo jurisdicional dos direitos fundamentais».

Contra este entendimento manifestou-se F. Rubio Llorente, *apud* Manuel Aragón Reyes, *«Problemas del recurso de amparo»*, cit., p. 168, nt. 26, advogando que o direito ao amparo não pode ser negado, apenas não admitido, em virtude de causas taxativamente estabelecidas na lei. Ora, nesta ordem de raciocino, o modelo do *certiorari* é incompatível com a existência de um direito fundamental ao recurso de amparo constitucional.

de perspectivar o TCE, não tanto como um julgador do caso concreto, mas sim como um órgão de tutela objectiva, pelo que os tribunais ordinários seriam, regra geral, os responsáveis pela tutela da dimensão subjectiva dos direitos fundamentais, deixando a cargo do TCE a sua dimensão objectiva e, apenas subsidiariamente, a vertente subjectiva[1102].

Um ponto prévio se impõe antes de passarmos à análise propriamente dita desta posição doutrinal. Podemos afirmar, na esteira de uma doutrina e da jurisprudência uniformes, que no recurso de amparo existe uma bipolaridade, isto é, coexistem uma *vertente subjectiva* e uma *vertente objectiva*[1103-1104]. A primeira, prende-se com a tutela de direitos subjectivos de índole fundamental e opera, quer mediante a tentativa de reconstituição da situação que existia antes da lesão, quer através da prevenção de uma

---

[1102] Seguimos de perto a posição de MANUEL ARAGÓN REYES, *«La tutela diretta dei diritti fondamentali»... cit.*, p. 73.

[1103] Cfr., a título exemplificativo, ANAMARI GARRO VARGAS, *op. cit.*, p. 127, ÁNGELA FIGUERUELO BURRIEZA, *«Veintitrés Años de Recurso de Amparo»*, *cit.*, p. 338, MANUEL CARRASCO DURÁN, *Los procesos para la tutela judicial... cit.*, p. 36, MARC CARRILLO, *op. cit.*, p. 42, MIGUEL SÁNCHEZ MORÓN, *El recurso de amparo constitucional... cit.*, p. 38, PABLO PÉREZ TREMPS, *De la procedencia e interposición del recurso de amparo... cit.*, p. 654, e RAFAEL BUSTOS GISBERT, *op. cit.*, p. 275. Na jurisprudência, desde o seu primeiro acórdão (STCE n.º 1/1981, de 26/01/1981, BOE n.º 47), que o TCE salienta a importância da defesa objectiva da Constituição, «servindo este modo o recurso de amparo um fim que transcende o do singular» (par. 2).

[1104] Questão distinta das vertentes subjectiva e objectiva do recurso de amparo, é a natureza subjectiva e objectiva dos direitos fundamentais. Por esse mesmo motivo, ROSARIO TUR AUSINA, *op. cit.*, pp. 197-204, prefere utilizar a designação de vertente «doutrinal» do recurso de amparo, para não se confundir com a dimensão objectiva (ou institucional) dos direitos fundamentais (p. 197). A dimensão subjectiva dos direitos fundamentais está associada à sua condição de verdadeiros direitos subjectivos, accionáveis pelos particulares, enquanto que a dimensão objectiva dos direitos fundamentais realça a sua componente de direitos identificadores de um sistema político.

Deste modo, podemos concluir que as vertentes subjectiva e objectiva do recurso de amparo e dos direitos fundamentais não são totalmente equiparáveis, podendo, *v.g.*, a dimensão objectiva do recurso de amparo não implicar necessariamente a protecção da dimensão objectiva dos direitos fundamentais (cfr. a STCE n.º 163/1986, de 17/12/ /1986, BOE n.º 3, que concedeu o amparo a um cidadão que foi condenado sem ser informado da acusação, apesar de este não ter recorrido em amparo e o recurso ter sido atribuído ao Ministério Fiscal) ou, a plenitude da vertente subjectiva do amparo tutelar não só a vertente subjectiva dos direitos fundamentais, mas também a sua vertente objectiva (em especial nos casos de conflito entre a liberdade de expressão e o direito ao bom nome).

A Tutela Constitucional dos Direitos, Liberdades e Garantias   277

lesão[1105]. A segunda, enquanto explicitação do princípio da constitucionalidade (artigo 9.º, n.º 1, da CE), manifesta-se no desenvolvimento de critérios orientadores da interpretação e da aplicação dos direitos fundamentais por parte dos demais órgãos estatais, *maxime*, os órgãos judiciais[1106].

Dito por outras palavras, enquanto a vertente subjectiva confere ao recurso de amparo a sua razão de ser como instrumento para tutela dos direitos fundamentais, a vertente objectiva permite reservar o recurso de amparo para aqueles assuntos que se considerem de maior interesse, de forma a estabelecer critérios doutrinais sobre a interpretação e aplicação dos direitos incluídos no seu âmbito[1107].

Como atrás ficou dito, alguma doutrina, na qual salientamos PEDRO CRUZ VILLALÓN e PABLO PÉREZ TREMPS, defendeu que o recurso de amparo devia ter como função primordial a definição dos valores gizados na Secção 1.ª do Capítulo 2.º do Título I da Constituição, mais do que estar à disposição daqueles que pedem justiça em matéria de direitos fundamentais[1108]. Segundo esta perspectiva, e retomando as considerações acima mencionadas, atribuir-se-ia ao TCE um instrumento semelhante ao *writ of certiorari* de que dispõe o Tribunal Supremo norte-americano, em virtude do qual este escolhe os casos que irá conhecer (*docket control*), segundo a sua importância inovadora para o desenvolvimento do Direito[1109-1110]. Na esteira de R. WALH e J. WIELAND, a teleologia deste instrumento reside precisamente na tomada de consciência de que o acesso à jurisdição é, de certa forma, um «*knappes Gut*» (bem escasso)[1111].

[1105] Cfr. MANUEL CARRASCO DURÁN, *Los procesos para la tutela judicial... cit.*, p. 36.

[1106] O responsável pela criação destes critérios será, assim, o legislador. Cfr. ÁNGELA FIGUERUELO BURRIEZA, *El Recurso de Amparo: Estado de la Cuestión*, cit., p. 42.

[1107] MANUEL CARRASCO DURÁN, *El concepto constitucional de recurso de amparo... cit.*, p. 95. Cfr. a STC n.º 69/1997, de 08/04/1997, BOE n.º 114.

[1108] *Apud* LUIZ MARIA DIEZ-PICAZO GIMÉNEZ, *op. cit.*, pp. 30-31.

[1109] Cfr. CARLOS BLANCO DE MORAIS, *Justiça Constitucional, Tomo II, cit.*, p. 576. Mais desenvolvidamente, *vide* MARÍA ÁNGELES AHUMADA RUIZ, «*El certiorari. Ejercicio discrecional de apelación por el Tribunal Supremo de los Estados Unidos*», in REDC, año 14, núm. 41, 1994, pp. 89-136. O modelo *writ of certiorari* é de enraizada tradição nos sistemas de *Common Law*.

[1110] Note-se que uma recusa de *certiorari* não tem valor de precedente.

[1111] *Op. cit.*, p. 1138. Cfr. *supra* 4.1.4.

Pelo contrário, Luiz M. Diez-Picazo Giménez afastou categoricamente esta tese e lembrou que o *writ of certiorari*, quanto às questões não controversas, apenas pode funcionar sobre a base da regra do precedente (*stare decisis*), o que se revela incompatível com o sistema legal espanhol (de *civil law*)[1112-1113]. O Autor entendeu que, não obstante a jurisprudência constitucional ser vinculante para os tribunais ordinários, segundo o artigo 5.º, n.º 1, da LOPJ, não era suficientemente conhecida e aplicada por estes[1114]. Por outro lado, o recurso de amparo, quando demasiadamente voltado para uma dimensão objectiva ou institucional dos direitos fundamentais, acaba por encarnar uma certa vocação anti-individualista[1115].

Ainda nesta sede, se adiantaram muitas outras propostas, a saber, *breviter*: (*i*) maior restrição da legitimidade activa, pela reconsideração da jurisprudência constitucional a propósito do artigo 24.º, n.º 1, *in fine*, da CE[1116]; (*ii*) concessão de uma maior agilidade à fase de tramitação do amparo, nomeadamente através da atribuição de competência decisória também às Secções[1117]; (*iii*) e a adopção de medidas organizativas internas e incremento dos meios pessoais ao serviço do TCE[1118].

[1112] *Op. cit.*, p. 31.

[1113] Advogando a impossibilidade da implementação de um modelo de *certiorari* em Espanha, por incompatibilização com o desenho constitucional do recurso de amparo, Miguel Sánchez Morón, *El recurso de amparo constitucional... cit.*, p. 30, e Rafael Bustos Gisbert, *op. cit.*, p. 284. Diferentemente, defendendo de que não existe nenhum impedimento normativo, a nível constitucional, para assimilar o modelo de *certiorari*, Anamari Garro Vargas, *op. cit.*, pp. 133-134.

[1114] *Op. cit.*, p. 31. O Autor desenvolveu esta convicção após um estudo sobre a experiência do direito à tutela jurisdicional efectiva em Espanha. No mesmo sentido, Pablo Pérez Tremps, *Tribunal Constitucional y Poder Judicial, cit.*, p. 265.

[1115] *Ibidem*, p. 32. Este argumento foi rebatido pelos Autores que sustentam a admissibilidade da introdução de mecanismos de controlo discricionário da admissibilidade do amparo. Destarte, Manuel Aragón Reyes, «*Problemas del recurso de amparo*», *cit.*, p. 169, nt. 28, adiantou que se pode afirmar que existe uma «regra do precedente» em Espanha, com uma ressalva: esse precedente não opera ao nível da jurisdição ordinária, mas apenas quanto à jurisdição constitucional. O Autor não hesitou, porém, em excluir da discricionariedade do TCE os amparos directos, ou seja, não sujeitos à regra da subsidiariedade. Com efeito, no caso do artigo 42.º da CE (relativo aos actos parlamentares), não existe uma tutela prévia a nível da jurisdição ordinária.

[1116] O tão proclamado direito à tutela judicial efectiva «*sin indefensión*». Contra, Catherine-Amélie Chassin, *op. cit.*, p. 45, que sustenta não ser aceitável, para resolver o problema de sobrecarga do TCE, diminuir-se na garantia dos direitos fundamentais.

[1117] Ideia lançada já em 2004, por Manuel Aragón Reyes, «*La tutela diretta dei diritti fondamentali*»... *cit.*, p. 88, e que acabou por merecer consagração expressa na recente alteração à LOTCE.

A Tutela Constitucional dos Direitos, Liberdades e Garantias   279

Quanto à fase de admissão do pedido de amparo, ENOCH ALBERTÍ ROVIRA, propôs que, em vez de se insistir na criação de novas causas de não admissibilidade, se deveria apostar em especificar as causas de admissibilidade, de modo a conferir uma maior segurança aos recorrentes aquando da interposição de um recurso de amparo constitucional[1119]. Outra ideia interessante, que foi sugerida nesta sede, foi precisamente a da agilização da fase de admissão dos pedidos de amparo, com base na imposição ao requerente do ónus de demonstrar a transcendência constitucional do amparo, sobretudo alegando graves repercussões que derivariam da sua não admissão[1120].

Em todo o caso, a esmagadora maioria da doutrina concorda que é um imperativo reformular o amparo *judicial*, dando o devido valor às potencialidades de protecção que podem ser oferecidas pela jurisdição ordinária, de forma a libertar o TCE de um acumular excessivo de recursos e impedir que se transforme numa espécie de instância de último recurso[1121].

Para terminar, destacamos que, mais recentemente, GERMAN FERNÁNDEZ FARRERES apresentou uma ousada proposta, amplamente discutida nos meios de comunicação social, que visaria, em traços gerais, transferir a competência para conhecer dos recursos de amparo com fundamento em violações do art. 24.°, n.°1, *in fine*, para uma Secção *ad hoc* do Tribunal Supremo (uma «Sala de amparo constitucional»), uma vez esgotados os recursos úteis[1122]. Este pedido de «amparo judicial» – que, lembramos, teria como objectivo aliviar o TC de uma fatia considerável dos recursos de amparo constitucional que todos os anos dão entrada

---

[1118] Tal como o aumento do número de magistrados do TCE, proposto por MANUEL JIMÉNEZ DE PARGA, presidente emérito do TCE, em 13/07/20005, nos 25 anos do Tribunal Constitucional, *in* http://www.abc.es. Discordando, MANUEL ARAGÓN REYES, «*Problemas del recurso de amparo*», *cit.*, p. 166, e ROSARIO TUR AUSINA, *op. cit.*, pp. 473-474, asseveram que aumentar o número de magistrados apenas conduziria a uma infrutífera proliferação de Salas e, com isso, ao aumentar de acórdãos contraditórios dentro do seio do próprio TCE.

[1119] Cfr. *op. cit.*, pp. 141-142.

[1120] Cfr. CARLES VIVER I PI-SUNYER, «*Diagnóstico para una reforma*», *cit.*, p. 38.

[1121] Cfr. CARLES VIVER I PI-SUNYER, «*Diagnóstico para una reforma*», *cit.*, p. 17, ENOCH ALBERTÍ ROVIRA, *op. cit.*, p. 143, FRANCISCO FERNÁNDEZ SEGADO, *La Reforma del Régimen Jurídico-Procesal del Recurso de Amparo... cit.*, p. 169, MANUEL ARAGÓN REYES, «*La tutela diretta dei diritti fondamentali*»... *cit.*, p. 72, e MIGUEL ÁNGEL ALEGRE MARTINEZ, *op. cit.*, p. 123.

[1122] *El recurso de amparo constitucional: una propuesta de reforma*, Fundación Alternativas, 2005, http://www.almendron.com/politica/pdf/2005/spain/spain_2130.pdf.

280 *A Tutela Directa dos Direitos Fundamentais*

no Tribunal – poderia sujeitar-se aos mesmos requisitos de admissibilidade do recurso de amparo constitucional.

Esta proposta foi muito criticada por MANUEL ARAGÓN REYES, pois implicaria que essa «Sala de amparo constitucional» tivesse a seu cargo a revisão dos arestos proferidos por outras Salas do mesmo Tribunal Supremo[1123]. Ora, tal situação poderia criar problemas na hierarquia interna do próprio órgão jurisdicional.

(*ii*) A profunda reforma operada pela Lei Orgânica n.º 6/2007, de 24 de Maio

Como atrás vimos, após cinco pequenas reformas da LOTCE, o Tribunal Constitucional continuava a padecer dos mesmos problemas de hiperplasia de recursos de amparo, sem melhoras significativas[1124]. Daí que, na sequência de uma acesa discussão em torno do conteúdo do Projecto de Lei reformador, se tenha finalmente aprovado a Lei Orgânica n.º 6/2007, de 24 de Maio, que reformulou cerca de um terço da totalidade

---

[1123] «*Problemas del recurso de amparo*», *cit.*, pp. 163-164. O Autor cita, no mesmo sentido, as opiniões convergentes de PEDRO CRUZ VILLALÓN e F. TOMÁS Y VALIENTE (p. 163, nt. 22). Também ROSARIO TUR AUSINA, *op. cit.*, p. 475, se manifestou contra a proposta de GERMAN FERNÁNDEZ FARRERES, por entender que a solução em nada mais resultaria do que transladar o problema da sobrecarga do TCE para um novo problema: a sobrecarga do TS. Por outro lado, advogou ainda que tal poderia colocar em perigo a doutrina constitucional sobre os direitos fundamentais consolidada pelo TCE e, ainda, não teria «um assento cómodo» no TS o amparo contra actos parlamentares (artigo 42.º da LOTCE), pelo que esse amparo teria de continuar a pertencer, necessariamente, à esfera de competência do TCE.

[1124] Na verdade, atentas as estatísticas jurisdicionais de 2005, dos 9708 assuntos ingressados no Tribunal Constitucional, 9476 foram recursos de amparo. De um total de 387 acórdãos proferidos, 312 foram na sequência de um recurso de amparo. Por outro lado, o número de recursos de amparo tem vindo a crescer ao longo dos anos: se em 2001, se podiam registaram 6786, em 2002, foram 7285, em 2003, o número aumentou para 7721, em 2004, contaram-se 7814, sendo que, como afirmámos atrás, em 2005, o número atingiu o recorde máximo de 9476 recursos. Estes dados estatísticos podem ser confirmados no site oficial do TCE: http://www.tribunalconstitucional.es/memorias/2005/memo05_anexo03.html.

De tal modo que o TCE, como lhe autoriza o artigo 95.º, n.º 3, da LOTCE, começou a impor sanções pecuniárias por litigância da má fé, sancionando a interposição abusiva do amparo, que poderão rondar entre os 600 e os 3000 euros – *vide* SSTCE n.º 98/1991, de 09/05/1991, BOE n.º 121; e n.º 214/1991, de 11/11/1991, BOE n.º 301.

A Tutela Constitucional dos Direitos, Liberdades e Garantias

dos preceitos da LOTCE, com especial enfoque na temática do recurso de amparo[1125].

Muito sucintamente, o esforço intelectual de pensar em alternativas ao então desenho jurídico-constitucional incidiu em dois pontos essenciais: (*i*) redefinir ou reforçar a posição institucional do TCE, em face dos problemas de delimitação de competências entre as jurisdições; (*ii*) diminuir a incidência do recurso de amparo constitucional sobre o controlo da micro-constitucionalidade[1126].

Desde logo, e como atrás já adiantámos, para cumprir o desiderato do fortalecimento da posição institucional do TCE, alterou-se o artigo 4.º da LOTCE, atribuindo-se ao Tribunal a possibilidade de delimitar o âmbito da sua jurisdição. No que respeita, agora, às modificações introduzidas no regime jurídico-processual do amparo – tema que ocupou a esmagadora maioria dos preceitos alterados pela Lei Orgânica n° 6/2007 – já fomos abordando as diversas alterações ao longo deste nosso trabalho. Ainda assim, procuraremos frisar um ou outro aspecto que nos parece ser de relevo.

No essencial, a configuração do recurso de amparo constitucional sofreu um processo de objectivação, o que motivou uma inegável alteração de perspectiva. De antigo instrumento subjectivo de protecção dos direitos fundamentais dos requerentes, passa, agora, a ser encarado como um mecanismo de garantia da primazia normativa da Constituição[1127]. Em reforço desta ideia, a nova formulação do n.º 2 do artigo 41.º da LOTCE, ampliou o leque dos legitimados a intentar um recurso de amparo constitucional[1128]. Por sua vez, o carácter subsidiário do amparo foi intensificado, pela atribuição aos tribunais ordinários de competências para

---

[1125] O Projecto de Lei possuía um alcance bastante mais amplo do que aquele que veio a ser efectivamente aprovado. Cfr. ANAMARI GARRO VARGAS, *op. cit.,* pp. 134-139, e FRANCISCO FERNÁNDEZ SEGADO, *La Reforma del Régimen Jurídico-Procesal del Recurso de Amparo... cit.,* p. 28.

[1126] PEDRO CRUZ VILLALÓN, *apud* FRANCISCO FERNÁNDEZ SEGADO, *La Reforma del Régimen Jurídico-Procesal del Recurso de Amparo... cit.,* p. 29.

[1127] Cfr. FRANCISCO BALAGUER CALLEJÓN, GREGORIO CÁMARA VILLAR e LUIS FELIPE MEDINA REY, *op. cit.,* p. 75, e FRANCISCO FERNÁNDEZ SEGADO, *La Reforma del Régimen Jurídico-Procesal del Recurso de Amparo... cit.,* p. 88.

[1128] Cfr. FRANCISCO BALAGUER CALLEJÓN, GREGORIO CÁMARA VILLAR e LUIS FELIPE MEDINA REY, *op. cit.,* pp. 16 e 60-62. A reforma veio acolher a posição unânime da jurisprudência constitucional, que vinha interpretando a norma do artigo 41.º, n.º 2, da LOTCE, à luz do artigo 162.º, n.º 1, al. b), da CE, abrangendo, assim, no leque de legitimados não apenas os cidadãos, mas toda ou qualquer pessoa titular de um interesse

282 A Tutela Directa dos Direitos Fundamentais

controlar as violações de direitos fundamentais, mediante uma nova regulação do incidente de nulidade dos actos processuais (artigo 241.º, n.º 1, da LOPJ)[1129]. De acordo com a actual redacção do preceito mencionado, poderá, agora, requerer-se a declaração de nulidade de actuações fundadas em qualquer lesão de um direito fundamental referido no artigo 53.º, n.º 2, da CE, e não apenas, como acontecia anteriormente, na hipótese de incongruência ou *indefensión*.

Com o intuito de colocar algum freio à utilização abusiva do recurso de amparo constitucional, e como atrás já referimos, não basta que o recorrente preencha os requisitos processuais previstos para a apresentação de um recurso de amparo, visto que terá de justificar, nos termos dos artigos 49.º, n.º 1, e 50.º, n.º 1, al. b), da LOTCE, a «especial transcendência constitucional do recurso»[1130]. Desta forma, parece-nos que a actual configuração processual constitucional espanhola vai mais longe que a objectivação da queixa constitucional que teve lugar na Alemanha, na medida em que foram eliminados todos os resquícios visíveis de elementos subjectivos no desenho do amparo constitucional[1131]. Não deve estranhar--se, por isso, que alguma doutrina tenha considerado que se assistiu a um

---

legítimo (cfr. SSTCE n.º 19/1983, de 14/03/1983, BOE n.º 87, par. 2, e n.º 189/1993, de 14/06/1993, BOE n.º 171, par. 5).

[1129] Cfr. Exposição de Motivos da Lei Orgânica n.º 6/2007, par. 5. Contra esta reformulação do artigo 241.º, n.º 1, da LOPJ, FRANCISCO FERNÁNDEZ SEGADO, *La Reforma del Régimen Jurídico-Procesal del Recurso de Amparo... cit.*, pp. 168-174, defendeu que não acredita num modelo de correcção das decisões judiciais no seio do próprio tribunal que as proferiu (p. 171). Deste modo, o Autor profetiza que esta reforma terá um efeito perverso, pois aumentará o amparo contra decisões judiciais e contra providências de não admissão a trâmite do incidente da nulidade de actos processuais (previsto no artigo 241.º, n.º1, da LOPJ). Mostrando algum cepticismo acerca da potencialidade de este mecanismo aligeirar notavelmente o trabalho do TCE, cfr. ROSARIO TUR AUSINA, *op. cit.*, p. 496.

[1130] Contra a introdução desta nova exigência manifestou-se FRANCISCO FERNÁNDEZ SEGADO, *La Reforma del Régimen Jurídico-Procesal del Recurso de Amparo... cit.*, pp. 91-99. O Autor entende que corre o risco de se converter num mero formalismo, uma vez que se a transcendência constitucional terá de ser avaliada pela Secção ou Sala competente, não se compreende a razão de onerar-se o requerente com o cumprimento desse mesmo requisito.

[1131] Se bem que FRANCISCO FERNÁNDEZ SEGADO, *La Reforma del Régimen Jurídico--Procesal del Recurso de Amparo... cit.*, p. 101, aponte ainda uma excepção que poderá ser perspectivada como um resquício de subjectivação do recurso de amparo constitucional. Está, assim, a referir-se ao artigo 50.º, n.º 1, al. b), da LOTCE, quando

A Tutela Constitucional dos Direitos, Liberdades e Garantias

«excesso de objectivação», pois a própria etimologia da expressão «amparo» nos indica que esta não pode ser completamente alheada da vertente subjectiva do mesmo[1132].

Perscrutados os principais motes da reforma processual constitucional espanhola, resta saber se a nova fórmula de admissão de recursos de amparo corresponde, ou não, ao modelo norte-americano do *writ of certiorari*. A doutrina hesita entre afirmar que se caminha nessa direcção[1133], ou em considerar que a ampla margem decisória propiciada pelo artigo 50.º, n.º 1, al. b), da LOTCE, não atribui ao TCE uma total competência discricionária para admitir os recursos de amparo[1134].

Assim sendo, apesar de ser visível uma gradual aproximação ao modelo norte-americano, FRANCISCO FERNÁNDEZ SEGADO entende que, na actual configuração processual constitucional, o juízo de admissibilidade não é inteiramente livre, uma vez que o TCE terá sempre de atender aos requisitos plasmados no artigo 50.º, n.º 1, al. b), da LOTCE. Por este

---

dispõe que o TCE apreciará a especial transcendência constitucional atendendo a sua importância «para a sua [da Constituição] aplicação ou eficácia geral».

[1132] Neste sentido, ANGEL GARRORENA MORALES e EDUARDO ESPÍN TEMPLADO, *apud* FRANCISCO FERNÁNDEZ SEGADO, *La Reforma del Régimen Jurídico-Procesal del Recurso de Amparo... cit.*, pp. 101-102, e MARÍA ROSARIO ALONSO IBÁÑEZ, *op. cit.*, pp. 211-213. Aliás, desde cedo que o TCE vem sublinhando que a vertente subjectiva subjaz ao próprio entendimento do recurso de amparo, uma vez que «a protecção e, no seu caso, o restabelecimento de direitos constitucionalmente reconhecidos é, pois, o objecto primário do recurso de amparo» (STCE n.º 167/1986, de 22/12/1986, BOE n.º 17, par. 4). No mesmo sentido, ANAMARI GARRO VARGAS, *op. cit.,* p. 141. Ao invés, ROSARIO TUR AUSINA, *op. cit.*, p. 485, considera que objectivar não equivale necessariamente a «des-subjectivar», e novamente lembra que não se deve confundir o elemento subjectivo do amparo – que abarca uma plena tutela dos direitos lesionados – com um suposto «direito ao amparo constitucional».

[1133] Cfr. CARLES VIVER PI-SUNYER, EDUARDO ESPÍN TEMPLADO, JOSÉ LUIS CASCAJO CASTRO, MARC CARRILLO, e PEDRO CRESPO BARQUERO, *apud* FERNÁNDEZ SEGADO, *La Reforma del Régimen Jurídico-Procesal del Recurso de Amparo... cit.*, p. 129, nts. 133-134. Todavia, é importante referir que, no modelo norte-americano, apenas em 1% dos casos se consegue obter do *Supreme Court* um *grant certiorari*, daí que a tutela subjectiva também resulte diminuída neste modelo de justiça constitucional. Cfr., para mais desenvolvimentos sobre este tema, LEE EPSTEIN, JACK KNIGHT, e OLGA SHVETSOVA, *«The Role of Constitutional Courts in the Establishment and Maintenance of Democratic Systems of Government»*, in Law & Society Review, Vol. 35, No. 1, 2001, Law and Society Association, Massachusetts, pp. 117-164, p. 122.

[1134] FERNÁNDEZ SEGADO, *La Reforma del Régimen Jurídico-Procesal del Recurso de Amparo... cit.*, pp. 130-131.

mesmo motivo, Rosario Tur Ausina, com algum sentido de humor, defende que o que se introduziu foi tão-somente um *pseudocertiorari*[1135].

Diversamente, Francisco Balaguer Callejón, Gregorio Cámara Villar e Luis Felipe Medina Rey sustentam que os critérios estabelecidos para a apreciação da especial transcendência constitucional no artigo 50.º, n.º 1, al. b), da LOTCE, são de tal modo abertos e abstractos, que atribuem ao TCE um amplo nível de discricionariedade para os concretizar[1136].

Foram estas, então, as principais reformas que se operaram na LOTCE, a par de outras alterações pontuais, que fomos assinalando neste nosso trabalho, ao longo da análise do regime do recurso de amparo constitucional.

[1135] *Op. cit.*, p. 220.
[1136] *Op. cit.*, p. 78.

TÍTULO SEGUNDO

A PROTECÇÃO DOS DIREITOS FUNDAMENTAIS ATRAVÉS DA JUSTIÇA ADMINISTRATIVA

1. INTRODUÇÃO

A reforma do contencioso administrativo – enquanto resultado da publicação da Lei n.º 13/2002, de 19 de Fevereiro, que aprova o novo ETAF e da Lei n.º 15/2002, de 22 de Fevereiro, que aprova o CPTA – foi ansiosamente esperada como veículo de realização plena do Estado de Direito Democrático e da consagração de um genuíno princípio da tutela jurisdicional efectiva[1137-1138].

Antes de mais, o inovador regime da intimação para a protecção de direitos, liberdades e garantias, concretização do artigo 20.º, n.º 5, da CRP[1139], procurou dotar os preceitos que acolhem direitos, liberdades e garantias de uma «*preferred position*»[1140]. Desta forma, espelhou-se de

---

[1137] Cfr. MÁRIO AROSO DE ALMEIDA, «*Breve introdução à reforma do contencioso administrativo*», *in* CJA, n.º 32, Março /Abril 2002, CEJUR, Braga, pp. 3-10, p. 3. Na verdade, a democracia, como reconhecimento da igual dignidade de todos, é um pilar basilar do moderno Estado de Direito. Neste sentido, cfr. EDUARDO GARCÍA ENTERRÍA, *Hacia una nueva justicia administrativa*, *cit.*, pp. 19 e 26-31, e JORGE REIS NOVAIS, *Direitos Fundamentais: trunfos contra a maioria*, *cit.*, p. 19.

[1138] Princípio este plasmado no artigo 2.º do CPTA, e que, à semelhança do que sucede no processo civil, introduz a regra de que "a cada direito corresponde uma acção". Cfr. ALEXANDRE SOUSA PINHEIRO e MÁRIO JOÃO DE BRITO FERNANDES, *Comentário à IV Revisão Constitucional*, AAFDL, 1999, p. 102.

[1139] Cfr. DIOGO FREITAS DO AMARAL e MÁRIO AROSO DE ALMEIDA, *Grandes Linhas de Reforma do Contencioso Administrativo*, Almedina, Coimbra, 2004, 3.ª Edição Revista e Actualizada, p. 100.

[1140] *Apud* acórdão do STA, de 18/11/2004, *cit.* Sobre o conceito, cfr. EDUARDO GARCÍA DE ENTERRÍA, *La Constitución Como Norma y el Tribunal Constitucional*, *cit.*,

286 A Tutela Directa dos Direitos Fundamentais

forma nítida a comunhão entre Direito Constitucional e os institutos do contencioso administrativo[1141].

Um relance histórico-comparativo demonstra que a doutrina germânica, a propósito do efeito irradiante dos direitos fundamentais para toda a ordem legislativa, havia já desenvolvido a ideia do Direito Administrativo como «Direito Constitucional concretizado» («*konkretisiertes Verfassungsrecht*»)[1142]. Em especial, é manifesto que o Direito Processual Administrativo, enquanto instrumento de garantia dos direitos fundamentais, revela, com nitidez meridiana, a «incidência e projecção de uma parcela nuclear do Direito Constitucional»[1143]. Esta assumpção, porém,

---

pp. 153-160, e PIERRE BON, «*La protection constitutionnelle des droits fondamentaux... cit.*, p. 61.

[1141] Sobre esta questão debruçaram-se VASCO PEREIRA DA SILVA, *O Contencioso Administrativo como Direito Constitucional Concretizado ou Ainda por Comcretizar (?)*, Almedina, Coimbra, 1999, pp. 5 ss., JORGE MIRANDA, «*Os parâmetros constitucionais da reforma do contencioso administrativo*», in CJA, n.º 24, Novembro /Dezembro 2000, CEJUR, Braga, pp. 3-10, p. 3, e PAULO CASTRO RANGEL, *Repensar o Poder Judicial, cit.*, p. 184. Na verdade, segundo OTTO BACHOF, «*Die Dogmatik des Verwaltungsrechts vor den Gegenwartsaufgaben der Verwaltung*», *apud* VASCO PEREIRA DA SILVA, «*Breve crónica de uma reforma anunciada*», in CJA, n.º 1, Janeiro /Fevereiro 1997, CEJUR, Braga, pp. 3-7, p. 5, «o grau de dependência constitucional do Direito Administrativo aumentou (…) de forma extraordinária».

[1142] FRITZ WERNER, *apud* KLAUS SCHLAICH e STEFAN KORIOTH, *op. cit.*, p. 16. Nesta sede, JOSÉ JOQUIM GOMES CANOTILHO, «*O Direito Constitucional passa; o Direito Administrativo passa também*», in AAVV, Studia Jurídica 61 – Estudos em Homenagem ao Prof. Doutor Rogério Soares, Coimbra Editora, Coimbra, 2001, pp. 705-722, pp. 706-707, e VITAL MOREIRA, «*Constituição e Direito Administrativo – A "Constituição Administrativa" Portuguesa*», in AAVV, Ab Vno ad Omnes – 75 Anos da Coimbra Editora, Coimbra Editora, 1998, pp. 1141-1166, pp. 1142-1144, demonstram como a velha máxima de OTTO MAYER (1924) de que «o direito constitucional passa, o direito administrativo permanece» («*Verfassungsrecht vergeht, Verwaltungsrecht besteht*»), foi ultrapassada pelas novas exigências da sociedade moderna. Com efeito, o princípio da constitucionalidade, como atrás referimos, passou a ser o centro de gravitação de toda a ordem jurídica.

Nos nossos dias, não se afigura estranho falar-se em «Constituição Administrativa», se bem que, como bem ressalva o primeiro Autor, a própria expressão da autoria de WERNER «não resiste à fuga para a *regulação*». Cfr., igualmente, JACQUES ROBERT, «*Droit administratif et droit constitutionnel*», in RDP, n.º 4, Juillet-Août 1998, Libraire Générale de Droit et de Jurisprudence, Paris, pp. 971-978, em especial, p. 971.

[1143] Acórdão do STA, de 18/11/2004, *cit.* Em razão disso, alguma doutrina refere-se inclusivamente a um «direito constitucional processual administrativo» ou «constituição processual administrativa». Cfr., já com esta ideia, J. J. GOMES CANOTILHO, *Direito Constitucional e Teoria da Constituição, cit.*, p. 966.

A Protecção dos Direitos Fundamentais através da Justiça Administrativa   287

não equivale a perspectivar o Direito Administrativo como uma mera concretização do Direito Constitucional, «sem desenvolvimento próprio e sem autonomia científico-cultural»[1144].

Como tivemos ocasião de referir (*supra*, 3.1.1), a «norma-princípio» da tutela jurisdicional efectiva teve como campo de eleição a justiça administrativa, traduzindo-se num alargamento das garantias jurisdicionais dos administrados, através da previsão não taxativa de mecanismos de tutela (artigo 268.º, n.º 4, da CRP) e do direito de impugnação de normas administrativas com eficácia externa, lesivas de direitos ou interesses legalmente protegidos dos cidadãos (artigo 268.º, n.º 5, da CRP)[1145-1146]. Por outro lado, assume extrema importância a atribuição à parte que obtém uma decisão judicial favorável do direito a um processo de execução da mesma decisão.

Do exposto, decorre que o artigo 20.º, n.º 5, da CRP, deve ser perspectivado como um comando constitucional dado ao legislador ordinário, no sentido da criação de novos procedimentos judiciais céleres e prioritários (e da reconfiguração dos processos já existentes) para a tutela de direitos, liberdades e garantias. A esta preocupação esteve atento o legislador processual administrativo, que, em 2004, esboçou um novo desenho da justiça administrativa, amplamente reformada, procurando responder às exigências de uma protecção jurisdicional alargada (*umfassender gerichtlicher Rechtsschutz*). Esta nova legislação possui inevitavelmente alguns aspectos pontuais susceptíveis de aperfeiçoamento e maximização, mas, numa perspectiva global e passados alguns anos, é um motivo de

---

[1144] Cfr. JORGE MIRANDA, «*Uma Perspectiva Constitucional da Reforma do Contencioso Administrativo*», in Estudos em Homenagem ao Prof. Doutor Inocêncio Galvão Telles, V Volume – Direito Público e Vária, Almedina, Coimbra, 2003, pp. 35--61, p. 35, e J. J. GOMES CANOTILHO, *Direito Constitucional e Teoria da Constituição*, cit., pp. 502-503.

[1145] Cfr. CATARINA SAMPAIO VENTURA, *op. cit.*, p. 499. Ressalve-se, apenas, que o direito à tutela jurisdicional efectiva está inserido na categoria de direitos, liberdades e garantias inoponíveis aos particulares, na medida em que têm por destinatário exclusivamente os órgãos estatais. Cfr., para o efeito, BENEDITA FERREIRA DA SILVA MAC CRORIE, *A Vinculação dos Particulares aos Direitos Fundamentais*, Almedina, Coimbra, 2005, p. 9.

[1146] Todavia, este corolário do princípio da tutela jurisdicional efectiva em sede do direito processual administrativo, não foi imediatamente reconhecido pela jurisprudência constitucional. Cfr. RUI MEDEIROS, «*Anotação ao artigo 20.º da Constituição*», cit., p. 203.

288　　　*A Tutela Directa dos Direitos Fundamentais*

orgulho para aqueles que se empenharam numa visão verdadeiramente democrática e participativa do Estado e do Direito[1147].

2. ÂMBITO DE APLICAÇÃO DA INTIMAÇÃO PARA A PROTECÇÃO DE DIREITOS, LIBERDADES E GARANTIAS

2.1. A Tutela Judicial Efectiva e a Protecção de Direitos, Liberdades e Garantias

Antes da reforma do contencioso administrativo, podíamos afirmar que, quer o processo criminal (através do *habeas corpus*), quer o processo cível (mediante as acções declarativas de apreciação e de condenação, acompanhadas de um amplo leque de providências cautelares especificadas e não especificadas), reuniam condições para assegurar uma tutela razoavelmente eficaz contra violações de direitos, liberdades e garantias[1148].

Contudo, a insuficiência de vias de tutela célere ainda caracterizavam negativamente o Direito Processual Administrativo[1149]. Ora, tal situação não deixava de ser preocupante, se atentarmos na gritante necessidade de defesa dos particulares perante a Administração Pública, uma vez que é o poder que contacta mais intimamente com estes[1150]. Compreende-se, por isso, que a Constituição garanta, expressamente, no artigo 268.º, o

---

[1147] Para um historial breve, cfr. Diogo Freitas do Amaral, *«Estado», in* Polis – Enciclopédia Verbo da Sociedade e do Estado, 2.ª Edição Revista e Actualizada, 1997, pp. 1069-1119, pp. 1090-1092.

[1148] Veja-se, a propósito, Carla Amado Gomes, *«Pretexto, Contexto e Texto da Intimação Para Protecção de Direitos, Liberdades e Garantias», in* AAVV, Estudos em Homenagem ao Professor Doutor Inocêncio Galvão Telles, vol. V – Direito Público e Vária, Almedina, Coimbra, 2003, pp. 543-577, p. 554, e Ana Sofia Firmino, *«A Intimação Para a Protecção de Direitos, Liberdades e Garantias», in* AAVV, Novas e Velhas Andanças do Contencioso Administrativo – Estudos sobre a Reforma do Processo Administrativo, AAFDL, Lisboa, 2005, pp. 353-459, p. 404.

[1149] Neste sentido parecem dirigir-se as considerações de J. J. Gomes Canotilho, *Estudos Sobre Direitos Fundamentais*, Coimbra Editora, Coimbra, 2004, p. 79.

[1150] Maria Fernanda Maçãs, *«As formas de tutela urgente previstas no Código de Processo nos Tribunais Administrativos», in* Separata da RMP, n.º 100, Lisboa, 2004, pp. 41-70, p. 50.

A Protecção dos Direitos Fundamentais através da Justiça Administrativa   289

direito dos administrados a uma tutela jurisdicional efectiva para defesa dos seus direitos e interesses legalmente protegidos[1151].

Numa perspectiva jurídico-constitucional, a materialidade do direito à tutela jurisdicional efectiva permite que o classifiquemos como um *direito fundamental de natureza análoga aos direitos, liberdades e garantias*[1152-1153]. Podemos, assim, defini-lo como o direito de toda e qualquer pessoa ter acesso a uma protecção jurisdicional adequada na defesa da sua esfera jurídica lesada[1154]. Nesta medida, e para garantir uma plenitude de tutela, era exigida ao legislador ordinário uma actuação em três vertentes: a tutela declarativa, tutela cautelar e tutela executiva[1155]. A doutrina advertia, porém, que a realização desse direito-garantia constitucionalmente consagrado não tinha sido cabalmente cumprida pelo legislador[1156].

Seguindo o exemplo do Direito comparado, o legislador, em homenagem ao princípio da tutela judicial efectiva, autonomizou, no CPTA, o Título IV, respectivo à tutela principal urgente[1157-1158]. Isto sem prejuízo,

---

[1151] MÁRIO AROSO DE ALMEIDA, *«Os Direitos Fundamentais dos Administrados após a Revisão Constitucional de 1989»*, in Separata da Revista Direito e Justiça, 1992, pp. 287-326, p. 290.

[1152] Cfr., entre outros, MÁRIO ESTEVES DE OLIVEIRA e RODRIGO ESTEVES DE OLIVEIRA, *Código de Processo nos Tribunais Administrativos*, Vol. I, Almedina, Coimbra, 2006, p. 108.

[1153] Cumpre, porém, não confundir o direito à tutela jurisdicional efectiva com o direito à justiça, uma vez que este último apresenta um conteúdo mais amplo. Cfr. GUILHERME F. DIAS PEREIRA DA FONSECA, *«A Defesa dos Direitos (Princípio Geral da Tutela Jurisdicional dos Direitos Fundamentais)»*, in BMJ, n.º 344, Março, 1985, pp. 11-117, p. 11.

[1154] Sublinhando o pendor subjectivista, cfr. MANUEL AFONSO VAZ, *Lei e Reserva da Lei – A Causa da Lei na Constituição... cit.*, p. 196.

[1155] Cfr., neste sentido, DIOGO FREITAS DO AMARAL e MÁRIO AROSO DE ALMEIDA, *op. cit.*, pp. 53-55, e MÁRIO ESTEVES DE OLIVEIRA e RODRIGO ESTEVES DE OLIVEIRA, *op. cit.*, p. 114.

[1156] Cfr. JOSÉ CARLOS VIEIRA DE ANDRADE, *«A protecção dos direitos fundamentais dos particulares na justiça administrativa reformada»*, in RLJ, Ano 134.º, N.º 3929, 2001, pp. 226-234, p. 226.

[1157] De facto, vários Estados europeus haviam já procedido a reformas significativas dos respectivos regimes de justiça administrativa, *v. g.*, a França, a Itália, a Alemanha e a Espanha. Cfr., para mais desenvolvimentos, ANA SOFIA FIRMINO, *op. cit.*, p. 355.

Quanto à tutela urgente dos direitos fundamentais no contencioso administrativo espanhol, o artigo 53.º, n.º 2, da CE, reconhece aos particulares a possibilidade de reclamarem uma protecção das liberdades e direitos reconhecidos no artigo 14.º e na secção 1.ª do capítulo 2.º do Título I da Constituição, perante os tribunais ordinários, através de um processo caracterizado pela *sumariedade* e *preferência*, e, se for caso disso, através de recurso de amparo perante o Tribunal Constitucional (cfr. Francisco Fernandez Segado, *El Sistema Constitucional Español, Dykinson*, 1992, p. 491).

Ora, num esforço de concretização da sumariedade, aprovou-se a Lei n.º 62/1978, em 26 de Dezembro, denominada *Ley de Protección Jurisdiccional de los Derechos Fundamentales de la Persona*. A lei dividia-se em três secções: garantia jurisdicional penal, garantia contencioso-administrativa e garantia jurisdicional civil. Com esta protecção especializada dos direitos em sede de justiça ordinária pretendia-se regular e desenvolver o amparo judicial (cfr. Cfr. Rosario Tur Ausina, *op. cit.*, p. 133). Todavia, apesar deste esforço legislativo ter constituído um considerável avanço, não conseguiu responder à multiplicidade de problemas que se levantaram e proteger eficazmente os direitos fundamentais. Aliás, a própria Lei n.º 62/1978 acabava por reconhecer que não era uma genuína aplicação do artigo 53.º, n.º 2, da CE, dado que a sua disposição final conferia ao Governo a possibilidade de ampliar os direitos susceptíveis de amparo (cfr. Joan Olivier Araujo, *El recurso de amparo, cit.*, p. 34, Pablo Pérez Tremps e Miguel Revenga Sánchez, *op. cit.*, p. 30, e Rosario Tur Ausina, *op. cit.*, p. 134). Esta desadequação às exigências da realidade levou à multiplicação de vias alternativas de tutela ordinária, deixando a Lei n.º 62/1978 obsoleta.

Criaram-se, então, no desenvolvimento do artigo 53.º, n.º 2, da CE, procedimentos especiais gerais e específicos para a protecção de direitos. Entre os procedimentos *gerais*, isto é, que têm como âmbito de aplicação mais do que um direito, podemos apontar o procedimento especial contencioso-administrativo (Lei n.º 29/1998, de 13/08), de que falaremos de seguida; o procedimento especial laboral (Real Decreto Legislativo n.º 2/1995, de 07/04); e o procedimento especial contencioso disciplinar militar (Lei Orgânica n.º 2/1989, de 13/04). Quanto aos procedimentos *específicos* de protecção ordinária, destacam-se os seguintes: procedimento relativo ao direito de rectificação da informação difundida (Lei Orgânica n.º 2/1984, de 26/03); procedimento respeitante ao direito de asilo (artigo 21.º da Lei n.º 5/1984, de 26/03), procedimento eleitoral especial para a protecção do direito de participação (artigos 49.º, 109.º a 120.º da Lei Orgânica n.º 5/1985, de 19/06 – Lei do Regime Eleitoral Geral); procedimento de *habeas corpus* (Lei Orgânica n.º 6/1984, de 24/03); procedimento para a protecção dos direitos de reunião e manifestação (artigo 122.º da Lei n.º 29/1998, de 13/07); protecção civil dos direitos à honra, intimidade e imagem (artigo 249.º da Lei n.º 1/2000, de 07/01, *Ley de Enjuiciamiento Civil);* e, finalmente, o incidente de nulidade de actuações processuais que tenham determinado a ausência de defesa *(indefensión)*, nos termos da Lei Orgânica 19/2003, de 23/12 (cfr., para um estudo desenvolvido de cada uma destas garantias gerais e específicas perante a jurisdição ordinária, Pablo Pérez Tremps, «*Tribunal Constitucional, juez ordinario... cit.*, pp. 192-199, Pablo Pérez Tremps e Miguel Revenga Sánchez, *op. cit.*, pp. 31-48, e Rosario Tur Ausina, *op. cit.*, pp. 133-139).

Deste modo, a legislação acabou por ser revogada, optando-se pela elaboração de legislação específica para cada um dos vários domínios processuais. Ora, de todos os processos destinados à protecção dos direitos fundamentais, a garantia contencioso-

A Protecção dos Direitos Fundamentais através da Justiça Administrativa   291

-administrativa é, sem dúvida, o mais utilizado pelos particulares. Destarte, a secção que dizia respeito à garantia contencioso-administrativa (artigos 6.º a 10.º) foi revogada pela Lei n.º 29/1998, de 13 de Julho. O restante corpo legislativo manteve-se em vigor até Janeiro de 2001, com a entrada em vigor da Lei n.º 1/2000, de 07/01, *Ley de Enjuiciamiento Civil*. Assim, no domínio do Direito Processual Administrativo, que desenvolveremos de seguida, aprovou-se a Lei n.º 29/1998, de 13 de Julho, designada *Ley Reguladora de la Jurisdicción Contencioso-administrativa*.

O procedimento especial para a protecção dos direitos fundamentais, como via judicial prévia ao recurso de amparo perante o TCE, consta hoje dos artigos 114.º a 122.º da Lei n.º 29/1998, e está ao alcance de todos aqueles que vejam os seus direitos fundamentais afectados por actos e disposições do poder público. Em termos muito perfunctórios, pode ser caracterizado como um processo «misto» (expressão de MANUEL CARRASCO DURÁN, *Los procesos para la tutela judicial..., cit.*, p. 114), isto é, simultaneamente *constitucional* em razão do seu âmbito material de protecção de direitos fundamentais pessoais, e *contencioso-administrativo*, de acordo com a natureza das relações jurídicas nas quais surge o conflito que motivará a apresentação deste recurso.

Este procedimento especial – que tem por objecto a protecção dos direitos e liberdades públicas a que se refere o artigo 53.º, n.º 2, da CE – além de *sumário*, é *preferente*, na medida em que a sua tramitação é prioritária, como é reconhecido expressamente no artigo 114.º, n.º 3, da LJCA. Por outro lado, importa referir que a jurisprudência constitucional e administrativa sempre excluiu do âmbito material deste procedimento as pretensões baseadas na lesão de outros direitos fundamentais, de princípios vectores da política social e económica (artigos 39.º a 52.º da CE), de valores e princípios consagrados nos artigos 1.º, 9.º, e 10.º da CE e de outros direitos subjectivos derivados de qualquer outra disposição constitucional.

No contencioso administrativo espanhol, o procedimento especial para a protecção dos direitos fundamentais existe em relação de *complementaridade* com o procedimento contencioso administrativo ordinário – ambos vias prévias ao recurso de amparo constitucional. O recorrente pode optar pelo procedimento especial ou pelo procedimento ordinário, podendo inclusivamente recorrer a ambos, ao processo especial (no que concerne à violação do direito fundamental) e ao processo ordinário (sobre os vícios de legalidade ordinária do acto). O prazo para o procedimento especial é de 10 dias (artigo 115.º da LJCA), em contraposição ao prazo geral de 2 meses para o recurso ordinário. É interessante verificar que, com o requerimento inicial deste procedimento especial, poderão ser também requeridas medidas cautelares que assegurem a efectividade do acórdão (cfr. artigos 129.º a 131.º da LJCA).

[1158] Em França, discute-se uma relevante questão de teoria dos direitos fundamentais, que se prende, precisamente, em saber até que ponto é necessária a sua garantia jurisdicional (cfr., expondo o problema, MARIE-JOËLLE REDOR, «*Garantie juridictionnelle et droits fondamentaux*», in CRDF, n.º 1, 2002, pp. 91-101, pp. 92-93). Partindo deste cenário, não surpreende que o novo processo do *référé liberté* (introduzido no *Code de Justice Administrative* pela reforma do contencioso administrativo francês – Lei n.º 2000-597, de

292 A Tutela Directa dos Direitos Fundamentais

claro está, de existirem outros processos urgentes previstos em lei especial[1159].

A intimação para a protecção de direitos, liberdades e garantias – concretização do comando constitucional gizado no n.º 5 do artigo 20.º da CRP[1160] – afirma-se como um mecanismo célere e prioritário desses direitos, que requerem uma *tutela de mérito definitiva*, não compatível com a tutela cautelar. Convirá notar, por outro lado, que esta "positivação" constitucional deverá ser classificada como uma norma preceptiva (ainda que não *exequível por si mesma*), na medida em que, pelo facto de o seu conteúdo estar determinado ou ser determinável constitucionalmente, é directamente aplicável, nos termos do artigo 18.º da CRP[1161].

Em torno da mesma ideia, cumpre sublinhar que, em sede da revisão constitucional de 1997 – responsável pela introdução do n.º 5 no artigo 20.º da CRP – já MÁRIO AROSO DE ALMEIDA alertava que a tutela judicial efectiva jamais seria plenamente garantida pelo alargamento da tutela cautelar, pelo que estava dependente da consagração de processos urgentes «para os domínios mais sensíveis ao decurso do tempo, nos quais estejam em jogo valores de maior magnitude e que, no entanto, nem sempre colocarão questões jurídicas de grande complexidade»[1162].

---

30 de Junho, in J.O, 1.er juillet 2000, p. 9948), ao consagrar de forma inédita um recurso especificamente destinado a proteger os direitos fundamentais, obrigue o juiz administrativo a precisar o seu conceito.

Destarte, MARIE-JOËLLE REDOR, *op. cit.,* pp. 95-97, afirma que o juiz administrativo será o seu principal *artisan* (artesão), uma vez que lhe caberá identificar as liberdades fundamentais de cuja qualificação depende a possibilidade de aplicação do *référé liberté*. Isto, obviamente, sem descurar o papel do Conselho Constitucional. A razão teleológica que subjaz à inserção deste novo procedimento de urgência prende-se com a necessidade de garantir, de forma efectiva, a protecção dos direitos fundamentais, em particular na esteira do artigo 13.º da CEDH.

[1159] Cfr. DIOGO FREITAS DO AMARAL e MÁRIO AROSO DE ALMEIDA, *op. cit.,* p. 101.

[1160] Cfr. JORGE PEREIRA DA SILVA, *Dever de Legislar e Protecção Jurisdicional Contra Omissões Legislativas – Contributo para uma Teoria da Inconstitucionalidade por Omissão,* Universidade Católica Editora, Lisboa, 2003, pp. 53-54.

[1161] Cfr. JORGE MIRANDA, *«Uma Perspectiva Constitucional da Reforma... cit.,* p. 56.

[1162] «Medidas *Cautelares no Ordenamento Contencioso – Breves Notas»,* in Direito e Justiça, vol. XI, tomo 2, 1997, pp. 139-159, pp. 157-158. Recorde-se que foi mediante a revisão de 1997 que se acrescentou à epígrafe do artigo 20.º o termo «efectiva», frisando-se, assim, que apenas existirá tutela se a mesma for *efectiva*.

A Protecção dos Direitos Fundamentais através da Justiça Administrativa   293

É bem certo que a tutela jurisdicional efectiva não se apresenta como um mero instrumento de controlo da legalidade objectiva, já que a razão da sua existência se prende com a tutela individual (a defesa dos direitos e interesses individuais). Assim, se pode falar, neste domínio, da primazia da vertente *subjectiva*, apesar da inegável existência de uma dimensão objectiva, associada à acção popular (art. 52.º, n.º 3, da CRP) e à intervenção do Ministério Público em defesa da legalidade democrática (art. 219.º, n.º 1, da CRP)[1163].

2.2. A Evolução ou Retrocesso do Anteprojecto para o Actual CPTA

No artigo 114.º, n.ºs 1 e 3, do Anteprojecto do CPTA, já constava uma via processual especial de defesa de direitos, liberdades e garantias pessoais[1164]. De facto, o n.º 1 do artigo 114.º estipulava que «quando a providência se destinar à protecção de direitos, liberdades e garantias pessoais que, de outro modo, não possam exercer-se em tempo útil ou quando entenda haver especial urgência na adopção de medidas cautelares, pode o interessado pedir a decretação provisória da providência.». Por sua vez, o n.º 3 previa que «analisada a petição, o juiz ou relator, se reconhecer a possibilidade de lesão iminente e irreversível do direito, liberdade ou garantia pessoal invocada, ou outra situação de especial urgência poderá, no prazo de 48 horas, colhidos os elementos a que tenha acesso imediato, sem quaisquer outras formalidade ou diligências, decretar provisoriamente a providência requerida ou a que julgue mais adequada».

Podemos, todavia, descortinar duas diferenças entre o Anteprojecto e a actual legislação. Em primeiro lugar, a intimação para protecção de direitos, liberdades e garantias é, hoje, configurada como um *meio proces-sual autónomo*, e não como uma *modalidade urgentíssima de tutela cautelar*, como resultava do artigo 114.º do Anteprojecto[1165]. Várias foram

---

[1163] Nesta linha, JORGE MIRANDA, «*Os Parâmetros Constitucionais da Reforma...* cit. p. 4.

[1164] Submetido a discussão pública, em 2000.

[1165] No sentido de que a intimação para a protecção de direitos, liberdades e garantias é um mecanismo, até então, sem paralelo no Direito Administrativo português anterior, cfr. JOÃO CAUPERS, *Introdução ao Direito Administrativo*, Âncora Editora, Lisboa, 8.ª Edição, 2005, p. 378.

294 A Tutela Directa dos Direitos Fundamentais

as vozes que, em sede de discussão pública, detectaram este problema. Na verdade, o apelo à ideia de que a tutela judicial efectiva não se podia cingir à tutela cautelar, devendo o legislador criar formas processuais urgentes e autónomas, havia sido já formulado por MARIA FERNANDA MAÇÃS[1166].

Em segundo lugar, enquanto *prima facie*, o Anteprojecto se limitava a cumprir o comando constitucional – restringindo o seu âmbito de aplicação aos direitos, liberdades e pessoais, por serem os mais directamente conexionados com a dignidade da pessoa humana – o novo CPTA alarga este âmbito a todos os direitos, liberdades e garantias, abrangendo os direitos, liberdades e garantias pessoais, os de participação política e os dos trabalhadores[1167].

2.3. A Discussão Doutrinal sobre a Temática

Alguma doutrina pondera se a intimação para protecção de direitos, liberdades e garantias se deverá aplicar também aos direitos fundamentais de natureza análoga, posto que estes gozam do mesmo regime que os primeiros, nos termos do artigo 18.º *ex vi* artigo 17.º da CRP[1168]. Recapitulando, os direitos fundamentais de natureza análoga são todos aqueles que não pertencem ao catálogo formal de direitos fundamentais, ou seja, que não se encontram no título II, Parte I, da CPR.

Ora, como bem se aceitará, o critério de aferição da fundamentalidade dos direitos constitucionais é um critério material, de substância, que exige o preenchimento cumulativo de três requisitos[1169]. Primeiro, o radical subjectivo, como elemento nuclear na estrutura do preceito, que se traduz

---

[1166] *«As medidas cautelares», in* AAVV, Reforma do Contencioso Administrativo (O Debate Universitário), Vol. I, Coimbra Editora, 2003, pp. 449 ss. Idêntica posição foi assumida por ISABEL FONSECA *«A Urgência na Reforma do Processo Administrativo», in* AAVV, Reforma do Contencioso Administrativo (O Debate Universitário), Vol. I, Coimbra Editora, 2003, pp. 337 ss.

[1167] Esclarecendo um pormenor, utilizámos acima a expressão *«prima facie»*, pois sempre se poderia advogar que o Anteprojecto já possibilitava uma extensão aos direitos, liberdades e garantias não pessoais, quando, no artigo 114.º, n.º 1, se referia a: «(o)u quando entenda haver especial urgência na adopção de medidas cautelares (...)», e no n.º 3 do mesmo preceito, que abarcava «(...) outra situação de especial urgência (...)».

[1168] Cfr., entre outros, ISABEL CELESTE FONSECA, *Dos Novos Processos Urgentes no Contencioso Administrativo (Função e Estrutura)*, Lex, 2004, pp. 75 e ss.

A Protecção dos Direitos Fundamentais através da Justiça Administrativa   295

na atribuição de posições jurídicas subjectivas a todos os indivíduos ou a categorias abertas de indivíduos[1170]. Segue-se a função da norma, que deverá ser a de proteger e garantir essas posições jurídicas. Por último, a intenção específica, em conexão estrita com o princípio da dignidade da pessoa humana.

Podemos, então, dar por plausível que tanto o critério material como a determinação do conteúdo a nível constitucional vão permitir aplicar o regime dos direitos, liberdades e garantias a direitos fundamentais extra-constitucionais (contidos em leis ordinárias[1171] ou em legislação internacional[1172]), ou a direitos fundamentais formalmente constitucionais fora do catálogo[1173].

Aderimos à visão da esmagadora maioria da doutrina, que considera que o *objecto da intimação*, consagrada no artigo 109.º do CPTA, s*e estende a todos os direitos, liberdades e garantias* previstos no Título II da CRP *e, ainda, aos direitos de natureza análoga*[1174]. Com efeito, se o

---

[1169] Cfr., em especial, José Carlos Vieira de Andrade, *Os Direitos Fundamentais na Constituição...*, *cit.*, pp. 79-90, e Manuel Afonso Vaz, *«O Enquadramento Jurídico-Constitucional...*, *cit.*, pp. 438-440.

[1170] Seguiremos, quanto aos requisitos materiais, a obra de José Carlos Vieira de Andrade, *Os Direitos Fundamentais na Constituição ... cit.*, pp. 79-80.

[1171] *V.g.*, o direito ao nome (artigo 72.º do Código Civil), o direito à indemnização (artigo 483.º do Código Civil) e até mesmo certos direitos dos estrangeiros (como o direito de asilo, etc.), consagrados em legislação especial. Cfr, Isabel Celeste M. Fonseca, – *«O processo cautelar comum no novo contencioso administrativo: por novos caminhos de tempo dividido»*, *in* Scientia Ivridica – Revista de Direito Comparado Português e Brasileiro, Tomo LIII, n.º 300, Maio/Agosto, 2004, Universidade do Minho, Braga, pp. 237-286, p. 258.

[1172] A título exemplificativo, o direito de livre circulação e os direitos de cidadania (estabelecidos após o Tratado de Amesterdão).

[1173] Como, *v.g.*, o direito de não pagar impostos inconstitucionais ou ilegalmente liquidados ou cobrados (artigo 103.º, n.º 3, da CRP), o direito ao recenseamento eleitoral (artigo 113.º, n.º 2, da CRP), ou os direitos e garantias dos administrados (artigo 268.º da CRP).

[1174] Cfr., de entre uma bibliografia muito vasta, Jorge Miranda, *«Uma Perspectiva Constitucional da Reforma... cit.*, p. 57, José Carlos Vieira de Andrade, *A protecção dos direitos fundamentais dos particulares na justiça administrativa reformada, cit.*, p. 230, e *Os Direitos Fundamentais na Constituição ... cit.*, p. 345, nt. 85, Maria Fernanda Maçãs, *«As formas de tutela urgente... cit.*, p. 50, Mário Aroso de Almeida e Carlos A. Fernandes Cadilha, *Comentário ao Código de Processo nos Tribunais Administrativos*, Almedina, Coimbra, 2005, p. 538, Rodrigo Esteves de Oliveira, *«Meios Urgentes e Tutela Cautelar»*, *in* AAVV, A Nova Justiça Administrativa – Trabalho e

296   *A Tutela Directa dos Direitos Fundamentais*

CPTA não distingue dentro daquela categoria, o intérprete-aplicador também não o deverá fazer[1175]. Além disso, dir-se-á mesmo que, se a Constituição prevê apenas um patamar mínimo de protecção, nada impede o legislador ordinário de ampliar o âmbito de protecção.

A confirmar esta ideia, nos nossos dias, torna-se transparente que este novo mecanismo processual vem de encontro a uma carência que se fazia sentir, sobretudo no domínio dos direitos políticos ou exercício de deveres cívicos[1176]. Ainda na mesma esfera, há Autores que vão mais longe e estendem o âmbito de protecção do artigo 109.º do CPTA, aos chamados *direitos de solidariedade*, como o direito ao ambiente[1177].

Perfilhando uma posição minoritária, BERNARDO DINIZ DE AYALA considera que o escopo da intimação para protecção de direitos, liberdades e garantias, se aplica somente aos direitos pessoais vertidos no Título II, Capítulo I, e também aos direitos fundamentais de natureza análoga a estes, ou seja, de natureza análoga aos direitos, liberdades e garantias *pessoais*[1178].

---

conclusões do seminário comemorativo do 1.º ano de vigência da reforma do contencioso administrativo, CEJ, Coimbra Editora, 2006, pp. 87-91, p. 90, e SOFIA DAVID, *Das Intimações – Considerações sobre uma (nova) tutela de urgência no Código de Processo dos Tribunais Administrativos*, Almedina, Coimbra, 2005, p. 121. Sem se pronunciar expressamente sobre a temática, também J. J. GOMES CANOTILHO, *Direito Constitucional e Teoria da Constituição*, cit., p. 507, havia já dito que o legislador ordinário «poderá e deverá» criar processos céleres para a protecção de direitos, liberdades e garantias de participação política e dos trabalhadores.

[1175] Não é outra, no fundo, a conclusão de CARLA AMADO GOMES, *Pretexto, Contexto e Texto da Intimação... cit.*, p. 556.

[1176] MARIA FERNANDA MAÇÃS, *«Meios Urgentes e Tutela Cautelar – Perplexidades quanto ao Sentido e Alcance de alguns Mecanismos de Tutela Urgente»*, in AAVV, A Nova Justiça Administrativa – Trabalho e conclusões do seminário comemorativo do 1.º ano de vigência da reforma do contencioso administrativo, CEJ, Coimbra Editora, 2006, pp. 93-112, p. 95.

[1177] Esta ideia encontra apoio em ISABEL CELESTE M. FONSECA, *«O processo cautelar comum... cit.*, p. 258, LUÍS FILIPE COLAÇO ANTUNES, *«Johann Sebastian Bach no Tribunal Europeu dos Direitos do Homem ou uma jurisprudência sempre nunca diferente – nunca sempre igual (Hatton e Outros vs. The United Kingdom»*, in RMP, Ano 23, Out. /Dez. 2002, n.º 92, pp. 57-64, p. 63, e VASCO PEREIRA DA SILVA, *Verde Cor de Direito – Lições de Direito do Ambiente*, Almedina, Coimbra, 2002, *maxime*, pp. 25-35. Note- -se que a Constituição Portuguesa de 1976 foi uma das primeiras constituições a positivar constitucionalmente o ambiente como um direito fundamental, claramente influenciada pela Conferência de Estocolmo de 1972.

[1178] *«Monismo(s) ou dualismo(s) em Direito Administrativo (?)»*, in RFDUL, Coimbra Editora, 2000, pp. 71-98, p. 91.

A *Protecção dos Direitos Fundamentais através da Justiça Administrativa*   297

O Autor entende que os restantes direitos fundamentais estão excluídos do regime do artigo 109.º do CPTA, por três ordens de motivos. Em primeiro lugar, seria excessivo impor, em todos os casos, processos céleres e prioritários, quando a própria ideia de prioridade inculca a necessidade de efectuar uma distinção. Em segundo lugar, o facto de o n.º 4 do artigo 20.º da CRP garantir a todos uma decisão em prazo razoável e mediante processo equitativo, independentemente da natureza *fundamental*, ou não, dos direitos subjacentes, permitiria afirmar com maior convicção que a Constituição, no n.º 5 do mesmo preceito, quis proteger com maior intensidade os direitos, liberdades e garantias *pessoais*. Em terceiro lugar, e para concluir este enquadramento, o Autor relembra que esta solução é a que melhor se coaduna com a posição perfilhada pelo artigo 53.º da Constituição Espanhola de 1978, que concede uma tutela, baseada nos princípios da preferência e da sumariedade apenas no que respeita a alguns direitos fundamentais, os versados nos artigos 14.º e 30.º, assim como os da Secção I do Capítulo II do Título I[1179].

CARLA AMADO GOMES adianta uma outra interpretação relativamente à inscrição do qualificativo *«pessoais»* no texto do artigo 20.º, n.º 5, da CRP[1180]. A saber, de forma sintética, justifica a sua previsão expressa na especial fragilidade e na necessidade de tutela reforçada dos bens jurídicos protegidos pelos direitos, liberdades e garantias pessoais, em comparação com a generalidade dos direitos, liberdades e garantias a que o n.º 4 do artigo 20.º da CRP faz referência. Abona neste sentido o facto destes direitos (de natureza pessoal) serem os mais estreitamente ligados ao princípio da dignidade da pessoa humana[1181]. A Autora entende que a ressalva expressa dos direitos, liberdades e garantias *pessoais*, tem a sua razão de ser, posto que, relativamente a estes direitos, a Constituição

---

[1179] *Idem, ibidem.*

[1180] *«Intimação para protecção de direitos, liberdades e garantias – Contra uma interpretação demasiado conforme à Constituição do artigo 109.º, n.º 1 do Código de Processo nos Tribunais Administrativos», in* RMP, ano 26, Out./Dez. 2005, n.º 104, Editorial Minerva, Lisboa, pp. 97-117, p. 103.

[1181] Cfr., nessa linha de raciocínio, BENEDITA MAC CRORIE, *«O recurso ao princípio da dignidade da pessoa humana na jurisprudência do Tribunal Constitucional», in* AAVV, Estudos em comemoração do décimo aniversário da licenciatura em Direito da Universidade do Minho, Coimbra, 2004, pp. 151 ss., FRANCISCO LUCAS PIRES, *Uma Constituição para Portugal*, Coimbra, 1975, pp. 30 ss., JORGE MIRANDA, *«Anotação ao artigo 1.º da Constituição», cit.*, pp. 51-57, em especial, pp. 53-57, e JOSÉ CARLOS VIEIRA DE ANDRADE, *Os Direitos Fundamentais na Constituição ... cit.*, pp. 96-97.

A Tutela Directa dos Direitos Fundamentais

confere ao legislador ordinário a possibilidade de criar vias jurisdicionais especialmente céleres com vista à sua tutela, inclusivamente com o sacrifício total de valores constitucionalmente protegidos (*v.g.*, princípio do contraditório) [1182].

Em termos simplificados, e ainda segundo o pensamento de CARLA AMADO GOMES, o regime da intimação para a protecção de direitos, liberdades e garantias possui quatro tipos de salvaguardas, em homenagem ao princípio da proporcionalidade plasmado no artigo 18.º, n.ᵒˢ 2 e 3, da CRP: uma salvaguarda *funcional* – o carácter subsidiário; uma salvaguarda *circunstancial* – natureza urgente; uma salvaguarda *processual* – através da ponderação dos interesses públicos eventualmente conflituantes com o deferimento do pedido de intimação (artigo 110.º, n.º 3, do CPTA); e, por fim, uma salvaguarda *estrutural* – resultante na exigência de personalização, plasmada no artigo 20.º, n.º 5, da CRP, e que impede que a intimação possa ter como objecto os interesses difusos[1183].

Como é natural, a Autora não defende que a intimação para a protecção de direitos, liberdades ou garantias possa ser perspectivada como um "cheque em branco", porquanto, mesmo no que concerne aos direitos de natureza não pessoal, terá sempre de estar em causa um direito que possua um «cunho subjectivo claramente identificado»[1184].

2.4. A Posição da Jurisprudência Administrativa e Constitucional

Convirá notar, por outro lado, que, na esmagadora maioria dos arestos, as jurisprudências administrativa e constitucional estendem o âmbito da intimação para a protecção de direitos, liberdades e garantias a todo e qualquer direito, liberdade ou garantia e, igualmente, aos direitos fundamentais de natureza análoga (*ex vi* artigo 17.º da CRP). No acórdão n.º 5/06, o TC esclareceu que «o legislador não restringiu este meio

---

[1182] CARLA AMADO GOMES, *Intimação para protecção de direitos, liberdades e garantias – Contra uma interpretação demasiado conforme..., cit.*, p. 104.

[1183] Seguimos de perto a análise de CARLA AMADO GOMES, *Intimação para protecção de direitos, liberdades e garantias – Contra uma interpretação demasiado conforme..., cit.*, p. 110, e *Intimação para protecção de que direitos, liberdades e garantias?, in* CJA, n.º 50, Março/Abril, 2005, CEJUR, Braga, pp. 32-43, pp. 40-41.

[1184] *Intimação para protecção de direitos, liberdades e garantias – Contra uma interpretação demasiado conforme à Constituição... cit.*, p. 106.

A Protecção dos Direitos Fundamentais através da Justiça Administrativa   299

processual aos direitos, liberdades e garantias pessoais, como estabelece o artigo 20.º, n.º 5, da CRP, visto que o seu âmbito abarca os direitos, liberdades e garantias do Título II da Parte I da CRP e fora do catálogo»[1185]. Ou seja, de acordo com a jurisprudência administrativa, «tem por objecto a tutela dos direitos constantes do Título II da Parte I da CRP, bem como outros direitos fundamentais dispersos por outras secções da Lei Fundamental que revistam natureza análoga, nos termos do artigo 17.º da CRP»[1186].

Em sentido oposto, destaque-se, porém, o acórdão do TCAN, de 16 de Dezembro de 2004, que veio defender que este meio processual visa «dar concretização à tutela efectiva e em tempo útil de direitos, liberdades e garantias pessoais (e não políticas)»[1187].

Com o intuito de melhor ilustrar esta problemática, passaremos a salientar algumas sentenças dos TAF de Coimbra, Leiria, Porto e Viseu[1188], pela enorme projecção mediática e celeuma que revestiram. A questão em causa teve por base o conhecido despacho do Secretário de Estado da Educação, que permitiu a *repetição dos exames de química e física aos estudantes inscritos na primeira fase dos exames nacionais*[1189].

[1185] *Cit.*

[1186] Cfr. os acórdãos do TCAN, de 13/08/2007, processo n.º 1600/06.0BEVIS; de 19/07/2007, processo n.º 02840/06.8BEPRT; de 05/07/2007, processo n.º 02834/06.3BEPRT; de 01/03/2007, processo n.º 00683/06.8BECBR; de 26/10/2006, processo n.º 00589/06.0BECBR; de 26/01/2006, processo n.º 01157/05.0BEBRG; de 29/09/2005, *cit.*; de 13/01/2005, processo n.º 00203/04.9BEMD; e, igualmente, os seguintes acórdãos do TCAS, de 06/06/2007, processo n.º 02539/07, e de 02/06/2005, *cit.*

[1187] Processo n.º 00496/04.1BECBR.

[1188] Destacamos as sentenças de 18/10/2006, processo n.º 678/06.1BECBR, e de 30/10/2006, processo n.º 683/06.8BECBR, ambas consultadas no TAF de Coimbra.

[1189] Despacho n.º 16 078A/2006, *apud* sentença do TAF de Coimbra, de 18/10//2006, *cit.* Transcrevemos um pequeno excerto para refrescar a memória da factualidade que esteve em causa: «Considerando que os exames de Química (código 642) e de Física (código 615), integrados na 1.ª fase dos exames nacionais do ensino secundário do presente ano lectivo, se referem a disciplinas com programas novos que introduziram rupturas com a experiência anterior; Considerando que tais programas foram tardiamente aprovados, implicando dificuldades significativas na adaptação dos manuais escolares e dos próprios docentes às novas exigências; Considerando que aquelas duas disciplinas, sendo anuais, foram sujeitas a um procedimento de exames inicialmente não previsto, que não pôde beneficiar de experiência anterior e para o qual não foi assegurada adequada preparação; Considerando que os resultados nos exames (...) apresentaram valores médios muito inferiores aos verificados em anos anteriores nas mesmas disciplinas; Considerando

300   *A Tutela Directa dos Direitos Fundamentais*

Ora, vários estudantes que haviam optado por repartir a realização dos exames nacionais pelas duas fases – de molde a garantir mais tempo para estudo nas disciplinas conducentes ao ingresso no curso de Medicina – obtiveram uma nota relativamente baixa na prova de química[1190], e não tiveram a possibilidade de repetir o exame, à semelhança dos alunos que o realizaram na mesma fase. Com este fundamento, procuraram tutelar a sua posição jurídica subjectiva lesada junto dos TAF de Coimbra, Leiria, Porto e Viseu, reclamando a violação da garantia de igualdade de oportunidades de acesso ao ensino, mais concretamente, ao ensino superior, previstos nos artigos 74.º, n.º 1, e 76.º, n.º 1, da CRP (em especial, na Parte I, Título III, relativo aos direitos e deveres económicos, sociais e culturais).

Como adiante veremos em pormenor (*infra*, ponto 3.3.), se bem que os lesados tenham apresentado requerimentos de providência cautelar de decretamento provisório, nos termos do artigo 131.º do CPTA – contra o Ministério da Educação e o Ministério da Ciência, Tecnologia e Ensino Superior – os TAF, oficiosamente, *convolaram-nos para processos urgentes de intimação para a protecção de direitos, liberdades e garantias* (artigo 109.º do CPTA).

Perante este cenário processual, os tribunais começaram por aderir à tese maioritária de que o âmbito do processo de intimação abrange, não apenas os direitos, liberdades e garantias pessoais, mas também os direitos, liberdades e garantias do Título II, da Parte I da CRP (incluindo os de natureza análoga), para, seguidamente, decidirem que, apesar de tais direitos – artigos 74.º, n.º 1, e 76.º, n.º 1, da CRP – estarem incluídos no catálogo dos direitos sociais, deveriam ser considerados direitos fundamentais de natureza análoga[1191]. Importa recordar, a este propósito, que, como

---

que tais resultados, (…) implicariam este ano excluir liminarmente 80% dos alunos de Química e 67% dos alunos de Física da possibilidade de concorrerem a cursos do ensino superior em que os exames dessas disciplinas constituem provas de ingresso; Considerando que, para minimizar os prejuízos injustamente causados a estes candidatos e para salvaguardar o princípio da igualdade entre candidaturas, importa permitir, excepcionalmente, que os candidatos que na 1.ª fase dos exames nacionais realizaram exame nas disciplinas de Química (…) e Física possam, já na 1.ª fase do concurso de acesso e ingresso no ensino superior, utilizar a classificação final do ensino secundário que integre melhorias de classificação resultantes de exames dessas disciplinas realizados na 2.ª fase de exames nacionais deste mesmo ano lectivo».

[1190] Prova específica para ingressar em Medicina e que, desta forma, assume um peso considerável na média final de ingresso ao ensino superior.

A Protecção dos Direitos Fundamentais através da Justiça Administrativa   301

ensina Manuel Afonso Vaz, são frequentes as normas com uma «estrutura *bi-direccional*»[1192], em que uma parte da norma (que normalmente enuncia o direito de todos a algo) possui carácter preceptivo – aplicando-se-lhe o regime do artigo 18.º, *ex vi* artigo 17.º da CRP – e a outra parte da norma é dotada de carácter programático, prescrevendo uma série de incumbências ao Estado[1193].

Assim, com base nas proposições mencionadas, os TAF firmaram que «a igualdade de oportunidades no acesso ao ensino e no regime de acesso ao ensino superior constitui uma garantia que convoca a aplicação do regime jurídico dos demais direitos, liberdades e garantias»[1194-1195], pelo que tinham sido violados os princípios da igualdade de oportunidades de acesso ao ensino superior[1196] e da protecção da confiança[1197].

[1191] Cfr., quanto ao n.º 1 do artigo 74.º da CRP, J. J. Gomes Canotilho e Vital Moreira, *Constituição da República Portuguesa Anotada*, Vol. I, *cit.*, pp. 896. No que respeita ao artigo 76.º, n.º 1, da CRP, os mesmos Autores ressalvam que «o direito de acesso ao ensino superior implícito neste preceito, é uma concretização do direito ao ensino (…)».

[1192] «*O Enquadramento Jurídico-Constitucional dos "direitos, económicos, sociais e culturais"*», *cit.*, p. 444.

[1193] No caso *sub judice*, o carácter preceptivo constaria dos artigos 74.º, n.º 1, e 76.º, n.º 1 da CRP, enquanto que o carácter programático resultaria do artigo 74.º, n.º 2 da CRP.

[1194] Sentença do TAF de Coimbra, de 30/10/2006, *cit.*

[1195] Em ambas as sentenças, além da sanção pecuniária compulsória, o TAF de Coimbra condenou os Intimados Ministério da Educação e Ministério da Ciência e Ensino Superior, nos seguintes termos: (*i*) assegurarem aos Intimantes a realização de um novo exame de química, no prazo de 15 dias contados da data de notificação da sentença; (*ii*) admitirem o ingresso dos Intimantes no Curso de Licenciatura em Medicina, na Faculdade de Medicina da Universidade de Coimbra, no ano lectivo de 2006/2007, criando para o efeito duas vagas adicionais (se necessário), se os Intimantes obtiverem média de classificação final igual ou superior à do último dos candidatos admitidos ao citado curso e nas citadas Faculdade e Universidade.

[1196] «É que se o Intimante tivesse sabido antecipadamente (antes da sua inscrição nos exames nacionais) da faculdade de realizar um 2.º exame de Química na 1.ª fase da 1.ª época de candidaturas, é razoável supor que certamente teria optado por realizar o dito exame na 1.ª fase de exames, podendo repetir o mesmo na 2.ª fase, com óbvias e lógicas possibilidades de melhorar a nota obtida, tendo, assim, uma segunda oportunidade de ingressar no curso almejado, à semelhança dos candidatos alvo da lei em causa. E tais condições de desigualdade estendem-se similarmente às dimensão anímica dos candidatos, já que perante uma segunda hipótese de exame, com vista a obter uma nota mais elevada, os alunos se sentirão psicologicamente mais tranquilos e serenos, o que pode potenciar a obtenção de nota mais elevada», Sentença do TAF de Coimbra, de 30/10/2006, *cit.*

[1197] «(A)o serem alteradas as regras do regime de acesso ao ensino superior sem que essas alterações tivessem uma vocação universal, bem como ao serem alteradas as

302   *A Tutela Directa dos Direitos Fundamentais*

Posteriormente, o Ministério da Ciência, Tecnologia e do Ensino Superior e o Secretário de Estado da Educação recorreram das sentenças dos TAF de Coimbra, Leiria, Porto e Viseu para o TCAN e o TCAS, que decidiram *negar provimento aos recursos* e manter as decisões judiciais recorridas. Todavia, o Ministério da Educação, não se conformando com os acórdãos mencionados, veio interpor os pertinentes recursos de revista excepcional para o STA, ao abrigo do artigo 150.º, n.º 1, do CPTA.

Com efeito, já nas alegações de recurso, os recorrentes[1198] sustentaram que os artigos 74.º, n.º 1, e 76.º, n.º 1, da CRP, não podiam ser classificados como direitos fundamentais de natureza análoga, pelo que, consequentemente, os despachos liminares dos TAF de convolação para *intimação para a protecção de direitos, liberdades e garantias não eram o instrumento processual adequado* para os estudantes fazerem valer a sua pretensão. Além disso, reforçavam a sua posição sustentando-se no acórdão do TC n.º 353/2007 – emanado em sede de fiscalização concreta da constitucionalidade, em face da decisão positiva de inconstitucionalidade assumida pelos juízes dos TAF – que julgou que «não resulta, directamente, deste preceito constitucional [artigo 76.º, n.º 1, da CRP] o reconhecimento da existência de um direito fundamental ou de natureza análoga de acesso ao ensino superior. Ele limita-se a estabelecer as regras, directivas e objectivos a que deve subordinar-se o regime de acesso ao ensino superior, na definição que dele venha a fazer o legislador infraconstitucional (…) poderá afirmar-se que o artigo 76.º, n.º 1, da Constituição se limita a reconhecer a existência de um direito institucional de ensino superior (…)»[1199-1200].

---

regras do procedimento concursal no decurso do mesmo, de um modo inusitado e imprevisto», Sentença do TAF de Coimbra, de 30/10/2006, *cit.*

[1198] Eram eles o Ministério da Ciência, Tecnologia e Ensino Superior e o Ministro da Educação.

[1199] Acórdão da 2.ª Secção do TC, de 12/06/2007. Neste acórdão, o Ministério Público recorreu, nos termos do artigo 280.º, n.º 1, al. a), da CRP e do artigo 70.º, n.º 1, al. a), da LTC, da decisão do TCNS, que recusou a aplicação, com fundamento em inconstitucionalidade material, dos artigos 1.º e 2.º do Decreto-Lei n.º 147-A/2006, de 31/07, bem como do despacho do Secretário de Estado da Educação n.º 16078-A//2006, de 02/08.

[1200] Não obstante, importa referir que o acórdão julgou inconstitucionais as normas em causa e o despacho do Secretário de Estado da Educação, por violação do princípio da segurança jurídica e do princípio da igualdade, na vertente da igualdade de oportunidades no acesso ao ensino superior (artigos 13.º, e 76.º, n.º 1, da CRP). Com efeito,

A Protecção dos Direitos Fundamentais através da Justiça Administrativa   303

Inicialmente, o STA admitiu os recursos de revista interpostos pelos recorrentes, por entender que se estava perante uma matéria de relevância comunitária, atendendo aos interesses em causa[1201-1202]. Consequentemente, agora já na fase da apreciação do mérito do recurso de revista excepcional, pelos acórdãos de 13/09/2007[1203], de 25/09/2007[1204], de 20/12/2007[1205], de 16/01/2008[1206], e de 17/01/2008[1207], o STA entendeu negar provimento às revistas e *confirmar* os acórdãos impugnados.

Desde logo, nos vários processos sobre esta temática e sempre mantendo uma jurisprudência uniforme, o Tribunal começou por frisar que se estava perante um «*problema adjectivo* – o da falta de adequação do meio processual ao fim em vista», pelo facto de os TAF terem convolado o processo cautelar instaurado, para um processo urgente (e principal) de intimação para a protecção de direitos, liberdades e garantias (artigo 109.º do CPTA). Destarte, apesar de o Tribunal não ter hesitado em classificar, reiteradamente, a convolação como «errada» ou «desadequada» em termos substantivos – com fundamento em o direito de acesso ao

---

nas palavras dos juízes do Palácio de Ratton, «as normas, aqui, sindicadas constitucionalmente, procedem a uma alteração substancial das regras atinentes ao procedimento concursal de acesso ao ensino superior, na medida em que possibilitam, com base numa ponderação efectuada pela Administração sobre os respectivos resultados, nos termos da qual a notação atribuída aos candidatos, foi tida como muito inferior à média dos últimos concursos nas disciplinas de Física (...) e Química (...), a repetição, na 2.ª fase, de provas validamente efectuadas na 1.ª fase, (...) mas com eficácia jurídica limitada, retrospectivamente, a quem se apresentara a fazer exame, nessa 1.ª fase, por virtude de, à altura da sua edição, já haverem decorrido esses exames da 1.ª fase, e porquanto facultada no concurso de acesso ao ensino superior, ao leque dos candidatos ao ensino superior que se haviam apresentado a exame nacional final do ensino secundário, na 1.ª fase, a opção pela melhor classificação obtida em uma ou outra dessas fases, sendo que uma tal opção não é aberta em relação aos demais candidatos».

[1201] Cfr., *v.g.*, o acórdão de 05/07/2007, processo n.º 0566/07.

[1202] Todavia, após serem admitidos vários recursos de revista excepcional, nos acórdãos que se seguiram, o STA negou a sua admissibilidade, por não estarem preenchidos os pressupostos do artigo 150.º, n.º 1, do CPTA – em especial, por deixarem de subsistir as características de relevo e importância fundamental da questão, uma vez que esta foi ampla e unanimemente resolvida pela recente jurisprudência administrativa. Cfr., *v.g.*, neste preciso sentido, os acórdãos do STA, de 18/09/2007, processo n.º 0719/07; de 14/02/2008, processo n.º 071/08, e n.º 096/08; 10/04/2008, processo 0268/08.

[1203] Processo n.º 0566/07.

[1204] Processo n.º 0598/07.

[1205] Processo n.º 0775/07.

[1206] Processos n.º 0892/07, e n.º 0909/07.

[1207] Processo n.º 0910/07.

304   *A Tutela Directa dos Direitos Fundamentais*

ensino superior *não dever ser classificado como um direito fundamental de natureza análoga*[1208] – não deixou de salientar que esses despachos liminares de convolação haviam transitado em julgado por não terem sido alvo de uma impugnação oportuna e própria. Com base no referido facto, «a questão da idoneidade do meio processual só adquire relevância em sede impugnatória caso se demonstre que a adopção do meio processual utilizado teria subvertido ou inquinado, só por si, o resultado da lide, de forma a poder afirmar-se que outro seria esse resultado com a adopção de outro meio ou expediente processual»[1209].

Por fim, quanto à questão de natureza *material*, resta realçar que, nos vários acórdãos sobre esta polémica questão, o STA seguiu a jurisprudência constitucional supramencionada, ainda que, como bem sabemos, os acórdãos do TC proferidos em sede de fiscalização concreta da constitucionalidade tenham somente efeitos *inter partes* (artigo 80.º, n.º 1, da LTC)[1210]. Deste modo, decidiu o STA que os preceitos em

---

[1208] Com efeito, nas palavras do STA (no acórdão de 13/09/2007, *cit.*), «o direito de aí aceder só se subjectiva depois de tal acesso ter sido individualmente conseguido por cada interessado no respectivo concurso». Note-se que, quanto a este aspecto, o STA se demarcou, categoricamente, das decisões das instâncias inferiores.

[1209] Acórdão do STA, de 16/01/2008, *cit.* Nos mesmos termos, o acórdão do STA, de 17/01/2008, *cit.* Mais concretamente, no acórdão do STA, de 16/01/2008, processo 0909/07, *cit.*, o Tribunal reforçou que «II – O direito à tutela judicial efectiva (artigo 20.º CRP e 2.º CPTA), reclama o aproveitamento dos actos processuais desde que na forma processual efectivamente adoptada se não tenham postergado actos essenciais ao contraditório, à instrução, à igualdade e garantias das partes, e a um justo desenvolvimento da instância e seja curial afirmar que a pretensão formulada pela Autora cabe razoavelmente na veste do meio processual utilizado, apresentando-se como formalmente harmónica com a pronúncia típica desse mesmo meio processual».

Este acórdão desenvolveu um pouco mais aprofundadamente a questão adjectiva em causa e – invocando o artigo 199.º, n.ᵒˢ 1 e 2, do CPC (*ex vi* artigo 1.º do CPTA), relativo ao erro na forma do processo – concluiu que o procedimento adoptado pelo TAF «assegurou o contraditório, em prazo não exíguo, e salvaguardou o direito probatório, com igualdade das partes, sendo que o recorrente não alega que tenha ocorrido qualquer prejuízo para o cabal exercício do seu direito de defesa (...). Assim, uma vez que se atingiu, sem diminuição das garantias de defesa do réu, o fim para o qual se destina o meio processual tipificado, ainda que tenha havido erro na forma adoptada, devem aproveitar-se todos os actos do processo». Em consequência, no aresto do STA, de 25//09/2007, *cit.*, o Tribunal concluiu, com sustento no artigo 676.º, n.º 1, do CPC, que no recurso em análise «o processo recorrido não pode ser censurado por questões ou decisões que nele não foram contempladas».

[1210] Ainda que, caso o STA optasse – em processo diverso daquele que mereceu o julgamento de inconstitucionalidade – por divergir da jurisprudência constitucional, o

A *Protecção dos Direitos Fundamentais através da Justiça Administrativa*   305

análise do Decreto-lei n.º 147-A/2006, de 31/07, e o despacho do Secretário de Estado da Educação violavam os princípios da segurança jurídica, da confiança e da igualdade de oportunidades no acesso ao ensino superior.

3. PRESSUPOSTOS RELATIVOS AO PROCESSO

A intimação para a protecção de direitos, liberdades e garantias vem regulada, quanto aos seus pressupostos, no artigo 109.º do CPTA[1211]. Vejamos agora, com um pouco mais detalhe, os pressupostos de que depende o deferimento da intimação.

3.1. A Subsidiariedade da Intimação Frente ao Decretamento Provisório de uma Providência Cautelar

A natureza subsidiária da intimação para a protecção de direitos, liberdades e garantias esclarece-nos que, perante situações de lesão ou ameaça de lesão de direitos, liberdades e garantias, o particular não se pode socorrer deste meio de tutela urgente como a sua via normal de reacção[1212]. Ou seja, numa primeira fase, deverá sempre ser equacionada

---

Ministério Público fosse automaticamente obrigado a recorrer para o TC dessa decisão, nos termos do artigo 280.º, n.º 5, da CRP, e dos artigos 70.º, al. g) e 72.º, n.º 3, *in fine*, da LTC.

[1211] O artigo reza o seguinte: «1 – A intimação para protecção de direitos, liberdades e garantias pode ser requerida quando a célere emissão de uma decisão de mérito que imponha à Administração a adopção de uma conduta positiva ou negativa se revele indispensável para assegurar o exercício, em tempo útil, de um direito, liberdade ou garantia, por não ser possível ou suficiente, nas circunstâncias do caso, o decretamento provisório de uma providência cautelar, segundo o disposto no artigo 131.º; 2 – A intimação também pode ser dirigida contra particulares, designadamente concessionários, nomeadamente para suprimir a omissão, por parte da Administração, das providências adequadas a prevenir ou reprimir condutas lesivas dos direitos, liberdades e garantias do interessado; 3 – Quando, nas circunstâncias enunciadas no n.º 1, o interessado pretenda a emissão de um acto administrativo estritamente vinculado, designadamente de execução de um acto administrativo já praticado, o tribunal emite sentença que produza os efeitos do acto devido».

[1212] O acórdão do TCAN, de 26/01/2006, processo n.º 01157/05.0BEBRG, elucida que «a chave da questão da admissibilidade da intimação é a sua subsidiariedade relativa-

A Tutela Directa dos Direitos Fundamentais

a possibilidade de intentar uma acção administrativa comum ou acção administrativa especial, associada à dedução de um pedido de decretamento de providências cautelares[1213]. Nesta ordem de ideias, a intimação emerge como uma genuína «válvula de segurança do sistema de garantias contenciosas»[1214], que actuará tão-somente quando as outras formas de processo do contencioso administrativo não puderem dar resposta à necessidade de protecção efectiva de um direito, liberdade ou garantia.

É de realçar que a *ratio legis* desta norma visa, essencialmente, não transformar os processos urgentes em processos principais, até porque, como é sabido, a natureza urgente acaba por implicar uma redução de determinados trâmites processuais[1215]. Por outro lado, se não se previsse o carácter subsidiário do instituto, então a tutela urgente deixaria de ser isso mesmo – urgente – e passaria a ser tutela normal[1216].

A subsidiariedade verifica-se, quer face às providências cautelares de carácter genérico previstas no artigo 131.º do CPTA[1217], quer relativa-

---

mente à modalidade de decretamento provisório de qualquer providência cautelar, prevista no artigo 131.º do CPTA». Na doutrina, cfr. MÁRIO AROSO DE ALMEIDA e CARLOS A. FERNANDES CADILHA, *op. cit.*, p. 538.

[1213] Neste sentido, cfr. o acórdão do STA, de 30/10/2008, processo n.º 0878/08.

[1214] Expressão de JOSÉ CARLOS VIEIRA DE ANDRADE, *A Justiça Administrativa (Lições)*, Almedina, Coimbra, 2006, 8.ª Edição, p. 277.

[1215] De acordo com o acórdão do TCAN, de 26/10/2006, processo n.º 00589/ /06.0BECBR, «o meio contencioso em presença permite ao juiz, no domínio dos direitos, liberdades e garantias, proferir decisão de fundo sobre a questão, mas apenas nos casos em que as situações concretas de urgência verdadeiramente o mereçam e o exijam».

[1216] «Este meio só deve, *rectius*, só pode ser utilizado quando o meio normal não possa ser utilizado, ou melhor, não se mostre adequado para a protecção do direito, liberdade ou garantia, em tempo útil», acórdão do TCAN, de 26/01/2006, *cit.*

[1217] Estipula o artigo 131.º do CPTA: «1 – Quando a providência cautelar se destine a tutelar direitos, liberdades e garantias que de outro modo não possam ser exercidos em tempo útil ou quando entenda haver especial urgência, pode o interessado pedir o decretamento provisório da providência. 2 – Uma vez distribuído, o processo é concluso ao juiz ou relator com a maior urgência. 3 – Quando a petição permita reconhecer a possibilidade de lesão iminente e irreversível do direito, liberdade ou garantia invocado ou outra situação de especial urgência, o juiz ou relator pode, colhidos os elementos a que tenha acesso imediato e sem quaisquer outras formalidades ou diligências, decretar provisoriamente a providência requerida ou aquela que julgue mais adequada no prazo de quarenta e oito horas. 4 – Quando as circunstâncias o imponham, a audição do requerido pode ser realizada por qualquer meio de comunicação que se revele adequado. 5 – A decisão provisória não é susceptível de qualquer meio impugnatório. 6 – Decretada a providência provisória, a decisão é notificada de imediato às autoridades que a devam

A Protecção dos Direitos Fundamentais através da Justiça Administrativa   307

mente a qualquer providência específica de protecção sumária de direitos, liberdades e garantias, *v.g.*, a intimação para a prestação de informação, consulta de processos ou passagem de certidões, a impugnação urgente de actos de exclusão ou omissão de eleitores ou elegíveis nos cadernos ou listas eleitorais, ou o *habeas corpus*.

A referência específica ao decretamento provisório de providências cautelares do artigo 131.º do CPTA, justifica-se pelo facto de este processo urgentíssimo ser, ao lado das intimações, um corolário do artigo 20.º, n.º 5, da CRP, que exige a criação de processos céleres e prioritários para a garantia da tutela efectiva e em tempo útil dos direitos, liberdades e garantias. Na verdade, o regime do artigo 131.º destina-se, precisamente, a evitar o *periculum in mora* do próprio processo cautelar e os danos que possam ocorrer na sua pendência.

Ora, cumpre, desde logo, afastar qualquer tentação de relacionar a subsidiariedade da intimação frente à providência, com uma questão de maior ou menor rapidez, até porque os prazos são idênticos[1218]. A bem dizer, face a uma situação urgente, deve preferir o juízo provisório a um juízo definitivo e, apenas, eventualmente reversível em sede de recurso[1219]. Esclareça-se que a prevalência do juízo provisório implicará que este seja suficiente para proteger os direitos, liberdades e garantias[1220]. A provisoriedade do decretamento do artigo 131.º refere-se, tanto à decisão

---

cumprir, nos termos gerais para os actos urgentes, e é dado às partes o prazo de cinco dias para se pronunciarem sobre a possibilidade do levantamento, manutenção ou alteração da providência, sendo, em seguida, o processo concluso, por cinco dias, ao juiz ou relator, para proferir decisão confirmando ou alterando o decidido».

[1218] De 48 horas, nos termos dos artigos 131.º, n.º 3, e 11.º, n.º 1, do CPTA. Cfr. CARLA AMADO GOMES, *Pretexto, Contexto e Texto da Intimação...*, *cit.*, p. 565, e MARIA FERNANDA MAÇÃS, *Meios Urgentes e Tutela Cautelar – Perplexidades... cit.*, p. 94.

[1219] *Vide*, a título exemplificativo, em caso de recusa do visto de permanência a um cidadão estrangeiro no território nacional, a situação poderá ser tutelada através do imediato decretamento provisório de uma autorização provisória de permanência. Cfr. MÁRIO AROSO DE ALMEIDA e CARLOS A. FERNANDES CADILHA, *op. cit.,*pp. 540-541.

[1220] De acordo com o acórdão do TCAN, de 26/10/2006, *cit.*, «A regra é o recurso ou o lançar mão daquelas formas de tutela principal não urgente para efectivação e defesa de direitos, liberdades e garantias, ficando a tutela principal prevista, enquanto forma de impugnação urgente, nos artigos 109.º se seguintes do CPTA reservada apenas para as situações em que aquela via normal não é possível ou suficiente para assegurar o exercício em tempo útil e a título principal do direito, liberdade ou garantia que esteja em causa e cuja defesa reclame uma intervenção jurisdicional».

308　　　　　　　　　*A Tutela Directa dos Direitos Fundamentais*

que venha a ser proferida no processo principal, como à decisão definitiva que venha a ser tomada no próprio processo cautelar (respeitante à manutenção ou não da providência provisoriamente decretada).

Importa frisar que a intimação para a protecção de direitos, liberdades e garantias é um *processo principal*, e não um processo cautelar[1221]. Enquanto as intimações são processos autónomos, que permitem decisões definitivas, formando caso julgado material, as medidas cautelares, além de provisórias, são instrumentais e acessórias em relação ao processo principal. A tutela cautelar «apenas satisfaz interinamente a lide»[1222], subsistindo até à tomada da decisão na causa principal, podendo ser alterada, revogada ou substituída na pendência dessa causa. Na base da tutela cautelar não está um juízo de certeza, mas outrossim, um juízo de prudência ou um juízo de ponderação de interesses[1223].

Todavia, pode suceder que, face à interferência do factor temporal, o decretamento provisório não seja *possível* ou *suficiente* para tutelar eficazmente os direitos dos particulares, emergindo a necessidade de uma solução de mérito, definitiva, que supra as insuficiências da tutela cautelar[1224]. A *impossibilidade* reside no facto de o juiz cautelar, para se pronunciar, ter necessariamente de ir ao fundo da questão, faltando-lhe, como é sabido, legitimidade para emitir tal tipo de pronúncia em sede cautelar. Por sua vez, a *insuficiência* respeita à incapacidade de uma decisão provisória satisfazer as necessidades de tutela do particular, posto que estas apenas lograrão obter satisfação com uma tutela definitiva, sobre o fundo da questão. Estamos a referir-nos àquelas situações sujeitas a um período de tempo curto, ou que digam respeito a direitos que devam ser exercitados num prazo ou em datas demarcadas, *maxime*, questões relacionadas com eleições, actos ou comportamentos que devam ser realizados numa data fixa próxima ou num período de tempo determinado (como exames escolares ou uma frequência do ano lectivo), situações de carência pessoal ou familiar em que esteja em causa a própria sobrevivência pessoal de alguém, ou, ainda, casos relativos à situação civil ou profissional de uma pessoa[1225].

[1221] Acórdão do TCAS, de 02/06/2005, processo n.º 00773/05.

[1222] Acórdãos do TCAS, de 17/11/2005, processo n.º 01130/05 e de 18/05/2006, processo n.º 01560/06.

[1223] SOFIA DAVID, *op. cit.*, p. 155.

[1224] Cfr. JOÃO CAUPERS, *Introdução ao Direito Administrativo*, *cit.*, pp. 347-349.

[1225] Cfr., sobre o elenco apresentado de hipóteses práticas, e acrescentando outros exemplos, MÁRIO AROSO DE ALMEIDA, *«Breve introdução à reforma do contencioso*

A Protecção dos Direitos Fundamentais através da Justiça Administrativa   309

Em face de tudo quanto antecede cabe, pois, concluir o tema da subsidiariedade da intimação fazendo referência a um conhecido aresto, no qual o TAF de Viseu indeferiu um pedido de intimação para protecção de direitos, liberdades e garantias, justificando que, *in casu*, era possível ou suficiente o decretamento provisório de pedido cautelar, designadamente antecipatório – intimação para abstenção de uma conduta por parte do requerido[1226]. A requerente interpôs recurso desta sentença para o TCAN, alegando que «a dimensão normativa encontrada para a norma contida no artigo 109.º do CPTA, na interpretação restritiva aplicada pela sentença recorrida, padece de inconstitucionalidade material por contravenção do disposto nos artigos 20.º, n.º 5, e 26.º da CRP»[1227]. O tribunal recorrido negou provimento ao recurso jurisdicional, com a seguinte argumentação: «não pode e não se extrai da previsão do artigo 20.º, n.º 5, na sua conjugação com o artigo 268.º, n.ºs 4 e 5, ambos da CRP, que o legislador constitucional tenha pretendido uma duplicação dos mecanismos contenciosos utilizáveis»[1228].

Posteriormente, o TC acabaria por sufragar que a argumentação da recorrente é improcedente, pois «(o)s meios contenciosos em presença e confronto não estão colocados numa posição de alternatividade ou de cumulatividade, nem é aceitável, à luz do que é, no nosso entendimento, a clara intenção do legislador, que a improcedência da tutela cautelar traduzida numa pronúncia de mérito sobre tal pretensão legitime, numa "segunda volta", o uso ainda de mais este meio contencioso de tutela principal e definitiva para obtenção da satisfação do alegado direito ou interesse lesado (...). Na verdade, não é pelo facto de a recorrente não ter obtido a satisfação da pretensão cautelar deduzida que, recorde-se, foi indeferida com fundamento em pronúncia de mérito (não verificação dos requisitos enunciados no artigo 120.º do CPTA), (...) que, agora, está legitimada a instaurar o meio contencioso previsto nos artigos 109.º e seguintes do CPTA»[1229].

---

administrativo», cit., p. 8, e *Idem, O Novo Regime do Processo nos Tribunais Administrativos*, Almedina, 2005, 4.ª Edição, Revista e Actualizada, pp. 284-285, e Sofia David, *op. cit.*, pp. 109-110.

[1226] Sentença de 13/05/2005, *apud* Acórdão do TC, n.º 5/06, de 03/01/2006, processo n.º 912/05.

[1227] Acórdão do TC, n.º 5/06, *cit.*

[1228] Por acórdão de 29/09/2005. *Vide* também o acórdão do TCAN, de 26/10/2006, *cit.*

[1229] Acórdão do TC, n.º 5/06, *cit.*, jurisprudência integralmente acolhida no acórdão do TCAN, de 29/09/2005, processo n.º 00534/05.0BEVIS.

3.2. A Indispensabilidade da Intimação para Assegurar o Exercício em Tempo Útil de um Direito, Liberdade e Garantia

O pressuposto da indispensabilidade da concessão da intimação, enquanto faceta positiva da subsidiariedade, é avaliada pelo juiz casuisticamente[1230]. Por conseguinte, o requerente deverá provar que a intimação visa garantir o exercício do seu direito no «tempo justo»[1231], o que implicará uma ponderação de interesses e valores, públicos e privados[1232].

Conforme lapidarmente explicitado no ponto 15 do Título 3 da Exposição de Motivos do CPTA, a intimação para a protecção de direitos, liberdades e garantias é «um instrumento que se procurou desenhar com uma grande elasticidade» e «que o juiz deverá dosear em função da intensidade da urgência».

Como garantias de uma «prova segura» ou «suficiente», o legislador apenas exige o cumprimento do exercício do contraditório, remetendo, depois, para o juiz o poder-dever de determinar as «diligências que se mostrem necessárias»[1233]. Naturalmente, incumbe ao particular interessado o ónus da prova da demonstração do preenchimento dos pressupostos de que depende esta intimação, *maxime* a demonstração da sua indispensabilidade e urgência para a salvaguarda do direito, liberdade e garantia[1234].

[1230] De acordo com o acórdão do TCAN, de 26/01/2006, *cit.*, «o julgador tem, por isso, que se convencer que, em face das condições concretas de exercício do direito alegadamente ameaçado, a opção pela tutela sumária é inevitável. E tem também de estar convencido da indispensabilidade deste meio utilizado, ou seja, tem de ser feito um exercício de ponderação, traduzindo-se na absoluta necessidade da intimação para assegurar o exercício do direito em tempo útil e, implicitamente, no sacrifício não intolerável, nem de valores de interesse público, nem de direitos da mesma natureza de outras pessoas».

[1231] CARLA AMADO GOMES, *Pretexto, Contexto e Texto da Intimação... cit.*, p. 567, define tempo justo, «(p)ondo em equação o *tempo urgente* invocado pelo particular e o *tempo necessário* à Administração para realizar as ponderações subjacentes à conformação do conteúdo do direito».

[1232] Consideração que se pode retirar, ainda que implicitamente, da letra do artigo 110.º, n.º 3. Cfr., mais em pormenor, CARLA AMADO GOMES, *Pretexto, Contexto e Texto da Intimação... cit.*, p. 568, e MÁRIO AROSO DE ALMEIDA e CARLOS A. FERNANDES CADILHA, *op. cit.*, p. 547.

[1233] De acordo com o preceituado no n.º 2 do artigo 110.º do CPTA.

[1234] Cfr. SOFIA DAVID, *op. cit.*, p. 136.

3.3. Pertinência de uma Convolação a Pedido das Partes ou, Mesmo, Oficiosa

Uma questão interessante, que tem suscitado alguma discussão, é a de saber se, no caso de a hipótese levada ao conhecimento do tribunal não preencher os pressupostos do artigo 109.º, este deverá decidir pela *absolvição da instância* ou pela *convolação*?

MÁRIO AROSO DE ALMEIDA[1235], CARLA AMADO GOMES[1236] e SOFIA DAVID[1237] entendem que à inadmissão de um pedido de intimação deverá seguir-se, não a absolvição da instância, mas, pelo contrário, a *convolação oficiosa* do processo (de intimação num processo cautelar), para o efeito de proceder, tão depressa quanto possível, a esse decretamento provisório[1238]. Esta posição doutrinal assenta nos pilares sólidos do princípio da tutela jurisdicional efectiva e do imperativo constitucional da efectividade dos direitos, liberdades e garantias, quando estão em jogo situações de especial urgência[1239].

Posto isto, perguntar-se-á: este raciocínio será também válido, se perspectivado ao contrário? Ou seja, um requerimento de providência cautelar poderá, igualmente, ser convolado numa acção de intimação para a protecção de direitos, liberdades e garantias? Quanto a nós, neste ponto, seguimos, integralmente, a doutrina que propugna o carácter «bidireccional»[1240] da possibilidade de convolação, visto que – tendo por

---

[1235] *O Novo Regime do Processo... cit.*, p. 285. *Vide* também, MÁRIO AROSO DE ALMEIDA e CARLOS ALBERTO FERNANDES CADILHA, *op. cit.*, p. 542.

[1236] *Pretexto, Contexto e Texto da Intimação..., cit.*, p. 565, nt. 54.

[1237] *Op. cit.*, p. 124, nt.285.

[1238] Cfr. o acórdão do TCAS, de 30/09/2004, processo n.º 00270/04, «1 – A intimação (...) apenas se aplica naqueles casos em que não basta o decretamento provisório de uma providência cautelar, segundo o disposto no artigo 131.º do CPTA, o que não se demonstra quando o recorrente apenas pretende a obtenção de livre acesso e permanência ao edifício onde se situa o seu local de trabalho, mediante a mera apresentação do cartão de identificação, como dirigente do Ministério da Defesa Nacional. 2 – Justifica-se o decretamento de uma providência cautelar que previna de imediato a violação do direito ao livre acesso do recorrente ao seu local de trabalho (...), impondo-se, assim, a convolação da intimação (...) apresentada em providência cautelar, prevista no artigo 11.º, n.º 2, al. f) do CPTA».

[1239] Reportamo-nos à obra de MÁRIO AROSO DE ALMEIDA, *O Novo Regime do Processo... cit.*, p. 285.

[1240] CARLA AMADO GOMES, *Pretexto, Contexto e Texto da Intimação... cit.*, p. 565, nt. 54.

base o artigo 121.º do CPTA – se se admite a convolação de um requerimento de intimação num processo cautelar, segundo um argumento *a fortiori*, também se teria de admitir o inverso[1241].

Para um melhor enquadramento do entendimento que sufragamos, convirá ter presente que o erro na forma do processo (em processo civil) constitui uma nulidade processual de conhecimento oficioso que, em princípio, apenas implica a anulação dos actos que não possam ser aproveitados, cabendo ao juiz ordenar que se siga a forma de processo que se lhe reputar adequada[1242-1243]. Se isto é assim, compreender-se-á que alguns tribunais tenham decidido, excepcionalmente, pela absolvição da instância, quando as alterações que seriam necessárias introduzir implicassem a total reformulação do requerimento de providência, até porque, nesses casos, a convolação nada acrescentaria em termos de celeridade e economia processual[1244].

Depois deste excurso, vamos debruçar-nos, muito telegraficamente, sobre duas sentenças – atrás mencionadas – do TAF de Coimbra, que aderiram à tese da possibilidade de convolação oficiosa do processo[1245]. Em ambos os casos, os requerentes – preliminarmente à competente acção administrativa especial – apresentaram um requerimento de providência cautelar de decretamento provisório, nos termos do artigo 131.º do CPTA, contra o Ministério da Educação e o Ministério da Ciência, Tecnologia e Ensino Superior.

O TAF de Coimbra, em ambas as sentenças, através de um despacho convolatório, ordenou que os autos seguissem a tramitação processual prevista nos artigos 109.º e seguintes do CPTA, ou seja, de intimação para a protecção de direitos, liberdades e garantias, em vez da sua tramitação inicial como providência cautelar de decretamento provisório.

[1241] Cfr. Acórdãos do STA, de 06/04/2006, processo n.º 035/06 e de 25/01/2006, processo n.º 035/06.

[1242] Note-se que a legislação processual civil é aplicável ao contencioso administrativo *ex vi* artigos 199.º, 202.º, e 206.º, n.º 2, do CPTA.

[1243] Como reconhecem, aliás, MARIA FERNANDA MAÇÃS, *Meios Urgentes e Tutela Cautelar – Perplexidades... cit.*, p. 99, e RODRIGO ESTEVES DE OLIVEIRA, *op. cit.*, p. 90.

[1244] No acórdão do TCAS, de 16/02/2005, processo n.º 00542/05, o tribunal manteve a decisão do tribunal recorrido, que decidira não convolar a intimação requerida num outro meio processual, «atenta a diferença do regime de instrução e modo de interposição, prazos e sujeição a custas».

[1245] De 18/10/2006, *cit.* e de 30/10/2006, *cit.*

A Protecção dos Direitos Fundamentais através da Justiça Administrativa   313

Os fundamentos do despacho convolatório prenderam-se com motivos de «evidência lógica»[1246], na medida em que a decisão de mérito, momento final de uma qualquer acção não urgente, sempre se arrastaria por um período de tempo demasiado longo, o que, em face da situação concreta dos intimantes, faria tábua rasa dos seus direitos de acesso ao ensino superior[1247]. Partindo desta premissa, a argumentação do acórdão é linear: «(s)e esperar pelo desfecho da pretensão (...) à luz de um meio processual não urgente fosse uma inevitabilidade, é quase certo que o Intimante teria maiores probabilidades de ser colocado no Curso de Medicina (...) no próximo ano lectivo, pelo processo normal[1248], do que obter até lá a resolução judicial da pretensão. E mesmo que fosse decretada uma providência cautelar que permitisse a frequência condicionada do Intimante, para além da instabilidade inerente, sempre a decisão final a proferir no processo principal não urgente demoraria demasiado tempo, incompatível com a estabilidade que se impõe na frequência de um curso superior»[1249].

Convém, porém, relembrar que, como já atrás referimos (*infra* 2.4), mais tarde, na grande maioria dos processos atinentes a esta questão, o STA, a talhe de foice, referiu que estes despachos de convolação eram «errados» ou «desadequados», apesar de não os ter chegado a sindicar, por entender que se teria formado caso julgado formal sobe os mesmos.

[1246] Sentença do TAF de Coimbra, de 30/10/2006, *cit.*

[1247] Estamos a falar de cerca de 2 a 4 anos, até ao trânsito em julgado da sentença.

[1248] Isto é, repetir os exames nacionais de química e biologia e candidatar-se novamente.

[1249] Sentença do TAF de Coimbra, de 30/10/2006, *cit.*

TÍTULO TERCEIRO

A PROTECÇÃO INTERNACIONAL REGIONAL DOS DIREITOS DO HOMEM

1. A CONVENÇÃO EUROPEIA DOS DIREITOS DO HOMEM E A TUTELA JURISDICIONAL EFECTIVA

«Eis que em raro instante o destino tece coisa que em mil anos não acontece»[1250].

Como sabemos, a expressão «direitos humanos» é já a acepção dos direitos fundamentais na dimensão universal ou internacional. Na verdade, enquanto os *direitos fundamentais* – aqui entendidos em sentido próprio – têm incidência nacional, ou seja, são aqueles direitos garantidos e positivados num determinado ordenamento jurídico-constitucional, os *direitos humanos* são direitos universais, que valem para todos as pessoas ou colectividades de pessoas, independentemente de estarem positivados nos respectivos ordenamentos jurídicos nacionais[1251].

[1250] LUDOVICO ARIOSTO, *Orlando Furioso*, Canto I, 48.

[1251] Cfr. JORGE MIRANDA, *Manual de Direito Constitucional*, Tomo IV, *cit.*, p. 54, J. J. GOMES CANOTILHO, *Direito Constitucional e Teoria da Constituição*, *cit.*, pp. 393-394, J. J. GOMES CANOTILHO e VITAL MOREIRA, *Constituição da República Portuguesa Anotada*, Vol. I, *cit.*, p. 240, e JOSÉ DE MELO ALEXANDRINO, *Direitos Fundamentais... cit.*, pp. 33-36. Por seu turno, JOSÉ CARLOS VIEIRA DE ANDRADE, *Os Direitos Fundamentais na Constituição ... cit.*, pp. 31-37, prefere a designação de «direitos fundamentais internacionais». Contra esta dicotomia, e defendendo a equivalência semântica entre

316   *A Tutela Directa dos Direitos Fundamentais*

Antes de passarmos ao assunto em análise, chamamos a atenção para a tradicional distinção de nomenclatura existente entre a expressão «direitos *humanos*», entendida numa dimensão universal, e a designação «direitos *do homem*», atinente à sua dimensão (internacional) regional, ainda que, mais recentemente, por vezes se utilizem indistintamente os termos. Ressalve-se, porém, que apesar de a Convenção Europeia dos Direitos do Homem ser um instrumento internacional regional, possui um carácter *universal*, na medida em que qualquer pessoa pode invocar directamente a Convenção, independentemente da sua nacionalidade, desde que se encontre no território de um dos países que a ela tenham aderido[1252].

No essencial, a protecção jurídica dos direitos humanos, no plano internacional, desenvolveu-se de acordo com uma lógica de «três etapas»[1253]. O momento de charneira iniciou-se através da *soft law*, mais concretamente, mediante declarações ou proclamações de princípios, de entre as quais se evidenciou a DUDH. O passo seguinte traduziu-se na preocupação de atribuir carácter vinculativo à legislação[1254]. Por fim, a terceira etapa, apelidada de *legal guarantism*, consistiu na criação de um mecanismo de controlo judiciário de aplicação da legislação em vigor, nomeadamente, através da aposta em instrumentos de protecção com carácter regional[1255]. A protecção regional dos direitos fundamentais apre-

---

direitos do homem e direitos fundamentais, cfr. MARIA LUÍSA DUARTE, *«O Direito da União Europeia e o Direito Europeu dos Direitos do Homem – uma defesa do "triângulo judicial europeu"»*, *in* AAVV, Estudos em Homenagem ao Professor Doutor Armando M. Marques Guedes, Coimbra Editora, 2004, pp. 735 e ss., p. 736, nt. 2.

[1252] Cumpre não olvidar, seguindo os ensinamentos de A. LEROY BENNETT, *International Organizations – Principles and Issues*, Prentice-Hall International Editions, London, Sixth Edition, 1995, p. 230, e RENÉ-JEAN DUPUY, *«Les Droits de l'homme, valeur européenne ou valeur universelle»*, *in* AAVV, Pensamiento Jurídico y Sociedad Internacional – Estudios en honor del profesor D. Antonio Truyol Serra, I, Centro de Estudios Constitucionales, Universidad Computense de Madrid, 1986, pp. 415-428, p. 423, que o carácter regional da organização não afecta o seu carácter global, uma vez que os seus objectivos se direccionam para o universalismo.

[1253] Cfr. RENÉ-JEAN DUPUY, *op. cit.*, p. 417, e R. VANDER ELST, *apud* JOSÉ CASALTA NABAIS *Por uma liberdade com responsabilidade... cit.*, p. 108, nt. 43.

[1254] Como salienta GREGORIO PECES-BARBA MARTÍNEZ, *Lecciones de Derechos Fundamentales*, Dykinson, Madrid, 2004, p. 116, o processo de internacionalização é ainda um processo incompleto, de sorte que a comunidade internacional «carece de um Poder político que garanta plenamente a eficácia desse ordenamento, encontrando-se numa situação similar à da poliarquia medieval».

[1255] Cfr., neste sentido, DIRK EHLERS, *«La Protección de los derechos fundamentales en Europa – Una contribución desde la perspectiva alemana»*, *in* REDC, n.º 77, Año

A Protecção Internacional Regional dos Direitos do Homem

senta claras vantagens, desde logo, por facilitar a chegada a um consenso, posto que se partilham valores e interesses comuns[1256].

É, no âmbito desta terceira etapa, que surge a Convenção de Salvaguarda dos Direitos do Homem e das Liberdades Fundamentais – correntemente denominada Convenção Europeia dos Direitos do Homem (CEDH) – como o maior produto da integração regional europeia dentro do Conselho da Europa[1257-1258]. Por outro lado, é por muitos reconhecido como o mecanismo internacional mais «sofisticado»[1259] e «perfeito»[1260] de tutela dos direitos do homem.

A CEDH nasceu, na sequência da DUDH, e oferece maiores garantias de eficácia do que esta última, não apenas porque possui um texto vinculativo para os Estados[1261], mas também – e sobretudo – por estabelecer

---

26, Mayo/Agosto 2006, Centro de Estudios Políticos y Constitucionales, Madrid, pp. 27-50, p. 45.

[1256] Cfr. José Carlos Vieira de Andrade, *Os Direitos Fundamentais na Constituição... cit.*, p. 37, e Peter Malanczuk, *Akehurst's Modern Introduction to International Law*, Seventh Revised Edition, Routledge, 1997, p. 217.

[1257] Assinada em Roma a 4 de Novembro de 1950, pelos países membros do Conselho da Europa, entrou em vigor em 3 de Setembro de 1953. Portugal aderiu à CEDH a 09/11/1978, pela Lei n.º 65/78, de 13/10.

[1258] Cfr. Howard Charles Yourow, *The Margin of Appreciation Doctrine in the Dynamics of European Human Rights Jurisprudence*, Kluwer Law International, 1996, pp. 1 ss. As organizações regionais podem ser classificadas de várias formas, de acordo com a natureza ou o escopo das suas funções, ou atendendo ao grau de integração que almejam. A. Leroy Bennett, *op. cit.*, p. 236, classifica o Conselho da Europa como uma organização com múltiplos objectivos. Com efeito, o Conselho da Europa é um corpo intergovernamental que se debruça sobre os direitos do homem e sobre os assuntos sociais e culturais na Europa. É de salientar que foi na concretização do preceituado no artigo 3.º do Estatuto do Conselho da Europa – que determina a necessidade de cada um dos membros *reconhecer o império do direito* – que se procedeu à criação da CEDH.

[1259] Peter Malanczuk, *op. cit.*, p. 219.

[1260] Maria de Assunção do Vale Pereira, «*O Protocolo n.º 11 Adicional à Convenção Europeia dos Direitos do Homem*», in Revista Jurídica da Universidade Portucalense Infante D. Henrique, n.º 2, Março 1999, Universidade Portucalense, Porto, pp. 77-103, p. 77, e Rosario Tur Ausina, *op. cit.*, p. 395.

[1261] Se bem que este não é o factor decisivo, pois, na opinião de vários Autores, apesar de a DUDH constar de uma resolução da Assembleia Geral das Nações Unidas, ter-se-á constituído, a seu propósito, «uma convicção de obrigatoriedade», pelo que os Estados estarão a ela vinculados. Cfr., a este propósito, Jorge Miranda, *A Declaração Universal e os Pactos Internacionais de Direitos do Homem*, Petrony, Lisboa, 1977, pp. 11-12.

318 A Tutela Directa dos Direitos Fundamentais

um *mecanismo específico de reacção* na hipótese de violação dos direitos consagrados na Convenção.

O mecanismo inicialmente criado pela CEDH consistia na intervenção de dois órgãos: a Comissão Europeia dos Direitos do Homem e o Tribunal Europeu dos Direitos do Homem (TEDH). A Comissão, cujos membros eram eleitos pelo Comité de Ministros, não possuía um genuíno carácter judicial. Ora, foi precisamente com o intuito de assegurar o carácter independente e jurisdicional do mecanismo de protecção dos direitos do homem, que se adoptou o Protocolo n.º 11. Deste Protocolo resultou a extinção da Comissão Europeia dos Direitos do Homem[1262].

Em especial, o Protocolo Adicional n.º 11 criou o mecanismo de queixa individual, que doravante designaremos de *amparo internacional*, vazado nos artigos 34.º e seguintes da CEDH, e procurou dar resposta a um dos aspectos mais veementemente criticados no sistema da CEDH, que residia no facto de esta apenas admitir a apresentação de queixas pelos Estados[1263]. Deste modo, pode, genuinamente, afirmar-se que os indivíduos – enquanto titulares de um direito de amparo perante um tribunal internacional regional – foram erigidos a verdadeiros sujeitos de Direito Internacional[1264].

[1262] O Protocolo Adicional n.º 11 foi assinado, a 11/05/1994, e entrou em vigor, a 1/11/1994. Já, em 1992, se procurara colmatar a deficiência do sistema de protecção regional, através do Protocolo Adicional n.º 9, que atribuía ao particular o direito de recorrer para o TEDH. Contudo, a natureza facultativa deste protocolo deitou por terra as intenções que a este subjaziam, pois só vinculou os Estados que o ratificaram. Cfr. FERNANDO ALVAREZ-OSSORIO MICHEO, *«Perfecciones y imperfecciones en el Protocolo 11 al Convenio Europeo de Derechos Humanos y otros comentarios a propósito de su Entrada en vigor», in* REDC, año 19, Núm. 56, Mayo-Agosto de 1999, Centro de Estudios Constitucionales, Madrid, pp. 135-162, p. 143.

[1263] Na verdade, as estatísticas actuais demonstram-nos que a esmagadora maioria das queixas interpostas não são estaduais, mas sim *individuais*. Para um tratamento estatístico desta realidade, cfr. SANTIAGO RIPOL CARULLA, *op. cit.*, pp. 86-87, e STEVEN GREER, *op. cit.*, pp. 33-41.

[1264] Até então, vigorava no Direito Internacional o princípio da não-ingerência, que limitava o Direito Internacional à relação entre Estados. Ou seja, dizendo com mais clareza, os indivíduos seriam protegidos através do próprio Estado (através do vínculo da cidadania ou da residência). Esta situação, todavia, não permitia ao Direito Internacional controlar as violações de direitos humanos que fossem perpetradas pelo próprio Estado. Face a esta deficiência, o princípio que, hoje, se afirma no Direito Internacional relativamente aos direitos humanos é o do «international concern». Cfr. FERNANDO ALVAREZ-OSSORIO MICHEO, *op. cit.*, p. 135, e JOSÉ CARLOS VIEIRA DE ANDRADE, *Os Direitos Fundamentais na Constituição ... cit.*, pp. 31-32.

A *Protecção Internacional Regional dos Direitos do Homem* 319

Numa perspectiva global, a internacionalização do direito e do recurso de amparo verificou-se em duas frentes: (*i*) o *amparo europeu*, confiado ao TEDH; (*ii*) o *amparo inter-americano*, reconhecido na competência contenciosa do Tribunal Inter-Americano dos Direitos do Homem, no artigo 25.º da Convenção Americana Sobre Direitos Humanos[1265].

Por muito que, neste momento, a protecção regional dos direitos do homem atinja patamares louváveis, certo é que o modelo ainda ostenta um calcanhar de Aquiles, que se prende, mormente, com a *limitada possibilidade de execução dos acórdãos* do Tribunal de Estrasburgo. Este facto deve-se à própria configuração das relações internacionais, que sempre almejou prezar pela menor agressão possível à soberania dos Estados.

Nesta sede, relembre-se que as decisões do TEDH não possuem força executiva directa, mas tão-somente declarativa e reparadora, sendo que a sua execução depende, assaz, da vontade colaboradora do Estado[1266]. Fala-se, assim, de uma «eficácia persuasiva» e de uma «força interpretativa» das decisões do TEDH, nos termos em que a sua publicitação provocará, no Estado inadimplente, um certo desconforto e servirá de incentivo a que tome atitudes para cessar a violação[1267]. Por conseguinte, o Tribunal não poderá, por exemplo, anular actos administrativos praticados pelas autoridades públicas nacionais, nem indicar o modo como as suas decisões deverão ser implementadas[1268] e, muito menos, revogar o direito nacional do Estado inadimplente.

[1265] Adoptada em 1969 e em vigor desde 18/07/1978.

[1266] Nesta linha, DIRK EHLERS, *op. cit.,* p. 47.

[1267] Cfr. ROSARIO TUR AUSINA, *op. cit.,* pp. 395-396. Além do mais, como ressalva SANTIAGO RIPOL CARULLA, *op. cit.,* p. 82, não se esqueça que o Tribunal de Estrasburgo poderá sempre impor o pagamento de uma compensação pecuniária (segundo o artigo 41.º da CEDH).

[1268] Ainda que, mais recentemente, o TEDH tenha revelado uma enorme ousadia, ao sugerir medidas concretas que o Estado inadimplente poderá tomar, de modo a tutelar de forma efectiva o direito violado. Destarte, ainda que de forma algo implícita, no *Caso Ilaºcu e Outros v. Moldávia e Rússia*, de 08/07/2004, o Tribunal de Estrasburgo, após verificar uma violação do artigo 3.º da CEDH (que proíbe a tortura), adiantou que «(q)ualquer continuação da detenção ilegal e arbitrária dos três requerentes constitui necessariamente uma grave continuação da violação do artigo 5.º da Convenção [direito à liberdade], (...) os Estados demandados deverão tomar todas as medidas para colocar fim à detenção arbitrária dos requerentes ainda detidos e garantir a sua libertação imediata» (par. 490).

320 A Tutela Directa dos Direitos Fundamentais

Mesmo que, à primeira vista, possa parecer uma minudência supérflua, poder-se-á (e bem) argumentar que os Estados estão sempre obrigados a fazer cumprir as decisões do TEDH, nas respectivas ordens jurídicas nacionais, tal como exige o artigo 46.º, n.º 1, da CEDH[1269], pelo que, caso não o façam, incorrerão em responsabilidade internacional[1270].

Não obstante as considerações acima proferidas, é interessante verificar que o Direito Internacional, ao regular as relações entre os governos e os seus povos, evoluiu e penetrou uma zona outrora exclusiva da jurisdição interna dos Estados[1271]. E há que atender, além disso, ao facto do esquema de protecção europeia dos direitos do homem ser um sistema de convenção internacional multilateral, que se impõe a Estados soberanos. Neste contexto, o TEDH não pode ser considerado um órgão de último recurso face aos tribunais nacionais, no sentido de se sobrepor à justiça constitucional, ou de actuar como um órgão de revisão integrativa supranacional. Todavia, não perde a sua qualidade de último intérprete da Convenção, revestindo, por isso, a sua jurisprudência, capital importância para a interpretação e aplicação dos direitos recebidos na Convenção. Destarte, convirá ter presente que a CEDH é perspectivada como um *standard* mínimo, um último denominador comum, entre um leque universal de direitos do homem, na Europa, e as diversidades culturais e tradições legais próprias de cada Estado parte[1272].

[1269] Por força do artigo 46.º, n.º 1, da CEDH, as decisões do TEDH são obrigatórias, na medida em que os Estados signatários «comprometem-se a acatar os julgamentos definitivos do Tribunal nos litígios em que sejam parte». Conclui-se, assim, que o facto de as decisões do TEDH não terem força executória não significa que não sejam obrigatórias. Em Espanha, alguma doutrina defende, inclusivamente, que o incumprimento de uma decisão do TEDH serve de fundamento a uma acção de responsabilidade contra o Estado espanhol (artigos 106.º, n.º 2 e 121.º da CE). Cfr. C. Ruiz Miguel e L. M. Bujosa Vadell, *apud* Rosario Tur Ausina, *op. cit.*, p. 404.

[1270] Maria Luísa Duarte, *«O Conselho da Europa e a Protecção dos Direitos do Homem»*, in Boletim de Documentação e Direito Comparado, n.º 39-40, Lisboa, 1989, pp. 191-242, p. 237, lembra que, apesar de os acórdãos do TEDH não possuírem força executiva directa, obrigam os Estados a dar-lhe execução. Nesta sede, o Comité de Ministros está especialmente incumbido de velar pela execução das decisões judiciais, fiscalizando o modo como estão a ser implementadas (artigo 54.º da CEDH).

[1271] Cfr. Anne-Marie Slaughter e William Burke-White, *«The Future of International Law is Domestic (or, The European Way of Law), in* HarvILJ, volume 47, No. 2, Summer 2006, pp. 327 ss., p. 327, e Carlos Blanco de Morais, *«Fiscalização da Constitucionalidade e Garantia dos Direitos Fundamentais: Apontamento... cit.*, p. 94.

[1272] Cfr. Dirk Ehlers, *op. cit.*, p. 34, e Aaron Ostrovsky, *«What's So Funny About Peace, Love, and Understanding? How the Margin of Appreciation Doctrine Preserves*

A Protecção Internacional Regional dos Direitos do Homem 321

Em Portugal, a CEDH foi uma das fontes inspiradoras da nossa actual Constituição e integra o direito ordinário convencional, que completa a nossa ordem jurídica interna, nos termos do artigo 8.º, n.º 2, da CRP[1273-1274].

Sem ela, não se teria dado um passo significativo. Nos nossos dias, marcados por uma «universalização da justiça constitucional»[1275], levanta--se uma questão deveras interessante acerca da natureza da CEDH: será que o sistema europeu de protecção dos direitos do homem, especialmente após a criação e aperfeiçoamento do Tribunal de Estrasburgo, não se terá transfigurado numa jurisdição constitucional europeia?[1276] Esta metamorfose significaria, antes de mais, que a CEDH passaria a fazer parte integrante do Direito Constitucional do respectivo Estado[1277].

Os investigadores atentos da realidade constitucional têm chamado a atenção para o facto da maioria da actual doutrina conceder que já se pode propugnar, pelo menos, a existência de uma genuína «cultura constitucional europeia comum»[1278], não só criada pela adesão a um tratado internacional, mas também impulsionada pela jurisprudência do TEDH. Para não falar, claro está, da doutrina que defende a existência de um

---

Core Human Rights within Cultural Diversity and Legitimises International Human Rights Tribunals, in HLR, vol. I, number 1, 2005, pp. 47-64, p. 48.

[1273] Através da Lei n.º 65/78, de 13 de Outubro.

[1274] Cfr. o acórdão do Tribunal Constitucional, n.º 607/2003, *cit.*, par. 20.2.

[1275] Expressão de FRANCISCO FERNÁNDEZ SEGADO, «*La justice constitutionnelle devant le XXIème siècle*», *cit.*, p. 311. Também MANUEL ARAGÓN REYES, «*La Constitución como paradigma*», *cit.*, pp. 38-39, alude à ideia de «constitucionalismo transnacional», que terá operado através de um processo de constitucionalização de determinadas organizações internacionais que são responsáveis pela garantia da aplicabilidade dos direitos do homem.

[1276] Cfr., sobre esta problemática, VOLKER SCHLETTE, *op. cit.*, pp. 747-768.

[1277] Em Portugal, JORGE MIRANDA, *Manual de Direito Constitucional,* Tomo VI, *cit.*, p. 164. Assim, levanta-se outra questão, que é a de saber se toda a CEDH é elevada a esse patamar constitucional, ou somente algumas das suas disposições. Cfr., para mais desenvolvimentos sobre este tema, J. J. GOMES CANOTILHO, *Direito Constitucional e Teoria da Constituição, cit.*, p. 931.

[1278] DIMITRIS TSATOS, *apud* J. J. GOMES CANOTILHO, *Direito Constitucional e Teoria da Constituição, cit., loc. cit.* No mesmo sentido, PETER HÄBERLE, «*Derecho constitucional común europeo*», (trad. Emilio Mikunda Franco), *in* REP, Núm.79, Enero-Marzo 1993, Centro de Estudios Constitucionales, Madrid, pp. 7-46, p. 11, e «*El Estado constitucional europeo*», (trad. Francisco Balaguer Callejón), *in* CuC, n. º 2, Enero-Junio 2000, Instituto de Investigaciones Jurídicas, UNAM, México, pp. 87-104. Também SANTIAGO RIPOL CARULLA, *op. cit.,* p. 33, não deixa de apontar a função «quase-constitucional» que assume o TEDH, enquanto instrumento vivo que procura acompanhar a realidade europeia.

322   *A Tutela Directa dos Direitos Fundamentais*

constitucionalismo «global» ou constitucionalismo «internacional», conceito que rompe com a perspectiva clássica de «Constituição», como termo reservado ao constitucionalismo nacional[1279].

Com efeito, aceita-se hoje, com naturalidade, que os ordenamentos jurídico-constitucionais se complementem mutuamente (*Verfassungskonglomerat*)[1280], em moldes de globalização do Direito Constitucional nacional (*globalization of domestic constitutional law*)[1281]. Ora, um dos domínios em que a jurisprudência de Estrasburgo assumiu uma relevância exemplar foi, precisamente, no que respeita ao direito a um processo equitativo (artigo 6.º da CEDH), como, a seguir, procuraremos demonstrar.

2. O DIREITO À TUTELA JURISDICIONAL EFECTIVA (ARTIGOS 6.º E 13.º DA CEDH)

Até agora, pudemos apreciar que a evolução internacional regional, em matéria dos direitos do homem, teve, como linha orientadora, a subjectivização crescente da tutela dos direitos, particularmente desde a adopção do Protocolo Adicional n.º 11, que facultou o acesso directo das

---

[1279] Cfr. BRUCE ACKERMAN, *apud* MIGUEL POIARES MADURO, «*A Crise Existencial do Constitucionalismo Europeu*», *in* AAVV, Colectânea de Estudos em Homenagem a Francisco Lucas Pires, Universidade Autónoma de Lisboa, Lisboa, 1999, 201-215, p. 201, e ERIKA DE WET, «*The International constitutional order*», *in* ICLQ, Vol. 55, Part 1, Jan. 2006, Oxford University Press, pp. 51-76, pp. 51-53. A última Autora, num interessantíssimo estudo, exorta para a existência de «constituições parciais» de cariz internacional, correspondentes a tratados internacionais que unem os Estados em temáticas muito específicas, como a saúde (Organização Mundial da Saúde). Por outro lado, lembra que, cada vez mais, os ordenamentos jurídico-constitucionais se complementam mutuamente (*Verfassungskonglomerat*). VASCO PEREIRA DA SILVA, *A cultura a que tenho direito... cit.*, pp. 43-44, ainda que não considere que já se atingiu o estádio de um constitucionalismo «global», defende que não são de descurar os seus postulados essenciais, em especial, o imperativo da protecção dos direitos dos indivíduos para além das fronteiras estaduais. No mesmo sentido parecem dirigir-se as reflexões de J. J. GOMES CANOTILHO, *Direito Constitucional e Teoria da Constituição, cit.*, p. 1372.

[1280] ERIKA DE WET, *op. cit.*, p. 58.

[1281] Cfr. ERNST-ULRICH PETERSMANN, «*Human Rights, International Economic Law and Constitutional Justice: A Rejoinder*», *in* EJIL, Vol. 19, No. 5, 2008, pp. 955-960, e MARK TUSHNET, «*The Inevitable Globalization of Constitutional Law*», *in* Virginia Journal of International Law, Vol. 49, 2009, pp. 985-1006, p. 1006.

A *Protecção Internacional Regional dos Direitos do Homem* 323

pessoas, individuais e colectivas, ao Tribunal. Esta viragem histórica permitiu que os indivíduos pudessem, *motu proprio*, ser titulares de um direito de recurso individual supranacional (amparo internacional), por violação de direitos consagrados na Convenção[1282].

Em consonância com o preceituado nos artigos 8.° e 10.° da DUDH e no artigo 14.° do PIDCP, os artigos 6.° e 13.° da CEDH estipulam o direito fundamental à tutela jurisdicional efectiva[1283]. Como se conclui da leitura combinada destes preceitos, tal direito «de natureza processual»[1284] assume um carácter multifacetado, apresentando vários afloramentos. São eles, desde logo, o direito a um processo equitativo, o direito de acesso à justiça, o direito a um processo célere e sem dilações indevidas, o direito a um processo público, perante um tribunal imparcial e independente, e o direito a um recurso efectivo. Feita esta digressão, importa frisar que o elenco de direitos atribuídos pela Convenção nos artigos mencionados não é de forma alguma exaustivo, possuindo abertura suficiente para se estender a novos direitos ou a novas dimensões de direitos.

Iremos, doravante, centrar o objecto deste nosso trabalho na análise dos direitos a uma decisão proferida num prazo razoável e a um recurso efectivo.

2.1. Direito a um Recurso Efectivo

Desde há muito, que o TEDH vem afirmando que o direito ao recurso tem como base o artigo 6.° da CEDH[1285]. Assim, já em 1975, no

---

[1282] FERNANDO ALVAREZ-OSSORIO MICHEO, *op. cit.*, p. 140.

[1283] O artigo 6.°, n.° 1, da CEDH consagra o seguinte: «qualquer pessoa tem direito a que a sua causa seja examinada, equitativa e publicamente, num prazo razoável por um tribunal independente e imparcial estabelecido pela lei, o qual decidirá quer sobre os seus direitos e obrigações de carácter civil, quer sobre o fundamento em matéria penal de qualquer acusação dirigida contra ela. O julgamento deve ser público, mas o acesso à sala de audiências poderá ser proibido quando (...)». O n.° 2 do artigo 6.° assegura o direito à presunção de inocência de toda a pessoa acusada, até que a sua culpabilidade seja legalmente estabelecida, e o n.° 3 do mesmo artigo dispõe um leque de garantias (sobretudo processuais) ao acusado. Por seu turno, o artigo 13.° da CEDH, consubstancia que «qualquer pessoa cujos direitos e liberdades reconhecidos na presente Convenção tiverem sido violados tem direito a recurso perante uma instância nacional, mesmo quando a violação tiver sido cometida por pessoas que actuarem no exercício das suas funções oficiais».

[1284] Cfr. o *caso Cruz Varas contra Suécia*, de 20/03/1991, par. 36

[1285] Cfr. MARIE-JOËLLE REDOR, *op. cit.*, p. 100.

324   *A Tutela Directa dos Direitos Fundamentais*

caso *Golder v. Reino Unido*,[1286] asseverou que o n.º 1 do artigo 6.º garante o «direito a um tribunal»[1287]. O conteúdo desta garantia foi concretizado no caso *Airey v. Irlanda[1288]*, que impôs ao Estado inadimplente a opção entre criar um sistema de remédios jurisdicionais, ou, simplificar os seus procedimentos jurisdicionais.

O Tribunal de Estrasburgo tem reiterado que o propósito da exaustão de recursos, contido no artigo 35.º da Convenção, é conceder em primeira-mão aos Estados a oportunidade de prevenir ou reparar as violações de direitos protegidos na CEDH[1289]. Ora, «esta regra reflecte-se no artigo 13.º, com o qual tem grande afinidade»[1290], no sentido que exige a existência de um recurso efectivo no ordenamento jurídico interno de cada Estado.

A presença de tal recurso deverá ser «suficientemente determinada, não apenas em teoria, mas também na prática»[1291], pelo que o seu exercício não pode ser impedido, sem justificação, pelos actos ou omissões das autoridades do respectivo Estado[1292]. Neste domínio, porém, é concedida aos Estados uma ampla discricionariedade, quanto ao modo como devem cumprir as suas obrigações ao abrigo desta disposição[1293]. Tal poder significa que os Estados signatários possuem a liberdade de optar pelos mecanismos de protecção que se lhes afigurem adequados, de forma a tutelar os direitos garantidos pela Convenção[1294]. Deste modo, e em síntese, o artigo 13.º assegura a qualquer pessoa, que alegue ser vítima de uma violação dos seus direitos ou liberdades (protegidos pela Convenção),

---

[1286] De 21/02/1975.

[1287] Par. 36.

[1288] De 09/10/1979.

[1289] Cfr., entre outros, os *casos Assanidzev v. Georgia,* de 08/04/2004, pars. 123--127 e *Adali v. Turquia,* de 31/03/2005, pars. 186-188.

[1290] *Caso CHYB v. Polónia,* de 22/08/2006, par. 27.

[1291] *Caso Iovchev v. Bulgária,* de 02/02/2006, par. 142, *caso McGlinchey e Outros v. Reino Unido,* 23/04/2003, par. 62, *caso Mcshane v. Reino Unido,* de 28/05/2002, par. 140, *caso Kudla v. Polónia,* de 26/10/2000, par. 158, *caso Aydin v. Turquia,* de 25/09//1997, par. 103, *caso Aksoy v. Turquia,* de 18/12/1996, par. 103.

[1292] Cfr. *Caso CHYB v. Polónia, cit., loc. cit, caso Ramirez Sanchez v. França,* 04//07/2006, par. 158, *caso Ilhan v. Turquia,* 27/06/2000, par. 97 e *caso Aksoy v. Turquia, cit.,* par. 95.

[1293] *Caso Kaya v. Turquia,* de 19/02/1998, par. 106, *caso Chahal v. Reino Unido,* 15/11/1996, par. 145, *caso Darnell v. Reino Unido,* de 26/10/1993, par. 69.

[1294] *Caso Öneryildiz v. Turquia,* de 30/11/2004, par. 146, e *caso dos Maquinistas Suecos v. Suécia,* de 06/02/1976, par. 50.

A Protecção Internacional Regional dos Direitos do Homem   325

um recurso efectivo perante uma autoridade nacional, em ordem a ver a sua queixa decidida e, se possível, obter o correspondente ressarcimento[1295].

Do ângulo do jurista, e lido num sentido puramente literal, o artigo 13.º da Convenção parece estipular que o direito ao recurso efectivo apenas terá lugar em face de uma *violação* dos direitos protegidos na Convenção. Todavia, a «violação» da Convenção não poderá ser aceite como um pré-requisito necessário para a aplicação directa do artigo 13.º, na medida em a existência de uma violação terá de ser confirmada pelas *próprias autoridades, v. g.,* judiciais[1296].

Diga-se, portanto, que, do carácter efectivo do recurso, não pode advir a certeza de um desfecho favorável, já que o artigo 13.º da CEDH, apenas exige um recurso que seja «tão eficaz quanto possível»[1297]. A isto acresce que este preceito não demanda que o cumprimento da exigência de um recurso efectivo seja feito mediante um único procedimento, podendo, ao invés, ser o resultado de um feixe de procedimentos[1298].

Por outro lado, em paralelo, não será admissível uma queixa na qual os autores aleguem que um recurso recentemente criado na sua ordem jurídica interna não é efectivo, sem que o hajam sequer experimentado previamente. Com efeito, na nossa óptica, bem andou o TEDH quando decidiu que não colhe o argumento de que o recurso lhes parece «irrealista» ou «utópico», sem que façam a pertinente prova do que afirmam[1299].

Numa breve súmula, podemos afirmar que todo e qualquer indivíduo que, de maneira plausível, se considere vítima de uma violação dos direitos reconhecidos pela CEDH deve dispor de um recurso perante uma instância nacional[1300]. E, nessa hipótese, o Tribunal tem sentenciado que

---

[1295] *Caso Adali v. Turquia, cit.,* par. 250, *caso Efstratiou v. Grécia,* 18/12/1996, par. 47, *caso Vilvarajah e Outros v. Reino Unido,* 30/10/1991, par. 122, e *caso Klass e Outros v. Alemanha,* 06/09/1978, par. 64.

[1296] *Caso Klass e Outros v. Alemanha, cit., loc. cit.*

[1297] Cfr. o *caso Associação Democrática dos Soldados Austríacos v. Áustria,* 19/ /12/1994, par. 55, o *caso D. v. Reino Unido, cit.,* par. 71 e, por último, o *caso Chahal v. Reino Unido, cit.,* par. 150.

[1298] *Caso Silver e Outros v. Reino Unido,* de 25/03/1983, par. 113, e o *caso Chahal v. Reino Unido, cit.,* par. 145.

[1299] *Caso Krasuski v. Polónia,* de 14/06/2005, par. 71.

[1300] No sentido que perfilhamos, manifestou-se JOSÉ E. DE OLIVEIRA GONÇALVES LOPES, «*A Convenção Europeia dos Direitos do Homem e a reforma do contencioso admi-nistrativo português de 2002», in* AAVV, Estudos de Direito Europeu e Internacional dos Direitos Humanos, (coord. Ana Maria Guerra Martins), Almedina, 2005, pp. 145-202, p. 170.

326 *A Tutela Directa dos Direitos Fundamentais*

a «autoridade» a que se refere o preceito em causa não tem de ser uma autoridade judicial em sentido estrito[1301], não obstante os poderes e garantias processuais que essa autoridade possua serem relevantes para determinar da efectividade do recurso[1302].

O escopo da obrigação consubstanciada no artigo 13.º varia, dependendo da natureza da queixa ao abrigo da Convenção[1303]. Não será aliás coincidência que, *v. g.*, estando em causa os artigos 2.º e 3.º da CEDH[1304] – dado o carácter fundamental destes direitos e a especial vulnerabilidade das vítimas – estes preceitos imponham, sem prejuízo de outros mecanismos disponíveis no direito interno dos Estados, que as autoridades estatais levem a cabo uma investigação minuciosa e efectiva acerca de eventuais episódios de tortura, capaz de conduzir à identificação e punição dos responsáveis, incluindo o acesso efectivo do queixoso à investigação[1305-1306].

2.2. Direito a uma Decisão Proferida num Prazo Razoável

Sabemos como os atrasos na efectivação da justiça podem conduzir a situações desagradáveis de carência de protecção ou de justiça, daí a velha máxima «*justice delayed is justice denied*»[1307]. Nos nossos dias, assiste-se a uma enorme força expansiva da ideia de que a credibilidade e a firmeza das decisões judiciais dependerá, em grande medida, da sua tempestividade.

Nas situações de atraso na aplicação da justiça, levanta-se o problema de uma possível violação do artigo 13.º, ou do artigo 6.º, par. 1, da Con-

---

[1301] *Caso Ramirez Sanchez v. França*, 04/07/2006, par. 159.

[1302] Com esta ressalva, cf. o *Caso Klass e Outros v. Alemanha*, *cit.*, par. 67.

[1303] *Caso Aksoy v. Turquia*, *cit.*, par. 95, *caso Gül v. Turquia*, de 14/12/2000, par. 100, *caso Süheyla Aydin v. Turquia*, de 24/05/2005, par. 206 e *caso Ognyanova e Choban v. Bulgária*, de 23/05/2006, par. 135.

[1304] Cujas epígrafes são, respectivamente, «direito à vida» e «proibição da tortura».

[1305] Cfr., sobre esta tendência firme, os casos *Akkum e Outros v. Turquia*, de 24//03/2005, par. 263, *Ognyanova e Choban v. Bulgária, cit.*, par. 136, *Mcshane v. Reino Unido, cit.*, par. 141 e *Gül v. Turquia, cit.*, par. 100.

[1306] Cfr., relativamente à proibição da tortura, o *caso Aksoy v. Turquia*, *cit.*, par. 98.

[1307] Sobre o tema, cfr. David Schultz, «*"Justice Delayed, justice denied": the fastest gun in the east (or at least on the Supreme Court)*», *in* CC, Vol. 16, Summer 1999, Number 2, pp. 213-220, p. 213.

A Protecção Internacional Regional dos Direitos do Homem   327

venção[1308]. Acontece que, por vezes, como o artigo 13.º possui requisitos menos exigentes do que os requeridos pelo artigo 6.º, acaba por ser absorvido por este último[1309]. Não será mesmo arriscado adiantar que, em consequência, a jurisprudência do TEDH tem conferido à violação do artigo 13.º um carácter residual, aparecendo este preceito frequentemente associado ao artigo 6.º[1310].

O direito a ser julgado num prazo razoável tem uma relevância cardinal na boa administração da justiça, *maxime* no domínio do direito penal, de forma a acautelar que os indivíduos não permaneçam num estado de constante incerteza quanto ao seu destino. De facto, não se

---

[1308] Pelas quais o Estado português foi várias vezes condenado. A título exemplificativo, cfr. os casos *Almeida Garrett, Mascarenhas Falcão e Outros v. Portugal*, de 10/04/2001, *Comingersoll S.A v. Portugal*, 06/04/2000, pars. 16-25, *Jorge Estima v. Portugal*, de 21/04/1998, pars. 31-45, *Lobo Machado v. Portugal*, de 20/02/1996, pars. 24-32, *Silva Pontes v. Portugal*, de 23/03/1994, pars. 35-42, *Neves e Silva v. Portugal*, de 27/04/1989, pars. 40-46, *Martins Moreira v. Portugal*, de 26/10/1988, pars. 42-61, e *Guincho v. Portugal*, de 10/07/1984, pars. 28-41.

A argumentação de que o Estado português se socorria para justificar estes atrasos na justiça, assentava em problemas económicos e sociais decorrentes da instabilidade pós-revolução 25 de Abril, e também na crise económica que se fazia – e ainda faz – sentir. Cfr., para uma referencia crítica mais desenvolvida, ISABEL CELESTE FONSECA, «*Do novo contencioso administrativo e do direito à justiça em prazo razoável*», in AAVV, Estudos em Comemoração do Décimo Aniversário da Licenciatura em Direito da Universidade do Minho, Almedina, Coimbra, 2004, pp. 339-382, p. 343, e JOSÉ DE MELO ALEXANDRINO, «*Il sistema portoghese dei diritti e delle libertà fondamentali: zone franche nella tutela giurisdizionale*», cit., p. 275.

Saliente-se, contudo, que é, hoje, consensual, no nosso universo jurídico, que o direito de acesso à justiça em prazo razoável representa uma garantia inerente ao direito de acesso aos tribunais e à tutela jurisdicional efectiva (artigos 20.º, n.ᵒˢ 4 e 5 e 268.º, n.ᵒˢ 4 e 5, da CRP), sendo que sua violação constitui o Estado em responsabilidade civil extracontratual (artigo 22.º da CRP). Cfr., entre outros, o acórdão do STJ, de 29/06/2005, processo n.º 05A1064, e os acórdãos do STA, de 14/01/2004, processo 0364/03, e de 17/03/2005, processo n.º 230/03.

[1309] *Caso Kingsley v. Reino Unido,* de 28/05/2002, opinião parcialmente dissidente do Juiz Ress, par. 3, *caso Balmer-Schafroth e Outros v. Suiça,* de 26/08/1997, opinião dissidente do juiz Pettiti, parte final, *caso Matos e Silva, Lda. e Outros v. Portugal,* 16/09/1996, par. 64 e o *caso CHYB v. Polónia,* cit. par. 41.

No *caso Kudla v. Polónia, cit.,* pars. 147-156, par. 156, «o Tribunal reitera que o artigo 13.º garante um recurso efectivo perante uma autoridade nacional pela alegada violação do requisito do artigo 6.º, par. 1, de audiência num prazo razoável».

[1310] Cfr., entre nós, IRENEU CABRAL BARRETO, *A Convenção Europeia dos Direitos do Homem Anotada*, Coimbra Editora, 3.ª Edição, 2005, pp. 222 ss.

328 A Tutela Directa dos Direitos Fundamentais

deverá baixar os braços e ceder ao discurso céptico de CARNELUTTI, quando afirma que «o processo é aquele instrumento no qual se manifestam todas as deficiências e impotências do direito»[1311].

Saber se houve um atraso na justiça não é algo a que o TEDH possa responder em abstracto, ou quantificar do seguinte modo: "passados X número de meses ou de anos, o Estado incorrerá, automaticamente, em violação da Convenção". Pelo contrário, a verificação de atrasos na justiça assenta num juízo de razoabilidade, que nunca se poderá alhear das circunstâncias do caso concreto, e com referência aos seguintes critérios: a complexidade do caso, a conduta das partes (*v.g.*, saber se utilizaram manobras dilatórias), a actuação das autoridades competentes no processo e o que está em causa para o Autor no litígio[1312].

Destarte, podemos considerar que os meios disponíveis para combater atrasos judiciais são eficazes, no sentido do artigo 13.º da Convenção, «se prevenirem a alegada violação ou a sua continuação, ou se providenciarem compensação adequada por qualquer violação que haja já ocorrido»[1313]. Por outras palavras, o cumprimento do artigo 13.º oferece uma alternativa, a saber: um recurso será efectivo se puder ser utilizado, quer para acelerar processualmente uma decisão pendente em tribunal, quer para providenciar aos litigantes uma adequada compensação pelo atraso da justiça entretanto ocorrido[1314].

Resta somente salientar que, em termos quantitativos, a jurisprudência do Tribunal de Estrasburgo tem vindo, crescentemente, a debruçar-se sobre o conteúdo e alcance do artigo 6.º da Convenção. Esta constatação evidencia, com particular acuidade, o «lugar que ocupa a garantia jurisdicional na arquitectura geral dos direitos fundamentais»[1315].

[1311] *Apud* MIGUEL CASINO RUBIO, «*Las costas en el proceso contencioso-administrativo y el derecho a la tutela judicial efectiva*», *in* Revista del Centro de Estudios Constitucionales, Núm. 11, Enero-abril, 1992, Centro de Estudios Constitucionales, Madrid, pp. 293-316, p. 295.

[1312] *Caso Frydlender v. França*, de 27/06/2000, par. 43 e *caso Humen v. Polónia*, de 15/10/1999, par. 60. Sobre estes critérios, cfr., em pormenor, ISABEL CELESTE M. FONSECA, *Dos Novos Processos Urgentes... cit.*, pp. 55 ss. e «*A garantia do prazo razoável: o juiz de Estrasburgo e o juiz nacional*», *in* CJA, n.º 44, Março/Abril 2004, CEJUR, Braga, pp. 43-67, pp. 58-60.

[1313] *Caso Palka v. Polónia*, de 11/10/2005, par. 33.

[1314] *Caso Krasuski v. Polónia, cit.*, par. 66, *caso Mitev v. Bulgária*, de 22/12/2004, par. 156 e *caso Kudla v. Polónia, cit.*, pars. 158-159.

[1315] MARIE-JOËLLE REDOR, «*Garantie juridictionnelle... cit.*, p. 101. A Autora problematiza se o extremo volume de contencioso dedicado ao artigo 6.º da CEDH não será

A *Protecção Internacional Regional dos Direitos do Homem* 329

Chegados a este ponto, somos de opinião que a jurisprudência do TEDH demonstra, de forma lúcida e cristalina – sibilinamente influenciando os Estados signatários – que a preocupação pela forma como os Estados tutelam as situações de urgência transcende a esfera nacional[1316]. Nesta ordem de ideias, é consabido que a obrigação de julgar em prazo razoável apenas será respeitada, na sua plenitude, se os Estados possuírem uma panóplia de mecanismos aceleradores e, inclusive, de processos urgentes, capazes de salvaguardar os direitos dos particulares em situações especialmente urgentes e complexas, cumprindo-se, assim, o desiderato dos artigos 20.º, n.ᵒˢ 4 e 5, e 268.º, n.ᵒˢ 4 e 5, da CRP[1317].

Outra temática interessante, neste domínio, mas que extravasa o objecto do nosso trabalho, é saber se o artigo 6.º, n.º 1, da CEDH, se aplica, igualmente, aos atrasos nas decisões dos tribunais constitucionais que, como atrás referimos, possuem características particulares (*v.g.*, natureza, composição, competências) que os distinguem da jurisdição ordinária. Até hoje, não se registou nenhum caso em que o TEDH sindicasse um atraso do Tribunal Constitucional português, mas esta hipótese já se verificou quanto a um acórdão do TCFA[1318].

3. A DOUTRINA DA MARGEM NACIONAL DE APRECIAÇÃO

Na impossibilidade de tratar todas as questões que o tema do prazo razoável levanta, vamos focar, a seguir, um tópico que tem suscitado vivamente a nossa atenção. Referimo-nos ao curioso *mecanismo de auto--contenção* de que o Tribunal de Estrasburgo se tem vindo a socorrer, quando decide sobre questões pouco consensuais, que tocam matérias de grande melindre social, comummente designado como "a doutrina da margem nacional de apreciação".

---

um indicador de que este direito, apesar de ser de índole processual, assume uma maior relevância do que os restantes direitos fundamentais (substantivos).

[1316] Neste sentido o *caso Mitev v. Bulgária*, de 22/12/2004, par. 156

[1317] Cfr. ISABEL CELESTE M. FONSECA, *Dos Novos Processos Urgentes... cit.,* pp. 55 e ss e *Idem, «Do novo contencioso administrativo e do direito à justiça... cit.,* p. 378.

[1318] Sobre este tema, e as críticas que esta decisão mereceu, na Alemanha, cfr. KONRAD KRUIS, «*Relations between the European Court of Human Rights and the Federal Constitutional Court», apud* ANTÓNIO DE ARAÚJO, MIGUEL NOGUEIRA DE BRITO, e JOAQUIM PEDRO CARDOSO DA COSTA, *op. cit.,* p. 252, nt. 44.

Como procuraremos demonstrar, parece-nos que, nas hodiernas sociedades de mundividências plurais, este se revela um instrumento necessário ao pluralismo e a uma visão democrática do próprio Direito Internacional, *maxime* dos direitos do homem. Na verdade, a função do TEDH não é definir, de forma pretoriana e abstracta, o alcance das normas internacionais, mas, outrossim, conciliar a vocação universal dos direitos do homem, com as especificidades e sensibilidades de cada Estado, de cada ordenamento jurídico nacional[1319].

Por outro lado, as lacunas que o inelutável percurso do tempo provocou na redacção da CEDH – que, como sabemos, já celebrou o seu sexagésimo aniversário – poderão ser suprimidas, quer através de um complexo processo de revisão da mesma, quer, de modo menos invasivo, mas, porventura, mais sedimentado, pela utilização de preciosas técnicas jurisprudenciais, de que é exemplo a margem nacional de apreciação. Na sua actuação, o TEDH deverá ter a sapiência de não se antecipar sofregamente sobre temáticas polémicas, impondo códigos de moral universal. Parafraseando a sábia visão de FLORIAN HOFFMANN e JULIE RINGELHEIM, é através da participação de uma enriquecedora multiplicidade de actores a nível nacional e internacional que «o sentido dos direitos do homem se constrói e se transforma em permanência»[1320].

Importa, antes de cumprirmos o nosso desiderato, proceder a uma distinção entre a interpretação e a aplicação da Convenção[1321]. O artigo 32.º, n.º 1, da CEDH, estabelece que a competência do Tribunal «abrange

---

[1319] Cfr. FLORIAN HOFFMANN e JULIE RINGELHEIM, *Par-delà l'universalisme et le relativisme: La Cour européene des droits de l'homme et des dilemmes de la diversité culturelle*, RIEJ, 2004, n.º 52, pp. 109-142, p. 131, e JACK DONNELLY, *Universal Human Rights, in Theory & Practice*, Second Edition, Cornell University Press, 2003, p. 179. Como bem salienta RUI MEDEIROS, *«A Carta dos Direitos Fundamentais da União Europeia, A Convenção Europeia dos Direitos do Homem e o Estado Português»*, in AAVV, Nos 25 Anos da CRP de 1976 – Evolução Constitucional e Perspectivas Futuras, Associação Académica da Faculdade Direito Lisboa, Lisboa, 2001, pp. 227-293, pp. 272-273, «(a)ssimilação deve coexistir com diferenciação. Ou seja, à semelhança do lobo e do cordeiro, universalidade e particularidade devem coexistir em matéria de direitos fundamentais». Parece-nos, porém, pertinente ressalvar que, "importando" o jogo de palavras de FRANCISCO RUBIO LLORENTE, *«El Tribunal Constitucional»*, *cit.*, p. 26, «não é o mesmo considerar-se unidos na diversidade ou diversos na unidade».

[1320] *Op. cit.*, p. 131.

[1321] Para mais desenvolvimentos, cfr. P. VAN DIJK e G. J. H. VAN HOOF, *Theory and Practice of the European Convention on Human Rights*, Kluwer Law International, Hague, 3.º Edition, 1998, pp. 82 ss.

A *Protecção Internacional Regional dos Direitos do Homem*   331

todas as questões relativas à interpretação e aplicação da Convenção e dos respectivos protocolos». Relativamente à *interpretação*, o Tribunal tem sustentado que os seus julgamentos servem não apenas para decidir os casos que lhe são apresentados, mas, de modo genérico, «para esclarecer, salvaguardar e desenvolver as normas estabelecidas pela Convenção, desse modo contribuindo para a observância dos compromissos feitos pelos Estados»[1322]. O cenário é um pouco diferente no que respeita à *aplicação* da Convenção em casos concretos, ou seja, quanto à averiguação do mérito de uma alegada violação de uma ou mais disposições da CEDH. É nesta sede – reforce-se, no domínio da aplicação da Convenção – que o Tribunal tende a adoptar uma atitude mais cautelosa, atribuindo aos Estados uma certa «margem de apreciação», relativamente a algumas disposições que consagram direitos e liberdades[1323].

3.1. O Surgimento da Doutrina

A "doutrina da margem nacional de apreciação" é um instrumento através do qual o TEDH delimita aquilo que é próprio de cada comunidade – e que, por isso, pode ser decidido a nível local – daquilo que, em virtude da sua fundamentalidade, terá de ser necessariamente imposto a cada Estado signatário da Convenção, independentemente da sua cultura específica[1324].

Nem os trabalhos preparatórios, nem a CEDH, ou a Convenção de Viena Sobre o Direito dos Tratados, fazem referência expressa a esta «doutrina», «conceito», ou «princípio»[1325-1326]. De um ponto de vista histó-

---

[1322] *Caso Irlanda versus Reino Unido*, 18/01/1978, par. 62.

[1323] Cfr. YUVAL SHANY, *«Toward a General Margin of Appreciation Doctrine in International Law», in* EJIL, vol. 16, n.º 5, 2005, Oxford Journals – Oxford University Press, pp. 907-940, p. 913.

[1324] JAMES A. SWEENEY, *«Margins of Appreciation: Cultural Relativity and the European Court of Human Rights in the Post-Cold War Era», in* ICLQ, vol. 54, Abril 2005, pp. 459-474, p. 462, lembra que a oportunidade da utilização da "doutrina da margem nacional de apreciação" pode ser trazida à colação *ex officio* pelo Tribunal, ou pelas próprias Partes Contratantes, como modo de se defenderem da acusação de que violaram um direito tutelado na CEDH.

[1325] A este propósito, cf. AARON OSTROVSKY, *op. cit.*, p. 49, STEVEN GREER, *op. cit.*, p. 222, e MICHAEL R. HUTCHINSON, *«The Margin of Appreciation Doctrine in the European Court of Human Rights», in* ICLQ, volume 48, July 1999, pp. 638-650, p. 639.

332 A Tutela Directa dos Direitos Fundamentais

rico, as origens desta doutrina remontam ao recurso administrativo da jurisprudência do *Conseil d'État* francês e ao Direito Administrativo alemão[1327]. Surgiu, inicialmente, como válvula de escape oferecida aos Governos, perante políticas internacionais que pudessem pôr em perigo a sua segurança nacional[1328].

É de realçar que a doutrina foi aplicada pela primeira vez no *Caso Chipre*[1329], no âmbito do artigo 15.° da CEDH, cuja epígrafe é «derrogação em estado de necessidade», para depois se estender a outros preceitos da Convenção, em especial aos artigos 8.° a 11.°. É interessante verificar que, embora não exista um limite, *a priori*, de disposições da Convenção às quais esta doutrina se possa aplicar, tem sido mais utilizada no âmbito dos artigos acima mencionados[1330-1331].

[1326] Todas as expressões são sinónimas, e são utilizadas indiferentemente pela jurisprudência do TEDH. Cfr. RABINDER SINGH, MURRAY HUNT, e MARIE DEMETRIOU, «*Current Topic: Is there a Role for the "Margin of Appreciation" in National Law after the Human Rights Act?*», *in* EHRLR, Issue 1, 1999, Sweet & Maxwell Ltd., London, pp. 15-22, p. 20.

[1327] Cfr. HOWARD CHARLES YOUROW, *op. cit.*, p. 12.

[1328] Cfr., de forma mais desenvolvida, EYAL BENVENISTI, «*Margin of Appreciation, Consensus, and Universal Standards*», *in* NYUJILP, vol. 31, n.° 4, Summer 1999, pp. 843-854, p. 845.

[1329] No *caso Grécia v. Reino Unido*, de 1958, alegavam-se múltiplas violações da Convenção pelo Reino Unido, que então administrava Chipre. O Reino Unido invocou em sua defesa o artigo 15.° da CEDH.

[1330] Sobre o tema, IGNACIO DE LA RASILLA DEL MORAL, «*The Increasingly Marginal Appreciation of the Margin of Appreciation Doctrine*», *in* GLJ, volume 7, n.° 6-1, June 2006, pp. 611-624, p. 613. Também no sentido de que o TEDH nunca impôs qualquer tipo de limite à aplicação desta doutrina a outras disposições da Convenção, cfr. MACDONALD, *apud* P. VAN DIJK e G. J. H. VAN HOOF, *op. cit.*, p. 85. Na altura, os Autores citados alegavam que não era de admirar que ainda não se encontrasse alusão à "doutrina da margem nacional de apreciação", no âmbito dos artigos 2.°, e 3.° da Convenção, na medida em que tal traria, inevitavelmente, consequências inaceitáveis (pp. 82 e ss).

Em sentido oposto, TORKEL OPSAHL, «*The Right to Life*», *in* The European System for the Protection of Human Rights, R. St. J. MacDonald, F. Matscher e H. Petzold, Dordrecht, 1993, pp. 219-220, defendeu a aplicação desta doutrina, precisamente no que se refere à questão do início da vida. Ora, como adiante veremos (*infra*, 2.7.1), a realidade é que ela foi utilizada nesse domínio.

[1331] Estamos a referir-nos aos artigos 2.°, 3.° e 4.°, e a alguns segmentos do preceituado nos artigos 5.° e 6.°. Cfr., a este respeito, JOHAN CALLEWAERT, *Is There a Margin of Appreciation of Articles 2, 3 an 4 of the Convention?*, 19, HRLJ, 6, *apud* IGNACIO DE LA RASILLA DEL MORAL, *op. cit.*, p. 613.

A Protecção Internacional Regional dos Direitos do Homem 333

Como bem se aceitará, a extensão desta doutrina, para além do clássico mote da segurança nacional, transborda de uma rejuvenescida filosofia, reflectindo opções de política internacional, que aposta na subsidiariedade e na democracia, que traduzem, *in extremis*, os desejos de cada sociedade em perpetuar os valores que lhe são intrínsecos. Isto supõe, sem dúvida, que a "doutrina da margem nacional de apreciação" actue como um instrumento flexível, e que permita evitar confrontações desconfortáveis entre o TEDH e os Estados signatários, acerca das respectivas esferas de autoridade[1332].

A doutrina foi evoluindo paulatinamente, e é, com convicção, que verificamos que ela se tornou um dos principais expedientes que o TEDH utiliza, de forma a harmonizar a diversidade entre a Europa e a soberania nacional, com os mandamentos vertidos na Convenção.

Voltando agora um pouco atrás, importa destacar a primeira tentativa de justificação da aplicação desta doutrina, no famoso Caso *Handyside*[1333], no qual o Tribunal afirmou que «o mecanismo de protecção estabelecido pela CEDH é subsidiário dos sistemas nacionais de salvaguarda dos direi-

---

[1332] Cfr. EYAL BENVENISTI, *op. cit.*, p. 846, e MICHAEL R. HUTCHINSON, *op. cit.*, p. 647.

[1333] De 07/121976. A factualidade deste aresto foi a seguinte: em causa estava a edição de um manual de conselhos aos adolescentes (*The Little Red Schoolbook*), que tinha informações sobre a sexualidade, e que foi qualificado pelas autoridades públicas como «obsceno». Em consequência, o manual foi abolido e o editor condenado ao pagamento de uma multa. O TEDH foi chamado a pronunciar-se sobre se estas medidas poderiam ser consideradas como necessárias, numa sociedade democrática, à protecção da moral (um dos motivos legítimos de justificação enunciados no 2.º parágrafo do artigo 10.º). Ora, o Tribunal decidiu que, nesse domínio, não se sentia capaz de identificar e impor uma noção de moral válida para todos os Estados Contratantes. Significa isto, em síntese, que este caso tornou transparente a ligação entre margem de apreciação e diversidade cultural.

Em tom crítico, GÉRARD COHEN-JONATHAN, *La Convention Européenne des Droits de L'Homme*, Presses Universitaires d'Aix-Marseille, Economica, 1989, p. 190, reputou a decisão do TEDH como «excessiva», uma vez que o Tribunal não satisfez a exigência de limitar a margem de apreciação aos cânones de uma sociedade democrática. Segundo o Autor, o Tribunal deveria reservar para si o controlo de proporcionalidade entre a margem concedida e a satisfação de um determinado bem social. *In casu*, a restrição que o Estado impôs à liberdade de expressão só poderia ter sido considerada legítima se correspondesse a um interesse legítimo, e se fosse considerada como necessária, numa sociedade democrática, à satisfação de um bem social imperioso. No mesmo sentido, cfr. GEORGE LETSAS, «*Two Concepts of the Margin of Appreciation*», in Oxford Journal of Legal Studies, Vol. 26, N.º 4, 2006, pp. 705-732, pp. 729-730.

tos do homem»[1334]. Com efeito, a Convenção «reserva a cada Parte Contratante, em primeiro lugar, a tarefa de prosseguir os direitos e liberdades que ela mesma preceitua»[1335]. Acontece que, no caso mencionado, não foi possível encontrar, na legislação interna dos vários Estados signatários, uma concepção uniforme da moral, o que levou o Tribunal a considerar que «em razão do seu contacto directo e contínuo com as forças vitais dos seus países, as autoridades estatais estão, em princípio, melhor posicionadas do que o juiz internacional para tomarem uma posição no assunto em exame»[1336]. Convirá notar que a "doutrina da margem nacional de apreciação" foi aqui utilizada, precisamente, porque o TEDH se consciencializou do inegável fosso existente entre as autoridades nacionais, que sabem exactamente quais as exigências específicas dos seus países e o juiz internacional, que não tem facilidade em as descortinar[1337].

3.2. O Princípio da Subsidiariedade e a Doutrina da Margem Nacional de Apreciação

Chegados a este ponto, é oportuno traçar uma linha delimitadora entre o *princípio da subsidiariedade* e a "doutrina da margem nacional de apreciação"[1338]. Assim, enquanto a subsidiariedade é uma limitação ao poder de controlo do Tribunal, que se aplica indiferentemente a todos os litígios, já a "doutrina da margem nacional de apreciação" é pensada somente em determinadas circunstâncias, e a sua amplitude alterna casuisticamente[1339].

[1334] Par. 22.

[1335] *Loc. cit.*

[1336] *Loc. cit.*

[1337] Reportamo-nos à obra de Tom Lewis, *«Human Earrings, Human Rigths and Public Decency»*, *in* EL, Vol. 1, No. 2, Summer 2002, Frank Cass, London, pp. 50-71, p. 64.

[1338] Ainda na mesma esfera, James A. Sweeney, *op. cit.*, p. 462, salienta que a "doutrina da margem nacional de apreciação" deve ser distinguida da discricionariedade que a Convenção atribui aos Estados, no que respeita ao modo de implementarem a protecção dos direitos do homem no seu direito interno. Ao invés, a doutrina é utilizada pelo Tribunal, precisamente, para controlar esse mesmo pendor discricionário.

[1339] Mais em pormenor, Paolo G. Carozza, *«Subsidiarity as a Structural Principle of International Human Rights Law»*, *in* AJIL, Jan. 2003, vol. 97, pp. 38-79, p. 69, distingue os dois conceitos da seguinte forma: a margem de apreciação é uma doutrina

A Protecção Internacional Regional dos Direitos do Homem   335

Olhada a questão mais detalhadamente, o princípio da subsidiariedade, que se traduz na atribuição da responsabilidade primeira da protecção dos direitos do homem às autoridades nacionais, resulta da leitura conjugada dos artigos 1.º, 13.º e 35.º da Convenção[1340]. Como era de esperar, o objectivo da CEDH é proteger os indivíduos, numa base subsidiária, dado que a obrigação primária de respeitar os direitos plasmados na Convenção pertence aos Estados signatários, e é apenas quando estes falham que o TEDH entra em cena, e intervém na ordem legal nacional para proteger os direitos individuais[1341]. Por conseguinte, os Estados permanecem as autoridades que são, primariamente, responsáveis pela tutela dos direitos do homem, dentro da delimitação espacial das suas respectivas jurisdições[1342].

Afigura-se-nos que a particular natureza da subsidiariedade ajuda a manter viva a tensão permanente entre os ideais de pertença a uma comunidade específica, por um lado, e a afirmação de uma ideia de universalismo, por outro. Segundo esta perspectiva, poderia pensar-se que o pluralismo que a subsidiariedade introduz é supérfluo e perigoso, ameaçando mesmo contradizer a natureza fundamental dos direitos do homem. Todavia, o princípio da subsidiariedade não é utilizado *ad nutum*, visto que o TEDH não deixa de equilibrar esta deferência, com uma exigência mais apertada da verificação do requisito da proporcionalidade.

---

de processo de *decisão judicial* em casos específicos, pelo que não pretende ser um princípio amplo que descreva a estrutura político-legal dos direitos do homem como um todo, mas apenas tem como objectivo atingir o melhor resultado numa base jurisprudencial. Ao contrário, a subsidiariedade releva para *todos* os aspectos de Direito Internacional relativos aos direitos do homem, tais como legislação, intervenção, assistência e cooperação. Cfr., também, S. VAN DROOGHENBROECK, *apud* FLORIAN HOFFMANN e JULIE RINGELHEIM, *op. cit.*, p. 117.

[1340] Cfr. B. G. RAMCHARAN, «The Concept of Protection in the International Law of Human Rights», in International Law at a Time of Perplexity – Essays in Honour of Shabtai Rosenne, Yoram Dinstein Editor, Martinus Nijhoff Publishers, 1989, Netherlands, pp. 593-621, p. 594, e SABRINA MORELLI, *op. cit.*, p. 143. Este princípio vigora igualmente no direito da União Europeia, *maxime*, está consagrado artigo 1.º do Tratado da União Europeia. Veja-se, a propósito, AARON OSTROVSKY, *op. cit.*, p. 49, e JOÃO MOTA DE CAMPOS e JOÃO LUIZ MOTA DE CAMPOS, *Manual de Direito Comunitário*, Coimbra Editora, 5.ª Edição, 2007, pp. 271-275.

[1341] Nesta linha, FLORIAN HOFFMANN e JULIE RINGELHEIM, *op. cit.*, p. 117, nt. 34, e GEORGE LETSAS, «The Truth in Autonomous Concepts: How To Interpret The ECHR», in EJIL, April 2004, Vol. 15, No. 2, pp. 279-305, p. 297.

[1342] Cfr. PAOLO G. CAROZZA, *op. cit.*, p. 62.

336 *A Tutela Directa dos Direitos Fundamentais*

Debruçando-nos novamente sobre a noção de margem nacional de apreciação, podemos assinalar que, conquanto que esta doutrina exista há vários anos, continua a ser uma incumbência extremamente difícil a definição das condições precisas da sua aplicação, uma vez que o seu âmbito e papel estão ainda longe de um desenvolvimento exaustivo e sólido.

Talvez ajude à compreensão se começarmos pelo esquema normativo da Convenção, onde podemos patentear três intervenientes: o legislador internacional (emissor da norma), o juiz internacional (intérprete-aplicador da norma), e os Estados signatários (destinatários finais da norma). Face a este modelo, são de conceber duas hipóteses: (*i*) o Estado encontra-se totalmente vinculado à norma internacional e, como simples receptor, não dispõe de nenhum poder de apreciação; (*ii*) O Estado beneficia de uma margem de apreciação, que lhe é atribuída pelo legislador ou pelo juiz. Nas situações em que o legislador permite uma margem de interpretação ao juiz internacional que, por sua vez, concede uma margem de apreciação em benefício dos Estados, temos dois patamares de liberdade, a saber: o do juiz (margem de *interpretação*) e o do destinatário final (margem de *apreciação*)[1343].

A "doutrina da margem nacional de apreciação" pode ser perspectivada como um princípio basilar de controlo do TEDH, que concede um grau de reserva, de «*judicial restraint*»[1344], um «*elbow room*»[1345] aos Estados signatários – *maxime*, aos seus órgãos nacionais legislativos, executivos e administrativos – sobretudo, quando se verifica uma dificuldade em identificar concepções europeias uniformes, a propósito da extensão ou restrição de determinados direitos que versam sobre matérias particularmente sensíveis.

Até certo ponto, pode mesmo afirmar-se que a "doutrina da margem nacional de apreciação" marca a fronteira entre a universalidade dos

---

[1343] Seguimos, de perto, a abordagem de Mireille Delmas-Marty e Marie-Laure Izorche, «*Marge nationale d'appréciation et internationalisation do droit: réflexions sur la validité formelle d'un droit commun pluraliste*», *in* McGill Law Journal, 2001, pp. 923-954, pp. 939-942. *Vide* o exemplo dos artigos 8.º a 11.º da CEDH.

[1344] Cfr. Florian Hoffmann e Julie Ringelheim, *op. cit.*, p. 116, e Iain Cameron & Maja Kirilova Eriksson, *An Introduction to the European Convention of Human Rights*, 1993, p. 72, *apud* Emily Wada, «*A Pretty Picture: the Margin of Appreciation in the Right to Assisted Suicide*», *in* Loy. L.A. Int'l & Comp. L., vol. 27, p. 278.

[1345] Curiosa a expressão de Howard Charles Yourow, *op. cit.*, p. 13.

A Protecção Internacional Regional dos Direitos do Homem 337

direitos do homem e a «irredutível» soberania estatal[1346]. Por outras palavras, um modo de perspectivar esta latitude concedida aos Estados quanto à apreciação e implementação dos direitos do homem, é vê-la como consequência da dificuldade de conciliar a soberania estatal com as aspirações a uma ordem de valores universal[1347]. De um ponto de vista político, desenvolveu-se uma doutrina menos intrusiva e, por inerência, mais aceitável, ao ressalvar alguns domínios usualmente pertencentes à exclusividade sacrossanta de cada Estado.

Em torno da mesma ideia, R. ST. J. MACDONALD percepciona a doutrina mais como um princípio de *justificação*, do que de interpretação[1348]. Tanto assim é que, no nosso entender, quando o legislador internacional consagrou, propositadamente, um avultado número de preceitos de carácter indeterminado, não visava apenas potenciar uma via interpretativa criadora ao TEDH, mas sim e sobretudo, permitir que os Estados signatários pudessem interpretar (eles mesmos) algumas das suas disposições, prevenindo que o Tribunal fosse colocado na «posição de adivinho»[1349] das escolhas normativas dos Estados. Com efeito, algo paradoxalmente, a internacionalização do direito permite uma «união às diversidades nacionais»[1350].

[1346] CHARLES CHAUMONT, «*Recherche du contenu irréductible du concept de souveraineté internationale de l'État*», apud ALLAIN PELLET, «*La mise en oeuvre des normes relatives aux droits de l'homme – 'Souveraineté du droit' contre souveraineté de l'État*», in Droit International et Droits de l'Homme, Centre de Droit International de Nanterre, Cahiers du Cedin, Montchrestien, 1990, pp. 101-141, p. 107.

[1347] Historicamente, costuma apontar-se como nascimento do conceito de soberania a obra de Jean Bodin, *Les six libres de la République*, de 1576. Sobre esta questão debruçou-se CARLA AMADO GOMES, «*A Evolução do Conceito de Soberania – Tendências recentes*», in Scientia Ivridica – Revista de Direito Comparado Português e Brasileiro, n.º 274-276, Julho/Dezembro 1998, Universidade do Minho, Braga, pp. 185-212, p. 188.

[1348] *The Margin of Appreciation, The European System for the Protection of Human Rights*, Neteherlands, 1993, p. 123.

[1349] AARON OSTROVSKY, *op. cit.*, p. 60.

[1350] Cfr. MIREILLE DELMAS-MARTY e MARIE-LAURE IZORCHE, *op. cit.*, p. 926.

3.3. As Variações de Amplitude da Margem Nacional de Apreciação

Após uma análise da jurisprudência internacional, pudemos verificar que o domínio de eleição da "doutrina da margem nacional de apreciação" tem lugar, regra geral, num dos seguintes cenários: (*i*) uma situação concreta, que levanta um problema de equilíbrio de interesses[1351]; (*ii*) um litígio acerca de disposições da Convenção, em que são utilizados termos ou expressões vagas[1352]; (*iii*) ou motivos políticos, que se prendem com a especial sensibilidade dos Estados em certas temáticas que tocam a ordem pública internacional[1353]. Sem desejar, por agora, fazer um juízo crítico desenvolvido da jurisprudência de Estrasburgo, verificamos que a justificação para a utilização doutrina assenta num substrato *pragmático*[1354].

As variações da amplitude da margem de apreciação concedida aos Estados são inevitáveis, uma vez o TEDH terá de atender aos seguintes factores: aos diferentes direitos em causa, com uma factualidade subjacente diversa, e com variadas justificações avançadas pelos Estados, em distintas alturas[1355]. Destarte, as variações da amplitude irão depender, em regra, de três factores, que passaremos a enunciar. Desde logo, dependem da *natureza do direito* em causa[1356]. A título exemplificativo, nas questões dos limites

---

[1351] «As autoridades nacionais gozam de uma margem de apreciação, cuja amplitude irá depender, não apenas da natureza do fim visado, mas também da natureza particular da interferência envolvida. No presente caso, o interesse do correspondente Estado em proteger a sua segurança nacional deve ser equilibrado com (...) o direito do autor ao respeito pela sua vida privada», *caso Leander vs. Suécia*, 1987, par. 59.

[1352] Cfr. *caso Egeland e Hanseid versus Noruega*, de 16/07/2009, queixa n.º 34438//04. Estava em causa o conceito indeterminado «necessidade, no contexto de uma sociedade democrática, a propósito da proibição – por parte do Estado norueguês – de fotografar e publicar fotografias de uma arguida à saída do tribunal. O TEDH não deu razão ao recorrente e entendeu que o Estado agiu ao abrigo da sua «margem de apreciação quanto à necessidade de proteger a privacidade do recorrido e dos administradores da justiça» (par. 65).

[1353] Citada por P. Van Dijk e G. J. H. Van Hoof, *op. cit.*, pp. 85-86.

[1354] R. St. J. Macdonald, *op. cit.*, p. 123.

[1355] Cfr. Emily Wada, *op. cit.*, p. 279, Steven Greer, *op. cit.*, p. 224, P. Van Dijk e G. J. H. Van Hoof, *op. cit.*, pp. 87, Tom Lewis, *op. cit.*, p. 63, R. St. J. Macdonald, *op. cit.*, p. 84, e Sameera Dalvi, «*Homosexuality and the European Court of Human Rights: Recent Judgments Against the United Kingdom and Their Impact on the Signatories to the European Convention on Human Rights*», in UnFloridaJLPP, 2004, Vol. 15, pp. 467-481, p. 477.

[1356] Cfr. George Letsas, «*The Truth in Autonomous Concepts... cit.,* p. 297, e Howard Charles Yourow, *op. cit.*, p. 13.

A *Protecção Internacional Regional dos Direitos do Homem*   339

da liberdade de expressão, a margem concedida tem sido bem mais estreita, do que aquela que é atribuída em litígios sobre direitos de propriedade[1357]. A segunda circunstância é o *objectivo* que a limitação em questão visa prosseguir, *v.g.*, quando o intuito da limitação é a protecção da segurança nacional, a margem de apreciação é normalmente ampla[1358]. O terceiro factor prende-se com a *existência, ou não, de consenso*[1359].

A respeito do último factor enunciado, refira-se que uma margem *ampla* tem como consequência uma maior atribuição de discricionariedade ao Estado (*v.g.*, em assuntos de segurança nacional, política ambiental, perante situações que digam respeito às sensibilidades morais ou religiosas, tais como a pornografia ou a blasfémia, e sob a égide dos artigos 8.º a 11.º, e 15.º da CEDH) [1360-1361]. Recorde-se que, no caso *Handyside*, o TEDH sustentou, sibilinamente, que «o escopo da margem de apreciação variará de acordo com as circunstâncias, o assunto em questão e o que

---

[1357] Cfr. P. VAN DIJK e G. J. H. VAN HOOF, *op. cit.*, p. 88.

[1358] Cfr. MICHAEL R. HUTCHINSON, *op. cit.*, p. 640.

[1359] Como expõe MICHAEL R. HUTCHINSON, *op. cit.*, pp. 642-647, existem *dois modelos* possíveis de margem de apreciação. Um modelo que perspectiva a Convenção como um patamar mínimo, sendo que acima desse patamar os Estados têm discricionariedade para implementar padrões (*standards*) diferentes e até mais exigentes. Todavia, este modelo já não corresponde ao que o TEDH actualmente aplica, por duas ordens de razões: em primeiro lugar, porque se o TEDH quisesse verdadeiramente impor um patamar mínimo, esclareceria qual era esse patamar; outra objecção prende--se com a variabilidade da amplitude da margem de apreciação, que afasta a possibilidade de um mínimo absoluto, ou seja, que reconhece implicitamente que o patamar é «móvel».

Assim, o Autor concluiu que o modelo de margem de apreciação adoptado pelo TEDH é o que encara a margem como uma «área de concordância», que se expande ou contrai dependendo de vários factores. Quer dizer, em vez de estabelecer um mínimo que seria, exclusivamente, da responsabilidade do Tribunal, permite que o Estado actue ao abrigo da discricionariedade ao interpretar o que a Convenção exige e qual a melhor forma de a cumprir.

[1360] ALASTAIR MOWBRAY, «*European Convention on Human Rights: The Issuing of Practice Directions and Recent Cases*», in HRLR, vol. 4, number 1, 2004, Oxford University Press, pp. 151-174, p. 153.

[1361] V. os *casos Dahlab vs. Suiça*, de 15/02/2001, n.º 42393/98 e *Leyla Sahin vs. Turquia*, de 29/06/2004, n.º 44774/98. Nestes processos estava em causa a violação dos direitos assegurados pelo artigo 9.º da Convenção. O TEDH entendeu que as medidas tomadas pelos Governos suíço e turco, respectivamente, para proteger o Estado secular cabiam no preceituado no artigo 9.º, n.º 2, da CEDH. Devido à falta de consenso no Conselho da Europa sobre se o direito de usar o véu cabe na protecção do artigo 9.º, o TEDH concedeu uma ampla margem de apreciação.

340 A Tutela Directa dos Direitos Fundamentais

está por detrás dele; a este respeito, um dos factores relevantes pode ser a existência, ou não existência, de um padrão comum entre a legislação das Partes Contratantes»[1362]. Ora, esta decisão correspondeu à verificação de que, face a uma variedade de sensibilidades em assuntos de moral, as autoridades nacionais estarão melhor posicionadas do que o Tribunal para estabelecer os critérios necessários para proteger a moralidade[1363].

Por sua vez, uma margem *estreita* ou pouco generosa redunda em menor latitude a favor do Estado[1364]. A existência de um denominador comum terá como consequência a aplicação de uma margem mais estreita (senão, mesmo, inexistente) e um controlo mais apertado por parte do Tribunal[1365].

O ponto de partida fundamental, nesta matéria, pode reconduzir-se a uma ideia-força: a existência de consenso relaciona-se inversamente com a amplitude da margem nacional de apreciação[1366]. Ainda assim, enquanto a existência de um consenso não significa de *per si* que a margem de apreciação a conceder seja estreita, já a falta de consenso é, provavelmente, um factor decisivo na opção de o TEDH conceder uma ampla margem de apreciação.

De qualquer modo, ainda que resulte transparente que o método comparativo entre as várias legislações dos Estados signatários é necessário, tal não significa, porém, que seja *suficiente*[1367]. Este método convida

---

[1362] Acórdão *cit.*, par. 15.

[1363] Aderimos à visão de JAMES A. SWEENEY, *op. cit.*, p. 473, quando defende que a "doutrina da margem nacional de apreciação" desempenha um relevante papel na descentralização de certas questões morais e éticas.

[1364] Cfr. o *caso Dudgeon vs. Reino Unido*, 1982, em que a Irlanda do Norte pretendeu regular a moral através de leis anti-sodomia. O TEDH entendeu que estas leis violavam a CEDH porque havia um consenso nos países do Conselho da Europa no sentido que as leis anti-sodomia violavam grosseiramente a privacidade.

[1365] Cfr. GEORGE LETSAS, «*The Truth in Autonomous Concepts... cit.,* p. 295.

[1366] Como, em sentido convergente, referem JOANNA N. ERDMAN, *The Deficiency of Consensus in Human Rights Protection: A Case Study of Goodwin v. The United Kingdom and I. v. United Kingdom, in* JLE, Fall 2003, vol. 2, n.º 2, pp. 318-347, p. 324, HOWARD CHARLES YOUROW, *op. cit.*, 72-72, e MICHAEL R. HUTCHINSON, *op. cit.*, p. 640.

[1367] Até porque o podemos retirar do próprio Preâmbulo da Convenção, que estipula o seguinte: «Decididos, enquanto Governos de Estados Europeus *animados no mesmo espírito, possuindo um património comum* de ideias e tradições políticas, de respeito pela liberdade e pelo primado do direito (...)». Nesta sede, para descortinar e fazer cumprir regras desta herança comum, o Tribunal deverá, necessariamente, proceder a uma análise comparativa dos sistemas legais nacionais.

A *Protecção Internacional Regional dos Direitos do Homem*   341

ao pluralismo, mas não proporciona a faceta construtiva do mesmo, ou seja, demonstra as divergências entre os Estados, sem oferecer uma solução de compromisso para as contornar. Com efeito, é precisamente neste domínio que entra em cena a "doutrina da margem nacional de apreciação", com a capacidade de tornar exequível «um pluralismo de justaposição»[1368], nos termos em que, ao tolerar, em seu seio, a coabitação de sistemas parcialmente diferentes, não propugna uma concepção unívoca da ordem jurídica internacional.

Pelos factos que se expuseram, o consenso tornou-se um dos instrumentos preferidos do TEDH, se bem que alguma doutrina o considere algo controverso[1369]. Para encontrar esse consenso, o Tribunal socorre-se principalmente de elementos jurídicos, tais como as leis internas dos Estados signatários, os tratados internacionais a que tenham aderido, mas também de considerações não jurídicas, *v.g.*, a opinião pública europeia ou as opiniões de especialistas. Não será exagero dizer que estes elementos estão em evolução constante, daí que seja facilmente perceptível que a interpretação consensual se converta num «princípio da interpretação evolutiva»[1370], que se adequa à realidade internacional, de modo a que os sujeitos de Direito Internacional se revejam na teia normativa da Convenção.

Compreende-se, por isso, que o Tribunal tenha afirmado, numa jurisprudência constante, que «a Convenção é um instrumento vivo a interpretar (...) à luz das condições de vida actuais»[1371]. Este princípio da interpreta-

---

[1368] MIREILLE DELMAS-MARTY e MARIE-LAURE IZORCHE, *op. cit.*, p. 927.

[1369] É o que defendem GEORGE LETSAS, «*The Truth in Autonomous Concepts... cit.*, p. 296, e IGNACIO DE LA RASILLA DEL MORAL, *op. cit.*, p. 617. Também JOHN HART ELY, *op. cit.*, p. 64, já em 1980, e relativamente à actividade jurisdicional norte-americana, defendia que os tribunais não podem estar incumbidos de avaliar e averiguar acerca da existência ou não de um consenso.

[1370] A expressão deve-se a VOY. F. RIGAUX, «*Interprétation consensuelle et interprétation évolutive*», *apud* FLORIAN HOFFMANN e JULIE RINGELHEIM, *op. cit.*, p. 120. Este princípio de interpretação também é designado de «princípio da interpretação dinâmica», por KONSTANTIN KORKELIA, «*Principles of Interpretation of the European Convention on Human Rights*», *in* Georgian Law Review, 5, 2002-4, pp. 467-501, p. 471.

[1371] Caso *Tyrer v. Reino Unido*, de 25/04/1978, par. 31. Contudo, a decisão do caso *Tyrer* sofreu críticas de activismo judicial, tal como desenvolve ALAISTAIR MOWBRAY, «*The Creativity of the European Court of Human Rights*», *in* HRLR, vol. 5, 2005, Oxford University Press, pp. 57-79, p. 61, e de «falta de clareza na fundamentação da noção de «instrumento vivo», GEORGE LETSAS, «*The Truth in Autonomous Concepts... cit.*, p. 299.

ção dinâmica ou evolutiva desenvolveu-se essencialmente em dois métodos complementares: o princípio da efectividade e a doutrina do consenso.

O primeiro método consiste em interpretar as disposições da Convenção de forma a torná-las práticas e efectivas, o que pode conduzir a interpretações extensivas dos objectivos da Convenção e, reciprocamente, a interpretações restritivas das excepções que esta consagra[1372]. Quanto à doutrina do consenso, o Tribunal tenta descortinar um consenso no seio do Conselho da Europa sobre determinado assunto e, nessa hipótese, interpreta a Convenção à luz desse novo padrão (*standard*). Todavia, mais recentemente, no caso *Christine Goodwin v. Reino Unido*, o TEDH indagou o consenso fora do seio do Conselho da Europa, de modo a encontrar um padrão comum quanto ao reconhecimento da mudança de sexo dos transsexuais[1373].

3.4. Entre a Crítica e a Defesa da Doutrina da Margem Nacional de Apreciação

O principal dilema que o Tribunal enfrenta é o de saber como pode manter-se fiel às suas responsabilidades, sem deixar, ao mesmo tempo, de reconhecer a inegável diversidade de situações políticas, económicas, culturais e sociais de cada um dos Estados[1374]. Chegados aqui, cabe perguntar: será que a "doutrina da margem nacional de apreciação" é uma técnica legítima para o TEDH lidar com as mundividências díspares existentes entre os Estados signatários?[1375]

A esmagadora maioria das críticas a esta doutrina prende-se com a sua *variabilidade*, e, como alertam Mireille Delmas-Marty e Marie--Laure Izorche, funcionam como uma "espada de dois gumes", pois

---

[1372] *Vide*, a este propósito, o *caso Soering v. Reino Unido,* de 07/07/2989, no qual o Tribunal decidiu que a extradição de um alegado assassino para os EUA violaria o artigo 3.º da Convenção, sobre a proibição de tratamentos desumanos ou degradantes, na medida em que, nesse país, poderia sofrer pena de morte.

[1373] Cfr. o caso *Christine Goodwin v. Reino Unido*, 11/07/2002, par. 56. Ver-se--á, antecipando, que o TEDH não teve esta visão no *caso Pretty v. Reino Unido*, que adiante analisaremos detalhadamente (*infra*, 2.7.2).

[1374] Cfr. *ibidem*, p. 83.

[1375] Cfr., para o efeito, Aaron Ostrovsky, *op. cit.*, p. 56, e Nicholas Lavender, «*The Problem of the Margin of Appreciation*», *in* EHRLR, Issue 4, 1997, Sweet & Maxwell Ltd., London, pp. 380-390, p. 380.

A *Protecção Internacional Regional dos Direitos do Homem*   343

tanto se censura o Tribunal de *travar* a integração internacional, através da atribuição de uma margem de apreciação demasiado ampla, como de *forçar* essa integração, mediante uma margem de apreciação muito estreita, impondo uma visão excessivamente liberal e individualista dos direitos do homem[1376]. Com efeito, a grande dificuldade na aplicação desta doutrina é o seu carácter indeterminado, porque o TEDH, além de a não ter definido, lhe deu um tratamento funcional, desenvolvendo-a numa base casuística (*ad hoc*)[1377].

Em paralelo, vários Autores sustentam que a doutrina, ao pôr a tónica num certo relativismo cultural, vai contra o carácter universal das normas da Convenção, encorajando aplicações subjectivas ou relativas do Direito Internacional, carentes de uniformidade[1378]. Esta ideia foi posta em evidência após o Caso *Handyside*, em que, como atrás pudemos apreciar, o Tribunal pareceu reconhecer, até certo ponto, a existência de uma diversidade moral na Europa[1379].

Todas estas considerações, mas sobretudo a última, apontam para o risco da "doutrina da margem nacional de apreciação" se transformar naquilo a que se apelidou de «geometria variável dos direitos do homem»[1380] e, desta forma, comprometer o universalismo dos mesmos[1381]. A isto acresce o perigo da doutrina ser interpretada como uma certa reverência do TEDH às jurisdições nacionais, através da consciente auto-limitação do seu papel como guardião dos direitos do homem.

Seja como for, não podemos deixar de manifestar a nossa discordância com esta posição doutrinal. Quanto a nós, a "doutrina da margem nacional de apreciação" pode coexistir com um conceito universal dos

---

[1376] *Op. cit.*, p. 935.

[1377] Assim, EMILY WADA, *op. cit.*, p. 280, e HOWARD CHARLES YOUROW, *op. cit.*, p. 33, nt. 26. No mesmo sentido foi o voto de vencido do juiz MALINVERNI, no *Caso Egeland e Hanseid versus Noruega*, *cit.*, no qual apelou ao «estabelecimento de critérios claros, objectivos e específicos» quanto à determinação da amplitude da doutrina da margem nacional de apreciação.

[1378] Quanto a esta crítica e respectivo comentário, cfr. JAMES A. SWEENEY, *op. cit.*, p. 461.

[1379] Cfr. JAMES A. SWEENEY, *op. cit.*, p. 462.

[1380] Expressão de LESTER of HERNE HILL QC, «*Universality versus subsidiarity: a reply*», *in* EHRLR, 1998, vol. 73, pp. 73-81, p. 76. Com efeito, IGNACIO DE LA RASILLA DEL MORAL, *op. cit.*, p. 620, recorda que, não estando o TEDH sujeito à regra do precedente (*stare decisis*), não faz grande sentido que se socorra da "doutrina da margem nacional de apreciação", como se tivesse algum receio de se comprometer para o futuro.

direitos do homem. Na verdade, como bem evidencia AARON OSTROVSKY, ela não é contrária à ideia de universalidade mas, ao invés, expande-a e solidifica-a[1382]. Ainda que admitamos que, até certo ponto, esta doutrina possa propiciar um limitado relativismo cultural quanto à interpretação e aplicação das normas da Convenção, desde que não permita atingir o núcleo duro do direito protegido por esta, não se nos afigura correcto afirmar que se fere a universalidade do direito. Por esse motivo, cremos que a doutrina tem a enorme potencialidade de oferecer uma solução de compromisso entre o *universalismo* – no que respeita ao reduto último do direito – e a aceitação da *pluralidade de mundividências* características de cada Estado – quanto às esferas que circundam esse mesmo núcleo duro do direito, que, por isso, não serão tão intrinsecamente identificadoras do direito em causa.

Aceita-se, hoje em dia, com naturalidade, que as normas internacionais, ao possuírem um carácter indeterminado, um grau de «flexibilidade normativa»[1383], abrem uma significativa «zona de legalidade»[1384] em que os Estados são livres de actuar. Como consequência, as poderes públicos nacionais dos diversos Estados signatários poderão chegar a conclusões diferentes, se bem que igualmente legais, quanto à concreta aplicação da mesma norma internacional. Por seu turno, como bem se aceitará, o universalismo não é equivalente a *uniformidade*[1385].

Os direitos do homem são tendencialmente universais, contudo, as especificidades da sociedade em que vigoram afectam, de algum modo, o seu fundamento e resultam em qualificações específicas. Uma perspectiva universalista dos direitos do homem tem de reconhecer as especificidades locais, pois ela encarna, na sua essência, o resultado consensualizado dessas diferentes culturas, e não uma ameaça a essas mesmas

---

[1381] *Vide* a opinião de vencido do juiz DE MEJER, no *caso de Z. versus Finlândia*, de 25/02/1997, que defendeu que a doutrina da margem nacional de apreciação deveria ser imediatamente deixada de parte, pois implica relativismo.

[1382] *Op. cit., loc. cit.*

[1383] YUVAL SHANY, *op. cit.*, p. 910. *Vide*, no mesmo sentido, MICHAEL R. HUTCHINSON, *op. cit.*, p. 645.

[1384] YUVAL SHANY, *op. cit.*, p. 910.

[1385] Cfr. JAMES A. SWEENEY, *op. cit.*, pp. 469-471, JOSÉ CARLOS VIEIRA DE ANDRADE, *Os Direitos Fundamentais na Constituição ... cit.*, p. 36, e MARY ANN GLENDON, «*Justice and Human Rights: Reflections on the Address of Pope Benedict to the UN*», *in* EJIL, Vol. 19, No. 5, 2008, pp. 925-930, p. 926.

A Protecção Internacional Regional dos Direitos do Homem   345

diferenças[1386]. Naturalmente, quando o Tribunal de Estrasburgo acolheu a "doutrina da margem nacional de apreciação", não pretendeu diminuir o grau de exigência da Convenção, ou sequer, enveredar por uma perspectiva relativista dos direitos do homem. Ao invés, demonstrou ser um instrumento útil para reconhecer e acomodar algumas especificidades locais, dentro de um modelo universal de direitos do homem[1387].

Não deixa, de facto, de ser curioso que a CEDH não contenha nenhuma referência à noção de diversidade cultural. Os Estados signatários insistem sobretudo nas similaridades que os unem, como se infere de uma simples leitura do Preâmbulo: «(a)nimados pelo *mesmo* espírito, possuindo um património *comum* de ideias e tradições políticas, de respeito pela liberdade e pelo primado do direito (...)». Deste modo, a Convenção assenta os seus pilares nas ideias de uma união preexistente, condição prévia do sistema, e de uma união a construir[1388].

Em contrapartida, uma análise da jurisprudência permite verificar que a influência dos elementos culturais está presente nos julgamentos do Tribunal e se exercem de três formas: *primo*, o carácter culturalmente sensível do caso apresentado induz o TEDH a reconhecer ao Estado uma margem de apreciação; *secundo*, manifesta-se no controlo da proporcionalidade de uma medida limitativa de um direito ou liberdade; *tertio*, os factores culturais podem ter uma incidência sobre a interpretação de certos termos utilizados na Convenção, tais como "família", "casamento", entre outros[1389].

Vozes discordantes alertam, porém, para a «perda de qualidade»[1390] das decisões do Tribunal e para a «falta de transparência»[1391], no que

---

[1386] Expondo o problema, M. WALZER, *Thick and Thin: Moral argument at home and abroad*, University of Notre Dame, Press Notre Dame, 1994, *apud* JAMES A. SWEENEY, *op. cit.*, p. 471.

[1387] *Ibidem*, p. 474.

[1388] Cfr. FLORIAN HOFFMANN & JULIE RINGELHEIM, *op. cit.*, p. 114.

[1389] V. a jurisprudência referida no estudo de FLORIAN HOFFMANN & JULIE RINGELHEIM, *op. cit.*, p. 115.

[1390] MICHAEL R. HUTCHINSON, *op. cit.*, p. 647.

[1391] Autores como MACDONALD, *The Jurisprudence of the European Court of Human Rights*, p. 124, *apud* IGNACIO DE LA RASILLA DEL MORAL, *op. cit.*, p. 617, entendem que, mediante o critério do consenso, o TEDH afasta-se do papel que aspirava ser e «amarra-se a si próprio a uma concepção positivista de padrões de referência». Todavia, alguns magistrados do TEDH justificaram que não é possível definir, em abstracto, os limites e contornos da margem de apreciação, sendo que essa análise terá sempre de ser efectuada no caso concreto. Daí que se trate de uma doutrina que é «*context dependent*» (dependente de um contexto determinado). Cfr. BERNHARDT e MACDONALD, *apud* NICHOLAS LAVENDER, *op. cit.*, p. 384.

346 A Tutela Directa dos Direitos Fundamentais

respeita ao critério que estabelece a existência ou ausência de consenso. Advogam certos Autores que, se já é extremamente complexo encontrar esse consenso no seio do Conselho da Europa, pior será aventurar-se a procurá-lo fora dele[1392]. E esta situação tende a agravar-se com a adesão de novos países à Convenção, pois aumenta o risco de diluição dos padrões de referência[1393]. Salienta-se que apenas existe consenso internacional relativamente a alguns direitos fundamentalíssimos, *maxime* aqueles que constituem normas de *jus cogens*[1394].

É frequente, também, ouvirem-se críticas no sentido de que a "doutrina da margem nacional de apreciação", ao favorecer a criação jurisprudencial numa área especialmente sensível – como é o domínio dos direitos do homem, em que é exigida uma aplicação uniforme – provoca incerteza e insegurança jurídicas, tornando as decisões do TEDH difíceis de prever[1395].

[1392] Na verdade, à medida que o número de Estados que se submetem à CEDH aumenta, o consenso tende a diminuir ou a diluir-se, e sobre o TEDH recai o trabalho acrescido de assegurar que as normas de direitos do homem são efectivamente aplicadas, ao mesmo tempo respeitando a diversidade cultural de cada Estado. Cfr. AARON OSTROVSKY, *op. cit.*, p. 50.

[1393] IGNACIO DE LA RASILLA DEL MORAL, *op. cit.*, p. 617.

[1394] AARON OSTROVSKY, *op. cit.*, p. 59, sublinha que as normas de *ius cogens* são normas que se sobrepõe a todas outras normas de Direito Internacional e que, por isso, estão «isentas de desafios relativistas». Partindo doutro ponto de vista, há Autores que não afastam tão categoricamente a "doutrina da margem nacional de apreciação" desta última categoria de normas. Se atendermos, *v. g.*, à proibição do uso da força, à proibição da tortura, facilmente nos apercebemos que estas são provavelmente as normas mais vagas do Direito Internacional. A natureza particularmente sensível dos interesses nacionais em causa, exige um cuidado redobrado por parte do TEDH, de forma a evitar críticas de politização ou imprudência dos seus julgamentos, pelo que, a conceder-se a margem nacional de apreciação, ela deverá ser restringida. Cfr. YUVAL SHANY, *op. cit.*, p. 925.

[1395] STEVEN GREER, *La Marge d'appréciation: interprétation et pouvoir discrétionnaire dans le cadre de la convention européenne des droits de l'homme, apud* IGNACIO DE LA RASILLA DEL MORAL, *op. cit.*, p. 612, descreveu a "doutrina da margem nacional de apreciação" nos seguintes termos: «uma maneira pseudo-técnica de avocar o poder discricionário que os órgãos de Estrasburgo reconheceram em certos casos aos Estados». Por sua vez, JUKKA VILJANEN, *«The European Court of Human Rights as a Developer of the General Doctrines of Human Rights Law. A Study of the Limitations Clauses of the European Convention on Human Rights», in* EJIL, Vol. 16, n.º 4, 2005, p. 31, mostra-se céptico relativamente à doutrina, devido ao seu carácter vago. Em sentido contrário, outros Autores, entre os quais destacamos P. VAN DIJK e G. J. H. VAN HOOF, *op. cit.*, pp. 92-95, perspectivam a doutrina como um certo contrapeso no activismo interpretativo do Tribunal.

A *Protecção Internacional Regional dos Direitos do Homem*   347

Sem desprimor dos argumentos acima mencionados, acreditamos que a utilização desta doutrina não amarra, *ad perpetuam,* a justiça internacional (ou, muito menos, o legislador internacional). Numa palavra, não impede que, no futuro, esta desenvolva padrões mais formalistas ou exigentes, que progressivamente limitem a margem de liberdade de actuação dos Estados[1396].

De forma sintética, as restantes críticas à doutrina prendem-se com outros dois aspectos. Em primeiro lugar, o elemento de *judicial restraint* presente nesta doutrina mais não espelharia, segundo P. VAN DIJK e G. J. H. VAN HOOF, que a limitada capacidade jurisdicional para a resolução de problemas sociais, daí que a tenham apelidado de uma «doença que se alastra» (*spreading disease*)[1397]. Por outro lado, tem tido algum eco na doutrina internacional a ideia de que esta doutrina poderá ser egoistica-mente aproveitada pelas autoridades estatais, na defesa dos seus interesses nacionais – aquilo a que YVAL SHANY designou de «*fears of bias*»[1398]. Todavia, estes argumentos são reversíveis, se atentarmos à circunstância dos interesses nacionais e internacionais não poderem ser perspectivados de uma forma dicotómica, mas sim interligados. Quando mais não seja, porque, no limite, são os Estados que criaram o Direito Internacional e este foi concebido para ir de encontro aos seus interesses[1399].

É um lugar-comum afirmar-se que os mandamentos dos direitos do homem têm uma relação conflituosa com o paradigma da soberania estatal[1400]. Nesta ordem de ideias, os defensores da "doutrina da margem nacional de apreciação" salientam a sua importância, como mecanismo de conciliação da jurisdição do TEDH com a própria soberania dos Estados. Com efeito, não se pode afirmar que exista uma antítese entre os conceitos de soberania estatal e de Direito Internacional.

Pelo contrário, entre ambos avistamos, outrossim, uma *relação de interdependência*: o Direito Internacional procura regular a conduta dos Estados soberanos e, por sua vez, o Estado soberano é sujeito de Direito Internacional[1401]. Isto é particularmente importante se atentarmos que

---

[1396] Esta ideia encontra apoio em YUVAL SHANY, *op. cit.*, p. 923.

[1397] *Op. cit.*, pp. 92-95.

[1398] *Op. cit.*, p. 923.

[1399] Tal evidência é reconhecida pelo próprio YUVAL SHANY, *op. cit.*, p. 924.

[1400] ANTONIO CASSESE, *International Law in a Divided World*, p. 148, *apud* PAOLO G. CAROZZA, *op. cit.*, p. 68.

[1401] ORIOL CASANOVAS, *Unity and Pluralism in Public International Law*, Martinus Nijhoff Publishers, Netherlands, 2001, p. 115, e P. VAN DIJK e G. J. H. VAN HOOF, *op. cit.,* pp. 92-95.

não existe, no sistema da CEDH, uma força legislativa ou executiva suficientemente forte para efectivar o poder judicial do TEDH[1402]. Diga-se, em consequência, que a "doutrina da margem nacional de apreciação" propicia uma combinação mais realista entre a aplicação da lei na teoria e na prática[1403].

De um outro ângulo, algo inesperadamente, HENKIN afirma que a doutrina é «um mecanismo subtil de reintroduzir a letra "S" (soberania) no Direito Internacional»[1404]. De um lado, temos a soberania da nação, a cultura local e a legitimidade política, de outro, os valores internacionais, universais, que foram concebidos para transcenderem as especificidades nacionais. O problema é que a ideia de soberania, por si só, nada nos diz sobre como resolver esta dialéctica entre o universal e o particular[1405]. Socorrendo-nos da análise conceptual de FAUSTO QUADROS, que qualifica a soberania em qualitativa e quantitativa, enquanto a soberania *qualitativa* é a susceptibilidade desta se afirmar como poder supremo e independente, por sua vez, a soberania *quantitativa* é o *quantum* de todas as faculdades em que se traduz este poder[1406]. Por conseguinte, quando um Estado aceita participar em organizações internacionais, perde autonomia decisória, mas não a sua soberania.

É consabido, também, que a "doutrina da margem nacional de apreciação" apresenta *vantagens institucionais*, na medida em que, como vimos, regra geral, os Estados estão melhor vocacionados do que os tribunais internacionais para aplicarem as normas internacionais[1407]. Segundo esta perspectiva, pretende-se igualmente evitar a duplicação de procedimentos a nível internacional, evitando que o Tribunal de Estrasburgo se converta numa espécie de «quarta-instância» de recurso[1408].

Outros argumentos a favor da doutrina resultam da percepção de que os órgãos judiciais internacionais assentam num *deficit de legitimidade*

[1402] AARON OSTROVSKY, *op. cit.*, pp. 56-57.

[1403] Cfr. YUVAL SHANY, *op. cit.*, p. 939.

[1404] *Apud* YUVAL SHANY, *op. cit.*, p. 912. Cfr., no mesmo sentido, MARK TUSHNET, *op. cit.*, p. 1001.

[1405] PAOLO G. CAROZZA, *op. cit.*, p. 64.

[1406] *Direito das Comunidades Europeias e Direito Internacional Público* – Contributo para o Estudo da Natureza Jurídica do Direito Comunitário Europeu, Colecção Teses, Almedina, Coimbra, 1991, pp. 338-339, e CARLA AMADO GOMES, «*A Evolução do Conceito de Soberania... cit.*, pp. 18-19.

[1407] STEVEN GREER, *op. cit.*, p. 224, e YUVAL SHANY, *op. cit.*, p. 918.

[1408] GEORGE LETSAS, «*Two Concepts of the Margin of Appreciation*», *cit.*, p. 723.

A Protecção Internacional Regional dos Direitos do Homem   349

democrática, pois são compostos por magistrados não eleitos directamente[1409-1410]. Nesta ordem de ideias, esta surgiu como uma tentativa, talvez imperfeita, de reforçar a legitimidade da justiça internacional, ao contribuir para a transparência e consistência da actuação do TEDH[1411].

Uma última palavra para referir o argumento da *«cortesia interinstitucional»*[1412], isto é, da repartição de trabalho que a doutrina propicia entre as autoridades nacionais e os tribunais internacionais e que contribui para o florescimento de um sentimento de cumplicidade entre ambos. Como observou, de forma lúcida, YVAL SHANY, a maior vantagem da margem nacional de apreciação é que permite que o TEDH critique os Estados, *sem pronunciar explicitamente a ilegalidade da sua conduta,* e incita os actores nacionais a melhorarem a sua actuação[1413].

3.5. O Conceito de Domínio Reservado do Estado

Face ao crescente alargamento do âmbito de aplicação do Direito Internacional, é pertinente a questão de saber que matérias pertencem ainda ao domínio reservado do Estado ou, por outras palavras, que matérias deverão ser exclusivas do direito interno de cada Estado e vedadas à regulação pelo Direito Internacional[1414]. Numa breve súmula, a proble-

---

[1409] YUVAL SHANY, *op. cit.*, p. 920. O próprio Autor reconhece, porém, que este argumento não será válido caso estejamos a falar de normas que regulem a conduta do Estado além das fronteiras nacionais (tais como, por exemplo, a proibição do uso da força).

[1410] Note-se que, segundo o artigo 22.º da CEDH, os magistrados do TEDH são eleitos pela Assembleia Parlamentar do Conselho da Europa, composta por deputados dos Parlamentos nacionais que se encontram quatro vezes por ano.

[1411] Cfr. MIREILLE DELMAS-MARTY e MARIE-LAURE IZORCHE, *op. cit.*, pp. 953.

[1412] GRÁINNE DE BÚRCA e OLIVIER GERSTENBERG, *«The Denationalization of Constitutional Law», in* Harvard International Law Journal, Vol. 47, Number 1, Winter 2006, pp. 243-262, p. 252, MARK TUSHNET, *op. cit.*, p. 998, e YUVAL SHANY, *op. cit.*, pp. 921-922.

[1413] *Op. cit., loc. cit.*

[1414] Cfr. JOAQUIM DA SILVA CUNHA e MARIA DA ASSUNÇÃO DO VALE PEREIRA, *Manual de Direito Internacional Público*, Almedina, Coimbra, 2004, 2.ª Edição, p. 122, e PAULO OTERO, *Instituições Políticas e Constitucionais, cit.*, pp. 376-377. Como ensina IAN BROWNLIE, *Principles of International Public Law*, Sixth Edition, Oxford, University Press, 2003, pp. 290-292, «o domínio reservado é o domínio das actividades estatais onde a jurisdição do Estado não está vinculada pelo Direito Internacional».

350   *A Tutela Directa dos Direitos Fundamentais*

mática que se nos coloca é a seguinte: como determinar as matérias de domínio reservado do Estado? [1415]

O artigo 15.º, n.º 8, do Pacto da Sociedade das Nações, admitia a possibilidade da existência de matérias da competência exclusiva dos Estados, mas não apresentava qualquer critério identificador dessa mesma área de domínio reservado[1416-1417]. Por sua vez, ainda que da letra do artigo 2.º, n.º 7, da CNU, parecesse resultar a existência de matérias que dependem essencialmente da jurisdição do próprio Estado, novamente, não se adiantou um critério para as individualizar.

É, contudo, consensual que a "doutrina da margem nacional de apreciação" *não deve ser entendida como um domínio reservado dos Estado ou jurisdição doméstica*, uma área predeterminada, fora do alcance

---

[1415] Para responder a essa questão de fundo, ANTHONY D'AMATO, *«Domestic Jurisdiction», in* Encyclopedia of Public International Law, V. I, Direction of Rudolf Bernhardt, North-Holland, 1992, pp. 1090-1096, enuncia *cinco* teorias que procuraram determinar o conceito de jurisdição doméstica. A teoria *«essencialista»* defendeu que alguns assuntos, pela sua própria natureza, pertenciam à jurisdição exclusiva dos Estados. Esta teoria, porém, não é inteiramente safisfatória, pois se considerarmos, por exemplo, que a maneira como o Governo de um Estado trata os seus nacionais é um assunto de jurisdição doméstica exclusiva, como se justificaria, então, a intervenção do Direito Internacional em situações de tortura dos seus nacionais pelo próprio Estado? Por seu turno, a teoria *«relativa»* considerou que jurisdição doméstica significaria tudo aquilo que o Direito Internacional não regula na sua própria jurisdição. Uma terceira teoria fundamentou-se no artigo 2.º, n.º 7, da CNU, e acabou por funcionar como uma fusão das duas anteriores teorias: o que, em 1945, não estava ao coberto do Direito Internacional estaria fora do seu alcance. Esta perspectiva acabou por congelar a CNU em 1945, altura em que a maioria dos membros actuais ainda não tinha aderido à organização. Destaque--se, ainda, a designada teoria *«interpretativa»,* que perspectivou a fronteira entre jurisdição doméstica e o Direito Internacional como uma realidade oscilante, de acordo com a vontade do Estado individual. Assim, o Direito Internacional seria aquilo que sobra depois do Estado determinar os limites da sua jurisdição doméstica. Contudo, cada Estado poderia determinar essa fronteira de modo diverso, o que implicaria que sobrasse pouco espaço de existência para o Direito Internacional. Por último, a quinta teoria visualizou a jurisdição doméstica como a *jurisdição concorrente* com o direito internacional. Esta, porém, não é a teoria normalmente associada à noção de jurisdição doméstica.

[1416] Também conhecida por «Liga das Nações», a organização internacional foi concebida em 1919, e extinta em 1942.

[1417] Nos termos do qual, «se uma das Partes pretender e se o Conselho reconhecer que o litígio implica uma questão que o Direito Internacional deixa à competência exclusiva dessa Parte, o Conselho fará constar isso num parecer, mas sem recomendar solução alguma».

A Protecção Internacional Regional dos Direitos do Homem 351

da supervisão do TEDH[1418]. Neste sentido, a doutrina deve ser aperfeiçoada e, quando o Tribunal se socorrer dela, não deverá fazer uma simples referência à mesma – sem elucidação posterior – mas sim utilizá-la com a máxima fundamentação que lhe for possível[1419].

Nesta linha, o Tribunal reiterou categoricamente que a "doutrina da margem nacional de apreciação" não escapa à sua supervisão[1420]. Isto significa que cabe ao TEDH determinar, *in casu*, se deve ou não ser atribuída uma margem de apreciação e qual a amplitude desta. Qualquer grau de liberdade deixado aos Estados signatários ao abrigo da margem de apreciação é *residual e provisória*, porque é o resultado da decisão casuística do Tribunal, sujeita sempre, em decisões futuras, à possibilidade de novas abordagens ou de uma diversa amplitude.

Em síntese, o Tribunal rejeitou firmemente a argumentação de que a doutrina deixaria determinados assuntos fora do escopo da sua jurisdição. E isto porque, como é sabido, os Estados têm de exercer o poder discricionário que lhes é confiado com boa fé (artigo 26.º da Convenção de Viena Sobre Direito dos Tratados), o que leva a que o TEDH tenha sempre a possibilidade de julgar se as decisões nacionais são razoáveis.

Não será mesmo arriscado adiantar que a doutrina introduz uma obrigação de *compatibilidade*[1421], que se distingue de uma mera obrigação de conformidade. Expliquemo-nos. Ao passo que a conformidade demanda que as práticas nacionais sejam estritamente adequadas à conduta prescrita pela norma internacional, já a compatibilidade repousa numa exigência de proximidade, isto é, impõe práticas suficientemente próximas da norma internacional.

[1418] Cfr., entre outros, AARON OSTROVSKY, *op. cit.*, p. 51, IGNACIO DE LA RASILLA DEL MORAL, *op. cit.*, p. 614, INGRID DETTER, *The International Legal Order*, University Press, Cambridge, 1994, p. 397, PETER MALANCZUK, *op. cit.*, p. 220, e P. VAN DIJK e G. J. H. VAN HOOF, *op. cit.*, pp. 92. Na jurisprudência, expressamente neste sentido, cfr. o *caso Egeland e Hanseid versus Noruega, cit.*, par. 48, o *caso da TV Vest AS & Regaland Pensjonistparti versus Noruega*, de 11/03/2009, queixa n.º 21132/05, par. 6.2, e o caso A. e Outros versus Reino Unido, de 19/02/2009, queixa n.º 3455/05.

[1419] Cfr. MIREILLE DELMAS-MARTY e MARIE-LAURE IZORCHE, *op cit.*, pp. 953, e R. ST. J. MACDONALD, *op. cit.*, p. 124.

[1420] Cfr., a título exemplificativo, o *caso Irlanda vs. Reino Unido*, de 18/01/1978, par. 207. Neste sentido, v. também o estudo de GÉRARD COHEN-JONATHAN, *op. cit.*, p. 191.

[1421] Cfr. MIREILLE DELMAS-MARTY e MARIE-LAURE IZORCHE, *op. cit.*, p. 933.

352   *A Tutela Directa dos Direitos Fundamentais*

Ressalve-se que, nos nossos dias, é imperativo que o princípio do domínio reservado dos Estados sofra algumas limitações, de modo a possibilitar, em contrapartida, uma plena tutela dos direitos fundamentais, através da implementação de mecanismos internacionais necessários à sua salvaguarda.

3.6. A Aplicação da Doutrina da Margem Nacional de Apreciação e o Direito à Vida

«Avoir du mérite à s'abstenir d'une faute, c'est une façon d'être coupable»[1422].

3.6.1. *Análise do Artigo 2.º da CEDH*

De um ponto de vista jurídico e filosófico, o direito à vida apresenta-se-nos como o mais basilar dos direitos do homem e como condição de exercício de todos os demais direitos[1423]. É um direito universal intangível, inserindo-se no chamado *núcleo duro* dos direitos interrogáveis previstos no art. 15.º da CEDH[1424].

Vários Autores reconhecem que o artigo 2.º da CEDH[1425] está redigido de uma «forma curiosa»[1426], «lacónica»[1427], «vaga e imprecisa»[1428],

---

[1422] MARGUERITE YOURCENAR, *Alexis – Le Coup de Grâce*, Gallimard, juillet 1978.

[1423] Cfr. MÁRIO EMÍLIO F. BIGOTTE CHORÃO, *«Nótula Sobre a Fundamentação dos Direitos Humanos»*, *in* AAVV, Direitos Humanos – Teorias e Práticas, (Organiz. Paulo Ferreira da Cunha), Almedina, Coimbra, 2003, pp. 77-97, p. 78.

[1424] No entanto, alguns Autores apontam para o carácter não absoluto deste direito, uma vez que o próprio n.º 2 do artigo 2º admite excepções. Cfr., neste sentido, MARIA JOSÉ MORAIS PIRES, *As Reservas à Convenção Europeia dos Direitos do Homem*, Almedina, Coimbra, 1997, p. 192.

[1425] O n.º 1 do artigo 2.º da CEDH estipula o seguinte: «1. O direito de *qualquer pessoa* à vida é protegido pela lei. Ninguém poderá ser intencionalmente privado da vida, salvo em execução de uma sentença capital pronunciada por um tribunal, no caso de o crime ser punido com esta pena pela lei». Este artigo, no que respeita à abolição da pena de morte, deve ser lido em conjunto com os Protocolos n.º 6 e n.º 13.

[1426] P. VAN DIJK e G. J. H. VAN HOOF, *op. cit.,* p. 297.

[1427] RICARDO CHUECA RODRÍGUEZ, *«El marco constitucional del final de la propia vida»*, *in* REDC, Num. 85, Año 29, enero/Abril, 2009, pp. 99-123, p. 111, e TORKEL OPSAHL, *op. cit.,* p. 209.

A *Protecção Internacional Regional dos Direitos do Homem* 353

não tendo ocupado grande espaço nos trabalhos preparatórios da Convenção[1429]. Com efeito, o dever de protecção da vida impõe-se, em particular, ao legislador. Chegados aqui, importa fazer uma precisão: não é a vida, mas o direito à vida que deve ser protegido pela lei, posto que não é objectivo da Convenção reconhecer expressamente a existência do direito à vida, mas conferir às autoridades nacionais a obrigação de proteger o direito de qualquer pessoa à vida, seguido de uma proibição de privação intencional da vida[1430]. O direito à vida não assegura, porém, uma garantia contra todas as ameaças à vida, apenas contra a privação intencional desta. Não obstante, apesar da redacção do artigo referir o elemento intencional, certo é que, a (então) Comissão Europeia dos Direitos do Homem acabou por incluir na protecção deste artigo a morte por negligência, involuntária[1431].

O direito à vida é salvaguardado em praticamente todas as Constituições, Declarações de Direitos e Convenções sobre os direitos do homem. Todavia, em praticamente nenhum desses documentos se define, com minúcia, o início e o fim da vida. Ora, os problemas mais complexos de interpretação deste artigo dizem precisamente respeito ao tema do início e do fim da vida humana.

Uma das questões que se levanta com maior acuidade, neste domínio, é o dos destinatários do direito à vida[1432]. Parece-nos que aqui se colocam três sub-questões fundamentais: o termo «qualquer pessoa» inclui aquele que ainda não nasceu? E se sim, quando é que o direito à vida começa? Quem exerce o direito à vida do nascituro?[1433]

[1428] Luísa Neto, *O Direito Fundamental à Disposição Sobre o Próprio Corpo (a Relevância da Vontade na Configuração do seu Regime)*, Coimbra Editora, 2004, p. 551, nt. 448.

[1429] Carlo Russo e Andrea Blasi, *«Art. 2. – Diritto alla vita»*, in AAVV, Commentario alla Convenzione Europea per la tutela dei diritti dell'uomo e delle libertà fondamentali, Sergio Bartole, Benedetto Conforti, Guido Raimondi, CEDAM, 2001, pp. 35-47, p. 35.

[1430] Torkel Opsahl, *op. cit.*, p. 211.

[1431] *Caso Stewart versus Reino Unido*, decisão da Comissão Europeia dos Direitos do Homem, de 10/07/84, queixa n.º 10044/82.

[1432] Cfr. Gérard Cohen-Jonathan, *op. cit.*, p. 280.

[1433] Cfr. J. E. S. Fawcett, *The Application of The European Convention on Human Rights*, Clarendon Press, Oxford, 1987, p. 34, e Carlo Russo e Andrea Blasi, *op. cit.*, p. 38.

Ainda não está resolvida a questão de saber se o direito à vida do feto constitui um direito fundamental independente do direito (geral) à vida, ou se deve ser perspectivado como uma extensão do escopo do direito à vida. A expressão «qualquer pessoa» não exclui a possibilidade de a vida do nascituro gozar da protecção que o artigo 2.º oferece. Efectivamente, existe legislação que protege, até um certo ponto, o seu direito à vida. A título exemplificativo, o artigo 6.º, n.º 5, do PIDCP, e o artigo 4.º, n.º 5, da CADH, proíbem a execução da pena de morte em relação a mulheres grávidas. Por sua vez, sem paralelo nos universos jurídicos comparados, o artigo 4.º da CACH, que utiliza a expressão «*everyone*», protege expressamente o nascituro[1434].

No entanto, a CEDH foi elaborada de modo «elíptico»[1435]. No momento em que a Convenção foi concebida, apenas um de entre todos os Estados signatários não admitia a interrupção da gravidez na hipótese de perigo para a vida da mãe. Daí que se compreenda que, face a este circunstancialismo, o TEDH tenha mantido uma atitude relativamente neutra e tenha evitado pronunciar-se, de forma conclusiva, sobre esta matéria[1436].

Alguma doutrina, na qual não nos revemos, aponta uma série de argumentos literais que militam a favor da não aplicação do artigo 2.º ao nascituro[1437]: (*i*) desde logo, as limitações previstas ao direito à vida (*v. g.*, pena de morte, legítima defesa) apenas podem dizer respeito a pessoas já nascidas[1438]; (*ii*) por outro lado, de acordo com o artigo 34.º

[1434] Cfr. ROSELINE LETTERON, «*L'Universalité des Droits de l'Homme: Apparences et Réalités – L'idéologie des droits de l'homme en France et aux États-Unis*», in AFRI, vol. II, 2001, pp. 165-166.

[1435] GÉRARD COHEN-JONATHAN, *op. cit.*, p. 281.

[1436] M. DELMAS-MARTY, «*La Convention Européenne de sauvegarde des droits de l'homme et le droit pénal de fond*», apud MARIA JOSÉ MORAIS PIRES, *op. cit.*, p. 193, e TORKEL OPSAHL, *op. cit.*, p. 219.

[1437] Cfr. R. BEDDARD, *Human Rights and Europe*, 3.º Edition, Grotius Publications, Cambrigde, University Press, 1993, pp. 76-77. Em sentido contrário, uma também vasta doutrina defende que o nascituro possui um património genético único e irrepetível, é um *ser* humano, pelo que não lhe pode ser negada a personalidade jurídica. Este é o caminho seguido transparentemente por DIOGO LEITE DE CAMPOS e STELA BARBAS, «*O início da pessoa humana e da pessoa jurídica*», in ROA, ano 61, Vol. III, Dez. 2001, Almedina, pp. 1257-1268, pp. 1257-1259, FRANCISCO LUCAS PÍRES, «*Aborto e Constituição*», in AAVV, Vida e Direito – Reflexões sobre um Referendo, (Dir. Jorge Bacelar Gouveia e Henrique Mota), Princípia, 1998, pp. 59-62, e PAULO OTERO, *Instituições Políticas e Constitucionais*, *cit.*, pp. 575-578.

[1438] GÉRARD COHEN-JONATHAN, *op. cit.*, p. 282.

A Protecção Internacional Regional dos Direitos do Homem

da CEDH, somente as «vítimas» podem exercer o seu direito de petição individual; (*iii*) a terminar, alguma doutrina advoga que a protecção do nascituro não decorre sequer directamente do direito à vida[1439].

Relativamente à problemática do fim da vida, suscitam-se também sérias dúvidas, não existindo um consenso, um padrão uniforme nas legislações dos Estados signatários. *Breviter*, relembrando alguns conceitos, a eutanásia[1440] é a intervenção, que se pode traduzir numa acção (eutanásia *activa*) ou omissão (eutanásia *passiva*) de um terceiro que provoca a morte[1441-1442]. No que respeita ao critério da vontade do doente, a eutanásia poderá ser *voluntária* – quer dizer, expressa pelo paciente de forma consciente e reveladora de capacidade de discernimento – ou *involuntária*,

---

[1439] Luísa Neto, *O Direito Fundamental à Disposição Sobre o Próprio Corpo...* cit., p. 551. Em sentido contrário, Miguel Ángel Alegre Martinez, *op. cit.*, pp. 82-83, e Paulo Otero, *Instituições Políticas e Constitucionais*, cit., p. 579, defendem que o princípio da dignidade da pessoa humana existe em permanente e incindível união com a vida. Ora, a dignidade da pessoa humana começa onde a vida inicia, ou seja, na sua concepção. Nesta sequência, Miguel Ángel Alegre Martinez pugna pela existência de um «direito a nascer» (p. 87).

[1440] O significado etimológico da palavra eutanásia prende-se com uma «morte doce e fácil». Cfr. Rui Medeiros e Jorge Pereira da Silva, «*Anotação ao artigo 24.º da Constituição*», cit., p. 247, e Paulo Pulido Adragão, «*A Eutanásia: Argumentos de um Debate*», in Revista da FDUP, Ano III, Coimbra Editora, Coimbra, 2006, pp. 665-672, p. 665. Por sua vez, Miguel Ángel Alegre Martinez, *op. cit.*, pp. 84-85, nt. 112, distingue entre a eutanásia *libertadora*, que como que liberta o indivíduo de sofrimentos intoleráveis e sem sucesso, a eutanásia *eugénica*, que pretende um aperfeiçoamento da espécie humana através da eliminação dos deficientes, e a eutanásia *económica*, que teria lugar pela eliminação de todos os indivíduos que comportassem uma carga social elevada devido à sua incapacidade produtiva (*v.g.*, os incapacitados).

[1441] Cfr. Rui Medeiros e Jorge Pereira da Silva, «*Anotação ao artigo 24.º da Constituição*», cit., p. 250. Alguma doutrina, porém, discorda desta distinção. A título exemplificativo, Luísa Neto, *O Direito Fundamental à Disposição Sobre o Próprio Corpo...* cit., p. 782, entende que a distinção entre eutanásia activa e passiva é irrelevante, inclusivamente do ponto de vista da intenção, na medida em que esta prende-se sempre com a supressão do sofrimento e nunca com a morte. Defendendo, igualmente, uma diluição do conceito de eutanásia passiva, cfr. Ricardo Chueca Rodríguez, *op. cit.*, p. 118.

[1442] Há que distinguir ainda a eutanásia passiva, da *ortonásia* (ou eutanásia imprópria). Segundo Miguel Ángel Alegre Martinez, *op. cit.*, *loc. cit.*, esta última designação é utilizada quando se opta por não se prolongar «indefinidamente e com meios ou tratamentos perigosos, desproporcionados ou extraordinários uma vida vegetativa artificialmente mantida sem esperança alguma de recuperação». Não se levantam dúvidas sobre a probidade da ortonásia.

na hipótese de não se verificar este cenário[1443]. Ao invés, no suicídio assistido, o terceiro apenas auxilia a pessoa a consumar a sua morte.

Se, inicialmente, a eutanásia estava apenas associada a casos dramáticos de sofrimento insuportável, hoje podemos verificar que o conceito evoluiu numa tendência cada vez mais abrangente. Na verdade, os seus defensores pretenderam incluir neste conceito a designada «*death by choice*», como expressão do pluralismo de ideias numa sociedade ou como uma ideia de respeito pela autonomia individual de quem prefere a morte à vida[1444]. Partindo dessa premissa, parte da doutrina defende que a CEDH consagra apenas um direito à vida e não um «*dever de viver*»[1445]. Nos antípodas, outros Autores sustentam que o princípio da dignidade da pessoa humana opera como um limite ao direito de disposição a "própria vida"[1446], e traduz-se «num dever genérico de conservá-la»[1447].

Quanto a nós, aproximando-nos do tema que de seguida trataremos, parece-nos, isso sim, que não se pode retirar da Convenção – sob pena de a subverter – um dever para o Estado ou indivíduo de levar a cabo o suicídio assistido (ou a eutanásia). No máximo, concedemos que a Convenção não proíbe lapidarmente a legalização, permissão ou não punição do suicido assistido. Salientemos também que a primeira parte do artigo 2.º impõe ao Estado uma obrigação mais ampla do que a que contêm a segunda parte. O mandamento que «o direito de qualquer pessoa à vida é protegido pela lei» obriga o Estado, não apenas a se abster de provocar a morte

---

[1443] Cfr. RUI MEDEIROS e JORGE PEREIRA DA SILVA, «*Anotação ao artigo 24.º da Constituição*», *cit.*, p. 251.

[1444] Como informa RICARDO CHUECA RODRÍGUEZ, *op. cit.*, p. 101, este direito a morrer assume facetas de um «direito de *gestão* da morte». Contra, PAULO PULIDO ADRAGÃO, *op. cit.,* p. 668. D. CALLAHAN, «*When Self-Determination Runs Amok*» *apud* DAVID PRICE, «*What shape to euthanasia after Bland? Historical, Contemporary and futuristic paradigms*», *in* Law Quarterly Review, Vol. 125, January 2009, pp. 142-174, sustenta, com alguma ironia, que, se realmente acreditamos na auto-determinação, então qualquer pessoa (em pleno uso das suas faculdades mentais) deveria ter o direito a pedir a um médico para terminar a sua vida, por qualquer razão que bem lhe aprouvesse.

[1445] TORKEL OPSAHL, *op. cit.,* p. 221, e J. E. S. FAWCETT, *op. cit.*, p. 134. Em sentido oposto, advogando que a eutanásia viola grosseiramente o bem jurídico da inviolabilidade da pessoa humana, cfr. PAULO PULIDO ADRAGÃO, *op. cit.,* p. 670.

[1446] RICARDO CHUECA RODRÍGUEZ, *op. cit.*, p. 99, esclarece que o termo "*própria vida*" se distingue de "vida *própria*". Com efeito, esta última designação é algo perigosa, uma vez que lexicalmente se aproxima do termo "propriedade".

[1447] MIGUEL ÁNGEL ALEGRE MARTINEZ, *op. cit.*, p. 83.

A Protecção Internacional Regional dos Direitos do Homem   357

«intencionalmente» (obrigação de *non facere*), mas também a tomar todas as medidas necessárias à protecção da vida (obrigação de *facere*)[1448].

Num terreno tão pantanoso e delicado como é o do fim da vida, entram inegavelmente em jogo considerações de ordem ética e moral. Assim, descortinam-se duas perspectivas neste domínio[1449]. A concepção objectiva, de tradição judaico-cristã, defende que a vida humana é inviolável e indisponível, pelo que a pessoa não possui um direito de morrer, mas tão-somente um direito de viver nas condições mais dignas possíveis (que acaba por traduzir-se num dever de conservar a vida). Por sua vez, aderindo a uma perspectiva mais laica, a concepção subjectiva realça a autonomia do indivíduo, cuja vida se encontra na sua própria disponibilidade. Destarte, algo paradoxalmente, a eutanásia seria admissível com fundamento no direito à dignidade da pessoa humana[1450]. Ou seja, numa situação de conflito entre a vida e a dignidade, o indivíduo teria a liberdade de optar por uma ou outra[1451]. De modo alternativo, outros Autores defendem que não se trata de escolher a morte, mas de escolher como viver enquanto estamos a morrer[1452].

[1448] Cfr. a jurisprudência do TEDH, nomeadamente o *Caso Associação X. versus Reino Unido*, decisão de 12/07/78, *apud* GÉRARD COHEN-JONATHAN, *op. cit.*, p. 284. Na doutrina, vd., CHRISTIAN TOMUSCHAT, *Human Rights – Between Idealism and Realism*, Oxford University Press, New York, 2003, p. 104 e JACK DONNELLY, *Universal Human Rights...*, *cit.*, p. 34.

[1449] Cfr. PHILIPPE FRUMER, *La renonciation aux droits et libertés – La Convention Européenne des Droits de l'Homme à l'épreuve de la volonté individuelle*, pp. 267 e ss., *apud* MATEUS KOWALSKI, «*O direito à vida no âmbito da Convenção Europeia dos Direitos do Homem*», *in* AAVV, Estudos de Direito Europeu e Internacional dos Direitos Humanos, (Coord. Ana Maria Guerra Martins), Almedina, 2005, pp. 21-74, pp. 50-51.

[1450] Noção retirada do artigo 3.º da CEDH, que garante a protecção contra tratamentos desumanos e degradantes. Este argumento parece-nos pouco consentâneo, pois haverá tratamento mais desumano do que retirar a vida a alguém? Neste sentido, cfr. MIGUEL ÁNGEL ALEGRE MARTINEZ, *op. cit.*, p. 87. A. OLLERO TASSARA, citado pelo mesmo Autor, lembra que a abolição da escravatura consistiu um marco fundamental na história da humanidade, precisamente porque procurou colocar um ponto final na coisificação do ser humano. Porém, algo contraditoriamente, hoje em dia, assistimos a um «retrocesso reaccionário», na medida em que admitimos a existência de seres humanos (em especial, o nascituro) que não são pessoas. Assiste-se, assim, a um processo discriminatório dos nascituros em relação aos nascidos, pois os primeiros nem serão dignos de merecer a titularidade subjectiva de direitos (p. 90, nt. 116).

[1451] MATEUS KOWALSKI, *op. cit.*, p. 51.

[1452] GRAFO *apud* LUÍSA NETO, *O Direito Fundamental à Disposição Sobre o Próprio Corpo... cit.*, pp. 803-804.

358   *A Tutela Directa dos Direitos Fundamentais*

De seguida, ilustraremos dois casos emblemáticos em que o Tribunal de Estrasburgo se socorreu da doutrina da margem nacional de apreciação, estando em causa, respectivamente, as questões do início e do fim da vida.

3.6.2. A Vida de «Toute Personne» Versus a Vida do Feto

O caso Vo *versus* França teve início quando a ofendida, a Sra. Thi-Nho Vo, de origem vietnamita, se dirigiu ao Hospital Geral de Lyon para uma consulta médica, durante o sexto mês da sua gravidez[1453]. No mesmo dia, a Sra. Thi Thanh Van Vo aguardava consulta médica de remoção de um dispositivo intra-uterino. Quando o médico que iria remover o anti-conceptivo à última senhora chamou pelo nome "Sra. Vo", foi a ofendida que respondeu. O médico apercebeu-se que a paciente tinha dificuldade em perceber o francês, porém, depois de consultar a sua ficha clínica, não hesitou em proceder à remoção do dispositivo intra-uterino (inexistente!), sem primeiro a examinar. Ao fazê-lo, perfurou o saco amniótico, causando uma perda substancial de líquido amniótico, o que provocou, uns dias depois, um aborto involuntário do feto. A ofendida e o seu companheiro deduziram acusação contra o médico por homicídio involuntário do feto e por ofensas involuntárias. Esta última acusação não avançou, devido a uma amnistia. Já quanto à acusação de homicídio involuntário do feto, o Tribunal Criminal sentenciou que o médico não era responsável, dado que feto apenas se torna viável aos seis meses, sendo que com apenas vinte a vinte e uma semanas ainda não é uma «pessoa humana», no sentido do então artigo 319.º, e actual artigo 221.º, n.º 6, do Código Penal francês.

Em sede de recurso, o Tribunal de Recurso de Lyon, contrariando a anterior decisão, condenou o médico por homicídio involuntário, pois considerou que existia um nexo causal entre o acto negligente do médico e a morte do feto. Invocou para o efeito várias disposições de tratados internacionais, tais como o artigo 2.º da CEDH, o artigo 6.º do PIDCP e o artigo 6.º da Convenção Sobre os Direitos da Criança. Salientou que

---

[1453] De 08/07/2004, disponível em *in* www.echr.coe.int. *Vide* o sumário do caso em Alastair Mowbray *«Institutional Developments and Recent Strasbourg Cases», in* HRLR, vol. 5, number 1, 2005, Oxford University Press, pp. 169-188, espec., pp. 170-177.

A Protecção Internacional Regional dos Direitos do Homem 359

a idade do feto – vinte a vinte e uma semanas – era uma idade em que o mesmo seria susceptível de sobreviver fora do ventre materno, numa incubadora.

Contudo, posteriormente, o Tribunal da Cassação anulou o acórdão do Tribunal de Recurso e estabeleceu que não havia motivo para remeter o caso para julgamento, na medida em que o tribunal recorrido havia interpretado erradamente as disposições atinentes, porquanto os factos pelos quais o médico vinha acusado não cabiam na definição do (antigo) artigo 319.º, nem no actual artigo 221.º, n.º 6, do Código Penal.

Perante esta factualidade, a ofendida apresentou uma queixa individual no TEDH, alegando que a omissão da legislação criminal francesa na prevenção e punição do homicídio involuntário de um feto, violava o artigo 2.º da Convenção e que o termo *«toute personne»* (plasmado no artigo 2.º da CEDH) tinha de ser interpretado de forma a abranger o ser humano, e não somente o indivíduo com o atributo da personalidade jurídica.

Em resposta, o Governo francês sublinhou que, de um ponto de vista legal, o uso do termo *«toute personne»*, no artigo 2.º e nos artigos 5.º, 6.º, 8.º a 11.º e 13.º da CEDH, só podia referir-se à pessoa já nascida. Com efeito, um entendimento contrário constituiria «um passo para trás histórica e socialmente e questionaria a legislação em vigor em vários Estados signatários da Convenção»[1454], acabando por penalizar os Estados que optaram pela consagração do direito ao aborto, como expressão da autonomia da mulher sobre o seu próprio corpo e o seu direito a controlar a maternidade[1455]. O Governo francês concluiu que os Estados signatários não quiseram conferir à expressão «direito à vida» um sentido que se estendesse ao feto e que era manifestamente contrário à sua legislação interna[1456]. Entenderam, assim, que, na lei francesa, o feto goza de protecção indirecta, através do corpo da mulher grávida, do qual é uma «mera extensão»[1457].

O TEDH começou por identificar a questão que lhe era colocada, isto é, se a falta de legislação penal no sistema francês que puna a morte involuntária do feto constituía uma violação por parte do Estado de «proteger, pela lei, o direito à vida no sentido do artigo 2.º da Conven-

---

[1454] Par. 52.
[1455] *Loc. cit.*
[1456] Par. 53, *in fine.*
[1457] *Loc. cit.*

ção»[1458]. Como vimos, ao contrário do que acontece com o artigo 4.º da CADH – que estabelece que o direito à vida deve ser protegido «em geral, desde o momento da concepção» – o artigo 2.º da CEDH nada diz relativamente a limitações temporais do direito à vida e, em particular, não define «*qualquer pessoa*» cuja *vida* é protegida pela Convenção. O Tribunal concluiu, então, que era incontornável uma pronúncia sobre a questão do *início* do «*direito de qualquer pessoa à vida*» e sobre se um nascituro possui, ou não, esse direito[1459].

A problemática em análise apenas tinha sido levantada relativamente às leis do aborto. Apesar de o aborto não estar incluído no elenco das excepções expressamente consagradas no parágrafo 2 do artigo 2.º, a Comissão já se havia pronunciado no sentido de que este era compatível com o primeiro parágrafo do artigo 2.º (*X v. The United Kingdom*)[1460]. Não deixa de ser curioso notar que, em todas as situações em que o TEDH foi confrontado com casos de aborto, procurou sempre tornear a polémica questão de saber se o feto goza do direito à vida protegido pelo artigo 2.º da CEDH[1461].

Nesta ordem de ideias, o TEDH decidiu que o tema da eventual protecção do feto, ao abrigo do artigo 2.º da CEDH, exigia um exame preliminar sobre se seria avisado que o órgão jurisdicional europeu interviesse num debate tão complexo[1462-1463]. Ora, uma vez que este problema

---

[1458] Par. 74.

[1459] Par. 75.

[1460] Par. 77: «Neste caso, a Comissão examinou se o artigo 2.º devia ser interpretado como não se referindo de todo ao feto; como reconhecendo o direito à vida do feto com certas limitações implícitas; ou como reconhecendo um absoluto direito à vida do feto. Embora não tivesse manifestado opinião sobre as primeiras duas opções, rejeitou categoricamente a terceira interpretação, tendo em conta a necessidade de proteger a vida da mãe, que é indissociável da vida do feto. Se a protecção ao feto fosse absoluta, sem limite, o aborto seria proibido em todas as situações, mesmo se necessário para salvar a vida da mãe. Isto significaria que a "a vida por nascer" do feto teria um valor superior à vida da mulher grávida».

[1461] A comprová-lo, *v.* a selecção de jurisprudência efectuada nos pars. 78 e 79 do caso citado.

[1462] Em sentido contrário, no seu voto de vencido (pt. 3), o Juiz Costa entendeu que o Tribunal deveria «considerar o artigo. 2.º aplicável». Tal não ameaçaria – pelo menos na sua essência – a legislação doméstica de um elevado número de países europeus que permitem a interrupção voluntária da gravidez. Em vários países europeus, tal legislação foi considerada conforme a Constituição e até mesmo com o artigo. 2.º da Convenção. O Tribunal Supremo Norueguês, o Tribunal Constitucional Federal Alemão

A Protecção Internacional Regional dos Direitos do Homem   361

não fora definitivamente resolvido dentro da maioria dos Estados signatários[1464] (*maxime*, em França) e não existindo consenso europeu na definição científica e legal do início da vida, o TEDH entendeu que a questão de saber quando a vida se inicia cabia na margem de apreciação que o Tribunal geralmente considera que os Estados devem gozar neste domínio. Deste modo, o Tribunal de Estrasburgo aderiu a uma interpretação evolutiva da Convenção, perspectivada como «um instrumento vivo, que deve ser interpretado à luz das condições do dia-a-dia»[1465].

Como conclusão, o Tribunal entendeu – por maioria de 14 votos – que, neste momento particular, não era nem desejável, nem sequer possível, responder em abstracto à questão de saber se o nascituro é uma pessoa, para os efeitos do artigo 2.º da Convenção. No caso *sub judice*, considerou desnecessário examinar se o fim abrupto de uma gravidez caberia no escopo do artigo 2.º, pois, «mesmo assumindo»[1466] que essa provisão fosse de aplicar, o Estado francês não havia violado as exigências relacionadas com a preservação da vida, na esfera de saúde pública[1467].

---

e o Tribunal Constitucional Espanhol, também aceitaram que o direito à vida, tal como é protegido pelo artigo 2.º da Convenção, é aplicável ao embrião ou feto. Agora, a questão de saber se esse direito é absoluto, ou não, é uma questão diferente. A pergunta que este juiz colocou foi: «Haverá alguma razão para que o TEDH, que aspira a um papel de tribunal constitucional (…) seja menos arrojado? (pt. 12). Acredito que existe vida antes do nascimento, no sentido do artigo. 2.º, que a lei deve, então, proteger tal vida e que se o legislador nacional considera que tal protecção não pode ser absoluta, só a poderá derrogar, particularmente no que respeita à interrupção voluntária da gravidez, dentro de moldes regulados, que limitem o escopo da derrogação» (pt. 17). Desta forma, o Juiz COSTA, sustentou que o artigo 2.º era aplicável em abstracto ao feto, apesar de, *in casu*, não ter sido violado (pt. 18).

[1463] Par. 81.

[1464] Com efeito, em termos de Direito comparado, na maioria dos Estados-membros do Conselho da Europa, o tipo legal de homicídio involuntário não se aplica ao feto. Porém, três países criaram um tipo legal que protege o feto: a Itália, a Espanha e a Turquia.

[1465] Como já resultava da jurisprudência do *caso Tyrer v. Reino Unido*, cit., pp. 15--16.

[1466] No seu voto de vencido, o juiz ROZAKIS defende que a maioria dos juízes, ao usar a fórmula «*even assuming*» e ao ligar a vida do feto à vida da mãe, introduziram sub-repticiamente o artigo 2.º em situação de evidência. Nas palavras do juiz, «não concordo com a maioria e concluo que o artigo 2.º é inaplicável ao caso» (par. 4).

[1467] Dirijamos, agora, a nossa atenção para os votos de vencido, em particular, dos juízes que entenderam que o artigo 2.º era aplicável e foi violado. O juiz RESS defendeu que era possível responder em abstracto à questão de saber se o não nascido é uma

3.6.3. *O Fim da Vida e o "Direito" de Autodeterminação Pessoal*

Diane Pretty, cidadã inglesa de 43 anos de idade, vivia no estado avançado da doença do neurónio motor, que conduz à perda dos sentidos do tacto, gosto e audição, paralisando todo o corpo e provocando sérios problemas respiratórios[1468]. Nos meses finais da sua vida, estava tetraplégica, apenas conseguindo comunicar através de uma máquina (ainda que mantivesse pleno domínio das suas capacidade intelectuais e emocionais). Perante um quadro clínico irreversível, a paciente pretendeu terminar com a sua vida. Na impossibilidade física de o fazer sozinha, solicitou a ajuda do seu marido.

Como a legislação inglesa, embora despenalize o suicídio, responsabiliza criminalmente o suicídio assistido, o advogado de Diane Pretty requereu ao Responsável do Ministério Público que o marido da requerente não fosse processado por a ajudar a cumprir a sua vontade de suicídio[1469]. Contudo, tal requerimento foi indeferido.

---

pessoa, para os efeitos do artigo 2.º da Convenção. Perante um tal cenário, sustentou que não pode haver margem de apreciação na questão da aplicabilidade do artigo 2.º da CEDH. Tal margem de apreciação apenas poderia existir para determinar as medidas que devem ser tomadas de forma a cumprir as obrigações positivas que derivam da aplicação do artigo 2.º. Na verdade, essas medidas são um assunto do respectivo Estado, que deveria ou tomar medidas disciplinares, ou proporcionar a protecção da lei penal (contra o homicídio involuntário). Por consequência, considerou que o artigo 2.º se aplica aos seres humanos mesmo antes do nascimento – uma interpretação que lhe pareceu consistente com a Carta dos Direitos Fundamentais da União Europeia – e, uma vez que a França não protege suficientemente o feto contra actos negligentes de terceiras partes, foi de opinião que houve efectivamente uma violação do artigo 2.º da Convenção.

Por seu turno, no seu voto de vencido, o Juiz MULARONI sublinhou que ainda que a personalidade jurídica seja apenas adquirida com o nascimento, o «direito de todos à vida», deve ser protegido antes do nascimento. Ora, se este não fosse um princípio partilhado pela generalidade dos Estados signatários do Conselho da Europa, como se explicaria a necessidade de permissão legal expressa da interrupção voluntária da gravidez? Nesta ordem de ideias, o aborto constituía uma excepção à regra de que o direito à vida deve ser protegido, mesmo antes do nascimento. Em suma, o juiz concluiu que o artigo 2.º da Convenção era aplicável e foi violado, na medida em que esse direito à vida não resulta protegido pela legislação do Estado *sub judice*.

[1468] *Caso de Pretty versus Reino Unido*, Julgamento de 29/04/2002, *in* www.echr.coe.int.

[1469] Lembre-se que a Secção 2 (1) do Suicide Act de 1961 estipula que «*a person who aids, abets, counsels or procures the suicide of another, or an attempt by another to commit suicide, shall be liable on conviction on indictment to imprisonment for a term not exceeding fourteens years*».

A *Protecção Internacional Regional dos Direitos do Homem*   363

Em 17 de Outubro de 2001, o *Divisional Court* recusou a acção entretanto interposta por Diane Pretty, com os fundamentos de que o Responsável do Ministério Público não tinha competência para garantir que determinada pessoa não seria processada e reiterou que a legislação inglesa era compatível com a CEDH. A Autora recorreu para a Câmara dos Lordes, que confirmou a decisão do tribunal recorrido. O Tribunal de Recurso sustentou que «o tribunal não é um órgão legislativo. Nem lhe é permitido ou sequer aconselhável que actue como um árbitro moral ou ético. (…) A tarefa do tribunal neste recurso não é pesar, avaliar ou reflectir valores ou perspectivas ou anunciar as suas convicções pessoais, mas sim averiguar e aplicar o direito nacional como é entendido no presente»[1470].

Esgotadas as possibilidades de recurso no direito interno, a queixosa apresentou a sua petição no TEDH, na qual alegou que, quer a recusa do Director do Ministério Público em garantir imunidade ao seu marido, quer a proibição de suicídio assistido pela legislação nacional, violam os artigos 2.º, 3.º, 8.º, 9.º, e 14.º da Convenção[1471]. Diane Pretty advogou que o artigo 2.º da CEDH não protegia a vida em si mesma, mas o *direito* à vida, que abrangeria, igualmente, o direito subjectivo à autodeterminação em relação a assuntos de vida ou de morte. Nestes termos, sustentou que «o direito a morrer não é a antítese do direito à vida, mas o corolário da mesma e o Estado tem a obrigação positiva de proteger ambas»[1472].

Por seu turno, o Governo do Reino Unido respondeu que o artigo 2.º, além de consagrar obrigações negativas – que são o seu domínio de eleição – preceitua também obrigações positivas, traduzindo-se estas, nomeadamente, na criação de medidas apropriadas a *salvaguardar* a vida[1473]. Partindo dessa premissa e, mais que não seja por razões de semântica, o direito à morte «não pode nunca ser considerado como um corolário do direito à vida, mas sim uma antítese do mesmo direito»[1474].

[1470] Par. 14.

[1471] Par. 35.

[1472] *Loc. cit.* Com efeito, segundo Diane Pretty, o direito à vida assumiria uma dimensão bipolar, ao abarcar não apenas uma vertente positiva (direito à vida), mas também uma vertente negativa (direito à morte). Cfr. DAN MORRIS, «*Assisted Suicide under the European Convention on Human Rights: a Critique*», *in* EHRLR, Issue 1, 2003, Sweet & Maxwell Ltd., London, pp. 65-91, p. 69.

[1473] Par. 36.

[1474] *Loc. cit.*

364   *A Tutela Directa dos Direitos Fundamentais*

O TEDH entendeu que o direito à vida, gizado no artigo 2.º da Convenção, não pode ser interpretado como possuindo uma vertente negativa, nem dele se pode retirar um direito à autodeterminação, no sentido de conferir a um indivíduo o direito a escolher a morte, em vez da vida[1475]. Por conseguinte, o Tribunal decidiu, por unanimidade, que não houve violação do artigo 2.º da CEDH[1476]. Seis meses após este acórdão, Diane Pretty faleceu.

3.7. A Postura Doutrinal Face à Jurisprudência Citada

3.7.1 Caso Vo *Versus* França – A Curiosa Decisão de *Não Decidir*

É muito difícil sustentar-se que a decisão do TEDH, no caso ilustrado, possa funcionar como "precedente", quer no sentido da afirmação, quer da negação da vida intra-uterina. Se, por uma banda, o Tribunal se recusou a afirmar um direito autónomo do feto à vida, por outra banda, como vimos, ao utilizar a fórmula «*even assuming*»[1477], no que respeita à admissibilidade da queixa ao abrigo do artigo 2.º, o Tribunal abriu uma porta, aceitando, tacitamente, que é concebível a hipótese de haver uma violação do direito à vida do feto.

A circunstância de o Tribunal se ter evadido à questão de saber se o feto é uma pessoa para efeitos do artigo 2.º da Convenção, fez ecoar severas vozes críticas entre a doutrina que acusaram o Tribunal de ter falhado «no seu dever judicial de decidir»[1478]. Nesta ordem de ideias, TANYA GOLDMAN observou que, perante a ambiguidade do artigo 2.º, o Tribunal se deveria ter socorrido de uma interpretação teleológica do preceito e concluído que o mesmo preceito não foi redigido com a intenção de proteger o feto[1479]. Segundo a Autora, se os Estados signatários tivessem perspectivado o preceito como protegendo o feto, jamais teriam ratificado

---

[1475] Par. 39. O TEDH citou a Recomendação 1418 (1999) da Assembleia Parlamentar do Conselho da Europa, em especial o par. 9, c. ii, quando «(r)econhece que o desejo de terminar a vida de uma pessoa com doença terminal *nunca constitui uma justificação legal* para morrer pelas mãos de outra pessoa» (itálico nosso), par. 40.

[1476] Par. 42.

[1477] Par. 95. Aludimos a esta questão anteriormente, *infra*, nt. 1448.

[1478] Cfr. TANYA GOLDMAN, «*Vo v. France and Fetal Rights: The Decision not to Decide*», *in* HarvHRJ, vol. 18, Primavera 2005, pp. 277-282, 279.

A *Protecção Internacional Regional dos Direitos do Homem*

a Convenção sem fazerem uma reserva ao mesmo, sob pena de as suas legislações internas sobre a contracepção e o aborto violarem o direito à vida[1480].

KATHERINE O'DONAVAN, discordando da decisão do Tribunal, sugeriu que teria sido mais rigoroso se a requerente tivesse apresentado como fundamento da queixa o artigo 12.º, que deslocaria o foco da argumentação legal para a autonomia da mãe e a liberdade de procriar[1481]. A Autora defendeu que se os direitos e interesses da mulher limitam os do feto, então os seus direitos deverão prevalecer quando deseja ter uma criança. Numa gravidez desejada, o feto é protegido pela mãe através do seu corpo, pelo que a interferência de uma terceira parte contra a vontade da mãe deverá ser qualificada como uma violação da sua integridade física[1482].

Não acolhemos, todavia, estas teses. A decisão «neutra»[1483] que o TEDH proferiu – se bem que polémica[1484] – é, na nossa perspectiva, compreensível e lúcida, em especial, por duas ordens de motivos. Em primeiro lugar, o TEDH quis respeitar o acordo a que as instituições da CEDH haviam previamente chegado, de não pôr em causa as leis nacionais sobre o aborto. Face a tal premissa, é natural que o TEDH tenha receado que uma decisão sobre o estatuto do feto pudesse reabrir este assunto. Em segundo lugar, foi o modo mais inteligente e diplomático de o Tribunal se abster de emitir um juízo moral sobre o tema melindroso do direito do feto à vida[1485].

Importa, quanto a nós, clarificar que não estamos perante um *non liquet* do julgador, uma vez que o TEDH não se absteve de decidir no caso concreto. Não se pode afirmar, com rigor jurídico, que o Tribunal não decidiu. Diferentemente, e se nos é permitido um jogo de palavras, ele *decidiu não decidir,* isto é, manifestou o seu julgamento (logo, *decidiu*)

[1479] *Ibidem*, pp. 281-282.

[1480] *Op. cit., loc. cit.*

[1481] «*Taking a Neutral Stance on the Legal Protection of the Fetus*», *in* MLR, 14, Spring, Oxford University Press, 2006, pp. 115-123, p. 121.

[1482] *Op. cit.*, pp. 121-122.

[1483] Expressão de KATHERINE O'DONOVAN, *op. cit., p.* 118.

[1484] Note-se que, face a 5 opiniões dissidentes quanto ao carácter neutro do julgamento, é difícil concluir que a decisão tenha sido pacífica.

[1485] Com efeito, quando a Convenção omite deliberadamente um direito, ou extensão de um direito, o TEDH tende a respeitar estritamente a vontade dos Estados contratantes. Cfr., neste sentido, GÉRARD COHEN-JONATHAN, *op. cit.*, p. 198 e o *caso Johnston e Outros versus Irlanda*, julgamento de 18/12/1986.

no sentido de remeter o assunto em análise à margem de apreciação do Estado francês. Melhor dizendo: ao não decidir num sentido positivo ou negativo, o TEDH *decide*, através da atribuição de um certo grau de latitude ao Estado, visto que inexiste um consenso sobre a matéria. Na verdade, caso optasse por manifestar uma posição unívoca – qualquer que ela fosse – esta assumiria, inevitavelmente, repercussões gravosas. Afigura-se-nos que este não era o momento certo para o Tribunal se pronunciar sibilinamente sobre o assunto, dada a disparidade de pontos de vista e de sensibilidades morais em jogo.

Aliás, não foi a primeira vez que o TEDH remeteu a problemática do direito à vida do feto para a apreciação nacional dos Estados. Voltando umas décadas atrás no tempo, no Caso *H. versus Noruega*, face à acusação de que a lei norueguesa sobre a interrupção voluntária da gravidez violava o artigo 2.º da CEDH, a Comissão Europeia de Direitos do Homem entendeu que o assunto em causa cabia na margem de apreciação dos Estados, e que a legislação norueguesa respeitava essa margem[1486].

Alguns autores apontaram que o carácter vago e indeterminado de alguns preceitos da CEDH, propicia o abuso da "doutrina da margem nacional de apreciação", sendo que a recusa do TEDH em decidir convida, por sua vez, as partes a litigarem eternamente sobre a mesma questão[1487]. Não sufragamos esta posição, antes de mais, porque o carácter vago dos preceitos é precisamente a característica de eleição para aplicação da doutrina. Se o legislador internacional não tivesse dúvidas e não adivinhasse possíveis evoluções ou retrocessos em assuntos tão delicados, certamente se teria preocupado exclusivamente com a certeza e segurança jurídicas que exalariam de preceitos que não abrissem a possibilidade a interpretações várias.

Goste-se ou não, o facto de a "doutrina da margem nacional de apreciação" não resolver definitivamente as situações em litígio apenas demonstra uma atitude de *maturidade jurídica* do TEDH em face das questões que lhe são colocadas. No momento em que o mesmo foi confrontado com o problema da protecção legal da vida do feto, havia uma enorme oscilação de legislações e uma incerteza de pontos de vista. Não nos pareceria avisado que o Tribunal tivesse tomado uma posição radical num sentido ou noutro.

[1486] Decisão da Comissão, de 19/06/92, queixa n.º 17004/90, *in* www.echr.coe.int.
[1487] Não é outra, no fundo, a conclusão de Tanya Goldman, *op. cit.*, p. 282.

A *Protecção Internacional Regional dos Direitos do Homem* 367

Cumpre não olvidar que, em todo o caso, o assunto em análise prende-se também com convicções pessoais, morais, éticas, religiosas e até filosóficas. Sem querer hierarquizar valores, somos de opinião que a procura de um consenso europeu e o respeito pela legislação interna dos Estados, em assuntos que toquem o reduto último de alguns direitos fundamentalíssimos (*core rights*), de que é exemplo o direito à vida, podem implicar um certo sacrifício dos valores da certeza e segurança jurídicas.

De resto, como já alguém disse, repleto de clarividência, «sempre é preferível ter razão em termos vagos, a errar com toda a precisão»[1488]. Fazendo um paralelo com o activismo judicial norte-americano, é de realçar a resposta enigmática de um antigo juiz do *Supreme Court*, LOUIS DEMBITZ BRANDEIS, quando questionado sobre o papel desse tribunal: «*the most important thing we do, is not doing*» (a coisa mais relevante que fazemos, é precisamente não fazer nada)[1489].

Por último, afigura-se-nos pertinente ressalvar que a decisão do caso *Vo v. França* projectou-se na posterior jurisprudência do TEDH, nomeadamente, no caso de *Evans versus Reino Unido*[1490]. De forma sintética, a factualidade foi a seguinte: Natallie Evans e o seu marido iniciaram um tratamento de fertilidade na clínica X. Entretanto, foram informados de que Natallie tinha cancro nos ovários, pelo que os teria de remover, oferecendo-lhes a possibilidade de extrair alguns óvulos para posterior fecundação *in vitro*[1491]. Foi-lhes explicado que teriam de assinar uma forma de consentimento, que poderia ser revogado a qualquer tempo, antes de os embriões serem implantados no útero da mulher. Após Natallie ter removido os ovários, a relação entre o casal terminou, o ex-marido retirou o seu consentimento e constituiu uma nova família.

Perante esta situação, Natallie apresentou uma injunção no tribunal nacional, requerendo que o ex-marido renovasse o seu consentimento[1492]. O tribunal decidiu que, aquando do tratamento, ambos estavam de boa fé relativamente à continuação da sua relação. No entanto, uma vez que esta acabou por se romper, o acusado tinha legitimidade para retirar o seu consentimento[1493]. Esgotadas as vias internas de recurso, a queixosa

---

[1488] J. BAPTISTA MACHADO, no prefácio do tradutor, à obra de KARL ENGISCH, *op. cit.*, p. LIX.

[1489] *Apud* IGNACIO VILLAVERDE, *op. cit.*, pp. 323-324.

[1490] Julgamento de 07/03/2006, queixa n.º 6339/05.

[1491] Par. 8.

[1492] Par. 13.

[1493] Par. 15.

368   *A Tutela Directa dos Direitos Fundamentais*

dirigiu uma petição ao TEDH, alegando que a legislação inglesa que exige a destruição de embriões em face da retirada de consentimento de uma das partes, viola o direito do embrião à vida, consagrado no artigo 2.º da Convenção[1494].

O Tribunal de Estrasburgo, no que respeita à alegada violação do artigo 2.º da CEDH, decidiu que, tal como tinha sustentado no caso *Vo versus França*, «na ausência de um consenso sobre a definição científica e legal do início da vida, o problema de saber quando começa o direito à vida cabe na margem de apreciação que o Tribunal entende que os tribunais nacionais devem gozar neste âmbito»[1495]. Ora, na legislação interna do Reino Unido, o embrião não possui direitos próprios, e não pode reclamar um direito à vida sob a égide do artigo 2.º da Convenção.

Parece-nos que esta decisão, ao colocar a ênfase no consentimento e na possibilidade de este ser revogável a todo o tempo, revela bom-senso. O caso seria mais complexo e discutível se a recolha de embriões e a sua posterior implementação tivesse carácter irrevogável. Mas, ainda que assim fosse, não nos parece que a decisão devesse ser outra. Em todo o caso, o direito à vida, mesmo em casos extremos, não deixa de implicar decisões com sentido preciso, disso é exemplo o caso *Pretty v. Reino Unido*, que analisaremos de seguida.

3.7.2. *Caso Pretty* Versus *Reino Unido*

Neste caso, ao contrário do anterior, o TEDH pronunciou-se expressamente no sentido de o artigo 2.º da Convenção não poder ser interpretado como possuindo uma vertente negativa[1496]. Como consequência, os Estados signatários não estão obrigados a despenalizar o suicídio assistido[1497].

O Relatório do Conselho da Europa sobre a legislação e práticas relacionadas com a eutanásia e o suicídio assistido chegou à conclusão

---

[1494] Par. 45.

[1495] Par. 46.

[1496] Par. 39.

[1497] Como ressalva JOHN KEOWN, «*European Court f Human Rights: Death in Strasbourg – assisted suicide, the Pretty case, and the European Convention on Human Rights*», *in* IJCL, Vol. I, Number 4, October 2003, Oxford University Press, pp. 722--730, p. 730, a decisão do TECH apenas determinou que os Estados signatários «*podem* proibir o suicídio assistido, mas não que *devam* faze-lo».

A *Protecção Internacional Regional dos Direitos do Homem*   369

de que a Bélgica é o único Estado que legalmente permite a eutanásia[1498]. Quanto ao suicídio assistido, ele é permitido pelas legislações da Estónia e Suiça (neste último país, com ou sem a presença de médico)[1499]. A proporção de Estados que não admitem a eutanásia (25 países) e o suicídio assistido (23 países) é bastante elevada[1500].

Pelos factos que se expuseram, *existindo um consenso* – ou, pelo menos, um *quasi*-consenso – sobre a ilegalidade do suicídio assistido e eutanásia, o TEDH optou por não aplicar a "doutrina da margem nacional de apreciação". Contudo, por muito que o Tribunal não tenha aplicado expressamente a doutrina, certo é que, ao tomar uma posição «não conclusiva»[1501] sobre a matéria, deixou uma porta aberta nesta questão tão complexa[1502]. Se o TEDH tivesse decidido a favor da pretensão da Autora, isso implicaria um passo controverso e um avocar de assuntos de natureza político-legislativa, que os Estados signatários pretendem legitimamente reservar a si próprios[1503].

Na sua decisão, o Tribunal utilizou o conhecido método do «*balancig test*» (exame de ponderação)[1504]. No caso em apreço, estavam pendentes dois interesses contrapostos. De um lado, o interesse de Diane Pretty a manter uma vida digna, de outro lado, o interesse do Estado em proibir

---

[1498] Relatório de 2002, em 34 países do Conselho da Europa e EUA. *Vide* EMILY WADA, *op. cit.*, pp. 285-287.

[1499] Note-se que a Holanda permite a eutanásia voluntária e o suicídio assistido por um médico.

[1500] Alguns desses 23 países punem o suicídio assistido com legislação penal respeitante a homicídio. Neste sentido a legislação escocesa, norueguesa, sueca, luxemburguesa e francesa. Em Portugal, pune-se a eutanásia voluntária e a ajuda ao suicídio, nos artigos 134.º, e 135.º do Código Penal.

[1501] MATEUS KOWALSKI, *op. cit.*, p. 54.

[1502] Como atrás vimos, no caso em apreço, pretendia-se apenas saber se a legislação do Reino Unido, ao não permitir o suicídio assistido violava, ou não, o artigo 2.º da Convenção. O TEDH entendeu que não, mas admitiu a possibilidade de existir legislação num determinado Estado Contratante que permita o suicídio assistido e que não esteja em violação com o artigo 2.º da CEDH (par. 41). Ora, esta ressalva, parece-nos querer significar que a tomada de posição do Tribunal foi apenas localizada neste caso concreto, não pretendendo generalizar-se e admitindo diversas interpretações judiciais no futuro.

[1503] Cfr. ALAISTAIR MOWBRAY, «*The Creativity of the European Court...*, *cit.*, p. 68.

[1504] JANNA SATZ NUGENT, «*Walking into the sea» of legal fiction: an examination of the European Court of Human Rights, Pretty v. United Kingdom and the universal right to die*, in JTLP, vol. 13, pp. 183-212, p. 184.

370 A Tutela Directa dos Direitos Fundamentais

o suicídio assistido e proteger os membros mais vulneráveis da sociedade. A este nível, são vários os problemas que se colocam e que nos poderão levar a equacionar se o alegado "*direito* a morrer" não se estará a metamorfosear num inaceitável "*dever* de morrer" ("*duty to die*")[1505].

São vários os perigos que se apontam neste nível: a possibilidade de um diagnóstico incorrecto; o provável estado altamente depressivo do paciente; o paciente poder sentir-se pressionado a terminar com a sua vida para evitar custos à família, quer emocionais, quer financeiros; a própria administração do suicídio assistido poder levantar problemas, já que – decerto numa visão demasiado céptica e crua – os profissionais médicos poderiam ser pressionados a cortar os custos, contra o que seria o melhor interesse do paciente[1506-1507]. Exagerados, ou não, estes alertas, certo é que uma alteração legislativa que admitisse o suicídio assistido ou a eutanásia acabaria por criar riscos de abuso e alteraria substancialmente a relação que se estabelece entre doutor e paciente[1508-1509]. No caso em análise, o Tribunal fez pender a balança (de interesses) a favor do Estado (Reino Unido)[1510].

Sem grandes desenvolvimentos, até porque este tema excede o objecto do nosso trabalho, as posições doutrinárias sobre a eutanásia são as mais variadas. Alguns Autores, defendem que se a eutanásia não aparece elencada nas excepções à proibição da privação intencional da vida, então é porque a sua prática é contrária ao artigo 2.º da Convenção[1511].

[1505] Alertando para o perigo de uma «cultura de morte», MARTIN RHONHEIMER, «*Fundamental Rights, Moral Law, and the Legal Defense of Life in a Constitutional Democracy: A Constitutionalist Approach to the Encyclical Evangelim Vitae*», *in* American Journal of Jurisprudence, Vol. 43, 1998, pp. 135-183, p. 135 e p. 145.

[1506] EMILY WADA, *op. cit.*, pp. 281-283, e LUÍSA NETO, *O Direito Fundamental à Disposição Sobre o Próprio Corpo... cit.*, p. 792.

[1507] PAULO PULIDO ADRAGÃO, *op. cit.*, p. 667, lembra que a hipótese de um médico ter interferência directa na morte de um doente, viola, desde logo, o próprio juramento hipocrático. Por sua vez, RUI MEDEIROS e JORGE PEREIRA DA SILVA, «*Anotação ao artigo 24.º da Constituição*», *cit.*, p. 256, questionam-se, ainda, acerca da pertinência de se poder exigir do Estado os meios necessários para prosseguir este fim. Chegados aqui, a pergunta será a seguinte: poder-se-ia exigir esta prática a um hospital público?

[1508] Nomeadamente através da realização de homicídios encobertos ou até mesmo pressão com vista à recolha de tecidos e transplantes de órgãos. Cfr. LUÍSA NETO, *O Direito Fundamental à Disposição Sobre o Próprio Corpo... cit.*, p. 792, e PAULO PULIDO ADRAGÃO, *op. cit.*, p. 670.

[1509] EMILY WADA, *op. cit.*, p. 281.

[1510] Cfr. ALAISTAIR MOWBRAY, «*The Creativity of the European Court..., cit.*, p. 70.

A Protecção Internacional Regional dos Direitos do Homem 371

Por seu lado, GREGORIO PECES-BARBA MARTINEZ entende que admitir a eutanásia, significa atentar contra o princípio de que o homem é um fim em si mesmo, e não um meio[1512].

Nos antípodas, P. VAN DIJIK e G. J. H. VAN HOOF entendem que a eutanásia *per se* não entra em conflito com a Convenção, uma vez que o direito à vida deve ser ponderado com outros direitos da pessoa em questão, em especial o direito do artigo 3.º da CEDH, que preceitua que «ninguém pode ser submetido a torturas, nem a penas ou tratamentos desumanos ou degradantes»[1513]. Saber se a vontade da pessoa é decisiva em tais casos, depende de saber se o direito à vida tem de ser necessariamente considerado como inalienável. Neste sentido se pronunciaram também outros Autores, que lamentaram que, no caso em análise, o TEDH não tenha aplicado a doutrina da interpretação evolutiva para reconhecer uma obrigação positiva por parte do Estado (ao abrigo do artigo 3.º da Convenção), relativo ao suicídio assistido de um doente terminal[1514].

Chegando à mesma conclusão, se bem que através de uma interpretação claramente literal, PHILIPE FRUMER defende que, no artigo 2.º, a Convenção se refere à «privação da vida» e, na eutanásia, não se trata de privação da vida, mas de uma situação em que a pessoa decide pôr termo à sua vida pedindo a intervenção de um terceiro para que consume a sua morte[1515].

[1511] Neste sentido, JACQUES VELU e RUSEN ERGEC, *La Convention Européenne des Droits de l'Homme*, p. 174, *apud* MATEUS KOWALSKI, *op. cit.*, p. 51.

[1512] *Curso de Derechos Fundamentales, Teoría General*, pp. 232-233, *apud* LUÍSA NETO, *O Direito Fundamental à Disposição Sobre o Próprio Corpo... cit.*, p. 776.

[1513] Partilhando esta percepção, A. MARCOS DEL CANO, *apud* RUI MEDEIROS e JORGE PEREIRA DA SILVA, «*Anotação ao artigo 24.º da Constituição*», *cit.*, p. 256, entende que o direito à vida não goza de uma sistemática superioridade axiológica em relação aos demais direitos, sendo defensável o entendimento de que apenas é protegida a vida compatível com a liberdade.

[1514] ALAISTAIR MOWBRAY, «*The Creativity of the European Court..., cit.*, p. 68, e JANNA SATZ NUGENT, *op. cit.*, p. 211.

[1515] P. 267, *cit. apud* MATEUS KOWALSKI, *op. cit.*, p. 51.

CONSIDERAÇÕES FINAIS

I. A título de nota final, antes de encerrar este trabalho, gostaríamos de partilhar alguns pensamentos e interrogações que nos foram surgindo ao longo deste percurso. Chegados aqui, conseguimos visualizar um fio condutor que perpassa as várias temáticas abordadas.

II. Após a segunda metade do século XX, os modelos de justiça constitucional de matriz kelseniana sentiram-se, cada vez mais, tentados a assimilar características próprias do modelo judicialista americano. Com efeito, a legislação constitucional preocupou-se em introduzir elementos *difusos* num modelo (até então) assente numa estrutura e organização concentradas, apostando-se, paulatinamente, no controlo da micro--constitucionalidade, em oposição ao tradicional – e quase exclusivo – controlo abstracto de normas. Destarte, nos nossos dias, a clássica oposição bipolar entre os modelos de justiça constitucional europeu e americano tem vindo a perder relevância prática, não deixando, ainda assim, de possuir interesse didáctico.

III. Numa perspectiva de história constitucional, o constitucionalismo português sempre reservou aos direitos fundamentais um lugar de destaque, para o qual contribuiu, decisivamente, a criação do Tribunal Constitucional, pela primeira revisão constitucional. A resposta à *ardua quaestio* da sua natureza jurídica passará por assumir a sua qualidade de órgão jurisdicional autónomo, detentor de uma legitimidade democrática indirecta, e, até certo ponto, activo colaborador na formação da vontade política do Estado.

IV. De entre os mecanismos de protecção dos direitos fundamentais, destaca-se o recurso de amparo ou queixa constitucional, que, por motivos histórico-políticos e garantísticos, se tem vindo a globalizar, conquanto com relevantes diferenças no que toca ao seu modo de funcionamento, em particular, relativamente aos catálogos de direitos e liberdades tute-

374 *A Tutela Directa dos Direitos Fundamentais*

lados, à tramitação processual, à legitimidade processual activa e passiva, e, por último, no que concerne ao órgão incumbido de decidir sobre o recurso ou queixa.

V. A actual arquitectónica constitucional edifica-se sobre os arreigados pilares do princípio da dignidade da pessoa humana, umbilicalmente associado à concepção moderna do Estado de Direito Democrático, sobretudo como consequência do dilema axiológico que se viveu no pós Segunda-Guerra Mundial.

VI. No nosso ordenamento jurídico-constitucional, estão consagrados uma panóplia de remédios (*remedies*) constitucionais de protecção dos direitos, liberdades e garantias. Todavia, nesta sede, não se pode, rigorosamente, pugnar pela existência de um acesso directo dos particulares à Constituição, posto que, como é sabido, estes poderão apenas aceder ao contencioso constitucional por via indirecta, quer mediante o recurso de constitucionalidade (com base na al. b) do n.º 1 do artigo 280.º da CRP), quer, *v.g.*, através do exercício do direito de petição perante o Provedor de Justiça, este sim, detentor de legitimidade processual activa para desencadear um processo de fiscalização sucessiva abstracta da constitucionalidade (artigos 23.º, n.º 1, 52.º, n.º 1, 281.º, n.º 2, al. d), e 283.º, n.º 1, da CRP). Adicionalmente, terão a possibilidade de apresentar uma petição individual perante o TEDH, uma vez esgotados os recursos jurisdicionais internos, caso tenha sido violado um direito fundamental que seja, de igual modo, protegido pela CEDH.

VII. A proposta de introdução de uma acção directa de controlo da constitucionalidade para a defesa de direitos, liberdades e garantias não é inovadora e foi, inclusivamente, apresentada nas revisões constitucionais de 1989 e de 1997, ainda que sem sucesso. Apesar de manifestarmos a nossa inteira concordância com a doutrina portuguesa, que defende que o modelo constitucional português – mais propriamente, o labor (por vezes, pretoriano) da nossa jurisprudência constitucional – consegue garantir algumas das virtualidades deste instituto, a verdade é que existem situações que ficarão por tutelar e permanece o risco de se atentar contra a essência do nosso modelo de fiscalização concreta.

VIII. Uma análise da jurisprudência constitucional revela à saciedade que o TC procurou colmatar esta circunstância, não só através da adopção de um conceito «funcional» e «formal» de norma, mas também pela

Considerações Finais

admissão da fiscalização da constitucionalidade das normas na interpretação concreta que delas fez o juiz ordinário. Um tal modelo, logo se adivinhará, assenta num *paradoxo*. Se, por um lado, a nossa Constituição não acolhe este instrumento de tutela directa, por outro lado, a jurisprudência constitucional como que assume as dores de tal falha e admite, com excessiva largueza, processos de fiscalização sucessiva concreta da constitucionalidade, interpostos, tantas vezes, como expediente dilatório. Afigura-se-nos que esta jurisprudência benevolente em sede de fiscalização concreta – dadas as limitações da estrutura constitucional existente – *cria uma certa margem de incerteza jurídica*, pois não oferece critérios pré-definidos ou requisitos objectivos acerca das condições de admissibilidade do recurso.

IX. Como tivemos oportunidade de ilustrar, todos os anos dão entrada no TC um número significativo de recursos de decisões negativas de inconstitucionalidade (artigo 280.º, n.º 1, al. b), da CRP e artigo 70.º, n.º 1, al. b), da LTC), no seguimento dos quais o TC conclui pela *impossibilidade do conhecimento do recurso*, por não se achar consagrado, no nosso universo jurídico-constitucional, um recurso de amparo ou de queixa constitucional.

Esta situação merece referência e parece-nos que poderá ser interpretada em duas frentes: (*i*) ou a encaramos como um testemunho de que a realidade constitucional pede ao legislador constitucional esse incremento garantístico; (*ii*) ou, pelo contrário, e talvez numa visão mais céptica, poder-se-á argumentar que tal anteciparia o cenário previsível da inserção *ad nutum* desse expediente: uma hipertrofia de recursos que paralisariam o regular funcionamento do TC.

X. Para rejeitar a inserção da acção directa de controlo da constitucionalidade, é um lugar-comum advogar-se que, dessa forma, se deixaria o controlador (o TC) sem qualquer controlo. Daí nos podermos questionar: *quis custodiet ipsos custodes?* Todavia, entendemos que esta objecção encerra em si uma *falácia*, pois exterioriza uma preocupação que jamais será sossegada e que é reversível à escala das decisões judiciais. E, num remar contra a maré, estaríamos infinitamente a controlar o anteriormente controlado.

XI. Convirá notar, igualmente, que a conjuntura de sobrecarga de trabalho que enferma os Tribunais Constitucionais alemão e espanhol não pode, *per se*, demover-nos da defesa de um instituto necessário para uma genuína protecção constitucional dos direitos fundamentais. Na verdade, esse é um problema de aplicação prática do mesmo, que deverá ser corrigido com as pertinentes reformas. Bem vistas as coisas, devemos aproveitar o estado de *maturidade* constitucional das experiências de Direito comparado, absorvendo, como fonte inspiradora, as opções político-legislativas que funcionaram e afastando aquelas que fracassaram.

XII. Por conseguinte, com fundamento no princípio da aplicabilidade directa dos direitos, liberdades e garantias (artigo 18.º, n.º 1, da CRP), defendemos, com convicção, a introdução de um recurso de amparo constitucional, mediante uma *alteração constitucional*. Cremos que seriam de aproveitar as propostas que foram já apresentadas neste âmbito, que vão no sentido de estabelecer um recurso *subsidiário* e *extraordinário*, limitado aos direitos sobre *reserva de constituição* (*Verfassungsvorbehalt*).

XIII. A isto acresce que, como resulta lapidarmente gizado no artigo 3.º, n.º 3, da CRP, a validade das leis e dos *demais actos* do Estado depende da sua conformidade com a Constituição, pelo que se verifica uma discrepância entre o mandamento do princípio da constitucionalidade e o modelo de fiscalização adoptado, que é, manifestamente, um controlo normativo (artigos 277.º, n.º 1, e 283.º, n.º 1, da CRP).

XIV. Em termos muito perfunctórios, concluímos que os benefícios da introdução deste instrumento seriam os seguintes: (*i*) maior "democratização" da justiça constitucional; (*ii*) não deixaria os particulares tão reféns de uma atitude generosa do TC e/ou do mérito técnico-jurídico do seu advogado, permitindo maior certeza e segurança jurídicas; (*iii*) acréscimo de confiança no aparelho judicial, dada a hipótese de o cidadão poder recorrer contra decisões judiciais lesivas de direitos, liberdades e garantias e direitos fundamentais de natureza análoga; (*iv*) atribuição ao TC de uma tarefa de unificação hermenêutica do conteúdo e alcance dos direitos fundamentais.

XV. Sob o prisma do Direito comparado, a queixa constitucional alemã e o recurso de amparo espanhol foram concebidos para controlar as intervenções ablativas nos direitos fundamentais dos cidadãos provocadas pela actuação (positiva ou negativa) dos poderes públicos e têm assumido uma importante tarefa integradora dos cidadãos e um notável «efeito educativo geral». A sua função de tutela não é apenas *subjectiva*, ou seja, de protecção individual dos direitos fundamentais, abrindo aos cidadãos uma via de acesso directo ao Tribunal Constitucional, mas, paralelamente, *objectiva*, expandindo-se no desenvolvimento de critérios orientadores da interpretação e da aplicação dos direitos fundamentais por parte dos demais órgãos estatais, *maxime*, os órgãos judiciais.

XVI. Neste contexto, tanto na Alemanha, como em Espanha, se sentiu necessidade de proceder a reformas na legislação processual constitucional, de modo a matizar uma jurisprudência pautada por uma extrema generosidade e a evitar a utilização abusiva destes expedientes. No ordenamento jurídico-constitucional alemão, a *Kommission Entlastung des Bundesverfassungsgerichtes*, vulgarmente designada como «Comissão Benda», criou um livre procedimento de admissibilidade das queixas, inspirado no modelo norte-americano do *writ of certiorari*, ainda que baseado em critérios objectivos de selecção.

Por sua vez, em Espanha, depois de várias reformas platónicas, a Lei Orgânica n.º 6/2007, de 24 de Maio, reformulou cerca de um terço da totalidade dos preceitos da LOTCE, com especial enfoque na temática do recurso de amparo, reforçando a posição institucional do TCE e diminuindo a incidência do recurso de amparo constitucional sobre o controlo da micro-constitucionalidade.

XVII. É interessante verificar que, nos ordenamentos jurídicos mencionados, o juiz constitucional é, cada vez menos, um juiz da lei, assumindo, com maior frequência, o papel de *juiz de aplicação da lei*, que se dedica a "corrigir" as decisões judiciais ablativas de direitos fundamentais. Em razão disso, não será difícil percebermos o motivo pelo qual se tem vindo a registar, pontualmente, entre as jurisdições constitucional e ordinária, um clima de «*guerra delle due Corti*», que emergiu aquando da criação dos Tribunais Constitucionais – suspeitosamente contemplados como «*newcomers*» – e que foi potenciado pelos mediáticos conflitos que tiveram lugar, entre outros Estados, em Espanha, quanto a processos de amparo constitucional.

XVIII. Neste domínio, alguma doutrina e jurisprudência não deixam de apelar à máxima norte-americana de *judicial self-restraint*, em ordem a não ultrapassar as fronteiras da jurisdição constitucional. Em sintonia, não obstante a utilização desta técnica poder merecer reservas, é importante frisar que, actualmente, não se pode (nem deve) perspectivar o figurino do Tribunal Constitucional como sendo o único guardião da Constituição. Ele é, sem dúvida, o seu *supremo* guardião, sem prejuízo, porém, da relevante tarefa que incumbe aos tribunais ordinários, enquanto poderes públicos sujeitos ao cumprimento dos ditames constitucionais.

XIX. O processo de *intimação para a protecção de direitos, liberdades e garantias*, fruto da reforma do contencioso administrativo, tem demonstrado ser um meio de tutela urgente com enormes potencialidades no que respeita a uma maximização da tutela jurisdicional efectiva dos particulares. Volvidos apenas alguns anos desde a sua entrada em vigor, o labor doutrinal e jurisprudencial já deu a viva prova da sua importância basilar.

Na realidade, a jurisdição administrativa vai para além do patamar mínimo exarado na letra do n.º 5 do artigo 20.º da CRP – cujo mandato constitucional impõe a criação de mecanismos céleres e prioritários para a defesa dos direitos, liberdades e garantias *pessoais* – e, na ausência de menção expressa a essa categoria de direitos no artigo 109.º do CPTA, desenvolveu uma jurisprudência "amiga dos direitos fundamentais", ao admitir também pedidos de intimação fundados em qualquer um dos direitos, liberdades e garantias previstos no Título II da CRP e em direitos de natureza análoga.

XX. Nos tempos actuais, não constitui novidade ouvirem-se vozes que, num relance mais vanguardista, se referem à existência de um «Direito constitucional europeu», ou mesmo, de um «Direito constitucional global», se bem que, de outra sorte, subsistam algumas reticências e questões por responder, mormente no plano da legitimidade e da política. Daí que, talvez, não possamos mais afirmar que o Direito Constitucional «gravita sobre si próprio», pois, no universo jurídico global, o Direito Internacional e o Direito Comunitário descrevem novas órbitas em torno dele. Deste modo, no plano internacional regional, encontra-se o *amparo internacional*, confiado ao TEDH, e o *amparo inter-americano*, reconhecido na competência contenciosa do Tribunal Inter-Americano dos Direitos do Homem.

XXI. Por fim, reservamos algumas palavras para mencionarmos o curioso mecanismo de auto-contenção de que o Tribunal de Estrasburgo se tem vindo a socorrer, quando decide sobre questões pouco consensuais, que tocam matérias de grande melindre social: a *doutrina da margem nacional de apreciação*. Em boa verdade, por muito que a aplicação desta doutrina possa ser mais discutível no campo dos direitos fundamentalíssimos (*core rights*), ela revela que o TEDH soube perceber que, nas hodiernas sociedades de mundividências plurais, a sua função não é

Considerações Finais 379

definir, de forma pretoriana e abstracta, o alcance das normas internacionais, mas, outrossim, conciliar, sempre que possível, a vocação universal dos direitos do homem, com as especificidades de cada Estado.

XXII. Em jeito de conclusão, atesta-se uma *linha orientadora*, um mimetismo, na actuação das justiças constitucional, administrativa e internacional, cuja força motriz é movida pelo intuito da *máxima salvaguarda dos direitos fundamentais*. Invocando a mitologia grega, é inteligível que os particulares depositem enormes expectativas nestas instâncias jurisdicionais, pedindo-lhes que actuem à semelhança de *Argus Panoptes*, o conhecido gigante de cem olhos, guardião de *Io*, que, mesmo quando dormia, mantinha cinquenta dos seus olhos despertos.

BIBLIOGRAFIA

ADRAGÃO, Paulo Pulido, «*A Eutanásia: Argumentos de um Debate*», *in* Revista da FDUP, Ano III, Coimbra Editora, Coimbra, 2006, pp. 665-672.

AGUILAR, Francisco, «*Direito ao recurso, graus de jurisdição e celeridade processual*», *in* O Direito, 138.º, Vol. II, 2006, Almedina, pp. 295-311.

AHUMADA RUIZ, María Ángeles, «*Alternativas a la Judicial Review y Variedades de Judicial Review*», *in* Themis, ano VI, n.º 10, 2005, pp. 41--65;

____ «*El certiorari. Ejercicio discrecional de apelación por el Tribunal Supremo de los Estados Unidos*», *in* REDC, año 14, núm. 41, 1994, Centro de Estudios Constitucionales, Madrid, pp. 89-136.

ALBERTÍ ROVIRA, Enoch, «*El recurso de amparo constitucional: una revisión pendiente*», *in* AAVV, La Reforma del Recurso de Amparo, Coord. Pablo Pérez Tremps, Instituto de Derecho Público Comparado – Universidad Carlos III, Tirant to Blanch, Valencia, 2004, pp. 115-143.

ALEGRE MARTÍNEZ, Miguel Ángel, *La dignidad de la persona como fundamento del ordenamiento constitucional español*, Universidad de León, León, 1996.

ALEXANDRINO, José de Melo, *A estruturação do sistema de direitos, liberdades e garantias na Constituição Portuguesa*, Vol. I, (Raízes e contexto), Almedina, Coimbra, 2006;

____ *A estruturação do sistema de direitos, liberdades e garantias na Constituição Portuguesa*, Vol. II, (A construção dogmática), Almedina, Coimbra, 2006;

____ *Direitos Fundamentais – Introdução Geral*, Princípia, Estoril, 2007;

____ «*Il sistema portoghese dei diritti e delle libertà fondamentali: zone franche nella tutela giurisdizionale*», *in* Diritto Pubblico Comparato ed Europeo, 2003-I, G. Giappichelli Editore, Torino, pp. 271-284.

ALEXY, Robert, *Teoría de los Derechos Fundamentales*, (trad. Ernesto Garzón Valdés), Centro de Estudios Políticos y Constitucionales, Madrid, 2002.

ALMEIDA, Mário Aroso de, «*Breve introdução à reforma do contencioso administrativo*», *in* CJA, n.º 32, Março /Abril 2002, CEJUR, Braga, pp. 3-10;

382 *A Tutela Directa dos Direitos Fundamentais*

___ «Medidas *Cautelares no Ordenamento Contencioso – Breves Notas»*, *in* Direito e Justiça, vol. XI, tomo 2, 1997, pp. 139-159;

___ *O Novo Regime do Processo nos Tribunais Administrativos*, Almedina, 2005, 4.ª Edição, Revista e Actualizada;

___ *«Os Direitos Fundamentais dos Administrados após a Revisão Constitucional de 1989»*, *in* Separata da Revista Direito e Justiça, 1992, pp. 287-326.

ALMEIDA, Mário Aroso de / CADILHA, Carlos A. Fernandes, *Comentário ao Código de Processo nos Tribunais Administrativos*, Almedina, Coimbra, 2005.

ALMEIDA, Nunes de, *«Da politização à independência (algumas reflexões sobre a composição do Tribunal Constitucional»*, *in* AAVV, Legitimidade e Legitimação da Justiça Constitucional – Colóquio no 10.º Aniversário do Tribunal Constitucional – Lisboa, 28 e 29 de Maio de 1993, Coimbra Editora, Coimbra, 1995, pp. 241-254;

___ *«Les effets des arrêts du Tribunal Constitutionnel»*, *in* AAVV, La Justice constitutionnelle au Portugal, Economica, Paris, 1989, pp. 381-403.

ALONSO IBÁÑEZ, María Rosario, *«Extensión y límites del control por el Tribunal Constitucional de las resoluciones judiciales que afecten a los derechos fundamentales»*, *in* Revista de Administración Pública, Núm. 172, Enero-Abril 2007, Centro de Estudios Políticos y Constitucionales, Madrid, pp. 189-224.

ALVAREZ-OSSORIO MICHEO, Fernando, *«Perfecciones y imperfecciones en el Protocolo 11 al Convenio Europeo de Derechos Humanos y otros comentarios a propósito de su Entrada en vigor»*, *in* REDC, año 19, Núm. 56, Mayo-Agosto de 1999, Centro de Estudios Constitucionales, Madrid, pp. 135-162.

AMARAL, Diogo Freitas do, *Curso de Direito Administrativo*, Vol. I, Almedina, 3.ª Edição, 2006;

___ *«Estado»*, *in* Polis – Enciclopédia Verbo da Sociedade e do Estado, 2.ª Edição Revista e Actualizada, 1997, pp. 1069-1119;

___ *«Limites jurídicos, políticos e éticos da actuação do 'Ombudsman'»*, *in* AAVV, Democracia e Direitos Humanos no Século XXI, Provedoria de Justiça – Divisão de Documentação, Lisboa, 2003, pp. 23-52.

AMARAL, Diogo Freitas do/ ALMEIDA, Mário Aroso de, *Grandes Linhas de Reforma do Contencioso Administrativo*, Almedina, Coimbra, 2004, 3.ª Edição Revista e Actualizada;

AMARAL, Maria Lúcia, *A Forma da República – Uma introdução ao estudo do direito constitucional*, Coimbra Editora, 2005;

___ *«Carl Schmitt e Portugal – O problema dos métodos em direito constitucional português»*, *in* AAVV, Perspectivas Constitucionais – Nos 20

Anos da Constituição de 1976, Vol. I, Coimbra Editora, Coimbra, 1996, pp. 167-194;

—— «*Justiça Constitucional e trinta anos de Constituição*», *in* Themis, Edição Especial 2006, pp. 145-153;

—— «*Justiça constitucional, protecção dos direitos fundamentais e segurança jurídica*» ou «*Que modelo de justiça constitucional melhor protege os direitos fundamentais?*», *in* AAVV, Anuário Português de Direito Constitucional, vol. II/2002, Coimbra Editora, Coimbra, pp. 11-22;

—— «*O Princípio da Dignidade da Pessoa Humana na Jurisprudência Constitucional Portuguesa*», *in* AAVV, Liber Amicorum de José de Sousa e Brito – em comemoração do 70.º Aniversário, Almedina, Coimbra, 2009, pp. 947-964;

—— «*O Provedor de Justiça: garantia constitucional de uma instituição ou garantia de uma função?*», *in* AAVV, O Cidadão, o Provedor de Justiça e as Entidades Administrativas Independentes, Provedoria da Justiça – Divisão de Documentação, Lisboa, 2002, pp. 53-73;

—— «*Problemas da Judicial Review em Portugal*», *in* Themis, ano VI, n.º 10, 2005, pp. 67-90;

—— «*Queixas Constitucionais e Recursos de Constitucionalidade (Uma Lição de «Direito Público Comparado»)*», *in* Estudos Comemorativos dos 10 Anos da Faculdade de Direito da Unversidade Nova de Lisboa, Vol. I, Coord. Diogo Freitas do Amaral, Carlos Ferreira de Almeida e Marta Tavares de Almeida, Almedina, 2008, pp. 473-501;

—— *Responsabilidade do Estado e dever de indemnizar do legislador*, Coimbra Editora, Coimbra, 1998;

—— «*Responsabilidade do Estado-Legislador: Reflexões em torno de uma reforma*», *in* Themis, ano II, n.º 4, 2001, pp. 5-21.

ANDRADE, José Carlos Vieira de, *A Justiça Administrativa (Lições)*, Almedina, Coimbra, 2006, 8.ª Edição;

—— «*A protecção dos direitos fundamentais dos particulares na justiça administrativa reformada*», *in* RLJ, Ano 134.º, N.º 3929, 2001, pp. 226-234;

—— *O Dever da Fundamentação Expressa de Actos Administrativos*, Almedina, Coimbra, 2.ª Reimp., 2007;

—— *Os Direitos Fundamentais na Constituição Portuguesa de 1976*, Almedina, Coimbra, 4.ª Edição, 2009.

ANTUNES, Luís Filipe Colaço, «*Johann Sebastian Bach no Tribunal Europeu dos Direitos do Homem ou uma jurisprudência sempre nunca diferente – nunca sempre igual (Hatton e Outros vs. The United Kingdom»*, *in* RMP, Ano 23, Out./Dez. 2002, n.º 92, pp. 57-64.

ARAGÓN REYES, Manuel, «*La Constitución como paradigma*», *in* AAVV, Teoría del neoconstitucionalismo – Ensayos escogidos, Edición de

384   *A Tutela Directa dos Direitos Fundamentais*

Miguel Carbonell, Instituto de Investigaciones Jurídicas – UNAM, Editorial Trotta, Madrid, 2007, pp. 29-40;

____ *«La tutela diretta dei diritti fondamentali»* (trad. Di Nicola Vizioli), *in* AAVV, Tecniche de Garanzia dei Diritti Fondamentali, (à cura di Giancarlo Rolla), Centro di Ricerca e Formazione sul Diritto Costituzionale Comparato – Quaderni Per La Ricerca, G. Giappichelli Editore, 20001, Torino, pp. 69-88;

____ *«Problemas del recurso de amparo»*, *in* AAVV, La Reforma del Recurso de Amparo, Coord. Pablo Pérez Tremps, Instituto de Derecho Público Comparado – Universidad Carlos III, Tirant to Blanch, Valencia, 2004, pp. 145-175.

ARAÚJO, António/ COSTA, Joaquim Pedro Cardoso da, *«III Conferência da Justiça Constitucional da Ibero-América, Portugal e Espanha – Relatório Português»*, *in* BMJ, n.º 493, Junho 2001, pp. 5-67.

ARAÚJO, António/ PEREIRA, J. A. Teles, *«A justiça constitucional nos 30 anos da Constituição portuguesa: notas para uma aproximação ibérica»*, *in* AAVV, La Constitución portuguesa de 1976 – Un estudio académico treinta años después, (Coord: Javier Tajadura Tejada), Centro de Estúdios Políticos y Constitucionales, Madrid, 2006, pp. 207-227.

ARAÚJO, António/ BRITO, Miguel Nogueira de/ COSTA, Joaquim Pedro Cardoso da, *«As relações entre os tribunais constitucionais e as outras jurisdições nacionais, incluindo a interferência nesta matéria, da acção das jurisdições europeias»*, *in* AAVV, Estudos em Homenagem ao Conselheiro José Manuel Cardoso da Costa, Coimbra Editora, Coimbra, 2003, pp. 203-273.

ARCE JANÁRIZ, Alberto, *«Comentario al artigo 42»*, *in* AAVV, Comentarios a la Ley Orgánica del Tribunal Constitucional, (Coord. Juan Joaquín Requejo Pagés), Boletín Oficial del Estado, Madrid, 2001, pp. 655-677.

ARENDT, Hannah, *Verdade e Política*, (trad.: Manuel Alberto), Relógio D'Água Editores, Lisboa, 1995.

Ax, Dorothee, *Prozeßstandschaft im Verfassungsbeschwerde-Verfahren – Zugleich ein Exkurs betreffs Methoden richterlicher Rechtsfortbildung im Verfassungsbeschwerde-Verfahren*, Studien und Materialen zur Verfassungsgerichtsbarkeit, Band 61, Herausgegeben von Christian Starck, Nomos Verlagsgesellschaft, Baden-Baden, 1994.

AYALA, Bernardo Diniz de, *«Monismo(s) ou dualismo(s) em Direito Administrativo (?)»*, *in* RFDUL, Coimbra Editora, 2000, pp. 71-98.

BALAGUER CALLEJÓN, Francisco (Coord.)/ CÁMARA VILLAR, Gregorio, MEDINA REY, Luís Felipe, *La Nueva Ley Orgánica del Tribunal Constitucional*, Editorial Tecnos, Madrid, 2008.

Bibliografía 385

Barile, Paolo, «*Garanzie costituzionali e diritti fondamentali: un'introduzione*», in AAVV, Perspectivas Constitucionais – Nos 20 anos da Constituição de 1976, Vol. II, Coimbra Editora, 1997, pp. 131-148.

Batista Jiménez, Fernando, «*La eficacia del valor dignidad de le persona en el sistema jurídico español*», in CuC, n.º 11, julio-diciembre 2004, Instituto de Investigaciones Jurídicas, UNAM, México, pp. 3-51.

Barnés-Vázquez, Javier, «*La tutela judicial efectiva en la Constitución alemana*», in AAVV, La Protección Jurídica del Ciudadano (Procedimiento administrativo y garantía jurisdiccional), Estudios en Homenaje al Profesor Jesús González Pérez, Tomo I, Editorial Civitas, Madrid, 1993, pp. 429-469.

Barreto, Ireneu Cabral, *A Convenção Europeia dos Direitos do Homem Anotada*, Coimbra Editora, 3.ª Edição, 2005.

Beddard, R., *Human Rights and Europe*, 3.º Edition, Grotius Publications, Cambrigde, University Press, 1993.

Bennett, A. Leroy, *International Organizations – Principles and Issues*, Prentice-Hall International Editions, London, Sixth Edition, 1995.

Benvenisti, Eyal, «*Margin of Appreciation, Consensus, and Universal Standards*», in New York University Journal of International Law and Politics, vol. 31, n.º 4, Summer 1999, pp. 843-854.

Berkemann, Jörg, «*Das Bundesverfassungsgericht und "seine" Fachgerichtsbarkeiten auf der Suche nach Funktion und Methodik*», in DVBl, 111. Jahrgang, Heft. 18, 15. September 1996, Carl Heymanns Verlag, Köln, pp. 1009-1072.

Blanco Váldes, Roberto L., «*La política y el derecho: veinte años de justicia constitucional y democracia en España (apuntes para un balance)*», in Teoría y Realidad Constitucional, núm. 4, 2.º semestre 1999, Editorial Centro de Estudios Ramón Areces, Madrid, pp. 241-272.

Böckenförde, Ernst-Wolfgang, «*Die Überlastung des Bundesverfassungsgerichts*», in ZRP, 29. Jahrgang, Heft 33, August 1996, Verlag C. H. Beck OHG, Münschen, pp. 281-284;
——— «*Verfassungsgerichtsbarkeit: Strukturfragen, Organization, Legitimation*», in NJW, Jahr. 52, Heft 1, C. H. Beck, München, 1999, pp. 9-16.

Bon, Pierre, «*La protection constitutionnelle des droits fondamentaux: aspects de droit comparé européen*», in RFDUL, Vol. XXXI, 1990, pp. 9-65;
——— «*Le Conseil Constitutionnel français et le modèle des cours constitutionnelles européennes*», in REDC, Año 11, Núm. 32, Mayo-Agosto 1991, Centro de Estudios Constitucionales, Madrid, pp. 45-72.

Borrajo Iniesta, Ignacio, «*Indemnización constitucional (a propósito de la sentencia Bivens del Tribunal Supremo de Estados Unidos*», in Revista de Administración Pública, Núm. 103, Enero-Abril 1984, Centro de Estudios Políticos y Constitucionales, Madrid, pp. 209-225;

_____ «*Reflexiones acerca de las reformas que necesita el amparo judicial. Sencillez y celeridad como criterios determinantes*», in REDC, año 15, núm. 43, enero-abril, 1995, Centro de Estudios Constitucionales, Madrid, pp. 25- 49.

BORRAJO INIESTA, Ignacio/ DIEZ-PICAZO GIMENEZ, Ignacio/ FERNANDEZ FARRARES, German, *El Derecho a la Tutela Judicial y el Recurso de Amparo – Una reflexión sobre la jurisprudencia constitucional*, Editorial Civitas, Madrid, 1995.

BOTERO MARINO, Catalina, «*El control de constitucionalidad de las sentencias en Colombia*», in AAVV, La Protección Judicial de los Derechos Fundamentales en Brasil, Colombia y España, Coord. Emilio Pajares Montolío, Instituto de Derecho Público Comparado – Universidad Carlos III, Tirant to Blanch, Valencia, 2005, pp. 143-211.

BRAGE CAMAZANO, Joaquín, «*Una Visión Panorámica del Recurso Constitucional de Amparo en los Países de la Europa del Este (Chequia, Croacia, Eslovaquia, Eslovenia, Hungría, Macedonia, Polonia y Rusia)*», in REP, Núm. 128, Abril-Junio 2005, Centro de Estudios Constitucionales, Madrid, pp. 193-220.

BREWER-CARÍAS, Allan R., «*El Amparo a los Derechos y Libertades Constitucionales (Una aproximación comparativa)*», in AAVV, La Protección Jurídica del Ciudadano (Procedimiento administrativo y garantía jurisdiccional), Estudios en Homenaje al Profesor Jesús González Pérez, Tomo III, Editorial Civitas S. A., Madrid, 1993, pp. 2695-2748;

_____ «*The question of legitimacy: how to choose the judges of the Supreme Court?*», in AAVV, The Future of the European Judicial System in a Comparative Perspective, Nomos Verlag, Baden-Baden, Germany, 2006, pp. 153-182.

BRITO, José de Sousa e, «*Jurisdição constitucional e princípio democrático*», in AAVV, Legitimidade e Legitimação da Justiça Constitucional – Colóquio no 10.º Aniversário do Tribunal Constitucional – Lisboa, 28 e 29 de Maio de 1993, Coimbra Editora, Coimbra, 1995, pp. 39-47.

BRITO, Mário de, «*Sobre as decisões interpretativas do Tribunal Constitucional*», in RMP, n.º 62, 1995, pp. 57-75.

BRITO, Wladimir, «*O amparo constitucional*», in Revista Jurídica de Macau, n.º Especial – O Direito de amparo em Macau e em Direito Comparado, Gabinete Para os Assuntos Legislativos, Macau, 1999, pp. 87-117.

BROWNLIE, Ian, *Principles of International Public Law*, Sixth Edition, Oxford, University Press, 2003.

Búrca, Gráinne de/ Gerstenberg, Olivier, «*The Denationalization of Constitutional Law*», *in* Harvard International Law Journal, Vol. 47, Number 1, Winter 2006, pp. 243-262.

Burdeau, Georges/ Hamon, Francis/ Troper, Michel, *Droit Constitutionnel*, 25ème Édition, L. G. D. J., Paris, 1997.

Bustos Gisbert, Rafael, «*¿Está agotado el modelo de recurso de amparo diseñado en la Constitución Española?*», *in* Teoría y Realidad Constitucional, núm. 4, 2.º semestre 1999, Editorial Centro de Estudios Ramón Areces, Madrid, pp. 273-292.

Caamaño Dominguez, Francisco, «*El recurso de amparo y la reforma peyorativa de derechos fundamentales: el denominado "contra-amparo"*», *in* REDC, año 16, núm. 47, mayo-agosto, 1996, Centro de Estudios Constitucionales, Madrid, pp. 125- 153.

Campanelli, Giuseppe, «*I rapporti tra Tribunal Constitucional e Tribunal Supremo nell'ordinamento spagnolo*», *in* RDC, G. Giappichelli Editore, Torino, 2002, pp. 221-286.

Campos, Diogo Leite de/ Barbas, Stela, «*O início da pessoa humana e da pessoa jurídica*», *in* ROA, ano 61, Vol. III, Dez. 2001, Almedina, pp. 1257--1268.

Campos, João Mota de/ Campos, João Luiz Mota de, *Manual de Direito Comunitário*, Coimbra Editora, 5.ª Edição, 2007.

Canas, Vitalino, «*O Tribunal Constitucional: órgão de garantia da segurança jurídica, da equidade e do interesse público de excepcional relevo*», *in* AAVV, Estudos em Homenagem ao Prof. Doutor Armando M. Marques Guedes, Faculdade de Direito da Universidade de Lisboa, 2004, pp. 107-126.

Canotilho, José Joaquim Gomes, «*As Palavras e os Homens – Reflexões sobre a Declaração Conjunta Luso-Chinesa e a institucionalização do recurso de amparo de direitos e liberdades na ordem jurídica de Macau*», *in* Revista Jurídica de Macau, n.º Especial – O Direito de amparo em Macau e em Direito Comparado, Gabinete Para os Assuntos Legislativos, Macau, 1999, pp. 107-131;

_____ *"Brancosos e interconstitucionalidade – Itinerários dos discursos sobe a historicidade constitucional*, Almedina, Coimbra, 2006;

_____ «*Constituição e Défice Procedimental*», *in* Estudos Sobre Direitos Fundamentais, Coimbra Editora, Coimbra, 2004, pp. 69-84;

_____ «*Derecho, derechos; Tribunal, tribunales*», *in* REP, Núms. 60-61, Abril--Septiembre 1988, Centro de Estudios Constitucionales, Madrid, pp. 819-829;

_____ *Direito Constitucional e Teoria da Constituição*, Almedina, Coimbra, 7.ª Edição, 2003;

388 A Tutela Directa dos Direitos Fundamentais

____ «*Jurisdição constitucional e intranquilidade discursiva*», *in* AAVV, Perspectivas Constitucionais – Nos 20 Anos da Constituição de 1976, Vol. I, Coimbra Editora, Coimbra, 1996, pp. 871-887;

____ «*Métodos de Protecção de Direitos, Liberdades e Garantias*», *in* BFDC, Volume Comemorativo do 75.º Tomo do BFD, 2003, pp. 793-814;

____ «*O Direito Constitucional passa; o Direito Administrativo passa também*», *in* AAVV, Studia Jurídica 61 – Estudos em Homenagem ao Prof. Doutor Rogério Soares, Coimbra Editora, Coimbra, 2001, pp. 705-722;

____ «*Para uma teoria pluralística da jurisdição constitucional no Estado Constitucional Democrático português*», *in* RMP, Ano 9.º, n.os 33 e 34, Lisboa, 1988, pp. 9-27;

____ «*Provedor de Justiça e efeito horizontal de direitos, liberdades e garantias*, *in* Estudos Sobre Direitos Fundamentais, Coimbra Editora, Coimbra, 2004, pp. 85-96.

CANOTILHO, José Joaquim Gomes / MOREIRA, Vital, *Constituição da República Portuguesa Anotada*, Vol. I, Coimbra Editora, 4.ª Edição, 2007;

____ *Fundamentos da Constituição*, Coimbra Editora, Coimbra, 1991.

CAPPELLETTI, Mauro, «*El "formidable problema" del control judicial y la contribución del análisis comparado*», *in* REP, Núm. 13, Enero-Febrero 1980, Centro de Estudios Constitucionales, Madrid, pp. 61-104;

____ *La jurisdicción constitucional de la libertad – con referencia a los ordenamientos alemán, suizo e austriaco*, (trad. Hector Fix Zamudio), Instituto de Derecho Comparado – Universidad Nacional Autónoma de México, Imprenta Universitaria México, 1961;

____ «*¿Renegar de Montesquieu? La expansión y la legitimidad de la "justicia constitucional"*», *in* REDC, Año 6, Núm. 17, Mayo-Agosto 1986, Centro de Estudios Constitucionales, Madrid, pp. 9-46.

CARDINAL, Paulo, «*O Amparo de Direitos Fundamentais no Direito Comparado e no Ordenamento Jurídico de Macau*», *in* Revista Jurídica de Macau, vol. 3, n.º 1, Jan-Abril, 1996, Imprensa Oficial de Macau, pp. 51-92;

____ «*O amparo macaense de direitos fundamentais vis-à-vis as decisões judiciais*», *in* Revista Jurídica de Macau, n.º Especial – O Direito de amparo em Macau e em Direito Comparado, Gabinete Para os Assuntos Legislativos, Macau, 1999, 353-401;

____ «*The Judiciary and Fundamental Rights – a dual role: guarantor and breacher*», *in* Revista Jurídica de Macau, n.º Especial – O Direito de amparo em Macau e em Direito Comparado, Gabinete Para os Assuntos Legislativos, Macau, 1999, pp. 155-172.

CARMONA CUENCA, Encarnación, «*El recurso de amparo constitucional y la defensa del derecho a la tutela judicial efectiva. Apuntes para una reforma*», *in* AAVV, La Reforma del Recurso de Amparo, Coord. Pablo Pérez Tremps, Instituto de Derecho Público Comparado – Universidad Carlos III, Tirant to Blanch, Valencia, 2004, pp. 217-238.

CARRASCO DURÁN, Manuel, «*El concepto constitucional de recurso de amparo: examen de posibilidades para una reforma de la regulación y la práctica del recurso de amparo*», *in* REDC, n.º 63, año 21, septiembre/diciembre, 2001, Centro de Estudios Políticos y Constitucionales, Madrid, pp. 79--127;

––––– *Los procesos para la tutela judicial de los derechos fundamentales*, Centro de Estudios Políticos y Constitucionales, Madrid, 2002.

CARRILLO, Marc, «*La reparación de las vulneraciones de derechos en la sentencia estimatoria de amparo (1999-2001)*», *in* AAVV, La Reforma del Recurso de Amparo, Coord. Pablo Pérez Tremps, Instituto de Derecho Público Comparado – Universidad Carlos III, Tirant to Blanch, Valencia, 2004, pp. 41-114.

CAROZZA, Paolo G., «*Subsidiarity as a Structural Principle of International Human Rights Law*», *in* AJIL, Jan. 2003, vol. 97, pp. 38-79.

CASANOVAS, Oriol, *Unity and Pluralism in Public International Law*, Martinus Nijhoff Publishers, Netherlands, 2001.

CASCAJO CASTRO, Jose L. / GIMENO SENDRA, Vicente, *El recurso de amparo*, Editorial Tecnos, Madrid, 1985.

CASINO RUBIO, Miguel, «*Las costas en el proceso contencioso-administrativo y el derecho a la tutela judicial efectiva*», *in* Revista del Centro de Estudios Constitucionales, Núm. 11, Enero-abril, 1992, Centro de Estudios Constitucionales, Madrid, pp. 293-316.

CASTRO, Catarina Sarmento e, «*O modelo português de justiça constitucional*», *in* AAVV, Estudos em Memória do Conselheiro Luís Nunes de Almeida, Coimbra Editora, 2007, pp. 381-459.

CAUPERS, João, «*A pluralidade do Ombudsman: vantagens e inconvenientes para a Administração Pública*», *in* AAVV, O Cidadão, o Provedor de Justiça e as Entidades Administrativas Independentes, Provedoria da Justiça – Divisão de Documentação, Lisboa, 2002, pp. 83-90;

––––– *Introdução ao Direito Administrativo*, Âncora Editora, Lisboa, 8.ª Edição, 2005.

CHASSIN, Catherine-Amélie, «*La protection juridictionnelle des droits fondamentaux a travers de recours d'amparo constitutionnel en Espagne*», *in* CRDF, n.º 1/1002, Presses Universitaires de Caen, pp. 33-45.

CHORÃO, Mário Emílio F. Bigotte, «*Nótula Sobre a Fundamentação dos Direitos Humanos*», *in* AAVV, Direitos Humanos – Teorias e Práticas,

(Organiz. Paulo Ferreira da Cunha), Almedina, Coimbra, 2003, pp. 77--97.

Chueca Rodríguez, Ricardo, «*El marco constitucional del final de la propia vida*», *in* REDC, Num. 85, Año 29, enero/Abril, 2009, pp. 99-123.

Cifuentes Muñoz, Eduardo, «*La acción de tutela en Colombia*», *in* Ius et Praxis, Año 3, Núm. 1, 1997, Facultad de Ciencias Jurídicas y Sociales, Universidad de Talca, Chile, pp. 165-174.

Clavero, Bartolome, «*Garantie des droits: emplazamiento histórico del enunciado constitucional*», *in* REP (Nueva Época), Núm. 81, Julio-Septiembre, 1993, Centro de Estudios Constitucionales, Madrid, pp. 7-22.

Coello de Portugal, Iñigo, *El recurso de amparo y el ordenamiento*, *in* «Revista Española de Derecho Administrativo», n.º 92, enero-marzo, 1997, Editorial Civitas, Madrid, pp. 49-66.

Cohen-Jonathan, Gérard, *La Convention Européenne des Droits de L'Homme*, Presses Universitaires d'Aix-Marseille, Economica, 1989;

Cunha, Joaquim da Silva/ Pereira, Maria Assunção do Vale, *Manual de Direito Internacional Público*, Almedina, Coimbra, 2004, 2.ª Edição.

Cordón Moreno, Faustino, *El proceso de amparo constitucional*, La Ley, Madrid, 1992,2.ª edición actualizada.

Correia, Fernando Alves, «*A Justiça Constitucional em Portugal e em Espanha. Encontros e Divergências*», *in* RLJ, Ano 131, 1998-1999, n.ºs 3891, 3892 e 3893, pp. 162-171, 198-204 e 234-240, respectivamente;

—— «*Os Direitos Fundamentais e a sua Protecção Jurisdicional Efectiva*», *in* BFDC, vol. LXXIX, 2003, pp. 63-96.

Correia, José Manuel Sérvulo Correia/ Gouveia, Jorge Bacelar, «*Princípios constitucionais do acesso à justiça, da legalidade processual e do contraditório; junção de pareceres em processo civil; interpretação conforme à Constituição do artigo 525.º do Código do Processo Civil – Anotação ao Acórdão n.º 934/96 do Tribunal Constitucional*», *in* ROA, ano 57, Janeiro de 1997, Vol. I, Amedina, pp. 295-357.

Costa, Eduardo Maia, «*Crime de desobediência: conceitos de reunião e de manifestação, direito de resistência – Acórdão do Tribunal da Relação de Lisboa de 30 de Maio de 1990*», *in* RMP, Ano 11.º, n.º 43, pp. 129--137.

Costa, José Manuel M. Cardoso da, «*A hierarquia das normas constitucionais e a sua função na protecção dos direitos fundamentais*», *in* BMJ, n.º 396, 1990, pp. 5-27;

—— *A Jurisdição Constitucional em Portugal*, Almedina, 3.ª Edição Revista e Actualizada, 2007;

—— «*A justiça constitucional no quadro das funções do Estado vista à luz das espécies, conteúdos e efeitos das decisões sobre a constituciona-*

lidade das normas jurídicas», in VII.ª Conferência dos Tribunais Constitucionais Europeus, 27 a 30 de Abril de 1987, pp. 1-20, disponível no site http://tribunalconstitucional.pt;

—— *«A Lei Fundamental de Bonn e o direito constitucional português», in* BFDC, Vol. LXV, 1989, pp. 1-27;

—— *«Entretien avec le Président du Tribunal constitutionnel portugais», in* CCC, n.º 10, 2001, Editions Dalloz, Paris, pp. 35 e ss.;

—— *«O Tribunal Constitucional português face a uma Constituição em mudança», in* AAVV, Estudos em Memória do Conselheiro Luís Nunes de Almeida, Coimbra Editora, 2007, pp. 479-494.

CRORIE, Benedita Ferreira da Silva Mac, *A Vinculação dos Particulares aos Direitos Fundamentais,* Almedina, Coimbra, 2005;

—— *«O recurso ao princípio da dignidade da pessoa humana na jurisprudência do Tribunal Constitucional», in* AAVV, Estudos em Comemoração do Décimo Aniversário da Licenciatura em Direito da Universidade do Minho, Coimbra, 2004.

CRUZ VILLALÓN, Pedro, *«Conflict between Tribunal Constitucional and Tribunal Supremo – A national experience», in* AAVV, The Future of the European Judicial System in a Comparative Perspective, Nomos Verlag, Baden-Baden, Germany, 2006, pp. 111-116;

—— *«Sobre el amparo», in* REDC, n.º 14, año 41, mayo-agosto, 1994, Centro de Estudios Constitucionales, Madrid, pp. 9- 23.

CURSOUX-BRUYERE, Sandrine, *«Le principe constitutionnel de sauvegarde de la dignité de la personne humaine (1ère partie)», in* Revue de le Recherche Juridique – Droit Prospectif, XXXI-109, 2005-3, Presses Universitaires d'Aix Marseille, Puam, 2005, pp. 1377-1423.

DALVI, Sameera, *«Homosexuality and the European Court of Human Rights: Recent Judgments Against the United Kingdom and Their Impact on the Signatories to the European Convention on Human Rights», in* University of Florida Journal of Law & Public Policy, 2004, Vol. 15, pp. 467-481.

D'AMATO, Anthony, *«Domestic Jurisdiction», in* Encyclopedia of Public International Law, volume one, direction of Rudolf Bernhardt, North--Holland, 1992, pp. 1090-1096.

DANNEMANN, Gerhard, *«Constitutional Complaints: The European Perspective», in* ICLQ, Vol. 43, N.º 1, Jan. 1994, Cambridge University Press, pp. 142-153.

DAVID, Sofia, *Das Intimações – Considerações sobre uma (nova) tutela de urgência no Código de Processo dos Tribunais Administrativos,* Almedina, Coimbra, 2005.

DELMAS-MARTY, Mireille / IZORCHE, Marie-Laure, *«Marge nationale d'appréciation et internationalisation do droit: réflexions sur la validité formelle d'un droit commun pluraliste»*, in McGill Law Journal, 2001, pp. 923-954.

DETTER, Ingrid, *The International Legal Order*, University Press, Cambridge, 1994.

DIEZ-PICAZO GIMÉNEZ, Luís Maria, *«Dificultades practicas y significado constitucional del recurso de amparo»*, in REDC, n.º 14, año 40, enero--abril, 1994, Centro de Estudios Constitucionales, Madrid, pp. 9- 37.

DIJK, P. van / HOOF, G. J. H. van, *Theory and Practice of the European Convention on Human Rights*, Kluwer Law International, Hague, 3.º Edition, 1998.

DITTMANN, Armin, *«Le recours constitutionnel en droit allemand»*, in CCC, n.º 10, 2001, Editions Dalloz, Paris, pp. 72-89.

DONCEL LUENGO, Juan Antonio, *«El modelo español de justicia constitucional. Las decisiones más importantes del tribunal constitucional español»*, *in* Sub judice – Justiça e Sociedade, n.º 20/21, 2001, Janeiro/Junho, DocJuris, Coimbra, Abril de 2002, pp. 79-93.

DONNELLY, Jack, *Universal Human Rights, in Theory* & Practice, Second Edition, Cornell University Press, 2003.

DUARTE, Maria Luísa, *«O Conselho da Europa e a Protecção dos Direitos do Homem»*, in Boletim de Documentação e Direito Comparado, n.º 39-40, Lisboa, 1989, pp. 191-242;

_____ *«O Direito da União Europeia e o Direito Europeu dos Direitos do Homem – uma defesa do "triângulo judicial europeu"»*, in AAVV, Estudos em Homenagem ao Professor Doutor Armando M. Marques Guedes, Coimbra Editora, 2004, pp. 735 e ss.;

_____ *«O Tratado da União Europeia e a Garantia da Constituição. Notas de Uma Reflexão Crítica»*, in AAVV, Estudos em Memória ao Professor Doutor João de Castro Mendes, Lex, Lisboa, 1995, pp. 667-715.

DUARTE, Ronnie Preuss, *Garantia de acesso à justiça – os direitos processuais fundamentais*, Coimbra Editora, 2007.

DUPUY, René-Jean, *«Les Droits de l'homme, valeur européenne ou valeur universelle»*, in AAVV, Pensamiento Jurídico y Sociedad Internacional – Estudios en honor del profesor D. Antonio Truyol Serra, I, Centro de Estudios Constitucionales, Universidad Computense de Madrid, 1986, pp. 415-428.

DWORKIN, Ronald, *Taking Rights Seriously*, Harvard University Press, Massachusetts, 1978.

EHLERS, Dirk, *«La Protección de los derechos fundamentales en Europa – Una contribución desde la perspectiva alemana»*, in REDC, n.º 77,

Año 26, Mayo/Agosto 2006, Centro de Estudios Políticos y Constitucionales, Madrid, pp. 27-50.

ELY, John Hart, *Democracy and Distrust – A Theory of Judicial Review*, Harvard Universty Press, Massachusetts, 1980.

ENGISCH, Karl, *Introdução ao Pensamento Jurídico*, (trad. J. Baptista Machado), Fundação Calouste Gulbenkian, Lisboa, 2.ª Edição, 1964.

EPSTEIN, Lee / KNIGHT, Jack / SHVETSOVA, Olga, «*The Role of Constitutional Courts in the Establishment and Maintenance of Democratic Systems of Government*», in Law & Society Review, Vol. 35, No. 1, 2001, Law and Society Association, Massachusetts, pp. 117-164.

ERDMAN, Joanna N., «*The Deficiency of Consensus in Human Rights Protection: A Case Study of Goodwin v. The United Kingdom and I. v. United Kingdom*», in Journal of Law & Equality, Fall 2003, vol. 2, n.º 2, pp. 318-347.

ESTEVES, Maria da Assunção, «*Legitimação da justiça constitucional e princípio maioritário*», in AAVV, Legitimidade e Legitimação da Justiça Constitucional – Colóquio no 10.º Aniversário do Tribunal Constitucional – Lisboa, 28 e 29 de Maio de 1993, Coimbra Editora, Coimbra, 1995, pp. 127-138.

FALLER, Hans Joachim, «*Bundesverfassungsgericht und Bundesgerichtshof – Zum Verhältnis beider Gerichtshöfe in fast 40jähriger Jurisdiktion*», in AÖR, 115. Band, Heft 2, Jun. 1990, J. C. B. Mohr, Tübingen, pp.185-211.

FAVOREU, Louis, «*La notion de Cour Constitutionnelle*», in AAVV, Perspectivas Constitucionais – Nos 20 Anos da Constituição de 1976, Vol. I, Coimbra Editora, Coimbra, 1996, pp. 1067-1085;

_____ «*Sur l'introduction hypothétique du recours individuel direct devant le Conseil Constitutionnel*», in CCC, n.º 10, 2001, Editions Dalloz, Paris, pp. 99-102.

FAWCETT, J. E. S., *The Application of The European Convention on Human Rights*, Clarendon Press, Oxford, Second Edition, 1987.

FERNÁNDEZ FARRERES, German, *El recurso de amparo constitucional: una propuesta de reforma*, Fundación Alternativas, 2005, disponível em versão electrónica no seguinte endereço: http://www.almendron.com/politica/pdf/2005/spain/spain_2130.pdf;

_____ *El recurso de amparo según la jurisprudencia constitucional – Comentarios al Título III de la LOTC*, Marcial Pons, Madrid, 1994.

FERNÁNDEZ RODRÍGUEZ, José Julio, «*La expansión de la justicia constitucional en Europa Central y Oriental*», in Ius et praxis, Vol. 5, Núm. 2, 1999, Universidad de Talca, Chile, pp. 321-352;

394   *A Tutela Directa dos Direitos Fundamentais*

_____ *La justicia constitucional europea ante el siglo XXI*, Editorial Tecnos, Madrid, 2002.

FERNÁNDEZ SEGADO, Francisco, *El sistema constitucional español*, Dykinson, Madrid, 1992;

_____ «*El Recurso de Amparo en España*», *in* Revista Jurídica Virtual, Vol. 7, n.º 75, Out./Nov. 2005, pp. 1-20, disponível *in* www.presidencia.gov.br/revistajuridica;

_____ «*La dignité de la personne en tant que valeur suprême de l'ordre juridique espagnol en tant que source de tous les droits*», *in* RFDC, n.º 67, Juillet 2006, Paris, pp. 451-482;

_____ «*La judicialización del Derecho Constitucional*», *in* Cuadernos de la Cátedra Fadrique Furió Ceriol, n.º 3, primavera de 1993, J. V. Ediciones, Valencia, pp. 43-52;

_____ «*La justice constitutionnelle devant le XXIème siècle*», *in* JUS – Rivista di Scienze Giuridiche, Anno LI, Settembre-Dicembre 2004, Vita e Pensiero – Pubblicazioni dell'Università Cattolica del Sacro Cuore, Milano, pp. 311-352;

_____ «*La teoría jurídica de los derechos fundamentales en la doctrina constitucional*», *in* REDC, Año 13, Núm. 39, Septiembre-Diciembre, 1993, Centro de Estudios Constitucionales, Madrid, pp. 195-247;

_____ *La Reforma del Régimen Jurídico-Procesal del Recurso de Amparo (Reflexiones en torno de la Ley Orgánica 6/2007, de reforma de la Ley Orgánica del Tribunal Constitucional)*, Editorial Dykinson, S.L., Madrid, 2008;

_____ «*La Sentencia del Tribunal Supremo (Sala de lo civil) de 23 de Enero de 2004, una Flagrante Quiebra de la Constitución*», *in* Revista Jurídica Virtual, Vol. 7, n.º 75, Outubro/Novembro, 2005, pp. 1-17, disponível no seguinte endereço electrónico: www.presidencia.gov.br/revistajuridica.

FERRAJOLI, Luigi, «*El derecho como sistema de garantías*», (trad. Andres Ibáñez), *in* Jueces para la democracia. Información y Debate, n.ºs 16-17, 1992, Madrid, pp. 61-69;

_____ «*Garantías*», (trad. Antonio de Cabo y Gerardo Pisarello), *in* Jueces para la democracia. Información y Debate, n.º 38, 2000, Madrid, pp. 39-46;

_____ «*Jurisdicción y democracia*», (trad. Andres Ibáñez*), in* Jueces para la democracia. Información y Debate, n.º 29, 1997, Madrid, pp. 3-9;

_____ «*Sobre los derechos fundamentales*», (trad. Miguel Carbonell), *in* AAVV, Teoría del neoconstitucionalismo – Ensayos escogidos, Edición de Miguel Carbonell, Instituto de Investigaciones Jurídicas – UNAM, Editorial Trotta, Madrid, 2007, pp. 71-89.

FERREIRA LEITE, Luís, *O Tribunal Constitucional e o Sistema Político*, Âncora Editora, Lisboa, 2007.

FIGUERUELO BURRIEZA, Ángela, *«Algunos problemas que suscita la auto-cuestión de inconstitucionalidad (art. 55.2 de la LOTC)»*, in REDC, Año 7, Núm. 21, Septiembre-Diciembre de 1987, Centro de Estudios Constitucionales, Madrid, pp. 229-250;

—— *«Crisis Constitucional y Abuso del Derecho a la Tutela Judicial Efectiva»*, in Revista Jurídica de Castilla y León, n.º 7, octubre 2005, Junta de Castilla y León, pp. 129-153;

—— *El Derecho a la Tutela Judicial Efectiva*, Temas Clave de la Constitución Española, Editorial Tecnos, Madrid, 1990;

—— *«El recurso de amparo en cuanto tutela reforzada de los derechos fundamentales»*, in Cuadernos de la Cátedra Fadrique Furió Ceriol, n.º 6, Invierno de 1994, J. V. Ediciones, Valencia, pp. 43-56;

—— *El Recurso de Amparo: Estado de la Cuestión*, Biblioteca Nueva, Madrid, 2001;

—— *«Garantías para la protección de derechos en la Constitución colombiana de 1991: especial referencia a la acción de tutela»*, in REP (Nueva Época), Núm. 84, Abril-Junio 1994, Centro de Estudios Constitucionales, Madrid, pp. 181-197;

—— *«Veintitrés Años de Recurso de Amparo»*, in UNED – Revista de Derecho Político, núms.. 58-59 (2003-2004), pp. 331-353.

FIX-ZAMUDIO, Héctor, *«El juicio de amparo mexicano y el recurso constitucional federal alemán»*, in Boletín Mexicano de Derecho Comparado, Nueva Serie, Año XXVI, Núm. 77, Mayo-Agosto, 1993, pp. 461-488;

—— *«El recurso de amparo y la suspensión de las garantías»*, in REP, Núm.7, Enero-Febrero 1979, Centro de Estudios Constitucionales, Madrid, pp. 227-267;

—— *«Garantias de los Derechos. Control Judicial, Amparo. Ombudsman. La protección jurídica de los derechos humanos en Latinoamérica: habeas corpus, amparo y Ombudsman»*, in El Derecho Publico de Finales de Siglo, una Perspectiva Iberoamericana, Directores: Eduardo Garcia de Enterria e Manuel Clavero Arevalo, Editorial Civitas, Madrid, 1997, pp. 601-673.

FIRMINO, Ana Sofia, *«A Intimação Para a Protecção de Direitos, Liberdades e Garantias»*, in AAVV, Novas e Velhas Andanças do Contencioso Administrativo – Estudos sobre a Reforma do Processo Administrativo, AAFDL, Lisboa, 2005, pp. 353-459.

FLORES JUBERÍAS, Carlos/ TORRES PÉREZ, Mercedes, *«Los tribunales constitucionales y su papel en la protección de los derechos fundamentales en las nuevas democracias de la Europa Central y Oriental»*, in CuC, n.º 5, julio-diciembre 2001, Instituto de Investigaciones Jurídicas, UNAM, México, pp. 89-143.

FONSECA, Guilherme F. Dias Pereira da, «*A Defesa dos Direitos (Princípio Geral da Tutela Jurisdicional dos Direitos Fundamentais)*», *in* BMJ, n.º 344, Março, 1985, pp. 11-117.

FONSECA, Isabel Celeste, «A *garantia do prazo razoável: o juiz de Estrasburgo e o juiz nacional*», *in* CJA, n.º 44, Março/Abril 2004, pp. 43-67;

_____ «*A Urgência na Reforma do Processo Administrativo*», *in* AAVV, Reforma do Contencioso Administrativo (O Debate Universitário), Vol. I, Coimbra Editora, 2003, pp. 337 ss.;

_____ «*Do novo contencioso administrativo e do direito à justiça em prazo razoável*», *in* AAVV, Estudos em Comemoração do Décimo Aniversário da Licenciatura em Direito da Universidade do Minho, Almedina, Coimbra, 2004, pp. 339-382;

_____ *Dos Novos Processos Urgentes no Contencioso Administrativo (Função e Estrutura)*, Lex, 2004;

_____ «*O processo cautelar comum no novo contencioso administrativo: por novos caminhos de tempo dividido*», *in* Scientia Ivridica – Revista de Direito Comparado Português e Brasileiro, Tomo LIII, n.º 300, Maio/ /Agosto, 2004, Universidade do Minho, Braga, pp. 237-286.

FRAISSEIX, Patrick, «*Le "prétoricentrisme", coup d'État de Droit ?*», *in* RRJ – Droit Prospectif, 30ème année, 107ème numéro, Presses Universitaires d'Aix-Marseille (PUAM), pp. 285-306.

FRENZ, Walter, «*Die Verfassungsbeschwerde als Verfahren zur Durchsetzung gemeinschaftsrechtlich verliehener Rechte*», *in* DÖV, Jahr 48, Heft 10, Mai 1995, pp. 414-419.

FROMONT, Michel, «*La justice constitutionnelle en France ou l'exception française*», *in* Anuario Iberoamericano de Justicia Constitucional, Núm. 8, 2004, Centro de Estudios Constitucionales, Madrid, pp. 171-187;

_____ «*Les revirements de jurisprudence de la Cour constitutionnelle fédérale d'Allemagne*», *in* CCC, n.º 20, Editions Dalloz, Paris, p. 110-117 ;

_____ «*République fédérale d'Allemagne: la jurisprudence constitutionnelle en 2003*», *in* RDP, n.º 6, 2004, Librairie Générale de Droit et Jurisprudence, Editions Dalloz, Paris, pp. 1631-1660.

FROWEIN, Jochen Abr., «*Das Maastricht-Urteil und die Grenzen der Verfassungsgerichtsbarkeit*», *in* ZaöRV, Jarh 54, Heft 1, 1994, W. Kohlhammer GmbH, Stuttgart, pp. 1-14.

FÜRST, Walther/ GÜNTHER, Hellmuth, *Grundgesetz: Das Verfassungsrecht der Bundesrepublick Deutschland in der Grundzügen*, Erich Schmidt Verlag, 2.ª Auflage, Berlin 1978.

Bibliografia 397

García de Enterría, Eduardo, *Hacia una nueva justicia administrativa*, Editorial Civitas S. A., Madrid, 1989;

—— *La Constitución Como Norma y el Tribunal Constitucional*, Thomson Civitas, Editorial Aranzadi, S.A., Navarra, Cuarta edición, 2006.

García Morillo, Joaquín, *El amparo judicial de los derechos fundamentales*, Ministerio de Justicia - Secretaria General Técnica, Centro de Publicaciones, Madrid, 1985.

García Murcia, Joaquín, *«Comentario al artigo 44», in* AAVV, Comentarios a la Ley Orgánica del Tribunal Constitucional, (Coord. Juan Joaquín Requejo Pagés), Boletín Oficial del Estado, Madrid, 2001, pp. 695-735.

García-Trevijano Garnica, Ernesto, *«Sobre el carácter subsidiario del recurso de amparo constitucional», in* REDT, n.º 60, julio/agosto 1993, pp. 637-646.

Garlicki, Lech, *«Constitutional courts versus supreme courts», in* IJCL, Vol. 5, Num. 1, January 2007, Oxford Journals, Oxford University Press, pp. 44-68.

Garro Vargas, Anamari, *«El debate sobre la reforma del recurso de amparo en España – Análisis de algunas de las propuestas a la luz de la Constitución», in* REDC, año 26, n.º 76, Enero/Abril, 2006, Centro de Estudios Políticos y Constitucionales, Madrid, pp. 95-142.

Glendon, Mary Ann, *«Justice and Human Rights: Reflections on the Address of Pope Benedict to the UN», in* EJIL, Vol. 19, No. 5, 2008, pp. 925-930.

Goldman, Tanya, *«Vo v. France and Fetal Rights: The Decision not to Decide», in* Harvard Human Rights Journal, vol. 18, Primavera 2005, pp. 277-282.

Gomes, Carla Amado, *«À espera de Ulisses – Breve análise da Secção I do Capítulo VI do Anteprojecto de Código dos Tribunais Administrativos/ II (As medidas cautelares)», in* RMP, Ano 21.º, n.º 84, Outubro-Dezembro 2000, Lisboa, pp. 49-94;

—— *«A Evolução do Conceito de Soberania – Tendências recentes», in* Scientia Ivridica – Revista de Direito Comparado Português e Brasileiro, n.º 274-276, Julho/Dezembro 1998, Universidade do Minho, Braga, pp. 185-212;

—— *Contributo para o estudo das operações materiais da Administração Pública e do seu controlo jurisdicional*, Coimbra Editora, 1999;

—— *«Intimação para protecção de direitos, liberdades e garantias – Contra uma interpretação demasiado conforme à Constituição do artigo 109.º, n.º 1 do Código de Processo nos Tribunais Administrativos», in* RMP, ano 26, Out./Dez. 2005, n.º 104, Editorial Minerva, Lisboa, pp. 97-117;

398   *A Tutela Directa dos Direitos Fundamentais*

___ *«Pretexto, Contexto e Texto da Intimação Para Protecção de Direitos, Liberdades e Garantias»*, *in* AAVV, Estudos em Homenagem ao Professor Doutor Inocêncio Galvão Telles, vol. V – Direito Público e Vária, Almedina, Coimbra, 2003, pp. 543-577.

GONZÁLEZ SALINAS, Pedro, *«Recurso de amparo prematuro, nulidad de actuaciones improcedente y recurso de amparo extemporáneo? Donde esta la garantía de una tutela judicial efectiva?»*, *in* REDA, n.º 116, octubre-diciembre, 2002, Editorial Civitas, Madrid, pp. 605-616

GOUVEIA, Jorge Bacelar, *«A Declaração Universal dos Direitos do Homem e a Constituição Portuguesa»*, *in* AAVV, Ab Vno ad Omnes – 75 Anos da Coimbra Editora, Coimbra Editora, 1998, pp. 925-963;

___ *Manual de Direito Constitucional*, Vol. II, Almedina, Coimbra, 2.ª Edição, 2007;

___ *O estado de excepção no direito constitucional – Entre a eficiência e a normatividade das estruturas de defesa extraordinária da Constituição*, Colecção Teses, Vol II, Almedina, 1998.

GREER, Steven, *The European Convention on Human Rights – Achievements, problems and prospects*, Cambridge University Press, New York, 2006.

GRIMM, Dieter, *«Constitutional issues in substantive law – Limits of constitutional jurisdiction»*, *in* AAVV, The Future of the European Judicial System in a Comparative Perspective, Nomos Verlag, Baden-Baden, Germany, 2006, pp. 277-281;

___ *«La Cour européenne de justice et les juridictions nationales, vues sous l'angle du droit constitutionnel allemand. Situation après la "Décision Maastricht" de la Cour Constitutionnelle Fédérale d'Allemagne»*, in CCC, n.º 4, 97/2, Editions Dalloz, Paris, p. 70 ss.

HÄBERLE, Peter, *«Derecho constitucional común europeo»*, (trad. Emilio Mikunda Franco), *in* REP, Núm.79, Enero-Marzo 1993, Centro de Estudios Constitucionales, Madrid, pp. 7-46;

___ *«Die Verfassungsbeschwerde im System der bundesdeutschen Verfassungsgerichtsbarkeit»*, *in* Jahrbuch des Öffentlichen Rechts, Neue Folge, Band 45, J. C. B. Mohr (Paul Siebeck) Tübingen, 1997, pp. 89-135;

___ *«El Estado constitucional europeo»*, (trad. Francisco Balaguer Callejón), *in* CuC, n.º 2, Enero-Junio 2000, Instituto de Investigaciones Jurídicas, UNAM, México, pp. 87-104;

___ *«El Tribunal Constitucional como poder político»*, *in* REP, Núm.125, Julio-Septiembre 2004, Centro de Estudios Constitucionales, Madrid, pp. 9-37;

_____ «*La jurisdicción constitucional institucionalizada en el Estado constitucional*», (trad. Joaquín Brage Camazano), *in* Anuario Iberoamericano de Justicia Constitucional, Núm. 5, 2001, Centro de Estudios Constitucionales, Madrid, pp. 169-182;

_____ «*Role and impact of constitutional courts in a comparative perspective*», *in* AAVV, The Future of the European Judicial System in a Comparative Perspective, Nomos Verlag, Baden-Baden, Germany, 2006, pp. 65-77.

HARTMANN, Bernd J., «*Die Möglichkeitsprüfung im Prozessrecht der Verfassungsbeschwerde*», *in* Juristiche Schulung, vol. 43, 2003, Verlag C. H. Beck OHG, Münschen, pp. 897-901.

HOFFMANN, Florian / RINGELHEIM, Julie, «*Par-delà l'universalisme et le relativisme: La Cour européene des droits de l'homme et des dilemmes de la diversité culturelle*», *in* Revue Interdisciplinaire D'Études Juridiques, 2004, n.º 52, pp. 109-142.

HOFFMEISTER, Frank, «*Germany: Status of European Convention on Human Rights in domestic law*», *in* IJCL, Vol. 4, October 2006, Oxford University Press, pp. 722-731.

HÖVEL, Markus van den, *Zulässigkeits- und Zulassungsprobleme der Verfassungsbeschwerde gegen Gesetze*, Scriften zum Öffenltichen Recht, Band 591, Duncker & Humblot, Berlin, 1990.

HUTCHINSON, Michael R., «*The Margin of Appreciation Doctrine in the European Court of Human Rights*», *in* International and Comparative Law Quarterly, volume 48, July 1999, pp. 638-650.

JESTAEDT, Matthias, «*Verfassungsrecht und einfaches Recht – Verfassungsgerichtsbarkeit und Fachgerichtsbarkeit*», *in* DVBl, 116. Jahrgang des Reichsverwaltungsblattes, Heft 17, 15. September 2001, Carl Heymanns Verlag Gmbh, Köln, pp. 1309-1376.

JIMENA QUESADA, Luis, «*La introducción del derecho a indemnización en el proceso de amparo constitucional*», *in* AAVV, La Reforma del Recurso de Amparo, Coord. Pablo Pérez Tremps, Instituto de Derecho Público Comparado – Universidad Carlos III, Tirant to Blanch, Valencia, 2004, pp. 239-269.

JOUANJAN, Olivier, «*La théorie allemande des droits fondamentaux*», *in* AJDA, 20 juillet/20 août 1998 spécial, Paris, pp. 44-51.

KELSEN, Hans, «*A jurisdição constitucional*», (título original: *La garantie juridictionnel de la Constitution (La justice constitutionnelle)*, 1928, trad.: Maria Ermantina Galvão), *in Jurisdição Constitucional*, Martins Fontes, São Paulo, 2003, pp. 119-186;

400 A Tutela Directa dos Direitos Fundamentais

_____ «*Quem deve ser o guardião da Constituição?*», (título original: *Wer soll der Hüter der Verfassung sein?*, 1930-1931, trad.: Alexandre Krug), *in Jurisdição Constitucional*, Martins Fontes, São Paulo, 2003, pp. 235-298.

KEOWN, John, «*European Court f Human Rights: Death in Strasbourg – assisted suicide, the Pretty case, and the European Convention on Human Rights*», *in* IJCL, Vol. I, Number 4, October 2003, Oxford University Press, pp. 722-730.

KORKELIA, Konstantin, «*Principles of Interpretation of the European Convention on Human Rights*», *in* Georgian Law Review, 5, 2002-4, pp. 467-501.

KOWALSKI, Mateus, «*O direito à vida no âmbito da Convenção Europeia dos Direitos do Homem*», *in* AAVV, Estudos de Direito Europeu e Internacional dos Direitos Humanos, (Coord. Ana Maria Guerra Martins), Almedina, 2005, pp. 21-74.

LAVENDER, Nicholas, «*The Problem of the Margin of Appreciation*», *in* EHRLR, Issue 4, 1997, Sweet & Maxwell Ltd., London, pp. 380-390.

LECLERCQ, Claude, *Droit Constitutionnel et Institutions Politiques*, Éditions Litec, 10ème Édition, 1999.

LETTERON, Roseline, «*L'Universalité des Droits de l'Homme: Apparences et Réalités – L'idéologie des droits de l'homme en France et aux États-Unis*», *in* AFRI, vol. II, 2001, pp. 145-164.

LETSAS, George, «*The Truth in Autonomous Concepts: How To Interpret The ECHR*», *in* European Journal of International Law, April 2004, Vol. 15, No. 2, pp. 279-305;

_____ «*Two Concepts of the Margin of Appreciation*», *in* Oxford Journal of Legal Studies, Vol. 26, N.º 4, 2006, pp. 705-732.

LEWIS, Tom, «*Human Earrings, Human Rigths and Public Decency*», *in* Entertainment Law, Vol. 1, No. 2, Summer 2002, Frank Cass, London, pp. 50-71.

LIMBACH, Jutta, «*Función y significado del recurso constitucional en Alemania*», *in* CuC, n. º 3, 2000, Instituto de Investigaciones Jurídicas, UNAM, México, pp. 68-89;

_____ «*Papel y Poder del Tribunal Constitucional*», (trad. Antonio López Pina), *in* Teoría y Realidad Constitucional, núm. 4, 2.º semestre 1999, Editorial Centro de Estudios Ramón Areces, Madrid, pp. 93-126.

LOEWENSTEIN, Karl, «*Alemania desde 1945 à 1960 (Una relación de hechos)*», (trad. Cándido Perea Gallego), *in* REP, Núm. 110, 1960, Centro de Estudios Constitucionales, Madrid, pp. 115-142;

_____ «*La función política del Tribunal Supremo de los Estados Unidos*», (trad. Manuel Medina), *in* REP, Núm. 133, 1964, Centro de Estudios Constitucionales, Madrid, pp. 5-40;

_____ *Verfassungslehre*, J. C. B Mohr, 2. Auflage, Tübingen, 1975.

Lopes, José E. de Oliveira Gonçalves, «*A Convenção Europeia dos Direitos do Homem e a reforma do contencioso administrativo português de 2002*», *in* AAVV, Estudos de Direito Europeu e Internacional dos Direitos Humanos, (Coord. Ana Maria Guerra Martins), Almedina, 2005.

Lopez Pietsch, Pablo, «*Objetivar el recurso de amparo: las recomendaciones de la "Comision Benda" y el Debate Español*», *in* REDC, año 18, núm. 53, mayo-agosto, 1998, Centro de Estudios Políticos y Constitucionales, Madrid, pp. 115-153.

Maçãs, Maria Fernanda, «*As formas de tutela urgente previstas no Código de Processo nos Tribunais Administrativos*», *in* Separata da RMP, n.º 100, Lisboa, 2004, pp. 41-70;

_____ «*As medidas cautelares*», *in* AAVV, Reforma do Contencioso Administrativo (O Debate Universitário), Vol. I, Coimbra Editora, 2003, pp. 449 ss.;

_____ «*Meios Urgentes e Tutela Cautelar – Perplexidades quanto ao Sentido e Alcance de alguns Mecanismos de Tutela Urgente*», *in* AAVV, A Nova Justiça Administrativa – Trabalho e conclusões do seminário comemorativo do 1.º ano de vigência da reforma do contencioso administrativo, CEJ, Coimbra Editora, 2006, pp. 93-112.

Macdonald, R. ST. J., *The Margin of Appreciation, The European System for the Protection of Human Rights*, Netherlands, 1993.

Mac-Gregor, Eduardo Ferrer, «*El Amparo Iberoamericano*», *in* Estudios Constitucionales, noviembre, Año 4, Núm. 2, Centro de Estudios Constitucionales, Universidad de Talca, Chile, 2006, pp. 39-65.

Maciel, Adhemar Ferreira, «*Mandado de segurança – Direito líqüido e certo*», *in* Scientia Ivridica – Revista de Direito Comparado Português e Brasileiro, Tomo XLVII, n.os 271/273, Jan-Junho 1998, Universidade do Minho, Braga, pp. 109-135.

Maduro, Miguel Poiares, «*A Crise Existencial do Constitucionalismo Europeu*», *in* AAVV, Colectânea de Estudos em Homenagem a Francisco Lucas Pires, Universidade Autónoma de Lisboa, Lisboa, 1999, 201-215.

Malanczuk, Peter, *Akehurst's Modern Introduction to International Law*, Seventh Revised Edition, Routledge, 1997.

Marques, António Rocha, «*O Tribunal Constitucional e os outros tribunais: a execução das decisões do Tribunal Constitucional*», *in* AAVV, Estudos

402 *A Tutela Directa dos Direitos Fundamentais*

sobre a jurisprudência do Tribunal Constitucional, Aequitas, Lisboa, 1993, pp. 453-495.

MARTÍNEZ SOSPEDRA, Manuel, *«Camino del colapso. Notas sobre los rendimientos del Tribunal Constitucional español y propuestas para su reforma»*, *in* Cuadernos constitucionales de la Cátedra Fadrique Furió Ceriol, n.º 47, Primavera de 2004, J. V. Ediciones, Valencia, pp. 67-96.

MARTINS, Licínio Lopes, *«O conceito de norma na jurisprudência do Tribunal Constitucional»*, *in* BFDC, Vol. LXXV, 1999, pp. 599-648.

MARTINS, Maria D'Oliveira, *Contributo Para a Compreensão da Figura das Garantias Institucionais*, Almedina, Coimbra, 2007.

MARTINS, Patrícia Fragoso, *Da Proclamação à Garantia Efectiva dos Direitos Fundamentais – Em busca de um due process of law na União Europeia*, Princípia, Estoril, 2007.

MAUÉS, António G. Moreira/ SCAFF, Fernando Facury, *«A protecção dos direitos fundamentais em um sistema misto de justiça constitucional: o caso brasileiro»*, *in* AAVV, La Protección Judicial de los Derechos Fundamentales en Brasil, Colombia y España, (coord. Emilio Pajares Montolío), Instituto de Derecho Público Comparado – Universidad Carlos III, Tirant to Blanch, Valencia, 2005, pp. 57-142.

MEDEIROS, Rui, *«A Carta dos Direitos Fundamentais da União Europeia, A Convenção Europeia dos Direitos do Homem e o Estado Português»*, in AAVV, Nos 25 Anos da CRP de 1976 – Evolução Constitucional e Perspectivas Futuras, Associação Académica da Faculdade Direito Lisboa, Lisboa, 2001, pp. 227-293;

―― *A Decisão de Inconstitucionalidade – Os autores, o conteúdo e os efeitos da decisão de inconstitucionalidade da lei*, Universidade Católica Editora, Lisboa, 1999;

―― *«Anotação ao artigo 20.º da Constituição»*, in JORGE MIRANDA e RUI MEDEIROS, *Constituição Portuguesa Anotada*, Tomo I, Coimbra Editora, 2005, pp. 170-205;

―― *«Anotação ao artigo 204.º da Constituição»*, in JORGE MIRANDA e RUI MEDEIROS, *Constituição Portuguesa Anotada*, Tomo III, Coimbra Editora, 2007, pp. 48-66;

―― *«Anotação ao artigo 221.º da Constituição»*, in JORGE MIRANDA e RUI MEDEIROS, Constituição Portuguesa Anotada, Tomo III, Coimbra Editora, 2007, pp. 247-250;

―― *«Anotação ao artigo 222.º da Constituição»*, in JORGE MIRANDA e RUI MEDEIROS, Constituição Portuguesa Anotada, Tomo III, Coimbra Editora, 2007, pp. 251-256;

―― *«Anotação ao artigo 280.º da Constituição»*, in JORGE MIRANDA e RUI MEDEIROS, Constituição Portuguesa Anotada, Tomo III, Coimbra Editora, 2007, pp. 738-791;

Bibliografia

_____ *Ensaio sobre a Responsabilidade Civil do Estado por actos legislativos*, Almedina, Coimbra, 1992;

_____ *«O Estado de direitos fundamentais português: alcance, limites e desafios»*, *in* AAVV, Anuário Português de Direito Constitucional, vol. II/2002, Coimbra Editora, Coimbra, pp. 23-43;

_____ *Responsabilidade civil dos poderes públicos – Ensinar e investigar*, Universidade Católica Editora, Lisboa, 2005.

MEDEIROS, Rui/ SILVA, Jorge Pereira da, *«Anotação ao artigo 24.º da Constituição»*, *in* JORGE MIRANDA e RUI MEDEIROS, *Constituição Portuguesa Anotada*, Tomo I, Coimbra Editora, 2005, pp. 221-266.

MENDES, João de Castro, *«Direitos, Liberdades e Garantias – Alguns aspectos gerais»*, *in* AAVV, Estudos Sobre a Constituição, Vol. I, Livraria Petrony, Lisboa, 1977, pp. 93-117.

MENDES-CONSTANTE, Jorge, *«Les principes constitutionnels et l'organisation juridictionnelle – L'exemple du Portugal»*, *in* CCC, n.º 14, oct. 2002 à fév. 2003, Editions Dalloz, Paris, pp. 97-101.

MESQUITA, Maria José Rangel de, *«Responsabilidade do Estado e demais entidades públicas: o Decreto-Lei n.º 48 051, de 21 de Novembro de 1967, e o artigo 22.º da Constituição»*, *in* AAVV, Perspectivas Constitucionais – Nos 20 Anos da Constituição de 1976, Vol. II, Coimbra Editora, Coimbra, 1997, pp. 359-393.

MESQUITA, Maria Margarida Cordeiro, *«Direito de resistência e ordem jurídica portuguesa»*, *in* Ciência e Técnica Fiscal, n.º 353, Janeiro-Março 1989, Lisboa, pp.7-47.

MIERES MIERES, Luis Javier, *El incidente de constitucionalidad en los procesos constitucionales (especial referencia al incidente en el recurso de amparo)*, Editorial Civitas, Madrid, 1998.

MIRANDA, Jorge, *A Declaração Universal e os Pactos Internacionais de Direitos do Homem*, Pretony, Lisboa, 1977;

_____ *«Anotação ao artigo 1.º da Constituição»*, *in* JORGE MIRANDA e RUI MEDEIROS, *Constituição Portuguesa Anotada*, Tomo I, Coimbra Editora, 2005, pp. 51-57;

_____ *«Anotação ao artigo 21.º da Constituição»*, *in* JORGE MIRANDA e RUI MEDEIROS, *Constituição Portuguesa Anotada*, Tomo I, Coimbra Editora, 2005, pp. 206-208;

_____ *«Anotação ao artigo 23.º da Constituição»*, *in* JORGE MIRANDA e RUI MEDEIROS, *Constituição Portuguesa Anotada*, Tomo I, Coimbra Editora, 2005, pp. 217-220;

_____ *«Anotação ao artigo 52.º da Constituição»*, *in* JORGE MIRANDA e RUI MEDEIROS, *Constituição Portuguesa Anotada*, Tomo I, Coimbra Editora, 2005, pp. 493-498;

____ *«A originalidade e as principais características da Constituição portuguesa»*, in CuC, Año 2007, Num. 16, Instituto de Investigaciones Jurídicas, UNAM, México, pp. 253-280;

____ *As Constituições Portuguesas – de 1822 ao texto actual da Constituição*, Livraria Petrony, Lisboa, 2004, 5.ª Edição;

____ *«As instituições políticas portuguesas»*, in AAVV, La Constitución portuguesa de 1976 – Un estudio académico treinta años después, (Coord: Javier Tajadura Tejada), Centro de Estúdios Políticos y Constitucionales, Madrid, 2006, pp. 35-72;

____ *Escritos Vários Sobre Direitos Fundamentais*, Principia Editora, Estoril, 2006;

____ *Ideias para uma revisão constitucional em 1996*, Edições Cosmos, Lisboa, 1996;

____ *Manual de Direito Constitucional*, Tomo II, Coimbra Editora, 6.ª Edição, 2007;

____ *Manual de Direito Constitucional*, Tomo IV, Coimbra Editora, 3.ª Edição, 2000;

____ *Manual de Direito Constitucional*, Tomo V, Coimbra Editora, 3.ª Edição, 2004;

____ *Manual de Direito Constitucional*, Tomo VI, Coimbra Editora, 3.ª Edição, 2008;

____ *«Nos dez anos de funcionamento do Tribunal Constitucional»*, in AAVV, Legitimidade e Legitimação da Justiça Constitucional – Colóquio no 10.º Aniversário do Tribunal Constitucional – Lisboa, 28 e 29 de Maio de 1993, Coimbra Editora, Coimbra, 1995, pp. 91-104;

____ *Notas para uma introdução ao direito constitucional comparado*, Separata de O Direito, n.os 2 e 3, Lisboa, 1970;

____ *«O artigo 1.º e o artigo 2.º da Constituição»*, in AAVV, Estudos sobre a Constituição, Vol. II, Livraria Petrony, Lisboa, 1978, pp. 9-56;

____ *«Os direitos fundamentais na ordem constitucional portuguesa»*, in REDC, Año 6, Núm. 18, Septiembre-Diciembre 1986, Centro de Estudios Constitucionales, Madrid, pp. 107-138;

____ *«Os parâmetros constitucionais da reforma do contencioso administrativo»*, in CJA, n.º 24, Novembro /Dezembro 2000, CEJUR, Braga, pp. 3-10;

____ *«Tribunais, Juízes e Constituição»*, in ROA, ano 59, Vol. I, Jan. 1999, Almedina, pp. 5-28;

____ *«Uma Perspectiva Constitucional da Reforma do Contencioso Administrativo»*, in AAVV, Estudos em Homenagem ao Prof. Doutor Inocêncio Galvão Telles, V Volume – Direito Público e Vária, Almedina, Coimbra, 2003, pp. 35-61.

MODERNE, Franck, *«La dignité de la personne comme principe constitutionnel dans les Constitutions portugaise et française»*, in AAVV, Perspectivas Constitucionais – Nos 20 anos da Constituição de 1976, (org. Jorge Miranda), Coimbra Editora, 1996, pp. 197-230.

MONTILLA MARTOS, José Antonio, *«Defensa judicial 'versus' ley singular de intervención – Comentario a la Sentencia del Tribunal Europeo de Derechos Humanos de 23 de junio de 1993 sobre el caso Rumasa»*, in REDC, Año 14, Núm. 40, Enero-Abril 1994, Centro de Estudios Políticos y Constitucionales, Madrid, pp. 291-321.

MORAIS, Carlos Blanco de, *«As autoridades administrativas independentes na ordem jurídica portuguesa»*, in ROA, Ano 61, Vol. I, Jan. 2001, Almedina, pp. 101-154;

_____ *«Fiscalização da Constitucionalidade e Garantia dos Direitos Fundamentais: Apontamento sobre os passos de uma evolução subjectivista»*, in AAVV, Estudos em Homenagem ao Prof. Doutor Inocêncio Galvão Telles, Almedina, Coimbra, 2003, pp. 85-111;

_____ *Justiça Constitucional, Tomo I – Garantia da Constituição e Controlo da Constitucionalidade*, Coimbra Editora, Coimbra, 2.ª Edição, 2006;

_____ *Justiça Constitucional, Tomo II – O contencioso constitucional português, entre o modelo misto e a tentação do sistema de reenvio*, Coimbra Editora, Coimbra, 2005.

MOREIRA, Isabel, *A Solução dos Direitos, Liberdades e Garantias e dos Direitos Económicos, Sociais e Culturais na Constituição Portuguesa*, Almedina, Coimbra, 2007.

MOREIRA, Vital, *«A "fiscalização concreta" no quadro do sistema misto de justiça constitucional*, in AAVV, BFDC, Boletim Comemorativo do 75.º Tomo do BFD, 2003, pp. 815-848;

_____ *«As entidades administrativas independentes e o Provedor de Justiça»*, in AAVV, O Cidadão, o Provedor de Justiça e as Entidades Administrativas Independentes, Provedoria da Justiça – Divisão de Documentação, Lisboa, 2002, pp. 93-117;

_____ *«Constituição e Direito Administrativo – A "Constituição Administrativa" Portuguesa»*, in AAVV, Ab Vno ad Omnes – 75 Anos da Coimbra Editora, Coimbra Editora, 1998, pp. 1141-1166;

_____ *«O Tribunal Constitucional Português: a "fiscalização concreta" no quadro de um sistema misto de justiça constitucional»*, in Sub judice – Justiça e sociedade, n.º 20/21, 2001, Janeiro/Junho, DocJuris, Coimbra, Abril de 2002, pp. 95-110;

_____ *«Princípio da maioria e princípio da constitucionalidade: legitimidade e limites da justiça constitucional»*, in AAVV, Legitimidade e Legitimação da Justiça Constitucional – Colóquio no 10.º Aniversário do Tribunal

406 A Tutela Directa dos Direitos Fundamentais

Constitucional – Lisboa, 28 e 29 de Maio de 1993, Coimbra Editora, Coimbra, 1995, pp. 177-198.

MORELLI, Sabrina, *Tecniche di Tutela dei Diritti Fondamentali della Persona – Nuovi diritti nella giurisprudenza della Corte costituzionale, di Cassazione, europea di Strasburgo. Tutela preventiva e risarcitoria*, I grandi orientamenti della giurisprudenza civile e commerciale, Collana Diretta da Francesco Galgano, CEDAM, Padova, 2003.

MORIS, Dan, «*Assisted Suicide under the European Convention on Human Rights: a Critique*», *in* EHRLR, Issue 1, 2003, Sweet & Maxwell Ltd., London, pp. 65-91.

MOWBRAY, Alastair, «*European Convention on Human Rights: The Issuing of Practice Directions and Recent Cases*», *in* Human Rights Law Review, vol. 4, number 1, 2004, Oxford University Press, pp. 151-174;

—— «*Institutional Developments and Recent Strasbourg Cases*», *in* Human Rights Law Review, vol. 5, number 1, 2005, Oxford University Press, pp. 169-188;

—— «*The Creativity of the European Court of Human Rights*», *in* Human Rights Law Review, vol. 5, 2005, Oxford University Press, pp. 57-79.

MÜNCH, Ingo von, «*El recurso de amparo constitucional como instrumento jurídico y político en la Republica Federal de Alemania*», *in* REP, n.º 7, (Nueva Época), Enero-Febrero 1979, Centro de Estudios Constitucionales, Madrid, pp. 269-289;

—— «*¿El Tribunal Constitucional Federal como actor político?*», (trad. David García Pazos), *in* Anuario Iberoamericano de Justicia Constitucional, Núm. 6, 2002, Centro de Estudios Constitucionales, Madrid, pp. 567-582;

—— «*La dignidad del hombre en el derecho constitucional*», (trad. Jaime Nicolas Muñiz), *in* REDC, Año 2, Núm. 5, Mayo-agosto 1982, pp. 9-33.

NABAIS, José Casalta, «*Os direitos fundamentais na Constituição portuguesa*», *in* BMJ, n.º 400, 1990, pp. 15-39;

—— *Por uma liberdade com responsabilidade – Estudos sobre direitos e deveres fundamentais*, Coimbra Editora, Coimbra, 2007.

NETO, Luísa, «*A (ir)responsabilidade dos juízes*», *in* Revista da FDUP, Ano III, Coimbra Editora, Coimbra, 2006, pp. 561-588;

—— *O Direito Fundamental à Disposição Sobre o Próprio Corpo (a Relevância da Vontade na Configuração do seu Regime)*, Coimbra Editora, 2004.

NEVES, Ana Fernanda, «*O Provedor de Justiça e a Administração Pública*», *in* AAVV, Estudos em Homenagem ao Prof. Doutor Joaquim Moreira da Silva Cunha, (coord. Jorge Miranda), Coimbra Editora, Coimbra, 2005, pp. 51-92.

NOVAIS, Jorge Reis, *As restrições aos direitos fundamentais não expressamente autorizadas pela Constituição*, Coimbra Editora, Coimbra, 2003;
_____ *Contributo para uma Teoria do Estado de Direito*, Almedina, Coimbra, 2006;
_____ *Direitos Fundamentais: trunfos contra a maioria*, Coimbra Editora, Coimbra, 2006;
_____ «*Em Defesa do Recurso de Amparo Constitucional (ou uma Avaliação Crítica do Sistema Português de Fiscalização Concreta da Constitucionalidade)*», in Themis, ano VI, vol. 10, 2005, pp. 91-117;
_____ *Os Princípios Constitucionais Estruturantes da República Portuguesa*, Coimbra Editora, 2004.
NUGENT, Janna Satz, «*Walking into the sea» of legal fiction: an examination of the European Court of Human Rights, Pretty v. United Kingdom and the universal right to die*, J. Transnational Law & Policy, vol. 13.

O'DONOVAN, Katherine, «*Taking a Neutral Stance on the Legal Protection of the Fetus*», in Medical Law Review, 14, Spring, Oxford University Press, 2006, pp. 115-123.
OLIVEIRA, Jorge Menezes de, «*A letra, o espírito e o direito ao amparo*», in Revista Jurídica de Macau, n.º Especial – O Direito de amparo em Macau e em Direito Comparado, Gabinete Para os Assuntos Legislativos, Macau, 1999, pp. 403-426.
OLIVERA, Mário Esteves/ OLIVEIRA, Rodrigo Esteves, *Código de Processo nos Tribunais Administrativos*, Vol. I, Almedina, Coimbra, 2006.
OLIVEIRA, Rodrigo Esteves de, «*Meios Urgentes e Tutela Cautelar*», in AAVV, A Nova Justiça Administrativa – Trabalho e conclusões do seminário comemorativo do 1.º ano de vigência da reforma do contencioso administrativo, CEJ, Coimbra Editora, 2006, pp. 87-91.
OLIVER ARAUJO, Joan, *El recurso de amparo*, Colección Estado y Derecho-2, Facultad de Derecho de Palma de Mallorca, Palma, 1986;
_____ «*El recurso de amparo frente a actos y omisiones judiciales*», in REP, Núm. 120, Abril-Junio 2003, Centro de Estudios Constitucionales, Madrid, pp. 79-102.
OPSAHL, Torkel, «*The Right to Life*», in The European System for the Protection of Human Rights, R. St. J. MacDonald, F. Matscher e H. Petzold, Dordrecht, 1993.
OSTROVSKY, Aaron, «*What's So Funny About Peace, Love, and Understanding? How the Margin of Appreciation Doctrine Preserves Core Human Rights within Cultural Diversity and Legitimises International Human Rights Tribunals*, in HLR, vol. I, number 1, 2005, pp. 47-64.

OTERO PARGA, Milagros, *«"El derecho de la persona" en la obra del Dr. Lete del Río»*, in Dereito, Vol. 16, n.º 1, 2007, pp. 353-364.

OTERO, Paulo, *Ensaio sobre o caso julgado inconstitucional,* Lex, Lisboa, 1993;

—— *Instituições Políticas e Constitucionais*, Vol. I, Almedina, Coimbra, 2007.

PACE, Alessandro, *«Costituzionalismo e metodi interpretativo dei diritti fondamentali»*, in AAVV, Tecniche de Garanzia dei Diritti Fondamentali, (à cura di Giancarli Rolla), Centro di Ricerca e Formazione sul Diritto Costituzionale Comparato – Quaderni Per La Ricerca, G. Giappichelli Editore, 20001, Torino, pp. 27-54.

PALMA, Maria Fernanda, *«Constitucionalidade e justiça: um desafio para a justiça constitucional»*, in Themis, ano I, n.º 1, 2000, pp. 21-32.

PATRONO, Mario, *«The Protection of Fundamental Rights by Constitutional Courts – A Comparative Perspective»*, in VUWLR, Vol. 31, Num. 2, 2000, New Zeeland, pp. 401-426.

PECES-BARBA MARTÍNEZ, Gregorio, *La dignidad de la persona desde la Filosofía del Derecho*, Instituto de Derechos Humanos "Bartolomé de las Casas" – Universidad Carlos III de Madrid, 2.ª edición, Dykinson, Madrid, 2003;

—— *Lecciones de Derechos Fundamentales*, Dykinson, Madrid, 2004.

PELLET, Alain, *«La mise en oeuvre des normes relatives aux droits de l'homme – 'Souveraineté du droit' contre souveraineté de l'État»*, in Droit International et Droits de l'Homme, Centre de Droit International de Nanterre, Cahiers du Cedin, Montchrestien, 1990, pp. 101-141.

PEREIRA, Maria de Assunção do Vale, *«O Protocolo n.º 11 Adicional à Convenção Europeia dos Direitos do Homem»*, in Revista Jurídica da Universidade Portucalense Infante D. Henrique, n.º 2, Março 1999, Universidade Portucalense, Porto, pp. 77-103.

PÉREZ TREMPS, Pablo, *«Comentario al artigo 41»*, in AAVV, Comentarios a la Ley Orgánica del Tribunal Constitucional, (coord. Juan Joaquín Requejo Pagés), Boletín Oficial del Estado, Madrid, 2001, pp. 633--655;

—— *«Comentario al artigo 55»*, in AAVV, Comentarios a la Ley Orgánica del Tribunal Constitucional, (coord. Juan Joaquín Requejo Pagés), Boletín Oficial del Estado, Madrid, 2001, pp. 858-877;

—— *«Tribunal Constitucional, juez ordinario y una deuda pendiente del legislador»*, in AAVV, La Reforma del Recurso de Amparo, Coord. Pablo Pérez Tremps, Instituto de Derecho Público Comparado – Universidad Carlos III, Tirant to Blanch, Valencia, 2004, pp. 177-214;

Bibliografia 409

—— *Tribunal Constitucional y Poder Judicial*, Centro de Estudios Constitucionales, Madrid, 1985.

Pérez Tremps, Pablo/ Revenga Sánchez, Miguel, «*La protección jurisdiccional de los derechos fundamentales en España*», in AAVV, La Protección Judicial de los Derechos Fundamentales en Brasil, Colombia y España, (coord. Emilio Pajares Montolío), Instituto de Derecho Público Comparado – Universidad Carlos III, Tirant to Blanch, Valencia, 2005, pp. 17-56.

Pernice, Ingolf, «*Les bananes et les droits fondamentaux: la Cour Constitutionnelle allemande fait le point*», in Cahiers de Droit Européen, vol. 37, n.º 3-4, L. Goffin, Bruxelles, 2001, pp. 427-440.

Pestalozza, Christian, «*Das Bundesverfassungsgericht: Bonner Reform-Allerlei'98*», in JZ, Jahr. 53, Heft 21, Nov. 1998, J. C. B. Mohr, Tübingen, pp. 1039-1046;

—— «*Die echte Verfassungsbeschwerde*», Schriftenreihe der Juristichen Gesellschaft zu Berlin, Heft 181, De Gruyter Recht, Berlin, 2007.

Petersmann, Ernst-Ulrich, «*Human Rights, International Economic Law and Constitutional Justice: A Rejoinder*», in EJIL, Vol. 19, No. 5, 2008, pp. 955-960.

Pfersmann, Otto, «*Le recours direct entre protection juridique et constitutionnalité objective*», in CCC, n.º 10, 2001, Editions Dalloz, Paris, pp. 65-71.

Piçarra, Nuno, *O Tribunal de Justiça das Comunidades Europeias como juiz legal e o processo do artigo 177.º do Tratado da CEE – As relações entre a ordem jurídica comunitária e as ordens jurídicas dos Estados-membros da perspectiva dos tribunais constitucionais*, Livraria Petrony, Lisboa, 1991.

Pieroth, Bodo/ Schlink, Bernhard, *Grundrechte Staatsrecht II*, 22., neu bearbeitete Auflage, C.F. Müller Verlag, Heidelberg, 2006.

Pinheiro, Alexandre Sousa / Fernandes, Mário João de Brito, *Comentário à IV Revisão Constitucional*, Associação Académica da Faculdade de Direito de Lisboa, 1999.

Pinto, Paulo Mota, «*Reflexões sobre jurisdição constitucional e direitos fundamentais nos 30 anos da Constituição da República Portuguesa*», in Themis, Edição Especial, 30 Anos da Constituição Portuguesa (1976--2006), 2006, pp. 201-216.

Pires, Francisco Lucas, «*Aborto e Constituição*», in AAVV, Vida e Direito – Reflexões sobre um Referendo, (Dir. Jorge Bacelar Gouveia e Henrique Mota), Princípia, 1998;

—— «*Legitimidade da justiça constitucional e princípio da maioria*», in AAVV, Legitimidade e Legitimação da Justiça Constitucional – Colóquio no 10.º Aniversário do Tribunal Constitucional – Lisboa, 28 e 29 de Maio de 1993, Coimbra Editora, Coimbra, 1995, pp. 167-175;

___ *Teoria da Constituição de 1976 – a transição dualista*, Coimbra, 1988;

___ *Uma Constituição Para Portugal*, Coimbra, 1975.

PIRES, Maria José Morais, *As Reservas à Convenção Europeia dos Direitos do Homem*, Almedina, Coimbra, 1997.

PI-SUNYER, Carles Viver i, «*Diagnóstico para una reforma*», *in* AAVV, La Reforma del Recurso de Amparo, (coord. Pablo Pérez Tremps), Instituto de Derecho Público Comparado – Universidad Carlos III, Tirant to Blanch, Valencia, 2004, pp. 17-39.

PI-SUNYER, Carles Viver i/ y otros, *Jurisdicción constitucional y judicial en el recurso de amparo,* Tirant Lo Blanch, Valencia, 2006.

PIZZORUSSO, Alessandro, *Sistemi Giuridici Comparati*, Giuffrè Editore, Milano, 1995.

POLAKIEWICZ, Jörg, «*El proceso Histórico de la Implantación de los Derechos Fundamentales en Alemania*», *in* REP, Núm. 81., Julio-Septiembre, Centro de Estudios Constitucionales, Madrid, 1993, pp. 23-45.

POSSER, Herbert, *Die Subsidiarität der Verfassungsbeschwerde*, Münsterische Beiträge zur Rechtswissenschaft, Band 77, Duncker & Humbloy, Berlin, 1993.

PRICE, David, «*What shape to euthanasia after Bland? Historical, Contemporary and futuristic paradigms*», *in* Law Quarterly Review, Vol. 125, January 2009, pp. 142-174.

PRIETO SANCHÍS, Luis, «*El constitucionalismo de los derechos*», *in* AAVV, Teoría del neoconstitucionalismo – Ensayos escogidos, Edición de Miguel Carbonell, Instituto de Investigaciones Jurídicas – UNAM, Editorial Trotta, Madrid, 2007, pp. 213-235.

QC, Lester of Herne Hill, «*Universality versus subsidiarity: a reply*», *in* EHRLR, 1998, vol. 73, pp. 73-81.

QUADRA-SALCEDO, Tomás, *El recurso de amparo y los derechos fundamentales en las relaciones entre particulares*, Editorial Civitas, Madrid, 1981.

QUADROS, Fausto, *Direito das Comunidades Europeias e Direito Internacional Público* – Contributo para o Estudo da Natureza Jurídica do Direito Comunitário Europeu, Colecção Teses, Almedina, Coimbra, 1991.

QUADROS, Inês, *A Função Subjectiva da Competência Prejudicial do Tribunal de Justiça das Comunidades Europeias*, Almedina, Coimbra, 2006.

QUEIROZ, Cristina M. M., *Direitos Fundamentais (Teoria Geral)*, Teses e Monografias 4, Faculdade de Direito da Universidade do Porto, Coimbra Editora, 2002.

RAMCHARAN, B. G., «*The Concept of Protection in the International Law of Human Rights*», in AAVV, International Law at a Time of Perplexity – Essays in Honour of Shabtai Rosenne, Yoram Dinstein Editor, Martinus Nijhoff Publishers, 1989, Netherlands, pp. 593-621.

RAMSAUER, Ulrich, «*Artikel 19.º – Einschränkung von Grundrechten*», in AAVV, *Kommentar zum Grundgesetz für die Bundesrepublik Deutschland*, Vol. II, (Herausgeber Erhard Denninger, Wolfgang Hoffman-Riem, Hans-Peter Schneider und Ekkehart Stein), Neuwied; Kriftel: Luchterhand, 2001.

RANGEL, Paulo Castro, «*O Legislador e o Tribunal Constitucional: o risco da redução metodológica do problema político*», in Direito e Justiça, Vol. XI, Tomo 2, 1997, pp. 195-220;

—— *Repensar o Poder Judicial – Fundamentos e Fragmentos*, Estudos e Monografias, Publicações Universidade Católica, Porto, 2001.

RASILLA DEL MORAL, Ignacio de la, «*The Increasingly Marginal Appreciation of the Margin of Appreciation Doctrine*», in German Law Journal, volume 7, n.º 6-1, June 2006, pp. 611-624.

REDOR, Marie-Joëlle, «*Garantie juridictionnelle et droits fondamentaux*», in CRDF, n.º 1/2002, Presses Universitaires de Caen, pp. 91-101.

REVENGA SANCHEZ, Miguel, «*Las paradojas del recurso de amparo tras la primera década de jurisprudencia constitucional (1981-1991)*», in REDC, año 14, núm. 41, mayo-agosto, 1994, Centro de Estudios Constitucionales, Madrid, pp. 25-33.

RINKEN, Alfred, «*Artikel 93.º – Zustandigkeit des Bundesverfassungsgericht*», in AAVV, *Kommentar zum Grundgesetz für die Bundesrepublik Deutschland*, Vol. III, (Herausgeber Erhard Denninger, Wolfgang Hoffman-Riem, Hans-Peter Schneider und Ekkehart Stein), Neuwied; Kriftel: Luchterhand, 2001.

RIPOL CARULLA, Santiago, *El sistema europeo de protección de los derechos humanos y el derecho español – La incidencia de las sentencias del Tribunal Europeo de Derechos Humanos en el Ordenamiento Jurídico Español*, Atelier Libros Jurídicos, Barcelona, 2007.

ROBERT, Jacques, «*Droit administratif et droit constitutionnel*», in RDP, n.º 4, Juillet-Août 1998, Librairie Générale de Droit et Jurisprudence, Editions Dalloz, Paris, pp. 971-978.

RODRIGUES, Luís Barbosa, «*O direito de petição perante a Assembleia da República*», in AAVV, Perspectivas Constitucionais – Nos 20 Anos da Constituição de 1976, Vol. II, Coimbra Editora, Coimbra, 1997, pp. 643-670.

RODRÍGUEZ ÁLVAREZ, José Luís, «*Seleccionar lo importante: la reciente reforma de trámite de admisión de la Verfassungsbeschwerde*», in

REDC, año 14, núm. 41, 1994, Centro de Estudios Constitucionales, Madrid, pp. 139-148.

RODRÍGUEZ BEREIJO, Álvaro, «*Entretien avec Álvaro Rodríguez Bereijo – Président du Tribunal Constitutionnel Espagnol*», in CCC, n.º 2, deuxième semestre 1996, Editions Dalloz, Paris, pp. 54 e ss.

ROELLECKE, Gerd, «*Verfassungsgerichtsbarkeit zwischen Recht und Politik in Spanien und der Bundesrepublik Deuschland*», in KritV, 74. Jahrgang, Heft 1, 1991, Duncker & Humblot, Berlin, pp. 74-86;

_____ «*Zum Problem einer Reform der Verfassungsgerichtsbarkeit*», in JZ, Jahr. 56, Heft 3, 2001, J. C. B. Mohr, Tübingen, pp. 114-119.

ROLLA, Giancarlo, «*I diritti fondamentali nel costituzionalismo contemporaneo: spunti critici*», in AAVV, Tecniche de Garanzia dei Diritti Fondamentali, (à cura di Giancarli Rolla), Centro di Ricerca e Formazione sul Diritto Costituzionale Comparato – Quaderni Per La Ricerca, G. Giappichelli Editore, 20001, Torino, pp. 3-26;

_____ «*Las perspectivas de los derechos de la persona a la luz de las recientes tendencias constitucionales*», in REDC, año 18, núm. 54, Septiembre-Diciembre, 1998, Centro de Estudios Políticos y Constitucionales, Madrid, pp. 39-83.

RHONHEIMER, Martin, «*Fundamental Rights, Moral Law, and the Legal Defense of Life in a Constitutional Democracy: A Constitutionalist Approach to the Encyclical Evangelim Vitae*», in American Journal of Jurisprudence, Vol. 43, 1998, pp. 135-183.

ROTH, Wolfgang, «*Die Überprüfung fachgerichtlicher Urteile durch das Bundesverfassungsgericht un die Entscheidung über die Annahme einer Verfassungsbeschwerde*», in AÖR, 121. Band, Heft 4, Dezember 1996, J. C. B. Mohr, Tübingen, pp. 544-577.

RUBIO LLORENTE, Francisco, «*¿Divide et obtempera? – Una reflexión desde España sobre el modelo europeo de convergencia de jurisdicciones en la protección de los Derechos*», in REDC, Año 23, Núm. 67, Enero-Abril 2003, Centro de Estudios Constitucionales, Madrid, pp. 49-67;

_____ «*El Tribunal Constitucional*», in REDC, Año 24, Núm. 71, Mayo-Agosto 2004, Centro de Estudios Constitucionales, Madrid, pp. 11--33;

_____ «*Seis tesis sobre la jurisdicción constitucional en Europa*», in REDC, Año 12, Núm. 35, Mayo-Agosto 1992, Centro de Estudios Constitucionales, Madrid, pp. 9-39;

_____ «*Sobre la relación entre Tribunal Constitucional y Poder Judicial en el ejercicio de la jurisdicción constitucional*», in REDC, Año 2, Núm. 4, Enero-Abril 1982, Centro de Estudios Constitucionales, Madrid, pp. 35-67.

Ruiz Miguel, Carlos, «*L'amparo constitutionnel en Espagne: droit et politique*», *in* CCC, n.º 10, 2001, Editions Dalloz, Paris, pp. 90-98.

Rühl, Ulli F. H., *Die Funktion der Verfassungsbeschwerde für die Verwirklichung der Grundrechte*», *in* KritV, 81. Jahrgang, Heft 2, 1998, Duncker & Humblot, Berlin, pp. 156-170.

Russo, Carlo / BLASI, Andrea, «*Art. 2. – Diritto alla vita*», *in* AAVV, Commentario alla Convenzione Europea per la tutela dei diritti dell'uomo e delle libertà fondamentali, Sergio Bartole, Benedetto Conforti, Guido Raimondi, CEDAM, Padova, 2001, pp. 35-47.

Sánchez Morón, Miguel, «*Comentario al artigo 43*», *in* AAVV, Comentarios a la Ley Orgánica del Tribunal Constitucional, (Coord. Juan Joaquín Requejo Pagés), Boletín Oficial del Estado, Madrid, 2001, pp. 679--695;

––––– *El recurso de amparo constitucional – Naturaleza jurídica, características actuales y crisis*, Centro de Estudios Constitucionales, Madrid, 1987.

Saunders, Cheryl, «*Protecting rights in common law constitutional systems: a framework for a comparative study*», *in* Victoria University of Wellington Law Review, Vol. 33, Num. 3, Victoria University Press, Wellington, 2002, pp. 83-112.

Schlaich, Klaus/ Korioth, Stefan, *Das Bundesverfassungsgericht – Stellung, Verfahren, Entscheidungen*, Verlag C. H. Beck, München, 6. Auflage, 2004.

Schlette, Volker, «*Les interactions entre les jurisprudences de la Cour européenne des droits de l'homme et de la Cour constitutionnelle fédérale allemande*», *in* RFDC, n.º 28, 1996, Presses Universitaires de France, Paris, 1997, pp. 747-768.

Schmidt-Bleibtreu, Bruno/ Dirnberger, Franz, *Rechtsschutz gegen den Staat*, Beck-Rechtsberater im dtv, München, 4. Auflage, 1992.

Schmitt, Carl, *Der Hüter der Verfassung*, Duncker & Humblot, Vierte Auflage, Berlin, 1996.

Schulte, Martin, «*Zur Lage und Entwicklung der Verfassungsgerichtsbarkeit*», *in* DVBl, 111. Jahrgang des Reichsverwaltungsblattes, Heft 18, 15. September 1996, Carl Heymanns Verlag Gmbh, Köln, pp. 1009-1020.

Schultz, David, «*"Justice Delayed, justice denied": the fastest gun in the east (or at least on the Supreme Court)*», *in* CC, Vol. 16, Summer 1999, Number 2, pp. 213-220.

Seegmüller, Robert, «*Praktische Probleme des Verfassungsbeschwerdeverfahrens*», *in* DVBl, 114. Jahrgang, Heft 11, 1. Juni 1999, Carl Heymanns Verlag, Köln, pp. 738-745.

SEYFARTH, Georg, *«Die Vorlage der Entscheidung als Zulässigkeitsvoraussetzung der Verfassungsbeschwerde»*, *in* ZRP, Heft 33, 2000, Verlag C. H. Beck OHG, Münschen, pp. 272-274.

SHANY, Yuval, *«Toward a General Margin of Appreciation Doctrine in International Law»*, *in* European Journal of International Law, vol. 16, n.º 5, November 2005, Oxford Journals - Oxford University Press, pp. 907-940.

SHEUING, Dieter H., *«Allemagne»*, *in* AIJC, XXI, 2005, Economica, Paris, 2006, pp. 83-95.

SILVA, Jorge Pereira da, *Dever de Legislar e Protecção Jurisdicional Contra Omissões Legislativas – Contributo para uma Teoria da Inconstitucionalidade por Omissão*, Universidade Católica Editora, Lisboa, 2003.

SILVA, Vasco Pereira da, *A cultura a que tenho direito – Direitos Fundamentais e cultura*, Almedina, Coimbra, 2007;

_____ *«Breve crónica de uma reforma anunciada»*, *in* CJA, n.º 1, Janeiro / Fevereiro 1997, CEJUR, Braga, pp. 3-7;

_____ *O Contencioso Administrativo como Direito Constitucional Concretizado ou Ainda por Concretizar (?)*, Almedina, Coimbra, 1999;

_____ *Verde Cor de Direito – Lições de Direito do Ambiente*, Almedina, Coimbra, 2002.

SINGH, Rabinder/ HUNT, Murray/ DEMETRIOU, Marie, *«Current Topic: Is there a Role for the "Margin of Appreciation" in National Law after the Human Rights Act?»*, *in* EHRLR, Issue 1, 1999, Sweet & Maxwell Ltd., London, pp. 15-22.

SLAUGHTER, Anne-Marie / BURKE-WHITE, William, *«The Future of International Law is Domestic (or, The European Way of Law)*, *in* HarvILJ, volume 47, No. 2, Summer 2006, pp. 327 ss.

SOLOZÁBAL ECHAVARRÍA, Juan José, *«Los derechos fundamentales en la Constitución española»*, *in* REP, Núm. 105, Julio-Septiembre 1999, Centro de Estudios Constitucionales, Madrid, pp. 9- 28;

_____ *«Una revisione della teoria dei diritti fondamentali»*, (trad. di Giampaolo Gerbasi), *in* AAVV, Tecniche de Garanzia dei Diritti Fondamentali, (à cura di Giancarli Rolla), Centro di Ricerca e Formazione sul Diritto Costituzionale Comparato – Quaderni Per La Ricerca, G. Giappichelli Editore, 2001, Torino, pp. 55-68.

SOUSA, Marcelo Rebelo de, *«Legitimação da justiça constitucional e composição do Tribunais Constitucionais»*, *in* AAVV, Legitimidade e Legitimação da Justiça Constitucional – Colóquio no 10.º Aniversário do Tribunal Constitucional – Lisboa, 28 e 29 de Maio de 1993, Coimbra Editora, Coimbra, 1995, pp. 211-228.

Sousa, Marcelo Rebelo de/ Alexandrino, José de Melo, *Constituição da República Portuguesa – Comentada*, Livraria Petrony, Lisboa, 2000.

Starck, Christian, *«I Diritti Fondamentali nel Grundgesetz della Repubblica Federale di Gemania»*, (trad. Alessandra Ippoliti), *in* Giurisprudenza Costituzionale, Anno XXXVII, Maggio-Giugno, 1992, Casa Editrice Dott. Antonino Giufrè, Milan, pp. 2521-2549;

—— *«Jurisdicción Constitucional y Tribunales Ordinarios»*, *in* REDC, año 18, núm. 53, mayo-agosto, 1998, Centro de Estudios Políticos y Constitucionales, Madrid, pp. 11-32;

—— *«La legitimación de la justicia constitucional y el principio democrático»*, *in* Anuario Iberoamericano de Justicia Constitucional, Núm. 7, 2003, Centro de Estudios Constitucionales, Madrid, pp. 479-493.

Stotz, Rüdiger, *«La primauté du droit communautaire en Allemagne»*, *in* RFDA, 6 (6), nov.-déc. 1990, pp. 957-960.

Streck, Lenio Luiz, *«Os meios de acesso do cidadão à jurisdição constitucional, a arguição de descumprimento de preceito fundamental e a crise de efetividade da Constituição Brasileira»*, *in* RFDUL, Vol. XLI, n.º 2, 2000, Coimbra Editora, pp. 867-886.

Sweeney, James A., *«Margins of Appreciation: Cultural Relativity and the European Court of Human Rights in the Post-Cold War Era»*, *in* ICLQ, volume 54, April 2005, pp. 459-474.

Teles, Miguel Galvão, *«A competência da competência do Tribunal Constitucional»*, *in* AAVV, Legitimidade e Legitimação da Justiça Constitucional – Colóquio no 10.º Aniversário do Tribunal Constitucional – Lisboa, 28 e 29 de Maio de 1993, Coimbra Editora, Coimbra, 1995, pp. 105-125.

Tomuschat, Christian, *Human Rights – Between Idealism and Realism*, Oxford University Press, New York, 2003.

Torres, Mário, *«Le "constitutionnalisme"»*, *in* Boletim de Documentação e Direito Comparado, n.º 37/38, Lisboa, 1989, pp. 175-186.

Turano, Leslie, *«Spain: Quis Custodiet Ipsos Custodes?: The struggle for jurisdiction between the Tribunal Constitucional and the Tribunal Supremo»*, *in* IJCL, Vol. 4, No 1, Jan. 2006, pp. 151-162.

Tur Ausina, Rosario, *Garantía de Derechos y Jurisdicción Constitucional – Efectividad del Amparo tras la Sentencia Estimatoria*, Tirant to Blanch, Valencia, 2008.

Tushnet, Mark, *«The Inevitable Globalization of Constitutional Law»*, *in* Virginia Journal of International Law, Vol. 49, 2009, pp. 985-1006.

Vagli, Giovanni, *L'Evoluzione del Sistema di Giustizia Costituzionale in Portogallo*, Edizioni ETS, Pisa, 2001.

416 A Tutela Directa dos Direitos Fundamentais

VAZ, Manuel Afonso, *A Responsabilidade Civil do Estado – Considerações breves sobre o seu estatuto constitucional*, Publicações da Universidade Católica, Porto, 1995;

―― *Lei e Reserva da Lei, A Causa da Lei na Constituição Portuguesa de 1976*, Universidade Católica, Porto, 1992;

―― *«O Direito e a Justiça na estrutura constitucional portuguesa – A heteronomia como estrutura organizatório-valorativa do Estado de Direito»*, in Direito e Justiça, Vol. XI, Tomo 2, 1997, pp. 63-72;

―― *«O Enquadramento Jurídico-Constitucional dos "Direitos Económicos, Sociais e Culturais"»*, in AAVV, Juris et de Jure – Nos 20 Anos da Faculdade de Direito da UCP – Porto, Porto, 1998, pp. 435-451.

VEGA ROBERT, Rolando, *«El recurso de amparo mixto y su relación con la sentencia judicial previa como objeto de impugnación»*, in REDT, n.º 40, octubre/diciembre 1989, pp. 653-668.

VEGAS TORRES, Jaime, *«Reflexiones sobre el recurso de amparo al hilo de una polémica suscitada por la Sala Primera del Tribunal Supremo»*, in Teoría y Realidad Constitucional, núms. 8-9, 2.º semestre 2001/ 1.er semestre 2002, Editorial Centro de Estudios Ramón Areces, Madrid, pp. 117-152.

VENTURA, André, *«A Comissão Constitucional: história, memória e actividade jurídica – Um trabalho de análise jurisprudencial»*, in AAVV, Anuário Português de Direito Constitucional, Vol. IV, 2004/2005, Coimbra Editora, 2008, pp. 187-259.

VENTURA, Catarina Sampaio, *«Os Direitos Fundamentais à Luz da Quarta Revisão Constitucional»*, in BFDC, vol. LXXIV, 1998, pp. 493-527.

VILJANEN, Jukka, *«The European Court of Human Rights as a Developer of the General Doctrines of Human Rights Law. A Study of the Limitations Clauses of the European Convention on Human Rights»*, in EJIL, Vol. 16, n.º 4, 2005.

VILLAVERDE, Ignacio, *«Decidir qué no decidir o qué hacer con los amparos. El trámite de admisión de los recursos de amparo»*, in Teoría y Realidad Constitucional, n.os 10-11, 2.º semestre 2002-1.er semestre 2003, Editorial Centro de Estudios Ramón Areces, Madrid, pp. 323-365.

VITORINO, António, *«A justiça constitucional – Notas sobre o futuro (possível?) da justiça constitucional»*, in RMP, ano VI, n.º 12, pp. 9-14.

WADA, Emily, *«A Pretty Picture: the Margin of Appreciation in the Right to Assisted Suicide»*, in Loy. L.A. Int'l & Comp. L. Rev., vol. 27, pp. 275--289.

WAHL, Rainer/ WIELAND, Joachim, *«Verfassungsrechtsprechung als knappes Gut»*, in JZ, Jahr. 23, 1996, J. C. B. Mohr, Tübingen, pp. 1137-1145.

WARMKE, Reinhard, *Die Subsidiarität der Verfassungsbeschwerde*, Schriften zum Öffentlichen Recht, Band 634, Duncker & Humbloy, Berlin, 1993.

WEIL, Laurence, «*La dignité de la personne humaine en droit administratif*», *in* AAVV, La Dignité de La Personne Humaine, (Dir. Marie-Luce Pavia et Thierry Revet), Études Juridiques, Economica, Paris, 1999, pp. 85--106.

WET, Erika de, «*The International constitutional order*», *in* ICLQ, Vol. 55, Part 1, Jan. 2006, Oxford University Press, pp. 51-76.

WHEARE, K. C., *Las constituciones modernas*, (trad.: Fernando Morena e Ángel Álandí), Editorial Labor, Barcelona, 1971.

WINKLER, Adam, «*Fundamentally wrong about fundamental rights*», *in* CC, Vol. 23, Num. 2, Summer 2006, The University of Minnesota Law Scholl, Thomson Gale, pp. 227-239.

YOUROW, Howard Charles, *The Margin of Appreciation Doctrine in the Dynamics of European Human Rights Jurisprudence*, Kluwer Law International, 1996.

ZAGREBELSKY, Gustavo, «*Jueces constitucionales*», (trad. Miguel Carbonell), *in* AAVV, Teoría del neoconstitucionalismo – Ensayos escogidos, Edición de Miguel Carbonell, Instituto de Investigaciones Jurídicas – UNAM, Editorial Trotta, Madrid, 2007, pp. 105-119;

ZUCK, Rüdiger, «*Die Entlastung des Bundesverfassungsgerichts*», *in* ZRP, 30. Jahrgang, Heft 3, 1997, Verlag C. H. Beck OHG, München, pp. 95-99.

ÍNDICE

NOTA PRÉVIA	7
RESUMOS	9
PLANO DA DISSERTAÇÃO	11
PRINCIPAIS ABREVIATURAS E SIGLAS	13
INTRODUÇÃO	17

TITULO PRIMEIRO

A TUTELA CONSTITUCIONAL DOS DIREITOS, LIBERDADES E GARANTIAS

1. O Papel do Tribunal Constitucional no Modelo Concentrado de Justiça Constitucional	21
1.1. Perspectiva histórica	21
1.1.1. O modelo judicialista americano	25
1.1.2. Sistemas de controlo político da constitucionalidade	27
1.1.3. Do modelo kelseniano de justiça constitucional à «jurisdição constitucional de liberdade»	32
1.2. O Tribunal Constitucional Federal Alemão como modelo inspirador	42
1.3. O Tribunal Constitucional Português	47
1.3.1. Surgimento	47
1.3.2. A problemática questão da natureza jurídica do Tribunal Constitucional	52
1.3.3. O relacionamento entre jurisdições constitucional e ordinária	69

420   *A Tutela Directa dos Direitos Fundamentais*

2. Os Mecanismos de Protecção dos Direitos Fundamentais e sua Intrínseca Ligação com o Princípio da Dignidade da Pessoa Humana 76

    2.1. A consagração constitucional dos direitos fundamentais e a complementar exigência de efectividade dos mesmos.. 76

    2.2. Os mecanismos de protecção dos direitos fundamentais 82

    2.3. O princípio da dignidade da pessoa humana 90

        2.3.1. A evolução do princípio na história do pensamento. 90

        2.3.2. A dignidade da pessoa humana como princípio universal 92

        2.3.3. A constitucionalização do princípio da dignidade da pessoa humana como pedra angular dos mecanismos de protecção dos direitos fundamentais 96

        2.3.4. O valor constitucional da dignidade da pessoa humana – perspectiva geral 101

        2.3.5. Breve análise da jurisprudência constitucional sobre o princípio da dignidade da pessoa humana 106

3. A Tutela dos Direitos, Liberdades e Garantias na Justiça Constitucional Portuguesa 113

    3.1. Os principais remédios constitucionais de protecção dos direitos, liberdades e garantias 113

        3.1.1. O direito de acesso ao direito e à tutela jurisdicional efectiva 114

        3.1.2. O direito de resistência 118

        3.1.3. O direito de petição 120

        3.1.4. O Provedor de Justiça 122

        3.1.5. A responsabilidade civil das entidades públicas 127

    3.2. A Constituição da República Portuguesa e as duas tentativas malogradas de consagração do recurso de amparo constitucional 129

    3.3. Em defesa do um acesso directo dos particulares à Constituição 135

        3.3.1. O conceito «funcional» de norma e a incerteza jurídica 137

        3.3.2. O princípio da aplicabilidade directa dos direitos fundamentais como fundamento constitucional para uma hipotética inserção do recurso de amparo 147

4. A Queixa Constitucional no Direito Comparado 163

    4.1. A queixa constitucional alemã – *Die Verfassungsbeschwerde* 164

Índice

4.1.1 Análise comparativa dos ordenamentos jurídico-constitucionais português e alemão 164
a) Principais semelhanças 164
b) Principais diferenças 166
4.1.2. Análise da *Verfassungsbeschwerde* 169
(i) Enquadramento histórico e terminologia adoptada 169
(ii) Âmbito material de protecção 172
(iii) Legitimidade 176
(iv) Objecto 178
(v) Pressupostos 184
(vi) Prazo 189
(vii) Tramitação processual 190
(viii) Efeitos 193
(ix) A compatibilidade da *Verfassungsbeschwerde* com os direitos protegidos pela CEDH 194
4.1.3. A imprescindibilidade da *Verfassungsbeschwerde* 198
4.1.4. As reformas da *Verfassungsbeschwerde* 201
4.1.5. Potenciais conflitos entre as jurisdições constitucional e ordinária 206
4.2. O recurso de amparo constitucional espanhol 210
4.2.1. Semelhanças e diferenças entre os modelos de justiça constitucional português e espanhol 210
a) Semelhanças 210
b) Diferenças 212
4.2.2. Análise do recurso de amparo constitucional espanhol 214
(i) Antecedentes 214
(ii) Consagração constitucional e legislativa do instituto 216
(iii) Âmbito material de protecção 222
(iv) Legitimidade 225
(v) Objecto 228
(vi) Pressupostos 233
(vii) Prazo 236
(viii) Tramitação processual 237
(ix) Efeitos 240
4.2.3. Importância do recurso de amparo no sistema espanhol de justiça constitucional 244
4.2.4. Problemas práticos do recurso de amparo 246
(i) Ameaça de colapso do Tribunal Constitucional – Utilização excessiva ou excessiva generosidade? 246

A Tutela Directa dos Direitos Fundamentais

(ii) A difícil relação entre jurisdição constitucional
e jurisdição ordinária 249
a) Apresentação do problema 250
b) Demonstração prática 258
c) O auge do conflito entre jurisdições – o acórdão
do TS n.º 51/2004 264
d) O tratamento da questão no ordenamento jurídico-
-constitucional português 268
e) Um breve olhar sobre a actual polémica de articulação das jurisdições constitucional e ordinária
na Colômbia 269
4.2.5. Várias propostas de reforma 271
(i) Sucessivas e falhadas revisões da LOTCE 271
(ii) A profunda reforma operada pela Lei Orgânica
n.º 6/2007, de 24 de Maio 280

TÍTULO SEGUNDO

A PROTECÇÃO DOS DIREITOS FUNDAMENTAIS ATRAVÉS DA JUSTIÇA ADMINISTRATIVA

1. Introdução 285

2. Âmbito de Aplicação da Intimação para a Protecção de Direitos, Liberdades e Garantias 288
2.1. A tutela judicial efectiva e a protecção dos direitos, liberdades e garantias 288
2.2. A evolução ou retrocesso do Anteprojecto para o actual
CPTA 293
2.3. A discussão doutrinal sobre a temática 294
2.4. A posição da jurisprudência administrativa e constitucional 298

3. Pressupostos Relativos ao Processo 305
3.1. A subsidiariedade da intimação frente ao decretamento provisório de uma providência cautelar 305
3.2. A indispensabilidade da intimação para assegurar o exercício em tempo útil de um direito, liberdade e garantia 310
3.3. Pertinência de uma convolação a pedido das partes ou,
mesmo, oficiosa 311

TÍTULO TERCEIRO

A PROTECÇÃO INTERNACIONAL REGIONAL DOS DIREITOS DO HOMEM

1. A Convenção Europeia dos Direitos do Homem e a Tutela Jurisdicional Efectiva 315

2. O Direito à Tutela Jurisdicional Efectiva (Artigos 6.º e 13.º da CEDH) 322
   - 2.1. Direito a um recurso efectivo 323
   - 2.2. Direito a uma decisão proferida num prazo razoável 326

3. A Doutrina da Margem Nacional de Apreciação 329
   - 3.1. O surgimento da doutrina 331
   - 3.2. O princípio da subsidiariedade e a doutrina da margem nacional de apreciação 334
   - 3.3. As variações da amplitude da margem nacional de apreciação 338
   - 3.4. Entre a crítica e a defesa da doutrina da margem nacional de apreciação 342
   - 3.5. O conceito de domínio reservado do Estado 349
   - 3.6. A aplicação da doutrina da margem nacional de apreciação e o direito à vida 352
     - 3.6.1. Análise do artigo 2.º da CEDH 352
     - 3.6.2. A vida de «toute personne» versus a vida do feto ... 358
     - 3.6.3. O fim da vida e o "direito" de autodeterminação pessoal 362
   - 3.7. A postura doutrina face à jurisprudência citada 364
     - 3.7.1. Caso Vo versus Franca – a curiosa decisão de não decidir 364
     - 3.7.2. Caso Pretty versus Reino Unido 368

CONSIDERAÇÕES FINAIS 373

BIBLIOGRAFIA 381